Susanne Witte
Geschwister im Kontext von Misshandlung,
Missbrauch und Vernachlässigung

Susanne Witte

Geschwister im Kontext von Misshandlung, Missbrauch und Vernachlässigung

Risikokonstellationen, Qualität
der Geschwisterbeziehung
und aktuelle psychische Belastung

Die Autorin
Susanne Witte arbeitet am Deutschen Jugendinstitut in München sowie an der Klinik für Kinder- und Jugendpsychiatrie/Psychotherapie, Universitätsklinikum Ulm. In ihrer Forschung beschäftigt sie sich, neben Geschwistern im Kontext von Misshandlung, Missbrauch und Vernachlässigung, mit internationalen Vergleichen von Kinderschutzsystemen und der Prävention von Kindeswohlgefährdung durch die Qualifizierung von Fachkräften.

Das Werk einschließlich aller seiner Teile ist urheberrechtlich geschützt. Jede Verwertung ist ohne Zustimmung des Verlags unzulässig. Das gilt insbesondere für Vervielfältigungen, Übersetzungen, Mikroverfilmungen und die Einspeicherung und Verarbeitung in elektronische Systeme.

Dieses Buch ist erhältlich als:
ISBN 978-3-7799-3751-7 Print
ISBN 978-3-7799-4775-2 E-Book (PDF)

1. Auflage 2018

© 2018 Beltz Juventa
in der Verlagsgruppe Beltz · Weinheim Basel
Werderstraße 10, 69469 Weinheim
Alle Rechte vorbehalten

Herstellung: Ulrike Poppel
Satz: text plus form, Dresden
Druck und Bindung: Beltz Bad Langensalza GmbH, Bad Langensalza
Printed in Germany

Weitere Informationen zu unseren Autoren und Titeln finden Sie unter: www.beltz.de

Danksagung

An erster Stelle möchte ich allen Personen danken, die an der Studie teilgenommen haben. Die Bereitschaft, sich auf das Thema einzulassen und alle noch so schwierigen Fragen mit großer Offenheit zu beantworten, hat die Arbeit in dieser Form erst ermöglicht.

Mein Dank gilt auch Frau Prof. Dr. Sabine Walper und Herrn Prof. Dr. Jörg M. Fegert, die mich auf dem Weg zu meiner Doktorarbeit immer konstruktiv und sehr wertschätzend unterstützt und begleitet haben.

Eine Doktorarbeit betrifft meist nicht nur die Doktorandin selbst, sondern auch das ganze soziale Umfeld, und so möchte ich mich bei folgenden Personen für ihre Unterstützung und ihren Zuspruch bedanken: Bettina Böhm, Anja Friedrich, Marie-Theres Pooch, Sophie Pöllmann und Caroline Wolf. Meinen Kolleginnen, Laura Miehlbradt und Elisa König, danke ich sehr dafür, dass sie mir in den letzten Monaten vor der Abgabe so verständnisvoll den Rücken freigehalten haben. Ganz herzlich bedanke ich mich auch bei meiner Schwester, Manuela Witte, und meinen Eltern, Margitta und Lothar Witte.

Ein besonderer Dank gilt Armin Witte für seine Hilfe und Unterstützung bei einer Vielzahl von Herausforderungen rund um die Doktorarbeit und sein Verständnis für lange Arbeitszeiten und Diskussionen über noch so kleine Details.

Inhalt

Abkürzungsverzeichnis	12
Zusammenfassung	15

Kapitel 1
Einleitung — 18

Kapitel 2
Geschwisterbeziehungen — 20
2.1 Besonderheiten der Geschwisterbeziehung — 20
2.2 Geschwisterkonstellationen — 22
2.2.1 Biologische und soziale Geschlechter — 22
2.2.2 Anzahl der Geschwister — 23
2.2.3 Position in der Geburtenreihenfolge und Altersabstand — 26
2.2.4 Geschlechterkonstellationen — 27
2.3 Ausgestaltung von Geschwisterbeziehungen — 28
2.3.1 Geschwister als Kameraden, Vertraute, Unterstützer — 29
2.3.2 Rivalität, Konflikte und Aggression unter Geschwistern — 31
2.3.3 Geschwister zwischen Gleichberechtigung und Machtgefälle — 36
2.3.4 Die Rolle der Eltern — 36
2.4 Einfluss der Geschwisterbeziehung auf psychische Gesundheit und interpersonelle Beziehungsgestaltung — 37
2.4.1 Psychische Gesundheit und Belastung — 38
2.4.2 Interpersonelle Beziehungsgestaltung — 40
2.4.3 Umgang mit Sexualität und sexuelles Risikoverhalten — 41
2.5 Geschwisterbeziehungen im Kontext familiärer Belastungen — 41
2.5.1 Chronische Erkrankung eines Geschwisters — 42
2.5.2 Geschwister in Scheidungs- und Stieffamilien — 45
2.5.3 Geschwister in Fremdunterbringung und Adoptivfamilien — 46

Kapitel 3
Kindeswohlgefährdung — 49
3.1 Kindeswohl und Kindeswohlgefährdung — 49
3.2 Formen der Kindeswohlgefährdung — 50
3.2.1 Körperliche Misshandlung — 51
3.2.2 Sexueller Missbrauch — 52

3.2.3	Emotionaler Missbrauch	54
3.2.4	Vernachlässigung	56
3.3	Häufigkeit von Kindeswohlgefährdung	57
3.3.1	Kinder- und Jugendhilfestatistik	58
3.3.2	Polizeiliche Kriminalstatistik	61
3.3.3	Dunkelfelduntersuchungen	64
3.3.4	Vergleichende Darstellung von Hell- und Dunkelfelduntersuchungen	66
3.4	Risiko- und Schutzfaktoren	68
3.5	Folgen von Kindeswohlgefährdung	76
3.5.1	Körperliche Folgen	77
3.5.2	Psychische Gesundheit und Belastung	78
3.5.3	Interpersonelle Beziehungsgestaltung	80
3.5.4	Umgang mit Sexualität und sexuelles Risikoverhalten	82

Kapitel 4
Geschwister und Kindeswohlgefährdung 85

4.1	Häufigkeit von Viktimisierungserfahrungen von Geschwistern	85
4.1.1	Zusammenhänge zwischen verschiedenen Formen	85
4.1.2	Körperliche Misshandlung	86
4.1.3	Sexueller Missbrauch	86
4.1.4	Emotionaler Missbrauch	90
4.1.5	Vernachlässigung	91
4.2	Risiko- und Schutzfaktoren	92
4.2.1	Merkmale des Kindes	92
4.2.2	Merkmale der Eltern und der Eltern-Kind-Beziehung	94
4.2.3	Merkmale der Familie	96
4.2.4	Wechselwirkungen zwischen den Geschwistern	97
4.3	Auswirkungen von Misshandlung, Missbrauch, Vernachlässigung auf die Geschwister	99
4.3.1	Reaktionen auf Misshandlung, Missbrauch und Vernachlässigung eines Geschwisters	99
4.3.2	Negative Merkmale der Geschwisterbeziehung	101
4.3.3	Geschwister als Vertraute und Beschützer	102

Kapitel 5
Fragestellung 105

Kapitel 6
Methode 108
6.1 Studiendesign 108
6.1.1 Akquise von Studienteilnehmenden 108
6.1.2 Fragebogenentwicklung 112
6.1.3 Messinstrumente 112
6.2 Rücklauf und Beendigungsquote 119
6.3 Datenaufbereitung 120
6.3.1 Aufbereitung des dyadischen Datensatzes 120
6.3.2 Plausibilität der Angaben 122
6.4 Testtheoretische Überprüfung 126
6.4.1 Childhood Trauma Questionnaire 126
6.4.2 Verhalten der Eltern gegenüber den Geschwistern 129
6.4.3 Qualität der Geschwisterbeziehung in der Kindheit 131
6.4.4 DSM V Self Rater Level 1 Cross-Cutting Syptom Measure 136

Kapitel 7
Charakteristika der Stichproben 140
7.1 Individualdatensatz 140
7.1.1 Demografie 140
7.1.2 Herkunftsfamilie 145
7.1.3 Merkmale der Geschwisterbeziehung 152
7.2 Dyadischer Datensatz 155
7.2.1 Demografie 155
7.2.2 Herkunftsfamilie 160
7.3 Die beiden Stichproben im Vergleich 165
7.3.1 Spezifitätsanalyse 165
7.3.2 Teilnahme des Geschwisters aus der Sicht
der Teilnehmenden 169

Kapitel 8
Studie 1: Risikokonstellationen und Zusammenhänge
zwischen Viktimisierungserfahrungen von Geschwistern 179
8.1 Statistische Auswertung 179
8.2 Prävalenz von Viktimisierungserfahrungen 181
8.2.1 Prävalenzraten auf Individualebene 181
8.2.2 Prävalenzraten bei Geschwisterpaaren 186
8.3 Risikokonstellationen 195
8.3.1 Individualebene 195
8.3.2 Dyadische Ebene 209
8.4 Zusammenfassung und Diskussion 225

Kapitel 9
**Studie 2: Einfluss von Viktimisierungserfahrungen
auf die Geschwisterbeziehung in der Kindheit** 236
9.1 Statistische Auswertung 236
9.2 Rahmenbedingungen für die Gestaltung
der Geschwisterbeziehung 239
9.2.1 Förderung der Geschwisterbeziehung durch die Eltern 239
9.2.2 Benachteiligung durch die Eltern 242
9.3 Positive Merkmale der Ausgestaltung
der Geschwisterbeziehung 246
9.3.1 Individualebene 246
9.3.2 Dyadische Ebene 249
9.4 Negative Merkmale der Ausgestaltung
der Geschwisterbeziehung 254
9.4.1 Individualebene 254
9.4.2 Dyadische Ebene 258
9.5 Relative Macht in der Beziehung zum Geschwister 261
9.5.1 Individualebene 261
9.5.2 Dyadische Ebene 265
9.6 Zusammenfassung und Diskussion 268

Kapitel 10
**Studie 3: Einfluss von Viktimisierungserfahrungen
auf psychische Belastung und die Geschwisterbeziehung
im Erwachsenenalter** 280
10.1 Statistische Auswertung 280
10.2 Aktuelle psychische Belastung 282
10.2.1 Individualebene 282
10.2.2 Dyadische Ebene 297
10.3 Kontakthäufigkeit 306
10.3.1 Individualebene 306
10.3.2 Dyadische Ebene 309
10.4 Konflikthäufigkeit 312
10.4.1 Individualebene 312
10.4.2 Dyadische Ebene 315
10.5 Unterstützungsverhalten 319
10.5.1 Individualebene 319
10.5.2 Dyadische Ebene 324
10.6 Verlässliche Allianz 328
10.6.1 Individualebene 328
10.6.2 Dyadische Ebene 331
10.7 Zufriedenheit 334

10.7.1 Individualebene	334
10.7.2 Dyadische Ebene	336
10.8 Zusammenfassung und Diskussion	340

Kapitel 11
Diskussion 348

11.1 Stärken und Limitation	348
11.2 Implikationen für die Forschung	351
11.3 Implikationen für die Praxis	354
11.3.1 Risikoabklärung bei Geschwisterkindern	354
11.3.2 Spezifische Präventionsangebote	355
11.3.3 Hilfsangebote für Geschwister	357
11.3.4 Die Geschwisterbeziehung als Gegenstand von Beratung und Therapie	358

Kapitel 12
Schlussbemerkung 360

Literatur 361

Anhang:
Kovarianzen zwischen den exogenen Variablen: Modelle 3 395

Abkürzungsverzeichnis

95%-KI	95%-Konfidenzintervall
ä	älteres Geschwister
AGFI	Adjusted Goodness of Fit Index
AHA	American Humane Association
AIC	Akaike Information Criterion
ANOVA	Varianzanalyse
APIM	Actor-Partner-Interdependence Modell
BGB	Bürgerliches Gesetzbuch
CMIN/DF	Diskrepanz zwischen X^2 und den Freiheitsgraden
CTQ	Childhood Trauma Questionnaire (Häuser et al. 2011)
d	Effektstärke: Berechnung für unabhängige Stichproben nach Borenstein (2009), für abhängige Stichproben nach Dunlap et al. (1996)
df	Freiheitsgrade
EM	emotionaler Missbrauch
EV	emotionale Vernachlässigung
FEE	Fragebogen zum erinnerten Erziehungsverhalten (Schumacher/Eisemann/Brähler 1999)
GFI	Goodness of Fit Index
ICC	Intra-Klassen-Korrelation
j	jüngeres Geschwister
KM	körperliche Misshandlung
KTT	Klassische Testtheorie
KV	körperliche Vernachlässigung
leicht	Anzahl verschiedener leichter Viktimisierungserfahrungen
M	Mittelwert
Mdn	Median
MNBS-CR	Multidimensional Neglectful Behaviors Scale – Child Self-Report (Kaufman Kantor et al. 2004)
MSA-Koeffizient	Measure of Sample Adequacy-Koeffizient
MvP	Miterleben von Partnerschaftsgewalt
NRI-RQV	Network Relationship Inventory-Relationship Quality Version (Furman/Buhrmester 2009)
NRI-SPV	Network Relationship Inventory-Social Provisions Version (Furman/Buhrmester 1985).
n_{valid}	Werden Aussagen über einen Teil der Stichprobe sowohl als absolute Angaben und als Prozentangaben gemacht und

	liegt für diese Variable kein vollständiger Datensatz vor, so wird die Anzahl der Personen mit validen Angaben als n_{valid} angegeben.
O	obere Grenze des 95%-Konfidenzintervalls
OR	Odds Ratio
PKS	Polizeiliche Kriminalstatistik
PR	Prävalenzrate
PTBS	posttraumatische Belastungsstörung
r	Produkt-Moment-Korrelation
RMSEA	Root Mean Square Error of Approximation
schwer	Anzahl verschiedener mittelschwerer bis extremer Viktimisierungserfahrungen
SD	Standardabweichung
SGB	Sozialgesetzbuch
SM	sexueller Missbrauch
StGB	Strafgesetzbuch
U	untere Grenze des 95%-Konfidenzintervalls
β	standardisierte Regressionsgewichte
ζ	Geschätzter Fehler der endogenen Variable im Strukturgleichungsmodell
φ	Kovarianzen zwischen exogenen Variablen im Strukturgleichungsmodell
ψ	Kovarianzen zwischen endogenen Variablen im Strukturgleichungsmodell

Zusammenfassung

Ungefähr 70 % der Kinder in Deutschland wachsen mit mindestens einem minderjährigen Geschwister im gleichen Haushalt auf (Statistisches Bundesamt 2014a). Schwestern und Brüder sind während der Kindheit Interaktionspartner, Lehrer, Vorbilder, Rivalen, Verbündete und Bezugspersonen (Walper et al. 2010). Die Qualität der Geschwisterbeziehung beeinflusst die psychische Befindlichkeit (Graham-Bermann et al. 1994) und die psychosoziale Anpassung (Modry-Mandell/Gamble/Taylor 2007). Starke Konflikte zwischen Geschwistern, die mit körperlicher Gewalt ausagiert werden, beeinflussen darüber hinaus die Schwere von PTBS-Symptomen (Finkelhor/Turner/Ormrod 2006; Roscoe/ Goodwin/Kennedy 1987). Im Erwachsenenalter unterstützen sich Geschwister gerade in schwierigen Situationen (Horwitz 1994). Geschwisterbeziehungen gehören somit zu den längsten engen emotionalen Beziehungen von Menschen (Bank/Kahn 1994). Durch das gemeinsame Aufwachsen machen Geschwister ähnliche, wenn auch nicht gleiche, Umwelterfahrungen und teilen sich eine gemeinsame Familiengeschichte (Zukow 1989; Dunn/Kendrick 1982). Dennoch ist äußerst wenig darüber bekannt, welches Risiko für Geschwister besteht, ähnliche Erfahrungen im Hinblick auf Misshandlung, Missbrauch und Vernachlässigung in der Kindheit zu machen, welchen Einfluss diese auf die Geschwisterbeziehung haben und ob unterschiedliche Muster der Bewältigung bis in das Erwachsenenalter hinein bestehen bleiben.

In der vorliegenden empirischen Arbeit wurde folgenden Fragestellungen nachgegangen: Studie 1: Welche Risikokonstellationen tragen zu einer Viktimisierung eines oder beider Geschwister bei? Studie 2: Welche Auswirkungen haben Misshandlung, Missbrauch und Vernachlässigung auf die Geschwisterbeziehung in der Kindheit unter der Berücksichtigung des Verhaltens der Eltern? Studie 3: In welcher Beziehung stehen die Erfahrungen in der Kindheit zur aktuellen psychischen Belastung und der Ausgestaltung der Geschwisterbeziehung im Erwachsenenalter?

Als Methode wurde eine Online-Befragung von Erwachsenen gewählt. Die Studienteilnehmenden wurden über E-Mail-Verteiler von Universitäten, Internetforen und zu einem großen Anteil über das SoSci Panel rekrutiert. Online beantworteten die Studienteilnehmenden den Childhood Trauma Questionnaire (CTQ) sowie Fragen zu ihrer Geschwisterbeziehung in der Kindheit und im Erwachsenenalter. Auch die aktuelle psychische Belastung und das wahrgenommene Verhalten der Eltern wurden erfasst. Für die Rekrutierung eines zweiten Geschwisters aus der Familie wurden die Studienteilnehmenden gebeten, die E-Mail-Adresse eines Geschwisters anzugeben. Dieses bekam in der Folge eine Einladung zur Studienteilnahme.

Die Auswertung der Ergebnisse bezog sich einerseits auf eine Stichprobe bestehend aus 4 568 Personen (Individualdatensatz), sowie auf eine Stichprobe von 870 Geschwisterpaaren (Dyadischer Datensatz). Es erfolgte eine quantitative Auswertung anhand logistischer, multinomialer logistischer und multipler linearer Regressionen. Für die Zusammenhänge der kontinuierlichen Variablen im dyadischen Datensatz wurden Actor-Partner Independence Modelle (APIM) berechnet.

Studie 1: Psychische Probleme der Eltern, ein junges Alter bei der Geburt des Kindes, niedriger allgemeinbildender Schulabschluss sowie die Anzahl der Geschwister und die Position in der Geburtenreihenfolge der Geschwister waren signifikante Prädiktoren für Viktimisierungserfahrungen. Je mehr Geschwister eine Person hatte und je später sie im Vergleich zu ihren Geschwistern geboren worden war, desto mehr Viktimisierungserfahrungen berichtete sie. Im dyadischen Datensatz zeigte sich ein erhöhtes Risiko für Misshandlung, Missbrauch und Vernachlässigung des einen Geschwisters in Abhängigkeit der Erfahrungen des anderen Geschwisters. Psychische Probleme der Eltern trugen sowohl zu dem Risiko für das ältere als auch das jüngere Geschwister bei. Sie erhöhten aber vor allem das Risiko, dass beide Geschwister von mindestens einer Form von Viktimisierungserfahrung betroffen waren.

Studie 2: Eltern, die ihre Kinder misshandelten, missbrauchten und vernachlässigten, verhielten sich weniger förderlich gegenüber der Geschwisterbeziehung. Viktimisierungserfahrungen trugen signifikant zu weniger positiven Aspekten (z. B. Wärme, Vertrauen, Kameradschaft) und mehr negativen Aspekten (z. B. Konflikthäufigkeit, Aggression, Rivalität) in der Ausgestaltung der Geschwisterbeziehung in der Kindheit bei. Auch erlebten misshandelte, missbrauchte und vernachlässigte Studienteilnehmende sich als weniger einflussreich in der Gestaltung der Geschwisterbeziehung. Sowohl die Auswertungen der Individualstichprobe als auch der dyadischen Stichprobe ergaben einen wesentlichen Effekt der Förderung der Geschwisterbeziehung durch die Eltern auf positive Aspekte der Geschwisterbeziehung. Die Förderung der Geschwisterbeziehung mediierte teilweise den Zusammenhang zwischen Viktimisierungserfahrungen und positiven Merkmalen der Ausgestaltung der Geschwisterbeziehung.

Studie 3: Neben Viktimisierungserfahrungen sagten die negativen Merkmale der Geschwisterbeziehung in der Kindheit die aktuelle psychische Belastung signifikant vorher. Auch im Vergleich der Geschwisterpaare gingen die Erfahrungen des einen Geschwisters zum Teil mit einer größeren Belastung des anderen einher. Es zeigte sich ein negativer Effekt der Viktimisierungserfahrungen auf die Ausgestaltung der Beziehung zwischen den Geschwistern im Erwachsenenalter, auch wenn für die Beziehungsqualität in der Kindheit kontrolliert wurde.

Die Ergebnisse müssen vor dem Hintergrund des retrospektiven Designs und der Selektivität der Stichprobe interpretiert werden. Aufbauend auf den Ergebnissen wird die Notwendigkeit einer Gefährdungsabklärung aller Kinder einer Familie, das Schaffen von Unterstützungsangeboten für Geschwister und die Bedeutung der Geschwisterbeziehungen sowie das Verhalten der Eltern in Bezug auf die Geschwister in der Arbeit mit Familien, in denen das Kindeswohl gefährdet ist, hervorgehoben.

Kapitel 1
Einleitung

„Die zwei Kinder waren auch noch wach von Hunger, und hatten alles gehört, was die Mutter zum Vater gesagt hatte. Gretel dachte, nun ist es um mich geschehen und fing erbärmlich an zu weinen, Hänsel aber sprach: ‚sey still, Gretel, und gräm dich nicht, ich will uns helfen.'" (aus dem Märchen „Hänsel und Gretel" von Grimm/Grimm 1812, S. 50)

„Da mußte das arme Kind so schwere Arbeit thun: früh vor Tag aufstehen, Wasser tragen, Feuer anmachen, kochen und waschen und die Stiefschwestern thaten ihm noch alles gebrannte Herzeleid an, spotteten es, schütteten ihm Erbsen und Linsen in die Asche, da mußte es den ganzen Tag sitzen und sie wieder auslesen." (aus dem Märchen „Aschenputtel" von Grimm/Grimm 1812, S. 89)

Märchen handeln häufig von Geschwistern, die manchmal ein gleiches Schicksal erleiden oder manchmal ganz unterschiedliche Erfahrungen in ihrer Familie machen. In „Hänsel und Gretel" werden beide Geschwister von ihren Eltern vernachlässigt. Im Vergleich hierzu haben bei „Aschenputtel" die Schwestern verschiedene Rollen: Während die eine bevorzugt wird, muss die andere schwer arbeiten, wird misshandelt und vernachlässigt. Auch die Beziehungen der Kinder untereinander sind in beiden Märchen ganz unterschiedlich. Hänsel und Gretel unterstützen sich gegenseitig, die Beziehung zwischen Aschenputtel und ihren Schwestern ist durch Feindseligkeit gekennzeichnet.

Während Geschwister in Märchen, Sagen und Gleichnissen ein häufig wiederkehrendes Thema sind, ist wenig über die tatsächliche Lebenssituation von Geschwistern in Familien bekannt, in denen es zu Misshandlung, Missbrauch und Vernachlässigung kommt. Dies ist umso erstaunlicher, da in den letzten Jahrzehnten in Gesellschaft und Politik sowie Praxis und Forschung das Bewusstsein über Misshandlung, Missbrauch und Vernachlässigung und ihren schädlichen Auswirkungen deutlich zugenommen hat. In der Folge dieser Veränderungen kam es in Deutschland, in anderen europäischen Ländern und den USA zu einer Zunahme an wissenschaftlichen Studien zu Häufigkeit, Entstehungsbedingungen, Folgen und Auswirkungen von Misshandlung, Missbrauch und Vernachlässigung. Auch in der praktischen Arbeit mit Kindern und Jugendlichen sowie ihren Familien wurden in den letzten Jahren zunehmend Strukturen ausgebaut und Angebote geschaffen, die Kinder besser schützen und die betroffenen Kinder und Erwachsenen in der Aufarbeitung des Geschehenen und den Folgen unterstützen sollen.

Dennoch bleibt die Situation von Geschwistern ein häufig übersehener Aspekt. In Deutschland – auch wenn die Diskussionen um die zunehmende Anzahl von Einzelkindern oft ein anderes Bild nahelegen – wachsen über 70 % der minderjährigen Kinder mit mindestens noch einem weiteren Kind im Haushalt auf (Statistisches Bundesamt 2015a). Es gibt jedoch keine verlässlichen Daten dazu, wie häufig Kinder aus der gleichen Familie von Misshandlung, Missbrauch und Vernachlässigung betroffen sind, obwohl dies ein wichtiger Ansatzpunkt für die Prävention sein könnte. Hinsichtlich der Auswirkungen auf die Geschwisterbeziehung und die psychische Belastung der Geschwister liegen keine eindeutigen Befunde vor. Diese sind jedoch notwendig, um in der Praxis Präventions-, Therapie- und Beratungsangebote an die Bedürfnisse aller Kinder einer Familie optimal anzupassen.

In der folgenden Arbeit werden, aufbauend auf einer Darstellung des aktuellen Forschungsstandes zu Geschwistern und Kindeswohlgefährdung, die Ergebnisse einer empirischen Studie zu Geschwistern im Kontext von Misshandlung, Missbrauch und Vernachlässigung vorgestellt. Hierbei wird zum einen auf Risikokonstellationen eingegangen, zum anderen die Auswirkungen auf die Geschwisterbeziehung in der Kindheit untersucht. Den Abschluss des empirischen Teils bildet die Darstellung des Einflusses der Viktimisierungserfahrungen und der Geschwisterbeziehung in der Kindheit auf die aktuelle Lebenssituation. Die psychische Belastung und die aktuelle Geschwisterbeziehung im Erwachsenenalter werden dabei herausgegriffen. Im letzten Abschnitt werden Limitationen und Stärken der empirischen Studie sowie Implikationen für Forschung und Praxis diskutiert.

Kapitel 2
Geschwisterbeziehungen

Die Geburt eines Kindes begründet in vielen Fällen das Entstehen einer ersten „kleinen" Familie. Aus der Perspektive der Eltern handelt es sich meist um einen der größten Einschnitte im Leben, welcher von einer Vielzahl von Veränderungen begleitet ist. Die Einteilung von Zeit und Ressourcen, die Aufteilung von Aufgaben und die Ausgestaltung der Beziehung der Eltern verändern sich. Die Geburt eines zweiten Kindes stellt aus Sicht der Eltern und der Gesellschaft einen weit weniger bedeutenden Einschnitt dar. Anschaffungen wurden bereits getätigt, die Eltern sind in der Erfüllung ihrer Erziehungsaufgaben bereits ein weitgehend eingespieltes Team und fühlen sich in ihrer Rolle als Eltern sicher. Allerdings sind nicht alle Familienmitglieder so vertraut mit der neuen Situation. Denn für das ältere Kind kommt eine neue, wesentliche Beziehungserfahrung hinzu: Es wird zum großen Bruder oder zur großen Schwester, muss sich mit einer veränderten Situation in der Beziehung zu den Eltern zurechtfinden und lernt Möglichkeiten, aber auch Nachteile einer Beziehung zu dem Geschwister kennen. In dieser Zeit wird der Grundstein für eine der längsten engen Beziehungen im Leben eines Menschen gelegt. Eine Beziehung, die in vielen Aspekten anderen Beziehungen, wie denen zu den Eltern, Lebenspartnern und Freunden ähnelt, aber doch in ihrer Ausgestaltung und Konstellation einzigartig ist.

Ausgehend von den Besonderheiten der Geschwisterbeziehung werden in diesem Kapitel Merkmale von Geschwisterkonstellationen und empirische Befunde zur Ausgestaltung der Geschwisterbeziehung dargestellt. Die Fragen, in welcher Weise Geschwisterbeziehungen Bereiche des menschlichen Erlebens und Verhaltens beeinflussen und wie sich die Geschwisterbeziehung unter belastenden Lebenssituationen verändert, bilden den Abschluss dieses Kapitels.

2.1 Besonderheiten der Geschwisterbeziehung

Geschwisterbeziehungen sind von gesellschaftlichen Erwartungen geprägt, die über Kulturen und Zeit hinweg Veränderungen unterworfen sind (Zukow 1989). In allen Kulturen finden sich implizite und explizite Vorstellungen und Erwartungen an Geschwister und ihre Beziehungsgestaltung (Zukow 1989). In Abgrenzung zu anderen Beziehungen weisen die Beziehungen zwischen Geschwistern einige Besonderheiten auf:

Geschwisterbeziehungen sind in der Regel *eingebunden in ein größeres Familiensystem,* in dem sie ein Subsystem bilden (Walper et al. 2010). Die Art der Beziehungsgestaltung zwischen den Geschwistern wird so durch die Eltern und das erweiterte Familiensystem ermöglicht und beeinflusst (Walper et al. 2010). Geschwister machen hierdurch *ähnliche, wenn auch nicht gleiche, Umwelterfahrungen* (Zukow 1989; Dunn/Kendrick 1982). Geschwister wachsen zur gleichen Zeit in dem gleichen Haushalt auf oder sind bei Halb- oder Stiefgeschwister mindestens durch ein Elternteil miteinander verbunden. Auch bei einem großen Altersunterschied zwischen Geschwistern, sodass die Geschwister nur kurze Zeit in einem gemeinsamen Haushalt leben, wachsen Geschwister dennoch mit ähnlichen Wertvorstellungen und Erziehungsstilen sowie unter vergleichbaren sozioökonomischen Umständen auf. Geschwister sind aber nicht nur den gleichen Umwelterfahrungen ausgesetzt, denn sie selbst stellen für sich wechselseitige und unterschiedliche Umwelterfahrungen dar. Im Erwachsenenalter bleiben Geschwister durch eine *gemeinsame (Familien-)Geschichte* miteinander verbunden (Zukow 1989). Gerade im Kontext der Familie teilen Schwestern und Brüder sich meist *gemeinsamen Pflichten und Probleme.* In der Kindheit werden den Geschwistern Aufgaben und Pflichten vorwiegend durch die Eltern zugewiesen, im Erwachsenenalter müssen sie oft gemeinsam Entscheidungen, zum Beispiel in Bezug auf kranke Eltern, treffen und die Aufteilung von Pflichten aushandeln.

Anders als in der Eltern-Kind-Beziehung sind die Beziehungen zwischen Geschwistern meist weniger hierarchisch gestaltet und durch geringere strukturelle Macht gekennzeichnet. Es besteht häufig eine reziproke Beziehungsgestaltung mit einem *wechselseitigen Austausch* (Walper et al. 2010). Bei einem großen Altersunterschied zwischen Geschwistern und einem damit einhergehenden Entwicklungsunterschied oder kulturell geprägten Zuschreibungen von Verantwortung und Rechten weisen Geschwisterbeziehungen ein unter Umständen großes Machtgefälle auf.

Geschwisterbeziehungen sind in der Regel die *längsten engen emotionalen Beziehungen,* die Menschen haben. Sie dauern länger an als die Beziehung zu den Eltern und auch länger als die Beziehungen zu Partnern und Partnerinnen (Bank/Kahn 1994). Im Erwachsenenalter werden Geschwisterbeziehungen in sehr unterschiedlicher Art und Weise gelebt. Das Gefühl der wechselseitigen Verbundenheit und Verpflichtung bleibt jedoch meist bestehen (Bank/Kahn 1994). Geschwister-Sein ist *nicht lösbar,* weswegen Geschwisterbeziehungen auch als *symbolische Beziehungen* beschrieben werden, die auch ohne Kontakt weiter bestehen (Bedford 1989).

2.2 Geschwisterkonstellationen

Zur Geschwisterkonstellationen gehören solche Merkmale der Beziehung, die durch die Geschwister nicht beeinflussbar, sondern durch Zeit und Umstände gegeben sind. Hierzu zählen der Verwandtschaftsgrad, die Geburtenreihenfolge, der Altersunterschied und die Geschlechterkonstellation.

2.2.1 Biologische und soziale Geschlechter

Die Verwandtschaftskonstellation zwischen Geschwistern kann aus verschiedenen Blickwinkeln betrachtet werden und spiegelt die verschiedenen Wege in die Geschwisterschaft wider. So ist, gerade im Hinblick auf die Pluralität verschiedener Lebensformen, eine Unterscheidung zwischen dem Grad der *biologischen Verwandtschaft* und der *sozialen Geschwisterschaft* zu treffen. Im engen Sinn werden als Geschwister diejenigen Personen zusammengefasst, die von den gleichen Eltern oder einem gleichen Elternteil abstammen, also leibliche Geschwister oder Halbgeschwister sind. Die Beziehungen zwischen Stief- und Adoptivgeschwistern sind in einer sozialen Geschwisterschaft begründet, nicht aber in einer biologischen. Unter eine weite Definition von sozialen Geschwistern fallen auch Beziehungen zwischen Kindern und Jugendlichen, die beispielsweise gemeinsam in Heimen (z. B. Kinderdorffamilie) oder Internaten aufwachsen, oder zwischen Personen, die verwandtschaftlich durch ein Halbgeschwister miteinander verbunden, selbst aber nicht biologisch verwandt sind (engl. cross siblings). Die Beziehung zwischen leiblichen Geschwistern geht häufig mit einer sozialen Geschwisterschaft einher, ist aber – zum Beispiel bei leiblichen Geschwistern, die in unterschiedliche Familien adoptiert wurden – nicht zwingend gegeben. Insbesondere wenn der Geschwisterbegriff in Bezug auf leibliche und soziale Verwandtschaft weit gefasst wird, bedeutet dies nicht immer, dass sich Personen selbst als „Geschwister" erleben. Im Gegensatz dazu, wird der Begriff des „Bruders" oder der „Schwester" auch verwendet, um eine enge und langandauernde Beziehung oder eine Freundschaft, die über Höhen und Tiefen des Lebens hinweg besteht, zu beschreiben, welche ausschließlich von der subjektiven Interpretation einer oder mehrerer Personen bestimmt ist. Dies zeigt sich beispielsweise im Konzept der Blutsbruderschaft oder dem Phänomen der „same-year siblings" in ländlichen Regionen im Süden Chinas (Santos 2008).

2.2.2 Anzahl der Geschwister

Die Anzahl der Kinder in einer Familie bestimmt die Komplexität der Familienstrukturen und damit auch die Art und Weise, wie einzelne Beziehungen zwischen den Geschwistern gestaltet werden können. Differenzierte Erhebungen zur Anzahl der Geschwister und dem Grad der Verwandtschaft fehlen für Deutschland. Für eine Schätzung kann auf die Anzahl der ledigen Geschwister, die Anzahl der Geburten pro Frau und der in einem Haushalt lebenden Kinder zurückgegriffen werden.

Anzahl der ledigen Geschwister
Gemäß den Angaben des Statistisches Bundesamtes (2015a) für das Jahr 2014 hatten 67.62 % der Kinder,[1] die im Haushalt ihrer Eltern lebten, in Deutschland mindestens ein lediges Geschwister. Davon wuchsen 65.18 % mit einem, 24.89 % mit zwei, 6.76 % mit drei und 3.17 % mit vier und mehr ledigen Geschwistern in der Familie auf. Bei den minderjährigen Kindern, hatten 73.55 % mindestens ein lediges Geschwister (Tabelle 1). Im Vergleich zu 2005 ist der Anteil der Kinder, die mindestens ein lediges Geschwister haben, um 1.1 Prozentpunkte gefallen. Der Anteil der Kinder mit einem und der mit zwei oder mehr Geschwistern, hat sich seit 2005 kaum verändert.

Anzahl der Geburten pro Frau
Eine andere Herangehensweise zur Erfassung der Anzahl der Geschwister, die nicht das Alter oder den Familienstand der Kinder mitberücksichtigt, ist die Anzahl der Geburten pro Frau bzw. Mutter. Hier werden lediglich leibliche Geschwister sowie Halbgeschwister mütterlicherseits mitberücksichtigt. Etwa 30 % der Mütter, die zwischen 35 und 64 Jahre alt sind, haben ein Kind, circa 50 % haben zwei Kinder und rund 20 % drei oder mehr Kinder (Statistisches Bundesamt 2012).

Anzahl der in einem Haushalt lebenden Kinder
Die absolute Anzahl der Haushalte in Deutschland mit Kindern unter 18 Jahren ist seit 1968, mit Ausnahme der 1980er-Jahre, vergleichsweise stabil geblieben (Abbildung 1). Bezogen auf die Anzahl der in Deutschland lebenden Personen hat sie jedoch abgenommen (Statistisches Bundesamt 2016c). Der Anteil der Haushalte mit einem oder mit zwei Kindern hat zugenommen (davon Haushalte mit einem Kind: 1968: 45.27 %; 2014: 52.83 %; Haushalte mit zwei Kindern:

---

[1] Als Kinder wurden solche Mitglieder eines Haushalts definiert, die leibliche, Adoptiv-, Pflege- oder Stiefkinder sind, nicht mit einem Lebenspartner oder einer Lebenspartnerin zusammenwohnen und keine eigenen Kinder haben.

Tabelle 1. Anzahl der im gleichen Haushalt lebenden ledigen Geschwister

	2014		2013		2012		2011	
	n	%	n	%	n	%	n	%
Anzahl lediger Kinder in Familien								
Gesamt	18 576		18 649		18 780		18 946	
Ohne Geschwister	6 015	32.38	6 023	32.30	6 025	32.08	6 050	31.93
Mit Geschwistern	12 561	67.62	12 627	67.71	12 756	67.92	12 896	68.07
1 Geschwister	8 187	65.18	8 229	65.17	8 350	65.46	8 405	65.18
2 Geschwister	3 126	24.89	3 145	24.91	3 126	24.51	3 217	24.95
3 Geschwister	849	6.76	839	6.64	858	6.73	859	6.66
4 Geschwister und mehr	398	3.17	414	3.28	422	3.31	416	3.23
Anzahl lediger Kinder unter 18 Jahren in Familien								
Gesamt	12 955		12 975		13 036		13 075	
Ohne Geschwister	3 427	26.45	3 401	25.99	3 388	25.76	3 368	25.76
Mit Geschwistern	9 528	73.55	9 574	74.00	9 647	74.24	9 707	74.24
1 Geschwister	6 099	64.01	6 126	64.28	6 201	63.89	6 202	63.89
2 Geschwister	2 445	25.66	2 455	25.18	2 429	25.67	2 492	25.67
3 Geschwister	671	7.04	660	7.01	676	6.91	671	6.91
4 Geschwister und mehr	313	3.29	334	3.55	342	3.52	342	3.52

Anmerkungen: Angaben pro tausend Kinder; Prozentangaben der Kategorien ohne und mit Geschwister beziehen sich auf die Anzahl der ledigen Kinder; bei der Anzahl der Geschwister beziehen sich die Prozentangaben auf die Anzahl der Kinder mit Geschwistern; (Statistisches Bundesamt 2015a).

1968: 33.39 %; 2014: 36.36 %), während der Anteil der Haushalte mit drei, vier oder mehr Kindern im Gegensatz dazu abgenommen hat (Haushalte mit drei Kindern: 1968: 13.57 %; 2014: 8.66 %; Haushalte mit vier oder mehr Kindern: 1968: 7.77 %; 2014: 2.11 %). Wird die Anzahl der Kinder im Haushalt für die Bestimmung der Anzahl der Geschwister herangezogen, so ist die Schätzung eher konservativ, da möglicherweise zu einem späteren Zeitpunkt noch weitere Geschwister geboren werden oder ältere Geschwister bereits einen eigenen Haushalt gegründet haben (Bertram 2008). Auch müssen bei Scheidung und Wiederheirat der Eltern weitere Geschwisterkonstellationen in Betracht gezogen werden, in denen Kinder und Jugendliche nur zeitweise in dem gleichen Haushalt leben.

Abbildung 1. Anzahl der Haushalte nach Anzahl der minderjährigen Kinder von 1968 bis 2014

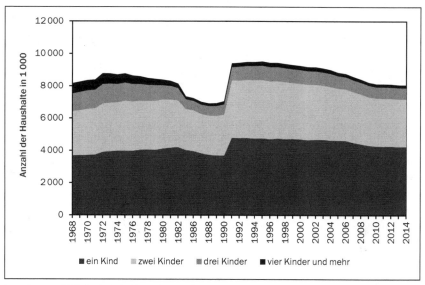

Anmerkungen: 1970: Ergebnis der Volkszählung; 1975: Ergebnis der EG-Arbeitskräftestichprobe; Bis 1990: Früheres Bundesgebiet; 1968, 1969 und 1971: Wohnberechtigte Bevölkerung; 1970 und ab 1972: Bevölkerung in Privathaushalten; Ab 2011: Hochrechnung anhand der Bevölkerungsfortschreibung auf Basis des Zensus 2011; (Statistisches Bundesamt 2016d).

Einflussfaktoren

Die Anzahl der Kinder in einer Familie hängt von einer Vielzahl von Faktoren ab. Dies sind beispielsweise gesellschaftliche Faktoren, wie die Einstellung zu Kindern, und Vorstellungen von idealen Familienkonstellationen, wie z. B. der Zwei-Kind-Familie im westlichen Kulturraum (Tölke 2015). Ein weiterer Faktor, der die Entscheidung für Kinder beeinflusst, ist das Bestehen einer Partnerschaft (Bachu/O'Connell 2000).

Die Anzahl der Kinder in einer Familie und somit die Anzahl der Geschwister wird auch durch die Vereinbarkeit von Familie und Beruf geprägt. So zeigte Bertram (2008), dass vor allem Frauen und Männer, die in Berufen mit projektbezogener Arbeit, unregelmäßigen Arbeitszeiten und langen Phasen bis zur beruflichen Etablierung tätig waren, eher kinderlos blieben. Welches Gewicht bei der Entscheidung für Kinder die berufliche Tätigkeit hat, hängt zudem von den gesellschaftlichen und staatlichen Voraussetzungen ab. So haben beispielsweise Frauen in Frankreich mehr Kinder als in England und Deutschland (Bertram 2008). Ekert-Jaffé et al. (2002) gehen davon aus, dass dies an den flexibleren und staatlich finanzierten Modellen zur Kinderbetreuung in Frankreich liegt.

Bei der Entscheidung für ein zweites oder weitere Kinder spielen auch die Erfahrungen mit dem ersten Kind eine Rolle: Frauen entscheiden sich seltener für ein zweites Kind, wenn es häufig Streit mit dem Partner in Erziehungsfragen gibt (Lutz/Buhr/Boehnke 2013). Weitere Faktoren, die die Entscheidung der Eltern für ein weiteres Kind beeinflussen, sind Wünsche und Vorstellungen hinsichtlich der Geschlechterkonstellation der Kinder, beziehungsweise der Wunsch nach einem Sohn oder einer Tochter (vgl. Abschnitt 2.2.4).

2.2.3 Position in der Geburtenreihenfolge und Altersabstand

Die *Position in der Geburtenreihenfolge* ist ein Faktor, der häufig in der Literatur und in der Alltagspsychologie zur Erklärung von Charakterunterschieden herangezogen wird (Kasten 2003). Hierbei wird meistens zwischen erstgeborenen, zweitgeborenen und letztgeborenen Kindern unterschieden. Die Position in der Geschwisterreihenfolge verändert sich bei leiblichen Geschwistern nur durch die Geburt oder den Tod einer Schwester oder eines Bruders. Bei ausschließlich sozialen Geschwistern beeinflussen Faktoren, wie die Wiederheirat eines Elternteils nach einer Scheidung, die Position in der Geschwisterreihenfolge.

Nicht nur die relative Position der Geburten beider Geschwister zueinander ist entscheidend, sondern auch der *Altersabstand* zwischen Geschwistern. Mit Ausnahme von Mehrlingen liegt dieser bei leiblichen Geschwistern und Halbgeschwistern mütterlicherseits bei mindestens neun Monaten, während hingegen bei Halb-, Stief- und Adoptivgeschwistern die Wahrscheinlichkeit besteht, dass ein geringerer Altersabstand zwischen den Geschwistern liegt.

In Deutschland lag der Abstand 2010 zwischen erster und zweiter Geburt einer Frau durchschnittlich bei 4.2 Jahren und zwischen zweiter und dritter Geburt bei 4.9 Jahren (Pötzsch 2012).[2] Der Geburtenabstand ist bei Frauen, die verheiratet sind, geringer (Pötzsch 2012). Zwischen 2000 und 2010 hat sich der Abstand zwischen den Geburten einer Frau nicht wesentlich verändert (Pötzsch 2012). Eine Ausnahme bildet das Geburtenverhalten in den neuen Bundesländern: Hier pendelte sich der Abstand zwischen den Geburten zunehmend auf den durchschnittlichen Abstand in den Bundesländern des früheren Bundesgebietes ein (Pötzsch 2012).[3]

In der offiziellen Statistik zur Anzahl der Geburten pro Frau bleibt die Geburt von Mehrlingen unberücksichtigt. Dies ist insofern von Bedeutung, da sich in Deutschland eine deutliche Zunahme von 11.6 Zwillingsgeburten pro 1 000

---

2 Es wurden nur Lebendgeborene und das erste Kind von Mehrlingsgeburten mitberücksichtigt.
3 Pötzsch (2012) geht davon aus, dass dies auf ein „Nachholen" von Geburten zurückzuführen ist, nachdem Frauen aus den neuen Bundesländern während der 1990er-Jahre vergleichsweise wenig Kinder geboren haben.

Geburten im Jahr 1950 auf 18.4 Zwillingsgeburten pro 1000 Geburten im Jahr 2014 zeigt (Statistisches Bundesamt 2016b). In Europa waren im Jahr 2010 durchschnittlich 16.8 von 1000 Geburten Mehrlingsgeburten (Heino et al. 2016). Neben genetischen Faktoren spielen für die Zunahme der Zwillingsgeburten das höhere Alter der Mutter bei der Geburt (Heino et al. 2016), die Nutzung von reproduktionsmedizinischen Verfahren und die verbesserte Versorgung von Frühgeborenen (Ananth/Chauhan 2012) eine wesentliche Rolle.

2.2.4 Geschlechterkonstellationen

Ein weiterer Einflussfaktor auf die Art der Geschwisterbeziehung ist die *Geschlechterkonstellation* zwischen den Geschwistern, welche auch in Abhängigkeit von der Position in der Geburtenreihenfolge besondere Tragweite gewinnt. So kommen vor allem der ältesten Schwester und dem ältesten Bruder oft besondere Pflichten und Privilegien zu (Zukow 1989; Bank/Kahn 1994).

In westlichen Kulturen ist die Anzahl der tatsächlich geborenen Jungen und Mädchen in etwa gleich, mit einer leichten Tendenz hin zu mehr Jungen. In Deutschland belief sich die Geschlechterverteilung bei den Neugeborenen 2014 auf 1.05 (Anzahl der Jungen geteilt durch Anzahl der Mädchen; Statistisches Bundesamt 2016a). Bei Betrachtung des Verlaufs der Geschlechterverteilung seit dem Jahr 1950 zeigt sich eine Tendenz zu einer ausgeglichenen Geschlechterverteilung (Statistisches Bundesamt 2016a). In Studien mit offiziellen Geburtenregistern zeigten sich bedeutsame Einflussfaktoren, wie saisonale Muster (Schnettler/Klüsener 2014), das Alter der Eltern bei der Geburt (Jacobsen/Møller/Mouritsen 1999) und der Einfluss von ökologischen und humanitären Krisen auf die Geschlechterverteilung (Pavić 2014; Grech 2014; Scherb/Kusmierz/Voigt 2013). Auf individueller Ebene werden genetische Faktoren (James 2010), der Einfluss von Methoden zur künstlichen Befruchtung (Maalouf et al. 2014), die Kalorienzufuhr der Mutter vor und während der Schwangerschaft (Navara 2014; Mathews/Johnson/Neil 2008; Cramer/Lumey 2010) und der Nikotinkonsum beider Eltern (Fukuda et al. 2002; Mills 2003; Ibrahim/Khalil/Khan 2012) diskutiert. Anhand einer Studie mit 225 Frauen, die an posttraumatischer Belastungsstörung litten, fanden Kaitz et al. (2014), dass Frauen, die in ihrer Kindheit belastende Ereignisse erlebt hatten, signifikant häufiger Mädchen zur Welt brachten. Dieser Effekt war teilweise durch die Schwere der PTBS-Symptomatik moderiert, wobei für selbstschädigendes Verhalten kontrolliert wurde.

Im Kontext der Geschlechterkonstellationen bei Geschwistern wurde untersucht, inwieweit sich mit steigender Anzahl der Geburten, die Wahrscheinlichkeit hin zu der Geburt von Töchtern verschiebt. Studien hierzu zeigten jedoch keinen eindeutigen Befund (Jacobsen/Møller/Mouritsen 1999). Wesentlich besser belegt sind über das Verhalten der Eltern vermittelte Einflüsse auf die Geschlechterkonstellation in Abhängigkeit des Geschlechts der bereits geborenen Kinder. Bei der Auswertung der Daten aus skandinavischen Ländern zeigte sich eine leichte, aber signifikante Tendenz, dass Frauen eher noch ein drittes Kind bekommen, wenn sie bereits zwei Söhne haben, im Vergleich zu allen anderen Geschlechterkonstellation (Andersson et al. 2006). Prädiktoren für den Wunsch nach einer gemischtgeschlechtlichen Zusammensetzung der Geschwister waren nach Selbstauskunft von 5544 amerikanischen Männern und Frauen, die Vorstellung, dass Jungen und Mädchen unterschiedliche Rollen und Aufgaben übernehmen, das Bedürfnis danach im Alter gut versorgt zu werden, die symbolische Bedeutung einer Familie mit mindestens einer Tochter und einem Sohn als Teil der Selbstverwirklichung und das Ansehen als „ideale Familie" (Nugent 2013). In manchen amerikanischen Studien wurde hingegen eine zunehmende Tendenz hin zu einer Indifferenz bezüglich des Geschlechts eines Kindes gefunden (Pollard 2002). Studien in Kulturen, in denen Söhne einen wesentlich höheren sozialen Stellenwert haben als Töchter, berichteten von geschlechtsselektiver Abtreibung (Kant et al. 2015; Patel et al. 2013) und Kindstötung (Tandon/Sharma 2006). Das Risiko war umso höher, je mehr Mädchen bereits in die Familie geboren worden waren (Kant et al. 2015; Patel et al. 2013; George/Rajaratnam/Miller 1991).

2.3 Ausgestaltung von Geschwisterbeziehungen

Geschwisterbeziehungen werden häufig als ambivalent oder als Liebe-Hass-Beziehungen beschrieben (Punch 2008). Eine Beschreibung, die nicht selten auf der Beobachtung von Eltern basiert, die verwundert darüber sind, wie wechselhaft das Verhalten ihrer Kinder untereinander sein kann. Auch in der Forschung lassen sich die Aspekte, anhand derer Geschwisterbeziehungen beschrieben werden, auf zwei wesentlichen Dimensionen einordnen: negative Merkmale, wie Rivalität, Streit und Aggression, und positive Merkmale, wie Fürsorge, Wärme und Vertrauen (McGuire/McHale/Updegraff 1996). Wurden beide Dimensionen gemeinsam untersucht, so korrelierten sie moderat miteinander (Buhrmester/Furman 1990; McGuire/McHale/Updegraff 1996). McGuire/McHale/Updegraff (1996) geht davon aus, dass es vier verschiedene Typen von Geschwisterbeziehungen gibt (Abbildung 2). Ein weiterer bisher wenig untersuchter Bereich ist die Aushandlung von Kontrolle, Macht und Dominanz in der Geschwisterbeziehung (Walper et al. 2010; Tucker/Updegraff/Baril 2010).

Abbildung 2. Verschiedene Arten von Geschwisterbeziehungen nach McGuire/McHale/Updegraff (1996)

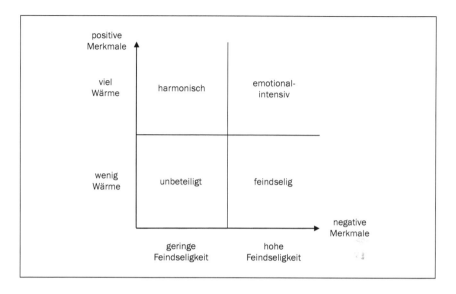

2.3.1 Geschwister als Kameraden, Vertraute, Unterstützer

"Vor acht Jahren, bei der Trennung von meinem Mann, hat mir meine Schwester sehr geholfen. Sie hat mir mit Rat und Tat zur Seite gestanden und hat sich auch um meine Kinder gekümmert ... Meine Eltern habe ich schon im Kindergartenalter verloren." (Onnen 2015, S. 103)

Nähe und Vertrauen

In der Kindheit verbringen Kinder meist viel Zeit mit ihren Geschwistern, oft noch mehr als mit ihren Eltern und mit Gleichaltrigen (Bank/Kahn 1994). So ist es nicht verwunderlich, dass Geschwister während der frühen und mittleren Kindheit vor allem Spielgefährten sind (Bank/Kahn 1994). Im Jugendalter nimmt die gemeinsam verbrachte Zeit ab, wobei das Ausmaß an Kontakt durch die Ähnlichkeit der Lebensumstände, wie z. B. dem Besuch der gleichen Schule, bedingt ist (Buist et al. 2002). Während der Pubertät nehmen Geschwister zunehmend die Rolle eines Vertrauten ein (Oliva/Arranz 2005). Geschwister tauschen sich häufig über Sorgen und Probleme (Howe et al. 2001; Campione-Barr et al. 2015), wie zum Beispiel romantische Beziehungen und Sexualität (Killoren/Roach 2014; Wallace/Hooper/Persad 2014) sowie das eigene Aussehen und Essverhalten (Tucker/Winzeler 2007; Greer/Campione-Barr/Lindell 2015), aus. Ein wesentlicher Anteil der Kommunikation zwischen Geschwistern beschäftigt sich jedoch mit alltäglichen Dingen, wie Hobbies, Filmen und Schule (Tucker/

Winzeler 2007). Im Erwachsenenalter nimmt der Kontakt und die emotionale Nähe zum Geschwister ab (White 2001) und bleibt dann ab dem mittleren Erwachsenenalter stabil (White 2001; White/Riedmann 1992a). In einigen Fällen wird eine Zunahme des Kontakts nach einer Trennung von der Partnerin oder dem Partner berichtet (Connidis 1989).

Fürsorge und Unterstützung
Schon mit dem Beginn der Geschwisterbeziehung zeigen vor allem ältere Geschwister ein fürsorgliches Verhalten gegenüber ihrem jüngeren Geschwister (Kosonen 1996; Stewart/Marvin 1984). Sie werden von ihnen manchmal als Bindungspersonen genutzt, wenn die primäre Bezugsperson nicht verfügbar ist (Teti/Ablard 1989). Während des Aufwachsens kommt es zu einer Verschiebung von einer hierarchischen Bindungsstruktur hin zu einem reziproken und egalitären Bindungsverhalten (Whiteman/McHale/Soli 2011). In einer Studie mit 28 Schwesternpaaren zeigten Killoren/Roach (2014), dass die jüngeren Schwestern häufig die ältere Schwester positiv bestärkten, indem sie zustimmten, während die älteren häufiger den jüngeren Schwestern Ratschläge gaben.

Auch im Jugend- und Erwachsenenalter unterstützen sich Geschwister gegenseitig, sowohl emotional (Kim et al. 2006; Voorpostel/Blieszner 2008; Voorpostel/van der Lippe 2007; Lu 2007; Guan/Fuligni 2016) als auch bei der Erfüllung von praktischen Aufgaben (Voorpostel/van der Lippe 2007). Eine besondere Bedeutung kommt der Unterstützung von Geschwistern in schwierigen Lebenssituationen, wie zum Beispiel während einer Trennung vom Partner oder der Partnerin oder der Geburt eines Kindes, zu (Onnen 2015). In westlich geprägten Ländern kommt es im hohen Alter zu einem leichten Anstieg der wechselseitigen Unterstützung (White 2001). Ein solcher Zusammenhang wurde in nicht westlichen Ländern nicht gefunden (Lu 2007). Unterstützungsverhalten zwischen Geschwistern im Erwachsenenalter hängt häufig mit einer allgemein positiveren Beziehung zur Herkunftsfamilie zusammen (Voorpostel/Blieszner 2008). Es wird aber auch kompensatorisches Unterstützungsverhalten berichtet, wenn ein geringer Kontakt zu den Eltern besteht (Voorpostel/Blieszner 2008; Miner/Uhlenberg 1997).

Einflussfaktoren
Schwestern haben im Erwachsenenalter oft eine engere Beziehung zueinander als Brüder (Connidis/Campell 1995; Connidis 1989; Riggio 2006; Spitze/Trent 2006; White/Riedmann 1992a; Weaver/Coleman/Ganong 2003). Die Qualität der Geschwisterbeziehung wird häufig mit steigender Geschwisteranzahl (Riggio 2006) und geringerem Altersabstand (Dolgin/Lindsay 1999; Riggio 2006) als besser beschrieben. Im Erwachsenenalter spielt die räumliche Distanz eine wesentliche Rolle für das Ausmaß der Kontakthäufigkeit (White 2001) und praktischer Unterstützung (Voorpostel/van der Lippe 2007). Vor allem in neueren

Studien wurde eine Zunahme der emotionalen Unterstützung bei größerer räumlicher Distanz gefunden, wenn für die Kontakthäufigkeit kontrolliert wurde (Voorpostel/van der Lippe 2007).

Das Verhalten der Eltern hat einen wesentlichen Einfluss auf die Qualität der Geschwisterbeziehung. Geschwister berichten mehr Wärme in der Geschwisterbeziehung, wenn sie selbst eine positive Beziehung zu ihren Eltern haben (Teti/Ablard 1989; Derkman et al. 2011; Kim et al. 2006; Portner/Riggs 2016). Donley/Likins (2010) fanden einen Effekt der Qualität der Geschwisterbeziehung der Mutter, nicht aber des Vaters, auf die Qualität der Geschwisterbeziehung der Kinder. In Familien, in denen die Familie einen hohen Stellenwert einnimmt, haben Geschwister mehr Kontakt zueinander (Johnson 1982; Voorpostel/Schans 2011; Cicirelli 1994).

Ein Einflussfaktor mit zeitlich zunehmender Bedeutung für die Wärme in der Geschwisterbeziehung ist das Temperament und die Persönlichkeit der Geschwister (Lam/Solmeyer/McHale 2012; Stoneman/Brody 1993). So zeigten Lam/Solmeyer/McHale (2012) in einer Längsschnittstudie, dass während des Übergangs zum Jugendalter, der Zusammenhang zwischen Wärme in der Geschwisterbeziehung und der Fähigkeit zur Empathie stärker wurde.

Erklärungsmodelle

Das Fürsorgeverhalten unter Geschwistern wird zum Teil durch bindungstheoretische Annahmen erklärt, wobei sich sowohl hierarchische als auch reziproke Aspekte in der Beziehungsgestaltung zeigen (Whiteman/McHale/Soli 2011). Eine evolutionspsychologische Sichtweise besagt, dass prosoziales Verhalten unter Geschwistern vor allem dem Ziel dient, das Überleben genetisch verwandter Personen zu sichern (engl. inclusive fitness; Greitemeyer/Rudolph/Weiner 2003; Tifferet et al. 2016; Sznycer et al. 2016). Andere Autorinnen und Autoren gehen davon aus, dass positive Geschwisterinteraktionen auch durch gesellschaftliche und kulturelle Erwartungen geprägt werden, die den Wert von Geschwistern und den Zusammenhalt dieser betonen (Zukow 1989; Allan 1977; Rosenberg/Anspach 1973; Cicirelli 1994).

2.3.2 Rivalität, Konflikte und Aggression unter Geschwistern

Das in Sagen und Heldengeschichten am häufigsten zu findende Merkmal geschwisterlicher Beziehung ist das der Rivalität und Missgunst unter Geschwistern, oft im Zusammenhang mit der Bevorzugung eines Geschwisters durch ein oder beide Elternteile. In der Psychoanalyse setzt sich in gewisser Weise dieses Thema mit Adlers Enthronungstrauma fort, in dem die Geburt des Geschwisters als ein traumatisches Ereignis für das erstgeborene Kind dargestellt wird (Adler/Liebenau/Stein 2005).

Rivalität, Neid und Eifersucht

Mit den Begriffen Rivalität, Neid und Eifersucht werden meist ähnliche Konstrukte erfasst. Während Neid und Eifersucht Emotionen eines oder beider Geschwister gegenüber dem anderen widerspiegeln, beschreibt der Begriff Geschwisterrivalität nicht nur eine Emotion, sondern schließt auch Verhaltensweisen und Einstellungen mit ein (McDermott 1991). Neid ist eine emotionale Reaktion auf eine wahrgenommene materielle und immaterielle Benachteiligung (White/Mullen 1989). Eifersucht hingegen beschreibt eine Emotion, welche in Dreierpersonenkonstellationen entsteht, wenn die wertgeschätzte Beziehung zu einer der Personen bedroht ist (White/Mullen 1989). Je nach Ausmaß der Beteiligung der jeweiligen Geschwister, werden verschiedene Arten von Geschwisterrivalität unterschieden: einseitige – meist ausgehend von dem sich unterlegen fühlenden und möglicherweise benachteiligten Geschwister – und reziproke Geschwisterrivalität, in der zwei oder mehrere Geschwister fortwährend um Anerkennung und Aufmerksamkeit konkurrieren (Calladine 1983; Ross/Milgram 1982).[4]

Die meisten Geschwister berichten Rivalität, Neid und Eifersucht gegenüber ihrem Geschwister in der Kindheit (Thompson/Halberstadt 2008) und im Erwachsenenalter (Yoshimura 2010). Studien zu Folge reagieren jedoch 50 % bis 60 % der Geschwister durchwegs positiv auf die Geburt eines Geschwisters (Oh/Volling/Gonzalez 2015; Volling et al. 2014). Geschwisterrivalität ist am stärksten in der Kindheit und im Jugendalter und nimmt mit dem Auszug eines der beiden Geschwister meist ab (McDermott 1991). Geschwister konkurrieren miteinander am häufigsten in Bereichen wie schulischen Leistungen, körperlicher Attraktivität, Intelligenz, soziale Kompetenzen und Reife (McDermott 1991) und sind neidisch oder eifersüchtig auf Geschwister wegen Geschenken, einer Entscheidung der Eltern zu Gunsten des Geschwisters in einem Konflikt, mehr Zeit und Lob für das andere Geschwister (Thompson/Halberstadt 2008). Diese Themen setzen sich im Erwachsenenalter im Bereich des beruflichen Erfolgs und der Erfolge in zwischenmenschlichen Beziehungen fort (Ross/Milgram 1982). Durch bestimmte Ereignisse, das heißt meist wenn ein Geschwister ein Ziel erreicht hat und das andere nicht (z. B. Beförderung, Heirat, Schwangerschaft), kann es zu einem kurzfristigen Anstieg der Geschwisterrivalität kommen (Ross/Milgram 1982).

Geschwister, die einen geringen Altersabstand oder das gleiche Geschlecht haben, rivalisieren stärker miteinander (Brody/Steelman 1985; Brody/Stoneman/Burke 1987), ebenso eher ältere Geschwister gegenüber jüngeren Geschwistern

---

4   Im ICD 10 wird die emotionale Störung mit Geschwisterrivalität (F 93.3) als eigene Störung in der Kindheit geführt. Umfassende Studien zu Prävalenz fehlen gemäß Carter/Volkmar (1992).

(Brody/Stoneman/Burke 1987) und Kinder mit geringeren Fähigkeiten zur Emotionsregulation (Volling/McElwain/Miller 2002; Brody/Stoneman/Burke 1987). Eine wesentliche Rolle spielt das Verhalten der Eltern: So führt Ungleichbehandlung und Bevorzugung (Ross/Milgram 1982; Brody/Stoneman/Burke 1987), geringe elterliche Selbstwirksamkeitsüberzeugung (Oh/Volling/Gonzalez 2015), hohe Belastung in der Elternrolle zu mehr Rivalität (Oh/Volling/Gonzalez 2015). Wenn Rivalität zwischen den Geschwistern nicht angesprochen wird (Ross/Milgram 1982; Kasten 2003), von Seiten der Eltern mit Bestrafung reagiert wird (Oh/Volling/Gonzalez 2015) und so ein hoher Konformitätsdruck besteht (Kasten 2003), begünstigt dies das Auftreten von vermehrter und destruktiver Rivalität. Ein Fortdauern der Rivalität im Erwachsenenalter wird zudem durch ein Festhalten an Rollenzuschreibungen und fortgesetztem konkurrierenden Verhalten der Geschwister gefördert (Ross/Milgram 1982).

Streit und Konflikt

Oft werden in der Literatur Konflikte zwischen Geschwistern synonym mit Geschwisterrivalität verwendet oder aus dem Vorhandensein von Konflikten auf Geschwisterrivalität geschlossen (McDermott 1991). Zwar sind beide eng miteinander verbunden, sodass Eifersucht auf das Geschwister die Ursache für Konflikte sein kann (Kolak/Volling 2011). Es gibt aber auch Geschwisterrivalität, die nicht in offenen Konflikten zu Tage tritt, sondern sich in einem stark konkurrierenden Verhalten der Geschwister und Feindseligkeit gegenüber dem anderen äußert (Ross/Milgram 1982). Streit und Konflikte zwischen Geschwistern sind eine der häufigsten Sorgen von Eltern in Bezug auf die Geschwisterbeziehung (Kramer/Baron 1995). In der frühen und mittleren Kindheit streiten sich Geschwister häufig während des gemeinsamen Spiels oder um Spielzeuge (Abuhatoum/Howe 2013). Jugendliche streiten am häufigsten über negatives Verhalten gegenüber dem anderen (z.B. Kritisieren), über Privilegien und Pflichten im Haushalt und über die Art und Weise, wie der Besitz und die Privatsphäre des anderen behandelt wird (Roscoe/Goodwin/Kennedy 1987; Campione-Barr/Smetana 2010; Raffaelli 1992). Im Erwachsenenalter wird die Anzahl der Konflikte zwischen Geschwistern weniger, vor allem deswegen, weil sie sich zunehmend weniger Ressourcen teilen (müssen) und weniger Zeit miteinander verbringen (Bank/Kahn 1994). Gerade bei der Aufteilung der Pflege der Eltern kommt es jedoch häufig zu einer erneuten Zunahme von Konflikten (Suitor et al. 2014).

Die Häufigkeit von offenen Konflikten zwischen Geschwistern und die Fähigkeit, Kompromisse zu schließen, wird durch das Verhalten der Eltern bei Konflikten (Milevsky/Schlechter/Machlev 2011; Recchia/Howe 2009b; Perlman/Garfinkel/Turrell 2007; Kramer/Perozynski/Chung 1999; McHale et al. 2000), dem Alter und damit der Zunahme an kognitiven Fähigkeiten (Recchia/Howe 2009a; Recchia/Howe 2009b; Howe et al. 2002) beeinflusst. Es ist auch abhängig von der allgemeinen Qualität der Geschwisterbeziehung (Recchia/Howe 2009b; Recchia/Howe 2009a; Howe et al. 2002). Ein wichtiger Faktor ist der Streitgegenstand und dessen Bedeutung für die Geschwister (Ram/Ross 2001; Tesla/ Dunn 1992).

Verbale und körperliche Gewalt
Im Rahmen von Konflikten zwischen Geschwistern kommt es häufig zur Anwendung von verbaler und körperlicher Gewalt. So berichteten in einer Studie von Straus/Gelles/Steinmetz (2006) 40 % der befragten Eltern, dass sie mindestens eines ihrer Kinder einmal im letzten Jahr beobachtet haben, wie es seine Schwester oder seinen Bruder mit einem Gegenstand schlug. 82 % berichteten von mindestens einer Form von Gewalt im letzten Jahr (Straus/Gelles/Steinmetz 2006). Finkelhor/Turner/Ormrod (2006) fanden bei einer Befragung von 2 600 Kindern im Alter von 2 bis 17 Jahren sowie deren Eltern ein geringfügigeres Ausmaß an Viktimisierung durch Geschwister. 35 % der Jugendlichen bzw. der Eltern der jüngeren Kinder gaben an, dass es im letzten Jahr zu mindestens einer gewalttätigen Aggression gegen das Kind durch ein Geschwister kam. In einer Studie mit Jugendlichen (Roscoe/Goodwin/Kennedy 1987) gaben 88 % der Jungen und 94 % der Mädchen an, dass sie in den letzten 12 Monaten Opfer von Gewalt durch Geschwister wurden. 85 % der Jungen und 96 % der Mädchen gaben an, in den letzten 12 Monaten Gewalt gegen ein Geschwister verübt zu haben (Roscoe/Goodwin/Kennedy 1987). Ähnlich hohe Prozentzahlen berichteten Mathis/Mueller (2015).

Jugendliche berichteten am häufigsten, dass sie von ihren Geschwistern geschubst, gezogen oder getreten wurden oder etwas nach ihnen geworfen wurde. Sie selbst gaben ähnliche Verhaltensweisen gegenüber ihren Geschwistern an (Roscoe/Goodwin/Kennedy 1987; Libal/Deegener 2005).

Das Ausmaß der erlebten und ausgeübten Gewalt in Geschwisterbeziehungen liegt über dem der Gewalt gegenüber Gleichaltrigen (Finkelhor/Turner/ Ormrod 2006; Felson 1983; Hoetger/Hazen/Brank 2015). Befunde im Hinblick auf die Geschlechterkonstellation sind nicht eindeutig (Felson 1983; Felson/ Russo 1988; Tucker et al. 2013a; Krienert/Walsh 2011; Hoffman/Kiecolt/Edwards 2005). Sowohl verbale Aggression als auch körperliche Gewalt kommen häufiger in Konflikten mit Geschwistern, die den geringsten Altersabstand aufweisen, vor (Felson 1983).

Körperliche Gewalt unter Geschwistern ist häufig chronisch, jedoch oft weniger schwer als Gewalt unter Gleichaltrigen (Finkelhor/Turner/Ormrod 2006). Insbesondere schwere Formen von Gewalt unter Geschwistern gehen mit körperlicher Misshandlung des Geschwisters, Konflikten der Eltern, geringerer Wärme in der Eltern-Kind-Beziehung und unzureichender Beaufsichtigung der Kinder einher (Tucker et al. 2014; Green 1984). Die Qualität der Geschwisterbeziehung hat einen Einfluss auf die körperliche Gewalt unter Geschwistern

(Tucker et al. 2013a). Bei schwerer körperlicher Gewalt durch das Geschwister wird von Betroffenen häufig ein mangelndes oder unzureichendes Eingreifen der Eltern berichtet (McDonald/Martinez 2016; Anonymous 1978). Im Erwachsenenalter kommt es nur noch vereinzelt zu körperlicher Gewalt zwischen Geschwistern (McDonald/Martinez 2016).

Erklärungsmodelle

Für die Entstehung von Konflikten und Gewalt zwischen Geschwistern können unterschiedliche Erklärungsmodelle herangezogen werden. Hierzu zählt das Modell der Geschwisterrivalität, welche ihren Ursprung in dem Entthronungstrauma hat. Die Frustration über die nun zu teilende Aufmerksamkeit und Zuneigung der Eltern zeigt sich in der Aggression gegenüber dem Geschwister (Adler/Liebenau/Stein 2005). Felson (1983) hingegen geht davon aus, dass es sich bei Konflikten unter Geschwistern um realistische Konflikte handelt. Die Geschwister tragen folglich Konflikte aus, um eigene Interessen und Ziele durchzusetzen oder Zugang zu begrenzten Ressourcen zu erhalten. Konflikte werden allerdings nur dann ausgetragen, wenn eine Möglichkeit besteht, das Ziel zu erreichen. Gelles/Cornell (1985) betonen die Bedeutung von Modelllernen. So lernen Kinder von ihren Eltern, dass körperliche Bestrafung bzw. Aggression ein Lösungsweg für Konflikte ist, und lösen Konflikte mit ihren Geschwistern in der gleichen Art und Weise.

Für einige Autorinnen und Autoren (Gelles/Cornell 1985; Straus/Gelles/Steinmetz 2006; Felson/Russo 1988; Finkelhor/Turner/Ormrod 2006; McDonald/Martinez 2016) wird neben individuellen Faktoren auch die hohe gesellschaftliche Akzeptanz von Konflikten und Gewalt unter Geschwistern[5] als ursächlich angesehen:

> Sibling violence is the most common form of family violence. Sibling hitting one another is so common that few people consider these behaviors violent. The existence of social norms that encourage expressions of aggressive behavior among siblings hinders the recognition of sibling violence as abnormal and worthy of serious concern. Most parents view conflict among siblings as an inevitable part of growing up and rarely discourage expressions of aggressive behavior between their offspring. (Gelles/Cornell 1985, S. 85)

In anderen Arbeiten werden der Geschwisterrivalität und dem Neid unter Geschwistern auch positive und konstruktive Seiten zugesprochen (McDermott

---

5 Die Ergebnisse einer Studie von Kettrey/Emery (2006) verweisen darauf, dass auch Geschwister, die körperliche Gewalt durch ihr Geschwister erfahren haben, diese zum Großteil nicht als solche wahrnehmen.

1991; Ley 2001) oder Aggression in der Geschwisterbeziehung als wichtiger „training ground" für späteres Durchsetzungsvermögen angesehen (Bank/Kahn 1994).

2.3.3 Geschwister zwischen Gleichberechtigung und Machtgefälle

Geschwisterbeziehungen sind eigentlich durch ähnliche Rollen in der Familie und im Vergleich zu den Eltern geringem Altersabstand gekennzeichnet. Dennoch impliziert gerade in der Kindheit der Altersabstand ein großes Gefälle an Macht und Wissen. Dies kann bei der Übernahme von elterlichen Aufgaben, wie im Rahmen von Babysitten, passieren (z. B. Morrongiello/MacIsaac/Klemencic 2007), oder auch, weil das jüngere Geschwister das ältere Geschwister als Vorbild oder Lehrer ansieht und dessen Anweisungen folgt (z. B. Abuhatoum et al. 2016). Dass ein Geschwister sich gegenüber dem anderen durchsetzt, wurde häufig nur im Zusammenhang mit Konflikten untersucht oder dann, wenn komplementäre Rollen ein fürsorgliches Verhalten meist des älteren Geschwisters fördern (Abuhatoum et al. 2016).

Ältere Geschwister zeigten häufiger ein bestimmendes Verhalten als jüngere Geschwister, über einen Drei-Jahres-Zeitraum nahm bei einer Studie mit Jugendlichen das Ausmaß an Dominanz bei beiden Geschwistern ab (Tucker/Updegraff/Baril 2010). Es bestand kein Zusammenhang mit der Nähe der Geschwister. Allerdings initiierten ältere Geschwister häufiger Konflikte, wenn sie mehr Dominanz berichteten als wenn die Beziehung egalitär oder durch das jüngere Geschwister dominiert war (Tucker/Updegraff/Baril 2010). Ein stärker bestimmendes Auftreten kann auch die Folge von Veränderungen sein: So zeigten in einer Studie ältere Geschwister in der Folge der Scheidung der Eltern ein dominanteres Auftreten gegenüber ihren jüngeren Geschwistern (Roth/Harkins/Eng 2014).

2.3.4 Die Rolle der Eltern

Die Geschwisterbeziehung und die Art, wie sie ausgestaltet wird, ist in das größere System der Familie eingebunden (Walper et al. 2010). Folglich ist es wenig verwunderlich, dass die Eltern einen wesentlichen Einfluss auf die Geschwisterbeziehung haben. Die Art der Beeinflussung erfolgt auf der einen Seite indirekt durch das Familienklima und die Qualität der Paarbeziehung der Eltern, aber auch direkt durch die Art, wie Eltern mit Geschwistern umgehen.

Im Bereich des unmittelbaren Verhaltens ist die *Ungleichbehandlung* oder *Bevorzugung* von Geschwistern einer der am häufigsten untersuchten Forschungsgegenstände. Beide Begriffe werden zum Teil unterschiedlich definiert und können in Bezug auf verschiedene Lebensbereiche angewandt werden (z. B. Zuneigung, gemeinsame Zeit, Privilegien, Pflichten). Bevorzugung bezeichnet stärker eine bewusste und als ungerecht erlebte Ungleichbehandlung (Stotz/ Walper 2015). In einigen Fällen geht Ungleichbehandlung so weit, dass Teuschel (2014) von einem pathologischen Ausmaß spricht.

Gesamtgesellschaftlich findet sich ein zunehmendes Interesse bei Eltern ihre Kinder gleich zu erziehen (Kasten 2003), dennoch gelingt dies nicht immer. Es gibt widersprüchliche Befunde im Hinblick auf den Einfluss von Geschlecht, Alter und Position in der Geburtenreihenfolge der Geschwister auf das Ausmaß an Ungleichbehandlung (Tucker/McHale/Crouter 2003; McHale/Crouter 1995). Elterliche Belastungen führen häufig zu einer größeren Ungleichbehandlung der Geschwister (Kan/McHale/Crouter 2008; Atzaba-Poria/Pike 2008; Young/Ehrenberg 2007).

Eine Theorie, die sich mit der Ungleichbehandlung von Geschwistern beschäftigt, ist das *Resource Dilution Model* (z. B. Steelman et al. 2002). Sie geht davon aus, dass Eltern bei später geborenen Kindern weniger in deren schulische und berufliche Bildung investieren. Dies betrifft nicht nur finanzielle Aspekte, sondern auch die kognitive Förderung. Empirisch belegt ist eine geringere Verteilung an Ressourcen an jüngere Geschwister, vor allem in kinderreichen Familien (Downey 1995), und ein größerer Bildungserfolg älterer Geschwister (Steelman/Mercy 1983; Paulhus/Shaffer 1981). Insbesondere in Familien mit niedrigem sozioökonomischem Status zeigt sich ein größerer Unterschied zwischen den Geschwistern (Eirich 2011).

Unabhängig von dem Bereich auf den sich die elterliche Ungleichbehandlung bezieht, hat sie negative Auswirkungen auf die Kinder, die sich bis in das Erwachsenenalter fortsetzen können (Suitor et al. 2009). Dies gilt nicht nur für die benachteiligten, sondern auch für die bevorzugten Kinder (Stotz 2015). Die anhaltende Wirkung liegt vermutlich auch daran, dass sich elterliche Ungleichbehandlung im Erwachsenenalter fortsetzt (Siennick 2013).

2.4 Einfluss der Geschwisterbeziehung auf psychische Gesundheit und interpersonelle Beziehungsgestaltung

Der Einfluss von Geschwistern auf die Entwicklung einer Person kann auf verschiedenen Ebenen erfolgen: 1) die Geschwisterkonstellation selbst, 2) die Qualität der Geschwisterbeziehung, 3) der Umgang der Eltern mit der Geschwisterbeziehung und 4) der Einfluss des Verhaltens des Geschwisters. Bei letzterem können zwei unterschiedliche Dynamiken entstehen, nämlich zum einen eine hohe Ähnlichkeit und zum anderen eine Differenzierung zwischen Geschwistern.

Der Fokus im folgenden Abschnitt wird auf die Auswirkungen aller Einflussfaktoren auf das psychische Wohlbefinden, die interpersonelle Beziehungsgestaltung sowie den Einfluss auf sexuelles Risikoverhalten gelegt. Häufig beschriebene Effekte der Geschwisterkonstellation auf Persönlichkeitsmerkmale, wie Kreativität, Durchsetzungsvermögen und intellektuelle Leistung (vgl. Kasten 2003; McDermott 1991), werden nicht aufgegriffen.

2.4.1 Psychische Gesundheit und Belastung

Die Qualität der Beziehung zu den Geschwistern und in einigen Fällen die Geschwisterkonstellation haben einen Einfluss auf die allgemeine psychische Befindlichkeit in der Kindheit und Jugend (Vogt Yuan 2009; Gamble/Yu/Kuehn 2011; Bullock/Bank/Burraston 2002; Modry-Mandell/Gamble/Taylor 2007). In einer Studie waren ältere Geschwister im Hinblick auf die psychische Gesundheit in der Kindheit signifikant stärker belastet als jüngere Geschwister (Lawson/Mace 2010).

Trauma- und belastungsbezogene Störungen
Körperliche Gewalt unter Geschwistern und Gleichaltrigen kann negative Folgen über die körperliche Verletzungen hinaus haben: Körperliche Gewalt sagte, selbst wenn für andere traumatische Ereignisse kontrolliert wurde, in einer Studie signifikant das Ausmaß von PTBS-Symptomen bei Kindern und Jugendlichen vorher (Finkelhor/Turner/Ormrod 2006). Vor allem bei jüngeren Kindern ging chronische geschwisterliche Gewalt, von der 19 % der befragten Eltern berichteten, mit deutlich mehr PTBS-Symptomen einher (Finkelhor/Turner/Ormrod 2006).

Internalisierendes Verhalten, Ängstlichkeit und Depressivität
Internalisierende Verhaltensprobleme im Jugendalter werden durch die Qualität der Geschwisterbeziehung vorhergesagt (Vogt Yuan 2009; Padilla-Walker/Harper/Jensen 2010; Buist/Vermande 2014; Buist et al. 2014; Stocker/Burwell/Briggs 2002). Auch auf das Selbstbewusstsein hat sie einen Einfluss (Stocker/Burwell/Briggs 2002; Buist/Vermande 2014; Yeh/Lempers 2004). Das Zusammenleben mit Halb- oder Stiefgeschwister geht mit einer stärkeren Depressivität bei Jugendlichen einher (Vogt Yuan 2009).

Im jungen Erwachsenenalter beeinflusst die erinnerte Konflikthäufigkeit und die Art des Konflikts bei Frauen das Ausmaß an Ängstlichkeit, Depressivität und das Selbstbewusstsein signifikant, allerdings nur moderat (Graham-Bermann et al. 1994). Bei Männern zeigten sich in der Studie von Graham-Bermann et al. (1994) nur ein Zusammenhang mit dem Selbstbewusstsein. In einer prospektiven Studie von Waldinger/Vaillant/Orav (2007) mit 229 Männern über einen Zeitraum von 30 Jahren, sagte die negative Qualität der Geschwisterbeziehung in der Kindheit das Vorliegen einer Major Depression statistisch bedeutsam vorher.

Externalisierendes Verhalten, Substanzmissbrauch und Delinquenz

Im Jugendalter werden externalisierende Verhaltensprobleme durch die Qualität der Geschwisterbeziehung, wie häufige Konflikte und geringe Wärme, vorhergesagt (Buist et al. 2014; Buist/Vermande 2014; Gamble/Yu/Kuehn 2011; Padilla-Walker/Harper/Jensen 2010; Stocker/Burwell/Briggs 2002). Auch antisoziale Verhaltensweisen hängen mit vermehrten Konflikten in der Geschwisterbeziehung zusammen (Criss/Shaw 2005). Die externalisierenden Verhaltensweisen eines Geschwisters führten in einer Längsschnittstudie zu mehr feindseligem Verhalten der Mutter gegenüber beiden Kindern (Richmond/Stocker 2008).

Geschwister beeinflussen sich wechselseitig hinsichtlich des Problemverhaltens im Jugendalter (Whiteman/Jensen/Maggs 2014). Hierbei begünstigt beispielsweise der Konsum von Alkohol und/oder Drogen des älteren Geschwisters den des jüngeren (Low/Snyder/Shortt 2012; Bricker et al. 2006; Rowan 2016; Whiteman et al. 2016). Dieser Effekt wird durch viel gemeinsam verbrachte Zeit und gemeinsame Freunde zusätzlich gefördert (Rende et al. 2005; Slomkowski et al. 2001; Whiteman/Jensen/Maggs 2014). Der Einfluss genetischer Faktoren ist gering (Rende et al. 2005; Samek et al. 2015). Emotionale Nähe zwischen den Geschwistern kann zu weniger Subtanzkonsum beitragen (Samek et al. 2015; Samek/Rueter 2011b). In einer Studie zeigte sich jedoch bei Brüderpaaren ein vermehrter Substanzkonsum, wenn die Geschwisterbeziehung als eng beschrieben wurde (Samek et al. 2015). Alkohol- und Drogenkonsum eines Geschwisters beeinflusst aber auch die Geschwisterbeziehung negativ (Stevenson/Lee 2001) und kann das andere Geschwister belasten (Webber 2003).

Im Erwachsenenalter zeigen sich Zusammenhänge zwischen Geschwistern hinsichtlich dem Begehen von Straftaten (van de Rakt/Nieuwbeerta/Apel 2009). Gewalt unter Geschwistern sagt auch Gewalttätigkeit im Umgang mit Nicht-Familienmitgliedern und Gewaltbereitschaft im jungen Erwachsenenalter vorher (Gully et al. 1981). Hierbei ist der Einfluss der in der Geschwisterbeziehung erlebten Gewalt größer als der Einfluss der elterlichen Gewalt gegenüber den Kindern (Gully et al. 1981).

2.4.2 Interpersonelle Beziehungsgestaltung

Soziale Kompetenz

Das wohl häufigste Vorurteil im Hinblick auf Einzelkinder ist, dass sie weniger sozial kompetent und vor allem egoistischer sind als Kinder, die mit einem oder mehreren Geschwistern aufwachsen. Die aktuellen empirischen Befunde verweisen jedoch auf eine Veränderung des Zusammenhangs über die Lebenszeit hinweg. So werden in der frühen und mittleren Kindheit Kinder, die mit Geschwistern aufwachsen, als sozial kompetenter eingestuft (Downey/Condron 2004). Im Jugendalter zeigen sich jedoch keine Unterschiede zwischen Jugendlichen mit und ohne Geschwister in der Anzahl der Freunde und dem Ausmaß sozialer Kompetenzen (Bobbitt-Zeher/Downey 2013). Im Erwachsenenalter wenden sich Einzelkinder verstärkt an Freunde für emotionale und praktische Unterstützung, während Personen mit Geschwistern praktische Unterstützung vor allem bei Geschwistern suchen (Gondal 2012). Die Unterschiede zwischen Personen mit und ohne Geschwistern in der Zusammensetzung ihres sozialen Netzwerkes werden geringer mit zunehmendem Alter (Trent/Spitze 2011). Unterschiede in Geselligkeit von Personen und der Anzahl der Geschwister wurden in Studien nicht gefunden (Blake/Richardson/Bhattacharya 1991).

Zwischen der Qualität der Geschwisterbeziehung und der Qualität der Beziehung zu Gleichaltrigen besteht ein positiver Zusammenhang (McCoy/Brody/Stoneman 2002; McCoy/Brody/Stoneman 1994; Kramer/Kowal 2005; Updegraff/McHale/Crouter 2002), wobei in längsschnittlichen Studien kausale Zusammenhänge in beide Richtungen gefunden wurden. Im Hinblick auf andere Einflussfaktoren zeigten McCoy/Brody/Stoneman (2002), dass bei Kindern die Kombination aus einem schwierigen Temperament und einer schlechten Geschwisterbeziehung mit einer schlechteren Beziehungsqualität in Freundschaften einherging.

Partnerwahl und Familiengründung

Beginnend mit den 1960er-Jahren wurde in Bezug auf Geschwister und Partnerschaft diskutiert, ob sich Personen bei der Partnerwahl verstärkt einen Partner oder eine Partnerin suchen, die eine komplementäre Position in der Geburtenreihenfolge in ihrer Herkunftsfamilie innehatte. Befunde hierzu sind gemischt. Kemper (1966) fand beispielsweise nur einen Einfluss auf die Zufriedenheit in der Paarbeziehung, nicht aber im Hinblick auf die Partnerwahl. Kleine Effekte zeigen sich auch hinsichtlich der Einstellung zu romantischen Beziehungen und der Position in der Geburtenreihenfolge (McGuirk/Pettijohn 2008). In jüngeren Studien wurde ein Einfluss der Qualität der Geschwisterbeziehung in der Kindheit auf die Qualität der Paarbeziehung festgestellt (Doughty/McHale/Feinberg 2015), vor allem im Hinblick auf die Verwendung von ähnlichen Konfliktstilen (Shalash/Wood/Parker 2013; Reese-Weber/Bartle-Haring 1998). Bobbitt-Zeher/Downey/Merry (2014) fanden in einer Studie mit Erwachsenen mit zunehmender Anzahl der Geschwister eine geringere Wahrscheinlichkeit für eine Scheidung.

Im Erwachsenenalter wurde vor allem die Ähnlichkeit der Geschwister im Hinblick auf Muster der Familiengründung aus demografischer Perspektive untersucht. Hierbei zeigen sich große Ähnlichkeiten zwischen den Geschwistern (Raab et al. 2014; Dahlberg 2013; Wheeler et al. 2016). Diese wird zum Teil auf Merkmale der Herkunftsfamilie zurückgeführt (Lyngstad/Prskawetz 2010). Es zeigt sich aber bei der Entscheidung für Kinder ein direkter Effekt durch die Elternschaft des anderen Geschwisters (Lyngstad/Prskawetz 2010). Dieser Zusammenhang ist besonders stark bei dem erstgeborenen Kind (Lyngstad/Prskawetz 2010).

Studien zum Einfluss der Qualität der Geschwisterbeziehung auf das Verhalten gegenüber den eigenen Kindern gibt es nicht. Vereinzelt wurden in psychoanalytischen Fallstudien negative Reaktionen auf die Geburt eines eigenen Kindes als Folge von ungelösten Geschwisterkonflikten berichtet (Edward 2013).

2.4.3 Umgang mit Sexualität und sexuelles Risikoverhalten

Geschwister beeinflussen sich während des Jugendalters hinsichtlich der Einstellung gegenüber Sexualität und des sexuellen Risikoverhaltens gegenseitig (Kowal/Blinn-Pike 2004; McHale/Bissell/Kim 2009; Widmer 1997). Dies kann einerseits ein positiver Einfluss sein. In einer Studie von Kowal/Blinn-Pike (2004) mit 297 Schülerinnen und Schülern sagten Gespräche über Verhütungsmittel mit Geschwistern, über Gespräche mit Eltern hinaus, eine positivere Einstellung gegenüber dem Gebrauch von Verhütungsmitteln vorher. Zudem berichteten jüngere Geschwister von älteren Brüdern weniger sexuelles Risikoverhalten (Kornreich et al. 2003). Andererseits erhöht die frühe sexuelle Aktivität des älteren Geschwisters im Jugendalter die Wahrscheinlichkeit für sexuelle Aktivität des jüngeren Geschwisters (Widmer 1997; McHale/Bissell/Kim 2009). McHale/Bissell/Kim (2009) fanden einen stärkeren Zusammenhang bei gleichgeschlechtlichen Geschwisterpaaren, bei einer engen Geschwisterbeziehung, bei einem größeren Altersabstand und bei nicht-genetischer Verwandtschaft.

2.5 Geschwisterbeziehungen im Kontext familiärer Belastungen

Aus empirischer und theoretischer Perspektive gibt es verschiedene Modelle im Hinblick auf die Folgen von kritischen Lebensereignissen oder Belastungen auf die Geschwister bzw. die Geschwisterbeziehung. In diesem Zusammenhang lassen sich zwei wesentliche Hypothesen, vor allem aus der Forschung zu Scheidungsfamilien (Hetherington/Stanley-Hagan 1999), identifizieren (Schrapper 2015; Walper et al. 2010).

Die *Kongruenzhypothese,* auch *Kontaminations- oder Verstärkungshypothese* genannt, besagt, dass eine positive Beziehung zu den Eltern und/oder ein positives Familienklima dazu beitragen, dass die Geschwisterbeziehung ebenfalls als positiv erlebt wird. Treten Belastungen auf, so ist dadurch auch die Geschwisterbeziehung belastet.

Die *Kompensationshypothese* besagt, dass Geschwister, wenn die Beziehung zu den Eltern als negativ erlebt wird und/oder die Lebensumstände schwierig sind, die Beziehung der Geschwister untereinander als positiv erlebt wird. Die Geschwister übernehmen in einer solchen Situation eine kompensatorische Funktion füreinander, in dem sie sich gegenseitig unterstützen. Eng verwandt mit dieser Hypothese ist die Annahme, dass durch das kompensatorische Verhalten, negative Effekte abgemildert werden könnten (Puffer-Hypothese).

2.5.1 Chronische Erkrankung eines Geschwisters

Eine besondere familiäre Situation stellt eine chronische Erkrankung oder Behinderung eines der Kinder dar. Die Aufmerksamkeit der Eltern richtet sich dann vornehmlich auf das erkrankte Kind und dessen Befinden. Die Folgen der Erkrankung im Hinblick auf den Gesundheitszustand, die Bedürfnisse und das Verhalten des erkrankten Kindes führen zu wesentlichen Veränderungen im Familiensystem (Patterson 1991). Die Betreuung des erkrankten Kindes benötigt Zeit und eine Auseinandersetzung mit der Erkrankung (Bellin/Kovacs/Sawin 2008), zudem kann es in Abhängigkeit des Gesundheitszustandes zu wiederholten Krisen kommen (Bellin/Kovacs 2006). In diesem Kontext erfahren gesunde Geschwister von erkrankten Kindern häufig weniger Aufmerksamkeit (Bellin/Kovacs/Sawin 2008; Foster et al. 2001).

Psychische Belastung
Sorgen und Probleme, die in Studien wiederholt von gesunden Geschwistern geäußert werden, sind Schuldgefühle, Verlustangst, Scham, soziale Isolation und Stigmatisierung, Ärger über ein Zunahme an Verantwortung, Ärger und Wut gegenüber dem kranken Geschwister und ein hoher Druck, das „gute" Kind zu sein (Kao et al. 2012; Strohm 2001). Geschwister machen sich aber vor allem Sorgen und Gedanken bezüglich der Erkrankung ihres Geschwisters, insbesondere dann, wenn sie nicht ausreichend und altersangemessen darüber informiert wurden (Strohm 2001; Litzelfelner 1995). Im Hinblick auf die Lebensgestaltung versuchen Geschwister von chronisch kranken Kindern sowohl in der Kindheit (Woodgate et al. 2016) als auch im Erwachsenenalter (Davys/Mit-

chell/Haigh 2016) die Bedürfnisse ihres Geschwisters in ihrer Lebensgestaltung mit zu berücksichtigen.

Das Aufwachsen mit einem chronisch erkrankten Geschwister hat keine bis leicht negative Effekte auf die psychische Befindlichkeit und das Selbstkonzept des gesunden Geschwisters in der Kindheit (Vermaes/van Susante/van Bakel 2012; Alderfer et al. 2010; Gold et al. 2008; Barlow/Ellard 2004; Verté/Roeyers/Buysse 2003; Walton/Ingersoll 2015; Jacoby/Heatherington 2016). Einen Einfluss auf die Schwere der psychischen Belastung hat die Art der Erkrankung des Geschwisters. So fanden Fisman/Wolf/Ellison (2000), dass Geschwister von Kindern mit tiefgreifenden Entwicklungsstörungen stärker belastet waren, als Geschwister von Kindern mit Trisomie 21. Limbers/Skipper (2014) berichteten einen signifikanten und positiven Zusammenhang zwischen der Schwere der körperlichen Behinderung und der gesundheitsbezogenen Lebensqualität des gesunden Geschwisters. Durch das Zusammenwirken mit anderen Risikofaktoren wird die Wahrscheinlichkeit für psychische Probleme erhöht (Long/Marsland/Alderfer 2013; Neely-Barnes/Graff 2011; Lynch et al. 1993; Zegaczewski et al. 2016). Die Rolle der Eltern – zumeist nur in Bezug auf die Mutter erforscht – ist für die psychische Befindlichkeit des Geschwisters entscheidend: Ist die Mutter durch die Pflege des kranken Geschwisters stark belastet, so geht dies mit mehr psychischen Problemen des gesunden Geschwisters einher (Fisman/Wolf/Ellison 2000; Coleby 1995). Eltern können durch ihr Verhalten den gesunden Geschwistern Gelegenheiten für einen normalen Alltag bieten (Chan 2014; Honey/Halse 2007). Sie vermitteln Wissen, Erklärungen und Strategien für den Umgang mit dem Verhalten des erkrankten Geschwisters (Jegatheesan 2013; Hwang/Charnley 2010; Ferraioli/Harris 2009).

Im Erwachsenenalter sind gesunde Geschwister von geistig und körperlich behinderten Geschwistern meist nicht stärker psychisch belastet als Kontrollpersonen (Burton/Parks 1994). Für die Geschwister von psychisch kranken Personen zeigen sich meist leichte negative Effekte (Taylor et al. 2008; Wolfe et al. 2014). In einer qualitativen Befragung zeigte Grossman (1972), dass junge Erwachsene, die mit einem kranken Geschwister aufwuchsen, von mehr Toleranz und Achtung gegenüber Menschen sprechen, ein größeres Bewusstsein gegenüber den Auswirkungen von Vorurteilen haben und enge Familienbeziehungen berichteten. Sie gaben aber auch an, Schuldgefühle zu haben, weil sie selbst gesund sind.

Qualität der Geschwisterbeziehung

Für einige chronische oder schwere Erkrankungen konnte ein negativer Einfluss auf die Geschwisterbeziehung belegt werden. So berichteten Hosseinkhanzadeh et al. (2014) von einer schlechteren Geschwisterbeziehung bei Geschwistern von Kindern mit geistiger Behinderung im Vergleich zu einer Kontrollgruppe, nicht aber bei Geschwistern von taubstummen Kindern. Im Vergleich zu einer Kontrollgruppe war die Beziehung zwischen an Anorexie erkrankten Mädchen und ihren Schwestern durch eine negativere Ausgestaltung geprägt (Latzer/Katz/Berger 2015). Bei Geschwistern von Kindern mit einer Störung im Bereich des autistischen Spektrums zeigte sich in einer Studie weniger Aggression, aber auch weniger Beteiligung und mehr Vermeidung im Vergleich zur Kontrollgruppe (Walton/Ingersoll 2015). Andererseits gibt es auch positive Veränderungen der Geschwisterbeziehung: Für Geschwister von an Krebs erkrankten Kindern wurde mehr Empathie und Verantwortungsübernahme durch das gesunde Geschwister berichtet (Alderfer et al. 2010). Geschwister von Kindern mit geistiger Behinderung erleben ihre Geschwisterbeziehung als positiver und konfliktärmer als Kinder mit chronischen körperlich erkrankten Kindern und gesunde Geschwisterpaare (Floyd et al. 2009). Gesunde Geschwister von an Zerebralparese erkrankten Kindern übernehmen in der Interaktion mit ihren Geschwistern unabhängig von ihrer Position in der Geburtenreihenfolge mehr strukturierende und kontrollierende Aufgaben (Dallas/Stevenson/McGurk 1993). Einige Studien verweisen darauf, dass Mütter die Art der Interaktion zwischen kranken und gesunden Geschwistern stärker strukturieren und direktiver eingreifen (Dallas/Stevenson/McGurk 1993). Ungleichbehandlung zwischen dem kranken und dem gesunden Geschwister werden von den gesunden Geschwistern als weniger schlimm wahrgenommen, da diese als gerechtfertigt angesehen werden (Chan 2014).

Auch im Erwachsenenalter ist die Art der Erkrankung des Geschwisters ein entscheidender Einflussfaktor auf die Qualität der Geschwisterbeziehung (Seltzer et al. 1997; Orsmond/Seltzer 2007). So haben Störungen, die die Kommunikationsfähigkeit beeinträchtigen und solche die plötzlich einsetzen, negativere Auswirkungen (Orsmond/Seltzer 2007; Seltzer et al. 1997; Rossetti/Hall 2015). Werden Geschwister als selbst für die Krankheit verantwortlich angesehen, ist dies ein Prädiktor für mehr Konflikte in der Geschwisterbeziehung (Jacoby/ Heatherington 2016). Die Interaktion zwischen den Geschwistern verschiebt sich hin zu mehr Fürsorgeverhalten für das kranke Geschwister (Begun 1989; Ferraioli/Harris 2009; Davys/Mitchell/Haigh 2016). Geschwister von psychisch kranken Geschwistern übernehmen solche Aufgaben umso häufiger, wenn es sich um eine schwere Erkrankung handelt, je weniger andere Geschwister oder die Eltern als Ressource zur Verfügung stehen, je näher sie bei dem Geschwister wohnen und je mehr das kranke Geschwister auch ihnen Unterstützung anbietet (Horwitz 1994; Dew/Balandin/Llewellyn 2008). Ähnliche Befunde zeigten sich auch bei Geschwistern von Menschen mit geistiger Behinderung (Dew/Balandin/Llewellyn 2008; Rossetti/Hall 2015). Gerade bei schweren Erkrankungen ist die Geschwisterbeziehung durch eine Ambivalenz zwischen Nähe, Freude, Schuldgefühle und Frustration gekennzeichnet (Rossetti/Hall 2015; Burbidge/ Minnes 2014). Für die erkrankten Geschwister sind ihre gesunden Geschwister wichtige Ansprechpartner und Unterstützer (Burbidge/Minnes 2014).

2.5.2 Geschwister in Scheidungs- und Stieffamilien

Verändern sich die familiären Rahmenbedingungen, stellt dies für alle Familienmitglieder eine besondere Herausforderung dar (Hetherington/Bridges/Insabella 1998). Nicht nur die Eltern-Kind-Beziehung und familiäre Regeln müssen in Scheidungs- und Stieffamilien neu ausgehandelt werden, sondern auch die Geschwisterbeziehung.

Trennung oder Scheidung der Eltern

Leibliche Geschwister, deren Eltern sich trennen oder scheiden lassen, erleben zumeist auch eine Veränderung der Geschwisterbeziehung (Jennings/Howe 2001). In verschiedenen Studien wurde eine Verschlechterung der Geschwisterbeziehung im Jugendalter festgestellt (Milevsky/Schlechter/Machlev 2011; Sheehan et al. 2004). Auch noch im Erwachsenenalter berichten Geschwister, deren Eltern sich während ihrer Kindheit trennten, eine schlechtere oder emotional-intensivere Geschwisterbeziehung (Riggio 2001). Einen wesentlichen Einfluss darauf hat die Konfliktintensität zwischen den Eltern (Milevsky 2004; Poortman/Voorpostel 2008). Ein Einfluss der Qualität der Elternbeziehung auf die Geschwisterbeziehung zeigt sich auch bei zusammenlebenden Eltern (Panish/Stricker 2001; Stocker/Youngblade 1999; Stocker/Lanthier/Furman 1997). Ein vermittelnder Effekt ist in diesem Zusammenhang das verstärkt feindselige Verhalten der Eltern gegenüber den Kindern (Stocker/Youngblade 1999). In einer Studie von Riggio (2001) wurde eine größere Belastung der Geschwisterbeziehung bei einer Trennung der Eltern während des Jugendalters im Vergleich zur frühen Kindheit gefunden. Roth/Harkins/Eng (2014) fanden Unterschiede in der Wahrnehmung der Konflikte der Eltern zwischen jüngeren und älteren Geschwistern, wobei letztere diese häufiger als schwerwiegender erlebten. Leben Geschwister nach der Trennung der Eltern in unterschiedlichen Familien, wird die Geschwisterbeziehung als instabiler wahrgenommen (Drapeau et al. 2000).

In einigen Studien zeigten sich kompensatorische Effekte der Geschwisterbeziehung (Roth/Harkins/Eng 2014; Bush/Ehrenberg 2003). So übernehmen vor allem die älteren Geschwister eine fürsorgliche Rolle im Umgang mit dem Geschwister, meist aber auch aus der Notwendigkeit heraus, wie folgendes Zitat veranschaulicht:

> „I basically raised my brother and sister. I had a lot more responsibility compared to them because I was older ... my dad relied on me a lot to help him take care of my brother and sister. ... The divorce definitely sent me through like a lot of change I guess um because when they got divorced I had to grow up a lot and sort of take care of everyone. ... I sort of regret that because I missed out on a lot." *(Roth/Harkins/Eng 2014, S. 130)*

Das Unterstützungsverhalten der Geschwister ist zum Teil lang anhaltend, es kann aber auch nur auf bestimmte Situationen, wie zum Beispiel bei Streitigkeiten der Eltern, beschränkt sein (Roth/Harkins/Eng 2014; Bush/Ehrenberg 2003; Sheehan et al. 2004). Aufgrund der ähnlichen Belastung sind Geschwister häufig verständnisvoller gegenüber ihrem Geschwister (Roth/Harkins/Eng 2014). Eine Studie von Waite et al. (2011) fand einen Puffer-Effekt der Wärme in der Geschwisterbeziehung in Bezug auf die psychische Belastung von Jugendlichen im Umgang mit familienbezogenen kritischen Lebensereignissen.

Neue Partnerschaft der Eltern, Halb- und Stiefgeschwisterschaft
Unterschiedliche Reaktionen von Geschwistern auf eine neue Partnerschaft und die damit einhergehenden Veränderungen sind empirisch, mit Ausnahme von Fallberichten aus der klinischen Praxis (Figdor 2015), nicht belegt. Auch im Hinblick auf das Zusammenleben von Halb- und Stiefgeschwistern gibt es nur sehr wenige und zum Teil widersprüchliche Befunde: Gatins/Kinlaw/Dunlap (2014) berichteten in einer Studie mit Jugendlichen und jungen Erwachsenen mit geschiedenen Eltern, dass die Studienteilnehmenden mit Halb- und Stiefgeschwistern die Scheidung als positiver bewerteten, zufriedener waren und vor allem ein besseres Coparenting der Eltern und weniger finanzielle Probleme berichteten, als Personen, die nur leibliche Geschwister hatten. In anderen Studien, vor allem mit Kindern und Jugendlichen, war das Zusammenleben mit Stiefgeschwistern mit mehr Verhaltensproblemen und einer schlechteren Anpassung assoziiert (Tillman 2008a; Tillman 2008b; Strow/Strow 2008; Mekos/ Hetherington/Reiss 1996; Harcourt et al. 2014; Strow/Strow 2008; Hetherington 1999).

In einer der wenigen Studien zu dem Einfluss verschiedener Familienformen auf die Qualität der Geschwisterbeziehung fanden Deater-Deckard/Dunn (2002) mehr negative Merkmale der Ausgestaltung der Geschwisterbeziehung bei alleinerziehenden Müttern als bei anderen Familienformen, jedoch keinen Unterschied in Bezug auf positive Merkmale. Unabhängig von der Familienform berichteten Mütter und Kinder selbst mehr Negativität in der Geschwisterbeziehung zu leiblichen Geschwistern im Vergleich zu Halb- und Stiefgeschwistern. Im Erwachsenenalter haben Personen weniger Kontakt zu Halb- und Stiefgeschwistern als zu leiblichen Geschwistern, insbesondere dann, wenn sie nicht lange zusammenlebten und es noch leibliche Geschwister gibt (White/ Riedmann 1992b).

2.5.3 Geschwister in Fremdunterbringung und Adoptivfamilien

Der Fokus dieses Abschnitts liegt auf der Ausgestaltung der Geschwisterbeziehung während der Fremdunterbringung und dem Leben von Geschwistern in

Adoptiv- oder Pflegefamilien. Die Konstellationen und Dynamiken in der Geschwisterbeziehung in der Herkunftsfamilie werden aufgrund des Zusammenhangs mit Kindeswohlgefährdung in Abschnitt 3 näher beleuchtet. Allen genannten Bereichen ist der Verlust oder die Einschränkung der Beziehung zu den leiblichen Eltern gemeinsam.

Adoptivgeschwister

Aufgrund der gesetzlichen Rahmenbedingungen gibt es im deutschsprachigen Raum relativ häufig Adoptivkinder, die als Einzelkinder aufwachsen. In anderen Ländern, wie in den USA, in denen Adoptionen aus anderen Länder häufiger sind, gibt es mehr Familien mit leiblichen und Adoptivgeschwistern. Dies gilt auch für Großbritannien, wo auch ältere Kinder in der Folge eines Entzugs der elterlichen Sorge, in andere Familien adoptiert werden können.

Wenige Studien haben den Prozess der Adoption auf der Ebene der Geschwister beschrieben. In einer Längsschnittstudie von Tan (2008) bestand ein Zusammenhang zwischen der Anpassung des leiblichen und des Adoptivkindes an die Veränderung nach einer Adoption. Unmittelbar nach der Adoption auftretende Probleme nahmen über die Zeit ab. Samek/Rueter (2011a) fanden in einer Studie mit Jugendlichen keine Unterschiede zwischen adoptierten und nicht-adoptierten Geschwistern im Hinblick auf die emotionale Verbundenheit mit dem Geschwister. Adoptivgeschwister verbrachten jedoch weniger Zeit miteinander als leibliche Geschwister. In Familien mit mehreren Adoptivkindern zeigte sich durch den Kontakt zu den Herkunftsfamilien eine Erweiterung der Familie auch um die Familienmitglieder aus der Herkunftsfamilie des Geschwisters (Berge et al. 2006). Die Geschwister berichteten in dieser Studie, dass der Austausch über die Erfahrung als „Adoptivkind" zu einer stärkeren Verbundenheit beigetragen hat. Werden leibliche Geschwister in unterschiedliche Familien adoptiert und haben die Geschwister miteinander Kontakt, so trägt die positive Einstellung des einen Geschwisters gegenüber der Adoption zu der des anderen Geschwisters bei (Farr/Flood/Grotevant 2016).

Fremdunterbringung

Die gemeinsame oder getrennte Unterbringung von Geschwistern außerhalb der Herkunftsfamilie ist eine häufig wiederkehrende Fragestellung in Forschung und Praxis der Kinder- und Jugendhilfe. Hierbei wird zum einen eine gemeinsame Unterbringung als Hindernis für die Integration in die neue Familie angesehen und die praktische Machbarkeit kritisch gesehen, zum anderen wird die Geschwisterbeziehung als eine Ressource betrachtet und auf das Recht der Kinder auf eine Beziehung zu ihrem Geschwister verwiesen (Bindel-Kögel 2011; Petri/Radix/Wolf 2012; Schrapper 2015). Von Kindern und Jugendlichen wird die Trennung von dem Geschwister häufig als belastend erlebt (Petri/Radix/Wolf 2012; Gong et al. 2009). In einer Studie von Linares et al. (2007) zeigte sich kein Einfluss der gemeinsamen oder getrennten Unterbringung auf das Ausmaß der Verhaltensprobleme, wenn für die Qualität der Geschwisterbeziehung kontrolliert wurde. Diese sagte jedoch Verhaltensprobleme vorher. In einer qualitativen Befragung von Kindern in Fremdunterbringung in SOS-Kinderdörfern (Petri/Radix/Wolf 2012) gaben diese an, dass sie ihre Geschwister als Stütze erlebten und dass die Anwesenheit des Geschwisters es ihnen ermöglichte mehr als Familie zusammenzuleben. Sie sprachen mit ihren Geschwistern auch über ihre Einstellung zur Heimunterbringung und Rückkehr zur Herkunftsfamilie. Konflikte und Probleme wurden vor allem bei dem Auszug eines Geschwisters und der unterschiedlichen Haltung gegenüber der Herkunftsfamilie berichtet. In der Befragung wurde ebenso nach der Rolle der nicht leiblichen Geschwister in den SOS-Kinderdorffamilien gefragt: Hier zeigten sich geschwisterähnliche Beziehungen, die als wichtig aber auch konfliktreich beschrieben wurden. Es bestand weiter eine Unterscheidung zwischen den leiblichen und den sozialen Geschwistern.

Geschwister in Pflegefamilien
Eine andere Form der Fremdunterbringung sind Pflegefamilien. Die wenigen Studien, die es zu diesem Thema gibt, verweisen auf eine weniger enge Beziehung unter den Geschwistern und keine Unterschiede hinsichtlich der Feindseligkeit im Vergleich zu leiblichen Geschwistern (Mosek 2013). Einen wesentlichen Einfluss hat die wahrgenommene Bevorzugung bzw. Benachteiligung durch die Pflegemutter (Mosek 2013). Die Sicht der leiblichen Kinder auf ihre Pflegegeschwister haben Thompson/McPherson (2011) in einer Übersichtsarbeit zusammengefasst: Die leiblichen Geschwister berichteten zum Teil von Schwierigkeiten, vor allem im Umgang mit Problemverhalten der Pflegegeschwister, aber auch aufgrund von mangelnden Informationen über den Aufenthalt des Pflegegeschwisters. Sie machten sich Sorgen um das Pflegegeschwister, aber auch um ihre Eltern. Für einige war die Konfrontation mit der Lebensgeschichte des Pflegegeschwisters und die Umstellung des Familienlebens belastend. Auf der anderen Seite gaben viele an, dass sie sich über das Pflegegeschwister als neuen Spielkameraden freuten. Die Auseinandersetzungen mit den Problemen des Pflegegeschwisters war für einige auch die Möglichkeit zum Erlernen sozialer Kompetenzen. Vor allem ältere Schwestern berichteten, dass sie sich darüber freuten jemanden helfen zu können.

Kapitel 3
Kindeswohlgefährdung

Im Vergleich zu Erwachsenen sind Kinder und Jugendliche besonders vulnerabel gegenüber Umwelteinflüssen, denen sie ausgesetzt sind. Dies beruht zu großen Teilen darauf, dass sie körperlich, psychisch und emotional aber auch rechtlich von dem Wohlwollen und der Fürsorge Erwachsener abhängig sind. Ein eigenständiger Wechsel der Umwelt ist kaum bis gar nicht möglich. Hierdurch entsteht für die Erwachsenen ein besonderer moralischer Anspruch an ihr Verhalten. Kehrt sich ihr Verhalten in das Gegenteil um und stellen die Personen, die eigentlich für das Wohlergehen des Kindes sorgen sollen, eine Gefahr für dieses da, so kann dies zu schwerwiegenden Folgen für das Kind führen. In besonderer Weise betrifft dies die Eltern oder die für die Fürsorge für ein Kind zuständigen Personen, es betrifft aber auch die Gesellschaft und die Fürsorge- und Schutzpflicht der staatlichen Gemeinschaft.

Im folgenden Abschnitt wird auf die Abgrenzung zwischen Kindeswohl und Kindeswohlgefährdung eingegangen. Verschiedene Formen von Kindeswohlgefährdung werden definiert. Darauf folgt eine Darstellung der Auftretenshäufigkeiten, Risikokonstellationen und Folgen von Misshandlung, Missbrauch und Vernachlässigung.

3.1 Kindeswohl und Kindeswohlgefährdung

In unterschiedlichen Kulturen, über die Zeit hinweg und in unterschiedlichen Fachrichtungen werden und wurden der Begriff des Kindeswohls unterschiedlich aufgefasst. In dem letzten Jahrhundert wurde mit dem Bedeutungsgewinn der Kinderrechte und einem zunehmenden Bewusstsein über die Bedürfnisse von Kindern verstärkt diskutiert, was das körperliche, psychische und geistige Wohl eines Kindes ausmacht und welche Rolle Beteiligungs- und Mitbestimmungsrechte haben. Dabei wird das Kindeswohl keineswegs als reine Abwesenheit von Gefährdung angesehen. Vielmehr wird es, wie in der UN-Kinderrechtskonvention, anhand des Rechts auf soziale Bindung, Förderung und Kontinuität in den Lebensumständen und der Erfüllung grundlegender Bedürfnisse definiert. In einer systematischen Übersichtsarbeit von Studien zu Kindeswohl fanden Pollard/Lee (2003) fünf wiederkehrende Dimensionen: kognitives, soziales, psychisches, ökonomisches und körperliches Wohlbefinden. Inwieweit diese Bedürfnisse durch die Eltern erfüllt werden können, ist sicherlich nicht an einem klaren Entscheidungsmerkmal festzumachen, sondern vielmehr auf einem Kontinuum anzuordnen. Die Erwartung, dass Eltern die Erfüllung aller Prinzipien voll ausschöpfen können, ist jedoch unrealistisch. Winnicott (1953) beschreibt hierbei eine „good enough mother", bei der für eine förderliche Entwicklung mindestens grundlegende elterlichen Erziehungskompetenzen vorliegen müssen.

Während bei der Definition von Kindeswohl vornehmlich auf positive Aspekte geachtet wird, so werden bei der Definition von Kindeswohlgefährdung die negativen Aspekte, nämlich das Vorliegen von schädigendem Verhalten, hervorgehoben. Im deutschen Recht ist der Begriff der Kindeswohlgefährdung unspezifisch und orientiert sich an den Folgen für das körperliche, geistige und seelische Wohl des Kindes (§ 1666 I BGB). Es muss im Einzelfall jeweils definiert und vor allem hinsichtlich der Wahrscheinlichkeit einer Beeinträchtigung in der Zukunft belegt werden. Dieses Prinzip beeinflusst auch das Handeln in Einrichtungen der Kinder- und Jugendhilfe und dem Familiengericht (Fegert 2013/2014). In der Medizin und der Psychologie hingegen – auch in Anlehnung an die Forschungstradition im angloamerikanischen Raum – wird häufig der Schwerpunkt auf die Feststellung bzw. Diagnose bereits erlebter Misshandlungsformen und den damit einhergehenden Auswirkungen gelegt. In diesem Kontext wird zwischen verschiedenen Formen, auf die im Folgenden noch eingegangen wird, unterschieden. Beide Sichtweisen beruhen auf unterschiedlichen Arbeitsansätzen und Aufträgen und weisen vielfach Überschneidungen auf. Fachkräfte im Jugendamt verwenden das Vorliegen verschiedener Formen von Kindeswohlgefährdung zur Einschätzung der Wahrscheinlichkeit einer erneuten Gefährdung, während medizinisch-therapeutische Berufsgruppen ihr Wissen über Problemlagen in Familien zur Vorbeugung von Kindeswohlgefährdung nutzen.

Da in der vorliegenden Arbeit retrospektiv belastende und als Kindeswohlgefährdung einzustufende Kindheitserlebnisse erfasst werden, orientiert sie sich an der Konzeptualisierung verschiedener Formen von Kindeswohlgefährdung, welche in der englischen Sprache häufig unter dem Begriff *child maltreatment* oder *adverse childhood experience* zusammengefasst werden. In dieser Arbeit wird auch häufig der Begriff Viktimisierungserfahrungen verwendet. Dieser bezieht sich ausschließlich auf Erfahrungen in der Familie und die genannten Formen der Kindeswohlgefährdung.

3.2 Formen der Kindeswohlgefährdung

In Forschung und Praxis werden häufig verschiedene Verhaltensweisen von Personen, insbesondere Eltern, Bezugspersonen oder Fürsorgepflichtigen, welche eine potentielle Gefahr für das Wohlergehen des Kindes darstellen, unterschieden. Eine grobe Unterteilung (Abbildung 3) bietet dabei die Einteilung in

Gefährdungen durch aktives Handeln (engl. acts of commission), wie bei körperlicher Misshandlung, sexuellem und emotionalem Missbrauch, und eine *Gefährdung durch Unterlassung* (engl. acts of ommission), wie körperliche und emotionale Vernachlässigung (Leeb et al. 2008). Bei ersteren werden die Handlungen mit Absicht und Intention ausgeführt, was nicht bedeutet, dass auch die Folgen der Handlung intendiert sind (Leeb et al. 2008). Das Unterlassen von Handlungen kann, muss aber nicht intentional erfolgen (Leeb et al. 2008). Während eine Gefährdung durch aktives Handeln auch durch andere Personen als die Bezugsperson erfolgen kann, entsteht die Gefährdung durch Unterlassung erst durch die der Bezugsperson obliegende und eigentlich zu erfüllende Verantwortung für das Wohlergehen des Kindes.

Abbildung 3. Formen der Kindeswohlgefährdung nach Leeb et al. (2008)

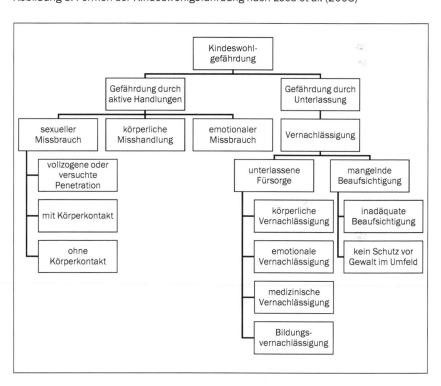

3.2.1 Körperliche Misshandlung

Körperliche Misshandlung ist definiert als das absichtliche Ausüben von körperlicher Gewalt durch eine Bezugsperson gegenüber einem Kind oder Jugendlichen, welche zu einer körperlichen Beeinträchtigung führen kann (Leeb et al.

2008). In weiteren Definitionen wird auch die Ausübung von Gewalt durch Geschwister mit eingeschlossen (Meyers 2014; Meyers 2011).

Körperliche Misshandlung umfasst eine große Spannbreite an Taten, wie Schlagen, Verbrennen, Vergiften und Schütteln, die zu keinen bis zu sehr schweren Folgen, wie andauernder Behinderung oder zum Tod führen können (Leeb et al. 2008; English/the LONGSCAN Investigators 1997). Einige Definitionen umschließen auch solche Formen körperlicher Gewalt, die potentielle psychische Beeinträchtigungen des Kindes verursachen können (Kindler 2006a).

Körperliche Gewalt wird von Eltern und anderen Aufsichtspersonen häufig – aber nicht ausschließlich – im Rahmen von Disziplinierungs- und Bestrafungsmaßnahmen verwendet (Kindler 2006a; Leeb et al. 2008). In einigen Ländern ist die Körperstrafe als Erziehungsmittel nicht per se verboten und es wird in der Folge zwischen missbräuchlicher und nicht-missbräuchlicher Ausübung der Köperstrafe unterschieden. In Deutschland haben Kinder seit November 2000 ein Recht auf gewaltfreie Erziehung (§ 1631 II BGB).

Körperliche Misshandlung von Kindern und Jugendlichen ist häufig hinsichtlich der Deutlichkeit der Tat und der zum Teil offensichtlichen körperlichen Folgen klarer erkennbar als andere Formen von Kindeswohlgefährdung. Dennoch werden insbesondere leichtere Formen von körperlicher Misshandlung oft als harmlose und nicht schädigende Erziehungspraktiken wahrgenommen.

3.2.2 Sexueller Missbrauch

Wie für andere Formen der Kindeswohlgefährdung gibt es für sexuellen Missbrauch[6] verschiedene Definitionen, je nach professionellem Blickwinkel und methodischem Vorgehen. Eine der allgemeinsten ist:

> Sexueller Missbrauch bezeichnet sexuelle Handlungen an Menschen, die entweder an Minderjährigen vorgenommen werden oder an erwachsenen, widerstandsunfähigen Personen, wenn dies ohne deren Einverständnis geschieht. (Bange 2004)

Unter *sexuellen Handlungen* werden je nach Weite der Definition unterschiedliche Verhaltensweisen zusammengefasst. Leeb et al. (2008) unterscheiden zwischen vollzogener oder versuchter Penetration (engl. sexual act), missbräuch-

---

6 Für sexuellen Missbrauch werden oft unterschiedliche Begrifflichkeiten verwendet, wie zum Beispiel sexuelle Gewalt oder Inzest, welche eine unterschiedliche Konnotation haben und auch in unterschiedlichen Kontexten verwendet werden. Für die vorliegende Arbeit wird aus Gründen der Einheitlichkeit der Begriff des sexuellen Missbrauchs verwendet.

lichem sexuellen Körperkontakt (engl. abusive sexual contact) und missbräuchlichen Handlungen ohne Köperkontakt (engl. noncontact sexual abuse). Die beiden ersten Gruppen werden häufig unter dem Begriff Hands-On-Taten zusammengefasst. Formen sexuellen Missbrauchs ohne Körperkontakt, welche auch als Hands-Off-Taten bezeichnet werden, umfassen verbale sexuelle Belästigung, exhibitionistische und voyeuristische Handlungen gegenüber Kindern und Jugendlichen. Der Begriff der sexuellen Handlung beinhaltet, dass es sich um ein intentionales Verhalten des Täters oder der Täterin handelt. Zufällige oder versehentliche Berührungen von primären oder sekundären Geschlechtsmerkmalen stellen keinen sexuellen Missbrauch dar, obgleich eine solche Unterscheidung in der Praxis oft nur schwer bis gar nicht getroffen werden kann.

In der Rechtsprechung wird zumeist eine enge Definition von sexuellem Missbrauch verwendet. In der klinischen Praxis, in der der Fokus auf den Folgen und Auswirkungen für Betroffene liegt, werden auch vermeintlich weniger schwere Formen miteingeschlossen.

Sexuelle Handlungen werden immer dann als sexueller Missbrauch definiert, wenn sie an *Minderjährigen oder widerstandsunfähigen Personen* vorgenommen werden. Wann jedoch eine Person als minderjährig eingestuft wird, ist je nach Definition verschieden. Das deutsche Strafrecht beispielsweise sieht einen sexuellen Missbrauch eines Kindes bis zur Vollendung des 14. Lebensjahres als gegeben an (§ 176 StGB). Bei Jugendlichen bis zur Vollendung des 18. Lebensjahres hingegen müssen zusätzliche Voraussetzungen, wie ein elterliches oder erzieherisches Abhängigkeitsverhältnis (§ 174 StGB) oder die Ausnutzung einer Zwangslage vorliegen (§ 182 StGB). Haben Personen das 18. Lebensjahr vollendet, gelten sie als widerstandsunfähige Personen, wenn eine schwere geistige oder körperliche Behinderung vorliegt.

Der letzte Bestandteil der Definition ist, dass die sexuellen Handlungen *ohne das Einverständnis* des Kindes oder des Jugendlichen geschehen. Hier zeigt sich eine Anlehnung an die Definition von sexueller Gewalt gegen Erwachsene. Da gerade das Kriterium des Sich-zu-Wehr-Setzens von pädophilen Interessensgruppen dazu verwendet wurde, zu argumentieren, dass es sich um keinen Missbrauch handle, wenn ein Kind sich nicht wehre, wurde diesem das Konzept des wissentlichen Einverständnisses entgegengestellt (Bange 2004): Kinder und Jugendliche befinden sich durch ihre körperliche, psychische, kognitive und sprachliche Unterlegenheit sowie ihre rechtliche und existentielle Abhängigkeit in einem strukturellen Machtgefälle gegenüber Erwachsenen und insbesondere den Erwachsenen, die für sie Sorge tragen, sodass eine wissentliche und willentliche Zustimmung zu sexuellen Handlungen durch ein Kind nicht möglich ist. Im Gegensatz dazu ist die Missbräuchlichkeit sexueller Handlungen unter Gleichaltrigen oft schwerer zu beurteilen. Aus diesem Grund werden in diesem Fall die Anwendung von körperlicher Gewalt oder psychischem Druck häufig als Kriterien verwendet.

Körperliche Misshandlung, psychischer Missbrauch und Vernachlässigung können durch die Art des Phänomens nur in engen Beziehungen vorkommen, in den meisten Fällen in der Familie, aber auch in anderen erzieherischen Abhängigkeitsverhältnissen, wie zum Beispiel in Schulen, Krankenhäusern und Einrichtungen der Kinder- und Jugendhilfe. Sexueller Missbrauch wird in vielen, wenn auch nicht allen, Definitionen (Leeb et al. 2008) weiter gefasst und beinhaltet hinsichtlich der Beziehung zwischen Opfer und Täter oder Täterin jegliche Konstellation.

Für eine Einordnung der verschiedenen Formen kann einmal nach der Bekanntheit des Täters gegenüber dem Opfer, dem Bestehen eines erzieherischen Abhängigkeitsverhältnisses und dem Kontext der Beziehung unterschieden werden. Sexueller Missbrauch durch Geschwister und Eltern wird unter *intrafamiliärem sexuellen Missbrauch* oder in einigen – meist älteren – Publikationen auch unter dem Begriff des Inzests zusammengefasst. Missbrauchen Bezugspersonen in Institutionen Kinder und Jugendliche sexuell, wird dies als *institutioneller sexueller Missbrauch* bezeichnet. Dieser wird gemeinsam mit sexuellem Missbrauch durch Gleichaltrige, wie Freunde und Klassenkameraden, und fremde Personen unter dem Begriff *extrafamiliärer sexueller Missbrauch* zusammengefasst.

Das Erstellen und Vertreiben von Kinderpornografie sowie die Förderung oder der Zwang zu Kinderprostitution stellen *kommerzielle Formen sexuellen Missbrauchs* dar. Sie umschließen Täter und Täterinnen aus dem sozialen Nahraum der Kinder und Jugendlichen, sind aber im Fall von Prostitutionstourismus und Internethandel mit Kinderpornografie auch in ein internationales Netz an Tätern und Täterinnen eingebunden.

3.2.3 Emotionaler Missbrauch

Emotionaler Missbrauch (auch psychischer Missbrauch, seelische Misshandlung) grenzt sich von der emotionalen Vernachlässigung durch das aktive Anwenden von psychischer Gewalt ab. Bezugspersonen vermitteln durch ihr Verhalten dem Kind, dass es wertlos, unzureichend, nicht liebenswert, ungewollt ist, sich in Gefahr befindet oder nur wertgeschätzt wird, wenn es die Bedürfnisse anderer befriedigt (Leeb et al. 2008).

Verhaltensweisen durch die Bezugsperson umfassen Drohungen, dem Kind, sich selbst oder einer anderen Person körperliche Gewalt zuzufügen, das Isolieren, Einengen oder Einsperren des Kindes sowie das Verspotten, Beschimpfen oder Ausnutzen der Bedürftigkeit des Kindes (Leeb et al. 2008; Deegener 2005). Auch eine Überbehütung des Kindes, die diesem keine altersangemessenen Freiheiten lässt, stellt eine Form des emotionalen Missbrauchs dar (Deegener 2005). Emotionaler Missbrauch wird nicht nur in Bezug auf die Eltern-Kind-

Beziehung, sondern auch im institutionellen Kontext berichtet (Lueger-Schuster et al. 2014).

Während die meisten Definitionen von emotionalem Missbrauch konkrete Verhaltensweisen beinhalten, greift Glaser (2002; 2011) für die Definition von emotionalem Missbrauch und emotionaler Vernachlässigung konzeptionell auf Theorien über psychosoziale Grundbedürfnisse des Kindes zurück. Sie unterscheidet fünf verschiedene Formen: 1) emotionale Unerreichbarkeit, mangelnde Feinfühligkeit und Vernachlässigung, 2) feindselige, beschuldigende, beschämende und zurückweisende Interaktionsweisen, 3) entwicklungsunangemessenes und inkonsistentes Interaktionsverhalten, 4) mangelnde Anerkennung der Individualität des Kindes und der psychischen Grenzen zwischen sich selbst und dem Kind sowie 5) mangelnde Förderung der sozialen Integration des Kindes.

In der Regel manifestiert sich die Schwere des emotionalen Missbrauchs darin, dass er zeitlich überdauernd und tiefgreifend das Verhalten der Bezugsperson gegenüber dem Kind kennzeichnet (Glaser 2002; Glaser 2011; Deegener 2005). Das Verhalten kann hierbei kontinuierlich jede Interaktion kennzeichnen oder episodisch in bestimmten Situationen oder unter bestimmten Umständen, wie zum Beispiel dem Drogenkonsum der Eltern, auftreten (Kairys/ Johnson 2002). Das Ausmaß der Schwere des emotionalen Missbrauchs wird häufig daran operationalisiert, wie schädigend oder potentiell schädigend die Verhaltensweisen für das Kind und seine psychische und emotionale Entwicklung sind (Leeb et al. 2008). Ein einmaliges Auftreten von emotional missbräuchlichen Verhaltensweisen gegen das Kind stellt nach Glaser (2002) – mit Ausnahme des Aussetzens von traumatischen Ereignissen – noch keinen emotionalen Missbrauch dar.

In der Praxis werden Formen von emotionalem Missbrauch oft weniger leicht erkannt. Dies liegt zum einen daran, dass die Schwelle zur Intervention nach Ermessen gesetzt werden muss, da sich die Einordnung des Elternverhaltens auf einem Kontinuum bewegt (Glaser 2002), es sich bei dem Täter oder der Täterin fast ausschließlich um die primäre Bezugsperson handelt (Glaser 2002), es keine offensichtlichen körperlichen Folgen nach sich zieht und oft von Kindern, für die das Verhalten der Eltern ihnen gegenüber selbstverständlich ist, nicht als emotionaler Missbrauch wahrgenommen wird. Erschwerend kommt hinzu, dass gerade bei emotionalem Missbrauch in der Praxis oft die bereits vorliegende psychische Beeinträchtigung als Kriterium für das Vorliegen eines emotionalen Missbrauchs herangezogen wird (Glaser 2002).

In einigen Definitionen von emotionalem Missbrauch (Glaser 2002; English/ the LONGSCAN Investigators 1997) umschließt dieser auch sekundäre Traumatisierung durch das *Erleben von häuslicher Gewalt*. Zunehmend wird diesem Bereich der Kindeswohlgefährdung eine eigenständige Bedeutung beigemessen, wobei bei unterschiedlichen Definitionen entweder nur partnerschaftliche Gewalt zwischen den Eltern oder auch Gewalt gegen Geschwister eingeschlossen wird.

Das *Münchhausen-by-Proxy-Syndrom* beschreibt das Verhalten von Bezugspersonen, welche absichtlich körperliche oder psychische Krankheitssymptome bei einem Kind hervorrufen, vortäuschen oder bereits vorhandene Symptome verschlimmern (Leeb et al. 2008; Nowara 2005). Das dahinterliegende Motiv ist zumeist, dass bestimmte Bedürfnisse der Bezugspersonen, wie z. B. die Außendarstellung als sich aufopfernde Mutter oder das Einnehmen der Krankenrolle, hierdurch erfüllt werden (Glaser 2011; Nowara 2005). So stellt dieses Verhalten zum einen eine Form emotionalen Missbrauchs dar (Glaser 2002; Glaser 2011), ist aber in vielen Fällen auch mit körperlicher Misshandlung verbunden, da zur Aufrechterhaltung der Krankheitssymptome dem Kind absichtlich beispielsweise Abführmittel verabreicht oder Verätzungen zugefügt werden (Deegener 2005).

3.2.4 Vernachlässigung

Alle Formen von Vernachlässigung stellen eine Gefährdung durch Unterlassung dar, in denen die Bezugsperson nicht ausreichend auf die körperlichen, medizinischen, emotionalen Bedürfnisse oder Bildungsbedürfnisse des Kindes eingeht (Leeb et al. 2008). Für die verschiedenen Formen von Vernachlässigung gibt es kein einheitliches, universell verwendetes Konzept (Kindler 2006b). In der Folge wird deswegen die Strukturierung von Leeb et al. (2008) verwendet und an gegebener Stelle auf Unterschiede und Gemeinsamkeiten zu anderen Taxonomien verwiesen.

Es werden zwei Hauptbereiche von Vernachlässigung unterschieden: *unterlassene Fürsorge* (engl. *failure to provide*) und *unzureichende Beaufsichtigung* (engl. *lack of supervision*). Ersteres umfasst jegliches Verhalten der Bezugsperson, dass dazu führt, dass ein Kind nicht ausreichend Nahrung, Kleidung oder Obdach erhält oder unzureichend hygienisch und medizinisch versorgt wird (English/the LONGSCAN Investigators 1997). Unzureichende Beaufsichtigung umschließt elterliches Verhalten, dass den Schutz von Kindern vor Gefahren vernachlässigt. Hierunter fällt, je nach Alter des Kindes, zu lange Abwesenheit der Bezugsperson oder Überlassen des Kindes in der Obhut einer ungeeigneten Aufsichtsperson (English/the LONGSCAN Investigators 1997).

Körperliche Vernachlässigung ist dadurch gekennzeichnet, dass die Grundbedürfnisse des Kindes nicht befriedigt werden. Hierzu gehören die ausreichende und angemessene Bereitstellung von Essen, Trinken, Wärme, Hygiene und medizinischer Versorgung (Häuser et al. 2011). Leeb et al. (2008) sehen *medizinische/dentale Vernachlässigung* (engl. medical/dental neglect) als eigenständige Unterform in Abgrenzung zur körperlichen Vernachlässigung an. Eine Unterscheidung, die beispielsweise von Bernstein et al. (2003) nicht getroffen wird.

Gerade bei schweren Formen und bei Kindern bis zum Kleinkindalter eng mit der körperlichen Vernachlässigung verbunden, ist die *emotionale Vernachlässigung*. Hierbei werden von den Bezugspersonen die Bedürfnisse des Kindes nach emotionaler Nähe, Verständnis und Geborgenheit nicht befriedigt. Dies kann so weit gehen, dass die Bezugsperson keine emotionale Beziehung zum Kind aufrechthält.

Eine Subgruppe in dem Bereich der Vernachlässigung ist die *Bildungsvernachlässigung* (engl. educational neglect), welche die Vernachlässigung der elterlichen Pflichten im Kontext der Bildung des Kindes oder des Jugendlichen beinhaltet. Dies ist dann der Fall, wenn Kinder und Jugendliche durch das Verschulden ihre Eltern nicht an Bildungsangeboten teilhaben können (Leeb et al. 2008; Meysen 2006) oder keine ihren Neigungen und Wünschen entsprechende berufliche Qualifikation erwerben dürfen (Meysen 2006).

3.3 Häufigkeit von Kindeswohlgefährdung

Für die Beschreibung der Häufigkeit von sexuellem Missbrauch, körperlicher Misshandlung und Vernachlässigung wird in vielen Arbeiten der Begriff der Prävalenz verwendet, welcher aus der Epidemiologie entlehnt ist und das Vorliegen bestimmter Krankheiten in einer Population zu einem gegebenen Zeitpunkt oder für einen gegebenen Zeitraum erfasst (VandenBos 2015). In Bezug auf die Häufigkeit von Formen von Kindeswohlgefährdung wird dieser oft ähnlich verwendet, auch wenn es sich um ein Ereignis handelt, das der Person widerfahren ist, und sich dadurch erst das Bestehen des Merkmals ergibt (Jud 2015). Somit sind Prävalenzraten vor allem in Dunkelfelduntersuchungen an das Konzept der Lebenszeitprävalenzen angelehnt und nicht als Punktprävalenzen zu verstehen. Ebenfalls in Anlehnung an die Epidemiologie werden bei Angaben zur Häufigkeit von körperlicher Misshandlung, sexuellem Missbrauch und Vernachlässigung Inzidenzraten angegeben, welche sich auf die Anzahl neu aufgetretener oder bekanntgewordener Fälle beziehen (VandenBos 2015). Solche Angaben basieren häufig auf Daten, welche von staatlichen Behörden erfasst wurden, und bilden im epidemiologischen Sinne eine Inanspruchnahmepopulation ab. Für die Erfassung von Formen von Kindeswohlgefährdung kann in Deutschland die polizeiliche Kriminalstatistik (PKS) und die Kinder- und Jugendhilfestatistik über Verfahren zur Einschätzung einer Kindeswohlgefährdung gemäß § 8a Sozialgesetzbuch (SGB) VIII als offizielle Statistiken herangezogen werden.[7]

---

7 Andere Möglichkeiten wären die Statistiken des Familiengerichts, die jedoch nur die Anzahl der Entscheidung bezüglich einer Kindeswohlgefährdung (§ 1666 BGB) erfasst, oder

Im Folgenden werden die Prävalenz- und Inzidenzraten für Deutschland, sowie Ergebnisse von Dunkelfelduntersuchungen dargestellt.

3.3.1 Kinder- und Jugendhilfestatistik

Seit 2012 werden im Rahmen der deutschen Kinder- und Jugendhilfestatistik die Anzahl und Charakteristika von Verfahren zur Einschätzung einer bestehenden Kindeswohlgefährdung gemäß § 8a SGB VIII erhoben. Hierzu werden die Daten von den Jugendämtern an das entsprechende statistische Landesamt weitergeleitet und schließlich vom statistischen Bundesamt zu einer deutschlandweiten Statistik zusammengefasst (Statistisches Bundesamt 2015c; Statistisches Bundesamt 2013; Statistisches Bundesamt 2014b).

Im Jahr 2014 wurden 124 213 Verfahren wegen des Verdachts auf eine Kindeswohlgefährdung in Deutschland eingeleitet. Dies entspricht 94.96 Verfahren pro 10 000 Kindern und Jugendlichen. In 18 630 der Verfahren wurde eine akute Kindeswohlgefährdung (15.00 %), in 22 419 eine latente Kindeswohlgefährdung (18.05 %) und bei 41 543 ausschließlich ein Hilfebedarf, aber keine Kindeswohlgefährdung (33.51 %) festgestellt. Wird die Anzahl der Fälle von akuter und latenter Kindeswohlgefährdung anhand der Anzahl der zu diesem Zeitpunkt in Deutschland lebenden Kinder und Jugendlichen relativiert, dann wurden im Jahr 2014 in 19.96 Verfahren pro 10 000 Kindern und Jugendlichen, diese als vernachlässigt eingestuft, in 8.54 als emotional missbraucht, 7.40 als körperlich misshandelt und in 1.46 als sexuell missbraucht (Tabelle 2).

Seit Beginn der Erhebung der amtlichen Statistik hat die Anzahl der Verfahren (2012: 81.45 Verfahren pro 10 000 Kinder; 2013: 88.48 Verfahren pro 10 000 Kinder; 2014: 94.96 Verfahren pro 10 000 Kinder) sowie die Anzahl der Verfahren, in denen auf akute Kindeswohlgefährdung entschieden wurde (2012: 12.89 Verfahren pro 10 000 Kinder; 2013: 13.16 Verfahren pro 10 000 Kinder; 2014: 14.24 Verfahren pro 10 000 Kinder) leicht zugenommen.

Im Hinblick auf die Gesamtanzahl der Fälle akuter und latenter Kindeswohlgefährdung im Jahr 2014 zeigte sich, dass Jungen und Mädchen in etwa gleich häufig als gefährdet eingestuft wurden (akute Gefährdung: Mädchen: 49.06 %; Jungen: 50.94 %; latente Gefährdung: Mädchen: 48.34 %; Jungen: 51.66 %). Mit 68.47 % waren mehr Mädchen als Jungen von einer akuten Kindeswohlgefährdung auf Grund sexuellen Missbrauchs betroffen (latente Kindes-

---

die Kinder- und Jugendhilfestatistik zur Heimerziehung, welche ebenfalls als einen Grund für die Heimunterbringung Kindeswohlgefährdung anführt. Verlässliche Daten zur medizinischen und psychotherapeutischen Versorgung von misshandelten, missbrauchten und vernachlässigten Kindern und Jugendlichen fehlen.

Tabelle 2. Formen von Kindeswohlgefährdung in der Kinder- und Jugendhilfestatistik von 2012 bis 2014

Form	2014				2013				2012			
	akut		latent		akut		latent		akut		latent	
	n	PR	n	PR	n	PR	n	PR	n	PR	n	PR
körperliche Misshandlung	5 284	4.04	4 396	3.36	4 929	3.77	4 020	3.07	4 990	3.81	4 044	3.09
sexueller Missbrauch	1 072	0.82	832	0.64	1 049	0.80	817	0.62	1 118	0.85	821	0.63
emotionaler Missbrauch	5 141	3.93	6 027	4.61	4 573	3.50	5 391	4.12	4 689	3.58	5 137	3.92
Vernachlässigung	11 745	8.98	14 360	10.98	10 889	8.32	14 165	10.83	10 721	8.19	14 614	11.16

Anmerkungen: Prozentangaben beziehen sich auf die Anzahl der Verfahren, die zum Ergebnis einer akuten bzw. latenten Gefährdung kamen. PR: Prävalenzrate pro 10 000 Kindern und Jugendlichen; eigene Berechnungen auf der Grundlage der amtlichen Statistik zu Verfahren zur Abklärung von Kindeswohlgefährdung und der Daten des Mikrozensus; (Statistisches Bundesamt 2015c; Statistisches Bundesamt 2013; Statistisches Bundesamt 2014b; Statistisches Bundesamt 2015b).

wohlgefährdung: 64.90%). Das Alter der Kinder, welche von akuter oder latenter Kindeswohlgefährdung betroffen waren, ist in Abbildung 4 dargestellt. Im Vergleich zwischen Jungen und Mädchen zeigte sich, dass bei körperlicher Misshandlung und bei sexuellem Missbrauch Mädchen, anders als Jungen, um das 14. Lebensjahr ein absolutes Maximum aufwiesen. Bei Jungen nahm in diesem Alter die Häufigkeit der akuten und latenten Gefährdung bis zum 18. Lebensjahr ab. Eine akute oder latente Gefährdung wegen sexuellen Missbrauchs wurde bei Jungen am häufigsten um das 9. Lebensjahr festgestellt.

Abbildung 4. Alter der betroffenen Kinder (akute oder latente Kindeswohlgefährdung 2014)

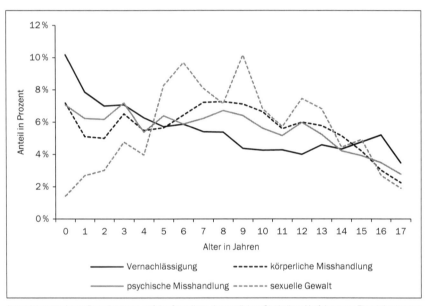

Anmerkungen: eigene Berechnungen auf der Grundlage der amtlichen Statistik zu Verfahren zur Einschätzung von Kindeswohlgefährdung; Prozentangaben beziehen sich auf die Gesamtzahl der jeweiligen Form von Kindeswohlgefährdung (Statistisches Bundesamt 2015c).

In der Statistik zu Verfahren zur Einschätzung einer Kindeswohlgefährdung werden keine Täter oder Täterinnen benannt, jedoch werden die Familienform der Herkunftsfamilie sowie Charakteristika der Eltern näher dargestellt. Gemäß dem Auftrag des Jugendamtes, bei einer Gefährdung des Kindeswohls innerhalb der Familie oder durch fürsorgepflichtige Personen einzugreifen, ist davon auszugehen, dass die Form der Kindeswohlgefährdung im sozialen Nahraum erfolgte oder bei akuter Gefährdung durch eine andere Person die Eltern nicht den Schutz des Kindes gewährleistet haben.

3.3.2 Polizeiliche Kriminalstatistik

Die PKS umfasst alle der Polizei bekannt gewordenen Straftaten. Mit eingeschlossen sind auch versuchte Straftaten. Nicht enthalten sind – neben Ordnungswidrigkeiten, Staatsschutz-, Finanz- und Verkehrsdelikten – Straftaten, welche direkt bei der Staatsanwaltschaft angezeigt wurden (PKS Bundeskriminalamt 2015). Die PKS wird im Hinblick auf Fälle, Tatverdächtige und Opfer geführt (PKS Bundeskriminalamt 2015). Die folgenden Ausführungen beziehen sich auf die Statistiken zu Opfern von versuchten und vollendeten Straftaten (Tabelle 3). Der Begriff der Kindeswohlgefährdung ist nicht Bestandteil des Strafgesetzbuches und somit kein Straftatbestand. Vielmehr sind einzelne Handlungen, welche gemeinhin im Kinder- und Jugendhilfesystem als Kindeswohlgefährdung definiert werden, Straftatbestände. Hierzu zählen sexueller Missbrauch und schwere körperliche Misshandlung.

Im Jahr 2014 wurden der Polizei in Deutschland insgesamt 14 168 Opfer von sexuellem Missbrauch von Kindern (§ 176 StGB), von schwerem sexuellen Missbrauch von Kindern (§ 176a StGB) oder schwerem sexuellen Missbrauch von Kindern mit Todesfolge (§ 176b StGB) bekannt. Dies entsprach einer Prävalenzrate von 14.37 von 10 000 Kindern. Bei 13 374 (94.40 %) handelte es sich um eine vollendete, bei 794 (5.60 %) um eine versuchte Tat. Bezüglich sexuellen Missbrauchs von Jugendlichen (§ 182 StGB) wurden im Jahr 1 214 Betroffene in der PKS erfasst, 976 (80.40 %) davon als vollendete Taten (Inzidenzrate: 3.77 pro 10 000 Jugendlichen). 394 minderjähre Opfer von vollendetem oder versuchtem sexuellen Missbrauch von Schutzbefohlenen (§§ 174 StGB) sowie sexuellem Missbrauch unter Ausnutzung eines Abhängigkeitsverhältnisses (§§ 174a–c StGB) wurden der Polizei gemeldet (Inzidenzrate: 1.2 pro 10 000 Kindern und Jugendlichen). Im Jahr 2014 wurden in der PKS 4 233 Fälle von körperlicher Misshandlung von Kindern (99.31 % davon vollendete Taten; Inzidenzrate: 4.3 pro 10 000 Kindern) und 675 Fälle von körperlicher Misshandlung von Jugendlichen (99.11 % davon vollendete Taten; Inzidenzrate: 2.1 pro 10 000 Jugendlichen) gemäß § 225 StGB erfasst.

Seit 2000 zeigte sich bei der Entwicklung der Opferzahlen folgender Trend (PKS Bundeskriminalamt 2015): Die Anzahl der bei der Polizei gemeldeten Opfer von sexuellem Missbrauch nahm ab. Die Anzahl der Kinder, die Opfer von körperlicher Misshandlung wurden, nahm zu. Dieser Trend blieb, wenn auch abgeschwächt, bestehen, wenn die Anzahl der Meldungen zu der Anzahl der im jeweiligen Jahr in Deutschland lebenden Kinder bzw. Jugendlichen in Bezug gesetzt wurde (Abbildung 5).

Tabelle 3. Sexueller Missbrauch an Kindern und Jugendlichen nach Geschlecht des Opfers gemäß der PKS von 2014

		weiblich		männlich		
		n	%	n	%	gesamt
sexueller Missbrauch von Kindern (§§ 176, 176a, 176b StGB)°	voll.	10 003	74.79	3 371	25.21	13 374
	vers.	578	72.80	216	27.20	794
	insg.	10 581	74.68	3 587	25.32	14 168
sexueller Missbrauch von Kindern (§ 176)°	voll.	7 975	74.12	2 784	25.88	10 759
	vers.	503	71.05	205	28.95	708
	insg.	8 478	73.93	2 989	26.07	11 467
schwerer sexueller Missbrauch von Kindern (§ 176a)°	voll.	2 028	77.55	587	22.45	2 615
	vers.	75	87.21	11	12.79	86
	insg.	2 103	77.86	598	22.14	2 701
sexueller Missbrauch von Jugendlichen (§ 182 StGB)*	voll.	705	72.23	271	27.77	976
	vers.	170	71.43	68	28.57	238
	insg.	875	72.08	339	27.92	1 214
sexueller Missbrauch von Schutzbefohlenen unter Ausnutzung einer Amtsstellung oder eines Vertrauensverhältnisses (§§ 174, 174a–c StGB)*	voll.	290	80.78	69	19.22	359
	vers.	27	77.14	8	22.86	35
	insg.	317	80.46	77	19.54	394
Misshandlung von Schutzbefohlenen: Kinder (§ 225 StGB)°	voll.	1 805	42.94	2 399	57.06	4 204
	vers.	14	48.28	15	51.72	29
	insg.	1 819	42.97	2 414	57.03	4 233
Misshandlung von Schutzbefohlenen: Jugendliche (§ 225 StGB)*	voll.	427	63.83	242	36.17	669
	vers.	5	83.33	1	16.67	6
	insg.	432	64.00	243	36.00	675

Anmerkungen: voll.: Tat wurde vollzogen; vers.: Tatversuch; insg.: Summe aus vollzogenen und versuchten Taten; ° Alter der Betroffenen zum Zeitpunkt der Tat bis unter 14 Jahren; * Alter der Betroffenen zum Zeitpunkt der Tat ab 14 Jahren bis unter 18 Jahren; (PKS Bundeskriminalamt 2015).

Bei 22.78 % der Opfer von sexuellem Missbrauch an Kindern (§ 176 StGB; bezogen auf alle Taten) und 9.39 % der Opfer von sexuellem Missbrauch an Jugendlichen (§ 182 StGB; bezogen auf alle Taten) war der Täter oder die Täterin ein Familienmitglied im Jahr 2014. Am häufigsten wurden Opfer von Tätern aus informellen sozialen Beziehungen, wie zum Beispiel Nachbarn, (Kinder: 31.81 %; Jugendliche: 54.53 %) und von Fremdtätern (Kinder: 31.95 %; Jugendliche: 20.84 %) sexuell missbraucht.

Hinsichtlich der Opfer-Täter-Beziehung wurden in allen Bereichen häufiger Mädchen zu Opfern als Jungen. Wurde die Häufigkeit verschiedener Opfer-Täter-Konstellationen nur innerhalb der weiblichen oder männlichen Opfer betrachtet, so zeigten sich Unterschiede zwischen den Geschlechtern: Mädchen wurden sowohl in der Kindheit (Mädchen: 24.02 %; Jungen: 19.12 %) als auch im Jugendalter (Mädchen: 11.43 %; Jungen: 4.13 %) häufiger in der Familie sexuell missbraucht. In der Kindheit wurden Mädchen häufiger Opfer von Fremdtätern (Mädchen: 33.11 %; Jungen: 28.55 %) und Jungen häufiger Opfer von sexuellem Missbrauch in formellen sozialen Beziehungen (Mädchen: 2.44 %; Jungen: 5.80 %). Im Jugendalter wurden Jungen und Mädchen gleichermaßen am häufigsten Opfer von sexuellem Missbrauch in informellen sozialen Beziehungen (Jungen: 56.64 %; Mädchen: 53.71 %).

Opfer körperlicher Misshandlung, die der Polizei gemeldet wurden, wurden zu 83.86 % von Familienangehörigen misshandelt, gefolgt von Misshandlungen in formellen sozialen Beziehungen (6.38 %) und informellen sozialen Beziehungen (5.06 %). Bei Mädchen, die Opfer von Misshandlung wurden, war der Täter oder die Täterin häufiger ein Familienmitglied als bei Jungen (Mädchen: 88.46 %; Jungen: 80.41 %). Jungen waren öfter als Mädchen Opfer von körperlicher Misshandlung im Kontext von formellen sozialen Beziehungen (Mädchen: 4.29 %; Jungen: 7.95 %).

Abbildung 5. Anzahl der Opfer sexuellen Missbrauchs und körperlicher Misshandlung zwischen 2000 und 2014 in der PKS

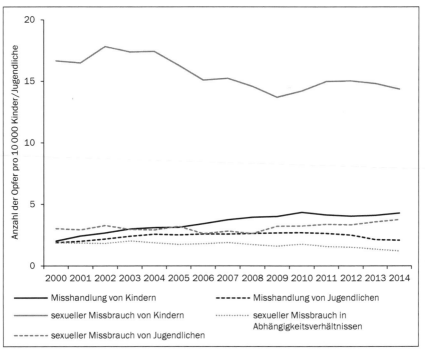

Anmerkungen: eigene Berechnung anhand der Werte der Polizeilichen Kriminalstatistik und den Daten des Mikrozensus (PKS Bundeskriminalamt 2015; Statistisches Bundesamt 2015b).

3.3 3 Dunkelfelduntersuchungen

Eine Vielzahl von Studien weltweit hat sich mit der Prävalenz von körperlicher Misshandlung, sexuellem Missbrauch und Vernachlässigung von Kindern und Jugendlichen beschäftigt. Dies gilt insbesondere für die Prävalenz von sexuellem Missbrauch (Stoltenborgh et al. 2015). Im Folgenden werden kurz die wesentlichen Befunde aus Meta-Analysen dargestellt, wobei insbesondere auf Studien, die in Deutschland durchgeführt wurden, eingegangen wird.

Körperliche Misshandlung
In einer Meta-Analyse von 111 Studien fanden Stoltenborgh et al. (2013) eine durchschnittliche Prävalenz von 3.0 %, wenn die Informationen über Informanten gewonnen wurden, und von 22.6 % bei direkter Befragung von Personen zu ihren eigenen Erfahrungen. Über alle Studien hinweg war die Spannweite der Prävalenzrate von körperlicher Misshandlung zwischen kleiner 0.1 % bis zu 95.7 % (Stoltenborgh et al. 2013). Unterschiede zwischen Männern und Frauen bzw. Jungen und Mädchen wurden nicht gefunden (Stoltenborgh et al. 2013). Ein Vergleich europäischer Studien zur Prävalenz von körperlicher Misshandlung ergab, dass 5 % bis 50 % der Studienteilnehmenden in ihrer Kindheit körperlich misshandelt wurden (Lampe 2002). Untersuchungen in Deutschland berichteten eine Prävalenz körperlicher Gewalt gegen Kinder von 12.0 % (Häuser et al. 2011) bis zu 81 % (Bussmann 1995), wobei bei beiden Studien leichte Formen mit eingeschlossen wurden. Schwerere Formen traten mit 6.8 % (Pfeiffer/Wetzels/Enzmann 1999) bis 15.3 % (Baier et al. 2009) seltener auf.

Sexueller Missbrauch
Prävalenzstudien, welche auf einem Selbstbericht basieren, berichteten durchschnittlich eine Prävalenzrate von 12.7 % bei sexuellem Missbrauch, wobei die 221 in die Meta-Analyse einbezogenen Studien Prävalenzraten von 0.1 % bis 71.0 % angaben (Stoltenborgh et al. 2011). Für Mädchen bzw. Frauen betrug sie durchschnittlich 18.0 % und für Jungen bzw. Männer 4.1 % (Stoltenborgh et al. 2011). Andere Überblicksartikel über die Häufigkeit sexuellen Missbrauchs kamen zu vergleichbaren Ergebnissen mit einer Spannweite der Prävalenzraten von 7 % bis 36 % für Frauen und 3 % bis 29 % für Männer (Finkelhor 1994), bzw. von 0 % bis 53 % für Frauen und 0 % bis 60 % für Männer (Pereda et al. 2009). Studien, die in Deutschland durchgeführt wurden, berichteten von ähnlichen Ergebnissen, mit beispielsweise einer Prävalenzrate von 11.5 % bei Häuser et al. (2011). Sowohl in studentischen als auch in Zufallsstichproben zeigten sich deutliche Unterschiede zwischen Männern und Frauen (Wetzels 1997; Bange/Deegener 1996; Bange 1992; Richter-Appelt 1995).

Emotionaler Missbrauch

Im Vergleich zu sexuellem Missbrauch und körperlicher Misshandlung gibt es nur wenige Studien zu emotionalem Missbrauch (Stoltenborgh et al. 2015). In Deutschland liegt nur eine Studie vor (Häuser et al. 2011). Die durchschnittliche Prävalenzrate in einer Meta-Analyse internationaler Studien lag bei 36.3 % für Selbstberichte und 3.0 % für Fremdberichte (Spannweite über alle Studien: 0.07 % bis 93.0 %; Stoltenborgh et al. 2012). Das Geschlecht der Studienteilnehmenden war kein signifikanter Prädiktor für Unterschiede in den Prävalenzraten (Stoltenborgh et al. 2012). Für die deutsche Stichprobe berichteten Häuser et al. (2011) eine Prävalenz von 14.9 %. Es lagen auch in dieser Stichprobe keine signifikanten Unterschiede zwischen Männern und Frauen vor.

Vernachlässigung

Stoltenborgh/Bakermans-Kranenburg/van IJzendoorn (2013) fanden in einer Meta-Analyse aus 56 unabhängigen Stichproben, eine Prävalenzrate von 16.3 % im Hinblick auf körperliche Vernachlässigung (Spannweite: 1.5 % bis 64.0 %) und 18.4 % für emotionale Vernachlässigung (Spannweite: 3.5 % bis 80.1 %). Auch hier lagen keine signifikanten Geschlechtsunterschiede in den Prävalenzraten vor. In Deutschland waren die Prävalenzraten in der Studie von Häuser et al. (2011) 48.3 % für leichte bis extreme emotionale Vernachlässigung und 48.4 % für leichte bis extreme körperliche Vernachlässigung. Schwere bis extreme emotionale Vernachlässigung berichteten 6.6 % der Befragten. Im Hinblick auf schwere bis extreme körperliche Vernachlässigung waren dies 10.8 %. Männer und Frauen unterschieden sich nicht signifikant hinsichtlich der Prävalenzraten.

Miterleben von Partnerschaftsgewalt

In einer weltweiten Vergleichsstudie berichteten Garcia-Moreno et al. (2006), dass 13 % bis 61 % der Frauen mindestens einmal in ihrem Leben körperliche Gewalt durch einen Partner erfahren haben. Auch wenn es viele Studien zu körperlicher Gewalt in der Partnerschaft gibt, die zwischen verschiedenen Altersgruppen und Familienkonstellationen unterscheiden, so gibt es sehr wenige Studien darüber, wie häufig Kinder und Jugendliche Zeugen von Partnerschaftsgewalt zwischen ihren Eltern werden. Pfeiffer/Wetzels/Enzmann (1999) berichteten für Deutschland eine Prävalenzrate von 6.7 % bei Jugendlichen, welche angaben, häufig Gewalt zwischen ihren Eltern zu beobachten. 7.0 % der Jugendlichen gaben an, selten Gewalt zwischen den Eltern beobachtet zu haben. Aus den Berichten von Frauen, die durch ihren Partner Gewalt erfahren haben und deren Kinder mit im Haushalt lebten, ging hervor, dass 59.6 % der Kinder die Gewalt gegen die Mutter direkt miterlebten (Nouer et al. 2014).

3.3.4 Vergleichende Darstellung von Hell- und Dunkelfelduntersuchungen

Über alle Arten der Erfassung, die eine Annäherung an die Anzahl der Betroffenen von verschiedenen Formen von Kindeswohlgefährdung erlauben, fällt die große Spannweite der Angaben auf. Grundsätzlich verweist sie darauf, dass viele Kinder und Jugendliche körperlich misshandelt, missbraucht oder vernachlässigt werden. Erwartungsgemäß spiegeln offizielle Statistiken nur einen Bruchteil der Anzahl der Betroffenen wider, da sie sich auf einen kürzeren Zeitraum beziehen und nur solche Fälle beinhalten, die den Behörden bekannt wurden.

Die Dunkelziffer variiert sowohl im Hinblick auf unterschiedliche Formen von Kindeswohlgefährdung als auch auf die Art der Erfassung: Die Anzahl der Opfer sexuellen Missbrauchs in der PKS ist – auch wenn nur Taten betrachtet werden, die von Familienmitgliedern begangen wurden – deutlich höher als in der Statistik zu Verfahren zur Einschätzung von Kindeswohlgefährdung. In Dunkelfelduntersuchungen wies emotionaler Missbrauch im Vergleich zu anderen Formen die höchste Prävalenz auf. In der Statistik der Kinder- und Jugendhilfe zu Verfahren zu Einschätzung eine bestehenden Kindeswohlgefährdung zeigte sich dieses Bild nicht.

Sowohl bei offiziellen Statistiken als auch bei Dunkelfelduntersuchungen werden verschiedene Definitionen von körperlicher Misshandlung, sexuellem Missbrauch, emotionalem Missbrauch und Vernachlässigung gewählt. So müssen unterschiedliche Kriterien zutreffen (z. B. Altersabstand zwischen Täter und Opfer, Schwere der Tat; Jud 2015), damit eine Tat als gegeben angesehen wird. Oft werden auch Unterschiede hinsichtlich des Täterkreises gemacht, was sich auch in der Operationalisierung zeigt: So bezog sich Wetzels (1997) in drei von sieben Items, welche sexuellen Missbrauch erfassten, auf einen männlichen Täter. Dies führt in der Folge zu einer Unterschätzung der Prävalenzrate, da Täterinnen nicht mitberücksichtigt wurden.

Neben explizit unterschiedlichen Definitionen und darauf begründeten Operationalisierungen ist bei allen Erhebungsarten nicht auszuschließen, dass es individuelle oder institutionelle Unterschiede in der Interpretation der Definitionen gibt: Die PKS und die Statistik zur Einschätzung von Kindeswohlgefährdung beziehen sich auf Daten, welche in einer Vielzahl von Einrichtungen erhoben und weitergeleitet werden. In Bezug auf einige Variablen, die hierbei erfasst werden, besteht ein Interpretationsspielraum.

Erhebungsinstrumente in Dunkelfelduntersuchungen lassen aber auch unterschiedliche Interpretationen. Ein übliches Item zur Erfassung von emotionaler Vernachlässigung lautet: „Fühlten Sie sich in Ihrer Kindheit geliebt?" Dieses räumt einen sehr großen Interpretationsspielraum für die Antwortenden ein (Stoltenborgh/Bakermans-Kranenburg/van IJzendoorn 2013). Grundsätzlich zeigt sich, dass Formen von Misshandlung, Missbrauch und Vernachlässigung häufig am besten mit mehreren verhaltensnahen Items erfasst werden (Stoltenborgh et al. 2015; Stoltenborgh/Bakermans-Kranenburg/van IJzendoorn 2013; Stoltenborgh et al. 2013). Eine Ausnahme bildet hierbei emotionaler Missbrauch. Hier ist verbale Gewalt (z. B. Beschimpfen oder Beleidigen des Kindes) ein so entscheidendes Charakteristikum, dass die Anzahl der zusätzlichen Items zu keiner Veränderung der Prävalenzrate beiträgt (Stoltenborgh et al. 2012).

Neben der Offenheit der Interpretation tragen auch Erinnerungseffekte bei retrospektiven Befragungen zu Verzerrungen der Prävalenzrate bei (Jud 2015). Zudem kann es, insbesondere bei der Erfassung von Vernachlässigung, schwierig sein, retrospektiv zu beurteilen, ob der Mangel an Kleidung, Essen und medizinischer Versorgung auf das Verhalten der Eltern oder andere gesamtgesellschaftliche Faktoren zurückzuführen ist (Stoltenborgh et al. 2015). Hier bieten Fremdbeurteilungen durch Fachkräfte möglicherweise die bessere Einschätzung (Stoltenborgh et al. 2015).

Ein weiterer Grund für unterschiedliche Angaben zur Häufigkeit von Kindeswohlgefährdung ist, dass diese in unterschiedlichen Populationen erhoben wurden. So nehmen in Dunkelfelduntersuchungen gerade betroffene Personen nicht an Studien teil (Jud 2015), weil sie sich entweder explizit dagegen entscheiden oder sie durch die üblichen Methoden zur Rekrutierung von Studienteilnehmenden sehr schlecht erreicht werden. Andererseits zeigten einige Studien, dass bei nicht repräsentativen Stichproben eine höhere Häufigkeit von emotionalem Missbrauch berichtet wurde (Stoltenborgh et al. 2012). Offizielle Statistiken von Behörden beziehen sich auf die Inzidenzraten innerhalb der gesamten Bevölkerung. Gerade die unterschiedlichen Häufigkeitsangaben von sexuellem Missbrauch in der Familie zwischen der PKS und der Statistik zu Verfahren zur Gefährdungseinschätzung zeigen, dass unterschiedliche Personenkreise an verschiedenen Stellen bekannt werden. In der Kinder- und Jugendhilfe ist nicht auszuschließen, dass in Familien, die bereits mit dem Jugendamt oder anderen Einrichtungen des Wohlfahrtsstaates in Kontakt sind, eher eine Kindeswohlgefährdung festgestellt wird, als bei anderen, da über diese Familien mehr Informationen vorliegen (engl. surveillance bias).

Die PKS sowie die Angaben zu Verfahren zur Einschätzung von Kindeswohlgefährdung in Deutschland werden gemäß der Anzahl an Verfahren erhoben. Das Vorliegen von mehreren Formen von Gefährdung, beispielsweise von Misshandlung und Vernachlässigung, wird nicht angegeben. Eine Abschätzung der Anzahl derjenigen Kinder und Jugendlichen, die durch wiederholte Gefährdung oder Kombinationen von Gefährdungsarten mehrfach belastet sind, entfällt somit. Allerdings werden auch in Studien zu Prävalenzraten selten Zusammenhänge zwischen verschiedenen Formen detailliert berichtet (Stoltenborgh et al. 2015).

3.4 Risiko- und Schutzfaktoren

Beginnend 1955 mit der Kauai-Studie von Emy Werner wurde in der psychologischen Forschung zu Kindern und Jugendlichen der Frage nachgegangen, welche Gegebenheiten die kindliche Entwicklung begünstigen und welche sie zu einem negativen Verlauf hin beeinflussen. Als wünschenswerter oder positiver Verlauf wird hierbei die psychische und körperliche Gesundheit des einzelnen Menschen, oft auch die Eingebundenheit in ein soziales Umfeld, angesehen. In ihren Arbeiten formte Emy Werner den Begriff der Risiko- und Schutzfaktoren, nämlich solche Gegebenheiten oder Umstände, die die Wahrscheinlichkeit einer negativen oder positiven Entwicklung erhöhen. In engem Zusammenhang hierzu steht das Konzept der Resilienz, welches die Fähigkeit einer Person beschreibt, trotz widriger Umstände psychisch gesund zu bleiben oder sogar an Herausforderungen zu wachsen.

In der Forschung zu den verschiedenen Formen von Kindeswohlgefährdung werden die Begriffe Risiko- und Schutzfaktoren in Bezug auf das Eintreten von verschiedenen Ereignissen und Verläufen verwendet: 1) um Faktoren zu beschreiben, die die Wahrscheinlichkeiten für das Auftreten von Missbrauch, Misshandlung und Vernachlässigung begünstigen oder verringern können, 2) um Faktoren zu beschreiben, die die Wahrscheinlichkeit erhöhen oder verringern, dass die Kindeswohlgefährdung über eine längere Zeitspanne fortdauert oder erneut auftritt und 3) um Faktoren zu nennen, die nach dem Eintreten eines Ereignisses, wie emotionaler Missbrauch, die Folgen für die betroffene Person abmildern oder erschweren.

Betrachtet man jedoch die einzelnen Risiko- und Schutzfaktoren, die die Wahrscheinlichkeit begünstigen, dass ein Kind missbraucht, misshandelt oder vernachlässigt wird (Tabelle 4), so fällt auf, dass diese zum Teil mit dazu beitragen, dass beispielsweise ein extrafamiliärer sexueller Missbrauch des Kindes weiter anhält, weil die Eltern das Kind vernachlässigen und keine vertrauensvolle Eltern-Kind-Beziehung besteht. Zudem können wenig feinfühlige und vernachlässigende Eltern nicht entsprechend dafür Sorge tragen, dass die Folgen durch passende therapeutische und pädagogische Maßnahmen verringert werden.

Für verschiedene Formen von Kindeswohlgefährdung gibt es unterschiedliche Risiko- und Schutzfaktoren. Die Überschneidung ist jedoch groß. Dies liegt auch daran, dass das Auftreten der einen Form, das Auftreten der jeweils anderen begünstigt oder viele Formen von Kindeswohlgefährdung in ihrer Definition, aber auch bei der Betrachtung des tatsächlichen Geschehens, Überschneidungen aufweisen. So ist sexueller Missbrauch durch eine nahe Bezugsperson, auch mit einem Missbrauch des Vertrauens und den emotionalen Bedürfnissen des Mädchens oder des Jungens verbunden. Wiederholte körperliche Misshandlung durch einen Elternteil wird nur durch die Vernachlässigung der Pflichten des anderen Elternteils, den Schutz des Kindes zu gewähren, ermöglicht.

Es bestehen nicht nur Zusammenhänge zwischen den verschiedenen Formen, sondern auch andere Risiko- und Schutzfaktoren entfalten erst durch ihr gemeinsames Auftreten oder die Interaktion miteinander ihren Effekt. So fanden Vogeltanz et al. (1999) heraus, dass das Risiko für sexuellen Missbrauch bei Mädchen durch den Vater erhöht ist, wenn die Mutter alkoholabhängig ist, nicht aber der Vater. Das Risiko für sexuellen Missbrauch außerhalb der Familie wird jedoch durch die Alkoholabhängigkeit eines oder beider Eltern erhöht, unabhängig davon, ob Mutter oder Vater. Ein weiteres Beispiel für spezifische Effekte in bestimmten Gefährdungskonstellationen bietet der Befund von Schenkel et al. (2014) aus ihrer Arbeit mit tauben, jungen Erwachsenen: Das Risiko für Kindesmisshandlung – zusammengefasst für alle Formen – verringerte sich, wenn diese noch ein taubes Geschwister hatten. Einen Befund, den die Autorinnen auf die verringerte soziale Isolation, die üblicherweise mit einer Behinderung einhergeht, zurückführen.

Einzelne Risiko- und Schutzfaktoren sind nie alleine hinreichend für das Auftreten von Kindeswohlgefährdung. Das Vorliegen von Missbrauch, Misshandlung oder Vernachlässigung eines Kindes kann im Umkehrschluss nicht als Beweis für das Vorliegen von bestimmten Risikofaktoren gewertet werden. Bei sexuellem Missbrauch kommt hinzu, dass von Tätern oder Täterinnen oft vorliegende Risikofaktoren, wie beispielsweise zu geringe Aufmerksamkeit und Zuwendung durch die Eltern und die damit einhergehende emotionale Bedürftigkeit der Kinder, ausgenutzt werden, um eine Vertrauensbeziehung mit dem Kind zu schaffen und dieses dann zu missbrauchen (Finkelhor 1984).

Neben Faktoren, die unmittelbar in der Umgebung des Kindes zu verorten sind, werden oft auch gesellschaftliche Faktoren als förderlich für das Auftreten von Kindeswohlgefährdung genannt. Befunde basieren häufig auf aggregierten Daten für Regionen oder Länder und machen in der Folge wiederum Aussagen über diese in ihrer Gesamtheit. Dies ist beispielsweise bei der Studie von Morton/Simmel/Peterson (2014) der Fall. Hier bestand ein Zusammenhang zwischen der Anzahl der alkoholverkaufenden Läden in einer Region mit der Anzahl der Meldungen wegen körperlicher Misshandlung von Kindern an staatliche Behörden. Die Folgerung, basierend ausschließlich auf dieser Studie, dass Eltern, die ihre Kinder körperlich misshandeln, dies tun, weil sie mehr trinken, wäre jedoch ein ökologischer Fehlschluss.

Die Forschungsbefunde zu Risiko- und Schutzfaktoren im Bereich der Kindeswohlgefährdung sind nur eingeschränkt generalisierbar. Nicht zuletzt deswegen, weil es verhältnismäßig wenig längsschnittliche Studien gibt und gerade die betroffenen Familien und Personen oft schwer für eine Studienteilnahme zu erreichen sind. Prospektive Studien ohne Intervention sind aus ethischer Sicht bedenklich. Die bisherigen Befunde beruhen häufig auf retrospektiven Erhebungen und Auswertungen von administrativen Daten der entsprechenden Behörden oder Einrichtungen. Zudem wurden häufig nur bestimmte Zielgruppen,

Tabelle 4. Übersicht über Risiko- und Schutzfaktoren für die unterschiedlichen Formen von Kindeswohlgefährdung

	körperliche Misshandlung	sexueller Missbrauch	emotionaler Missbrauch	Vernachlässigung	Miterleben von Partnerschaftsgewalt
Merkmale des Kindes					
Geschlecht	leichte Tendenz zu Jungen (keine eindeutigen Befunde)	insgesamt mehr Mädchen innerhalb der Familie und in Institutionen	keine Unterschiede	keine Unterschiede	keine empirischen Befunde
Alter	junges Alter Prädiktor für schwere Folgen	häufiger ab dem Grundschulalter bis Ende der Pubertät	keine empirischen Befunde	junges Alter Prädiktor für schwerere Folgen	keine empirischen Befunde
Viktimisierung	enger Zusammenhang zwischen körperlicher Misshandlung, sexuellem Missbrauch und Vernachlässigung	vorangegangener sexueller Missbrauch, körperliche Misshandlung und Vernachlässigung	enger Zusammenhang zwischen körperlicher Misshandlung, sexuellem Missbrauch und Vernachlässigung	oft einhergehend mit anderen Formen von Kindeswohlgefährdung	Überschneidung zwischen verschiedenen Formen von Kindeswohlgefährdung
geistige und körperliche Behinderung, schwere körperliche Erkrankung	geistige und körperliche Behinderung	geistige und körperliche Behinderung (geringere Möglichkeit sich zu wehren und geringere Angst des Täters vor Entdeckung)	geistige und körperliche Behinderung	kaum empirische Befunde	keine empirischen Befunde
psychische Probleme und Verhaltensauffälligkeit	internalisierende und externalisierende Verhaltensauffälligkeiten	internalisierende und externalisierende Verhaltensauffälligkeiten	kaum empirische Befunde	internalisierende und externalisierende Verhaltensauffälligkeiten	keine empirischen Befunde
geringes Selbstvertrauen und Unsicherheit	soziale Kompetenz als Schutzfaktor	Unsicherheit, emotionale Deprivation; wenig Wissen über Sexualität und sexuellen Missbrauch	kaum empirische Befunde	soziale Kompetenz als Schutzfaktor	keine empirischen Befunde

Fortsetzung von Tabelle 4

	körperliche Misshandlung	sexueller Missbrauch	emotionaler Missbrauch	Vernachlässigung	Miterleben von Partnerschaftsgewalt
Merkmale der Eltern					
psychische Probleme, geringes Selbstvertrauen	Wut, Hyperreaktivität, Ängstlichkeit, Depressivität und psychische Erkrankungen, niedriger Selbstwert	psychische Probleme und Erkrankung der nicht missbrauchenden Mutter (kaum empirische Befunde zu Vätern)	psychische Probleme und Erkrankung der Mutter (keine Studien zu Vätern)	Wut, Hyperreaktivität, Ängstlichkeit, Depressivität und psychische Erkrankungen, niedriger Selbstwert	Verhaltensauffälligkeiten, Aggressivität und antisoziale Persönlichkeitszüge
körperliche oder geistige Behinderung, schwere körperliche Erkrankung	körperliche Probleme	mangelnde Fürsorge für das Kind	keine empirischen Befunde	keine empirischen Befunde	keine empirischen Befunde
Alter	jüngeres Alter	jüngere Täter, aber keine eindeutigen Befunde	keine empirischen Befunde	jüngeres Alter	jüngeres Alter als Risikofaktor für Täterschaft und Viktimisierung
Geschlecht	keine eindeutigen empirischen Befunde (kaum Studien zu Vätern)	häufiger männliche Täter	keine empirischen Befunde	Mutter als „säumige Klientin"	keine Unterschiede in der Häufigkeit von Täterschaft; Männer verüben häufig schwere Taten
Alkohol/Drogenkonsum	Alkohol- und Drogenkonsum	Alkoholabhängigkeit eines oder beider Elternteile	Alkoholmissbrauch oder -abhängigkeit eines oder beider Elternteile	keine empirischen Befunde	Konsum illegaler Drogen
Kriminalität	Kriminalität	Kriminalität	keine empirischen Befunde	keine empirischen Befunde	Zusammenhang allerdings nicht kausal
traumatische Kindheitserfahrungen	schlechte Beziehung zu den eigenen Eltern; Misshandlung, Missbrauch und Vernachlässigung in der eigenen Kindheit	sexueller Missbrauch und andere belastende Kindheitserfahrungen bei der Mutter; sexueller Missbrauch als Risikofaktor für Täterschaft	keine empirischen Befunde; emotionaler Missbrauch in der Ursprungsfamilie aber als plausibel anzunehmen	schlechte Beziehung zu den eigenen Eltern; Misshandlung, Missbrauch und Vernachlässigung in der eigenen Kindheit	körperliche Misshandlung, sexueller Missbrauch, Vernachlässigung, das Beobachten von Gewalt zwischen den Eltern und grenzverletzendes Verhalten der Eltern in der Ursprungsfamilie
junges Alter bei Geburt/ ungewollte Schwangerschaft	ungewollte oder ungeplante Schwangerschaft	ungewollte Schwangerschaft, junges Alter der Mutter bei Geburt	ungewollte Schwangerschaft	ungewollte Schwangerschaft, junges Alter der Mutter bei Geburt	keine empirischen Befunde

Fortsetzung von Tabelle 4

	körperliche Misshandlung	sexueller Missbrauch	emotionaler Missbrauch	Vernachlässigung	Miterleben von Partnerschaftsgewalt
Merkmale der Eltern (Fortsetzung)					
schlechte Erziehungsfähigkeiten	geringe Empathiefähigkeit, geringe Fähigkeit zur Emotionsregulation im Umgang mit dem Kind	geringes Einfühlungsvermögen	geringe Empathiefähigkeit, überfordernde Haltung gegenüber dem Kind	geringe Empathiefähigkeit, geringe Fähigkeit zur Emotionsregulation im Umgang mit dem Kind	keine empirischen Befunde
hohe Belastung	hohe Belastung bei dem Erfüllen der Erziehungsaufgaben	negative Lebensereignisse	Überforderung mit der Erziehung, negative Lebensereignisse	keine empirischen Befunde	finanzielle Probleme und Schwierigkeiten in der Arbeit (z. T. vermittelt über erhöhten Alkoholkonsum)
Partnerschaftsprobleme	geringe Paarzufriedenheit	belastete Beziehung der Eltern einschließlich gewaltsamer Auseinandersetzungen	Gewalt zwischen den Eltern	Paarkonflikte	Paarkonflikte und Eifersucht
sozioökonomischer Status (SES)	niedriger SES und Arbeitslosigkeit	keine einheitlichen Befunde	niedriger SES (kaum empirische Befunde)	niedriger SES und Arbeitslosigkeit	uneinheitliche Befunde; Zusammenhang bleibt bei Kontrolle anderer Faktoren, wie Impulsivität, nicht immer bestehen
Einstellung und Haltung	Befürwortung von körperlicher Gewalt als Erziehungsmittel	rigide oder sehr vernachlässigende Einstellung im Umgang mit Kindern	keine empirischen Befunde	keine empirischen Befunde	Befürwortung von Gewalt gegen Partner; frauenverachtende Einstellungen bei Männern
Merkmale der Eltern-Kind-Beziehung					
schlechte Eltern-Kind-Beziehung	mangelnde Feinfühligkeit und desorganisierte Bindung (unzureichende Befunde für Väter)	wenig enge und vertrauensvolle Beziehung; keine Vertrauensperson für das Kind; Zurückweisung durch den Vater	wesentlicher Bestandteil der Definition	mangelnde Feinfühligkeit und desorganisierte Bindung (unzureichende Befunde für Väter)	keine empirischen Befunde

Fortsetzung von Tabelle 4

	körperliche Misshandlung	sexueller Missbrauch	emotionaler Missbrauch	Vernachlässigung	Miterleben von Partnerschaftsgewalt
Merkmale der Eltern-Kind-Beziehung (Fortsetzung)					
Wahrnehmung des Kindes als Problem	starker Prädiktor von körperlicher Gewalt; geringere Beachtung von Kontextfaktoren bei Fehlverhalten des Kindes	keine empirischen Befunde	negative und beschuldigende Attributionsmuster und deren Äußerung gegenüber dem Kind als eine Form von emotionalem Missbrauch	starker Prädiktor von Vernachlässigung	keine empirischen Befunde
körperliche Bestrafung als Erziehungsmittel	leichte körperliche Bestrafung als Methode zur Disziplinierung	körperliche Bestrafung als Methode zur Disziplinierung	enger Zusammenhang mit körperlicher Misshandlung (keine empirischen Befunde)	keine empirischen Befunde	keine empirischen Befunde
Merkmale der Familie					
hohe Konflikthäufigkeit	hohe Konflikthäufigkeit und Gewalt zwischen den Eltern	hohe Konflikthäufigkeit	Gewalt zwischen den Eltern	keine empirischen Befunde	siehe Partnerschaftsprobleme
Familienklima	geringe Kohäsion	patriarchalisches Familienklima bei intrafamiliärem Missbrauch gegen Mädchen	keine empirischen Befunde	keine empirischen Befunde	keine empirischen Befunde
schlechte Wohnsituation/ Wohnungslosigkeit	keine empirischen Befunde	grenzverletzendes Verhalten begünstigende räumliche Gegebenheiten	keine empirischen Befunde	unzureichend sichere Wohnsituation als Merkmal von Vernachlässigung	keine empirischen Befunde
Familienkonstellation	alleinerziehende Mütter, große Anzahl an Familienmitgliedern bzw. Kindern	uneinheitliche Befunde hinsichtlich der Anwesenheit eines Stiefvaters; Unterbringung außerhalb der Familie	Triangulation während der Scheidung oder Trennung von Eltern	alleinerziehende Mütter; hohe Anzahl von Haushaltsmitgliedern	kaum empirische Befunde
soziale Isolation	keine empirischen Befunde	sowohl hinsichtlich intrafamiliären als auch institutionellen Missbrauchs	soziale Isolation und mangelnde Unterstützung	mangelnde soziale Unterstützung	wahrgenommene soziale Unterstützung als Schutzfaktor; soziale Isolation als Risikofaktor

Fortsetzung von Tabelle 4

	körperliche Misshandlung	sexueller Missbrauch	emotionaler Missbrauch	Vernachlässigung	Miterleben von Partnerschaftsgewalt
Merkmale des sozialen Nahraums und der Gesellschaft					
Einstellungen und damit einhergehende rechtliche Rahmenbedingungen					
Kinderrechte	geringe Würdigung von Kinderrechten, insbesondere Recht auf gewaltfreie Erziehung	geringe Würdigung von Kinderrechten, insbesondere Selbstbestimmung	keine empirischen Befunde	geringe Beachtung der Bedürfnisse von Kindern	keine empirischen Befunde
Gleichberechtigung	keine empirischen Befunde	patriarchale Strukturen, Machismo, geringes Recht auf sexuelle Selbstbestimmung, repressive Einstellung gegenüber Sexualität	keine empirischen Befunde	keine empirischen Befunde	keine empirischen Befunde
Alkoholkonsum	leichte Zugänglichkeit von Alkohol für den Konsum zu Hause	geringe Ahndung von Straftaten, die unter dem Einfluss von Alkoholkonsum begangen wurden	keine empirischen Befunde	leichte Zugänglichkeit von Alkohol für den Konsum außerhalb des Hauses	keine empirischen Befunde
hohe Kriminalitätsrate	hohe Kriminalitätsrate	keine empirischen Befunde	keine empirischen Befunde	hohe Kriminalitätsrate	keine empirischen Befunde
hohe Armutsrate	keine empirischen Befunde	keine empirischen Befunde	keine empirischen Befunde	hohe Armutsrate	keine empirischen Befunde
humanitäre Krisen als Folge von Kriegen, Hungersnöten und Vertreibung	erhöhtes Risiko durch traumatisierte Eltern	erhöhte Abhängigkeit von Erwachsenen, existentielle Not und chaotische Umstände (sanktionsfreie Übergriffe)	keine empirischen Befunde	existentielle Not in Krisensituationen	keine empirischen Befunde
Geringer Zugang zu Unterstützungsangeboten	Zugang zu Frühen Hilfen als Schutzfaktor	keine empirischen Befunde, Beschwerdemöglichkeiten erhöhen frühes Aufdecken von Missbrauch	keine empirischen Befunde	Zugang zu Frühen Hilfen als Schutzfaktor	geringer Zugang zu Therapiemöglichkeiten als Risiko für Täterschaft

Fortsetzung von Tabelle 4

	körperliche Misshandlung	sexueller Missbrauch	emotionaler Missbrauch	Vernachlässigung	Miterleben von Partnerschaftsgewalt
Merkmale des sozialen Nahraums und der Gesellschaft (Fortsetzung)					
Soziale Benachteiligung bestimmter Gruppen	Zusammenhang mit anderen Problemlagen, weniger passende Hilfsangebote	Rassismus als Hemmschwelle Hilfe, in Anspruch zu nehmen	keine empirischen Befunde	Zusammenhang mit finanzieller Not, weniger passende Hilfsangebote	erhöhte Wahrscheinlichkeit
Quellen:	Stith et al. (2009), Brown, Cohen, Johnson und Salzinger (1998), Morton et al. (2014), Irwin, Skowronski, Crouch, Milner und Zengel (2014), González, Trujillo und Pereda (2014), Lindberg et al. (2012)	Finkelhor (1984), Brown et al. (1998), Fleming, Mullen und Bammer (1997), Vogeltanz et al. (1999); Bange (2015); Aronson Fontes und Plummer (2010)	Kairys, Johnson und the Committee on Abuse and Neglect (2002), Häuser et al. (2011)	Stith et al. (2009), Brown et al. (1998), Morton et al. (2014), Bartlett, Raskin, Kotake, Nearing und Easterbrooks (2014)	Capaldi, Knoble, Shortt und Kim (2012), Stith, Smith, Penn, Ward und Tritt (2004)

Anmerkungen: Beschreibungen sind im Sinne von Risikofaktoren formuliert, Schutzfaktoren wurden entsprechend gekennzeichnet.

wie beispielsweise Mädchen als Opfer und Männer als Täter von sexuellen Missbrauch, oder nur Charakteristika eines Elternteils, vornehmlich der Mutter, erfasst. Eine wesentliche nicht abschließend geklärte Frage in der Risiko- und Schutzfaktorenforschung ist die Abgrenzung der Schutz- von den Risikofaktoren. Handelt es sich hierbei nur um zwei Enden eines kontinuierlich ausgeprägten Faktors oder sind dies Faktoren, die unabhängig voneinander auftreten? Die Antwort muss sowohl empirisch als auch konzeptionell, auch unter der Berücksichtigung der Gegebenheiten und Notwendigkeiten in unterschiedlichen kulturellen und sozialen Gruppen und der Nützlichkeit für Praxis und Forschung noch gefunden werden.

3.5 Folgen von Kindeswohlgefährdung

Die verschiedenen Formen von Kindeswohlgefährdung können für unterschiedliche körperliche, psychische, kognitive und soziale Folgen sowie interpersonelle Probleme bei Betroffenen ursächlich sein oder deren Auftreten mitbegünstigen. Das Erleben von Misshandlung, Missbrauch und/oder Vernachlässigung führt nicht zwingend zu Belastungen oder Erkrankungen, sondern erhöht die Wahrscheinlichkeit dafür. Im Hinblick auf den Verlauf können unmittelbare, kurz- und langfristige Folgen unterschieden werde, welche in Intensität und Art der Ausprägung variieren (Godinet/Li/Berg 2014). Bei einem Teil der Betroffenen kommt es erst zeitlich versetzt zu psychischen Problemen, wenn zusätzliche aktuelle Belastungen auftreten (Aversa et al. 2014; Madigan et al. 2014).

Die Schwere der Folgen für die Betroffenen hängt von Art und Schwere der erlebten Formen von Kindeswohlgefährdung und der Beziehung zum Täter oder der Täterin ab (vgl. für sexuellen Missbrauch: Beitchman et al. 1991; Easton 2014). Auch andere Faktoren, wie die Einstellungen der/des Betroffenen (Easton 2014), soziale Unterstützung (Melville et al. 2014; Musliner/Singer 2014; Verelst et al. 2014), die Teilnahme an entsprechenden Therapieangeboten (Morina/Koerssen/Pollet 2016) und deren Qualität (Baptista et al. 2014; Williams/Glisson 2014) können negative Folgen fördern oder abschwächen. Da Kindeswohlgefährdung mit verschiedenen Risikofaktoren einhergeht, die verschiedenen Formen der Kindeswohlgefährdung häufig im Zusammenhang miteinander stehen und das Auftreten der einen Form das der anderen begünstigt, können monokausale Aussagen über Zusammenhänge nur schwer getroffen werden (Beitchman et al. 1991). Auch muss im Hinblick auf die Stabilität einiger Risikofaktoren, die eine Gefährdung eines Kindes begünstigen, wie bereits im vorangegangenen Abschnitt aufgeführt, davon ausgegangen werden, dass diese Risikofaktoren die Aufarbeitung bzw. Verarbeitung der erlebten Traumata negativ beeinflussen.

Zunehmend werden auch positive Veränderungen in der Folge von Missbrauch und Misshandlung im Sinne eines *posttraumatischen Wachstums* diskutiert. Die Befundlage ist jedoch noch nicht ausreichend. In einer Studie berichteten erwachsene Frauen, dass sie sich aufgrund ihrer negativen Kindheitserfahrungen bewusster über ihre eigenen Stärken wurden und jetzt besser ihre eigenen Kinder schützen können (McMillen/Zuravin/Rideout 1995; Draucker/Murphy/Artinian 1992). Schwer traumatisierte Jugendliche berichteten ebenfalls von persönlichem Wachstum und verbesserten Beziehungen (Glad et al. 2013). Der Anteil der Jugendlichen war jedoch vor allem vor der therapeutischen Intervention gering und selbst danach wurden von den meisten sowohl positive als auch negative Folgen berichtet (Glad et al. 2013).

3.5.1 Körperliche Folgen

Unmittelbare Folgen
Durch schwere körperliche Misshandlung erleiden Kinder und Jugendliche Hämatome, Verbrennungen, Schürfungen, innere Blutungen, Knochenbrüche und Schädelhirntraumata (Bennett et al. 2011; Naidoo 2000). In einigen Fällen kann dies (langfristige) neurologische Folgen nach sich ziehen (Bennett et al. 2011) oder vor allem bei jüngeren Kindern bis zum Tod führen (Makhlouf/Rambaud 2014; Palusci/Covington 2014; Douglas/Mohn 2014). Auch Vernachlässigung kann zu schwerwiegenden körperlichen Beeinträchtigungen bis hin zum Tode führen, entweder durch eine mangelnde Beseitigung von Gefährdungen oder durch die unzureichende Sicherstellung der Grundversorgung (Palusci/Covington 2014; Damashek/Nelson/Bonner 2013). Tödliche Folgen werden bei sexuellem Missbrauch seltener berichtet, als bei anderen Formen von Kindeswohlgefährdung (Palusci/Covington 2014). Häufiger kommt es dabei zu körperlichen Verletzungen im Intimbereich, welche unterschiedlich schnell verheilen können und in einigen Fällen kommt es zu komplizierten Verläufe mit Entzündungen (Berkowitz 2011). Auch eine Ansteckung mit sexuell übertragbaren Krankheiten ist möglich (Banaschak/Rothschild 2015; Edinburgh et al. 2014). Grundsätzlich gilt jedoch, dass nicht alle Opfer von sexuellem Missbrauch körperliche Auffälligkeiten haben, da die Formen und Arten des Missbrauchs eine breite Spannweite haben (Banaschak/Rothschild 2015; Berkowitz 2011).

Neurobiologische Veränderungen
Eine wiederholte Traumatisierung in der Kindheit trägt zu einer Veränderung der Entwicklung von Hirnstrukturen bei (De Bellis/Spratt/Hooper 2011). Auch kann durch die wiederholte Belastung die Entwicklung und Regulation der Hypothalamus-Hypophysen-Nebennierenrinden-Achse gestört sein, welche maßgeblich mit der Regulation von Stress in Verbindung steht (Streeck-Fischer

2010; Hulme 2011; Muller et al. 2014; Widom/Horan/Brzustowicz 2015; Bair-Merritt et al. 2015). Darüber hinaus können neurochemische Veränderungen des präfrontalen Kortexes auftreten, was zu einer Beeinträchtigung der exekutiven Funktionen führen kann (Streeck-Fischer 2010). Gesicherte Befunde zu langfristigen und spezifischen Veränderungen sowie einer möglichen epigenetischen Transmission stehen noch aus (Keeshin/Cronholm/Strawn 2012; Hulme 2011).

Langfristige Beeinträchtigung
Bei den verschiedenen Formen von Kindeswohlgefährdung gibt es nicht nur unmittelbare, durch die Misshandlung direkt verursachte Folgen für das körperliche Befinden, sondern das Erleben von traumatischen Ereignissen führt auch zu verstärkten körperlichen Beschwerden im Jugend- und Erwachsenenalter. Sexuell missbrauchte Jugendliche berichteten in einer Studie von Bonvanie et al. (2015) mehr somatische Beschwerden. Für das Erwachsenenalter zeigten Schafer/Morton/Ferraro (2014), dass Erwachsene, die in ihrer Kindheit Misshandlungen ausgesetzt waren, mehr chronische körperliche Erkrankungen, mehr körperliche Beschwerden und eine schlechtere Gesundheit berichteten. Ein spezifischer Einfluss auf kardiovaskuläre Probleme zeigte sich bei einer längsschnittlichen Untersuchung von Vernachlässigung in der Kindheit bei Studienteilnehmenden im mittleren Erwachsenenalter, wobei für Armut in der Familie kontrolliert wurde (Nikulina/Widom 2014). Im jungen Erwachsenenalter haben Personen mit Kindheitstraumata keinen höheren Blutdruck als in der Kontrollgruppe (Gooding et al. 2014).

Kindheitstraumata beeinflussen, vermittelt über Mediatoren, das subjektive Erleben von Gesundheit: So führten in einer Studie von Reiser et al. (2014) negative Kindheitserfahrungen über einen vollständigen Mediationseffekt durch negativen Affekt und Ängstlichkeit als überdauerndes Persönlichkeitsmerkmal zu verstärkter gesundheitsbezogener Ängstlichkeit.

3.5.2 Psychische Gesundheit und Belastung

Im Folgenden wird kurz auf unterschiedliche Störungsbilder und Symptome eingegangen, die für die Interpretation der Ergebnisse der vorliegenden Arbeit von Bedeutung sind. Für eine umfassende Darstellung des Einflusses von Kindheitstraumata auf Essstörungen (z. B. Salwen et al. 2015; Duncan et al. 2015) und Persönlichkeitsstörungen (z. B. Fitzhenry et al. 2015; de Carvalho et al. 2015) wird auf entsprechende Studien verwiesen.

Unmittelbare Folgen
Kinder und Jugendliche, die sexuell missbraucht wurden, erleben in der Folge oft eine Vielzahl an negativen psychischen Folgen. Hierzu zählen vor allem Schuld- und Schamgefühle (Melville et al. 2014), welche zum Teil aktiv durch den Täter oder die Täterin gefördert werden. Das unmittelbare Erleben und die Reaktion von Kindern und Jugendlichen, die sexuell missbraucht wurden, ist in der Fachliteratur wiederholt thematisiert und beschrieben worden. Wesentlich weniger Studien haben sich mit unmittelbaren Reaktionen auf emotionalen Missbrauch oder körperliche Misshandlung beschäftigt. Es ist anzunehmen, dass gerade bei emotionalem Missbrauch der Selbstwert des Kindes oder Jugendlichen massiv gestört wird.

Trauma- und belastungsbezogene Störungen
Als klassisches Störungsbild in der Folge von Traumata, also Ereignissen bei denen Personen massive Angst, um das eigene körperliche und seelische Wohl und Leben oder das anderer haben, gilt die posttraumatische Belastungsstörung (PTBS). Für die Traumatisierung in der Kindheit wird diese Diagnose zum Teil als nicht ausreichend und in der Praxis als weniger hilfreich eingeschätzt, da sie Entwicklungsaspekte und den Einfluss lang andauernder und wiederholter Traumatisierung nicht berücksichtigt (Rosner 2010). Alternativ wurden diagnostische Kriterien für eine Traumaentwicklungsstörung vorgeschlagen (van der Kolk, Bessel A. et al. 2009), welche jedoch noch nicht Eingang in diagnostische Manuale gefunden hat. In der unmittelbaren Folge von Traumata zeigen sich bei einem Teil der betroffenen Kinder und Jugendlichen Symptome einer posttraumatischen Belastungsstörung, wie Vermeidungsverhalten, Ängstlichkeit und Hyperarousal (Kirchner et al. 2014; van Vugt et al. 2014; Melville et al. 2014). Auch im Erwachsenenalter berichten Betroffene von mehr Symptomen (Müller et al. 2015).

Internalisierendes Verhalten, Ängstlichkeit und Depressivität
Bereits in Kindheit und Jugend zeigen Kinder und Jugendliche, die in ihrer Familie viktimisiert wurden, erhöhte Werte an Ängstlichkeit und Depressivität und vermehrt internalisierende Verhaltensauffälligkeiten (LeRoy et al. 2014; Lowell/Renk/Adgate 2014; Alvarez-Lister et al. 2014; Du Plessis et al. 2015). In einer Meta-Analyse zeigte Jumper (1995), dass Opfer von sexuellem Missbrauch im Erwachsenalter vermehrt an Ängstlichkeit und Depressivität litten. Ähnliche Befunde finden sich auch für andere Formen von Kindeswohlgefährdung oder der Anzahl verschiedener Viktimisierungserfahrungen (Coates/Messman-Moore 2014). Sowohl für die Kindheit als auch das Erwachsenenalter wurden Faktoren wie das Alter zum Zeitpunkt der Traumatisierung (Harpur/Polek/van Harmelen 2015), soziale Unterstützung (Coohey et al. 2014), die unmittelbaren Reaktionen (Srinivas/DePrince/Chu 2015) und die Fähigkeit zur

Emotionsregulation (Langevin/Hébert/Cossette 2015) als vermittelnde Faktoren empirisch gut belegt.

Selbstverletzendes Verhalten und Suizidalität
Ein hoher Anteil an betroffenen Jugendlichen berichtet von Suizidgedanken (Barbosa et al. 2014; Miller et al. 2013; Coohey et al. 2014; Brabant/Hébert/ Chagnon 2013). In einer Meta-Analyse von 55 Studien zu Suizidgedanken und -versuchen und Formen von Kindeswohlgefährdung bei Jugendlichen zeigte sich, dass alle Formen von Kindeswohlgefährdung, bei Kontrolle einer Vielzahl von demografischen Variablen und Kontextfaktoren, Suizidgedanken und -verhalten vorhersagten (Miller et al. 2013). Wurden die verschiedenen Formen; körperliche Misshandlung, sexueller Missbrauch, Vernachlässigung und emotionaler Missbrauch, gemeinsam betrachtet, waren in einigen Studien sexueller und emotionaler Missbrauch stärkere Prädiktoren für Suizidgedanken und -versuche als die anderen Formen (Miller et al. 2013).

Externalisierendes Verhalten, Substanzmissbrauch und Delinquenz
Neben internalisierenden und gegen sich selbst gerichteten Verhaltensweisen zeigen ein Teil der betroffenen Kinder und Jugendliche externalisierende und aggressive Verhaltensweisen (Logan-Greene/Semanchin Jones 2015; LeRoy et al. 2014; Lowell/Renk/Adgate 2014; Alvarez-Lister et al. 2014; Du Plessis et al. 2015; Izaguirre/Calvete 2015). Im Jugendalter wird mehr Substanzmissbrauch berichtet (Vilhena-Churchill/Goldstein 2014). Zudem zeigt sich bei einem Teil der Betroffen eine Tendenz zu delinquentem Verhalten (Fox et al. 2015; Logan-Greene/Semanchin Jones 2015; Lee et al. 2015) oft im Zusammenhang mit der Einbindung in eine antisoziale Peergroup (Lee et al. 2015). Zusammenhänge zeigen sich bis in das Erwachsenenalter hinein (Lee et al. 2015).

Erwachsene Personen mit Substanzabhängigkeit berichten häufiger von körperlicher Misshandlung, sexuellem und emotionalem Missbrauch in der Kindheit (Banducci et al. 2014). Sexueller Missbrauch ist darüber hinaus ein signifikanter Prädiktor für Alkoholabhängigkeit (Müller et al. 2015). Vergleichbare Zusammenhänge finden sich auch bei straffällig gewordenen Personen (Cuadra et al. 2014).

3.5.3 Interpersonelle Beziehungsgestaltung

Kinder und Jugendliche, die misshandelt, missbraucht oder vernachlässigt wurden, erfahren meist durch ihre Eltern keine zuverlässige und feinfühlige Behandlung. Die Familienstrukturen werden als chaotisch oder extrem rigide beschrieben (Draucker 1997). Erfahrungen in der Kindheit prägen Einstellungen bezüglich zwischenmenschlicher Beziehungen im Allgemeinen und sind Modelle für eigene Verhaltensweisen. Wesentliche Zusammenhänge zwischen den Erfahrungen in der Kindheit und ihren Auswirkungen bis ins Erwachsenalter wurden vor allem – aber nicht ausschließlich – von der Bindungsforschung gut belegt. So wird bei Kindern und Jugendlichen, die in ihrer Familie viktimisiert wurden, häufiger ein desorganisiertes Bindungsmuster und bei jungen Erwachsenen ein desorganisierter, unsicher-vermeidender und/oder unsicher-ängstlicher Bindungsstil festgestellt (Frías/Brassard/Shaver 2014; Lowell/Renk/Adgate 2014; Milot et al. 2014; Murphy et al. 2014). Der Bindungsstil einer Person steht in engem Zusammenhang mit dem Verhalten in engen Beziehungen, wie zum Beispiel gegenüber dem Partner oder der Partnerin oder den eigenen Kindern.

Freundschaften und Umgang mit Gleichaltrigen

Bereits in der Kindheit berichten betroffene Kinder und Jugendliche von weniger Freunden und mehr Problemen mit Gleichaltrigen (Bolger/Patterson/Kupersmidt 1998; Salzinger et al. 1993; Rogosch/Cicchetti/Aber 1995). Sie werden von Lehrern häufiger als weniger sozial kompetent und auffälliger in ihrem Verhalten eingeschätzt (Blanchard-Dallaire/Hébert 2014; Salzinger et al. 1993; Rogosch/Cicchetti/Aber 1995). Betroffene Kinder und Jugendliche geben an, generell weniger Vertrauen in andere Menschen zu haben (Blanchard-Dallaire/Hébert 2014). Kinder, die in der Herkunftsfamilie Gewalt ausgesetzt sind, berichten zudem häufiger von verbaler und körperlicher Gewalt durch Gleichaltrige (Boel-Studt/Renner 2014). Haben sie Freunde, sind diese Beziehungen von größerer Abhängigkeit und geringerer Reziprozität geprägt (Bolger/Patterson/Kupersmidt 1998).

Über die sozialen Beziehungen von Betroffenen im Erwachsenenalter ist wenig bekannt. Es scheint sich jedoch der Trend aus dem Jugendalter fortzusetzen und zwar dahingehend, dass beispielsweise sexuell missbrauchte Frauen und Männer häufiger von zwischenmenschlichen Problemen (Whiffen/Thompson/Aube 2000) und einer höheren Sensitivität gegenüber Zurückweisung (Luterek et al. 2004) berichten.

Paarbeziehung

Vor allem betroffene Frauen gehen seltener langfristige Partnerschaften ein (Menard et al. 2014). Bestehende Partnerschaften sind von einer größeren Instabilität geprägt. So berichteten in einer Studie von Frías/Brassard/Shaver (2014) sexuell missbrauchte Frauen häufiger von eigenem Fremdgehen sowie (vermutetem) Fremdgehen des Partners. Die Kommunikation in der Partnerschaft ist zum Teil weniger tiefgreifend und betroffene Frauen waren weniger Zufriedenheit und es kam zu mehr Konflikten in der Partnerschaft. Vergleichbare Befunde liegen auch für andere Formen von Kindeswohlgefährdung (Nguyen/Karney/Bradbury 2016; Lassri et al. 2016). Betroffene Frauen und Männer haben in einer Partnerschaft ein erhöhtes Risiko, Opfer von körperlicher Gewalt durch ihren Partner oder selbst zu Tätern oder Täterinnen zu werden (Menard et al. 2014; Widom/Ames 1994). Hypothesen über vermittelnde Prozesse, wie der Partnerwahl, soziales Lernen, eine hohe Akzeptanz von übergriffigen Verhaltensweisen durch den Partner oder die Partnerin und die Emotionsregulation in Konfliktsituationen, fanden zum Teil empirische Unterstützung (Herrenkohl et al. 2004; Nguyen/Karney/Bradbury 2016; Daigneault/Hebert/ McDuff 2009).

Eltern-Kind-Beziehung
Mütter, die in ihrer Kindheit sexuell missbraucht wurden, zeigen im Vergleich zu Kontrollgruppen oft ein weniger feinfühliges, strengeres und grenzüberschreitendes Verhalten gegenüber ihren Kindern (Zvara et al. 2015; Kim/Trickett/ Putnam 2010; Cohen 1995; Allbaugh/O'Dougherty Wright/Atkins Seltmann 2014; Fuchs et al. 2015). Sexuell missbrauchte Mütter machen sich häufig auch mehr Sorgen um ihre Kinder, bezüglich deren sexueller Entwicklung und Sicherheit, dem Umgang mit dem Setzen von Grenzen und den Reaktion der Kinder auf die Belastung der Mutter (Allbaugh/O'Dougherty Wright/Atkins Seltmann 2014). Eltern erleben sich in ihrer Elternrolle als weniger selbstwirksam und äußern größere Unsicherheit (DiLillo/Damashek 2003; Cohen 1995; Allbaugh/O'Dougherty Wright/Atkins Seltmann 2014; Jaffe/Cranston/Shadlow 2012). Ein besonderes Augenmerk richtete sich in der Forschung auf die *Transmission von Viktimisierungserfahrungen,* nämlich, dass Eltern, die in ihrer Kindheit misshandelt, missbraucht oder vernachlässigt wurden, auch ihre Kinder misshandeln, missbrauchen oder vernachlässigen (Thornberry et al. 2014; Romero-Martínez/Figueiredo/Moya-Albiol 2014; Stith et al. 2009; Dym Bartlett/Easterbrooks 2015; Ben-David et al. 2015). Es finden sich durchaus Belege für ein solches Risiko. Generell trifft dies aber auf einen Großteil der Betroffenen nicht zu (Dym Bartlett/Easterbrooks 2015; Ben-David et al. 2015).

3.5.4 Umgang mit Sexualität und sexuelles Risikoverhalten

Gerade als Folge von sexuellem Missbrauch wird vermehrt zu den Auswirkungen auf die Sexualität und das Sexualverhalten von Betroffenen geforscht. Hierbei lehnen sich die meisten Arbeiten an das Konzept der *traumatischen Sexualisierung* von Finkelhor/Browne (1985) an. Dieses geht davon aus, dass durch die frühe und missbräuchliche Erfahrung von Sexualität, diese mit maladaptiven Vorstellungen und Erwartungshaltungen belegt wird, sowie Sexualverhalten mit veränderten emotionalen Assoziationen verbunden ist.

Sexualisiertes Verhalten
Im Kindheitsalter zeigen manche Kinder nach einem sexuellen Missbrauch vermehrt sexuell grenzverletzendes und sexuell aggressives Verhalten (Friedrich 1993; Curwen/Jenkins/Worling 2014). Jedoch werden nicht alle Kinder und Jugendlichen, die sexuell missbraucht wurden, sexuell übergriffig, und nicht alle Kinder und Jugendliche, die sexuell übergriffig sind, wurden sexuell missbraucht (Friedrich 1993).

Sexuelles Risikoverhalten und Reviktimisierungsrisiko
Im Erwachsenenalter zeigten querschnittliche Studien Zusammenhänge zwischen sexuellem Missbrauch in der Kindheit und sexuellem Risikoverhalten (z. B. hohe Anzahl an Geschlechtspartnern, unverbindlicher Geschlechtsverkehr mit wechselnden Partnern, ungeschützter Geschlechtsverkehr, Prostitution) bei Frauen (Miron/Orcutt 2014; Lacelle et al. 2012; Mosack et al. 2010; Lewis 2012) und Männern (Icard et al. 2014). In einer Meta-Analyse von Arriola et al. (2005) wurden signifikante, aber kleine Effekte für Frauen berichtet. Auch andere Formen (Roemmele/Messman-Moore 2011) oder die Kombination von mehreren Formen (Lacelle et al. 2012) der Kindeswohlgefährdung führen zu einer erhöhten Wahrscheinlichkeit für sexuelles Risikoverhalten. Über welche Faktoren der Zusammenhang mit sexuellem Risikoverhalten vermittelt wird, ist noch nicht abschließend geklärt. So wurde in Studien eine vermittelnde Rolle von maladaptativen Schemata bezüglich Beziehungen,[8] (Roemmele/Messman-Moore 2011), des Selbstwertes (Arriola et al. 2005; Klein 2014) und einem missbräuchlichen Alkohol- und Marihuanakonsum (Icard et al. 2014) gefunden. Als Folge von sexuellem Risikoverhalten leiden Frauen, welche in ihrer Kindheit sexuell missbraucht wurden, häufiger an sexuell übertragbaren Infektionen als solche, die in ihrer Kindheit nicht sexuell missbraucht wurden (Mosack et al. 2010; Lewis 2012). Brown et al. (2015) fanden, dass eine erhöhte Wahrscheinlichkeit für frühen ersten Geschlechtsverkehr durch alle Formen von Kindeswohlgefährdung signifikant vorhergesagt wurde. Viktimisierte Mädchen haben ein erhöhtes Risiko für frühe und ungewollte Schwangerschaften (Putnam-Hornstein/King 2014).

Sexuelles Risikoverhalten geht nicht nur mit einem erhöhten Risiko für sexuell übertragbare Krankheiten und ungewollte Schwangerschaft einher, sondern erhöht auch die Wahrscheinlichkeit für *sexuelle Reviktimisierung* im Erwachsenenalter (Miron/Orcutt 2014). So berichteten Ullman/Vasquez (2015), dass knapp 70 % der 1094 von ihnen befragten Frauen, welche mindestens einmal seit ihrem 14. Lebensjahr sexuell belästigt wurden, in ihrer Kindheit sexuell

---

8 Z. B. Annahme, dass intime Beziehungen durch Instabilität, Misstrauen, Missbrauch und (gerechtfertigte) Zurückweisung gekennzeichnet sind.

missbraucht wurden. Eine längsschnittliche Studie von Miron/Orcutt (2014) mit 541 Frauen fand, neben einem über Depressivität und Risikoverhalten vermittelten Effekt von sexuellem Missbrauch, einen direkten Effekt von emotionalem Missbrauch in der Kindheit auf das Reviktimisierungsrisiko. Insbesondere für Männer ist in der Folge von sexuellem Missbrauch ein erhöhtes Risiko, selbst zum Täter zu werden, empirisch gut belegt (Whitaker et al. 2008). Der Großteil der sexuell missbrauchten Männer wird jedoch nicht zum Täter (Leach/Stewart/Smallbone 2016) und auch nicht missbrauchte Personen missbrauchen Kinder sexuell (Jespersen/Lalumiere/Seto 2009; Leach/Stewart/Smallbone 2016).

Einstellung gegenüber Sexualität
Die verschiedenen Formen von Kindeswohlgefährdung haben nicht nur einen negativen Einfluss auf das sexuelle Risikoverhalten, sondern auch auf *positive Aspekte der Sexualität:* So sagten in einer Studie mit 889 jungen Frauen sexueller Missbrauch und körperliche Misshandlung sexuelle Probleme vorher (Lacelle et al. 2012). Sexueller Missbrauch und emotionaler Missbrauch waren Prädiktoren für ein negatives Selbstkonzept bezüglich Sexualität (Lacelle et al. 2012). Andere Studien fanden Zusammenhänge mit sexualitätsbezogener Ängstlichkeit sowie geringer sexueller Zufriedenheit (Bigras/Godbout/Briere 2015).

Kapitel 4
Geschwister und Kindeswohlgefährdung

Bei Misshandlung, Missbrauch und Vernachlässigung ist immer auch das soziale Umfeld mitbetroffen. Dies gilt sowohl im Hinblick auf die Notwendigkeit oder gar Pflicht einzugreifen, um das Wohl des Kindes sicher zu stellen, als auch hinsichtlich der Auswirkungen. Zunehmend haben Forschungsarbeiten die Rolle der nicht missbrauchenden Eltern und der Fachkräfte, die mit den Kindern arbeiten, thematisiert und Belastungsfaktoren sowie mögliche Hilfsstrategien herausgearbeitet, wie diese mit der eigenen emotionalen Reaktion und mit den Schwierigkeiten des betroffenen Kindes umgegangen werden kann. Im Gegensatz hierzu hat die Situation von Geschwisterkindern wenig Beachtung hat erfahren.

Im folgenden Abschnitt werden zuerst Ergebnisse aus Studien zu Zusammenhängen zwischen den Viktimisierungserfahrungen von Geschwistern dargestellt. Im Anschluss werden die verschiedenen Risikokonstellationen erläutert, die zu der Viktimisierung eines oder mehrerer Kinder in einer Familie führen. Den Abschluss bildet eine Betrachtung der Auswirkungen von Misshandlung, Missbrauch und Vernachlässigung auf die Geschwisterbeziehung.

4.1 Häufigkeit von Viktimisierungserfahrungen von Geschwistern

In nur sehr wenigen Studien wurde die Häufigkeit von Viktimisierungserfahrungen von Geschwistern in der gleichen Familie erfasst. Forschungsarbeiten zur Häufigkeit von Miterleben von Gewalt zwischen den Eltern durch Geschwister sind keine bekannt. In den meisten Studien wurde nur eine Form von Kindeswohlgefährdung berücksichtigt.

4.1.1 Zusammenhänge zwischen verschiedenen Formen

Eine Studie von Hamilton-Giachritsis/Browne (2005), die auf der Auswertungen von Akten von Meldungen bei einer Kinderschutzeinheit der Polizei in Großbritannien beruhte, zeigte, dass bei 44% der Familien bei nur einem Geschwister, bei 20% bei einigen, aber nicht allen und in 37% bei allen Geschwistern mindestens eine Form von Kindeswohlgefährdung festgestellt wurde. In einer Befragung von 28 Familien, die einer Kinderschutzstelle gemeldet wurden, fanden Jean-Gilles/Crittenden (1990), dass in 58 % der Fälle Geschwister auch mindestens eine Form von Kindeswohlgefährdung erlebt hatten und in 38 % der Fälle die Geschwister als potentiell gefährdet eingestuft wurden. In einer Analyse von 169 Fällen von Kindestötung durch Vernachlässigung oder körperliche Misshandlung war bei 12 % bis 16 % der getöteten Kinder zuvor ein Geschwister durch die Eltern schwer verletzt oder gar getötet worden (Greenland 1987).

4.1.2 Körperliche Misshandlung

Studien zu der körperlichen Misshandlung von mehreren Kindern aus der gleichen Familie beruhen mit Ausnahme einer Studie (MacMillan et al. 2013) auf Daten von Meldungen bei Kinderschutzstellen, Krankenhäusern oder anderen Behörden (Tabelle 5). In einigen wurde, zum Teil retrospektiv, in Akten die Situation in der Herkunftsfamilie rekonstruiert (Hamilton-Giachritsis/Browne 2005). In anderen wurde, einem expliziten Protokoll folgend, Kinder, die mit im Haushalt eines misshandelten Kindes lebten, untersucht (Lindberg et al. 2012). Je nach Weite der Definition, gewählter Untersuchungsmethode und Stichprobe wurden bis zu 83 % der Geschwisterkinder als körperlich misshandelt eingestuft (Baldwin/Oliver 1975). Wurden nur die Ergebnisse körperlicher Untersuchungen herangezogen (Lindberg et al. 2012), so zeigten sich wesentlich geringere Raten von körperlicher Misshandlung. Studien zu Todesfällen bei Kindern zeigten ebenfalls Zusammenhänge zwischen der (versuchten) Tötung oder schweren Misshandlung eines Geschwisters und der (versuchten) Tötung eines weiteren Kindes (Katz 2013; Greenland 1987) sowie zwischen Misshandlung und plötzlichem Kindstod eines Geschwisters (Newlands/Emery 1991).

4.1.3 Sexueller Missbrauch

Im Vergleich zu allen anderen Formen von Kindeswohlgefährdung liegen für sexuellen Missbrauch von Geschwistern am meisten Studien vor (Tabelle 6). In Studien, in denen von sexuellem Missbrauch betroffene Frauen oder Mädchen befragt oder deren Akten analysiert wurden, lag die Häufigkeit von sexuellem Missbrauch einer Schwester (bzw. Freundin) zwischen 23 % und 48 %. Forschungsarbeiten (Russell 1986; Herman 1981) zu intrafamiliärem sexuellem Missbrauch, in denen nur sexueller Missbrauch durch den gleichen Täter, meist dem Vater, erhoben wurde, berichteten vergleichbar hohe Werte wie Studien, in denen die Beziehung zwischen Opfer und Täter nicht erfasst wurde (Muram/Speck/Gold 1991). Bei einer Befragung von 40 erwachsenen Frauen, die in ihrer Kindheit von ihrem Vater sexuell missbraucht wurden, gab keine an, dass

Tabelle 5. Studien zu Prävalenzraten von körperlicher Misshandlung von Geschwistern

Quelle	N	Stichprobe	Datenquelle	Prävalenzrate körperliche Misshandlung
MacMillan et al. (2013)	809	jugendliche Geschwisterpaare aus einer Längsschnittstudie aus insgesamt 496 Haushalten	Fragebogen (retrospektiv)	*Gesamtanzahl (n = 809)*: 50.0 % bzw. 54.6 %[2] der Geschwister, die körperlich misshandelt wurden, mit ebenfalls körperlich misshandeltem Geschwister (OR: 3.8 [2.5–5.7]); 32.3 % bzw. 32.6 % der Geschwister, die schwer körperlich misshandelt wurden, mit ebenfalls schwer körperlich misshandeltem Geschwister (OR: 2.5 [1.5–4.1])
Lindberg et al. (2012)	497	Kinder, die in dem gleichen Haushalt lebten, in dem auch ein körperlich misshandeltes Kind lebte und die in einer von 20 Kinderschutzstellen vorstellig wurden.	Stufenweise medizinische Untersuchung	*Gesamtanzahl (n = 497)*: 3.3 % mit misshandlungsbedingten Knochenbrüchen; 4.6 % mit misshandlungsbedingten oder unklaren Verletzungen
Hamilton-Giachritsis/ Browne (2005)	310	Familien, die an Kinderschutzeinheiten der Polizei gemeldet wurden und die mehr als ein Kind hatten.	Aktenanalyse	*Familien mit mindestens einem körperlich misshandeltem Kind*:[1] 47 % mit mehr als einem Kind betroffen
Rausch/Knutson (1991)	1 414	Studierende an einem College	Fragebogen	Übereinstimmung des Ausmaßes körperlicher Bestrafung gegenüber Studienteilnehmenden und gegenüber Geschwister: r = .72***
Jean-Gilles/ Crittenden (1990)	28	Familien, die einer Kinderschutzstelle gemeldet wurden.	Befragung	*Misshandeltes Ankerkind (n = 9)*: 4 mit einem weiteren misshandelten Geschwistern; 3 mit einem weiteren misshandelten und vernachlässigten Geschwistern; 2 mit einem weiteren emotional missbrauchten Geschwister *Misshandelt und vernachlässigtes Ankerkind (n = 4)*: 1 mit einem weiteren misshandelten Geschwister; 1 mit einem weiteren vernachlässigten Geschwister; 1 mit einem weiteren emotional missbrauchten Geschwister
Smith (1976); Smith/Hanson (1974)	134	Familien, bei denen mindestens ein Kind unter fünf Jahre alt ist, körperlich misshandelt wurde und das deswegen in einem Krankhausen aufgenommen wurde.	Aktenanalyse und Befragung	*Anzahl der misshandelten Kinder (n = 134)*: 23 % noch mindestens ein weiteres Geschwister schwer misshandelt; 3 % Tod eines Geschwisters unter verdächtigen Umständen *Anzahl der Geschwister*:[1] 19 % körperlich misshandelt
Baldwin/Oliver (1975)	34	Familien, bei denen mindestens ein Kind unter fünf Jahre alt ist und die wegen schwerer körperlicher Misshandlung offiziellen Stellen bekannt wurden.	Aktenanalyse	*Anzahl der Geschwister, die nicht im Erhebungszeitraum schwer misshandelt wurden oder nicht unter fünf Jahre alt waren (n = 78)*: 83 % gefährdet; 55 % bestätigte moderate bis schwere Misshandlung; 8 % Verdacht auf Misshandlung; 5 % Tötung durch Misshandlung; 6 % Tod durch Unfall; 36 % schwere Vernachlässigung; 36 % schwere emotionale Traumata

Anmerkungen: [1] Stichprobengröße wurde nicht berichtet; [2] unterschiedliche Prozentangaben beziehen sich auf die unterschiedliche Anzahl der Geschwister in den Dyaden, ein Bestimmungskriterium für die Identifizierung der Dyadenmitglieder wurde nicht berichtet; *** $p < .001$; ** $p < .010$; * $p < .050$.

Tabelle 6. Studien zu Prävalenzraten von sexuellem Missbrauch von Geschwistern

Quelle	N	Stichprobe	Datenquelle	Prävalenzrate sexueller Missbrauch
Studien mit Betroffenen				
MacMillan et al. (2013)	809	jugendliche Geschwisterpaare aus einer Längsschnittstudie aus insgesamt 496 Haushalten	Fragebogen (retrospektiv)	*Gesamtanzahl (n = 809)*: 23,4 % bzw. 24,3 %[2] der Geschwister, die sexuell missbraucht wurden, mit ebenfalls sexuell missbrauchtem Geschwister (OR: 2,0 [1,1–3,6])
Muram/Speck/Gold (1991)	59	Mädchen unter 12 Jahren, Schwester oder Freundin eines mutmaßlichen Opfers	medizinische Untersuchung, Befragung	*Medizinische Untersuchung (n = 59)*: 68 % spezifischer Befund *Befragung (n = 50)*: 48 %
Russell (1986) S. 233 ff.	930	Frauen über 18 Jahre	Interview	*Stiefvater (n = 15)*: 50 % mindestens eine Verwandte durch gleichen Täter *Leiblichen Vater (n = 27)*: 32 % mindestens eine Verwandte durch gleichen Täter
Herman (1981); Herman/Hirschman (1981)	40	Frauen in Psychotherapie, die von ihren Vätern sexuell missbraucht wurden.	Interview mit Patientin oder Therapeut	*Familien mit mehr als einer Tochter (n = 27)*: 40,7 % sexueller Missbrauch mindestens einer weiteren Tochter durch den Vater *Betroffene Frauen (n = 40)*: 0 % berichten von einem sexuellen Missbrauch eines Bruders
Gemischtes Design				
Hamilton-Giachritsis/ Browne (2005)	310	Familien, die an Kinderschutzeinheiten der Polizei gemeldet wurden und die mehr als ein Kind hatten.	Aktenanalyse	*Familien mit mindestens einem sexuell missbrauchten Kind*[1]: 46 % mit mehreren sexuell missbrauchten Kindern
Phelan (1995)	42	Familien mit sexuellem Missbrauch durch Vater, in ambulanter Therapie	Interviews mit Töchtern, Vätern/Tätern und Therapeuten	*Familien mit mehr als einer Tochter (n = 24)*: 45,8 % sexueller Missbrauch mindestens einer weiteren Tochter durch den Vater
Phelan (1986)	102	Familien mit sexuellem Missbrauch durch Vater, in ambulanter Therapie	Interviews mit Therapeuten, Vätern/Tätern und Frauen der Täter	*Gesamtstichprobe (n = 102)*: *Leibliche Väter*: 50 % mindestens zwei Töchter *Stiefväter*: 25 % mindestens zwei Töchter *Substichprobe (n = 31)*: *Leibliche Väter*: 82 % der insgesamt 39 im gleichen Haushalt lebenden Töchter *Stiefväter*: 70 % der insgesamt 30 im gleichen Haushalt lebenden Töchter

Tabelle 6. Fortsetzung

Quelle	N	Stichprobe	Datenquelle	Prävalenzrate sexueller Missbrauch
Gemischtes Design (Fortsetzung)				
Vander Mey/Neff (1986)	15	15 Väter und Stiefväter, die insgesamt 26 Opfer sexuell missbrauchten	Aktenanalyse AHA	*Weibliches Opfer (n = 22)*: Keine Angaben *Männliches Opfer (n = 4)*: 100 % ein weiteres weibliches Opfer
Finkelhor (1984) S. 150–170	6 096	bestätigte Fälle von sexuellem Missbrauch	Aktenanalyse AHA	*Gesamtstichprobe (n = 4 286)*: 38 % mindestens ein weiteres Kind *Weibliches Opfer (n = 3 770)*: 35 % mindestens ein weiteres Kind (28 % Mädchen; 7 % Jungen) *Männliches Opfer (n = 516)*: 60 % mindestens ein weiteres Kind (43 % Mädchen; 17 % Jungen)
Meiselman (1978)	58	Erwachsene und jugendliche Täter und Opfer in Psychotherapie	Interview mit Therapeuten Aktenanalyse	Familien mit mehr als einer Tochter: 22 % mindestens eine weitere Tochter Opfer
Studie mit Vergleichsgruppen				
Boney-McCoy/ Finkelhor (1995)	2 000	Mädchen und Jungen im Alter zwischen 10 bis 16 Jahren	Telefoninterview	*Sekundär viktimisierte Kinder (n = 149)*: 17 % im letzten Jahr sexuell missbraucht *Nicht sekundär viktimisierte Kinder (n = 1 729)*: 6 % im letzten Jahr sexuell missbraucht*
Harrison et al. (1990)	1 227	Jungen im Jugendalter, in Behandlung wegen Substanzabhängigkeit	Interview	*Sexuell missbrauchte Jungen (n = 81)*: 23.5 % sexueller Missbrauch eines weiteren Familienmitgliedes *Nicht sexuell missbrauchte Jungen (n = 890)*: 1.6 intrafamiliärer sexueller Missbrauch eines weiteren Familienmitgliedes*
Studien mit Tätern				
Ballard et al. (1990)	383	Inzesttäter aus verschiedenen Stichproben	Keine Angaben	33.9 % mindestens eine weitere inzestuöse Beziehung
Studer et al. (2000)	328	verurteilte Sexualstraftäter in Therapie	Aktenanalyse	*Bei intrafamiliärem Missbrauch (n = 150)*: 22 % mind. ein weiteres Opfer in der Familie; 58.7 % mind. ein weiteres Opfer außerhalb der Familie; 33.3 % kein weiteres Opfer. *Bei extrafamiliärem Missbrauch (n = 178)*: 12.9 % mind. ein weiteres Opfer in der Familie; 78.7 % mind. ein weiteres Opfer außerhalb der Familie; 18.5 % kein weiteres Opfer.
Proeve (2009); Proeve et al. (2006)	324	Täter in einem gemeindebasierten Therapieprogramm	Aktenanalyse	*Intra- und extrafamiliärer Missbrauch*: 36.4 % mehr als ein Opfer

Anmerkungen: [1] Stichprobengröße wurde nicht berichtet; AHA: American Humane Association; * Unterschied ist signifikant ($p < 0.05$).

ihr Bruder auch sexuell missbraucht wurde (Herman/Hirschman 1981). Die Auswertung von 6069 Akten ergab, dass es in 38% der Fälle noch ein weiteres minderjähriges Opfer gab, dass in dem gleichen Haushalt lebte (Finkelhor 1984).

Wurden Daten von der gesamten Familie, meist über den Therapeuten, erhoben, wurde bei intrafamiliärem sexuellen Missbrauch in 22% bis 82% der Fälle von sexuellem Missbrauch mindestens einer weiteren Schwester berichtet (Phelan 1995; Phelan 1986; Meiselman 1978). Eine der niedrigsten Häufigkeiten von sexuellem Missbrauch mindestens einer weiteren Schwester berichtete Meiselman (1978) mit 22%.

In den zwei Studien mit einer Vergleichsstichprobe unterschied sich die Häufigkeit von sexuellem Missbrauch zwischen den Gruppen signifikant: So berichteten Boney-McCoy/Finkelhor (1995) in einer Studie mit 2000 Kindern und Jugendlichen im Alter von 10 bis 17 Jahren, dass 17% der Kinder, die im Jahr vor der Befragung durch körperliche oder sexuelle Gewalt gegen ein Familienmitglied sekundär traumatisiert worden waren, in dem darauf folgenden Jahr sexuell missbraucht wurden. Im Vergleich hierzu wurden nur 6% der Kinder und Jugendlichen, die nicht sekundär traumatisiert worden waren, sexuell missbraucht. In einer Studie von Harrison et al. (1990) mit 1227 Jungen, die sich auf Grund von Substanzabhängigkeit in Behandlung befanden, gaben 23.5% der sexuell missbrauchten Jungen an, dass sie in ihrer Familie von mindestens einem (weiteren) Opfer von intrafamiliärem sexuellen Missbrauch wussten. Bei den Patienten, die nicht sexuell missbraucht wurden, waren es 1.6%.

Bei Studien mit (männlichen) Tätern liegt die Häufigkeit, mit der von einem sexuellen Missbrauch eines weiteren Opfers berichtet wurde, zwischen 22% und 82% (Studer et al. 2000; Proeve 2009; Proeve et al. 2006). Bei intrafamiliärem sexuellen Missbrauch berichteten 22% bis 34% der Täter von einem sexuellen Missbrauch eines weiteren Familienmitglieds (Ballard et al. 1990; Studer et al. 2000). Empirische Daten zu Täterinnen sind nicht bekannt.

4.1.4 Emotionaler Missbrauch

Es gibt nur eine Studie zu emotionalem Missbrauch von einem oder mehreren Kindern in einer Familie mit einer statistisch bedeutsamen Stichprobengröße (Hamilton-Giachritsis/Browne 2005). Diese verweist darauf, dass bei 64% der Familien, in denen ein Kind emotional missbraucht wurde, mindestens noch ein weiteres Kind emotional missbraucht wurde (Tabelle 7).

Tabelle 7. Studien zu Prävalenzraten von emotionalem Missbrauch von Geschwistern

Quelle	N	Stichprobe	Datenquelle	Prävalenzrate emotionaler Missbrauch
Hamilton-Giachritsis/ Browne (2005)	310	Familien, die an Kinderschutzeinheiten der Polizei gemeldet wurden und die mehr als ein Kind hatten.	Aktenanalyse	*Familien mit mindestens einem emotionalen Missbrauch eines Kindes:*[1] 64 % mit mehreren emotional missbrauchten Kindern
Jean-Gilles/ Crittenden (1990)	28	Familien, die einer Kinderschutzstelle gemeldet wurden.	Befragung	*Emotional missbrauchtes Ankerkind (n = 1):* 1 vernachlässigtes Geschwister

Anmerkungen: [1] Stichprobengröße wurde nicht berichtet.

Tabelle 8. Studien zu Prävalenzraten von Vernachlässigung von Geschwistern

Quelle	N	Stichprobe	Datenquelle	Prävalenzrate Vernachlässigung
Hamilton-Giachritsis/ Browne (2005)	310	Familien, die an Kinderschutzeinheiten der Polizei gemeldet wurden und die mehr als ein Kind hatten.	Aktenanalyse	*Familien mit mindestens einem vernachlässigtem Kind:*[1] 61 % mit mehreren vernachlässigten Kindern
Jean-Gilles/ Crittenden (1990)	28	Familien, die einer Kinderschutzstelle gemeldet wurden.	Befragung	*Vernachlässigtes Ankerkind (n = 11):* 10 mit einem weiteren vernachlässigten Geschwister; 1 mit einem weiteren misshandelten Geschwister *Misshandelt und vernachlässigtes Ankerkind (n = 4):* 1 mit einem weiteren misshandelten Geschwister; 1 mit einem weiteren vernachlässigten Geschwister; 1 mit einem weiteren emotional missbrauchten Geschwister
Hines/ Kaufman Kantor/Holt (2006)	59	Geschwisterpaare (42 aus Kinderschutzeinrichtungen und 17 aus der Allgemeinbevölkerung)	Interaktiver Fragebogen am Computer zu vernachlässigendem Verhalten der Eltern (MNBS-CR)	*Übereinstimmung zwischen den Geschwistern (n = 59):* emotional: ICC = .55**; kognitiv: ICC = .56**; Beaufsichtigung: ICC = .62**; körperlich: ICC = .53**; gesamt: ICC = .71**

Anmerkungen: MNBS-CR: Multidimensional Neglectful Behaviors Scale – Child Self-Report (Kaufman Kantor et al. 2004); *** $p < .001$; ** $p < .010$; * $p < .050$.

4.1.5 Vernachlässigung

In 61 % bis 91 % der Familien, in denen ein Kind vernachlässigt wurde, wurde auch noch mindestens ein weiteres Kind vernachlässigt (Hamilton-Giachritsis/ Browne 2005; Jean-Gilles/Crittenden 1990; Tabelle 8). In einer Studie von Hines/Kaufman Kantor/Holt (2006) wurden Geschwister explizit zu ihren Erfahrungen mit vernachlässigendem Verhalten der Eltern befragt. Die Intraklassenkorrelationen der verschiedenen Skalen wiesen hohe, signifikante Zusammenhänge auf. In Fallstudien wurde von Familien mit schwerer Unterernährung von Geschwistern berichtet (Barroso/Salvador/Fagundes Neto 2016), aber auch von der gezielten Vernachlässigung eines Geschwisters (Hollingsworth/ Glass/Heisler 2008).

4.2 Risiko- und Schutzfaktoren

Geschwister wachsen in der Regel unter ähnlichen, aber nicht gleichen Umweltbedingungen auf. Auch die Angaben im Hinblick auf Misshandlung, Missbrauch und Vernachlässigung weisen auf eine hohe Ähnlichkeit der Erfahrungen von Geschwistern in ihrer Herkunftsfamilie hin. Dennoch unterscheiden sich Familien darin, ob ein Geschwister, eine Gruppe von Geschwistern oder alle Geschwister ein erhöhtes Risiko haben (Hamilton-Giachritsis/Browne 2005).

4.2.1 Merkmale des Kindes

Hamilton-Giachritsis/Browne (2005) gehen in ihrer Arbeit davon aus, dass die alleinige Viktimisierung eines Kindes vor allem in individuellen Merkmalen des Kindes begründet liegt.

Geschlecht
Im Kontext von sexuellem Missbrauch wird häufig die Geschlechtszugehörigkeit als ein entscheidender Risikofaktor im Hinblick auf die Gefährdung von weiteren Geschwistern in einer Familie angesehen (Wilson 2004). Die Ergebnisse der Analyse von 6096 Akten der American Humane Association, aus den Jahren 1973 bis 1978, zeigten eine höhere Wahrscheinlichkeit, dass bei sexuellem Missbrauch eines Jungen noch ein weiteres Kind betroffen war als bei sexuellem Missbrauch eines Mädchens (Finkelhor 1984, Abbildung 6). Der Befund, dass Täter, die Jungen sexuell missbrauchen, häufiger weitere Opfer beiderlei Geschlechts missbrauchen, als solche Täter, die nur Mädchen sexuell missbrauchen, wurde auch in Studien mit männlichen Missbrauchstätern bestätigt (Proeve 2009; Vander Mey/Neff 1986). Nelson et al. (2010) fanden bei gleich-

geschlechtlichen Zwillingspaaren einen größeres Ausmaß an gleichen Erfahrungen hinsichtlich sexuellen Missbrauchs und körperlicher Misshandlung als bei gemischtgeschlechtlichen Zwillingspaaren.

Abbildung 6. Geschlechterkonstellationen bei mehreren Opfern (Finkelhor, 1984)

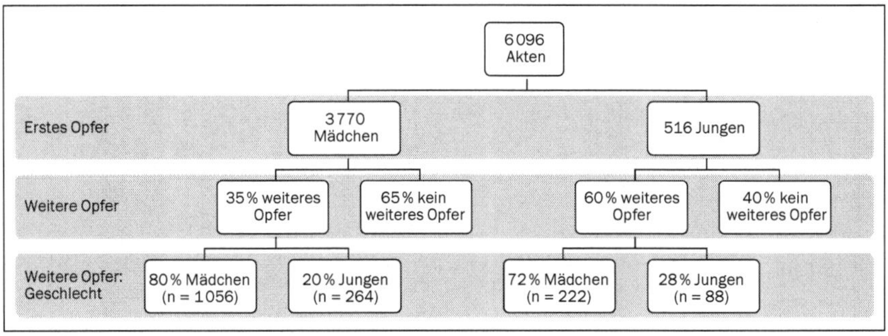

```
                                    6096
                                    Akten
                        ┌─────────────┴─────────────┐
Erstes Opfer          3770                         516 Jungen
                      Mädchen
                   ┌─────┴─────┐              ┌─────┴─────┐
Weitere Opfer   35% weiteres  65% kein      60% weiteres  40% kein
                   Opfer     weiteres Opfer    Opfer     weiteres Opfer
                ┌────┴────┐                 ┌────┴────┐
Weitere Opfer: 80% Mädchen 20% Jungen      72% Mädchen 28% Jungen
Geschlecht     (n = 1056)  (n = 264)        (n = 222)  (n = 88)
```

Anmerkung: Nicht alle Akten enthielten ausreichend Informationen für eine Auswertung.

Die Zugehörigkeit zu einem bestimmten Geschlecht kann, vor allem wenn dieses für die Eltern oder auf gesellschaftlicher Ebene negativ belegt ist, sicherlich zu einer erhöhten Gefährdung beitragen. Dies ist beispielsweise in Gesellschaften der Fall, in denen Jungen ein höherer Stellenwert als Mädchen beigemessen wird. Hier kann es zu einer geschlechtsselektiven Vernachlässigung bis hin zur Tötung von Mädchen kommen (Tandon/Sharma 2006). In einer Studie von Nakou et al. (1982) hatten 2 der 32 körperlich misshandelten Kinder ein von den Eltern nicht gewünschtes Geschlecht. Bei den nicht misshandelten Geschwistern traf dies auf keines der Kinder zu (0 von 53). In der Studie von Hines/Kaufman Kantor/Holt (2006) berichteten Brüder in gemischtgeschlechtlichen Geschwisterpaaren mehr emotional vernachlässigendes und weniger kognitiv stimulierendes Verhalten der primären Bezugsperson als ihre Schwestern. Hamilton-Giachritsis/Browne (2005) fanden keinen Effekt der Geschlechtszugehörigkeit.

Alter
Effekte des Alters der Kinder in einer Familie wurden nur in einer Studie untersucht. In der Aktenauswertung von Hamilton-Giachritsis/Browne (2005) zeigte sich, dass Kinder, die als einziges Kind in ihrer Familie als gefährdet eingestuft wurden, häufiger älter waren.

Temperament und Verhalten
Vor allem im Säuglingsalter kommt es in Situationen, in denen Eltern mit dem Verhalten des Kindes überfordert sind, zu körperlicher Misshandlung mit

schweren Folgen (Becker et al. 1998). Das Risiko für Säuglinge, die ein schwieriges Temperament haben, ist daher erhöht (Stith et al. 2009). Fallbeschreibungen von Familien mit Zwillingskindern beschrieben eine selektive Misshandlung des Kindes, das besonders schwer zu beruhigen war (Becker et al. 1998). Andere Studien fanden keine Unterschiede hinsichtlich Verhaltensproblemen, chronischen Erkrankungen, aggressivem Verhalten und einer Behinderung bei Kindern, die als einziges Kind in einer Familie mindestens einer Form von Kindeswohlgefährdung ausgesetzt waren, und solchen, bei denen auch die Geschwister misshandelt, missbraucht oder vernachlässigt wurden (Hamilton-Giachritsis/Browne 2005).

Bei einer retrospektiven Befragung (Monahan 1997) von zehn erwachsenen Schwesternpaaren, bei denen entweder eine oder beide Schwestern vom Vater sexuell missbraucht wurden, begründete eine der Studienteilnehmenden, warum nur sie und nicht ihre Schwester sexuell missbraucht wurde, wie folgt:

„Yeah… now that I think of it, who would want to get into a pissy bed in the middle of the night to abuse a kid who was gonna start screamin' and wake up the whole neighborhood?" (Monahan 1997, S. 26)

Wie dieses Zitat zeigt, sah sich die missbrauchte Schwester selbst als weniger wehrhaft an, während die nicht missbrauchte Schwester oft den Vater lautstark zurückwies oder körperliche Misshandlung „in Kauf nahm", um nicht sexuell missbraucht zu werden (Monahan 1997). Einige der nicht missbrauchten Frauen berichteten, dass sie das Gefühl hatten, dass etwas mit dem Vater nicht stimmte, und sie folglich versuchten sich von ihm fernzuhalten oder sich mit ihrer Mutter zu verbünden (Monahan 1997).

4.2.2 Merkmale der Eltern und der Eltern-Kind-Beziehung

Persönlichkeitsmerkmale und psychische Erkrankungen der Eltern betreffen alle Kinder einer Familie. Es muss aber berücksichtigt werden, dass manche Merkmale der Eltern, wie zum Beispiel psychische Erkrankungen, nur vorübergehend auftreten können und andere nur in der Kombination mit Merkmalen des Kindes, wie zum Beispiel dessen Entwicklungsstand, zum Tragen kommen.

Belastungen der Eltern

Studien, welche nicht zwischen verschiedenen Formen von Kindeswohlgefährdung differenzieren, fanden eine erhöhte Wahrscheinlichkeit für die Viktimisierung aller Kinder, wenn die Eltern Alkohol missbrauchten, psychische Probleme oder eine geistige Behinderung hatten, kriminell waren, selbstverletzendes Verhalten berichteten, es Konflikte oder Gewalt in der Paarbeziehung gab oder wenn die Eltern selbst als Kinder misshandelt oder missbraucht wurden (Chadik 1997; Hamilton-Giachritsis/Browne 2005).[9] Instabile Lebensumstände waren in der Studie von Hamilton-Giachritsis/Browne (2005) ein Prädiktor für die Gefährdung einiger, aber nicht aller Geschwister in einer Familie.

Unterschiede in der Eltern-Kind-Beziehung zwischen den Geschwistern
Die Qualität der Eltern-Kind-Beziehung hängt von vielen Faktoren ab, vor allem aber von der Feinfühligkeit der Eltern. Im Hinblick auf verschiedene Kinder zeigt sich, dass Eltern häufig ähnlich feinfühlig mit ihren Kindern umgehen und die Qualität der Beziehung zu den verschiedenen Kindern sich ähnelt (Ward/Vaugh/Robb 1988; van Ijzendoorn et al. 2000; Dunn/Plomin/Daniels 1986). Dennoch werden gerade im Kontext von Misshandlung, Missbrauch und Vernachlässigung nur eines Geschwisters Unterschiede in der Qualität der Eltern-Kind-Beziehung zwischen den Kindern in einer Familie berichtet.

Ein solcher Faktor kann sein, dass das betroffene Kind ungewollt oder ungeplant zur Welt kam. So fanden Nakou et al. (1982) in einer Studie mit 32 körperlich misshandelten Kindern, dass diese häufiger als ihre Geschwister von ihren Eltern ungewollt waren. Barber/East (2009) zeigten in einer Untersuchung mit 3 134 Müttern, dass ungewollte Kinder weniger kognitiv fördernde und emotionale Unterstützung als ihre Geschwister erhielten, die Wunschkinder waren.

In einigen Fallstudien wurden Dynamiken in Familien dargestellt, in denen die Eltern einem Kind die Rolle des „Sündenbocks" zuschrieben (Hollingsworth/Glass/Heisler 2008). So berichteten Hollingsworth/Glass/Heisler (2008) von Fällen, in denen die Mütter nur ein Kind aus einer Gruppe von Geschwistern massiv körperlich misshandelten und vernachlässigten. Als mögliche Ursache führten die Autoren an, dass dieses Kind durch sein Verhalten als Bedrohung für das Selbstbild als gute Mutter erlebt wurde, da es die unangemessenen Anforderungen nicht erfüllte.

Im Hinblick auf Familienkonstellationen wurde bei intrafamiliärem sexuellen Missbrauch untersucht, ob sich die Anzahl der Opfer innerhalb der Familie unterscheidet, wenn entweder Stiefväter oder leibliche Väter die Täter sind. Die Ergebnisse aus den Studien von Russell (1986), Phelan (1986) und Phelan (1995) zeigten ein entgegengesetztes Bild, hinsichtlich des Risikos für einen sexuellen Missbrauch des Geschwisters, wenn der Stiefvater oder der leibliche Vater der Täter war.

---

9 In beiden Studien wurden die Prädiktoren anhand bivariater Modelle und nicht anhand einem alle Prädiktoren umfassenden Modell ermittelt.

4.2.3 Merkmale der Familie

Faktoren auf der Ebene der Familie tragen zu einem erhöhten Risiko für alle Kinder einer Familie bei, auch wenn Kinder unterschiedlich auf bestimmte Bedingungen reagieren und Wertevorstellungen, wie zum Beispiel traditionelle Rollenvorstellungen, unterschiedliche Auswirkungen auf Töchter und Söhne haben. Andere in der Familie begründete Risikofaktoren stehen in einem engen Zusammenhang mit Merkmalen der Geschwisterkonstellation, welche in einigen Studien empirisch belegt wurden.

Anzahl der Geschwister
Bei der Betrachtung von Risikofaktoren darf nicht außer Acht gelassen werden, dass die Anzahl der Kinder in einer Familie an sich Vernachlässigung begünstigen kann (Stith et al. 2009). In Familien mit einer hohen Anzahl von Kindern liegen auch meist andere Risikofaktoren, wie ein junges Alter der Eltern bei der Geburt des ersten Kindes, geringerer sozioökonomischer Status und eine hohe Belastung der Eltern vor.

Position in der Geburtenreihenfolge
In klinischen Stichproben mit Familien mit intrafamiliärem Missbrauch findet sich häufig ein sexueller Missbrauch der ältesten Tochter (Vander Mey/Neff 1986; Browning/Boatman 1977; de Young 1982; DiPietro 1987). Haugaard/Reppucci (1988) sowie Herman/Hirschman (1981) berichteten von Familien, in denen der Vater begann die älteste Tochter sexuell zu missbrauchen und dann bei deren Auszug aus dem Elternhaus, wenn diese in die Pubertät kam oder wenn sie zunehmend in der Lage war sich zu wehren, dazu überging, die jüngeren Schwestern sexuell zu missbrauchen.

Für körperliche Misshandlung zeigte sich in der Studie von Baldwin/Oliver (1975) eine hohe Rate von schwerer körperlicher Misshandlung des ältesten und zweitältesten Kindes. In Bezug auf die nachgeborenen Kinder wurden zwar eine niedrigere, aber im Verhältnis zu ihrem geringeren Alter hohe Häufigkeit von schwerer körperlicher Misshandlung festgestellt. Wenn die gesamte Lebensspanne betrachtet wird, ist davon auszugehen, dass die jüngeren Geschwister ein vergleichbar hohes, wenn nicht sogar ein höheres Risiko für körperliche Misshandlung haben. In der Stichprobe von Nakou et al. (1982) fand sich eine erhöhte Rate von körperlicher Misshandlung der jüngeren Geschwister.

Altersabstand zwischen den Geschwistern
Im Kontext von Geschwisterkonstellationen zeigt sich bei Kindern aus Mehrlingsgeburten ein erhöhtes Risiko für körperliche Misshandlung im Säuglingsalter und der frühen Kindheit (Groothuis et al. 1982; Nelson/Martin 1985; Lindberg et al. 2012). Es sind nicht immer alle Kinder betroffen, die Wahr-

scheinlichkeit hierfür ist jedoch auch erhöht. Auch für Geschwister von Zwillingspaaren liegt in Abhängigkeit der Viktimisierungserfahrungen der Zwillinge ein erhöhtes Risiko für sexuellen Missbrauch und körperliche Misshandlung vor (Nelson et al. 2010). Als mögliche Ursachen für das erhöhte Risiko wird die hohe Belastung der Eltern und die hohe Wahrscheinlichkeit für Frühgeburten und damit einhergehende Probleme im Säuglingsalter diskutiert. Andere Studien, welche den Altersabstand zwischen Geschwistern berücksichtigen, fehlen.

4.2.4 Wechselwirkungen zwischen den Geschwistern

Geschwister sind auf sehr unterschiedliche Weise in der Lage auf verschiedene Umweltbedingungen zu reagieren. Sie beeinflussen sich wechselseitig direkt, aber auch indirekt, indem sie von dem Verhalten des Geschwisters lernen und Rückschlüsse auf ihre eigene Person ziehen (vgl. Bank/Kahn 1994). Dies ist auch im Kontext von Misshandlung, Missbrauch und Vernachlässigung der Fall.

Instrumentalisieren von Geschwistern
Im Kontext von prekären familiären Dynamiken werden von den misshandelnden oder missbrauchenden Bezugspersonen oft Geschwisterkinder instrumentalisiert und zum Teil dazu angehalten, sich an der Misshandlung zu beteiligen. So berichteten Hollingsworth/Glass/Heisler (2008) in einer Analyse von Fällen von extremer Vernachlässigung und Misshandlung, dass jegliche Äußerungen der Sympathie und Versuche dem misshandelten Geschwister zur Hilfe zu kommen durch die Bezugsperson bestraft wurden. In der Folge beteiligten sich die Geschwister an der Misshandlung des Geschwisters und schrieben diesem – wie die erwachsene Bezugsperson – die Schuld an der Misshandlung zu.

In einzelnen Fällen berichteten junge Erwachsene retrospektiv, dass sie bei sexuellem Missbrauch aus Angst vor dem Täter diesen drängten, zu der Schwester zu gehen statt zu ihnen (de Young 1982).

Auch bei extrafamiliärem sexuellen Missbrauch werden Geschwister zum Teil von Tätern instrumentalisiert. Burgess/Clark (1984) berichteten, dass bei mehreren Kinderpornografie-Ringen oder Tätern, die mehrere Kinder und Jugendliche gleichzeitig sexuell missbrauchten, häufig mehrere Geschwister Opfer waren. In einigen der beschriebenen Fälle wurden die Mädchen und Jungen von den Tätern dazu angehalten, ihre Freunde oder Geschwister mit zu den Treffen zu bringen (Burgess/Clark 1984).

Viktimisierung durch das Geschwister
In der Folge der Viktimisierung eines Geschwisters besteht – unabhängig von einer Instrumentalisierung durch den Täter – das Risiko, dass dieses Geschwis-

ter die anderen Geschwister misshandelt oder missbraucht. Crittenden (1984) zeigte, dass bereits kleine Kinder sich gegenüber ihrem Geschwister im Hinblick auf misshandelnde und vernachlässigende Verhaltensweisen ähnlich wie ihre Eltern verhielten. In Fällen von schwerer körperlicher Gewalt unter Geschwistern, kam es bereits zuvor zu Misshandlung und Missbrauch durch die Bezugsperson. In der Folge von Misshandlung, Missbrauch und Vernachlässigung wird vermehrt aggressives Verhalten berichtet (Tucker et al. 2014; Green 1984).

Zwischen 32% und 50% der Jungen, die ein anderes Kind sexuell missbrauchten, wurden selbst sexuell missbraucht (Hackett et al. 2013; Yates/Allardyce/MacQueen 2012; Hawkes 2011; Taylor 2003). Nur in wenigen Studien wurde von Mädchen als Täterinnen berichtet, hier lag bei 63% bis 78% ein vermuteter oder bestätigter sexueller Missbrauch in der Vorgeschichte vor (Hackett et al. 2013; Taylor 2003). Es ist zu beachten, dass diese Studien auf Angaben von Tätern und Täterinnen beruhen. Dies bedeutet jedoch nicht, dass alle Kinder, die sexuell missbraucht wurden, zu Tätern und Täterinnen werden (Friedrich 1993).

Reaktionen auf das Miterleben von Gewalt gegen das Geschwister

Kinder sind nicht nur dem gleichen Täter oder Täterin ausgesetzt, sondern erleben auch meist direkt die Gewalt gegen das Geschwister und die daraus resultierenden Folgen mit, was wiederum ihre Haltung und die Reaktionen auf die eigene Misshandlung und Missbrauch prägen kann. Wird beispielsweise einem sexuell missbrauchten Kind nicht geglaubt, kann dies dazu führen, dass das Geschwister auch nicht von einem sexuellen Missbrauch berichten (Renvoizé 1979), wie folgendes Zitat veranschaulicht:

> „My older sister was being abused horribly by my stepfather on a daily basis. She told the school and then my mother. We had to go to court and my parents were simply beyond anger. She told the Judge that my stepfather raped her. The Judge became furious with her and said, ‚You're lucky to have the good, Christian parents that you have.' He sent her back home and nothing was done to stop it. [...] He had already started to abuse me but I wouldn't say anything until we went to court and then I could be sure that we would be O.K. Well, I learned from court that it was useless to tell ... no one would believe us. My stepfather could fool them all." (Monahan 1997, S. 28)

Auch die gesellschaftliche Stigmatisierung und negativen Auswirkungen, die mit einer Aufdeckung eines sexuellen Missbrauchs einhergehen, können einen sehr starken Einfluss auf das Geschwister ausüben (Baker/Tanis/Rice 2001). Dieser trägt dazu bei, dass sie einen sexuellen Missbrauch an ihnen nicht ansprechen. Ähnliche Effekte bei einer Intervention des Jugendamtes aufgrund anderer Formen von Kindeswohlgefährdung sind nicht empirisch belegt. Es ist aber durchwegs als plausibel anzunehmen, dass diese auch einen Einfluss auf das Geschwister haben.

4.3 Auswirkungen von Misshandlung, Missbrauch, Vernachlässigung auf die Geschwister

Im Kontext von Misshandlung, Missbrauch und Vernachlässigung finden sich, wie bei den Auswirkungen anderer Belastungen auf die Geschwisterbeziehung, empirische Ergebnisse, die sowohl auf eine Verschlechterung der Geschwisterbeziehung, als auch solche, die auf eine kompensatorische Funktion in der Geschwisterbeziehung hinweisen. Zudem haben Misshandlung, Missbrauch und Vernachlässigung eine negative Auswirkung auf die psychische Befindlichkeit des Geschwisters, auch wenn dieses selbst nicht betroffen ist.

Die Ergebnisse der Studien, die im folgendem Abschnitt näher vorgestellt werden, sind aber immer auch im Kontext der prekären Familiendynamiken, der Veränderung der familiären Situation durch Interventionen und der gesellschaftlichen Stigmatisierung von Familien, in denen es zum Beispiel zu sexuellem Missbrauch kam, zu betrachten. In der Folge von Misshandlung und Missbrauch kommt es nicht selten zu einer Vielzahl von belastenden Lebensereignissen, wie der Scheidung oder Trennung der Eltern, die nicht nur das missbrauchte Kind, sondern die ganze Familie betreffen. Körperliche Folgen und psychische Probleme des betroffenen Kindes (vgl. Abschnitt 3.5) können darüber hinaus für das Geschwister eine Belastung darstellen.

4.3.1 Reaktionen auf Misshandlung, Missbrauch und Vernachlässigung eines Geschwisters

In Fällen von extremer Viktimisierung eines Geschwisters durch körperliche Misshandlung und schwere Vernachlässigung hatten Geschwister wenig Empathie für das viktimisierte Geschwister und schrieben diesem selbst die Schuld zu (Hollingsworth/Glass/Heisler 2008). Im Gegensatz dazu beschrieben die Studienteilnehmenden, in der Studie von Rausch/Knutson (1991), die körperliche Bestrafung von ihren Geschwistern durch die Eltern signifikant häufiger als ungerechtfertigt und missbräuchlich als ihnen selbst gegenüber.

Nicht missbrauchte Geschwister von sexuell missbrauchten Kindern und Jugendlichen berichten in der Kindheit (Baker/Tanis/Rice 2001) und im Erwachsenenalter (Monahan 1997) von Schuldgefühlen gegenüber ihrem Geschwister. Nicht selten befinden sie sich aber vor allem in ihrer Kindheit in einem Loyalitätskonflikt zwischen dem missbrauchenden Elternteil und dem betroffenen Geschwister (Baker/Tanis/Rice 2001). Dies wird durch die gravierenden Veränderungen des Familienlebens, durch den Auszug des Täters und die Reaktion des nicht missbrauchenden Elternteils verstärkt (Baker/Tanis/Rice 2001). In manchen Familien sind die Geschwister durch ein Schweigegebot über den sexuellen Missbrauch belastet (Baker/Tanis/Rice 2001), in anderen ahnen Geschwister oft nur, dass es einen Missbrauch gab, sind aber durch diese Ungewissheit und die mangelnde Erklärung für plötzliche Veränderungen belastet (Enders 2001; Monahan 1997).

Körperlich misshandelte Kinder und ihre Geschwister beschrieben ihre Eltern in einer Studie in ähnlicher Art und Weise und unterschieden sich dabei von Kindern aus Familien, in denen kein Kind körperlich misshandelt wurde, durch die Verwendung deutlich weniger positiver Wörter (Halperin 1981; Meyer Halperin 1983). Ihre Familie beschrieben Frauen, die selbst oder deren Geschwister sexuell missbraucht wurden, als chaotisch und dysfunktional (Monahan 1997). In der Folge erlebten sie die Welt als einen unsicheren und unfairen Ort (Monahan 1997).

Geschwister von körperlich misshandelten Kindern zeigen häufig auch Anzeichen von psychischer Belastung (Baldwin/Oliver 1975). Im Hinblick auf die psychische Anpassung ergaben sich bei 36 missbrauchten Kindern und ihren 41 nicht missbrauchten Geschwistern in einer Studie von Lipovsky/Saunders/Hanson (1993) signifikante Unterschiede im Ausmaß externalisierender und internalisierender Probleme, nicht aber in der sozialen Kompetenz. Die beiden Gruppen unterschieden sich jedoch nicht in der Anzahl der Kinder, welche klinisch relevant auffällig waren.

Als Reaktion auf das Miterleben von körperlicher Gewalt zwischen den Eltern zeigten sich in einer Studie mit 47 Geschwisterpaaren eine hohe Ähnlichkeit zwischen internalisierenden und externalisierenden Verhaltensauffälligkeiten (Piotrowski/Tailor/Cormier 2014), jedoch keine ähnlichen Symptommuster (Piotrowski 2011). In der gleichen Stichprobe sagte das Ausmaß an PTBS-Symptomen des einen Geschwisters bedeutsam das des anderen Geschwisters vorher (Tailor/Stewart-Tufescu/Piotrowski 2015). In einer Studie wurden Unterschiede zwischen den Geschwistern in dem Ausmaß der Belastung durch die Wahrnehmung der Gewalt zwischen den Eltern als Bedrohung und die Attribution von Schuld auf sich selbst erklärt (Skopp et al. 2005).

Welchen Einfluss Geschwister auf die Auswirkungen von Missbrauch, Misshandlung und Vernachlässigung auf das betroffene Kind haben können, ist kaum erforscht. In einer Studie von Kaye-Tzadok/Davidson-Arad (2016) mit Frauen, die in ihrer Kindheit sexuell missbraucht wurden, zeigte sich ein Zusammenhang zwischen posttraumatischen Wachstum und der Geschwisterkonstellation. Frauen, die noch jüngere Geschwister und mehr Geschwister hatten, berichteten mehr posttraumatisches Wachstum. Eine mögliche Erklärung dafür ist, dass ältere Geschwister dem sexuellen Missbrauch einen Sinn beimessen können, da sie dadurch ihr Geschwister geschützt haben (Kaye-Tzadok/Davidson-Arad 2016).

4.3.2 Negative Merkmale der Geschwisterbeziehung

Folgt man der Argumentationslinie der Kongruenzhypothese, so ist davon auszugehen, dass als Folge von Misshandlung, Missbrauch und Vernachlässigung und den damit einhergehenden prekären familiären Dynamiken sich auch die Geschwisterbeziehung verschlechtert. Empirisch wurde diese Verschlechterung der Geschwisterbeziehung vor allem im Hinblick auf vermehrte Konflikte sowie körperliche und verbale Gewalt anhand von Fallstudien belegt.

Konflikt und Aggression
In Familien, in denen es zu körperlicher Gewalt zwischen den Eltern oder gegen die Kinder kommt, wenden Geschwister häufiger gegeneinander körperliche Gewalt an (Meyers 2014; Green 1984; Katz 2014). Petri/Radix/Wolf (2012) beschrieben in einer qualitativen Studie, dass in Familien, in denen die Eltern teilweise den Kindern Aufmerksamkeit und Zuneigung schenkten, dies aber nicht für die Befriedigung der Bedürfnisse aller Kinder ausreichte, es zu starken Konflikte zwischen den Geschwistern kam. In einer Studie von Gomes-Schwartz/Horowitz/Cardarelli (1990), in der Familien von sexuell missbrauchten Kindern, vor und nach einer therapeutischen Maßnahme untersucht wurden, zeigte sich eine Zunahme der Konflikte mit den Geschwistern, während in anderen Bereichen eine deutliche Symptomreduktion erzielt werden konnte. Diese Zunahme war besonders deutlich bei Jugendlichen.

Erschwerend kommt hinzu, dass die Eltern nicht versuchen die Konflikte zu unterbinden und mögliche Lösungsstrategien anzubieten (Petri/Radix/Wolf 2012; Meyers 2014). Dies zeigt sich auch in Familien mit massiver körperlicher Gewalt unter Geschwistern, in denen die Eltern selbst mit körperlicher Gewalt auf Konflikte oder körperliche Auseinandersetzungen zwischen den Geschwistern reagieren (Meyers 2014).

Eine Studie von Waddell/Pepler/Moore (2001) untersuchte – anders als die zuvor dargestellten Studien – direkt das Interaktionsverhalten von Geschwistern, die mit ihren Müttern in einem Frauenhaus lebten: Sie fanden keine Unterschiede im Konfliktverhalten im Vergleich zu Geschwistern aus Familien ohne häuslicher Gewalt. Ein wesentlicher Unterschied zu der Kontrollgruppe zeigte sich allerdings im Hinblick auf die Machtverteilung zwischen den Geschwistern. Geschwister, die in einem Frauenhaus lebten, hatten eine weniger ausgewogene Verteilung von Macht untereinander.

Im Erwachsenenalter sagte körperliche Misshandlung und/oder sexueller Missbrauch die Konflikthäufigkeit in bevölkerungsrepräsentativen Stichprobe in den Niederlanden nicht bedeutsam vorher (Voorpostel/van der Lippe/Flap 2012).

Neid und Rivalität

Während im Kontext von Vernachlässigung vereinzelt von konkurrierendem Verhalten unter Geschwistern berichtet wurde (Petri/Radix/Wolf 2012), waren vor allem in Fallstudien bei intrafamiliärem sexuellen Missbrauch Neid, Eifersucht und Rivalität unter Geschwistern bedeutsame Themen (Berry 1975; Meiselman 1978; de Young 1981; Monahan 1997). Ein Verhalten das Berry (1975) unter dem Begriff des *incest envy* zusammenfasst. Die ursprüngliche Annahme Berrys, laut der direkt um den sexuellen Kontakt mit dem Vater rivalisiert wird, wurde in Schilderungen von Betroffenen nicht bestätigt. Vielmehr handelt es sich um Eifersucht in Bezug auf die emotionale Zuwendung und Aufmerksamkeit durch den Vater und Neid auf Geschenke und Privilegien (Meiselman 1978; de Young 1981; Monahan 1997).

Auch, wenn die Eltern nicht die Täter sind, kann es in der Folge zu einer Benachteiligung eines Geschwisters kommen, wie die Aussage eines Jungen, der außerhalb der Familie sexuell missbraucht wurde, zeigt:

> *„Aber das war auch wieder nicht gut, weil die haben dann alles bei mir durchgehen lassen. Ich konnte jeden Scheiß machen. Die haben alles durchgehen lassen. Die haben alles auf meine Schwester geschoben. So, so die hat dann ... ich hab' alles Glückliche abgekriegt und die hat das meiste Unglück abgekriegt."* (Mosser 2009, S. 216)

Angaben von nicht-missbrauchten Geschwistern wurden in der Studie nicht berichtet. Die Vermutung liegt nahe, dass sich die Situation dieser Kinder in ähnlicher Weise gestaltet, wie die von Geschwistern chronisch kranker Kinder (vgl. Abschnitt 2.5.1).

4.3.3 Geschwister als Vertraute und Beschützer

Im Zuge von Misshandlung, Missbrauch und Vernachlässigung kann sich die Geschwisterbeziehung nicht nur verschlechtern, sondern sie kann auch eine schützende oder kompensatorische Funktion haben. Geschwister helfen sich wechselseitig die belastenden Lebensumstände zu bewältigen.

Schutz und Fürsorge durch das Geschwister

In der qualitativen Analyse von Dynamiken von Geschwistern bei extremer Vernachlässigung wurde häufig eine kompensatorische Funktion der Geschwister füreinander beschrieben. Das ältere Geschwister, meist eine Schwester, übernimmt die Verantwortung für die jüngeren Geschwister und sorgte für sie

(Petri/Radix/Wolf 2012; Petri 2015). In einigen Fällen werden sie sogar zur primären Bezugsperson (Karle 2012). Bei unmittelbarer Gefahr übernahmen sie die Aufgabe ihre Geschwister zu schützen, wie folgendes Zitat zeigt:

> *„Die große, die ist, die wurde 22, ich bin 20 und meine Kleine ist 18, also wir sin genau immer so zwei Jahre älter, so ungefähr. Wie waren bei meinen leiblichen Eltern, die ham nix besseres zu tun gehabt, wie auf gut deutsch zu saufen, und waren dann also nicht in der Lage, uns zu versorgen, und haben dann auch Aktionen abgezogen, also mein Vater hat mal einen Spiegel zerbrochen und meine Mutter lag da drin und meine große Schwester, also die war ja damals auch noch klein, sechs Jahre, die hat uns immer mitgenommen, uns beide, meine kleine Schwester auf'm Arm geschleppt und mich dann an der Hand genommen und dann is se einfach nur mit uns abgehaun, sodass wir das gar nicht so mitgekriegt ham." (Petri 2015, S. 89)*

In einer Analyse von Zeugenaussagen von sieben Kindern, die die Ermordung ihrer Mutter durch den Vater miterlebten, berichteten diese, dass sie versuchten das kleinere Geschwister zu schützen bzw. es zu beruhigen (Katz 2014). In Fällen von versuchter Ermordung von Geschwistern durch die Eltern gaben die Kinder in ihren Zeugenaussagen an, dass ihr Geschwister ihnen sowohl durch körperlichen Einsatz, als auch verbal oder durch das Rufen eines Krankenwagens geholfen hätte (Katz 2013). Ihre eigene Sorge ging so weit, dass sie trotz des Drucks der Eltern keine Aussage zu machen, dies taten, wenn ihnen zugesichert wurde, dass dann ihrem Geschwister geholfen wird (Katz 2013). Bei weniger schwerer körperlicher Misshandlung wurde von älteren Geschwistern in einer anderen Studie berichtet, dass sie diese über sich ergehen ließen, um ihr jüngeres Geschwister vor dem Täter oder der Täterin zu schützen (Petri/Radix/Wolf 2012).

Auch bei intrafamiliärem sexuellen Missbrauch berichteten einige ältere Schwestern davon, dass sie versuchten die jüngere Schwester dabei zu unterstützen, den sexuellen Missbrauch zu beenden oder sich zu schützen (Meiselman 1978).

Fürsorgeverhalten von Kindern geht aber zum Teil auch zu Lasten des Geschwisters, das die Eltern ersetzt. Diese können nicht alle Entwicklungsaufgaben, zum Beispiel im schulischen Bereich, bewältigen (Petri/Radix/Wolf 2012). Auch im Zusammenhang der Beaufsichtigung von Kindern durch ältere Geschwister kommt es häufiger zu Unfällen (Morrongiello/Schmidt/Schell 2010), da diese Gefahren nicht richtig einschätzen können (Morrongiello/Schell/Stewart 2015; Morrongiello/MacIsaac/Klemencic 2007). Im Erwachsenenalter sagen körperliche Misshandlung und/oder sexueller Missbrauch eine geringere Kontakthäufigkeit, weniger wahrgenommene Unterstützung durch das Geschwister, eine schlechtere Beziehungsqualität und mehr Ungleichheit in der wechselseitigen Fürsorge vorher (Voorpostel/van der Lippe/Flap 2012).

Anvertrauen von Informationen

Gerade bei sexuellem Missbrauch stellen Geschwister eine Vertrauensperson dar, der Kinder und Jugendliche von diesem erzählen können. Nicht wenige sexuell missbrauchte Kinder vertrauen sich Gleichaltrigen an, darunter auch Geschwistern (Fegert et al. 2013; Gomes-Schwartz/Horowitz/Cardarelli 1990). Arbeiten Fachkräfte mit beiden Kindern, erleben Kinder und Jugendliche das Anvertrauen von Informationen an ihr Geschwister als ambivalent, da diese fürchten, dass diese den Fachkräfte davon erzählen (Leichtentritt 2013).

In einigen Fällen untergruben die Eltern die Geschwisterbeziehung aktiv: So beschrieben beispielswiese Geschwisterpaare, in der Studie von Monahan (1997), dass ihre Väter, welche eine oder beide Schwestern sexuell missbraucht hatten, den Geschwistern vermittelten, dass sie eine enge Beziehung zu dem Geschwister nicht duldeten.

Kapitel 5
Fragestellung

Obwohl alle bisherigen Studien auf eine Veränderung der Beziehung von Geschwistern und einer psychischen Belastung im Kontext von Misshandlung, Missbrauch und Vernachlässigung hinweisen, gibt es sehr wenige Studien, die sich explizit mit dem Thema auseinandergesetzt haben. Auch im Hinblick auf das Risiko für eine Gefährdung eines Geschwisters eines betroffenen Kindes – einem Aspekt der für die Prävention von Kindeswohlgefährdung von hoher praktischer Relevanz ist – besteht eine unzureichende Datenlage.

Hinzu kommt, dass die Einordnung der Ergebnisse durch die Befragung ausschließlich einer Person in der Familie und der Verwendung von administrativen Daten als Grundlage für die Auswertung und der damit einhergehenden Beschreibung einer Inanspruchnahmepopulation verzerrt werden. So berichteten beispielsweise bei sexuellem Missbrauch drei Studien, die mehrere Datenquellen heranzogen (Muram/Speck/Gold 1991; Phelan 1986; Phelan 1995), von einem häufigeren sexuellen Missbrauch eines Geschwisters als solche mit nur einer Person als Datenquelle. Die Qualität administrativer Daten ist in hohem Maße abhängig von der Art und Weise der Fallführung. In der Studie von Lindberg et al. (2012) zum Beispielen wurde nur nach bestimmten Kriterien eine erweiterte Diagnostik eingeleitet.

Befunde zu den Auswirkungen von Misshandlung, Missbrauch und Vernachlässigung auf die Geschwisterbeziehung basieren, mit Ausnahme der Studie von Voorpostel/van der Lippe/Flap (2012), auf den Ergebnissen von qualitativen Studien mit kleinen Stichproben ohne Vergleichsgruppen.

In der vorliegenden Arbeit wurden daher erwachsene Geschwisterpaare zu ihren Viktimisierungserfahrungen und ihrer Geschwisterbeziehung in der Kindheit sowie ihrer aktuellen Geschwisterbeziehung und psychischen Belastung befragt. Die Rekrutierung erfolgte nicht anhand von administrativen Daten und damit bereits bekannten Fällen von Kindeswohlgefährdung, sondern es wurden unmittelbar Geschwister aus der Allgemeinbevölkerung angesprochen. Um Informationen zu der Familie und zu den Erfahrungen nicht nur aus einer Quelle zu haben, wurde ein dyadisches Design gewählt, wobei zwei Geschwister befragt wurden.

Die Fragestellungen der vorliegenden Dissertation untergliedern sich in drei aufeinander aufbauende Studien (Abbildung 7).[10]

Abbildung 7. Schematische Darstellung des Aufbaus der Ergebnisse

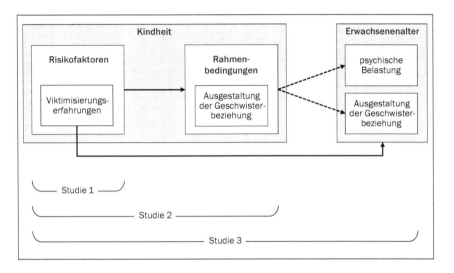

Studie 1
In der ersten Studie werden Risikokonstellationen und Zusammenhänge zwischen Viktimisierungserfahrungen von Geschwistern in der Kindheit dargestellt. Sie ist in vier Fragestellungen untergliedert:

1. Wie häufig werden Viktimisierungserfahrungen in der Kindheit berichtet?
2. Welche Zusammenhänge bestehen zwischen den Berichten beider Geschwister von Viktimisierungserfahrungen in ihrer Kindheit?
3. Welche Risikokonstellationen liegen bei Personen, die Viktimisierungserfahrungen in der Kindheit berichten, vor?
4. Welche Risikokonstellationen liegen bei Geschwisterpaaren vor, bei denen nur eines oder beide Viktimisierungserfahrungen in der Kindheit berichten, vor?

---

10 Der Begriff Kindheit wird im Folgendem in Bezug auf den Lebensabschnitt einer Person bis zu der Vollendung des 18. Lebensjahres verwendet.

Studie 2
Der Fokus der zweiten Studie liegt ebenfalls auf der Kindheit. Anhand folgender Fragestellungen werden Zusammenhänge zwischen Viktimisierungserfahrungen und der Ausgestaltung der Geschwisterbeziehung untersucht:

1. Welcher Zusammenhang besteht zwischen Viktimisierungserfahrungen und den Rahmenbedingungen für die Gestaltung der Geschwisterbeziehung in der Kindheit?
2. Wie beeinflussen Viktimisierungserfahrungen in der Kindheit die Ausgestaltung der Geschwisterbeziehung in der Kindheit?
3. Wie beeinflussen wechselseitig Viktimisierungserfahrungen in der Kindheit die Ausgestaltung der Geschwisterbeziehung bei Geschwisterpaaren?

Studie 3
In der dritten Studie werden die Zusammenhänge zwischen den Kindheitserfahrungen und der Lebenssituation im Erwachsenenalter betrachtet. Hierbei werden die aktuelle psychische Belastung und Merkmale der Ausgestaltung der Geschwisterbeziehung herausgegriffen:

1. Welcher Zusammenhang besteht zwischen Viktimisierungserfahrungen und der aktuellen psychischen Belastung der Studienteilnehmenden?
2. Welche Wechselwirkungen bestehen zwischen Viktimisierungserfahrungen beider Geschwister und ihrer aktuellen psychischen Belastung?
3. Welcher Zusammenhang besteht zwischen Viktimisierungserfahrungen und der Qualität der Geschwisterbeziehung im Erwachsenenalter?
4. Welche Wechselwirkungen bestehen zwischen Viktimisierungserfahrungen beider Geschwister und der Qualität der Geschwisterbeziehung im Erwachsenenalter?

Der Darstellung der Ergebnisse ist eine Beschreibung des methodischen Vorgehens und der Merkmale der Stichproben vorangestellt. Da es sich um die erste Veröffentlichung von Daten aus der Studie handelt, wurden das Vorgehen sowie die Merkmale der Stichprobe umfassend beschrieben. Um die Übersichtlichkeit zu erhöhen, werden die Ergebnisse der Studien am Ende des jeweiligen Kapitels diskutiert. Eine zusammenfassende Diskussion der Ergebnisse und deren Implikationen für Praxis und Forschung werden in einem abschließenden Kapitel dargestellt.

Kapitel 6
Methode

6.1 Studiendesign

Für die Umsetzung der Fragestellungen wurden Daten zu Erfahrungen in der Kindheit und der aktuellen Lebenssituation mittels eines Online-Fragebogens erhoben. Über die Teilnehmenden wurde dann ein weiteres Geschwister zur Teilnahme an der Studie eingeladen. Durch dieses dyadische Design war es möglich, die Fragestellung aus der Perspektive mehrere Personen zu betrachten und Wechselwirkungen zwischen den Geschwistern festzustellen (vgl. Kenny/Kashy/Cook 2006). Es wurde ein retrospektives Design gewählt, da bei Kindern und Jugendlichen mit einer höheren Selektivität der Stichprobe zu rechnen ist, da neben den Studienteilnehmenden selbst, auch die Eltern einer Teilnahme zustimmen müssen. Ein wichtiges Argument für die Befragung von Erwachsenen war, dass über das Ausmaß der Belastung und die Probleme in der Geschwisterbeziehung gerade bei prekären familiären Dynamiken wenig bekannt ist. Somit ist nicht auszuschließen, dass eine solche Befragung emotional belastend sein kann, gerade wenn Kinder noch in der Herkunftsfamilie leben. Zudem besteht möglicherweise ein Abhängigkeitsverhältnis zu den Tätern oder Täterinnen. Bei Erwachsenen besteht bereits eine größere Distanz zu der eigenen Kindheit und angebotene Hilfe und Unterstützungsmaßnahmen können ohne Zustimmung und Wissen der Eltern aufgesucht werden. Durch die ausschließliche Befragung von erwachsenen Geschwisterpaaren war es möglich die gleichen Messinstrumente auch bei großem Altersunterschied zwischen den Geschwistern zu verwenden. Bei einer Befragung von Kindern hätten die Messinstrumente dem Alter entsprechend adaptiert werden müssen.

6.1.1 Akquise von Studienteilnehmenden

Da es sich bei dieser Studie um eine der ersten zu den Zusammenhängen zwischen Kindeswohlgefährdung und Charakteristika der Geschwisterbeziehungen handelt, war eine Stichprobenplanung anhand von vorliegenden Effektstärken nicht möglich. Es wurde auch keine Repräsentativität im Vergleich zur Bevölkerung angestrebt. Laut einer Untersuchung von Kenny/Kashy/Cook (2006) lagen die Fallzahlen bei dyadischen Studien, die in internationalen Journalen publiziert wurden, zwischen 25 und 411 Dyaden, mit einem Median von 101. In der vorliegenden Studie wurde eine höhere Fallzahl als die durchschnittliche angestrebt, um Vergleiche hinsichtlich der einzelnen Formen von Kindeswohlgefährdung und Merkmalen der Geschwisterkonstellation zu ermöglichen.

Die Akquise von Geschwisterpaaren verlief in zwei Schritten: Zuerst wurde eine Ankerperson rekrutiert, dann erfolgte die Rekrutierung des zweiten Geschwisters. Für die Ankerpersonen als auch ihr Geschwister erfolgte die Rekrutierung ausschließlich online.

Tabelle 9. Rekrutierung der Ankerpersonen

Strategie	Vorgehen	Zeitraum
Welle 1		
Pilot	Einladung von Testpersonen aus dem Bekanntenkreis	Juni 2014
Ludwigs-Maximilians Universität München	Anschreiben von Studierenden per E-Mail über den Infodienst	Juli 2014
Fachschaft Psychologie der LMU	Bekanntmachung der Studie auf der Facebook-Seite	November 2014
Fachschaft Maschinenwesen der Technischen Universität München	Bekanntmachung der Studie auf der Internetseite	November 2014
Universität Ulm	Anschreiben von 2000 von der Studienkanzlei zufällig ausgewählten Studierenden per E-Mail	Januar 2015
Welle 2		
Psychologie Heute	Bekanntmachung auf der Internetseite	März 2015
Facebook Foren	Bekanntmachung in Gruppen zur Rekrutierung von Versuchspersonen	März 2015
Bekanntenkreis	Anschreiben und Weiterleiten der Studie durch „Freunde" auf Facebook	März 2015
Foren Betroffene	Bekanntmachung der Studie in Foren für Betroffene sexueller Gewalt und Personen mit psychischen Problemen	März 2015
Zartbitter	Anschreiben von mehreren Betroffenenverbänden durch Ursula Enders	März 2015
Technische Universität Clausthal	Bekanntmachung auf der Homepage	April 2015
Technische Universität Dortmund	Keine Informationen vorliegend	Juni 2015
Welle 3		
SoSci Panel	Anschreiben von Panelisten und Panelistinnen per E-Mail	Juni & Juli 2015

Ankerpersonen

Die Erhebungsphase bestand aus drei Wellen (Tabelle 9). In Welle 1 wurden Ankerpersonen, nach einem Pilottest, in welchem die technische Umsetzung überprüft wurde, ausschließlich Studierende über Universitäten rekrutiert. In Welle 2 wurde versucht, den Personenkreis der Studienteilnehmenden zu erweitern. So wurde die Studie auf Internetseiten und in Foren beworben. Um mehr männliche Studienteilnehmer für die Studie zu interessieren, wurden zudem an technischen Universitäten geworben. In Welle 3 wurde die Studieneinladung durch das SoSci Panel an Panelisten und Panelistinnen verschickt. Bei dem SoSci Panel (SoSci Panel 2016) handelt es sich um ein sozialwissenschaftliches Panel, das nach einem mehrstufigen Auswahlverfahren Studien kostenfrei an einen Pool an Personen weiterleitet. Für die Teilnahme an der Studie wurde in Welle 3 als Incentive die Teilnahme an einer Verlosung von Amazon-Gutscheinen angeboten. Für die Welle 3 wurde zudem eine ScreenReader freundliche Version zur Beantwortung angeboten, damit die auch Personen mit einer Sehbehinderung teilnehmen konnten.

Geschwister

Beim Ausfüllen des Fragebogens wurden die Ankerpersonen gebeten, in Bezug auf ein bestimmtes Geschwister zu antworten, das anhand folgender Regeln ausgewählt wurde:

1. Es wurde das älteste Geschwister der Ankerperson ausgewählt.
2. War die Ankerperson selbst das älteste Geschwister, wurde das Geschwister mit dem geringsten Altersabstand zu der Ankerperson ausgewählt.

Das Befolgen dieser Kriterien oblag der Ankerpersonen selbst. Eine technische Umsetzung der Auswahl erfolgte nicht, da diese aufgrund der Komplexität der Lebensumstände, wie beispielsweise verstorbene Geschwister und Kontaktabbrüche, nur nach einer sehr ausführlichen Befragung zu allen Geschwistern der Ankerperson möglich gewesen wäre. Da bei umfassenden Fragen zu Demografie und Herkunftsfamilie mit einem erhöhten Abbruch des Fragebogens gerechnet wurde, wurde von diesem Vorgehen abgesehen.

Nach der Auswahl des Geschwisters wurde die Ankerperson gebeten, dessen E-Mail-Adresse anzugeben. Die Eingabe der E-Mail-Adresse war in allen Wellen der Befragung freiwillig, da sich an dieser Stelle im Fragebogen hohe Abbruchraten zeigten, wurde in Welle 3 die Möglichkeit gegeben, einen Grund für das nicht eintragen der E-Mail-Adresse zu nennen. Das Geschwister erhielt daraufhin eine E-Mail mit einer Einladung zur Studienteilnahme. Die Verknüpfung der Daten erfolgte über Pseudonyme (Abbildung 8).

Ein- und Ausschlusskriterien

Es wurden nur solche Personen in die Studie aufgenommen, die einer elektronischen Einverständniserklärung zustimmten und zum Zeitpunkt der Erhebung über 18 Jahre alt waren. Ausgeschlossen wurden Personen, welche keine (lebenden) Geschwister hatten. Das Erfüllen von Ein- und Ausschlusskriterien wurde zu Beginn des Fragebogens geprüft. Personen, die die Kriterien nicht erfüllten, wurden auf eine alternative Abschlussseite des Online-Fragebogens weitergeleitet.

Abbildung 8. Ablauf der Rekrutierung der Geschwisterpaare

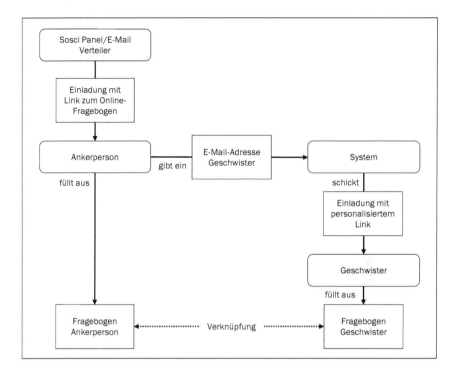

Datenschutz und Information der Studienteilnehmenden
Für die Bereitstellung des Fragebogens und Verwaltung der Studienteilnehmenden wurde die Software Unipark (ESF Survey, Questback) verwendet. Datenschutz- und Sicherheitsanforderungen gemäß ISO 27001, welche durch das Bundesamt für Sicherheit in der Informationstechnik regelmäßig überprüft wird, wurden durch den Softwarebetreiber erfüllt.

Beide Geschwister wurden zu Beginn der Studie über die Ziele der Befragung informiert. Sie wurden darauf verwiesen, dass die Beantwortung freiwillig erfolgt und sie diese jederzeit abbrechen können. Des Weiteren wurde auf mögliche Belastungen durch die Beantwortung des Fragebogens sowie die Telefonnummer eines Hilfetelefons hingewiesen. Der Hinweis wurde vor den Fragen zu den Viktimisierungserfahrungen noch einmal eingeblendet. Über die Verknüpfung ihrer Daten wurden die Geschwisterpaare informiert. Die Angaben des jeweils anderen Geschwisters konnten nicht eingesehen werden. Das Studienvorhaben wurde durch die Ethikkommission des Universitätsklinikums Ulm geprüft und genehmigt.

6.1.2 Fragebogenentwicklung

Für die Entwicklung des Fragebogens wurden bereits etablierte Verfahren, wie der Childhood Trauma Questionaire (CTQ) oder der Fragebogen zum elterlichen Erziehungsverhalten (FEE), verwendet. Bei Verfahren, wie dem Network of Relationships Inventory (NRI), lagen zwar international etablierte Messinstrumente vor, jedoch keine einheitliche und vollständige Übersetzung in deutscher Sprache. Die Items dieser Messinstrumente wurden aus dem Englischen in das Deutsche übersetzt und einer zweiten Person nur in deutscher Sprache vorgelegt, welche dann die Items in das Englische zurückübersetzte. Abweichungen in der Übersetzung wurden diskutiert und entsprechend angepasst.

In einem ersten Pilottest wurde der Fragebogen sechs verschiedenen Personen zur Erprobung in Papierform vorgelegt. Dabei wurden sie gebeten, Verständnisprobleme, die Dauer der Beantwortung und die emotionale Belastung beim Beantworten einzuschätzen. Gemäß der Rückmeldungen der Teilnehmenden wurden die Fragen zu den demografischen Angaben zu Familienangehörigen vereinfacht. Die Fragen zur Geschwisterbeziehung wurden als sehr passend und gut zu beantworten eingestuft. Manche Items wurden als sehr ähnlich wahrgenommen, weswegen die Anordnung der Items so verändert wurde, dass ähnliche Items nicht direkt aufeinander folgten. Die Items der Offenheitsskala des CTQ wurden als nicht zum Antwortformat passend und wegen der doppelten Verneinung als missverständlich eingestuft. Da es sich um ein etabliertes Verfahren handelt, wurden keine Änderungen vorgenommen.

Ein Teil der Teilnehmenden am Pilottest gab an, dass die Fragen nach negativen Lebensereignissen sie nachdenklich gemacht hätten. Keine der Personen berichtete, dass die Fragen starke negative Gefühle ausgelöst hätten.

In einem zweiten Pilottest wurde anhand von zwölf Personen die Online-Version des Messinstruments vor allem hinsichtlich der Filterführung und dem Mechanismus zur Benachrichtigung des zweiten Geschwisters überprüft. Es zeigten sich keine technischen Probleme. Darüber hinaus trug die Filterführung zu einer Verkürzung der Bearbeitungszeit im Vergleich zur Papierversion bei.

6.1.3 Messinstrumente

Beide Geschwister füllten den gleichen Fragebogen aus. Mit Ausnahme der Fragen zu traumatischen Ereignissen in der Kindheit sowie dem Eingabefeld für die E-Mail-Adresse des Geschwisters mussten die Studienteilnehmenden alle Fragen zwingend beantworten, um bis zum Ende des Fragebogens zu gelangen. Im folgendem Abschnitt werden ausschließlich die Messinstrumente vorgestellt, die auch in der vorliegenden Arbeit verwendet wurden.

Demografische Daten
Neben Alter, Geschlecht und Staatsangehörigkeit wurden Daten zu der aktuellen Lebenssituation der Studienteilnehmenden erhoben. Diese umschlossen die Wohnsituation und Haushaltszusammensetzung, den Familienstand, das Bestehen einer Partnerschaft und ob die Studienteilnehmenden eigene Kinder hatten. Abschließend wurde noch nach der Allgemein- und Berufsausbildung sowie der aktuellen beruflichen Situation gefragt. Für alle Variablen, mit Ausnahme der Fragen nach der Anzahl der im Haushalt lebenden Personen/Kinder und dem Alter, wurden mögliche Antwortkategorien vorgegeben, die durch ein offenes Textfeld ergänzt wurden. Für die Geschlechtsangabe wurde neben männlich und weiblich zudem die Kategorie andere als Möglichkeit angeboten.

Familienkonstellation in der Herkunftsfamilie
Im Hinblick auf die Eltern wurde deren Geburtsjahr und die Art der Beziehung zur der Ankerperson bzw. dem Geschwister erfasst. Es wurde erfragt, ob das jeweilige Elternteil bereits verstorben ist. Darüber hinaus wurde von den Studienteilnehmenden erfragt, ob die Eltern sich trennten bzw. scheiden ließen und ob diese in der Folge eine neue Partnerschaft eingingen. Gaben die Studienteilnehmenden eines dieser Ereignisse an, wurden sie nach ihrem eigenen Alter zu diesem Zeitpunkt gefragt. Die Anzahl der Schwestern und Brüder wurde erfasst sowie die Position in der Geburtenreihenfolge.[11] Mit einem Item mit drei Antwortkategorien wurde erhoben, ob alle, ein Teil oder keines der Geschwister bereits verstorben waren. Die Studienteilnehmenden gaben das Alter beim ersten Auszug aus dem Elternhaus an, wenn dies bereits eingetreten war, sowie die aktuelle Kontakthäufigkeit zu jedem Elternteil, die mit einem Item mit acht möglichen Antwortkategorien erfasst wurde.

Merkmale des ausgewählten Geschwisters
Für das ausgewählte Geschwister gaben die Studienteilnehmenden Alter, Geschlecht und Art der Verwandtschaftsbeziehung zu ihnen an. Des Weiteren wurden sie nach der Position des Geschwisters in der Geburtenreihenfolge und der Dauer des Zusammenlebens mit diesem gefragt.

Geschwisterbeziehung in der Kindheit
Die Geschwisterbeziehung in der Kindheit wurde anhand von 13 Skalen erfasst, welche sich aus jeweils drei Items zusammensetzten und ein fünfstufiges Antwortformat aufweisen (1 = „nie"; 2 = „selten"; 3 = „manchmal"; 4 = „häufig";

---

11 Für die Erhebungswelle 3 wurde dieses Item technisch so umgesetzt, dass den Studienteilnehmenden nur die möglichen Positionen in der Geburtenreihenfolge als Antwortoptionen angeboten wurden, die sich aus der Anzahl der angegebenen Geschwister ergab.

5 = „sehr häufig"). Zehn Skalen wurden aus dem Network Relationship Inventory-Social Provisions Version (NRI-SPV) (Furman/Buhrmester 1985) sowie dem Network Relationship Inventory-Relationship Quality Version (NRI-RQV) (Furman/Buhrmester 2009) entnommen. Bei beiden Fragebogeninstrumenten handelt es sich um international weit verbreitete und reliable Messinstrumente (Furman/Buhrmester 1985; Furman/Buhrmester 2009), welche eine facettenreiche Abbildung von menschlichen Beziehungen ermöglichen. Die Social Provisions Version basiert inhaltlich auf verschiedenen sozialen Bedürfnissen, welche in sozialen Beziehungen befriedigt werden können. Die Relationship Quality Version wurde zu einem späteren Zeitpunkt entwickelt und ergänzt die ursprünglichen Skalen um negative Aspekte der Beziehungsgestaltung. In der ursprünglichen Form werden anhand von Matrizen die Beziehungen zu mehreren Personen gleichzeitig erfasst. Folgende Skalen wurden in der vorliegenden Arbeit in einer für die retrospektive Erfassung adaptierten Version verwendet:

- *Kameradschaft*: gemeinsam mit positiven Aktivitäten verbrachte Zeit (NRI-SPV; z. B. „Wie oft haben Sie und Ihr Geschwister gemeinsam etwas unternommen?")
- *Öffnungsbereitschaft*: Vertrauen gegenüber dem Geschwister (NRI-SPV; z. B. „Wie oft teilten Sie mit Ihrem Geschwister Ihre Geheimnisse und innersten Gefühle?")
- *Fürsorge für das Geschwister*: Fürsorgeverhalten gegenüber dem Geschwister (NRI-SPV; z. B. „Wie oft beschützten Sie Ihr Geschwister?")
- *Fürsorge durch das Geschwister*: Fürsorgeverhalten des Geschwisters (NRI-SPV; z. B. „Wie oft kümmerte sich Ihr Geschwister um Sie?")
- *Wertschätzung*: wahrgenommene Wertschätzung des Geschwisters (NRI-SPV; z. B. „Wie oft zeigte Ihr Geschwister Ihnen, dass es Sie schätzte?")
- *Feindseligkeit*: Feindseligkeit zwischen den Geschwistern (NRI-SPV; z. B. „Wie oft sind Sie und Ihr Geschwister sich gegenseitig auf die Nerven gegangen?")
- *Zurückweisung*: Nichtbeachtung der/des Studienteilnehmenden durch das Geschwister und/oder Ausschluss von Aktivitäten (NRI-SPV; z. B. „Wie oft … schloss Ihr Geschwister Sie von Aktivitäten aus?")
- *Druck*: durch das Geschwister ausgeübter Druck (NRI-RQV; z. B. „Wie oft drängte Sie Ihr Geschwister dazu, Dinge zu tun, die Sie nicht tun wollten?"). Bei zwei Items wurden im Vergleich zur NRI-RQV wesentliche Änderungen vorgenommen, um redundante Itemformulierungen im Deutschen zu vermeiden.
- *Konflikt*: Konflikte und Streitigkeiten zwischen den Geschwistern (NRI-SPV; z. B. „Wie oft hatten Sie heftige Auseinandersetzungen mit Ihrem Geschwister?")

- *Relative Macht:* Machtverhältnis zwischen den Geschwistern (NRI-SPV; z. B. „Zwischen Ihnen und Ihrem Geschwister, wer war eher der CHEF in Ihrer Beziehung?"). Die Items dieser Skala hatten andere Antwortkategorien (1 = „immer sie/er"; 2 = „eher sie/er"; 3 = „ungefähr gleich"; 4 = „eher ich"; 5 = „immer ich")

Das Ausmaß der *körperlichen Gewalt durch das Geschwister* wurde mit fünf Items mit fünfstufigem Antwortformat erfasst. Angelehnt wurden die Items an die Messinstrumente in den Untersuchungen von Roscoe/Goodwin/Kennedy (1987) und von Libal/Deegener (2005). Es wurden fünf Items ausgewählt, die die größte Zustimmung in beiden Stichproben aufwiesen (z. B. „Wie oft hat Ihr Geschwister Sie mit einem Gegenstand geschlagen?").

Das Ausmaß an *Rivalität und Eifersucht* zwischen den Geschwistern wurde anhand von drei Items operationalisiert. Es wurde nicht zwischen Neid, Rivalität und Eifersucht unterschieden (z. B. „Wie oft kam es vor, dass Sie auf Ihr Geschwister neidisch waren?").

Die Skala *Ambivalenz* erfasst mit drei Items das Ausmaß an ambivalenten Gefühlen gegenüber dem Geschwister in der Kindheit (z. B. „Wie oft kam es vor, dass Sie nicht so recht wussten, ob Sie Ihr Geschwister mögen oder nicht?").

Beziehungsgestaltung zwischen Eltern und Geschwistern

Die Skala *Ungleichbehandlung* erfasste retrospektiv die wahrgenommene Bevorzugung bzw. Benachteiligung eines der Geschwister durch die Eltern. Es wurde zwischen Vater und Mutter unterschieden und auf verschiedene Bereiche, wie Bestrafung, Zuneigung, Privilegien und Pflichten, eingegangen (z. B. „Hatten Sie das Gefühl, dass Ihre Eltern Ihnen oder Ihrem Geschwister mehr Aufgaben oder Pflichten übertrugen als dem anderen? Wenn ja, wem?"). Zeitlicher Bezugsrahmen war Kindheit und Jugend der Studienteilnehmenden. Die Konstruktion der sechs Items erfolgte in Anlehnung an die Messinstrumente in der Untersuchung von Felson (1983). Als Antwortoptionen hatten die Studienteilnehmenden vier bis fünf Kategorien zur Auswahl (z. B. „uns beiden gleich viel"; „meinem Geschwister mehr"; „mir mehr"; „je nach Situation unterschiedlich"). Für die Skalenberechnung wurden die zwei bzw. drei Kategorien, die keine Ungleichbehandlung der Geschwister beinhalteten, gleich gewichtet. Eine hohe Ausprägung in der Skala bedeutete eine relative Ungleichbehandlung im Vergleich zum Geschwister. Eine explizite Bewertung des Verhaltens durch die Studienteilnehmenden als ungerechte Verhaltensweise der Eltern, wie beispielsweise in der Arbeit von Stotz (2015), wurde nicht gefordert, da diese anfällig für retrospektive Verzerrungen ist.

In Anlehnung an die qualitativen Studienergebnisse von Monahan (1997) zur Einstellung von Eltern in Familien mit intrafamiliärem sexuellen Missbrauch wurden drei Items zur Erfassung der *Förderung der Geschwisterbezie-*

hung durch die Eltern in der Kindheit der Studienteilnehmenden konstruiert (z. B. „Wie gerne sahen es Ihre Eltern, wenn Sie sich mit Ihrem Geschwister gut verstanden?"). Es wurde zwischen Vater und Mutter unterschieden. Das Antwortformat war fünfstufig, wobei eine höhere Ausprägung mit einem förderlicheren Verhalten der Eltern einhergeht (z. B. 1 = „gar nicht gerne"; 2 = „nicht gerne"; 3 = „teils teils"; 4 = „gerne"; 5 = „sehr gerne").

Viktimisierungserfahrungen und belastende Lebensereignisse in der Kindheit

Der CTQ ist ein häufig verwendetes Fragebogenmaß zur retrospektiven Erfassung von Misshandlungs- und Missbrauchserfahrungen in der Kindheit, welches in vielen Sprachen erprobt wurde (Bernstein et al., 2003; Choi, Choi, Gim, Park & Park, 2014; de Carvalho et al., 2015; Viola et al., 2016). Der CTQ unterscheidet fünf verschiedene Formen: *körperliche Misshandlung* (z. B. „Während meiner Kindheit und Jugend wurde ich von jemandem aus meiner Familie so stark geschlagen, dass ich zum Arzt oder ins Krankenhaus musste."), *sexueller Missbrauch* (z. B. „Während meiner Kindheit und Jugend drohte mir jemand, mir weh zu tun oder Lügen über mich zu erzählen, wenn ich keine sexuellen Handlungen mit ihm ausführte."), *emotionaler Missbrauch* (z. B. „Während meiner Kindheit und Jugend dachte ich, meine Eltern hätten sich gewünscht, dass ich niemals geboren worden wäre."), *emotionale Vernachlässigung* (z. B. „Während meiner Kindheit und Jugend fühlten sich meine Familienangehörigen einander nah."), und *körperliche Vernachlässigung* (z. B. „Während meiner Kindheit und Jugend hatte ich nicht genügend zu essen."), welche im Fragebogen mit jeweils fünf Items mit einem fünfstufigen Antwortformat abgebildet werden (1 = „gar nicht"; 2 = „selten, an weniger als ein oder zwei Tagen", 3 = „an einigen Tagen"; 4 = „an mehr als der Hälfte der Tage"; 5 = „beinahe jeden Tag"). Hinzu kommen drei Items, die Minimierungstendenzen *(Offenheitsskala)* erfassen. Die verwendete Version wurde von Bernstein et al. (2003) aus einer längeren Version bestehend aus 70 Items entwickelt. Im deutschsprachigen Raum wurde der Fragebogen sowohl an einer bevölkerungsrepräsentativen (Häuser et al., 2011; Klinitzke, Romppel, Häuser, Brähler & Glaesmer, 2012) als auch an einer klinischen Stichprobe erprobt (Wingenfeld et al., 2010). In einigen Studien wurde der CTQ bereits online verwendet (Lowell/Renk/Adgate 2014; de Carvalho et al. 2015) Die Skalenwerte des CTQ werden in wissenschaftlichen Publikationen sowohl als intervallskalierte Variablen (Klinitzke et al., 2012; Wingenfeld et al., 2010), als auch unterteilt in vier Schweregrade (Häuser et al., 2011) oder dichotom (Häuser et al., 2011) verwendet (DiLillo et al., 2006). Neben der am häufigsten verwendeten Version mit 28 Items wurde in einigen Studien eine Version mit fünf Items verwendet (Glaesmer et al., 2013; Li et al., 2014).

Für jedes Elternteil wurde erfasst inwieweit die Studienteilnehmenden *miterlebten*, wie gegen dieses Elternteil *Partnerschaftsgewalt* verübt wurde. Als Antwortkategorien konnten die Studienteilnehmenden „ja" oder „nein" auswählen.

Im Hinblick auf andere belastende Lebensereignisse in der Kindheit wurden den Studienteilnehmenden Fragen zum *Verlust von Verwandten/Freunden durch Tod, körperliche Erkrankung oder Verletzung eines Familienmitgliedes* und *psychische Erkrankung eines Familienmitgliedes* gestellt. Wurde ein Item bejaht, dann wurden die Studienteilnehmenden gebeten, anzugeben, welche Familienmitglieder betroffen waren. In einer weiteren Frage mit offener Antwortkategorie wurden die Studienteilnehmenden gefragt, ob es ein anderes negatives Ereignis in ihrer Kindheit oder Jugend gab, das wahrgenommene oder tatsächliche negative Auswirkungen hatte.

Aktuelle psychische Belastung

Das DSM V Self Rater Level 1 Cross-Cutting Symptom Measure für Erwachsene ist ein freizugänglicher Fragebogen, welcher verschiedene psychiatrische Symptome abdeckt. Es dient als dimensionales Verfahren zur Einordnung des Ausmaßes von verschiedenen psychischen Beschwerden in den letzten zwei Wochen (Clarke/Kuhl 2014). Hierbei werden verschiedene Skalen verwendet, die aus einem bis vier Items bestehen. Für alle Skalen liegen Cut-Off-Werte vor, bei deren Überschreiten in der klinischen Praxis eine weitere Exploration, auch unter zur Hilfenahme weiterer DSM V Fragebögen, erfolgen soll. Die Umsetzung dieses Verfahrens wurde in den USA und Kanada bereits im klinischen Alltag erprobt und hat sich als nützlich erwiesen (Clarke/Kuhl 2014). Inhaltlich lehnen sich einige Items an bereits etablierte klinische Screening-Fragebögen an, eine Überprüfung der Items im Sinne von Screeningfragen für das Vorliegen bestimmter Störungsbilder ist bis jetzt nur teilweise erfolgt (Clarke/Kuhl 2014). Erste Studien bezüglich der Test-Retest-Reliabilität berichteten von guten bis sehr guten Ergebnissen für die einzelnen Skalen (Narrow et al. 2013).

Neben der weiten internationalen Verbreitung und des dimensionalen Ansatzes wurde der Fragebogen auch deswegen für die Studie ausgewählt, da er für die Durchführung mittels elektronischer Hilfsmittel konzipiert wurde und somit für die Verwendung in Online-Studien geeignet ist. Von den ursprünglich 13 Skalen wurden vier (manische Symptome, psychotische Symptome, Identitäts- und Persönlichkeitsprobleme, und Gedächtnis und Merkfähigkeit) in der vorliegenden Befragung aus Gründen der Ökonomie nicht verwendet. Folgende Skalen wurden in die vorliegende Studie aufgenommen:

- *Depressivität*: geminderte Stimmung und verringerter Antrieb (2 Items; z. B. „In den vergangenen zwei Wochen hatte ich wenig Interesse und Freude daran, Dinge zu tun.")

- *Ärger und Wut:* erhöhtes Erleben von Ärger und Wut über das für die Ankerperson übliche Maß hinaus (1 Item; „In den vergangenen zwei Wochen fühlte ich mich häufiger irritiert, griesgrämig oder ärgerlich als normalerweise.")
- *Ängstlichkeit:* erhöhte Ängstlichkeit und Vermeidungsverhalten (3 Items; z. B. „In den vergangenen zwei Wochen vermied ich Situationen, die mir Angst machten.")
- *Somatisierung:* unerklärte Schmerzen und Beschwerden (1 Item; „In den vergangenen zwei Wochen hatte ich unerklärte Schmerzen und Beschwerden (z. B. Kopf, Rücken, Gelenke, Magen, Beine).") Diese Skala bestand ursprünglich aus zwei Items, aus Gründen der Ökonomie wurde sie auf ein Item reduziert.
- *Selbstverletzendes Verhalten:* Wunsch, sich selbst zu verletzen (1 Item; „In den vergangenen zwei Wochen dachte ich daran, mich selbst zu verletzen."). Es wurde nicht weiter zwischen suizidalen und nicht-suizidalen selbstverletzenden Verhaltensweisen unterschieden und auch nicht nach einer tatsächlichen Ausführung von selbstverletzenden Verhaltensweisen gefragt.
- *Schlafprobleme:* verändertes Schlafverhalten mit negativer Schlafqualität (1 Item; „In den vergangenen zwei Wochen hatte ich Probleme beim Schlafen, die insgesamt meine Schlafqualität beeinflussten.")
- *Wiederkehrende Gedanken oder Verhaltensweisen:* wiederkehrende Wünsche, Gedanken und Bilder und wiederholte oder zwanghafte Durchführung bestimmter Handlungen (2 Items; z. B. „In den vergangenen zwei Wochen hatte ich unangenehme Gedanken, Dränge oder Bilder, die mir wiederholt in den Sinn kamen.")
- *Dissoziation:* Depersonalisations- und Derealisationserfahrungen (1 Item; „In den vergangenen zwei Wochen fühlte ich mich losgelöst oder distanziert von mir selbst, meinem Körper, meiner Umgebung oder meinen Erinnerungen.")
- *Substanzmissbrauch:* Missbrauch von legalen und illegalen Substanzen (4 Items; z. B. „In den vergangenen zwei Wochen habe ich vier oder mehr alkoholische Getränke an einem Tag getrunken.")

Aktuelle Geschwisterbeziehung

Im Hinblick auf die aktuelle Beziehung zum ausgewählten Geschwister wurde die *Kontakthäufigkeit,* welche in gleicher Weise operationalisiert war wie die Kontakthäufigkeit zu den Eltern, sowie die *Zufriedenheit* mit der Beziehung erhoben. In Anlehnung an das NRI-SPV (Furman/Buhrmester 1985) wurden folgende Skalen erfasst: *Fürsorge für das Geschwister, Fürsorge durch das Geschwister, Konflikt* und *verlässliche Allianz.* Um Redundanzen für die Studienteilnehmenden zu verringern und damit einhergehende Antworttendenzen zu vermeiden, wurden die genannten Konstrukte mit nur einem Item erfasst.

6.2 Rücklauf und Beendigungsquote

Die Anzahl der Teilnehmenden an der Studie pro Rekrutierungswelle und angewandter Strategie sind in Tabelle 10 beschrieben. Insgesamt begannen 6 669 Teilnehmende mit der Bearbeitung des Online-Fragebogens. Von diesen füllten 68.50 % den Fragebogen vollständig aus (n = 4 568). 28.18 % gaben die E-Mail-Adresse ihres Geschwisters an (n = 1 879). Insgesamt beantworteten 48.32 % der angeschriebenen Geschwister den Online-Fragebogen vollständig (n = 908). Da jedoch in 4.07 % der Fälle die Ankerperson den Fragebogen nicht vollständig ausfüllte, belief sich die Anzahl der vollständigen Dyaden auf 870 (46.30 %).

Tabelle 10. Rücklauf nach Rekrutierungsstrategie

Rekrutierungsstrategie	Ankerperson		Geschwister				Dyaden	
	begonnen	beendet	angeschrieben		beendet			
	n	%*	n	%*	n	%°	n	%°
Welle 1	388	170	43.81	168	43.30	97	58.33	92	55.36
Pilot	19	12	63.16	13	68.42	7	53.85	7	53.85
LMU	203	94	46.31	98	48.28	58	59.18	53	54.08
Fachschaften	86	25	29.07	21	24.42	9	42.86	9	42.86
Uni Ulm	80	39	48.75	36	45.00	23	63.89	23	63.89
Welle 2	442	210	47.51	131	29.64	52	39.69	50	38.17
TU Dortmund	136	77	56.62	44	32.35	22	50.00	20	45.45
Bekanntenkreis	124	70	56.45	45	36.29	22	48.89	22	48.89
Psychologie Heute	120	45	37.50	31	25.83	5	16.13	5	16.13
Foren Betroffene	27	6	22.22	1	3.70	0	0.00	0	0.00
Facebook Foren	16	8	50.00	7	43.75	1	14.29	1	14.29
TU Clausthal	13	4	30.77	3	23.08	2	66.67	2	66.67
Sonstige	6	0	0.00	0	0.00	–	–	–	–
Welle 3	5 839	4 188	71.72	1 580	27.06	758	47.97	728	46.08
SoSci Panel	5 696	4 098	71.95	1 553	27.26	747	48.10	718	46.23
SoSci Panel: Screen	143	90	62.24	27	18.88	11	40.74	10	37.04
Gesamt	6 669	4 568	68.49	1 879	28.18	907	48.32	870	46.30

Anmerkungen: Die Angaben beziehen sich auf die bereits bereinigten Daten; * Prozentangaben beziehen sich auf die Anzahl der Teilnehmenden, die mit der Bearbeitung des Fragebogens begonnen haben; ° Prozentangaben beziehen sich auf die Anzahl der angeschriebenen Geschwister.

Insgesamt trafen bei 126 der Ankerpersonen (1.80 %) die Einschlusskriterien nicht zu, 20 (0.30 %) stimmten der elektronischen Einverständniserklärung nicht zu, 52 (0.78 %) waren zu jung und 54 (0.81 %) hatten kein lebendes Geschwister mehr. 32 (3.06 %) von den 1047 Geschwistern, die mit der Bearbeitung begannen, mussten von der Teilnahme an der Studie ausgeschlossen werden. 2 (0.19 %) stimmten der Einverständniserklärung nicht zu und 30 (2.87 %) waren noch nicht volljährig.

Die größte Hürde im Fragebogen stellte die Eingabe der E-Mail-Adresse des Geschwisters dar. In Welle 3 brachen mit 16.25 % der Teilnehmenden deutlich weniger Personen an dieser Stelle ab, als in Wellen 1 und 2 (47.68 % bzw. 38.24 %). Im Gegensatz hierzu gaben die Teilnehmenden aus Wellen 2 und 3 mit 29.64 % und 27.06 % seltener die E-Mail-Adresse eines Geschwisters an, als die aus Welle 1 (43.30 %).

Während der Bearbeitung des Fragebogens zum erinnerten Erziehungsverhalten brachen 1.13 % der Ankerpersonen (n = 59; 24 Items) die Beantwortung des Online-Fragebogens ab, während der Beantwortung der Items zur Geschwisterbeziehung brachen 7.43 % (n = 375; 63 Items) und während der Bearbeitung der Items zu belastenden Lebensereignissen in der Kindheit brachen 0.84 % (n = 56; 39 Items) ab. Bei dem Geschwister zeigte sich ein kontinuierlicher Drop-out über die Bearbeitung des Fragebogens hinweg, mit der höchsten Drop-out-Rate unmittelbar zu Beginn des Fragebogens. Insgesamt bearbeiteten 907 von 1047 Geschwistern (86.62 %), die mit der Bearbeitung des Online-Fragebogens begonnen hatten, diesen bis zum Ende.

6.3 Datenaufbereitung

6.3.1 Aufbereitung des dyadischen Datensatzes

Die beiden Datensätze wurden miteinander verknüpft, sodass jeder Ankerperson ihr Geschwister zugeordnet war. Die Dyade wurde dabei als Analyseeinheit angesehen (vgl. Datenorganisation „Dyad" bei Kenny/Kashy/Cook 2006; Abbildung 9). Es wurde angenommen, dass es sich bei den Geschwisterpaaren um unterscheidbare Mitglieder einer Dyade handelt (Kenny/Kashy/Cook 2006). Als Unterscheidungsmerkmal wurde die relative Geburtenreihenfolge, welche in der Geschwisterforschung als wesentliches, das Erleben und die Interaktion in der Familie prägendes Merkmal betrachtet wird (z. B. Bank/Kahn 1994), herangezogen. Folglich wurden für die weitere Auswertung die Daten dahingehend umstrukturiert, dass das ältere Geschwister als erstes Mitglied der Dyade und das jüngere als zweites Mitglied der Dyade angelegt wurde. Im Fall von Zwillingen wurde das Geschwister, das als erstes geboren wurde, als älteres Geschwister angelegt. Bei exakt gleich alten Zwillingen bzw. damit einhergehenden widersprüchlichen Angaben der Geschwister (n = 6; 0.67 % der gesamten Dyaden) wurde das Geschwister, das als erstes den Fragebogen ausgefüllt hatte, als älteres Geschwister eingestuft.

Abbildung 9. Schematische Darstellung der Aufbereitung der Datensätze

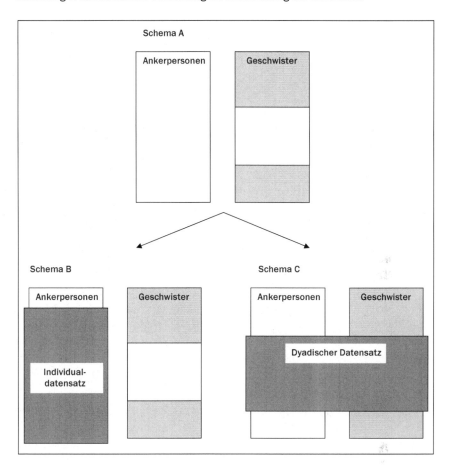

Die Angaben der Geschwister in dem zusammengeführten Datensatz wurden einer Plausibilitätsprüfung unterzogen, um sicherzustellen, dass beide Geschwister sich tatsächlich aufeinander bezogen. Für einen Vergleich wurden die Angaben zum Geschlecht des Geschwisters über das jeweilige andere herangezogen. In sieben von 870 Dyaden (0.80 %) stimmte dies bei einem der beiden Geschwister nicht überein, bei keiner Dyade hinsichtlich beider Angaben. In einem zweiten Schritt wurde überprüft, ob sich die Angaben durch die Betrachtung der Anzahl der Brüder und Schwestern als Eingabefehler darstellten. Gab zum Beispiel das ältere Geschwister an, dass es sich bei dem jüngeren Geschwister um einen Bruder handelte – was nicht mit den Angaben zum Geschlecht des jüngeren Geschwisters übereinstimmte – und gab zudem an nur drei Schwestern zu haben, dann wurde dies als Eingabefehler eingestuft und nicht als unzureichende Passung zwischen den Geschwistern. Dies war bei drei von sieben

Dyaden der Fall. Die verbleibenden vier Dyaden (0.46 % der Stichprobe) wurden bei Analysen, bei denen die Angaben bezüglich des Geschwisters – wie beispielsweise zur Qualität der Geschwisterbeziehung – von Bedeutung sind, ausgeschlossen.

6.3.2 Plausibilität der Angaben

Die Angaben zu den einzelnen Variablen wurden der im folgendem Abschnitt dargestellten Kriterien hinsichtlich ihrer Plausibilität geprüft. Die Ergebnisse werden für den Individualdatensatz sowie für den dyadischen Datensatz, differenziert nach älteren und jüngeren Geschwistern, berichtet.

Mehrfaches Ausfüllen des Fragebogens
In einem ersten Schritt wurde geprüft, dass Personen nicht mehrfach den Fragebogen ausgefüllt hatten. Durch die Software Unipark ist das Beantworten des Online-Fragebogens über den gleichen Browser für zwei Wochen gesperrt. Wollten Personen die Beantwortung des Fragebogens nach einem Abbruch erneut aufnehmen, wurden sie zum letzten Bearbeitungsstand weitergleitet. Diese Maßnahme konnte nicht verhindern, dass potentielle Studienteilnehmende über verschiedene Browser, beispielsweise einmal über ein Smartphone und einmal über einen PC, auf den Online-Fragebogen zugriffen. Um dennoch das Risiko, dass dieselbe Person den Fragebogen mehrmals beantwortet hatte, zu minimieren, wurde der Datensatz mit den E-Mail-Adressen der Teilnehmenden auf Dopplungen überprüft. Hierbei wurden weder für die Ankerpersonen noch für die Geschwister doppelte Einträge gefunden.

Eine weitere Möglichkeit der Kontrolle der mehrfachen Beantwortung durch eine Person war für Welle 3 möglich, da über das SociPanel den einzelnen Panelistinnen und Panelisten Pseudonyme zugeordnet wurden, die automatisch in den Ergebnisdatensatz eingespeist wurden.[12] Über eine Häufigkeitsanalyse wurden solche Pseudonyme herausgefiltert, die mehr als einmal im Datensatz vorkamen. Dies traf bei 147 der Pseudonyme zu, wobei in 130 Fällen zwei Eintragungen pro Pseudonym, in 13 drei, und in jeweils einem Fall 5, 8, 9 bzw. 12 Eintragungen pro Pseudonym vorlagen. Da jedoch einige Panelistinnen und Panelisten die Befragung an andere Personen weiterleiteten, was ein identisches Pseudonym bei dennoch unterschiedlichen Personen zur Folge hatte, wurde für unterschiedliche Fälle folgendes Vorgehen gewählt:

---

12 Für die Verwaltung des SoSciPanel dient dies als Möglichkeit aktive von inaktiven Panelistinnen und Panelisten zu unterscheiden.

1. Wies jede Zeile im Ergebnisdatensatz unterschiedliche Ausprägungen in den demografischen Angaben auf, dann wurden alle Eintragungen beibehalten. Dies war bei 73 der Pseudonyme der Fall.
2. Wiesen zwei Zeilen im Ergebnisdatensatz die gleichen Ausprägungen in den demografischen Angaben, insbesondere hinsichtlich Alter, Geschlecht, Geburtsjahr der Mutter und des Vaters, sowie Anzahl der eigenen Kinder, auf, war aber einer der Datensätze nicht vollständig beantwortet, dann wurde letzterer gelöscht. Dies war bei 65 Pseudonymen der Fall.
3. Waren beide Datensätze vollständig beantwortet, dann wurde der zuletzt ausgefüllte Datensatz gelöscht. Dies war bei 2 Pseudonymen der Fall.

Ausfüllen durch Geschwister aus der gleichen Familie

Es bestand die Möglichkeit, dass zwei oder mehr Geschwister aus einer Familie den Fragebogen ausgefüllt hatten. Einige Ankerpersonen gaben explizit an, dass sie den Link von ihrem Geschwister erhalten hatten, allerdings mit der Begründung, dass dieses keine Zeit hatte. Aufgrund der großen Stichprobe war eine Kontrolle aller E-Mail-Adressen hinsichtlich ähnlicher Nachnamen und ein daraus resultierender Ausschluss aus der Stichprobe nicht sinnvoll durchführbar.

Im Rahmen der Datenerhebung meldete sich kein Geschwisterpaar, bei dem beide den Fragebogen ausgefüllt hatten, ohne eine E-Mail mit einen Link erhalten zu haben. Bei Anfragen zum Vorgehen wurde explizit betont, dass der Link nicht durch die Ankerperson weitergeleitet werden sollte.

Logisch inkonsistente Angaben

Die Überprüfung der logischen Konsistenz bezieht sich nur auf vollständig ausgefüllte Datensätze.

Altersangaben der Studienteilnehmenden und ihres Geschwisters: Altersangaben, die das Lebensalter von 122 Jahren (Alter, des ältesten Menschen, der dokumentierter Weise je auf der Welt gelebt hat) überschritten, wurden als nicht plausibel gelöscht. Bei einer Altersdifferenz zwischen leiblichen Geschwistern und Halbgeschwistern mütterlicherseits von mehr als 35 Jahren (Dauer des gebärfähigen Alters von Frauen nach Angaben des statistischen Bundesamtes) wurde davon ausgegangen, dass das Alter des Geschwisters nicht plausibel war, und der Eintrag in dieser Variablen im Datensatz gelöscht.[13] Zur Beurteilung der Plausibilität der Altersangaben des Geschwisters wurden zusätzlich die Angaben zur Dauer des Zusammenlebens sowie die Angaben hinsichtlich der Geburtenreihenfolge der Geschwister herangezogen. War die Differenz zwischen

---

13 Es wurde davon ausgegangen, dass Personen ihr eigenes Alter mit größerer Genauigkeit angeben können, als das ihres Geschwisters.

dem Alter des Geschwisters und der Dauer des Zusammenlebens kleiner als −5, dann wurden diese ebenfalls als nicht plausibel gekennzeichnet.

Insgesamt wurden bei den Angaben der Studienteilnehmenden zu ihrem eigenen Alter keine der Angaben als nicht plausibel gewertet. Bei den Angaben der Ankerpersonen bezüglich des Alters ihres Geschwisters war dies bei fünf Personen im Individualdatensatz (0.55 %) und im dyadischen Datensatz bei jeweils vier (0.46 %) der älteren und der jüngeren Geschwister der Fall.

Alter der Eltern: Die Angaben zu dem Geburtsjahr der elterlichen Bezugspersonen wurden anhand mehrerer Kriterien geprüft:

1. Alter bei der Geburt der/des Studienteilnehmenden zwischen 9 und 80 Jahren.
2. Alter bei der Geburt des leiblichen Geschwisters zwischen 9 und 80 Jahren.
3. Angaben zur Bekanntheit des Geburtsjahres der Eltern durch die/den Studienteilnehmenden.

Die hohe obere Altersgrenze wurde gewählt, um auch Großeltern als Hauptbezugspersonen in der Kindheit mit zu berücksichtigen. Handelte es sich bei dem Geschwister um kein leibliches Kind der elterlichen Bezugsperson, wurde keine Altersgrenze gesetzt. Gaben die Studienteilnehmenden nur zweistellige Jahreszahlen an, wurden diese zu vierstelligen Jahreszahlen dahingehend ergänzt, dass das Geburtsjahr der elterlichen Bezugspersonen im 20. Jahrhundert lag.

Insgesamt wurden die Angaben zu den mütterlichen Bezugspersonen im Individualdatensatz bei 0.30 % der Ankerpersonen (n = 14) und im dyadischen Datensatz bei jeweils 0.23 % der älteren und der jüngeren Geschwister (n = 2) als nicht plausibel eingestuft und in der Folge gelöscht. Bei den Angaben zu den väterlichen Bezugspersonen war dies im Individualdatensatz bei 0.70 % (n = 32) und im dyadischen Datensatz bei 0.46 % der älteren Geschwister (n = 4) und 0.57 % der jüngeren Geschwister (n = 5) bei den Angaben zum Geburtsjahr der Fall.

Altersangaben zu verschiedenen Lebensereignissen: Im Verlauf des Fragebogens machten die Studienteilnehmenden weitere Angaben zu ihrem Alter beim Eintreten bestimmter Lebensereignisse. Über Filter wurden nur solchen Personen entsprechende Fragen eingeblendet, welche ein bestimmtes Lebensereignis tatsächlich erlebt hatten. War das Alter zu dem entsprechenden Lebensereignis höher als das zuvor angegebene Lebensalter, so wurde die Altersangabe für das entsprechende Ereignis als nicht plausibel gelöscht. Die Häufigkeiten von nicht plausiblen Angaben sind in Tabelle 11 dargestellt.

Tabelle 11. Plausibilitätskontrolle der Altersangaben zu verschiedenen Lebensereignissen

Alter beim/bei …	Individualdatensatz		Dyadischer Datensatz			
			ältere Geschwister		jüngere Geschwister	
	n	%	n	%	n	%
Tod						
Mutter	86 (552)	15.58	6 (68)	8.82	9 (66)	13.64
Vater	97 (963)	10.07	10 (117)	8.55	7 (117)	5.98
Scheidung/Trennung der Eltern	6 (1 143)	0.52	1 (200)	0.50	0 (188)	0.00
Beginn neue Partnerschaft						
Mutter	6 (856)	0.70	1 (145)	0.69	0 (140)	0.00
Vater	6 (965)	0.62	2 (171)	1.17	1 (164)	0.61
Auszug aus dem Elternhaus	0 (4 192)	0.00	0 (819)	0.00	0 (749)	0.00

Anmerkung: In Klammern ist die absolute Anzahl der Personen, die ein bestimmtes Lebensereignis berichteten, angegeben.

Anzahl der Geschwister: Die Anzahl der Geschwister wurde als nicht plausibel gewertet, wenn sie die Anzahl von 20 überstieg. Die Zahl wurde deswegen so hoch angesetzt, da explizit um die Angabe der Anzahl aller Geschwister, also auch Halb- und Pflegegeschwister, gebeten wurde. Es wurde anhand der Staatsbürgerschaft der Studienteilnehmenden überprüft, ob die Möglichkeit bestand, dass diese Person in einer polygamen Familienstruktur aufgewachsen war und folglich eine große Anzahl an Geschwistern haben könnte oder ob sich in den offenen Antworten Erklärungen für die besonders hohe Anzahl der Geschwister befanden. Dies traf in keinem Fall zu.

Insgesamt wurden im Individualdatensatz die Angaben von sieben Ankerpersonen als nicht plausibel eingestuft (0.15 %), im dyadischen Datensatz jeweils die eines älteren und eines jüngeren Geschwisters (0.11 %).

Geschlecht des Geschwisters: Zur Überprüfung der Plausibilität der Angaben des Geschlechts des ausgewählten Geschwisters, wurde dieses noch einmal zu Angaben zur Anzahl von Schwestern und Brüdern in Bezug gesetzt. 0.16 % der Ankerpersonen gaben kein Geschwister des entsprechenden Geschlechts an, wählten dann aber dieses Geschlecht für das Geschwister, in Bezug auf das sie den Fragebogen beantworteten, aus (n = 16). Im dyadischen Datensatz lag eine nicht plausible Angabe eines jüngeren Geschwisters vor (0.11 %). Die Angaben wurden entsprechend korrigiert.

6.4 Testtheoretische Überprüfung

Die testtheoretische Überprüfung bezog sich auf den Individualdatensatz, da bei diesem die größere Fallzahl vorlag und die Repräsentativität der Stichprobe in einem geringeren Ausmaß durch Selektionseffekte beeinflusst war. Die in Anlehnung an bereits verbreitete Verfahren konstruierten Items zu Erfassung der verschiedenen Aspekte der Qualität der Geschwisterbeziehung, Skalen zur Erfassung des Verhaltens der Eltern gegenüber den Geschwistern, der CTQ und das DSM V Self Rater Level 1 Cross-Cutting Symptom Measure wurden gemäß den Vorgaben der klassischen Testtheorie (KTT) überprüft. Für die Skalen zu der Geschwisterbeziehung in der Kindheit und die Skalen zur psychischen Belastung wurden zudem explorative Faktorenanalysen durchgeführt, um durch die Reduktion auf übergeordnete Faktoren die weitere Interpretation zu vereinfachen.

6.4.1 Childhood Trauma Questionnaire

Antwortverhalten: Die Mittelwerte der Items über die Personen hinweg lagen unter dem mathematischen Mittel der Antwortskala (Tabelle 12). Dies traf auf die einzelnen Skalen sowie die Gesamtsumme zu. Die höchsten Mittelwerte hatten die Items der Skalen emotionale Vernachlässigung und emotionaler Missbrauch. Die Breite der Antwortkategorien wurde von den Ankerpersonen bei allen Items voll ausgenutzt. 0.11 % der Ankerpersonen (n = 5) wählten immer die gleiche Antwortkategorie aus. 5.08 % der Ankerpersonen (n = 232) und 5.40 % der älteren sowie der jüngeren Geschwister im dyadischen Datensatz (n = 47) lagen bei der Offenheitsskala im auffälligen Bereich.

Interne Konsistenz: Die interne Konsistenz, gemessen mit Cronbach's α, lag bei allen Skalen mit Ausnahme der körperlichen Vernachlässigung über .82 und war damit nach Cronbachs Kriterien als sehr gut zu bezeichnen. Durch das Weglassen einzelner Items erhöhte sich das Cronbach's α der einzelnen Skalen nicht. Die interne Konsistenz für die Skala körperliche Vernachlässigung betrug .47. Wurde Item 1 („hatte ich nicht genügend zu essen") weggelassen, erhöhte sich das Cronbach's α auf .51. Die Items der Skala korrelierten zwar signifikant, aber nur mit einer geringen Ausprägung miteinander. Einzelne Items korrelierten moderat bis hoch mit den Items der Skala emotionale Vernachlässigung.

Die interne Konsistenz veränderte sich nur unwesentlich, wenn die Gesamtstichprobe hinsichtlich der Geschlechtszugehörigkeit der Ankerpersonen unterteilt wurde. Beim Alter zeigte sich eine deutlich schlechtere interne Konsistenz für die unter 20-Jährigen bei den Skalen körperliche Misshandlung und körperliche Vernachlässigung als in den anderen Altersgruppen.

Tabelle 12. Psychometrische Kennwerte des CTQ (Individualdatensatz)

Skala/Item	M	SD	Mdn	Schiefe	Kurtosis	α_item	r_item
CTQ gesamt (α = .92)	38.08	12.61	34	1.74	3.72	–	–
körperliche Misshandlung (α = .82)	6.02	2.33	5	3.54	15.30	–	–
wurde ich von jemandem aus meiner Familie so stark geschlagen, dass ich zum Arzt oder ins Krankenhaus musste.	1.07	0.36	1	6.84	53.01	.82	.53
wurde ich von Familienangehörigen so stark geschlagen, dass ich blaue Flecken oder andere körperliche Schäden davontrug.	1.27	0.71	1	3.02	9.44	.74	.74
wurde ich mit einem Gürtel, einem Stock, einem Kabel oder mit einem harten Gegenstand geschlagen.	1.30	0.72	1	2.69	7.32	.78	.66
glaube ich, körperlich misshandelt worden zu sein.	1.31	0.76	1	2.74	7.53	.76	.72
wurde ich so stark geschlagen oder verprügelt, dass es jemandem (z. B. Lehrern, Nachbarn oder einem Arzt) auffiel.	1.07	0.38	1	6.32	44.66	.81	.57
sexueller Missbrauch (α = .94)	5.64	2.27	5	5.02	29.72	–	–
versuchte jemand, mich sexuell zu berühren oder sich von mir sexuell berühren zu lassen.	1.18	0.58	1	3.78	15.49	.91	.87
drohte mir jemand, mir weh zu tun oder Lügen über mich zu erzählen, wenn ich keine sexuellen Handlungen mit ihm ausführte.	1.06	0.39	1	7.42	60.44	.94	.70
drängte mich jemand, bei sexuellen Handlungen mitzumachen oder bei sexuellen Handlungen zuzusehen.	1.10	0.47	1	5.44	32.9	.92	.85
belästigte mich jemand sexuell.	1.17	0.56	1	4.01	17.77	.91	.88
glaube ich, sexuell missbraucht worden zu sein.	1.13	0.52	1	4.76	24.68	.91	.88
emotionaler Missbrauch (α = .86)	8.82	4.23	7	1.54	2.02	–	–
wurde ich von Familienmitgliedern als „dumm", „faul" oder „hässlich" bezeichnet.	1.93	1.12	2	1.09	0.36	.84	.68
dachte ich, meine Eltern hätten sich gewünscht, dass ich niemals geboren worden wäre.	1.50	0.95	1	2.04	3.57	.84	.66
sagten Familienangehörige verletzende oder beleidigende Dinge zu mir.	2.22	1.11	2	0.79	−0.02	.82	.75
hatte ich das Gefühl, dass mich jemand in meiner Familie hasst.	1.58	1.00	1	1.82	2.67	.83	.71
glaube ich, emotional missbraucht worden zu sein.	1.59	1.08	1	1.80	2.17	.85	.62
emotionale Vernachlässigung (α = .91)	10.38	4.63	9	0.91	0.24	–	–
gab es jemand in der Familie, der mir das Gefühl gab, wichtig und jemand Besonderes zu sein (R)	2.10	1.13	2	0.87	−0.08	.91	.72
hatte ich das Gefühl, geliebt zu werden. (R)	1.93	1.06	2	1.02	0.29	.89	.82
gaben meine Familienangehörigen aufeinander Acht. (R)	1.95	1.00	2	1.13	0.92	.90	.75
fühlten sich meine Familienangehörigen einander nah. (R)	2.28	1.05	2	0.69	−0.12	.89	.79
war meine Familie mir eine Quelle der Unterstützung. (R)	2.13	1.13	2	0.84	−0.07	.88	.83

Fortsetzung Tabelle 12

Skala/Item	M	SD	Mdn	Schiefe	Kurtosis	$α_{Item}$	r_{Item}
körperliche Vernachlässigung (α = .47)	7.22	2.67	6	1.51	2.52	–	–
hatte ich nicht genügend zu essen.	1.38	1.04	1	2.81	6.57	.51	.02
wusste ich, dass sich jemand um mich sorgt und mich beschützt. (R)	1.68	1.07	1	1.66	2.00	.36	.13
waren meine Eltern zu betrunken oder von anderen Drogen „high", um für die Familie zu sorgen.	1.20	0.64	1	3.68	14.00	.42	.09
musste ich schäbige oder dreckige Kleidung tragen.	1.24	0.64	1	3.17	10.94	.39	.11
gab es jemanden, der mich zum Arzt brachte, wenn ich es brauchte. (R)	1.72	1.19	1	1.73	1.93	.38	.10

Anmerkungen: n = 4 542; Spannweite: Items 1 bis 5, Skalen 5 bis 25, Gesamtskala 25 bis 121; (R): Variablen wurden vor der Berechnung der Kennwerte rekodiert, sodass höhere Werte einer höheren Ausprägung hinsichtlich der abgebildeten Misshandlungsform darstellen; α: Cronbach's α; $α_{Item}$: Cronbach's α ohne item; r_{Item}: korrigierte Trennschärfe des Items mit der jeweiligen Skala.

Zusammenfassende Interpretation

Wie auch bei der bevölkerungsrepräsentativen Stichprobe von Klinitzke et al. (2012) wiesen alle Skalen, mit Ausnahme der Skala körperliche Vernachlässigung, hohe interne Konsistenzen sowie ausreichende Trennschärfen der einzelnen Items auf. Eine niedrige interne Konsistenz sowie niedrige Trennschärfen zeigten sich bei der Skala körperliche Vernachlässigung, wobei besonders – allerdings nicht ausschließlich – Item 1 auffiel. Im Vergleich dazu waren die in klinischen Stichproben gefundenen internen Konsistenzen ausreichend hoch (Wingenfeld et al. 2010). Die interne Konsistenz der Skala körperliche Vernachlässigung fiel auch in Studien in anderen Ländern deutlich geringer aus, besonders dann, wenn es sich um eine nicht-klinische Stichprobe handelte. So berichteten Gerdner/Allgulander (2009) von einer internen Konsistenz von .47 in einer schwedischen, nicht-klinischen Stichprobe.

Die niedrige interne Konsistenz der Skala ist möglicherweise der relativ vagen Definition von körperlicher Vernachlässigung, ihrer unzureichenden Abgrenzung zu emotionaler Vernachlässigung in dem CTQ (Gerdner/Allgulander 2009) oder der Komplexität des Phänomens an sich (Paivio/Cramer 2004) geschuldet. Insbesondere im Kontext eines Wohlfahrtsstaates können die Auswirkungen des Versagens der Eltern hinsichtlich der Bereitstellung von grundlegenden Gütern durch die staatliche Gemeinschaft teilweise abgefangen werden. Eine solche Hilfe führt dann jedoch eventuell nur in einzelnen Bereichen, wie Nahrung, Kleidung oder medizinischer Versorgung, zu einer Verbesserung der Situation des Kindes.

6.4.2 Verhalten der Eltern gegenüber den Geschwistern

Antwortverhalten: Bei der Förderung der Geschwisterbeziehung zeigten sich unterschiedliche Tendenzen zwischen den Items (Tabelle 13). So zeigte sich bei zwei Items ein höherer Mittelwert und damit eine zustimmende Tendenz der Ankerpersonen und bei einem Item lag der empirische Mittelwert nahe am mathematischen Mittelwert. Dies traf bei den Skalen in Bezug auf Vater und Mutter zu. Bei den Items zur Benachteiligung (Tabelle 14) lagen die durchschnittlichen Angaben der Ankerpersonen nahe am mathematischen Mittel, mit einer leichten Tendenz dahingehend, dass von sich selbst mehr Benachteiligung berichtet wurde. Dies war insbesondere bei dem Item zu Privilegien und dem zu Pflichten der Fall.

Tabelle 13. Psychometrische Kennwerte der Skala Förderung der Geschwisterbeziehung (Individualdatensatz)

Skala/Item	M	SD	Mdn	Schiefe	Kurtosis	α_{Item}	r_{Item}
Mutter (α = .68)	11.58	2.04	12	−1.34	2.40	−	−
Wie gerne sahen es Ihre Eltern, wenn Sie sich mit Ihrem Geschwister gut verstanden?	4.65	0.68	5	−2.38	6.93	.51	.60
Wie fanden es Ihre Eltern, wenn Sie mit Ihrem Geschwister Geheimnisse vor Ihren Eltern hatten?	2.88	0.83	3	−0.39	0.58	.69	.40
Wie wichtig war es Ihre Eltern, dass Sie als Geschwister zusammen hielten?	4.05	1.07	4	−1.14	0.72	.54	.54
Vater (α = .64)	11.50	2.00	12	−1.17	1.87	−	−
Wie gerne sahen es Ihre Eltern, wenn Sie sich mit Ihrem Geschwister gut verstanden?	4.61	0.69	5	−2.12	5.66	.46	.56
Wie fanden es Ihre Eltern, wenn Sie mit Ihrem Geschwister Geheimnisse vor Ihren Eltern hatten?	2.95	0.79	3	−0.42	0.93	.66	.36
Wie wichtig war es Ihre Eltern, dass Sie als Geschwister zusammen hielten?	3.95	1.09	4	−0.97	0.30	.48	.52

Anmerkungen: n = 4 568; Spannweite: Items 1 bis 5, Skalen 3 bis 15; α: Cronbach's α; α_{Item}: Cronbach's α ohne item; r_{Item}: korrigierte Trennschärfe des Items mit der jeweiligen Skala.

Interne Konsistenz: Alle vier Skalen wiesen eine akzeptable bis gute interne Konsistenz auf. Die interne Konsistenz war in den verschiedenen Geschlechts- und Altersgruppen vergleichbar hoch. Es gab keine bedeutsamen Unterschiede in der Höhe der internen Konsistenz je nach Geschlechterkonstellation der Ankerperson mit ihrem Geschwister und auch nicht, wenn die Ankerperson in Bezug auf ein älteres oder ein jüngeres Geschwister antwortete. Bei der Skala Förderung der Geschwisterbeziehung zeigte sich eine niedrige Trennschärfe bei dem Item „Wie fanden es Ihre Eltern, wenn Sie mit Ihrem Geschwister Geheimnisse vor Ihren Eltern hatten?" für beide Elternteile. Für die Skalen zur Benachteiligung wiesen das Item zu den durch die Eltern gewährten Privilegien und das zu den übertragenen Pflichten geringe Trennschärfen kleiner .37 auf. Ein Weglassen dieser Items hätte bei allen Skalen die interne Konsistenz aber nur unwesentlich erhöht.

Tabelle 14. Psychometrische Kennwerte der Skala Benachteiligung (Individualdatensatz)

Skala/Item	M	SD	Mdn	Schiefe	Kurtosis	α_{Item}	r_{Item}
Mutter (α = .71)	12.80	2.25	12	0.23	0.24	–	–
Wenn Sie sich mit Ihrem Geschwister gestritten haben, wer wurde meistens von Ihren Eltern bestraft?	2.10	0.56	2	0.04	0.13	.65	.53
Hatten Sie das Gefühl, dass Ihre Eltern Sie oder Ihr Geschwister lieber mochten? Wenn ja, wen?	2.09	0.54	2	0.06	0.28	.65	.50
Hatten Sie das Gefühl, dass Ihre Eltern Ihnen oder Ihrem Geschwister mehr Aufmerksamkeit schenkte? Wenn ja, wem?	2.14	0.57	2	−0.01	−0.15	.65	.50
Hatten Sie das Gefühl, dass Ihre Eltern Ihnen oder Ihrem Geschwister mehr erlaubten als dem anderen? Wenn ja, wem?	2.17	0.71	2	−0.25	−1.00	.70	.37
Hatten Sie das Gefühl, dass Ihre Eltern Ihnen oder Ihrem Geschwister mehr Aufgaben oder Pflichten übertrugen als dem anderen? Wenn ja, wem?	2.23	0.65	2	−0.27	−0.73	.71	.33
Hatten Sie das Gefühl, dass Ihre Eltern Sie oder Ihr Geschwister härter bestraften als den anderen? Wenn ja, wen?	2.08	0.46	2	0.28	1.48	.66	.50
Vater (α = .68)	12.38	2.08	12	0.32	0.69	–	–
Wenn Sie sich mit Ihrem Geschwister gestritten haben, wer wurde meistens von Ihren Eltern bestraft?	2.02	0.51	2	0.04	0.81	.60	.50
Hatten Sie das Gefühl, dass Ihre Eltern Sie oder Ihr Geschwister lieber mochten? Wenn ja, wen?	1.99	0.57	2	0.00	0.10	.61	.49
Hatten Sie das Gefühl, dass Ihre Eltern Ihnen oder Ihrem Geschwister mehr Aufmerksamkeit schenkte? Wenn ja, wem?	2.07	0.55	2	0.03	0.20	.62	.44
Hatten Sie das Gefühl, dass Ihre Eltern Ihnen oder Ihrem Geschwister mehr erlaubten als dem anderen? Wenn ja, wem?	2.12	0.65	2	−0.13	−0.68	.67	.32
Hatten Sie das Gefühl, dass Ihre Eltern Ihnen oder Ihrem Geschwister mehr Aufgaben oder Pflichten übertrugen als dem anderen? Wenn ja, wem?	2.13	0.60	2	−0.06	−0.31	.69	.26
Hatten Sie das Gefühl, dass Ihre Eltern Sie oder Ihr Geschwister härter bestraften als den anderen? Wenn ja, wen?	2.04	0.47	2	0.12	1.55	.61	.49

Anmerkungen: n = 4 568; Spannweite: Items 1 bis 3, Skalen 6 bis 18; α: Cronbach's α; α_{Item}: Cronbach's α ohne item; r_{Item}: korrigierte Trennschärfe des Items mit der jeweiligen Skala.

Zusammenfassende Interpretation

Insgesamt weisen die Skalen eine ausreichend hohe, wenn auch nicht ideale, interne Konsistenz sowie eine gute Streuung über die Breite der Skalen auf. Die Frage danach, wie Eltern Geheimnissen gegenüberstanden, war bei der Skala zur Förderung der Geschwisterbeziehung durch die Eltern auffällig. Es handelte sich um eine abstrakte Frage. Das Verhalten der Eltern war eventuell nur schwer einzuschätzen.[14] Da es sich um ein empirisch begründetes Item handelte (Monahan 1997) und dieses zudem dazu beitrug, dass die Skala nicht nur aus psychometrisch leichten Items bestand, wurde die Skala in dieser Weise beibehalten. Für die Skala Benachteiligung zeigten sich ebenfalls zwei auffällige Items, welche in der Skala belassen wurden, da durch ihr Weglassen, sich die interne Konsistenz nicht oder nicht wesentlich erhöhte hätte. Bei beiden Items handelte es sich um die Ungleichbehandlung im Hinblick auf Privilegien und Pflichten im Alltag. Es ist möglich, dass gerade in diesem Bereich häufiger eine Benachteiligung empfunden wurde oder dass diese Items weniger anfällig für soziale Erwünschtheit waren.

6.4.3 Qualität der Geschwisterbeziehung in der Kindheit

Antwortverhalten: Die Mittelwerte der Skalen zu den positiven Merkmalen der Ausgestaltung der Geschwisterbeziehung lagen zum Teil über dem mathematischen Mittel der Skalenwerte (Tabelle 15). Bei den Mittelwerten der Skalen zu negativen Merkmalen der Ausgestaltung der Geschwisterbeziehung zeigte sich ein umgekehrtes Bild: Die Mittelwerte lagen alle – mit Ausnahme von Konflikthäufigkeit – unterhalb des mathematischen Mittels der Skala. Dies galt im Besonderen für die Skalen Druck und körperliche Gewalt durch das Geschwister. Bei der Skala relative Macht lag der Mittelwert sehr nahe am mathematischen Mittel. Auffällig war jedoch, dass die Verteilung der Antworten drei Gipfel aufwies. Bei einer Aufteilung der Stichprobe hinsichtlich des gerichteten und dichotomisierten Altersabstandes zwischen den Geschwistern zeigte sich ein solcher Unterschied nicht. Vielmehr weisen die Geschwister, die in Bezug auf ein älteres Geschwister geantwortet hatten, eine linkssteile, und die, die in Bezug auf ein jüngeres Geschwister geantwortet hatten, eine rechtssteile Verteilung auf. 0.24 % der Ankerpersonen (n = 11) wählten bei allen Items zur Erfassung der Qualität der Geschwisterbeziehung immer die gleiche Antwortkategorie.

---

14 Ein Studienteilnehmender gab bezüglich dieses Items an, dass bei einem „richtigen" Geheimnis die Eltern nicht wissen könnten, dass es ein solches gäbe.

Tabelle 15. Psychometrische Eigenschaften der Skalen zur Qualität der Geschwisterbeziehung in der Kindheit (Individualdatensatz)

Skala/Item	M	SD	Mdn	Schiefe	Kurtosis	α
positive Merkmale						
Kameradschaft	3.58	0.89	3.67	−0.30	−0.47	.87
Öffnungsbereitschaft	3.10	0.96	3.00	−0.14	−0.50	.90
Wertschätzung	2.51	1.02	2.33	0.50	−0.40	.91
Fürsorge für das Geschwister	3.13	0.94	3.00	−0.19	−0.48	.82
Fürsorge durch das Geschwister	2.90	0.96	3.00	0.03	−0.59	.91
negative Merkmale						
Konflikt	3.05	0.93	3.00	0.12	−0.46	.89
Feindseligkeit	2.97	0.84	3.00	0.15	−0.22	.81
Rivalität und Eifersucht	2.60	0.91	2.67	0.27	−0.30	.80
Zurückweisung	2.47	0.78	2.33	0.42	0.07	.65
Druck	1.83	0.74	1.67	0.95	0.71	.70
körperliche Gewalt	1.74	0.74	1.60	1.23	1.51	.88
weitere Merkmale						
relative Macht	2.99	0.98	3.00	−0.22	−0.74	.80

Anmerkungen: n = 4 568; Spannweite: Skalen 1 bis 5; α: Cronbach's α.

Interne Konsistenz: Es zeigte sich eine sehr gute interne Konsistenz, gemessen mit Cronbach's α, bei positiven und negativen Merkmalen der Ausgestaltung der Geschwisterbeziehung mit Ausnahme der Skalen Zurückweisung und Druck, welche eine gute interne Konsistenz aufwiesen. Bei diesen beiden Skalen lag bei jeweils einem Item eine kleine Trennschärfe mit .37 bei Druck und .40 bei Zurückweisung vor. Im Gegensatz dazu waren bei allen anderen Skalen die Trennschärfen über .60. Es zeigten sich keine wesentlichen Unterschiede in der internen Konsistenz der Skalen hinsichtlich des Alters und der Geschlechtszugehörigkeit der Ankerpersonen. Eine Ausnahme bildete die Skala Ambivalenz mit einem Cronbach's α von .10. Aus diesem Grund wurde diese Skala von der weiteren Analyse ausgeschlossen.

Sekundärfaktorenanalyse

Die Skalen zur Qualität der Geschwisterbeziehung wurden einer Sekundärfaktorenanalyse unterzogen, wobei eine explorative Faktorenanalyse durchgeführt wurde. Hierbei wurde das Verfahren der Hauptachsenanalyse mit einer orthogonalen Rotation (Varimax) gewählt. Dem Verfahren wurde gegenüber der Hauptkomponentenanalyse der Vorzug gegeben, da dieses sich besser dafür eignet, Zusammenhänge zwischen den Variablen auf latente Faktoren zurückzuführen (Bühner/Ziegler 2009; Bühner 2004). Im Vergleich zu einer Maximum-Likelihood-Faktorenanalyse, die sich am besten für die Schätzung von Populationsparametern eignet, muss für die Durchführung einer Hauptachsenanalyse jedoch nicht zwingend die Bedingung einer multivariaten Normalverteilung erfüllt sein (Bühner 2004).

Prüfung der Voraussetzungen für die Durchführung einer Faktorenanalyse: Es wurden lineare Zusammenhänge zwischen den Items angenommen. Eine Überprüfung der bivariaten Streudiagramme und die Berechnung von quadratischen und kubischen Korrelationen ergaben keine Anhaltspunkte für eine bedeutsam bessere Erklärung des Zusammenhangs durch ein kurvilineares Modell. Die Normalverteilung der einzelnen Skalen wurde anhand des Kolmogorov-Smirnoff-Tests auf Normalverteilung und die multivariate Normalverteilung anhand des Mardia-Tests überprüft. In allen Verfahren musste die Nullhypothese, nämlich die Annahme einer (multivariaten) Normalverteilung der Kennwerte, verworfen werden. Nach West/Finch/Curran (1995) kann jedoch dennoch eine Faktorenanalyse durchgeführt werden, wenn die Schiefe der einzelnen Items bzw. Skalen nicht größer als 2 und der Exzess nicht größer als 7 ist. Diese Voraussetzung wurde von den Kennwertverteilungen aller Skalen erfüllt. Sie wurden auf Ausreißerwerte anhand von Box-Plot-Diagrammen und Histogrammen überprüft. Für die Skalen Zurückweisung, Druck und körperliche Gewalt durch das Geschwister gab es einige Ausreißer nach oben (7, 15 bzw. 23 Ausreißer), für die Skalen Kameradschaft und Fürsorge für das Geschwister einige Ausreißer nach unten (4 bzw. 3 Ausreißer).

Das Kaiser-Meyer-Olkin-Maß für die Stichprobeneignung lag für die Faktorenlösung bei .81 und war damit nach Bühner (2004) als gut einzustufen. Der Bartlett-Test auf Sphärizität wurde signifikant ($X^2(66) = 27414.54$; $p < .001$). Folglich konnte von substanziellen Korrelationen zwischen den Skalen ausgegangen werden. Die Measure of Sample Adequacy-Koeffizienten (MSA-Koeffizient) für die einzelnen Skalen lagen bei sechs über .80 und bei fünf über .70. Lediglich die Skala relative Macht wies einen MSA-Koeffizienten von .48 auf. Alle Skalen weisen eine gute bis sehr gute interne Konsistenz sowie ausreichend hohe Kommunalitäten auf ($h^2 = .26$ bis .80) und waren somit für die Durchführung der Faktorenanalyse geeignet. Des Weiteren lag eine ausreichend große Stichprobe vor.

Ergebnis der Faktorenanalyse: Die Anzahl der Faktoren wurde anhand des Kriteriums Eigenwert > 1 und der Betrachtung des Scree-Plots ermittelt. In der Folge wurden drei Faktoren extrahiert. In Tabelle 16 sind die Ladungen der rotierten Faktorenmatrix dargestellt. Alle Skalen waren eindeutig einem der drei Faktoren zuordnabr. Die Ladungen von sechs Skalen, nämlich Feindseligkeit, Konflikt, Druck, körperliche Gewalt durch Geschwister, Rivalität und Zurückweisung waren für den ersten Faktor am höchsten. Die Ladungen der Skalen Kameradschaft, Wertschätzung, Vertrauen, Fürsorge durch das Geschwister und Fürsorge für das Geschwister waren am höchsten für den zweiten Faktor. Die Skala relative Macht wies als einzige die höchste Ladung auf den dritten Faktor auf.

Tabelle 16. Rotierte Faktorenmatrix Qualität der Geschwisterbeziehung

Skala	Faktoren		
	1	2	3
Feindseligkeit	.83	−.12	−
Konflikt	.83	−	−
Druck	.75	−	−
körperliche Gewalt durch Geschwister	.72	−	−
Rivalität	.50	−	−
Zurückweisung	.44	−.38	−.32
Kameradschaft	−	.82	.13
Wertschätzung	−.28	.79	−
Vertrauen	−	.77	−
Fürsorge durch das Geschwister	−.10	.72	−.36
Fürsorge für das Geschwister	−	.62	.38
relative Macht	−	.14	.88

Anmerkungen: n = 4 568; rotierte Faktorenlösung (Hauptachsenanalyse, Rotationsverfahren: Varimax); Ladungen mit einem Betrag kleiner .10 wurden nicht angegeben.

Güte und Stabilität der Faktorenlösung: Die Auswertung der Anti-Image-Matrix ergab, dass der Anteil der durch die Faktorenlösung nicht aufgeklärten Varianz bei fünf bivariaten Vergleichen größer als .40 war (7.58 % der Vergleiche). Den höchsten nicht aufgeklärten Varianzanteil wies der Zusammenhang zwischen den Skalen Konflikt und Feindseligkeit auf. Der Anteil der aufgeklärten Gesamtvarianz lag bei 60.08 %. Der erste Faktor erklärte nach der Rotation 25.27 % der Gesamtvarianz, der zweite Faktor erklärte 24.78 % und der dritte Faktor 10.03 %.

Die Faktorenlösung blieb sowohl hinsichtlich der Anzahl der Faktoren als auch der Zuordnung der einzelnen Skalen zu den Faktoren für die Aufteilung der Stichprobe nach Männern und Frauen, nach der Alterskonstellation der Geschwister, der Geschlechterkonstellation der Geschwister[15] und innerhalb

---

15 In der Stichprobe der Schwestern, die in Bezug auf ihren Bruder antworteten, lud die Skala Zurückweisung im gleichen Ausmaß auf den ersten wie auf den zweiten Faktor.

der verschiedenen Altersgruppen stabil. Die Faktorenlösung blieb ebenfalls stabil, wenn zwischen Personen unterschieden wurde, die keine oder mindestens eine Form von Kindeswohlgefährdung berichtet hatten.

Zusammenfassende Interpretation

Die Faktorenstruktur entspricht der in der Geschwisterforschung gut belegten Annahme von zwei wesentlichen übergeordneten – nur teilweise voneinander abhängigen – Qualitäten der Geschwisterbeziehung (McGuire/McHale/Updegraff 1996). Diese sind negative und positive Merkmale der Ausgestaltung der Geschwisterbeziehung. Die beiden Faktoren wurden durch einen dritten Faktor und zwar den der relativen Macht ergänzt, welcher das Ausmaß an Einfluss der jeweiligen Person auf die Beziehungsgestaltung widerspiegelte und nur aus einer der ursprünglichen Skalen bestand. Diese Faktorenlösung entsprach auch den Angaben von Buhrmester/Furman (2008), welche das NRI in positive, negative und neutrale Merkmale von zwischenmenschlichen Beziehungen unterteilten.

Neben den Skalen des NRI flossen in die vorliegende Faktorenlösung noch weitere Skalen mit ein. Diese waren Rivalität und Eifersucht, welche – wenn auch nicht ausschließlich – häufig mit Geschwisterbeziehungen in Verbindung gebracht werden, sowie die Anwendung von körperlicher Gewalt, welche noch einen spezifischen Aspekt von zwischenmenschlichen Beziehungen erfasste. Beide Skalen luden ausschließlich auf den ersten Faktor, nämlich negative Merkmale der Ausgestaltung der Geschwisterbeziehung, substantiell und stellten somit eine gute Ergänzung dieser dar.

Die Kennwerte der ursprünglichen Skalen waren nicht normalverteilt und zwar dahingehend, dass negative Skalen eher linkssteil verteilt waren und positive waren eher normalverteilt, hatten aber eine Tendenz hin zu einer rechtssteilen Verteilung. Somit konnte nicht gänzlich ausgeschlossen werden, dass die Faktorenlösung auch durch die höhere Ähnlichkeit der Verteilungen der ursprünglichen Skalen begünstigt wurde, also sogenannte Schwierigkeitsfaktoren vorlagen. Da es sich um empirisch gut belegte und inhaltlich plausible Faktoren handelte und die durch die Faktorenlösung aufgeklärte Varianz hoch war, wurde jedoch die Aufteilung in die drei Faktoren – negative Merkmale, positive Merkmale und relative Macht – beibehalten, wobei für die Berechnung des Skalenwertes für die einzelnen Studienteilnehmenden die Mittelwerte der ursprünglichen Skalen gemittelt wurden, sodass die ursprünglichen Skalen mit der gleichen Gewichtung – unabhängig von der Anzahl der Items – in die Gesamtskala eingingen.

6.4.4 DSM V Self Rater Level 1 Cross-Cutting Syptom Measure

Antwortverhalten: Alle Skalen des DSM V Self Rater Level 1 Cross-Cutting Symptom Measure wiesen eine linkssteile und schmalgipflige Verteilung auf. Die am häufigsten gewählte Antwortkategorie war bei fast allen Items die niedrigste Ausprägung. Ausnahmen waren jeweils ein Item zur Depressivität und zur Ängstlichkeit sowie das Item zu Schlafproblemen (Tabelle 17). 8.01 % der Ankerpersonen (n = 366) wählten bei allen Items immer die gleiche Antwortkategorie.

Interne Konsistenz: Die interne Konsistenz, gemessen mit Cronbach's α, war bei allen Skalen, bei denen die Berechnung dieser möglich war, als gut bis sehr gut einzustufen. Eine Ausnahme bildete die Skala Substanzmissbrauch, welche eine mäßige interne Konsistenz aufwies. Darüber hinaus hatte das Item „habe ich Medikamente (z.B. Schmerzmittel, Beruhigungsmittel, Schlafmittel) genommen, ohne eine ärztliche Verordnung, oder in größeren Mengen oder länger als verschrieben." eine sehr niedrige Trennschärfe. Bei der Skala Ängstlichkeit lagen ausreichende hohe Trennschärfen vor. Die interne Konsistenz der Skalen Depressivität, Ängstlichkeit sowie wiederkehrende Gedanken und Handlungen veränderte sich nicht wesentlichen bei der Betrachtung einzelner Altersgruppen oder der Aufteilung nach dem Geschlecht der Ankerpersonen. Bei der Skala Substanzmissbrauch zeigten sich Unterschiede in der internen Konsistenz zwischen den Altersgruppen. So war die interne Konsistenz bei der Altersgruppe der 50- bis 60-Jährigen mit .21 als gering einzustufen, bei der Altersgruppe der unter 20-Jährigen war die interne Konsistenz mit .57 ausreichend.

Sekundärfaktorenanalyse

Die Skalen des DSM V Self Rater Level 1 Cross-Cutting Symptom Measure wurden einer Sekundärfaktorenanalyse unterzogen, wobei eine explorative Faktorenanalyse durchgeführt wurde. Hierbei wurde das Verfahren der Hauptachsenanalyse mit einer orthogonalen Rotation (Varimax) gewählt. Wie bereits bei der Sekundärfaktorenanalyse der Skalen zur Qualität der Geschwisterbeziehung wurde diesem Verfahren der Vorzug gegeben.

Prüfung der Voraussetzungen zur Durchführung einer Faktorenanalyse: Eine Inspektion der bivariaten Streudiagramme sowie die Berechnung kurvilinearer Korrelationen für die paarweisen Vergleiche ergaben keine Hinweise auf eine bedeutsam bessere Erklärung der Zusammenhänge durch nicht lineare oder kurvilineare Modelle. Anhand der Ergebnissen des Kolmogorov-Smirnoff-Tests auf Normalverteilung und des Mardia-Tests auf multivariate Normalverteilung wurde die Nullhypothese einer (multivariaten) Normalverteilung der Skalenwerte verworfen. Aufgrund der starken linkssteilen und schmalgipfligen

Tabelle 17. Psychometrische Kennwerte der DSM V Skalen (Individualdatensatz)

Skala/Item	M	SD	Mdn	Schiefe	Kurtosis	α_{Item}	r_{Item}
Depressivität (α = .84)	1.90	0.95	1.50	1.21	1.09	–	–
hatte ich wenig Interesse an und Freude daran, Dinge zu tun.	2.02	1.05	2.00	0.96	0.43	.72	–
fühlte ich mich niedergeschlagen, depressiv und hoffnungslos.[1]	1.79	1.01	1.00	1.31	1.21	.72	–
Wut und Ärger							
fühlte ich mich häufiger irritiert, griesgrämig oder ärgerlich als normalerweise.	1.72	0.94	1.00	1.28	1.15	–	–
Ängstlichkeit (α = .75)	1.60	0.73	1.33	1.81	3.66	–	–
fühlte ich mich nervös, ängstlich, beunruhigt, besorgt oder angespannt.	2.04	1.06	2.00	0.91	0.27	.69	.58
geriet ich in Panik oder fürchtete mich.	1.29	0.69	1.00	2.82	8.65	.62	.66
vermied ich Situationen, die mir Angst machten.[2]	1.47	0.89	1.00	2.10	4.19	.69	.55
Somatisierung							
hatte ich unerklärte Schmerzen und Beschwerden (z. B. Kopf, Rücken, Gelenke, Magen, Beine).	1.66	1.02	1.00	1.59	1.88	–	–
selbstverletzendes Verhalten							
dachte ich daran, mich selbst zu verletzen.	1.13	0.51	1.00	4.91	26.41	–	–
Schlafprobleme							
hatte ich Probleme beim Schlafen, die insgesamt meine Schlafqualität beeinflussten.	1.98	1.13	2.00	1.06	0.35	–	–
wiederkehrende Gedanken oder Verhaltensweisen (α = .61)	1.45	0.74	1.00	2.19	5.19	–	–
hatte ich unangenehme Gedanken, Dränge oder Bilder, die mir wiederholt in den Sinn kamen.	1.63	0.97	1.00	1.68	2.34	.46	–
fühlte ich mich gezwungen bestimmte Verhaltensweisen oder geistige Tätigkeiten immer und immer wieder auszuführen.[1]	1.27	0.75	1.00	3.15	10.08	.46	–
Dissoziation							
fühlte ich mich losgelöst oder distanziert von mir selbst, meinem Körper, meiner Umgebung oder meinen Erinnerungen.	1.27	0.69	1.00	3.10	10.26	–	–
Substanzmissbrauch (α = .41)	1.33	0.51	1.00	1.90	3.66		–
habe ich vier oder mehr alkoholische Getränke an einem Tag getrunken.	1.36	0.69	1.00	2.14	4.90	.30	.28
habe ich Zigaretten, Zigarre oder Pfeife geraucht, Schnupftabak benutzt oder Tabak gekaut.	1.67	1.37	1.00	1.82	1.57	.26	.35
habe ich Medikamente (z. B. Schmerzmittel, Beruhigungsmittel, Schlafmittel) genommen, ohne eine ärztliche Verordnung, oder in größeren Mengen oder länger als verschrieben.	1.18	0.57	1.00	4.09	19.52	.41	.15
habe ich Drogen (z. B. Marihuana, LSD, Ecstasy) konsumiert.	1.10	0.50	1.00	5.98	38.91	.34	.28

Anmerkungen: n = 4 568; [1] n = 4 567; [2] n = 4 565; Spannweite: Items und Skalen 1 bis 5 mit Ausnahme der Skala Drogenkonsum mit 1 bis 4.35; α: Cronbach's α; α_{Item}: Cronbach's α ohne item; r_{Item}: korrigierte Trennschärfe des Items mit der jeweiligen Skala; die Berechnung von Trennschärfen ist erst ab einer Itemanzahl von drei Items möglich, die Berechnung von Cronbach's α erst ab zwei Items.

Verteilung der Skalen wurden die Kriterien von West/Finch/Curran (1995) für die Durchführung einer Faktorenanalyse verletzt. Da jedoch die Hauptachsenanalyse robust gegen die Verletzung der Normalverteilung war und zudem keine Normalverteilung in der Population erwartet wurde, wurde dennoch eine Faktorenanalyse durchgeführt.

Das Kaiser-Meyer-Olkin-Maß für die Stichprobeneignung lag für die Faktorenlösung bei .90 und war damit nach Bühner (2004) als sehr gut einzustufen. Gemäß dem Bartlett-Test auf Sphärizität ($X^2(36) = 13952.81$; $p < .001$) konnte von substanziellen Korrelationen zwischen den Skalen ausgegangen werden. Der MSA-Koeffizeit lag bei allen Skalen über .80. Alle Skalen, mit Ausnahme der zum Substanzkonsum ($\alpha = .41$; $h^2 = .05$), wiesen eine gute bis sehr gute interne Konsistenz sowie ausreichend hohe Kommunalitäten auf ($h^2 = .26$ bis .65) und waren somit für die Durchführung der Faktorenanalyse geeignet. Des Weiteren lag eine ausreichend große Stichprobe vor.

Ergebnisse der Faktorenanalyse: In der Faktorenanalyse wurde ein Faktor mit einem Eigenwert > 1 gefunden. Nach einem Faktor zeigte auch der Scree-Plot einen deutlichen Knick. In der Folge wurde keine Rotation der Faktorenlösung durchgeführt (Tabelle 18).

Tabelle 18. Faktorenmatrix des DSM V (Individualdatensatz)

Skala	Faktor 1
Depressivität	.81
Ängstlichkeit	.80
wiederkehrende Gedanken und Verhaltensweisen	.72
Wut und Ärger	.72
Dissoziation	.61
Schlafprobleme	.54
selbstverletzendes Verhalten	.52
Somatisierung	.51
Substanzmissbrauch	.23

Anmerkungen: n = 4 568; Faktorenlösung (Hauptachsenanalyse); Ladungen mit einem Betrag kleiner .10 wurden nicht angegeben.

Güte und Stabilität der Faktorenlösung: Bei den bivariaten Vergleichen der Varianzaufklärung anhand der Anti-Image-Matrix zeigte sich, dass nur bei einem der Vergleiche (2.86 % der Vergleiche) der Anteil der nicht aufgeklärten Varianz größer .40 war. Dies ist bei dem Zusammenhang zwischen der Skala Depressivität mit der Skala Wut und Ärger der Fall. Der Anteil der mit der Faktorenlösung aufgeklärten Gesamtvarianz lag bei 39.64 %. Die Faktorenlösung blieb hinsichtlich der Geschlechtszugehörigkeit der Ankerpersonen stabil. Hinsichtlich der Altersgruppen fand sich eine Ein-Faktorenlösung für alle Altersgruppen mit Ausnahme der unter 20-Jährigen (n = 145). In dieser Gruppe war eine Zwei-Faktorenlösung die beste Lösungsmöglichkeit, wobei die Skala zu Drogenkonsum den zweiten Faktor bildete, während alle anderen Skalen auf den ersten Faktor luden.

Zusammenfassende Interpretation

Die Skalen des DSM V Self Rater Level 1 Cross-Cutting Symptom Measure wiesen auch in der nicht-klinischen Stichprobe eine ausreichend hohe interne Konsistenz auf. Wie nicht anders bei einem klinischen Fragebogen zu erwarten, zeigten sich in einer nicht-klinischen Stichprobe linkssteile Verteilungen und deutliche Abweichungen von der Normalverteilung. Diese war besonders deutlich bei dem Item zur Erfassung von selbstverletzendem Verhalten zu erkennen. Dies ist entweder auf soziale Erwünschtheit oder auf das seltenere Auftreten des Phänomens zurückzuführen.

Die Ergebnisse der Faktorenanalyse führten zu einem gemeinsamen Faktor, der eine Gesamtskala aller Symptomgruppen darstellte und einen wesentlichen Teil der Gesamtvarianz aufklärte. Wie bei der Reliabilitätsanalyse war auch bei der Faktorenanalyse die Skala Substanzmissbrauch auffällig: Die interne Konsistenz war niedrig, sowie auch die Kommunalität und die Faktorenladung. Für die Gruppe der unter 20-Jährigen bildete diese Skala einen weiteren Faktor ab. So ist es möglich, dass die Skala bei den unter 20-Jährigen stärker alterstypisches Probierverhalten erfasste, welches nicht in starkem Zusammenhang mit psychischen Problemen steht, wie dies bei den anderen Altersgruppen der Fall ist. In den anderen Altersgruppen zeigte sich eine niedrigere interne Konsistenz. Dies ist möglicherweise der Erfassung des Phänomens anhand des Konsums unterschiedlicher Substanzen, nicht aber unterschiedliche Komponenten von missbräuchlichem Substanzkonsum, wie beispielsweise die Beeinträchtigung im Alltag, gefährdendes Verhalten während des Substanzmissbrauchs oder Toleranzentwicklung (Schepker/Barnow/Fegert 2011), geschuldet.

Da jedoch die unter 20-Jährigen insgesamt lediglich 3.37% der Gesamtstichprobe umfassten, wurde folglich die Ein-Faktoren-Lösung favorisiert. Aus den Mittelwerten der einzelnen Skalen wurde eine Gesamtskala für die weitere Ausarbeitung verwendet. Um jedoch die Besonderheiten der Folgen herauszuarbeiten, werden auch Ergebnisse zu den einzelnen Dimensionen des DSM V Self Rater Level 1 Cross-Cutting Symptom Measure berichtet.

Kapitel 7
Charakteristika der Stichproben

Im folgenden Abschnitt werden die beiden Stichproben hinsichtlich ihrer demografischen Merkmale und Merkmale der Herkunftsfamilie sowie der Geschwisterbeziehung beschrieben. Unterschiede hinsichtlich des Geschlechts der Studienteilnehmenden sowie deren Alter werden ebenfalls für die einzelnen Variablen dargestellt.[16] Den Abschluss bildet eine vergleichende Darstellung der beiden Stichproben.

7.1 Individualdatensatz

7.1.1 Demografie

Geschlecht: Insgesamt nahmen 3 271 Frauen (71.61 %) und 1 280 Männer (28.02 %) an der Umfrage teil. 17 Personen (0.37 %) gaben an, dass sie sich weder dem männlichen noch dem weiblichen Geschlecht zuordnen.

Alter: Das durchschnittliche Alter der Ankerpersonen zum Zeitpunkt der Erhebung lag bei 34.64 Jahren ($SD = 13.53$; $Mdn = 29$) mit einer Spannweite von 18 bis 84 Jahren. Das durchschnittliche Alter der weiblichen Ankerpersonen lag bei 32.90 Jahren ($SD = 12.38$; $Mdn = 28$; Spannweite: 18 bis 84), das der männlichen bei 39.14 Jahren ($SD = 15.20$; $Mdn = 35$; Spannweite: 18 bis 84) und bei den Ankerpersonen, welche ein anderes Geschlecht angaben, bei 30.29 Jahren ($SD = 12.08$; $Mdn = 25$; Spannweite: 19 bis 62). Der Unterschied zwischen Männern und Frauen war signifikant ($t(1977.04) = -13.08$; $p < .001$; $d = -0.43$; n = 4551). In Tabelle 19 ist die Häufigkeitsverteilung nach Geschlecht und Altersgruppen dargestellt ($X^2(5) = 182.94$; $p < .001$; n = 4551).

Staatsangehörigkeit: Die Mehrzahl der Ankerpersonen hatte die deutsche Staatsangehörigkeit inne (84.08 %; n = 3 841), gefolgt von österreichischen (10.92 %; n = 499) und schweizerischen (2.54 %; n = 116) Staatsbürgerinnen und -bürgern. Bei den Ankerpersonen mit anderen als den genannten Staatsangehörigkeiten hatten 81 (1.77 %) mindestens eine Staatsbürgerschaft in einem

---

16 Aufgrund der geringen Anzahl der Ankerpersonen, welche das Geschlecht Andere angaben, wurden diese nicht mit in die Überprüfung der Gruppenunterschiede miteinbezogen.

europäischen Land. 22 Ankerpersonen (0.48%) hatten eine ausschließlich nicht europäische Staatsangehörigkeit. Es zeigten sich keine Unterschiede in der Häufigkeitsverteilung der Staatsangehörigkeit zwischen Männern und Frauen ($X^2(3) = 1.98$; $p = .576$, n = 4551). Über die Altersgruppen hinweg waren die Staatsangehörigkeiten nicht gleich verteilt, mit im Verhältnis mehr schweizerischen Staatsbürgerinnen und -bürgern in der Altersgruppe der über 60-Jährigen ($X^2(15) = 59.78$; $p < .001$, n = 4568).

Tabelle 19. Altersgruppen nach Geschlecht (Individualdatensatz)

Altersgruppe	Frauen		Männer		Andere		gesamt	
	n	%	n	%	n	%	n	%
unter 20 Jahre	117	3.58	27	2.11	1	5.88	145	3.17
20 bis 29 Jahre	1690	51.67	460	35.94	10	58.82	2160	47.29
30 bis 39 Jahre	624	19.08	253	19.77	3	17.65	880	19.26
40 bis 49 Jahre	366	11.19	192	15.00	2	11.76	560	12.26
50 bis 59 Jahre	345	10.55	190	14.84	1	5.88	535	11.71
über 60 Jahre	129	3.94	158	12.34	0	0.00	288	6.30
gesamt	3271	100.00	1280	100.00	17	100.00	4568	100.00

Anmerkung: Prozentangaben beziehen sich auf die Anzahl der dem jeweiligen Geschlecht zugehörigen Ankerpersonen.

Bildung und berufliche Situation: Die Mehrzahl der Ankerpersonen hatte zum Zeitpunkt der Erhebung als höchsten allgemeinbildenden Schulabschluss Abitur, gefolgt von Fachhochschulreife und Mittlerer Reife. Nur ein kleiner Anteil hatte keinen Schulabschluss (Tabelle 20). Frauen hatten signifikant häufiger einen hohen allgemeinbildenden Schulabschluss (Abitur oder Fachhochschulreife) als Männer ($X^2(1) = 10.96$; $p = .001$; n = 4551). Personen mit einem hohen allgemeinbildenden Schulabschluss waren signifikant jünger als Personen ohne (hoher allgemeinbildender Schulabschluss: $M = 33.44$ Jahre; $SD = 12.85$; n = 3951; kein hoher allgemeinbildender Schulabschluss: $M = 42.31$ Jahre; $SD = 15.13$; n = 617; $t(761.12) = 13.82$; $p < .001$; $d = 0.60$).

23.40% der Ankerpersonen (n = 1069) hatten zum Zeitpunkt der Datenerhebung keinen berufsqualifizierenden Abschluss. 40.04% hatten ein abgeschlossenes Universitätsstudium (n = 1829), 23.60% eine abgeschlossene Berufsausbildung (n = 1078) und 12.96% einen Fachhochschulabschluss (n = 592). 8.30% der Ankerpersonen hatten mehr als einen berufsqualifizierenden Abschluss (n = 379). Es gab in der Altersgruppe der 40- bis 49-Jährigen signifikante Unterschiede zwischen Männern und Frauen, und zwar dahingehend, dass mehr Männer keinen berufsqualifizierenden Abschluss hatten (unter 20 Jahre: $X^2(3) = 0.77$; $p = .857$; n = 144; 20 bis 29 Jahre: $X^2(3) = 2.00$; $p = .571$; n =

2 150; 30 bis 39 Jahre: $X^2(3) = 1.59$; $p = .662$; n = 877; 40 bis 49 Jahre: $X^2(3) = 9.51$; $p = .023$; n = 558; 50 bis 59 Jahre: $X^2(3) = 6.21$; $p = .102$; n = 535; über 60 Jahre: $X^2(3) = 1.46$; $p = .691$; n = 287). Es bestanden signifikante Altersunterschiede hinsichtlich der Personen mit unterschiedlichem höchsten berufsqualifizierendem Abschluss (kein berufsqualifizierender Abschluss: $M = 24.05$ Jahre; $SD = 7.47$; n = 1 069; Berufsausbildung: $M = 39.92$ Jahre; $SD = 13.88$; n = 1 078; Fachhochschulabschluss: $M = 39.37$ Jahre; $SD = 13.02$; n = 592; Universitätsabschluss: $M = 36.18$ Jahre; $SD = 12.82$; n = 1 829; $F(3, 4564) = 381.73$; $p < .001$; n = 4 568).

Tabelle 20. Allgemeinbildender Schulabschluss nach Geschlecht (Individualdatensatz)

Allgemeinbildender Schulabschluss	Frauen		Männer		Andere		gesamt	
	n	%	n	%	n	%	n	%
Abitur	2 559	78.23	935	73.05	13	76.47	3 507	76.77
Fachhochschulreife	305	9.32	138	10.78	1	5.88	444	9.72
Mittlere Reife	289	8.84	130	10.16	2	11.76	421	9.22
Qual. Hauptschulab.	66	2.02	61	4.77	1	5.88	128	2.80
anderer Abschluss	39	1.19	12	0.94	0	0.00	51	1.12
noch Schüler/-in	9	0.28	3	0.23	0	0.00	12	0.26
kein Schulabschluss	4	0.12	1	0.08	0	0.00	5	0.11
gesamt	3 271	100.00	1 280	100.00	17	100.00	4 568	100.00

Anmerkung: Prozentangaben beziehen sich auf die Anzahl der dem jeweiligen Geschlecht zugehörigen Ankerpersonen.

Zum Zeitpunkt der Befragung waren 37.22 % der Ankerpersonen Studierende (n = 1 700), 32.84 % vollzeitbeschäftigt (n = 1 500) und 19.79 % teilzeitbeschäftigt (n = 904). Insgesamt gingen 83.77 % (n = 3 781) nur einer aktuellen Beschäftigung nach, 15.13 % (n = 691) zwei und 2.20 % (n = 96) drei oder mehr Beschäftigungen. Frauen und Männer unterschieden sich in fast allen Bereichen hinsichtlich der aktuellen beruflichen Situation signifikant (Tabelle 21): Männer waren häufiger vollzeitbeschäftigt ($X^2(1) = 125.03$; $p < .001$) und selbstständig ($X^2(1) = 6.63$; $p = .010$), Frauen arbeiteten häufiger Teilzeit ($X^2(1) = 87.23$; $p < .001$), studierten ($X^2(1) = 51.65$; $p < .001$), waren häufiger Hausfrau ($X^2(1) = 25.64$; $p < .001$) und in Elternzeit ($X^2(1) = 38.22$; $p < .001$). Männer waren häufiger arbeitslos ($X^2(1) = 16.02$; $p < .001$) oder im Ruhestand ($X^2(1) = 104.70$; $p < .001$; im Praktikum: $X^2(1) = 2.40$; $p = .121$; in Ausbildung: $X^2(1) = 0.52$; $p = .472$; arbeitsunfähig: $X^2(1) = 3.20$; $p = .074$; n = 4 568). Da Mehrfachnennungen möglich waren, wurde keine Überprüfung von Mittelwertunterschieden hinsichtlich des Alters durchgeführt.

Tabelle 21. Aktuelle berufliche Situation nach Geschlecht (Individualdatensatz)

aktuelle berufliche Situation	Frauen		Männer		Andere		gesamt	
	n	%	n	%	n	%	n	%
vollzeitbeschäftigt	918	28.06	581	45.39	1	5.88	1 500	32.84
teilzeitbeschäftigt	762	23.30	141	11.02	1	5.88	904	19.79
selbstständig	219	6.70	114	8.91	3	17.65	336	7.36
arbeitslos	70	2.14	55	4.30	3	17.65	128	2.80
Studierende	1 320	40.35	370	28.91	10	58.82	1 700	37.22
Hausfrau/-mann	101	3.09	7	0.55	1	5.88	109	2.39
in Mutterschutz/ Elternzeit	123	3.76	5	0.39	0	0.00	128	2.80
im Ruhestand	70	2.14	112	8.75	1	5.88	183	4.01
im Praktikum	75	2.29	20	1.56	2	11.76	97	2.12
in Ausbildung	100	3.06	34	2.66	0	0.00	134	2.93
arbeitsunfähig	47	1.44	10	0.78	2	11.76	59	1.29
sonstiges	141	4.31	43	3.36	2	11.76	186	4.07

Anmerkung: Die Ankerpersonen konnten mehr als eine Antwortkategorie auswählen. Aus diesem Grund ergeben die Prozentwerte eine Summe größer als 100 %.

Familienstand und Partnerschaft: In Tabelle 22 ist der Familienstand der Ankerpersonen zum Zeitpunkt der Datenerhebung dargestellt. 69.90 % der Ankerpersonen (n = 3 193) befanden sich in einer Partnerschaft. Mit 70.80 % befanden sich signifikant mehr Frauen in einer Partnerschaft als Männer (67.84 %; $X^2(1) = 3.92$; $p = .048$; n = 4 551). Es gab einen signifikanten Altersunterschied zwischen Personen, die in einer Partnerschaft lebten und solchen, die dies nicht taten (keine Partnerschaft: $M = 31.32$ Jahre; $SD = 12.91$; n = 1 375; Partnerschaft: $M = 36.03$ Jahre; $SD = 13.54$; n = 3 193; $t(2720.91) = -11.23$; $p < .001$; $d = -0.36$). In der Altersgruppe der 20- bis 29-Jährigen und in der Gruppe der 30- bis 39-Jährigen, gaben Frauen häufiger an, in einer Partnerschaft zu leben. In der Altersgruppe der über 60-Jährigen gaben signifikant mehr Männer an, in einer Partnerschaft zu leben (unter 20 Jahre: $X^2(1) = 1.98$; $p = .159$; n = 144; 20 bis 29 Jahre: $X^2(1) = 25.72$; $p < .001$; n = 2 150; 30 bis 39 Jahre: $X^2(1) = 14.68$; $p < .001$; n = 877; 40 bis 49 Jahre: $X^2(1) = 1.53$; $p = .217$; n = 558; 50 bis 59 Jahre: $X^2(1) = 2.06$; $p = .151$; n = 535; über 60 Jahre: $X^2(1) = 17.72$; $p < .001$; n = 287; Abbildung 10). Insgesamt lebten 71.28 % der Personen, die in einer Partnerschaft lebten, mit ihrem Partner oder ihrer Partnerin zusammen (n = 2 276; Frauen: 69.60 %; n = 1 612; Männer: 76.04 %; n = 660).

Tabelle 22. Aktueller Familienstand nach Geschlecht (Individualdatensatz)

Familienstand	Frauen		Männer		Andere		gesamt	
	n	%	n	%	n	%	n	%
ledig	2178	66.59	729	56.95	14	82.35	2921	63.94
verheiratet	854	26.11	470	36.72	0	0.00	1324	28.98
verpartnert	10	0.31	3	0.23	1	5.88	14	0.31
geschieden	183	5.59	67	5.23	1	5.88	251	5.49
verwitwet	24	0.73	7	0.55	0	0.00	31	0.68
verlobt	17	0.52	2	0.16	1	5.88	20	0.44
sonstiges	5	0.15	2	0.16	0	0.00	7	0.15
gesamt	3271	100.00	1280	100.00	17	100.00	4568	100.00

Anmerkung: Prozentangaben beziehen sich auf die Anzahl der dem jeweiligen Geschlecht zugehörigen Ankerpersonen.

Abbildung 10. Leben in einer Partnerschaft nach Geschlecht und Altersgruppe (Individualdatensatz)

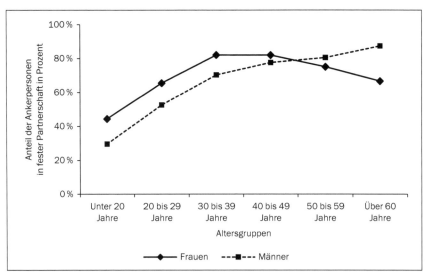

Anmerkungen: Frauen: n = 3271; Männer: n = 1280.

Kinder: 31.06% der Ankerpersonen (n = 1419) hatten eigene Kinder. Bei den Frauen waren dies 28.68% (n = 938) und bei den Männern 37.50% (n = 480) ($X^2(1) = 33.39$; $p < .001$). Männer und Frauen unterschieden sich in einer Aufteilung nach Altersgruppen nur in der Gruppe der 30- bis 39-Jährigen und in der der über 60-Jährigen signifikant (unter 20 Jahre: $X^2(1) = 0.47$; $p = .494$; n = 144; 20 bis 29 Jahre: $X^2(1) = 1.69$; $p = .194$; n = 2150; 30 bis 39 Jahre: $X^2(1) =$

7.95; p = .005; n = 877; 40 bis 49 Jahre: $X^2(1)$ = 2.13; p = .145; n = 558; 50 bis 59 Jahre: $X^2(1)$ = 1.76; p = .185; n = 535; über 60 Jahre: $X^2(1)$ = 4.83; p = .028; n = 287; Abbildung 11). Die Ankerpersonen mit eigenen Kindern hatten durchschnittlich 2.00 Kinder (SD = 1.03; Mdn = 2; Spannweite: 1 bis 11; n = 1413). Ältere Ankerpersonen hatten signifikant mehr Kinder als jüngere Altersgruppen (Haupteffekt Altersgruppe: $F(5)$ = 15.35; p < .001; partielles η^2 = .052; Haupteffekt Geschlecht: $F(1)$ = 0.54; p = .463; partielles η^2 < .001; Interaktionseffekt Altersgruppe und Geschlecht: $F(4)$ = 0.86; p = .487; partielles η^2 = .002; korrigiertes R^2 = .07; n = 1411).

Abbildung 11. Eigene Kinder nach Geschlecht und Altersgruppe (Individualdatensatz)

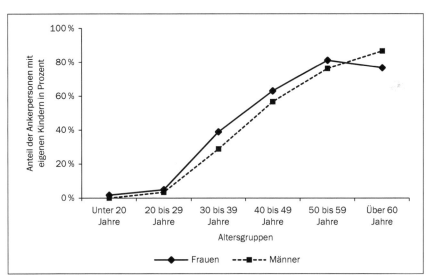

Anmerkungen: Frauen: n = 3271; Männer: n = 1280.

7.1.2 Herkunftsfamilie

Bezugspersonen: 96.37% der Ankerpersonen (n = 4402) gaben ihre leibliche Mutter und ihren leiblichen Vater als elterliche Bezugspersonen in ihrer Kindheit an. 91 Ankerpersonen (1.99%) gaben die leibliche Mutter und einen Stiefvater als Bezugspersonen in der Kindheit an. Alle weiteren Kombinationen wurden von weniger als 1.00% der Ankerpersonen berichtet (Tabelle 23).[17]

---

17 Aufgrund der geringen Zellenbelegung konnten keine Unterschiede zwischen den Geschlechtern und Altersgruppen berechnet werden.

Tabelle 23. Familienkonstellation in der Herkunftsfamilie (Individualdatensatz)

Verwandt-schaftsgrad	leiblicher Vater		Adoptivvater		Stiefvater		Pflegevater		Sonstiges		gesamt	
	n	%	n	%	n	%	n	%	n	%	n	%
leibliche Mutter	4402	96.37	25	0.55	91	1.99	2	0.04	13	0.28	4533	99.23
Adoptivmutter	3	0.07	15	0.33	0	0	0	0	0	0	18	0.39
Stiefmutter	9	0.20	0	0	0	0	0	0	0	0	9	0.20
Pflegemutter	0	0.00	0	0	0	0	2	0.04	0	0	2	0.04
Sonstiges	1	0.02	0	0	0	0	0	0	5	0.11	6	0.13
Gesamt	4415	96.65	40	0.88	91	1.99	4	0.09	18	0.39	4568	100

Anmerkung: Die Prozentangaben beziehen sich auf die Häufigkeit der Merkmalskombinationen.

Abbildung 12. Durchschnittliches Alter der Eltern bei der Geburt nach Altersgruppen der Ankerpersonen (Individualdatensatz)

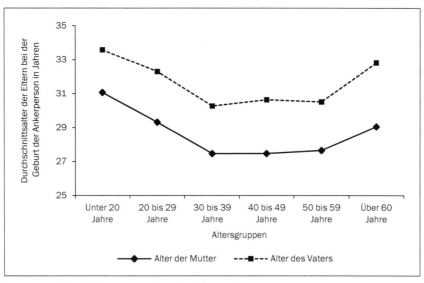

Anmerkungen: Alter der Mutter: n = 4554; Alter des Vaters: n = 4536.

Alter der Eltern: Das Alter der Mutter bei der Geburt der Ankerperson war – errechnet aus dem Geburtsjahr der Mutter und dem Alter der Ankerperson zum Zeitpunkt der Erhebung – durchschnittlich 28.58 Jahre ($SD = 5.18$; $Mdn = 28$; Spannweite: 7 bis 54; n = 4554). Das Alter des Vaters bei der Geburt der Ankerperson war durchschnittlich 31.57 Jahre ($SD = 6.20$; $Mdn = 31$; Spannweite: 8 bis 74; n = 4536). Das Alter der elterlichen Bezugspersonen bei der Geburt der Ankerperson korrelierte signifikant ($r = .72$; $p < .001$; n = 4526). Die väterlichen Bezugspersonen waren bei der Geburt signifikant älter als die mütterlichen Bezugspersonen ($t(4525) = -46.19$; $p < .001$; $d = -0.51$, n = 4526). Es gab keine signifikanten Unterschiede zwischen Männern und Frauen bezüglich des Alters der Eltern bei ihrer Geburt, jedoch einen signifikanten Effekt der Altersgruppe (Alter der Mutter: Haupteffekt Altersgruppe: $F(5) = 22.74$; $p < .001$; partielles $\eta^2 = .025$; Haupteffekt Geschlecht: $F(1) = 0.39$; $p = .535$; partielles $\eta^2 < .001$; Interaktionseffekt Altersgruppe mit Geschlecht: $F(5) = 21.20$; $p = .535$; partielles $\eta^2 = .001$; korrigiertes $R^2 = .04$; n = 4537; Alter des Vaters: Haupteffekt Altersgruppe: $F(5) = 16.65$; $p < .001$; partielles $\eta^2 = .018$; Haupteffekt Geschlecht: $F(1) = 0.11$; $p = .735$; partielles $\eta^2 < .001$; Interaktionseffekt Altersgruppe mit Geschlecht: $F(5) = 1.33$; $p = .247$; partielles $\eta^2 = .001$; korrigiertes $R^2 = .03$; n = 4519; Abbildung 12).

Scheidung und Wiederheirat: 25.02% der Ankerpersonen (n = 1143) berichteten, dass sich ihre Eltern getrennt hatten oder geschieden wurden. Die Ankerpersonen waren zu diesem Zeitpunkt durchschnittlich 12.56 Jahre alt ($SD = 7.94$; $Mdn = 12$; Spannweite: 0 bis 45; n = 1137). 73.61% waren unter 18 Jahre alt als sich ihre Eltern trennten (n = 837). Bei 64.57% der Ankerpersonen, deren Eltern sich trennten oder scheiden ließen, begannen beide Eltern eine oder mehrere neue Partnerschaften (n = 738), bei 19.86% nur der Vater (n = 227) und bei 10.32% nur die Mutter (n = 118). Die Ankerpersonen waren im Durchschnitt 13.33 Jahre alt, als ihre Mutter eine neue Beziehung einging ($SD = 7.29$; $Mdn = 12$; Spannweite: 0 bis 46; n = 850) und im Durchschnitt 13.84 Jahre alt als ihr Vater eine neue Beziehung begann ($SD = 7.89$; $Mdn = 13$ Jahre; Spannweite: 0 bis 57; n = 959). 72.94% waren unter 18 Jahre alt, als ihre Mutter eine neue Beziehung einging (n = 620) und 68.61% als ihr Vater eine neue Beziehung begann (n = 658).

In der Altersgruppe der 40- bis 49-Jährigen berichteten Frauen häufiger von einer Trennung oder Scheidung der Eltern als Männer (unter 20 Jahre: $X^2(1) = 0.08$; $p = .779$; n = 144; 20 bis 29 Jahre: $X^2(1) = 1.33$; $p = .249$; n = 2150; 30 bis 39 Jahre: $X^2(1) = 0.53$; $p = .469$; n = 877; 40 bis 49 Jahre: $X^2(1) = 9.48$; $p = .002$; n = 558; 50 bis 59 Jahre: $X^2(1) = 1.85$; $p = .174$; n = 535; über 60 Jahre: $X^2(1) = 0.32$; $p = .572$; n = 287). Für das Alter zum Zeitpunkt der Trennung bestand ein signifikanter Haupteffekt für die Altersgruppe (Haupteffekt Altersgruppe: $F(3) = 8.33$; $p < .001$; partielles $\eta^2 = .023$; Haupteffekt Geschlecht: $F(1) = 0.02$; $p = .869$; partielles $\eta^2 < .001$; Interaktionseffekt Altersgruppe mit Geschlecht: $F(3) = 1.02$; $p = .384$; partielles $\eta^2 = .003$; korrigiertes $R^2 = .04$; n = 1071). Dies war auch für den Beginn einer neuen Beziehung durch die Mutter, als auch durch den Vater der Fall (Mutter: Haupteffekt Altersgruppe: $F(1) = 5.14$; $p = .024$; partielles $\eta^2 = .008$; Haupteffekt Geschlecht: $F(1) = 1.69$; $p = .194$; partielles $\eta^2 = .003$; Interaktionseffekt Altersgruppe mit Geschlecht: $F(1) = 0.84$; $p = .361$; partielles $\eta^2 = .001$; korrigiertes $R^2 = .01$; n = 664; Vater: Haupteffekt Altersgruppe: $F(1) =$

6.80; $p < .001$; partielles $\eta^2 = .009$; Haupteffekt Geschlecht: $F(1) = 1.75$; $p = .187$; partielles $\eta^2 = .002$; Interaktionseffekt Altersgruppe mit Geschlecht: $F(1) = 0.04$; $p = .848$; partielles $\eta^2 < .001$; korrigiertes $R^2 = .01$; n = 722). Zum Zeitpunkt des Eintretens der Ereignisse war das Alter in den älteren Altersgruppen bedeutsam höher (Abbildung 13).

Abbildung 13. Anteil der Ankerpersonen mit getrennten Eltern nach Altersgruppen und Alter bei der Trennung (Individualdatensatz)

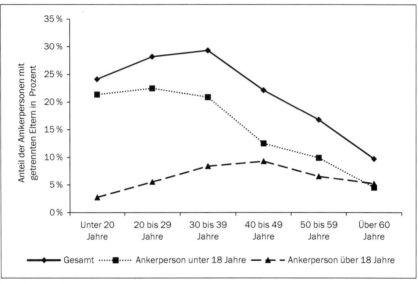

Anmerkung: n = 4 568.

Tod der Eltern: Bei 75.66% der Ankerpersonen lebten zum Zeitpunkt der Erhebung noch beide Elternteile (n = 3 456), bei 12.26% war nur der Vater (n = 560), bei 8.82% die Mutter und der Vater (n = 403) und bei 3.26% nur die Mutter verstorben (n = 149). 9.01% der Ankerpersonen waren unter 18 Jahre alt als ihre Mutter verstarb (n = 42), 16.28% waren unter 18 Jahre alt als ihr Vater verstarb (n = 141). Durchschnittlich waren die Ankerpersonen 40.94 Jahre alt als ihre Mutter starb ($SD = 14.78$; $Mdn = 43$; Spannweite: 0 bis 77; n = 466) und 34.23 Jahre alt als ihr Vater verstarb ($SD = 14.90$; $Mdn = 35$; Spannweite: 0 bis 88; n = 866). Wenn Männer und Frauen innerhalb der Altersgruppen verglichen wurden, unterschieden sie sich in keiner der Altersgruppen signifikant hinsichtlich der Anzahl der Personen, welche bereits eines oder beide Elternteile verloren hatten. Eine Ausnahme bildete die Gruppe der 30- bis 39-Jährigen, in der bei mehr Männern als Frauen bereits die Mutter verstorben war (Tod der Mutter: unter 20 Jahre: $X^2(1) = 0.23$; $p = .630$; n = 144; 20 bis 29 Jahre: $X^2(1) =$

2.79; p = .095; n = 2150; 30 bis 39 Jahre: $X^2(1)$ = 6.77; p = .009; n = 877; 40 bis 49 Jahre: $X^2(1)$ = 0.87; p = .352; n = 558; 50 bis 59 Jahre: $X^2(1)$ = 0.19; p = .891; n = 535; über 60 Jahre: $X^2(1)$ = 0.88; p = .347; n = 287; Tod des Vaters: unter 20 Jahre: $X^2(1)$ = 1.45; p = .229; n = 144; 20 bis 29 Jahre: $X^2(1)$ = 0.65; p = .422; n = 2150; 30 bis 39 Jahre: $X^2(1)$ = 0.14; p = .706; n = 877; 40 bis 49 Jahre: $X^2(1)$ = 2.10; p = .147; n = 558; 50 bis 59 Jahre: $X^2(1)$ = 0.01; p = .915; n = 535; über 60 Jahre: $X^2(1)$ = 0.08; p = .777; n = 287). Es bestand kein Haupteffekt für die Geschlechtszugehörigkeit hinsichtlich des Alters zum Zeitpunkt des Todes beider Eltern. Es lag ein signifikanter Alterseffekt vor (Alter beim Tod der Mutter: Haupteffekt Altersgruppe: $F(2)$ = 28.69; p < .001; partielles η^2 = .124; Haupteffekt Geschlecht: $F(1)$ = 2.16; p = .142; partielles η^2 = .005; Interaktionseffekt Altersgruppe mit Geschlecht: $F(2)$ = 0.36; p = .698; partielles η^2 = .002; korrigiertes R^2 = .13; n = 410; Alter beim Tod des Vaters: Haupteffekt Altersgruppe: $F(3)$ = 51.46; p < .001; partielles η^2 = .168; Haupteffekt Geschlecht: $F(1)$ = 0.15; p = .702; partielles η^2 < .001; Interaktionseffekt Altersgruppe mit Geschlecht: $F(3)$ = 0.86; p = .463; partielles η^2 = .003; korrigiertes R^2 = .18; n = 775).[18]

Auszug aus dem Elternhaus: 91.77 % der Ankerpersonen waren zum Zeitpunkt der Befragung bereits einmal aus dem Haus der Eltern ausgezogen (n = 4192). Durchschnittlich waren die Ankerpersonen 19.82 Jahre alt als sie das erste Mal von zu Hause auszogen (SD = 2.93; Mdn = 19; Spannweite: 1 bis 42). 10.88 % der Ankerpersonen verließen bereits vor der Vollendung ihres 18. Lebensjahres ihr Elternhaus (n = 456). In der Gruppe der 20- bis 29-Jährigen waren Frauen signifikant häufiger bereits einmal aus dem Elternhaus ausgezogen als Männer (unter 20 Jahre: $X^2(1)$ = 0.19; p = .667; n = 144; 20 bis 29 Jahre: $X^2(1)$ =13.14; p < .001; n = 2150; 30 bis 39 Jahre: $X^2(1)$ = 2.77; p = .096; n = 877; 40 bis 49 Jahre: $X^2(1)$ = 0.07; p = .787; n = 558; 50 bis 59 Jahre: $X^2(1)$ = 3.94; p = .074; n = 535; über 60 Jahre: $X^2(1)$ = 2.61; p = .194; n = 287).[19] Es bestand sowohl ein Haupteffekt für die Altersgruppen als auch für die Geschlechtszugehörigkeit sowie ein Interaktionseffekt zwischen beiden Variablen (Haupteffekt Altersgruppe: $F(4)$ = 21.17; p < .001; partielles η^2 = .020; Haupteffekt Geschlecht: $F(1)$ = 93.06; p < .001; partielles η^2 = .022; Interaktionseffekt Altersgruppe mit

---

18 Aufgrund der geringen Anzahl der Ankerpersonen mit verstorbenen Eltern mussten für das Alter beim Tod der Mutter Ankerpersonen, die jünger als 39 Jahre waren, von der Analyse ausgeschlossen werden. Bei der Berechnung der zweifaktoriellen ANOVA für das Alter zum Zeitpunkt des Todes des Vaters mussten alle Ankerpersonen, die jünger als 29 Jahre waren, ausgeschlossen werden.
19 Für die beiden letzten Altersgruppen wurde aufgrund der errechneten Zellenbelegung von kleiner 5 für den p-Wert die Berechnungsmethode des exakten Tests nach Fisher gewählt.

Geschlecht: $F(4) = 3.18$; $p = .013$; partielles $\eta^2 = .003$; korrigiertes $R^2 = .05$; n = 4112; Abbildung 14).[20]

Abbildung 14. Alter beim Auszug aus dem Elternhaus nach Geschlecht und Altersgruppen (Individualdatensatz)

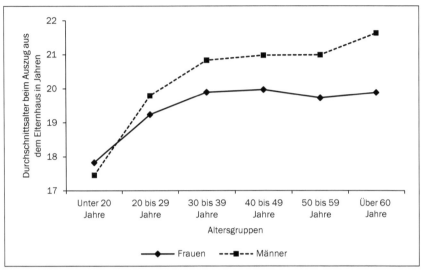

Anmerkungen: Frauen: n = 3 015; Männer: n = 1 161.

Anzahl der Geschwister: 48.63 % der Ankerpersonen hatten ein Geschwister (n = 2 218), 28.70 % hatten zwei Geschwister (n = 1 309), 13.20 % drei Geschwister (n = 602) und 9.47 % vier oder mehr Geschwister ($M = 1.94$; $SD = 1.38$; $Mdn = 2$; Spannweite: 1 bis 18; n = 4 561). Für die Anzahl der Geschwister bestanden signifikante Haupteffekte für Geschlecht und Altersgruppe, aber kein Interaktionseffekt (Haupteffekt Altersgruppe: $F(5) = 14.06$; $p < .001$; partielles $\eta^2 = .015$; Haupteffekt Geschlecht: $F(1) = 4.25$; $p = .039$; partielles $\eta^2 = .001$; Interaktionseffekt Altersgruppe mit Geschlecht: $F(5) = 0.79$; $p = .554$; partielles $\eta^2 = .001$; korrigiertes $R^2 = .02$; n = 4 544; Abbildung 15).

34.75 % der Ankerpersonen hatten nur Brüder (n = 1 585), 33.68 % nur Schwestern (n = 1 536). 31.57 % hatten mindestens einen Bruder und mindestens eine Schwester (n = 1 440). Für die Anzahl der Schwestern lag ein signifikanter Haupteffekt für die Altersgruppe und für das Geschlecht vor (Haupteffekt Altersgruppe: $F(5) = 7.93$; $p < .001$; partielles $\eta^2 = .009$; Haupteffekt Geschlecht: $F(1) = 5.34$; $p = .021$; partielles $\eta^2 = .001$; Interaktionseffekt Alters-

---

20 Aufgrund der geringen Anzahl der Ankerpersonen der unter 20-Jährigen, welche bereits von zu Hause ausgezogen waren, wurden diese von der Analyse ausgeschlossen.

gruppe mit Geschlecht: $F(5) = 1.00$; $p = .412$; partielles $\eta^2 = .001$; korrigiertes $R^2 = .01$; n = 4544). Für die Anzahl der Brüder lag ein Haupteffekt für die Altersgruppe vor (Haupteffekt Altersgruppe: $F(5) = 4.98$; $p < .001$; partielles $\eta^2 = .005$; Haupteffekt Geschlecht: $F(1) = 0.15$; $p = .704$; partielles $\eta^2 < .001$; Interaktionseffekt Altersgruppe mit Geschlecht: $F(5) = 0.73$; $p = .604$; partielles $\eta^2 = .001$; korrigiertes $R^2 = .01$; n = 4544).

Abbildung 15. Durchschnittliche Geschwisteranzahl nach Altersgruppen (Individualdatensatz)

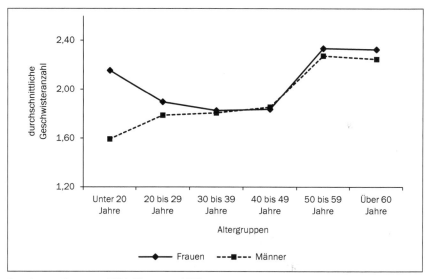

Anmerkungen: Frauen: n = 3 264; Männer: n = 1 280.

Lebende und gestorbene Geschwister: Bei 6.22 % der Ankerpersonen (n = 284) war bereits ein Geschwister verstorben.[21] Hierbei zeigten sich deutliche Unterschiede zwischen den Altersgruppen, mit mehr verstorbenen Geschwistern bei älteren Ankerpersonen ($X^2(5) = 267.75$; $p < .001$).

Position in der Geburtenreihenfolge: 46.40 % der Ankerpersonen waren Erstgeborene (n = 2 118) und 33.58 % Letztgeborene (n = 1 533). Eine Auflistung der Position in der Geburtenreihenfolge nach Geschlecht ist in Tabelle 24 abgebildet. Es gab einen bedeutsamen Haupteffekt hinsichtlich der Altersgruppe (Haupteffekt Altersgruppe: $F(5) = 2.25$; $p = .047$; partielles $\eta^2 = .002$; Haupt-

---

21 Waren alle Geschwister verstorben, dann wurden die Studienteilnehmenden auf eine alternative Abschlussseite des Online-Fragebogens weitergeleitet.

effekt Geschlecht: $F(1) = 1.89$; $p = .169$; partielles $\eta^2 < .001$; Interaktionseffekt Altersgruppe mit Geschlecht: $F(5) = 1.68$; $p = .135$; partielles $\eta^2 = .002$; korrigiertes $R^2 < .01$; n = 4 548). So waren in den jüngeren und in den älteren Altersgruppen mehr Personen, die in Bezug zu ihren Geschwistern später zur Welt kamen.

Tabelle 24. Position der Ankerperson in der Geburtenreihenfolge nach Geschlecht (Individualdatensatz)

Position in Geburtenreihenfolge	Frauen		Männer		Andere		gesamt	
	n	%	n	%	n	%	n	%
1.	1 508	46.13	603	47.15	7	41.18	2 118	46.40
2.	1 130	34.57	423	33.07	8	47.06	1 561	34.19
3.	404	12.36	174	13.60	1	5.88	579	12.68
4.	155	4.74	47	3.67	0	0.00	202	4.42
5.	36	1.10	21	1.64	0	0.00	57	1.25
6.	17	0.52	6	0.47	0	0.00	23	0.50
7.	11	0.34	3	0.23	0	0.00	14	0.31
8.	5	0.15	0	0.00	0	0.00	5	0.11
9.	1	0.03	1	0.08	0	0.00	2	0.04
10.	2	0.06	1	0.08	1	5.88	4	0.09
gesamt	3 269	100.00	1 279	100.00	17	100.00	4 565	100.00

Anmerkung: Prozentangaben beziehen sich auf die Anzahl der dem jeweiligen Geschlecht zugehörigen Ankerpersonen.

7.1.3 Merkmale der Geschwisterbeziehung

Art der Verwandtschaftsbeziehung: 89.78 % der Ankerpersonen antworteten in Bezug auf ein leibliches Geschwister (n = 4 101) und 8.58 % in Bezug auf ein Halbgeschwister (n = 392). Alle anderen Arten von Verwandtschaftsbeziehungen zwischen den Geschwistern umfassten weniger als 1 % der Gesamtstichprobe (Tabelle 25). Über die Altersgruppen hinweg lag der Anteil der leiblichen Geschwister zwischen 88.95 % und 92.36 %. Es bestanden keine signifikanten Unterschiede hinsichtlich der Altersgruppen ($X^2(5) = 6.00$; $p = .306$; n = 4 568). Signifikant mehr Frauen als Männer antworteten in Bezug auf ein nicht leibliches Geschwister ($X^2(1) = 9.30$; $p = .002$).

Tabelle 25. Art der Verwandtschaftsbeziehung nach Geschlecht (Individualdatensatz).

Art der Verwandtschaftsbeziehung	Frauen		Männer		Andere		gesamt	
	n	%	n	%	n	%	n	%
leibliche Geschwister	2 909	88.93	1 178	92.03	14	82.35	4 101	89.78
Halbgeschwister:								
gleiche Mutter, anderer Vater	230	7.03	58	4.53	2	11.76	290	6.35
andere Mutter, gleicher Vater	70	2.14	31	2.42	1	5.88	102	2.23
Adoptivgeschwister	20	0.61	4	0.31	0	0.00	24	0.53
Stiefgeschwister	26	0.79	6	0.47	0	0.00	32	0.70
Pflegegeschwister	3	0.09	2	0.16	0	0.00	5	0.11
Sonstiges	13	0.40	1	0.08	0	0.00	14	0.31
Gesamt	3 271	100.00	1 280	100.00	17	100.00	4 568	100.00

Anmerkung: Prozentangaben beziehen sich auf die Anzahl der dem jeweiligen Geschlecht zugehörigen Ankerpersonen.

Geschlecht des Geschwisters: 51.84 % der Ankerpersonen beantworteten die Fragen in Bezug auf eine Schwester (n = 2 368) und 48.16 % in Bezug auf einen Bruder (n = 2 200). Bei der Geschlechterkonstellation der Geschwister zeigten sich signifikante Unterschiede zwischen Männern und Frauen und zwar dahingehend, dass häufiger in Bezug auf ein gleichgeschlechtliches Geschwister geantwortet wurde ($X^2(1) = 9.93$; $p = .002$; n = 4 551; Tabelle 26). In den verschiedenen Altersgruppen lagen keine signifikanten Unterschiede in der Häufigkeitsverteilung vor ($X^2(5) = 8.21$; $p = .145$; n = 4 568). Es bestanden keine Unterschiede hinsichtlich des Geschlechts des Geschwisters und der Art der Verwandtschaftsbeziehung ($X^2(1) = 0.01$; $p = .918$; n = 4 568).[22]

Tabelle 26. Geschlechterkonstellation (Individualdatensatz)

Geschlecht des Geschwisters	Frauen		Männer		Andere		gesamt	
	n	%	n	%	n	%	n	%
Schwester	1 744	53.32	616	48.13	8	47.06	2 368	51.84
Bruder	1 527	46.68	664	51.88	9	52.94	2 200	48.16
Gesamt	3 271	100.00	1 280	100.00	17	100.00	4 568	100.00

Anmerkung: Prozentangaben beziehen sich auf die Anzahl der dem jeweiligen Geschlecht zugehörigen Ankerpersonen.

---

[22] Aufgrund der geringen Zellenbelegung wurde nur zwischen leiblichen und nicht leiblichen Geschwistern differenziert.

Alter des Geschwisters: Das Geschwister war durchschnittlich 35.10 Jahre alt (SD = 14.39; Mdn = 31; Spannweite: 0 bis 91; n = 4543). Das Alter der Ankerperson und das ihres Geschwisters korrelierten hoch miteinander (r = .92; p < .001; n = 4543). Es bestanden signifikante Haupteffekte für die Altersgruppe und die Geschlechtszugehörigkeit der Ankerperson sowie ein Interaktionseffekt zwischen Altersgruppe und Geschlecht. Geschwister von männlichen Ankerpersonen waren älter. Dieser Trend stieg über die Altersgruppen steiler an als in der Gruppe der weiblichen Ankerpersonen (Haupteffekt Altersgruppe: $F(5)$ = 3352.75; p < .001; partielles η^2 = .788; Haupteffekt Geschlecht: $F(1)$ = 5.80; p = .016; partielles η^2 = .001; Interaktionseffekt Altersgruppe mit Geschlecht: $F(5)$ = 2.64; p = .022; partielles η^2 = .003; korrigiertes R^2 = .82; n = 4526).

Altersabstand und Position in der Geburtenreihenfolge: 47.72 % der Ankerpersonen (n = 2168) antworteten in Bezug auf ein Geschwister, das älter war als sie selbst, 50.72 % (n = 2304) antworteten in Bezug auf ein jüngeres Geschwister. 1.55 % antworteten in Bezug auf ein gleichaltriges Geschwister (n = 71; n_{valid} = 4543). Frauen antworteten nicht signifikant häufiger bezüglich ihres jüngeren Geschwisters als Männer ($X^2(2)$ = 0.10; p = .952; n = 4526). Über die Altersgruppen hinweg unterschieden sich die Verteilung der älteren und jüngeren Geschwister signifikant und zwar dahingehend, dass in den älteren Altersgruppen häufiger in Bezug auf das jüngere Geschwister geantwortet wurde ($X^2(5)$ = 19.04; p = .002; n = 4472).[23] Hinsichtlich des Verwandtschaftsgrades waren jüngere Geschwister häufiger Halbgeschwister als ältere Geschwister ($X^2(2)$ = 14.89; p = .001; n = 4405; Tabelle 27).

Der Altersabstand zwischen den Geschwistern betrug im Durchschnitt 4.36 Jahre (SD = 3.45; Mdn = 3; Spannweite: 0 bis 28). Es bestanden signifikante Unterschiede zwischen den Altersgruppen sowie ein bedeutsamer Interaktionseffekt zwischen Altersgruppe und Geschlecht. Die Altersgruppen der 20- bis 29-Jährigen und der 50- bis 59-Jährigen hatten einen signifikant niedrigeren Altersabstand zu ihrem Geschwister als die Ankerpersonen in den anderen Altersgruppen. Der Altersabstand zwischen der Ankerperson und ihrem Geschwister war bei den Männern in den Altersgruppen der 30- bis 39-Jährigen und der 40- bis 49-Jährigen höher als der bei den Frauen (Haupteffekt Altersgruppe: $F(5)$ = 4.46; p < .001; partielles η^2 = .005; Haupteffekt Geschlecht: $F(1)$ = 0.67; p = .415; partielles η^2 < .001; Interaktionseffekt Altersgruppe mit Geschlecht: $F(5)$ = 3.91; p = .002; partielles η^2 = .004; korrigiertes R^2 = .01; n = 4454).

---

23 Gleichaltrige Geschwister wurden aufgrund zu geringer Zellenbelegung nicht mit in die statistische Überprüfung mit aufgenommen.

Tabelle 27. Position der Ankerperson in der Geburtsreihenfolge in Relation zum ausgewählten Geschwister nach Verwandtschaftsgrad (Individualdatensatz)

Verwandtschaftsgrad	jünger		gleichaltrig		älter		gesamt	
	n	%	n	%	n	%	n	%
leibliche Geschwister	1 910	88.10	62	87.32	2 108	91.49	4 080	89.81
Halbgeschwister:								
gleiche Mutter, anderer Vater	154	7.10	2	2.82	132	5.73	288	6.34
andere Mutter, gleicher Vater	65	3.00	0	0.00	36	1.56	101	2.22
Adoptivgeschwister	12	0.55	1	1.41	11	0.48	24	0.53
Stiefgeschwister	20	0.92	3	4.23	9	0.39	32	0.70
Pflegegeschwister	2	0.09	0	0.00	3	0.13	5	0.11
Sonstiges	5	0.23	3	4.23	5	0.22	13	0.29
Gesamt	2 168	100.00	71	100.00	2 304	100.00	4 543	100.00

Anmerkung: Prozentangaben beziehen sich auf die Gesamtzahl der Personen in der jeweiligen Kategorie.

7.2 Dyadischer Datensatz

Da bei einigen demografischen Variablen von beiden Geschwistern unterschiedliche Angaben gemacht wurden, wurden dyadische Kennwerte, wie zum Beispiel der Altersunterschied zwischen den Geschwistern und die Geschlechterkonstellation, aus den Angaben beider Geschwister errechnet. Da Personen häufiger Angaben über sich selbst machen und diese eine größere Bedeutsamkeit haben, wurden diese Angaben als exakter eingestuft.

7.2.1 Demografie

Geschlechterkonstellation: 447 der Dyaden (51.38 %) bestanden aus Schwesternpaaren, 163 Dyaden (18.74 %) setzen sich aus einem älteren Bruder und einer jüngeren Schwester – im Folgenden Bruder-Schwester-Dyade genannt – und 162 (18.62 %) aus einer älteren Schwester und einem jüngeren Bruder – im Folgenden Schwester-Bruder-Dyade genannt – zusammen. Insgesamt 93 Brüderpaare (10.69 %) nahmen an der Befragung teil. Bei den anderen fünf Geschwisterpaaren (0.57 %) stufte sich eines der beiden Geschwister als weder dem weiblichen noch dem männlichen Geschlecht zugehörig ein.

Alter: Die älteren Geschwister waren zum Zeitpunkt der Erhebung im Durchschnitt 33.44 Jahre alt (SD = 11.63; Mdn = 30; Spannweite: 18 bis 77) und die jüngeren Geschwister 29.74 Jahre alt (SD = 11.06; Mdn = 26; Spannweite: 18 bis

77). Der Altersabstand zwischen den Geschwistern betrug 3.70 Jahre (*SD* = 2.73; *Mdn* = 3; Spannweite: 0 bis 21).[24] Deskriptive Statistiken des durchschnittlichen Alters nach Geschlechterkonstellation sind in Tabelle 28 dargestellt. Es bestanden signifikante Gruppenunterschiede hinsichtlich des Alters des ältesten Geschwisters zwischen Schwesternpaaren und Brüderpaaren, mit einem höheren Alter bei letzteren ($F(3, 861) = 7.55$; $p < .001$; Post-hoc korrigiert nach Tamhane: $p < .001$; $d = 0.46$). In Bezug auf das Alter des jüngeren Geschwisters zeigten sich in dieser Konstellation ebenfalls signifikante Unterschiede ($F(3, 861) = 7.12$; $p < .001$; Post-hoc korrigiert nach Tamhane: $p = .003$; $d = 0.45$). Zudem unterschieden sich die Schwester-Bruder-Paare signifikant von den Brüderpaaren, dahingehend, dass letztere durchschnittlich älter waren (Post-hoc korrigiert nach Tamhane: $p = .001$; $d = 0.54$). Hinsichtlich des Altersabstandes zwischen den Geschwistern bestanden keine signifikanten Unterschiede zwischen den Gruppen ($F(3, 861) = 1.24$; $p = .295$).

Tabelle 28. Alter und Altersabstand nach Geschlechterkonstellation im dyadischen Datensatz

Geschlechter-konstellation	n	Alter				Altersabstand zwischen Geschwistern	
		älteres Geschwister		jüngeres Geschwister			
		M	SD	M	SD	M	SD
Schwester-Schwester	447	32.61	11.33	29.05	10.71	3.56	2.60
Schwester-Bruder	162	31.84	10.52	28.17	9.72	3.69	2.44
Bruder-Schwester	163	34.93	11.80	30.91	11.71	4.00	3.07
Bruder-Bruder	93	37.98	13.35	34.05	12.67	3.91	3.19
Schwester-Anderes	2	29.50	10.61	27.00	9.90	2.50	0.71
Anderes-Schwester	2	22.50	0.71	19.50	0.71	3.00	1.41
Bruder-Anderes	1	28.00	0.00	25.00	0.00	3.00	0.00
gesamt	870	33.44	11.63	29.74	11.06	3.70	2.73

---

24 Da die durchschnittliche Anzahl an Tagen zwischen der Beantwortung lediglich 16.97 Tage (*SD* = 30.78; *Mdn* = 3; Spannweite: 0 bis 298) betrug, wurde die dadurch auftretenden Unterschiede in der Berechnung des Altersabstandes als geringfügig angesehen. Zudem korrelierten die Angaben beider Geschwister hoch mit dem errechneten Altersabstand (älteres: $r = .98$; $p < .001$; jüngeres: $r = .91$; $p < .001$) und die Übereinstimmung ist hoch (94.94 % ± 1 Jahr). Darüber hinaus wurden Fehler in der Berechnung des Altersabstandes dadurch korrigiert, dass, wenn beide Geschwister in den Angaben des Altersabstandes übereinstimmten, dann diese Angabe verwendet wurde.

Staatsangehörigkeit: Bei 733 Dyaden (84.25%) hatten beide Geschwister die deutsche Staatsangehörigkeit, bei 26 (2.99%) beide die schweizerische und bei 88 (10.11%) beide die österreichische Staatsangehörigkeit. Bei den anderen Geschwisterpaaren (n = 23; 2.64%) hatten beide Geschwister entweder eine unterschiedliche Staatsangehörigkeit oder beide hatten eine andere Staatsangehörigkeit als die genannten angegeben.

Bildung und berufliche Situation: 607 der Geschwisterpaare (69.77%) hatten den gleichen höchsten allgemeinbildenden Schulabschluss. Der häufigste Schulabschluss bei beiden Geschwistern war Abitur, welches 78.62% (n = 684) der jüngeren und 80.69% (n = 702) der älteren Geschwister bestanden hatten. Eine ausführliche Darstellung findet sich in Tabelle 29. Bei den älteren Geschwistern hatten 19.31% (n = 168) (noch) keine Berufsqualifikation erworben, bei den jüngeren Geschwistern waren dies 35.40% (n =308). Als höchsten berufsqualifizierenden Abschluss hatten 396 der älteren Geschwister (45.52%) einen Universitätsabschluss, 109 (12.53%) einen Fachhochschulabschluss und 197 (22.64%) eine abgeschlossene Berufsausbildung. Bei den jüngeren Geschwistern hatten 283 (32.53%) einen Universitätsabschluss, 106 (12.18%) einen Fachhochschulabschluss und 173 (19.89%) eine abgeschlossene Berufsausbildung. Im Hinblick auf die Bildung bestanden keine signifikanten Unterschiede hinsichtlich des höchsten allgemeinbildenden Schulabschlusses des älteren ($X^2(15) = 19.23$; $p = .201$) und des jüngeren Geschwisters ($X^2(18) = 19.98$; $p = .334$) zwischen den verschiedenen Geschwisterpaaren.

37.01% der älteren Geschwister (n = 322) waren zum Zeitpunkt der Erhebung vollzeitbeschäftigt, 33.79% (n = 294) studierten und 18.39% (n = 160) waren teilzeitbeschäftigt. Bei den jüngeren Geschwistern waren 43.22% (n = 376) Studierende, 28.62% (n = 249) vollzeitbeschäftigt und 19.31% (n = 168) teilzeitbeschäftigt. 141 (16.21%) der älteren Geschwister gingen mehr als einer Beschäftigung nach, bei den jüngeren waren dies 147 (16.90%).

Familienstand und Partnerschaft: 64.14% der älteren Geschwister (n = 558) und 74.02% der jüngeren (n = 644) waren zum Zeitpunkt der Erhebung ledig, 30.34% der älteren (n = 264) und 21.03% der jüngeren (n = 183) verheiratet. In Tabelle 30 sind die Kombinationen zwischen den Geschwistern detailliert aufgeführt. Bei 49.20% der Dyaden (n = 428) lebten beide Geschwister in einer Partnerschaft, bei 23.79% (n = 207) nur das ältere und bei 15.29% (n = 133) nur das jüngere. Bei 11.72% Geschwisterpaaren (n = 102) lebte keines der beiden befragten Geschwister in einer Partnerschaft.

Die Geschwisterpaare mit unterschiedlichen Geschlechterkonstellationen unterschieden sich nicht signifikant sowohl hinsichtlich des Bestehens einer Partnerschaft des älteren Geschwisters ($X^2(3) = 2.90$; $p = .407$) als auch des jüngeren Geschwisters ($X^2(3) = 4.26$; $p = .235$).

Tabelle 29. Höchster allgemeinbildender Schulabschluss der Geschwister (Dyadischer Datensatz)

älteres Geschwister	jüngeres Geschwister														
	Abitur		Fachhochschulreife		Mittlere Reife		Qual. Hauptschulabschluss		anderen Abschluss		Schüler/Schülerin		kein Schulabschluss	
	n	%	n	%	n	%	n	%	n	%	n	%	n	%
Abitur	577	66.32	55	6.32	37	4.25	13	1.49	7	0.80	13	1.49	0	0.00
Fachhochschulreife	42	4.83	16	1.84	5	0.57	2	0.23	2	0.23	0	0.00	0	0.00
Mittlere Reife	43	4.94	11	1.26	10	1.15	5	0.57	0	0.00	0	0.00	1	0.11
Qual. Hauptschulabschluss	16	1.84	3	0.34	2	0.23	3	0.34	0	0.00	0	0.00	0	0.00
anderer Abschluss	5	0.57	0	0.00	0	0.00	0	0.00	1	0.11	0	0.00	0	0.00
Schüler/Schülerin	0	0.00	0	0.00	0	0.00	0	0.00	0	0.00	0	0.00	0	0.00
kein Schulabschluss	1	0.11	0	0.00	0	0.00	0	0.00	0	0.00	0	0.00	0	0.00

Anmerkung: Die Prozentangaben beziehen sich auf den Anteil der Merkmalskombinationen in der Gesamtstichprobe.

Tabelle 30. Familienstand der beiden Geschwister (Dyadischer Datensatz)

älteres Geschwister	jüngeres Geschwister													
	ledig		verheiratet		geschieden		verwitwet		verlobt		verpartnert		gesamt	
	n	%	n	%	n	%	n	%	n	%	n	%	n	%
ledig	484	55.63	64	7.36	3	0.34	1	0.11	6	0.69	0	0.00	557	64.02
verheiratet	143	16.44	95	10.92	22	2.53	2	0.23	1	0.11	1	0.11	265	30.46
geschieden	10	1.15	19	2.18	5	0.57	0	0.00	0	0.00	0	0.00	34	3.91
verwitwet	3	0.34	4	0.46	2	0.23	0	0.00	0	0.00	0	0.00	9	1.03
verlobt	4	0.46	0	0.00	0	0.00	0	0.00	0	0.00	0	0.00	4	0.46
verpartnert	0	0.00	1	0.11	0	0.00	0	0.00	0	0.00	0	0.00	1	0.11
gesamt	644	74.02	183	21.03	32	3.68	3	0.34	7	0.80	1	0.11	870	100.00

Anmerkung: Die Prozentangaben beziehen sich auf den Anteil der Merkmalskombinationen in der Gesamtstichprobe.

Kinder: Bei 532 der Geschwisterpaare (61.15%) gaben beide an, dass sie keine eigenen Kinder hatten, bei 138 (15.86%) hatte nur das ältere Geschwister und bei 64 (7.36%) nur das jüngere eigene Kinder. In 15.63% der Fälle (n = 136) hatten beide Geschwister mindestens ein Kind. Hatte das ältere Geschwister eigene Kinder, so hatte es im Durchschnitt 1.92 Kinder (SD = 0.91; Mdn = 2; Spannweite: 1 bis 6). Bei den jüngeren waren es im Durchschnitt 1.91 Kinder (SD = 0.99; Mdn = 2; Spannweite: 1 bis 7). Hatten beide Geschwister bereits Kinder, so betrug die durchschnittliche Anzahl der eigenen Kinder bei dem älteren Geschwister 2.13 (SD = 0.98; Mdn = 2; Spannweite: 1 bis 6) und bei dem jüngeren Geschwister 2.01 (SD = 1.03; Mdn = 2; Spannweite: 1 bis 7). Hatte nur das ältere Kinder, dann waren es durchschnittlich 1.70 (SD = 0.78; Mdn = 2; Spannweite: 1 bis 5) und hatte nur das jüngere Geschwister Kinder, dann waren es durchschnittlich 1.68 (SD = 0.84; Mdn = 2; Spannweite: 1 bis 5).

Bei den jüngeren Geschwistern gab es signifikante Unterschiede zwischen den Geschlechterkonstellationen hinsichtlich einer bestehenden Elternschaft ($X^2(3)$ = 16.39; p = .001), nicht aber bei den älteren Geschwistern ($X^2(3)$ = 6.53; p = .089). Wurden bei den Angaben der jüngeren Geschwister nur diejenigen verglichen, die das 30. Lebensjahr bereits vollendet hatten, dann bestanden keine Gruppenunterschiede ($X^2(3)$ = 4.11; p = .250).

7.2.2 Herkunftsfamilie

Art der Geschwisterbeziehung: 96.09% der befragten Geschwisterpaare waren leibliche Geschwister (n = 836), 2.64% Halbgeschwister, mit gleicher Mutter und einem anderen Vater (n = 23),[25] 0.92% Halbgeschwister, mit gleichem Vater und einer anderen Mutter (n = 8). Zwei Geschwisterpaare waren Stiefgeschwister (0.23%) und ein Geschwisterpaar waren Adoptivgeschwister (0.11%).

97.85% der Brüderpaare (n = 91 von 93), 96.91% der Schwester-Bruder-Paare (n = 157 von 162), 95.71% der Bruder-Schwester-Paare (n = 156 von 163) und 95.53% der Schwesternpaare (n = 427 von 447) waren leibliche Geschwister. Es bestand kein signifikanter Unterschied zwischen den Gruppen hinsichtlich des Anteils leiblicher und nicht leiblicher Geschwister ($X^2(3)$ = 1.49; p = .684). Von den insgesamt 24 Zwillingspaaren waren 16 Schwesternpaare (3.58% der Schwesternpaare), vier Brüderpaare (4.30% der Brüderpaare) und vier

---

25 Die Angaben der Geschwister zu der Art der Verwandtschaft stimmten vollständig überein, dennoch entsprach diese nicht immer dem Wissen über die Art des Verwandtschaftsverhältnisses in der Kindheit überein. So berichtete ein Brüderpaar, dass sie in dem Glauben aufwuchsen, dass sie leibliche Geschwister seien. Erst „vor kurzem" habe der Teilnehmende erfahren, dass er eigentlich nicht das leibliche Kind seines Vaters ist.

gemischtgeschlechtliche Paare (1.23% der gemischtgeschlechtlichen Geschwisterpaare).

Familienkonstellation: 94.94% der Geschwisterpaare waren leibliche Geschwister, die auch ihre beiden leiblichen Eltern als mütterliche und väterliche Bezugsperson in ihrer Kindheit nannten (n = 826, im Folgenden „traditionelle Familien" genannt). Bei den leiblichen Geschwistern gab bei sechs Geschwisterpaaren mindestens eines der beiden nicht den leiblichen Vater als Bezugsperson (0.69%) und bei vier nicht die leibliche Mutter als Bezugsperson an (0.46%). Neun der Halbgeschwister, die über die mütterliche Linie verwandt waren, gaben ihre leibliche Mutter und ihren jeweiligen leiblichen Vater als Bezugsperson an (1.03%). Bei 14 der mütterlicherseits verwandten Halbgeschwister gab mindestens ein Geschwister einen nicht leiblichen Vater als väterliche Bezugsperson an (1.61%). Bei den acht Halbgeschwisterpaaren, die über ihre Väter verwandt waren, war die leibliche Mutter bei sieben die mütterliche Bezugsperson in der Kindheit (0.80%). Bei einem der zwei Stiefgeschwisterpaare gaben die Geschwister ihre jeweiligen leiblichen Eltern als Bezugspersonen an, bei dem anderen Stiefgeschwisterpaar traf dies bei einem der Geschwister nicht zu. Das Adoptivgeschwisterpaar bestand aus einem leiblichen Kind und einem Adoptivkind. Über alle Familienkonstellationen hinweg bezogen sich bei der Beantwortung der Fragen zu den elterlichen Bezugspersonen 98.28% der Geschwisterpaare auf ihre gemeinsame leibliche Mutter (n = 855) und 96.32% auf ihren gemeinsamen leiblichen Vater (n = 838).

92.47% der jüngeren Geschwister von Brüderpaaren (n = 86 von 93), 79.01% der Schwester-Bruder-Paare (n = 128 von 162), 90.08% der Bruder-Schwester-Paare (n = 148 von 163) und 85.68% der Schwesternpaare (n = 383 von 447) waren bereits von zu Hause ausgezogen ($X^2(1) = 13.05$; $p = .005$). Bei den älteren Geschwistern waren dies 90.32% der Brüderpaare (n = 84 von 93), 94.44% der Schwester-Bruder-Paare (n = 153 von 162), 92.64% der Bruder-Schwester-Paare (n = 151 von 163) und 95.30% der Schwesternpaare (n = 426 von 447; $X^2(1) = 4.22$; $p = .239$). Hinsichtlich des Auszugsalters bestanden sowohl bei den älteren Geschwistern ($F(3, 810) = 9.89$; $p < .001$; n = 814) als auch bei den jüngeren Geschwister ($F(3, 741) = 3.55$; $p = .014$; n = 745) signifikante Unterschiede. Post-hoc Tests zeigten bei den jüngeren Geschwistern signifikante Unterschiede dahingehend, dass das jüngere Geschwister bei Schwesternpaaren einen früheren Auszug aus dem Elternhaus berichtete als bei Brüderpaaren (Post-hoc mit Korrektur nach Bonferroni: $p = .030$; $d = 0.34$). Bei den älteren Geschwistern zogen die älteren Schwestern signifikant früher aus dem Elternhaus aus als die älteren Brüder ($F(1, 812) = 29.27$; $p < .001$; $d = .42$). Ein Effekt hinsichtlich des Geschlechts des Geschwisterkindes war nicht zu beobachten.

Anzahl der Geschwister: Im Durchschnitt berichteten die älteren Geschwister von 1.91 weiteren Geschwistern in ihrer Familie (SD = 1.29; Mdn = 2; Spannweite: 1 bis 14; n = 869) und die jüngeren Geschwister ebenfalls von 1.91 Geschwistern (SD = 1.29; Mdn = 2; Spannweite: 1 bis 12; n = 869).[26] Jeweils 47.64% der älteren und der jüngeren Geschwister gaben ein Geschwister an, 31.53% bzw. 31.65% hatten zwei Geschwister, 12.08% bzw. 11.97% hatten drei Geschwister und jeweils 8.75% hatten vier oder mehr Geschwister (n_{valid} = 869). Bei den älteren Geschwistern wuchsen insgesamt 403 ausschließlich mit Schwestern (46.32%), 174 ausschließlich mit Brüdern (20.00%) und 294 mit Brüdern und Schwestern auf (33.68%; n_{valid} = 870). Insgesamt hatten, wenn das ältere Geschwister weiblich war, 290 nur Schwestern (47.46%), 214 sowohl Brüder als auch Schwestern (35.02%) und 107 nur Brüder (17.51%; n_{valid} = 611). Bei den Männern, hatten 111 nur Schwestern (43.19%), 79 sowohl Brüder als auch Schwestern (30.74%) und 67 nur Brüder (26.07%).

Von den jüngeren Geschwistern hatten 408 nur Schwestern (46.90%), 281 sowohl Schwestern als auch Brüder (32.30%) und 181 nur Brüder (20.80%). War das jüngere Geschwister weiblich, dann hatten 295 nur Schwestern (48.20%), 203 sowohl Brüder als auch Schwestern (33.17%) und 114 nur Brüder (18.63%). Bei den Männern waren es 111 mit nur Schwestern (43.53%), 78 mit Brüdern und Schwestern (30.59%) und 66 mit nur Brüdern (25.88%).

Unterschiede zwischen den Geschlechterkonstellationen waren weder für das ältere (F(3, 860) = 1.00; p = .392), noch für das jüngere Geschwister (F(3, 860) = 1.31; p = .270) signifikant. Berichteten Geschwister von mehr als einem weiteren Geschwister, so wuchsen Schwesternpaare nicht signifikant häufiger als Brüderpaare nur mit gleichgeschlechtlichen Geschwistern auf (älteres Geschwister: X^2(1) = 3.66; p = .056; n = 282; jüngeres Geschwister: X^2(1) = 2.90; p = .089; n = 284).

Position in der Geburtenreihenfolge: 91.56% der älteren Geschwister (n = 749; n_{valid} = 818), die nicht Zwillinge oder Mehrlinge waren, berichteten, dass sie in ihrer Geschwisterreihenfolge die ältesten waren, 5.99% waren die zweitältesten (n = 49) und 1.96% die drittältesten (n =16), vier (0.49%) standen noch weiter hinten in der Geburtenreihenfolge. 84.60% (n = 692) antworteten in Bezug auf ihr nächstjüngeres Geschwister. 76.17% der jüngeren Geschwister (n = 617; n_{valid} = 810) – ausgenommen gleichaltrige Geschwisterpaare – waren das zweitälteste Geschwister in ihrer Geschwisterreihe und antworteten in Bezug auf ihr ältestes Geschwister. 16.79% waren das drittälteste Geschwister (n = 136), 5.56% das viertälteste Geschwister (n = 45), 1.48% waren das fünft- bis

---

26 Die Übereinstimmung in den Angaben der leiblichen Geschwister betrug 93.88% (n_{valid} = 834), allerdings mit einer Spannweite der Abweichungen von bis zu 10 Geschwistern.

zehntgeborene Kind in ihrer Geburtenreihenfolge (n = 12). 24 Geschwisterpaare waren Zwillinge bzw. Mehrlinge. Von diesen gaben 15 (62.50%) die gleiche Reihenfolge an. Bei zwei gaben beide für sich und ihr Geschwister (8.33%), die exakt gleiche Position an und bei sechs gab eines die gleiche Position an, während das andere unterschiedliche Positionen nannte (25.00%). In einem Fall waren die Angaben unterschiedlich gerichtet (4.17%).

Trennung der Eltern und neue Partnerschaft: Bei 826 Kernfamilien berichteten bei 19.25% beide Geschwister von einer Trennung der Eltern (n =159), bei 0.85% (n = 7) berichtete nur das ältere Geschwister von einer Trennung der Eltern. Kam es in einer Kernfamilie zur Trennung, dann waren die älteren Geschwister durchschnittlich 16.56 Jahre alt (SD = 6.66; Mdn = 17; Spannweite: 0 bis 43; n_{valid} = 165). 55.15% waren unter 18 Jahre alt. Die jüngeren Geschwister waren durchschnittlich 13.22 Jahre alt (SD = 6.32; Mdn = 8; Spannweite: 0 bis 39; n_{valid} = 159). 74.84% waren zum Zeitpunkt der Trennung unter 18 Jahre alt.[27] Bei den übrigen Familienkonstellationen berichteten bei 63.63% der Geschwisterpaare beide von einer Trennung der jeweiligen Bezugspersonen (n = 28), bei 13.64% nur das ältere (n = 6) und bei einem Geschwisterpaar (2.27%) nur das jüngere von einer Trennung der Bezugspersonen. Neun Geschwisterpaare berichteten von keiner Trennung ihrer jeweiligen elterlichen Bezugspersonen (20.45%). Durchschnittlich waren die älteren Geschwister 7.06 Jahre alt als sich die Eltern trennten (SD = 7.68; Mdn = 5; Spannweite: 0 bis 35; n = 34). 94.12% waren bei der Trennung unter 18 Jahre alt. Bei den jüngeren Geschwistern war das Durchschnittalter 8.79 Jahre (SD = 7.87; Mdn = 8; Spannweite: 0 bis 30; n = 29). 82.76% waren zum Zeitpunkt der Trennung unter 18 Jahre alt.

Aus den Kernfamilien, in denen sich die leiblichen Eltern getrennt hatten, berichteten 67.92% der Geschwister übereinstimmend, dass die Mutter einen neuen Partner oder eine neue Partnerin hatte (n = 108; n_{valid} = 159). Bei 2.52% berichtete nur das ältere Geschwister (n = 4) und bei 3.14% nur das jüngere Geschwister (n = 5) von einer neuen Partnerschaft. Hinsichtlich des leiblichen Vaters berichteten beide Geschwister in 85.53% der ehemaligen Kernfamilien (n = 136) von einer neuen Partnerschaft, in vier Fällen nur das jüngere Ge-

---

27 Die unterschiedlichen Angaben können in einer unterschiedlichen Definition von Trennung liegen, so schrieb eines der älteren Geschwister, welches die Frage mit „ja" beantwortet hatte: „[...] Kurz nach der Scheidung kamen beide Eltern wieder zusammen, sie heirateten ca. 10 Jahre später ein zweites Mal und sind bis heute zusammen. [...]". In einer solchen Situation ist es auch möglich, dass sich das jüngere Geschwister nicht mehr an die Trennung erinnert. Auch hinsichtlich des Zeitpunkts der Trennung könnten hierdurch Abweichungen entstehen, die entweder an einer unterschiedlichen Definition, Verzerrungen in der Erinnerung oder unterschiedliches Wissen über den Zeitpunkt der Trennung liegen könnten.

schwister (2.52%) und in zwei Fällen nur das ältere Geschwister (1.26%). In den sechs Fällen, in denen nur das ältere Geschwister von einer Trennung berichtete, wurde von diesem nur jeweils in einem Fall von einer neuen Partnerschaft des Vaters und der Mutter berichtet. Bei den übrigen Familienkonstellationen berichteten 94.12% der älteren Geschwister von einer neuen Partnerschaft der Mutter (n = 32; n_{valid} = 34) und 88.24% von einer neuen Partnerschaft des Vaters (n = 30; n_{valid} = 34). Bei den jüngeren Geschwistern berichteten 93.10% von einer neuen Partnerschaft der Mutter (n = 27; n_{valid} = 29) und 82.76% von einer neuen Partnerschaft des Vaters (n = 24; n_{valid} = 29).

Tod der Eltern: Bei 4.48% der älteren Geschwister waren beide Elternteile verstorben (n = 39), bei 8.97% nur die väterliche Bezugsperson (n = 78) und bei 3.33% nur die mütterliche (n = 29). 4.48% der jüngeren Geschwister berichteten, dass beide Elternteile verstorben waren (n = 39), 9.08%, dass nur der Vater (n = 79) und 3.10%, dass nur die Mutter (n = 27) verstorben war. Die älteren Geschwister waren zum Zeitpunkt des Todes der Mutter im Durchschnitt 36.97 Jahre alt (*SD* = 15.92; *Mdn* = 36; Spannweite: 6 bis 64; n = 62; 11.29% unter 18 Jahre) und die jüngeren Geschwister 31.39 Jahre alt (*SD* = 13.85; *Mdn* = 31; Spannweite: 6 bis 63; n = 57; 17.54% unter 18 Jahre). Zum Zeitpunkt des Todes des Vaters waren die älteren Geschwister durchschnittlich 34.70 Jahre alt (*SD* = 14.52; *Mdn* = 38; Spannweite: 3 bis 61; n = 107; 13.08% unter 18 Jahre) und die jüngeren Geschwister durchschnittlich 29.86 Jahre alt (*SD* = 14.41; *Mdn* = 29; Spannweite: 1 bis 64; n = 111; 21.62% unter 18 Jahre).

Auszug aus dem Elternhaus: Bei 82.53% der Geschwisterpaare (n = 718) waren beide Geschwister bereits (einmal) aus dem Elternhaus ausgezogen, bei 11.61% (n = 101) nur das ältere Geschwister, bei 3.56% (n = 31) nur das jüngere und in 2.30% der Fälle (n = 20) waren beide Geschwister noch nicht von zu Hause ausgezogen. Durchschnittlich waren die älteren Geschwister 20.02 Jahre alt, als sie das erste Mal von zu Hause ausgezogen sind (*SD* = 2.69; *Mdn* = 19; Spannweite: 6 bis 39; n = 819; 7.94% unter 18 Jahre), die jüngeren Geschwister im Durchschnitt 19.63 Jahre (*SD* = 2.83; *Mdn* = 19; Spannweite: 9 bis 42; n = 749; 11.35% unter 18 Jahre). Die älteren Geschwister lebten zum Zeitpunkt der Befragung durchschnittlich seit 13.71 Jahren (*SD* = 11.50; *Mdn* = 10; Spannweite: 0 bis 55; n = 819) und die jüngeren Geschwister seit 11.18 Jahren (*SD* = 10.71; *Mdn* = 7; Spannweite: 0 bis 52; n = 748) außerhalb des Elternhauses.

Dauer des Zusammenlebens mit dem Geschwister: Die älteren Geschwister berichteten durchschnittlich, dass sie 17.06 Jahre mit ihrem jüngeren Geschwister zusammengelebt hatten (*SD* =3.76; *Mdn* = 17; Spannweite: 0 bis 28; n = 860), die jüngeren Geschwister berichteten durchschnittlich von einer Dauer des Zusammenlebens von 16.83 Jahren (*SD* = 3.82; *Mdn* = 17; Spannweite: 0 bis

44; n = 860). Nur vier der älteren Geschwister (0.47 %) und fünf der jüngeren Geschwister (0.58 %) gaben an, weniger als ein Jahr mit ihrem Geschwister zusammengelebt zu haben. Die Durchschnittliche Abweichung der Angaben der Geschwister betrug 1.59 Jahre (SD = 2.23; Mdn = 1; Spannweite: 0 bis 28; n = 854; 63.23 % Übereinstimmung ± 1 Jahr), die Angaben beider Geschwister korrelierten mit r = .74 (p < .001).

Es lagen keine bedeutsamen Unterschiede hinsichtlich der Dauer des Zusammenlebens der Geschwister zwischen den Gruppen vor (älteres Geschwister: $F(3, 860)$ = 0.75; p = .520; jüngeres Geschwister: $F(3, 860)$ = 1.75; p = .155).

7.3 Die beiden Stichproben im Vergleich

Im folgenden Abschnitt wird herausgearbeitet, inwieweit es sich bei Studienteilnehmenden aus dem dyadischen Datensatz um eine spezifische Untergruppe der Gesamtstichprobe handelte. Der erste Teil umfasst eine Spezifitätsanalyse zur Vorhersage der Teilnahme beider Geschwister an der Studie. Im zweiten Teil werden die Angaben der Teilnehmenden zu Gründen, warum sie die E-Mail-Adresse ihres Geschwisters nicht eingaben, inhaltsanalytisch ausgewertet.

7.3.1 Spezifitätsanalyse

Für die statistische Analyse der Spezifität der dyadischen Stichprobe wurden zwei multiple logistische Regressionen berechnet. Bei der ersten wurde die Eingabe der E-Mail-Adresse des Geschwisters als Kriterium gewählt. Bei der zweiten wurde innerhalb der Stichprobe der Ankerpersonen, bei denen eine E-Mail-Adresse des zweiten Geschwisters eingegeben wurde, betrachtet, durch welche Variablen das vollständige Ausfüllen des Fragebogens durch das zweite Geschwister vorhergesagt wurde. Bei beiden Analysen wurden die Prädiktoren in jeweils fünf Schritten in das Modell aufgenommen. Diese Schritte entsprachen folgenden Variablengruppen: 1) demografische Merkmale der Ankerperson, 2) demografische Merkmale des Geschwisters sowie Merkmale der Geschwisterbeziehung, 3) Merkmale der Kindheitserfahrungen, 4) Merkmale der aktuellen Geschwisterbeziehung und 5) die Bereitschaft zur Weitergabe von persönlichen Daten.

Da das Alter der beiden Geschwister mit r = .92 (p < .001) korrelierte und dies nach Bühner (2004) den Schwellenwert von r = .85 überstieg und somit Multikollinearität der beiden Variablen als wahrscheinlich angenommen werden kann, wurde nur das Alter der Ankerperson in die logistische Regression mit aufgenommen. Für beide Regressionen wurde als Aufnahmeverfahren für die Prädiktoren die Methode „Einschluss/Enter" gewählt.

Eingabe der E-Mail-Adresse des Geschwisters

In Tabelle 31 sind die Ergebnisse der logistischen Regression dargestellt. Alle Modelle waren signifikant von dem Nullmodell verschieden (Modell 1: $X^2(4)$ = 94.26; $p < .001$; Modell 2: $X^2(11)$ = 262.63; $p < .001$; Modell 3: $X^2(16)$ = 313.19; $p < .001$; Modell 4: $X^2(22)$ = 431.13; $p < .001$; Modell 5: $X^2(23)$ = 619.43; $p < .001$; n = 3998). Die Hinzunahme jeder neuen Ebene des Modells verbesserte signifikant den Anteil der erklärten Varianz (Modell 1 zu Modell 2: $X^2(7)$ = 168.37; $p < .001$; Modell 2 zu Modell 3: $X^2(5)$ = 50.56; $p < .001$; Modell 3 zu Modell 4: $X^2(6)$ = 117.94; $p < .001$; Modell 4 zu Modell 5: $X^2(1)$ = 188.29; $p < .001$).

In allen Modellen sagte das Alter der Ankerperson die Eingabe der E-Mail-Adresse des Geschwisters signifikant vorher und zwar dahingehend, dass jüngere Ankerpersonen häufiger die E-Mail-Adresse des Geschwisters eingaben. Des Weiteren sagte ein hoher allgemeinbildender Schulabschluss – Abitur, Fachhochschulreife oder fachgebundene Hochschulreife – das Kriterium vorher. Bei den Merkmalen der Geschwisterkonstellation gaben Geschwister signifikant häufiger die E-Mail-Adresse ihres Geschwisters an, wenn dieses ein leibliches Geschwister war, es sich um eine Schwester handelte, je geringer der Altersabstand war und je mehr Geschwister sie insgesamt hatten. Hinsichtlich der Position in der Geburtenreihenfolge gaben ältere Geschwister signifikant häufiger die E-Mail-Adresse ihres Geschwisters an. Auch die Position des Geschwisters, dessen E-Mail-Adresse angegeben wurde, war ein signifikanter Prädiktor und zwar dahingehend, dass häufiger die E-Mail-Adresse angegeben wurde, wenn das Geschwister ebenfalls zu den älteren Geschwistern in der Geburtenreihenfolge gehörte. Halbgeschwister gaben nur signifikant häufiger die E-Mail-Adresse des Geschwisters an, wenn nicht für die Qualität der Geschwisterbeziehung in der Kindheit (Modell 3) und im Erwachsenenalter (Modell 4 und Modell 5) kontrolliert wurde.

Im Hinblick auf die Kindheitserfahrungen sagten die positiven Merkmale der Ausgestaltung der Geschwisterbeziehung das Kriterium signifikant vorher, allerdings nicht in nicht Modell 4 und 5, wenn für die aktuelle Beziehungsqualität kontrolliert wurde. Die relative Macht als Merkmal der Qualität der Geschwisterbeziehung in der Kindheit war in allen Modellen, in denen sie enthalten war, ein signifikanter Prädiktor. Der Zusammenhang gestaltete sich derart, dass Ankerpersonen, die sich als einflussreicher und bestimmender in der Beziehung zu ihrem Geschwister erlebten, häufiger die E-Mail-Adresse des Geschwisters angaben. Die Unterstützung für das Geschwister und die Unterstützung durch das Geschwister sowie die verlässliche Allianz waren signifikante Prädiktoren. Je positiver die Bewertung in allen drei Variablen ausfiel, desto häufiger wurde die E-Mail-Adresse des Geschwisters eingegeben. Beide Variablen in Bezug auf das Unterstützungsverhalten korrelierten hoch miteinander, sodass ein Suppressionseffekt vorlag.

Tabelle 31. Vorhersage der Eingabe der E-Mail-Adresse des zweiten Geschwisters (Individualdatensatz)

Prädiktor	Modell 1		Modell 2		Modell 3		Modell 4		Modell 5	
	OR	95 %-KI	OR	95 %-KI	OR	95 %-KI	OR	95 %-KI	OR	95 %-KI
Alter	0.98***	[0.98, 0.99]	0.98***	[0.98, 0.99]	0.98***	[0.98, 0.99]	0.99***	[0.98, 0.99]	0.98***	[0.98, 0.99]
Geschlecht[1]										
weiblich	1.11	[0.96, 1.29]	1.10	[0.95, 1.28]	1.07	[0.92, 1.25]	1.00	[0.85, 1.17]	0.96	[0.82, 1.13]
anders	1.57	[0.58, 4.27]	1.64	[0.59, 4.59]	1.80	[0.63, 5.15]	2.19	[0.72, 6.64]	1.87	[0.61, 5.74]
hoher allgemeinbildender Schulab.	1.62***	[1.31, 2.00]	1.55***	[1.25, 1.92]	1.51***	[1.22, 1.88]	1.48***	[1.19, 1.85]	1.51***	[1.20, 1.89]
Geschlecht Geschwister: weiblich[1]			1.58***	[1.39, 1.81]	1.55***	[1.36, 1.77]	1.51***	[1.31, 1.73]	1.51***	[1.31, 1.75]
Verwandtschaftsgrad										
leibliche Geschwister			4.65***	[2.18, 9.90]	3.86***	[1.79, 8.32]	3.41**	[1.57, 7.41]	3.65**	[1.67, 7.95]
Halbgeschwister			2.37*	[1.07, 5.28]	2.16	[0.96, 4.82]	2.09	[0.93, 4.72]	2.11	[0.93, 4.77]
Altersabstand[2]			0.95**	[0.93, 0.97]	0.96**	[0.94, 0.99]	0.96**	[0.94, 0.99]	0.96**	[0.93, 0.98]
Anzahl der Geschwister			1.11**	[1.04, 1.18]	1.11**	[1.04, 1.18]	1.10**	[1.04, 1.17]	1.10**	[1.03, 1.17]
Position in der Geburtenreihenfolge										
Ankerperson			0.85***	[0.78, 0.92]	0.91	[0.83, 1.00]	0.90*	[0.82, 0.98]	0.91*	[0.83, 1.00]
Geschwister			0.95	[0.87, 1.04]	0.86**	[0.77, 0.95]	0.86**	[0.77, 0.96]	0.85**	[0.76, 0.95]
Kindheitserfahrungen										
Anzahl verschiedener Viktimisierungserfahrungen					0.98	[0.94, 1.03]	1.03	[0.98, 1.08]	1.02	[0.97, 1.07]
negative Merkmale der Ausgestaltung der Geschwisterbeziehung					1.00	[0.88, 1.13]	1.02	[0.89, 1.17]	1.02	[0.88, 1.17]
positive Merkmale der Ausgestaltung der Geschwisterbeziehung					1.30***	[1.17, 1.44]	0.97	[0.85, 1.09]	0.95	[0.83, 1.08]

167

Fortsetzung von Tabelle 31

Prädiktor	Modell 1		Modell 2		Modell 3		Modell 4		Modell 5	
	OR	95 %-KI	OR	95 %-KI	OR	95 %-KI	OR	95 %-KI	OR	95 %-KI
Kindheitserfahrungen (Fortsetzung)										
relative Macht in der Geschwisterbeziehung					1.15**	[1.05, 1.26]	1.19***	[1.08, 1.31]	1.21***	[1.10, 1.33]
Dauer des Zusammenlebens					1.01	[0.99, 1.03]	1.01	[0.99, 1.03]	1.01	[0.99, 1.03]
Aktuelle Geschwisterbeziehung										
Kontakthäufigkeit							1.02	[0.96, 1.08]	1.02	[0.96, 1.09]
Konflikthäufigkeit							1.04	[0.95, 1.13]	1.04	[0.95, 1.13]
Unterstützung durch das Geschwister							1.38***	[1.26, 1.53]	1.40***	[1.26, 1.54]
Unterstützung des Geschwisters							0.85**	[0.77, 0.94]	0.86**	[0.78, 0.95]
verlässliche Allianz							1.25***	[1.15, 1.36]	1.24***	[1.13, 1.35]
Zufriedenheit							1.01	[0.92, 1.10]	1.01	[0.92, 1.10]
Bereitschaft zur Angabe persönlicher Daten									3.78***	[3.08, 4.64]
Konstante	0.72*		0.21***		0.06***		0.03***		0.01***	
2 Log Likelihood	5267.77		5099.39		5048.83		4930.89		4742.60	
R² nach Nagelkerke	.03		.09		.10		.14		.19	
Anteil korrekt vorhergesagter Fälle	60.66 %		64.38 %		64.13 %		65.23 %		68.03 %	
Spezifität	99.83 %		85.47 %		84.31 %		81.71 %		79.64 %	
Sensitivität	0.44 %		31.89 %		33.12 %		39.91 %		50.19 %	

Anmerkungen: n = 3 998 (88.02 %); [1] männlich als Referenzkategorie; OR: Odds Ratio; 95 % KI: 95 % Konfidenzintervall; [2] Absolutwert; *** $p < .001$; ** $p < .010$; * $p < .050$.

In Modell 5 wurde zudem noch die Bereitschaft der Ankerperson erfasst, ihre eigene E-Mail-Adresse am Ende des Fragebogens anzugeben, um eventuell weitere Fragen zu beantworten. Die Hinzunahme dieses Prädiktors führte zu einer signifikanten Erhöhung der Varianzaufklärung um fünf Prozentpunkte (R^2 nach Nagelkerke). Ankerpersonen, welche ihre eigene E-Mail-Adresse nannten, gaben im Vergleich zu denen, welche nicht ihre eigene E-Mail-Adresse nannten, mit einer um das 3.78-fach erhöhten Wahrscheinlichkeit auch die ihres Geschwisters an.

Beendigung des Fragebogens durch das Geschwister

Im zweiten Schritt der Spezifitätsanalyse wurden nur die Ankerpersonen betrachtet, die die E-Mail-Adresse des Geschwisters genannt hatten. Als Kriterium wurde die Beendigung des Fragebogens durch das zweite Geschwister verwendet. Alle fünf Modelle waren signifikant von dem Nullmodell verschieden (Modell 1: $X^2(4) = 22.492$; $p < .001$; Modell 2: $X^2(11) = 74.214$; $p < .001$; Modell 3: $X^2(16) = 84.825$; $p < .001$; Modell 4: $X^2(22) = 98.210$; $p < .001$; Modell 5: $X^2(23) = 100.299$; $p < .001$; n = 1576; Tabelle 32). Es zeigte sich eine Verbesserung der Varianzaufklärung zwischen den Modellen (Modell 1 zu Modell 2: $X^2(7) = 51.722$; $p < .001$; Modell 3 zu Modell 4: $X^2(6) = 13.384$; $p = .037$), mit Ausnahme zwischen Modell 2 und 3 ($X^2(5) = 10.661$; $p = .060$) und dem Modell 4 und 5 ($X^2(1) = 2.089$; $p = .148$).

Es lag signifikant häufiger ein vollständiger Datensatz beider Geschwister vor, wenn das zweite Geschwister weiblich war, das erste Geschwister einen hohen allgemeinbildenden Schulabschluss hatte und die aktuelle Geschwisterbeziehung durch eine verlässliche Allianz gekennzeichnet war. Positive Merkmale der Geschwisterbeziehung in der Kindheit waren nur in Modell 3 ein signifikanter Prädiktor. Die Position des ersten Geschwisters in der Geburtenreihenfolge war nur in Modell 2 ein signifikanter Prädiktor: Wenn die Ankerperson später geboren war, antwortete das zweite Geschwister mit einer höheren Wahrscheinlichkeit.

7.3.2 Teilnahme des Geschwisters aus der Sicht der Teilnehmenden

In Welle 3 der Datenerhebung wurden die Teilnehmenden gebeten, einen Grund anzugeben, warum sie die E-Mail-Adresse ihres Geschwisters nicht nennen wollten. Hierzu wurde ihnen ein Satzanfang mit einzeiligem freien Antwortfeld vorgegeben („Ich möchte nicht die E-Mail-Adresse meines Geschwisters angeben, weil:"). Insgesamt machten 1 688 Ankerpersonen, die den Fragebogen beendeten, Angaben, warum sie die E-Mail-Adresse ihres Geschwisters nicht weitergaben (62.70 % der 2 692 Ankerpersonen ohne Angaben zur E-Mail-Adresse

Tabelle 32. Logistische Regression zur Vorhersage der Teilnahme des zweiten Geschwisters an der Studie (Individualdatensatz)

Prädiktor	Modell 1		Modell 2		Modell 3		Modell 4		Modell 5	
	OR	95 %-KI	OR	95 %-KI	OR	95 %-KI	OR	95 %-KI	OR	95 %-KI
Alter	0.99**	[0.98, 1.00]	0.99**	[0.98, 1.00]	0.99	[0.98, 1.00]	0.99*	[0.98, 1.00]	0.99*	[0.98, 1.00]
Geschlecht[1]										
weiblich	1.13	[0.90, 1.43]	1.05	[0.82, 1.33]	1.01	[0.79, 1.29]	1.02	[0.79, 1.31]	1.01	[0.79, 1.30]
anderes	1.02	[0.25, 4.17]	0.90	[0.22, 3.73]	0.88	[0.21, 3.73]	0.98	[0.22, 4.26]	0.97	[0.22, 4.26]
hoher allgemeinbildender Schulab.	1.70**	[1.18, 2.45]	1.81**	[1.25, 2.64]	1.84**	[1.26, 2.69]	1.81**	[1.23, 2.65]	1.81**	[1.23, 2.65]
Geschlecht Geschwister weiblich			1.90***	[1.54, 2.34]	1.82***	[1.47, 2.25]	1.88***	[1.51, 2.34]	1.89***	[1.52, 2.35]
Verwandtschaftsgrad										
leibliche Geschwister			1.17	[0.29, 4.77]	1.24	[0.29, 5.25]	1.29	[0.30, 5.56]	1.24	[0.29, 5.36]
Halbgeschwister			0.56	[0.13, 2.49]	0.59	[0.13, 2.71]	0.62	[0.13, 2.90]	0.60	[0.13, 2.80]
Altersabstand[2]			0.99	[0.95, 1.03]	0.96	[0.92, 1.01]	0.97	[0.92, 1.02]	0.97	[0.92, 1.02]
Anzahl der Geschwister			0.99	[0.91, 1.09]	0.99	[0.91, 1.09]	0.99	[0.90, 1.08]	0.99	[0.90, 1.08]
Position in der Geburtenreihenfolge										
Ankerperson			1.14*	[1.00, 1.30]	1.13	[0.97, 1.32]	1.13	[0.97, 1.31]	1.13	[0.97, 1.32]
Geschwister			0.98	[0.84, 1.14]	0.99	[0.83, 1.18]	1.00	[0.84, 1.19]	0.99	[0.83, 1.18]
Kindheitserfahrungen										
Anzahl verschiedener Viktimisierungserfahrungen					0.97	[0.90, 1.04]	0.99	[0.92, 1.07]	0.99	[0.92, 1.07]
negative Merkmale der Ausgestaltung der Geschwisterbeziehung					0.95	[0.78, 1.15]	1.01	[0.82, 1.25]	1.01	[0.82, 1.24]
positive Merkmale der Ausgestaltung der Geschwisterbeziehung					1.20*	[1.02, 1.41]	1.15	[0.94, 1.39]	1.14	[0.94, 1.39]

Fortsetzung von Tabelle 32

Prädiktor	Modell 1		Modell 2		Modell 3		Modell 4		Modell 5	
	OR	95 %-KI	OR	95 %-KI	OR	95 %-KI	OR	95 %-KI	OR	95 %-KI
Kindheitserfahrungen (Fortsetzung)										
relative Macht in der Geschwisterbeziehung					0.96	[0.83, 1.11]	0.96	[0.83, 1.12]	0.97	[0.84, 1.12]
Dauer des Zusammenlebens					0.97	[0.94, 1.00]	0.97	[0.94, 1.01]	0.97	[0.94, 1.01]
Aktuelle Geschwisterbeziehung										
Kontakthäufigkeit							0.97	[0.88, 1.07]	0.97	[0.88, 1.07]
Konflikthäufigkeit							0.92	[0.79, 1.07]	0.92	[0.79, 1.07]
Unterstützung durch das Geschwister							1.01	[0.88, 1.17]	1.01	[0.88, 1.17]
Unterstützung des Geschwisters							0.98	[0.85, 1.12]	0.98	[0.85, 1.12]
verlässliche Allianz							1.21**	[1.05, 1.40]	1.21*	[1.04, 1.40]
Zufriedenheit							1.00	[0.87, 1.16]	1.01	[0.87, 1.17]
Bereitschaft zur Angabe persönlicher Daten									1.31	[0.91, 1.88]
Konstante	0.83		0.44		0.54		0.30		0.25	
2 Log Likelihood	2162.28		2110.56		2099.95		2086.57		2084.47	
R² nach Nagelkerke	.02		.06		.07		.08		.08	
Anteil korrekt vorhergesagter Fälle	54.89 %		59.01 %		60.03 %		60.22 %		60.22 %	
Spezifität	37.58 %		58.98 %		59.49 %		58.21 %		57.69 %	
Sensitivität	72.06 %		59.03 %		60.56 %		62.20 %		52.45 %	

Anmerkungen: n = 1 576 (90.32 %); [1] männlich als Referenzkategorie; OR: Odds Ratio; 95 %-KI: 95 % Konfidenzintervall; [2] Absolutwert; *** $p < .001$; ** $p < .010$; * $p < .050$.

des Geschwisters). Die Angaben wurden nach inhaltlichen Gesichtspunkten, nämlich den explizit angegebenen Gründen, ausgewertet und in drei Schritten zu Themengruppen und Kategorien zusammengefasst. Das Vorgehen gestaltete sich wie folgt:

1. Zusammenfassung der Inhalte, Notieren von Besonderheiten
2. Zusammenfassung der Beschreibungen zu Kategorien, Vereinheitlichung der Bezeichnungen, erneute Überprüfung der Zuordnung der einzelnen Angaben.[28]
3. Thematische Zusammenfassung der einzelnen Kategorien zu Gruppen

Ergebnisse

Die Angaben der Ankerpersonen wurden in sieben Hauptkategorien mit jeweils bis zu sechs Unterkategorien zusammengefasst (Tabellen 33 bis 39). Mit 30.04% wurden am häufigsten Antworten gegeben, die darauf verwiesen, dass das Geschwister einer Teilnahme an der Befragung nicht zustimmt oder eventuell nicht zustimmen würde (n = 507; Tabelle 33). Neben Angaben, dass das Geschwister explizit gesagt habe, dass es nicht teilnehmen wolle (13.33%; n = 225), bestand ein großer Anteil an Begründungen in dieser Gruppe darin, dass die Ankerperson – auch ohne Rücksprache zu halten – davon ausging, dass das Geschwister nicht an der Befragung teilnehmen würde (6.40%; n = 108) oder dieses grundsätzlich (Online-)Studien ablehne (6.40%; n = 108). Eine Teilnehmerin begründete dies mit ihrer eigenen Erfahrung in der Durchführung von Studien:

„Ich weiß, dass mein Bruder nicht bei Fragebogenuntersuchungen mitmacht – nicht mal bei denen, die ich selbst fürs Studium durchführen muss."[29]

3.55% der Ankerpersonen äußerten Unsicherheit darüber, ob sich das Geschwister für eine Teilnahme interessiere (n = 60). Sieben Ankerpersonen betonten, dass sie die Entscheidung über die Teilnahme an der Studie den Geschwistern überlassen wollten (0.41%).

---

28 Wurde mehr als ein Grund genannt, wurde die Angabe zum erst genannten oder dem in der Kausalkette voranstehenden Grund zugeordnet (z.B. „Auf Reisen und deswegen schlechter Internetzugang", „kein Kontakt zum Geschwister und darum keine E-Mail-Adresse"). Wurden Gründe für die Nicht-Einladung von mehreren Geschwistern angegeben, wurde der Grund für das den Auswahlkriterien entsprechende Geschwister kodiert.
29 Alle Angaben der Studienteilnehmenden werden ohne Korrektur der Rechtschreibung und Grammatik wiedergegeben.

Tabelle 33. Fehlende Zustimmung des Geschwisters

Kategorie		Beispiele	n	%
F1	keine Zustimmung zur Teilnahme	„Sie das nicht möchte und sie ist nunmal die ältere ;)" „ist nicht damit einverstanden"	224	13.27
F2	antizipierte Nicht-Teilnahme	„Ich denke nicht, dass meine Schwester an der Studie teilnehmen würde." „ich weiß, dass er nicht antworten würde"	108	6.40
F3	generelle Ablehnung von (Online-) Studien	„Nimmt grundsätzlich nicht an Befragungen teil" „vorbehalte gegenüber onlinebefragungen bestehen"	108	6.40
F4	Unsicherheit bezüglich der Zustimmung	„ich nicht weiß, ob sie an dieser Studie teilnehmen möchte." „ich nicht sicher bin, ob er das wollen würde [...]"	60	3.55
F5	eigenständige Entscheidung des Geschwisters	„Es ihr überlassen bleiben sollte, frei zu entscheiden, ob sie bei dieser Umfrage mitmachen möchte [...]" „das nicht meine Entscheidung ist."	7	0.41

Anmerkung: n = 1 688.

Der zweithäufigste Grund, warum die E-Mail-Adresse des Geschwisters nicht angegeben worden war, lag an der eingeschränkten Teilnahmemöglichkeit des Geschwisters (Tabelle 34). Zu großen Teilen war dies die Art der Darbietung des Fragebogens, nämlich online (28.61 %; n = 483). So gaben 12.74 % (n = 215) an, die E-Mail-Adresse des Geschwisters nicht zu kennen[30] und 10.25 % (n = 173), dass ihr Geschwister eingeschränkten oder keinen Zugang zum Internet habe. Letzteres wurde von einigen Ankerpersonen mit dem Alter (z. B. „*meine Geschwister im hohen Alter sind und nicht mit Computern arbeiten*") oder der mangelnden Computeraffinität des Geschwisters (z. B. „*meine Schwester Panik bekommt, wenn sie am Computer etwas ausfüllen soll*") begründet. Andere Gründe für eine Nicht-Angabe der E-Mail-Adresse des Geschwisters waren das zu junge Alter des Geschwisters (3.08 %; n = 52), keine (ausreichenden) Deutschkenntnisse (2.07 %; n = 35) sowie eine schwere zumeist geistige Behinderung des Geschwisters (0.47 %; n = 8).

Bei 16.71 % wurde die Nicht-Angabe der E-Mail-Adresse mit Merkmalen der Geschwisterbeziehung begründet (n = 282; Tabelle 35). Die häufigste Unterkategorie war „kein Kontakt zum Geschwister" mit 7.52 %, (n = 127) gefolgt von „kaum, wenig oder keinem guten Kontakt" mit 2.96 % (n = 50). 2.43 % gaben an, dass die Geschwisterbeziehung schwierig und belastet sei (n = 41). Während einige Ankerpersonen von einer vorübergehenden Belastung schrie-

---

30 Einige Ankerpersonen äußerten sich explizit darüber, dass die Unkenntnis über die E-Mail-Adresse nicht auf mangelndem Kontakt begründet sei (z. B. „*[E-Mail-Adresse] Weiß ich nicht, wir telefonieren oder haben Kontakt über whatsapp*").

ben oder auch geringen und mangelnden Kontakt nicht als negativ bewerteten, stellten einige Ankerpersonen ihr Geschwister sehr negativ dar, wie folgendes Beispiel veranschaulicht:

> „ich zum ersten keinen Kontakt mit meiner Familie habe und ich noch nicht einmal weiß ob irgend eine dieser Personen einen Computer Bedienen kann geschweige denn ob jemand eine E-Mail-Adresse hat"

Tabelle 34. Eingeschränkte Teilnahmemöglichkeit des Geschwisters

Kategorie		Beispiele	n	%
E1	E-Mail-Adresse unbekannt	„weil ich sie nicht weiß" „sie gerade nicht auswendig weiß und nicht an meinem eigenen Rechner sitze."	215	12.74
E2	eingeschränkte oder keine Möglichkeit der Kontaktaufnahme über das Internet	„sie keine eigene Email-Adresse hat" „Er seine Mails selten liest und somit wahrscheinlich auch nicht an der Umfrage teilnehmen würde."	173	10.25
E3	Alter	„sie nur 7 Jahre alt ist." „mein Bruder noch minderjährig ist."	52	3.08
E4	keine ausreichenden Deutschkenntnisse	„Sie spricht nur englisch" „sie wohnt in Rumänien und versteht kein Deutsch"	35	2.07
E5	schwere Behinderung	„schwester ist geistig behindert kann nicht schreiben und sprechen" „mein Bruder geistig und körperlich behindert ist und deswegen keine Mails beantworten kann"	8	0.47

Anmerkung: n = 1 688.

In einem Fall wurden sogar weitere Maßnahmen erwähnt, um nicht Kontakt zur Herkunftsfamilie und damit zu den Geschwistern zu haben:

> „Ich eine auskunftssperre übers Einwohnermeldeamt habe damit mich meine leibliche Familie nicht finden kann"

Der Kontaktabbruch ging in einigen Fällen soweit, dass nicht einmal bekannt war, ob das Geschwister noch am Leben war. Die Ursache für die schlechte Geschwisterbeziehung wurde von einigen Ankerpersonen sowohl in der Kindheit als auch in aktuelleren Geschehnissen gesehen:

> „wir aufgrund unserer Kindheitserlebnisse tatsächlich eine extrem schwierige Bezieh haben – deshalb hat mich diese Studie besonders interessiert."

> „mein Bruder besuchte meine Mutter während 5 Jahre im Pflegeheim nie. Er löste dann einen 1 jährigen Erbstreit aus, den er vor allen Instanzen verlor. Für mich ist so ein Bruder gestorben"

Die Bedenken einer kleinen Subgruppe richteten sich mehr auf kurzfristige Folgen für die Geschwister, wenn eine solche Einladung zur Studienteilnahme verschickt würde. So wollten 2.13 % auf das Geschwister Rücksicht nehmen (n = 36) und 0.77 % befürchteten, dass das Geschwister verärgert reagieren würde (n = 13). In einer weiteren Kategorie wurden Angaben zusammengefasst, die unterschiedliche Aspekte, vor allem Besonderheiten in der Geschwisterkonstellation, aufgriffen. Einige Ankerpersonen begründeten die Nicht-Angabe der E-Mail-Adresse des Geschwisters in Unterschieden in der Wahrnehmung und der Einstellung der Geschwister (0.89 %; n = 15).

Tabelle 35. Merkmale der Geschwisterbeziehung

Kategorie		Beispiele	n	%
M1	kein Kontakt zum Geschwister	„wir keinerlei Kontakt pflegen" „Ich habe seit 15 Jahren keinen Kontakt mehr zu meinen Geschwistern"	127	7.52
M2	kaum, wenig oder keinen guten Kontakt zum Geschwister	„kein guter Kontakt vorhanden" „ich nur sporadisch Kontakt zu meiner Schwester habe"	50	2.96
M3	schwierige, belastete Geschwisterbeziehung	„wir momentan ein angespanntes Verhältnis haben." „wir keine gute Beziehung haben"	41	2.43
M4	Rücksichtnahme auf Geschwister	„ich nicht sicher bin, ob sie sich nicht von mir überrumpelt fühlt" „Ich ihn nicht zu etwas zwingen will"	36	2.13
M5	negative Konsequenzen	„sie niemals an einer Befragung teilnehmen und nur wütend auf mich werden." „Mein Bruder könnte das falsch verstehen. Er könnte denken, ich will ihm mit einer Aufforderung, an dieser Studie teilzunehmen, auf Missstände in unserem Verhältnis aufmerksam machen."	13	0.77
M6	Sonstiges zur Geschwisterbeziehung	„[...] meine schwester ist 11 jahre jünger und wurde teilweise von mir erzogen" „[...] er hat eine sehr andere Kindheit erlebt [...]" „meine schwestern finden mein engagement in vielen dingen des lebens nicht so gut u so gehe ich meinen weg, aber wir haben kontakt"	15	0.89

Anmerkung: n = 1 688.

Eine weitere Begründung dafür, die E-Mail-Adresse des Geschwisters nicht anzugeben, lag in Fragen des Datenschutzes, der Anonymität und dem Schutz der Privatsphäre (11.08 %; n = 187; Tabelle 36). 5.63 % der Ankerpersonen (n = 95) äußerten sich dahingehend, dass sie die Daten erst nach Rücksprache weitergeben möchten. 4.44 % machten zu diesem Thema allgemeine Angaben (z. B. „*Datenschutz*"; n = 75) und 1.01 % verwiesen auf die hohe Sensibilität ihres Geschwisters in Bezug auf Datenschutz (n = 17).

Tabelle 36. Datenschutz, Anonymität, Schutz der Privatsphäre

Kategorie		Beispiele	n	%
D1	keine Weitergabe der Daten ohne Rücksprache	„Ich möchte zuerst fragen, ob meine Schwester mit der Weitergabe einverstanden ist und dann ggf. später ihre E-Mail-Adresse nennen." „Ich möchte nichts tun, ohne die Einverständniserklärung meines Bruders."	95	5.63
D2	allgemeine Angaben/Datenschutz und Privatsphäre allgemein	„ich seine Privatsphäre schützen möchte" „aus Datenschutz Gründen. Das ist mir dann zu unsicher."	75	4.44
D3	hohe Sensibilität des Geschwisters in Bezug auf Datenschutz	„mein Bruder sehr sensibel in der Weitergabe von persönlichen Datem im Netz reagiert" „ich sie nicht vorher fragen kann und jetzt nicht vor den Kopf stoßen möchte, da sie bei Privatthemen und deren Benennung außerhalb ihrer Privatsphäre sehr sensibel reagiert."	17	1.01

Anmerkung: n = 1 688.

6.99 % der Ankerpersonen wollten aufgrund der aktuellen Lebenssituation des Geschwisters keine Einladung zur Studienteilnahme an dieses schicken (n = 118; Tabelle 37). Neben einem Teil, der auf spezifische Lebensumstände, wie Auslandsreisen oder das Leben in einer Ordensgemeinschaft verwies (1.90 %: n = 32), waren Belastungen (2.67 %; n = 45) und Zeitmangel (2.43 %; n = 41) die Hauptgründe. Die Belastungen umfassten eine weite Bandbreite von Ereignissen, wie Elternschaft *(„frischgebackene Mutter, hat keine Zeit")*, psychische Probleme *(„sie psychisch instabil ist")*, Trauer *(„Die Tochter meiner Schwester vor einer Woche verstorben ist")*, körperliche Erkrankungen *(„...mein Bruder körperlich schwer krank ist (Multiple Sklerose) und ich es ihm nicht zumuten möchte")* und Belastungen am Arbeitsplatz oder in der Ausbildung *(„sie gerade im Prüfungsstress ist")*.

Tabelle 37. Aktuelle Lebenssituation des Geschwisters

Kategorie		Beispiele	n	%
A1	Belastung	„es meinem Bruder momentan nicht sehr gut geht" „sie psychisch instabil ist"	45	2.67
A2	Zeitmangel	„sie zu viel anderes zu tun hat." „Sie keine zeit mit 2 kindern hat"	41	2.43
A3	Lebensumstände	„meine nächstjüngere Schwester in einer Ordensgemeinschaft lebt" „ist momentan im ausland auf reisen"	32	1.90

Anmerkung: n = 1 688.

Gerade im Hinblick auf die aktuellen Belastungen äußerten sich einige Ankerpersonen spezifisch darüber, dass sie auf ihr Geschwister diesbezüglich Rücksicht nehmen wollten, um dieses nicht noch weiter zu belasten, wie die folgenden Beispiele zeigen:

> *"Meine Schwester ist derzeit sehr im Lernstress für Uni-Prüfungen. Ich möchte sie nicht ablenken."*

> *"momentan ein schlechter Zeitpunkt für eine Befragung zu diesem Thema ist (bestehende Schwangerschaft, ich möchte keine Traurigkeit auslösen)."*

3.73 % der Ankerpersonen gaben als Begründung an, dass sie selbst nicht bereit seien, die E-Mail-Adresse des Geschwisters weiterzugeben (n = 63; Tabelle 38). Dies wurde zum einen mit dem Wunsch nach einer Teilnahme als Einzelperson begründet (1.48 %; n = 25) zum andern dem Wunsch, dass das Geschwister nicht von der Teilnahme wissen sollte (1.01 %; n = 17). Ein anderer Teil gab an, dass das Thema zu heikel sei (1.24 %; n = 21).

Tabelle 38. Bereitschaft zur Weitergabe durch Ankerperson

Kategorie		Beispiele	n	%
B1	Wunsch nach individueller Teilnahme der Ankerperson	*"in dieser Umfrage geht es um mich! ;-)"* *"ich das nicht möchte"*	25	1.48
B2	Thema zu heikel	*"ist mir zu intim"* *"es mir unwohl wäre"*	21	1.24
B3	Geschwister soll nicht von der Teilnahme erfahren	*"sie meinen Namen nicht erfahren soll. Eine anonyme Aufforderung, nicht in Bezug zu mir, hätte mir eher zugesagt."* *"Er weiß nichts von der Umfrage"*	17	1.01

Anmerkung: n = 1 688.

2.84 % der Aussagen der Ankerpersonen ließen sich in keine der vorangegange.nen Kategorien einordnen (n = 48; Tabelle 39). Sie bezogen sich zum einen auf Ankerpersonen, die keine Gründe angeben wollten (0.36 %; n = 6) oder deren Angaben nicht auswertbar waren (0.95 %; n = 16). Ein kleiner Prozentsatz gab an, dass ihr Geschwister bereits teilgenommen habe oder ihnen den Link geschickt habe (0.36 %; n = 6). Bei einer Ankerperson gab es technische Probleme (0.06 %).

Tabelle 39. Sonstige Begründung

Kategorie		Beispiele	n	%
S1	keine Angaben von Gründen	„Persönliche Gründe" „ich das nicht begründen muss"	25	1.48
S2	nicht auswertbar	„meine Magisterprüfung sonst auf dem Spiel steht." „Gründe"	16	0.95
S3	Geschwister hat bereits Einladung zur Studie erhalten	„ich bereits nach Erhalt der Einladung zur Umfrage diesen Link meinem Bruder weitergeleitet habe" „meine Schwester hat mir eine E-Mail zur Beantwortung dieses Fragebogens geschickt."	6	0.36
S4	technische Probleme	„Ihr System eine Neuseeländische Adresse nicht angenommen hat"	1	0.06

Anmerkung: n = 1 688.

Kapitel 8
Studie 1: Risikokonstellationen und Zusammenhänge zwischen Viktimisierungserfahrungen von Geschwistern

In dieser Studie werden Risikokonstellationen und Zusammenhänge zwischen Viktimisierungserfahrungen von Geschwistern in der Kindheit dargestellt. Sie ist in vier Fragestellungen untergliedert. Als erstes wurden die Häufigkeiten für Viktimisierungserfahrungen im Individualdatensatz und die Zusammenhänge zwischen den Geschwistern (Dyadischer Datensatz) hinsichtlich der Formen von Kindeswohlgefährdung berichtet. Im zweiten Teil wurden Risikokonstellationen für das Vorliegen von Viktimisierungserfahrungen untersucht, dies sowohl im Hinblick auf die Viktimisierungserfahrungen einer Person (Individualdatensatz) als auch auf die Konstellationen zwischen den Geschwistern (Dyadischer Datensatz).

8.1 Statistische Auswertung

Als Variablen für Viktimisierungserfahrungen wurde zum einen zwischen der Anzahl verschiedener Viktimisierungserfahrungen und spezifischen Viktimisierungserfahrungen, nämlich körperlicher Misshandlung, sexuellem Missbrauch, emotionalem Missbrauch, emotionaler und körperlicher Vernachlässigung sowie dem Miterleben von Partnerschaftsgewalt, differenziert. Zum anderen wurde zwischen zwei verschiedenen Schweregraden unterschieden: Der erste umschließt auch leichtere Formen von körperlicher Misshandlung, sexuellem Missbrauch, emotionalem Missbrauch sowie emotionaler und körperlicher Vernachlässigung und wurde anhand des Schwellenwertes des CTQ für leichte bis mittelschwere Viktimisierungserfahrungen operationalisiert. Die Variablen werden im Folgenden als Viktimisierungserfahrungen gemäß weiter Definition bezeichnet. Der zweite Schweregrad, im Folgenden als enge Definition bezeichnet, wurde anhand des Schwellenwertes des CTQ für mittelschwere bis schwere Viktimisierungserfahrungen operationalisiert. Für das Miterleben von Partnerschaftsgewalt war eine solche Unterscheidung aufgrund der Operationalisierung als dichotomes und nicht intervallskaliertes Maß nicht möglich. Für die

Anzahl verschiedener Viktimisierungserfahrungen wird sie nur bei der Verwendung einer weiten Definition mitberücksichtigt.

Auf Individualebene

Für die statistische Vorhersage der Anzahl verschiedener Viktimisierungserfahrungen wurde eine multiple lineare Regression durchgeführt. Für die Vorhersage der einzelnen Formen von Kindeswohlgefährdung wurde auf die Methode der logistischen Regression zurückgegriffen. Als Verfahren für die Aufnahme von Variablen in das Modell wurde die Methode „Enter/Einschluss" gewählt, da mit dieser Reihenfolgeeffekte der hierarchisch aufgenommenen Variablen, wie beispielsweise bei der Methode „Backwards/Rückwärts", umgangen werden (Bühner/Ziegler 2009). Alle Regressionen beinhalteten als Modell 1 demografische Variablen und Belastungsfaktoren aus der Herkunftsfamilie. In Modell 2 wurden diesen Variablen die Geschwisteranzahl und die Position der Ankerperson in der Geburtenreihenfolge hinzugefügt. Moderatoreffekte werden zudem in einem separaten Modell berichtet.

Alle Modelle wurden auf Multikollinearität sowie die Linearität des Zusammenhangs für die linearen Regressionen geprüft. Es lag keine multivariate Normalverteilung der Prädiktoren vor. Das Verfahren wurde dennoch gewählt, da es gegenüber einer Verletzung der Normalverteilungsannahme relativ robust ist (Bühner/Ziegler 2009). Für die logistischen Regressionen, insbesondere bei der Verwendung der engen Definition, waren die Kriterien nicht gleichverteilt, weswegen der Prozentsatz der richtig klassifizierten Fälle die Modellgüte leicht überschätzt.

Auf dyadischer Ebene

Anders als auf der Individualebene wurden nicht die individuellen Viktimisierungserfahrungen der Geschwister, sondern die Konstellationen der Viktimisierungserfahrungen zwischen den Geschwistern vorhergesagt. Für die Vorhersage wurden somit vier Gruppen bzw. Kategorien gebildet: keines der beiden Geschwister, nur das ältere Geschwister, nur das jüngere Geschwister oder beide Geschwister wurden viktimisiert oder berichteten eine bestimmte Form von Kindeswohlgefährdung. Mithilfe einer multinomialen logistischen Regression wurden ausgehend von der Referenzkategorie, dass keines der beiden Geschwister eine bzw. eine spezifische Form der Viktimisierung berichtet hatte, Faktoren ermittelt, welche signifikant die Wahrscheinlichkeit für das Vorliegen einer Viktimisierungserfahrung bei einem oder beiden der Geschwister erhöhten.

Die Prädiktoren lehnten sich inhaltlich an die Prädiktoren für die Vorhersage auf der Individualebene an und wurden um Variablen zur Geschwisterkonstellation ergänzt. Die Prädiktoren wurden dahingehend zusammengefasst, dass sich keine Singularitäten in der Hesse-Matrix ergaben. Singularitäten entstehen immer dann, wenn eine bestimmte Ausprägung einer Variablen für eine

Kategorie eine Konstante darstellt. Bei der Vorhersage der Kategorien gemäß der weiten Definition war es möglich die gleichen Prädiktoren für alle Kriterien zu verwenden. Für die Vorhersage der Kategorien mit einer Operationalisierung anhand der engen Definition mussten für körperliche Misshandlung und emotionalen Missbrauch Veränderungen vorgenommen werden. Für körperliche Misshandlung konnten die Variablen gleichgeschlechtliches Geschwisterpaar und leibliche Geschwister nicht als Prädiktoren verwendet werden, für emotionalen Missbrauch die Variable leibliche Geschwister.

Die Geschwisteranzahl sowie die Dauer des Zusammenlebens wurden anhand der Angaben des jüngeren Geschwisters operationalisiert. Die Korrelation zwischen den Angaben beider Geschwister war mit .77 und .73 (beide: $p < .001$) für beide Konstrukte hoch. Unterschiede zwischen den Geschwistern hatten keinen bedeutsamen Einfluss auf die vorherzusagende Zuordnung zu den Kategorien. Es wurde nur das Alter des älteren Geschwisters und das Alter der Eltern bei dessen Geburt als Prädiktor mitaufgenommen, um zu ermöglichen, dass der Altersabstand zwischen den Geschwistern ebenfalls als Prädiktor modelliert werden konnte. Würden die Angaben des jüngeren Geschwisters mit aufgenommen, so wären die Variablen mathematisch determiniert und somit nicht für ein Regressionsmodell geeignet.

Die psychischen Probleme der Eltern der Geschwister wurden in der multinomialen logistischen Regression hinsichtlich der Berichte der Geschwister differenziert dargestellt, um zeitlichen Veränderungen sowie unterschiedlichen elterlichen Bezugspersonen Rechnung tragen zu können.

8.2 Prävalenz von Viktimisierungserfahrungen

8.2.1 Prävalenzraten auf Individualebene

Anzahl verschiedener Viktimisierungserfahrungen

32.34 % der Ankerpersonen berichteten von keinen Viktimisierungserfahrungen in ihrer Kindheit (n = 1 464), 22.55 % von einer (n = 1 024), 17.51 % von zwei (n = 795), 12.73 % von drei (n = 578), 8.52 % von vier (n = 387), 4.58 % von fünf (n = 208) und 1.87 % von sechs (n = 85; n_{valid} = 4541). Gemäß enger Definition berichteten 66.73 % von keiner (n = 3 031), 15.61 % von einer (n = 709), 7.84 % von zwei (n = 356), 4.98 % von drei (n = 226), 3.57 % von vier (n = 162) und 1.28 % von fünf verschiedenen Viktimisierungserfahrungen (n = 58). Es lagen signifikante Haupteffekte für die Geschlechtszugehörigkeit und die Altersgruppe für die Anzahl verschiedener Viktimisierungserfahrungen sowohl gemäß weiter Definition als auch gemäß enger Definition vor (Tabelle 40). Frauen berichteten eine signifikant höhere Anzahl verschiedener Viktimisierungserfahrungen als Männer (weite Definition: Frauen: M = 1.67; SD = 1.64; n = 3 252;

Männer: $M = 1.54$; $SD = 1.47$; n = 1 272; enge Definition: $M = 0.71$; $SD = 1.21$; n = 3 253; Männer: $M = 0.55$; $SD = 1.03$; n = 1 272) und ältere Ankerpersonen mehr als jüngere (Abbildung 16).

Abbildung 16. Anzahl verschiedener Viktimisierungserfahrungen nach Altersgruppen (Individualdatensatz)

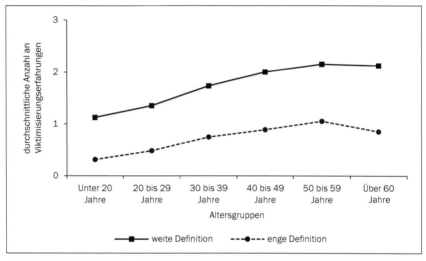

Anmerkungen: weite Definition: n = 4 541; enge Definition: n = 4 542; Spannweite: weite Definition: 1 bis 6; enge Definition: 1 bis 5.

Art der Viktimisierungserfahrungen

Die Prävalenzraten der verschiedenen Formen von Kindeswohlgefährdung, eingeteilt nach Schweregraden, sind in Tabelle 41 dargestellt. Frauen berichteten signifikant häufiger von sexuellem und emotionalem Missbrauch als Männer (sexueller Missbrauch: $X^2(1) = 43.42$; $p < .001$; n = 4 525; emotionaler Missbrauch: $X^2(1) = 49.55$; $p < .001$; n = 4 525). Die männlichen Ankerpersonen berichteten häufiger von emotionaler Vernachlässigung ($X^2(1) = 10.74$; $p = .001$; n = 4 525). Hinsichtlich des Vorliegens körperlicher Misshandlung ($X^2(1) = 0.12$; $p = .735$; n = 4 525), körperlicher Vernachlässigung ($X^2(1) = 2.45$; $p = .134$; n = 4 525) und dem Miterleben von Partnerschaftsgewalt ($X^2(1) = 2.57$; $p = .109$; n = 4 524) bestanden keine Geschlechtsunterschiede. Wurde die enge Definition verwendet, so hatten die Geschlechtsunterschiede bei sexuellem Missbrauch ($X^2(1) = 28.09$; $p < .001$; n = 4 525) und emotionalen Missbrauch ($X^2(1) = 52.61$; $p < .001$; n = 4 525) Bestand. Bei allen anderen Formen lagen keine signifikanten Geschlechtsunterschiede vor (körperliche Misshandlung: $X^2(1) = 1.67$; $p = .196$; n = 4 525; emotionale Vernachlässigung: $X^2(1) = 2.98$; $p = .084$; n = 4 525; körperliche Vernachlässigung: $X^2(1) = 0.03$; $p = .854$; n = 4 525).

Tabelle 40. Haupt- und Interaktionseffekte von Altersgruppe und Geschlecht in Bezug auf das Ausmaß an Viktimisierungserfahrungen (Individualdatensatz)

abhängige Variablen	n	Haupteffekt Altersgruppe				Haupteffekt Geschlecht				Interaktionseffekt Altersgruppe mit Geschlecht				korrigiertes R^2
		F	df	p	partielles η^2	F	df	p	partielles η^2	F	df	p	partielles η^2	
Anzahl Viktimisierungserfahrungen														
weite Definition	4 524	31.82	5	<.001	.034	14.14	1	<.001	.003	1.54	5	.174	.002	.05
enge Definition	4 525	24.91	5	<.001	.027	18.50	1	<.001	.004	2.19	5	.052	.002	.04
körperliche Misshandlung	590	1.63	4	.166	.011	9.69	1	.002	.016	1.00	4	.408	.007	.03
sexueller Missbrauch	451	4.70	2	.010	.021	0.51	1	.477	.001	0.85	2	.429	.004	.02
emotionaler Missbrauch	1 703	7.78	4	<.001	.018	33.08	1	<.001	.019	1.75	4	.137	.004	.04
emotionale Vernachlässigung	2 171	9.51	4	<.001	.017	29.53	1	<.001	.013	1.72	4	.142	.003	.03
körperliche Vernachlässigung	1 570	5.408	4	<.001	.014	12.90	1	<.001	.008	1.88	4	.111	.005	.03

Anmerkung: Aufgrund zu geringer Fallzahlen konnte die Altersgruppe der unter 20-Jährigen nicht in die Auswertung mitaufgenommen werden. Für die Auswertung von sexuellem Missbrauch traf dies zudem für die 50- bis 59-Jährigen und die über 60-Jährigen zu.

Tabelle 41. Prävalenz spezifischer Formen von Kindeswohlgefährdung (Individualdatensatz)

Form der Kindeswohlgefährdung	Frauen		Männer		Andere		gesamt	
	n	%	n	%	n	%	n	%
körperliche Misshandlung								
keine bis leicht (5–7)	2828	86.94	1101	86.56	9	52.94	3938	86.70
leicht bis mittel (8–9)	182	5.59	90	7.08	6	35.29	278	6.12
mittel bis schwer (10–12)	139	4.27	57	4.48	1	5.88	197	4.34
schwer bis extrem (13–25)	104	3.20	24	1.89	1	5.88	129	2.84
sexueller Missbrauch								
keine bis leicht (5)	2738	84.17	1166	91.67	9	52.94	3913	86.15
leicht bis mittel (6–7)	226	6.95	52	4.09	4	23.53	282	6.21
mittel bis schwer (8–12)	173	5.32	32	2.52	2	11.76	207	4.56
schwer bis extrem (13–25)	116	3.57	22	1.73	2	11.76	140	3.08
emotionaler Missbrauch								
keine bis leicht (5–8)	1892	58.16	884	69.50	6	35.29	2782	61.25
leicht bis mittel (9–12)	754	23.18	263	20.68	2	11.76	1019	22.44
mittel bis schwer (13–15)	259	7.96	69	5.42	3	17.65	331	7.29
schwer bis extrem (16–25)	348	10.70	56	4.40	6	35.29	410	9.03
emotionale Vernachlässigung								
keine bis leicht (5–9)	1703	52.35	597	46.93	6	35.29	2306	50.77
leicht bis mittel (10–14)	920	28.28	457	35.93	4	23.53	1381	30.41
mittel bis schwer (15–17)	324	9.96	118	9.28	2	11.76	444	9.78
schwer bis extrem (18–25)	306	9.41	100	7.86	5	29.41	411	9.05
körperliche Vernachlässigung								
keine bis leicht (5–7)	2123	65.26	800	62.89	6	35.29	2929	64.49
leicht bis mittel (8–9)	585	17.98	256	20.13	4	23.53	845	18.60
mittel bis schwer (10–12)	357	10.97	154	12.11	3	17.65	514	11.32
schwer bis extrem (13–25)	188	5.78	62	4.87	4	23.53	254	5.59
Miterleben von Partnerschaftsgewalt								
keine	2819	86.18	1126	87.97	12	70.59	3957	86.64
nur gegen Mutter	317	9.69	104	8.13	2	11.76	423	9.26
nur gegen Vater	56	1.71	20	1.56	0	0.00	76	1.66
gegen beide Eltern	78	2.38	30	2.34	3	17.65	111	2.43

Anmerkungen: CTQ-Skalen: n = 4542; Miterleben von Partnerschaftsgewalt: n = 4567; Einteilung nach Schweregraden gemäß Häuser et al. (2011).

Über die Altersgruppen hinweg nahm die Häufigkeit, mit der alle Formen von Kindeswohlgefährdung berichtet wurden, signifikant zu (körperliche Misshandlung: $X^2(5) = 132.67$; $p < .001$; n = 4542; sexueller Missbrauch: $X^2(5) = 72.12$; $p < .001$; n = 4542; emotionaler Missbrauch: $X^2(5) = 31.48$; $p < .001$; n = 4542; emotionale Vernachlässigung: $X^2(5) = 142.26$; $p < .001$; n = 4542; körperliche Vernachlässigung: $X^2(5) = 153.97$; $p < .001$; n = 4542; Miterleben von Partnerschaftsgewalt: $X^2(5) = 23.36$; $p < .001$ n = 4541). Dies traf auch zu, wenn ausschließlich mittelschwere bis extreme Viktimisierungserfahrungen berücksichtigt wurden (körperliche Misshandlung: $X^2(5) = 89.46$; $p <. 001$; sexueller Missbrauch: $X^2(5) = 53.11$; $p < .001$; emotionaler Missbrauch: $X^2(5) = 58.17$; $p < .001$; emotionale Vernachlässigung: $X^2(5) = 113.00$; $p < .001$; körperliche Vernachlässigung: $X^2(5) = 104.97$; $p < .001$; n = 4542).

Für die Schwere der verschiedenen Viktimisierungserfahrungen bestand, mit Ausnahme von sexuellem Missbrauch, ein signifikanter Haupteffekt für die Geschlechtszugehörigkeit und zwar dahingehend, dass Frauen ein höheres Ausmaß berichteten. Für die Zugehörigkeit zu den Altersgruppen bestand für sexuellen Missbrauch, emotionalen Missbrauch, emotionale Vernachlässigung und körperliche Vernachlässigung ein signifikanter Haupteffekt. Dieser war von einer Zunahme von den jüngeren Altersgruppen hin zu der Altersgruppe der 50- bis 59-Jährigen gekennzeichnet. In der Gruppe der über 60-Jährigen kam es zu einer Abnahme der Schwere im Vergleich zu der Gruppe der 50- bis 59-Jährigen (Tabelle 40).[31]

Zusammenhänge zwischen den verschiedenen Formen von Kindeswohlgefährdung

Wie in Tabelle 43 dargestellt, ging das Vorliegen einer Form von Kindeswohlgefährdung mit einer erhöhten Wahrscheinlichkeit einher, dass jede andere Form von Kindeswohlgefährdung ebenfalls vorlag, verglichen mit der Wahrscheinlichkeit, wenn dies nicht der Fall war. Die niedrigste Odds Ratio mit 2.87 bestand für den Zusammenhang von sexuellem Missbrauch und emotionaler Vernachlässigung gemäß weiter Definition. Die höchste mit 24.48 für den Zusammenhang von emotionalen Missbrauch und körperlicher Misshandlung gemäß enger Definition.

Die CTQ Skalen zur Erfassung des Ausmaßes der verschiedenen Formen von Kindeswohlgefährdung korrelierten signifikant und positiv miteinander (Tabelle 42). Ankerpersonen, die berichteten, dass sie Partnerschaftsgewalt zwischen oder gegen ihre Eltern miterlebt hatten (n = 604), wiesen in allen Skalen

---

31 Aufgrund zu geringer Fallzahlen konnte die Altersgruppe der unter 20-Jährigen nicht in die Auswertung mitaufgenommen werden. Für die Auswertung von sexuellem Missbrauch traf dies zudem für die 50- bis 59-Jährigen und die über 60-Jährigen zu.

des CTQ signifikant höhere Werte auf, als solche die keine Partnerschaftsgewalt miterlebt hatten (n = 3 937; körperliche Misshandlung: kein Miterleben: M = 5.72; SD = 1.76; Miterleben: M = 7.99; SD = 4.01; $t(639.17)$ = −13.70; $p < .001$; d = −0.60; sexueller Missbrauch: kein Miterleben: M = 5.48; SD = 1.89; Miterleben: M = 6.64; SD = 3.76; $t(650.81)$ = −7.43; $p < .002$; d = −0.33; emotionaler Missbrauch: kein Miterleben: M = 8.26; SD = 3.75; Miterleben: M = 12.44; SD = 5.25; $t(700.60)$ = −18.83; $p < .003$; d = −0.82; emotionale Vernachlässigung: kein Miterleben: M = 9.82; SD = 4.29; Miterleben: M = 14.03; SD = 5.12; $t(738.84)$ = −19.19; $p < .004$; d = −0.84; körperliche Vernachlässigung: kein Miterleben: M = 6.90; SD = 2.34; Miterleben: M = 9.33; SD = 3.57; $t(684.92)$ = −16.20; $p < .005$; d = −0.71).

Tabelle 42. Interkorrelationsmatrix der CTQ Skalen (Individualdatensatz)

Skala	1.	2.	3.	4.	5.
1. körperliche Misshandlung	1	.37***	.59***	.48***	.47***
2. sexueller Missbrauch	.37***	1	.35***	.25***	.29***
3. emotionaler Missbrauch	.59***	.35***	1	.70***	.53***
4. emotionale Vernachlässigung	.48***	.25***	.70***	1	.61***
5. körperliche Vernachlässigung	.47***	.29***	.53***	.61***	1

Anmerkungen: n = 4 542; *** $p < .001$; ** $p < .010$; * $p < .050$.

8.2.2 Prävalenzraten bei Geschwisterpaaren

Anzahl verschiedener Viktimisierungserfahrungen
39.43 % der älteren Geschwister (n = 343) und 34.83 % der jüngeren Geschwister berichteten von keinen Viktimisierungserfahrungen in der Kindheit. 23.10 % der älteren (n = 201) und 26.90 % der jüngeren Geschwister (n = 234) berichteten von mindestens einer Form von Kindeswohlgefährdung. 15.86 % der älteren (n = 138) und 17.93 % der jüngeren (n = 156) berichteten von zwei verschiedenen Formen und 10.11 % (n = 88) bzw. 10.92 % (n = 95) berichteten von drei unterschiedlichen Formen. Vier bis sechs Formen von Gewalterfahrung gaben 11.49 % der älteren (n = 100) und 9.43 % der jüngeren Geschwister (n = 82) an. Wurden nur die Viktimisierungserfahrungen gemäß einer engen Definition berücksichtigt, dann zeigten sich folgende Häufigkeitsverteilungen: Bei 79.10 % der Geschwisterpaare (n = 511) berichtete keines der beiden eine Viktimisierungserfahrung, bei 12.64 % nur das ältere Geschwister (n = 110), bei 15.72 % nur das jüngere Geschwister (n = 135) und bei 13.10 % beide Geschwister (n = 114).

Tabelle 43. Zusammenhänge zwischen den verschiedenen Formen von Kindeswohlgefährdung (Individualdatensatz)

Form der Kindes-wohlgefährdung	körperliche Misshandlung		sexueller Missbrauch		emotionaler Missbrauch		emotionale Vernachlässigung		körperliche Vernachlässigung		Miterleben von Partner-schaftsgewalt	
	OR	95%-KI	OR	95%-KI	OR	95%-KI	OR	95%-KI	OR	95%-KI	OR	95%-KI
körperliche Missh.												
weite Definition	–	–	5.51	[4.54, 6.69]	11.05	[8.81, 13.86]	8.39	[6.58, 10.69]	6.26	[5.17, 7.59]	5.52	[4.54, 6.71]
enge Definition	–	–	7.66	[5.87, 10.00]	24.48	[18.64, 32.14]	14.72	[11.40, 19.02]	10.35	[8.14, 13.16]	6.96	[5.48, 8.83]
sexueller Missbr.												
weite Definition	5.51	[4.54, 6.69]	–	–	4.16	[3.47, 4.98]	2.87	[2.39, 3.44]	3.02	[2.54, 3.59]	3.16	[2.59, 3.87]
enge Definition	7.66	[5.87, 10.00]	–	–	6.61	[5.26, 8.31]	4.79	[3.82, 6.01]	5.12	[4.07, 6.43]	3.48	[2.72, 4.44]
emotionaler Missbr.												
weite Definition	11.05	[8.81, 13.86]	4.16	[3.47, 4.98]	–	–	9.44	[8.19, 10.88]	4.05	[3.56, 4.61]	4.98	[4.12, 6.02]
enge Definition	24.48	[18.64, 32.14]	6.61	[5.26, 8.31]	–	–	18.71	[15.52, 22.56]	8.12	[6.80, 9.69]	6.00	[4.98, 7.24]
emotionale Vernachl.												
weite Definition	8.39	[6.58, 10.69]	2.87	[2.39, 3.44]	9.44	[8.19, 10.88]	–	–	5.57	[4.86, 6.38]	4.45	[3.63, 5.46]
enge Definition	14.72	[11.40, 19.02]	4.79	[3.82, 6.01]	18.71	[15.52, 22.56]	–	–	10.60	[8.90, 12.63]	4.43	[3.69, 5.33]
körperliche Vernachl.												
weite Definition	6.26	[5.17, 7.59]	3.02	[2.54, 3.59]	4.05	[3.56, 4.61]	5.57	[4.86, 6.38]	–	–	3.51	[2.94, 4.19]
enge Definition	10.35	[8.14, 13.16]	5.12	[4.07, 6.43]	8.12	[6.80, 9.69]	10.60	[8.90, 12.63]	–	–	4.75	[3.94, 5.72]
Miterleben von Partner-schaftsgewalt												
weite Definition	5.52	[4.54, 6.71]	3.16	[2.59, 3.87]	4.98	[4.12, 6.02]	4.45	[3.63, 5.46]	3.51	[2.94, 4.19]	–	–
enge Definition	6.96	[5.48, 8.83]	3.48	[2.72, 4.44]	6.00	[4.98, 7.24]	4.43	[3.69, 5.33]	4.75	[3.94, 5.72]	–	–

Anmerkungen: OR: Odds Ratio; 95%-KI: 95 % Konfidenzintervall.

Die Anzahl verschiedener Viktimisierungserfahrungen der älteren Geschwister korrelierte signifikant und positiv mit der des jüngeren Geschwisters (weite Definition: r = .51; p < .001; n = 870; enge Definition: r = .43; p < .001; n = 870, Abbildung 17). Es bestand kein signifikanter Unterschied in der Anzahl verschiedener Viktimisierungserfahrungen zwischen älteren und jüngeren Geschwistern (Tabelle 46).

Abbildung 17. Anzahl verschiedener Viktimisierungserfahrungen des jüngeren Geschwisters in Abhängigkeit der Anzahl verschiedener Viktimisierungserfahrungen des älteren Geschwisters (Dyadischer Datensatz)

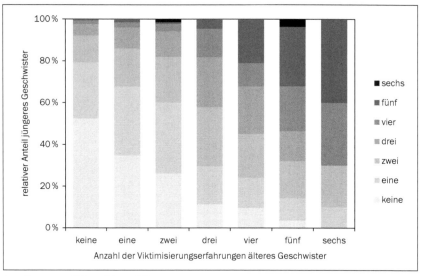

Anmerkungen: n = 870; r = .51; p < .001.

40.10% der älteren Schwestern (n = 245), 37.74% der älteren Brüder (n = 97), 36.44% der jüngeren Schwestern (n = 223) und 31.37% der jüngeren Brüder (n = 80) berichteten von keiner Viktimisierungserfahrung. Hinsichtlich der Anzahl verschiedener Viktimisierungserfahrungen unterschieden sich weder in der Gruppe der älteren Geschwister noch in der der jüngeren Geschwister Frauen und Männer signifikant voneinander (ältere Geschwister: Frauen: M = 1.42; SD = 1.57; n = 611; Männer: M = 1.26; SD = 1.34; n = 257; $t(561.23)$ = 1.52; p = .130; d = 0.11; jüngere Geschwister: Frauen: M = 1.37; SD = 1.45; n = 612; Männer: M = 1.36; SD = 1.31; n = ; $t(521.54)$ = 1.78; p = .076; d = 0.01). Für die Anzahl verschiedener Viktimisierungserfahrungen gemäß enger Definition bestand ein signifikanter Unterschied zwischen Frauen und Männern in der Gruppe der älteren Geschwister, nicht aber in der Gruppe der jüngeren Geschwister (ältere Geschwister: Frauen: M = 0.52; SD = 1.02; n = 611; Männer: M = 0.35; SD = 0,77;

n = 257; $t(625.61)$ = 2.76; p = .006 d = 0.21; jüngere Geschwister: Frauen: M = 0.52; SD = 0.98; n = 612; Männer: M = 0.40; SD = 0.82; n = 255; $t(865)$ = 2.00; p = .052; d = 0.15).

Bei beiden Geschwistern korrelierte die Anzahl verschiedener Viktimisierungserfahrungen signifikant mit dem Alter zum Zeitpunkt der Beantwortung des Fragebogens (ältere Geschwister: weite Definition: r = .22; p < .001; enge Definition: r = .18; p < .001; n = 870; jüngere Geschwister: weite Definition: r = .14; p < .001; enge Definition: r = .15; p < .001; n = 870).

Art der Viktimisierungserfahrungen

Die am häufigsten berichtete Form von Kindeswohlgefährdung war emotionaler Missbrauch mit 33.33 % bei den älteren Geschwistern (n = 290) und 35.75 % bei den jüngeren Geschwistern (n = 311). Am seltensten wurde körperliche Misshandlung berichtet (ältere Geschwister: 9.31 %; n = 81; jüngere Geschwister: 8.62 %; n = 75). Die Prävalenzraten nach Schweregraden sind in Tabelle 44 dargestellt. Die Angaben beider Geschwister im Hinblick auf die CTQ Skalen korrelierten signifikant und positiv miteinander (Tabelle 45). Es lagen keine Mittelwertunterschiede zwischen älteren und jüngeren Geschwistern vor (Tabelle 46).

In den Tabellen 47 und 48 sind die Zusammenhänge zwischen den einzelnen Formen von Kindeswohlgefährdung zwischen den Geschwistern dargestellt. Alle Zusammenhänge waren positiv gerichtet, d. h. dass durch das Vorliegen einer Form von Kindeswohlgefährdung bei einem der Geschwister die Wahrscheinlichkeit für das Vorliegen einer Form von Kindeswohlgefährdung für das andere Geschwister erhöht war. Dies galt sowohl bei der gleichen Form von Kindeswohlgefährdung, als auch zwischen unterschiedlichen Formen, wie beispielsweise bei körperlicher Misshandlung des jüngeren Geschwisters und emotionalem Missbrauch des älteren Geschwisters, mit einer um mehr als das zehnfache erhöhten Wahrscheinlichkeit. Für drei Kombinationen bestanden keine signifikanten Effekte: für emotionalen Missbrauch des älteren und sexuellen Missbrauch des jüngeren Geschwisters nach enger und nach weiter Definition sowie für emotionale Vernachlässigung des älteren und sexuellen Missbrauch des jüngeren Geschwisters gemäß enger Definition.

Sowohl bei den älteren als auch bei den jüngeren Geschwistern berichteten Frauen häufiger als Männer von emotionalem Missbrauch gemäß beiden Definitionen (ältere Geschwister: weite Definition: $X^2(1)$ = 7.07; p = .008; enge Definition: $X^2(1)$ = 16.59; p < .000; jüngere Geschwister: weite Definition: $X^2(1)$ = 5.16; p = .023; enge Definition: $X^2(1)$ = 4.84; p = .028). Bei den älteren Geschwistern berichteten Frauen häufiger als Männer von sexuellem Missbrauch, nicht aber bei den jüngeren (ältere Geschwister: weite Definition: $X^2(1)$ = 11.83; p = .001; enge Definition: $X^2(1)$ = 6.64; p = .010; jüngere Geschwister: weite Definition: $X^2(1)$ = 2.73; p = .099; enge Definition: $X^2(1)$ = 1.22; p = .269). In allen

Tabelle 44. Prävalenzraten der Formen von Gewalterfahrungen (Dyadischer Datensatz)

Form der Kindeswohlgefährdung	älteres Geschwister		jüngeres Geschwister	
	n	%	n	%
körperliche Misshandlung				
keine bis leicht (5–7)	789	90.69	795	91.38
leicht bis mittel (8–9)	38	4.37	42	4.83
mittel bis schwer (10–12)	21	2.41	23	2.64
schwer bis extrem (13–25)	22	2.53	10	1.15
sexueller Missbrauch				
keine bis leicht (5)	777	89.31	776	89.30
leicht bis mittel (6–7)	50	5.75	43	4.94
mittel bis schwer (8–12)	23	2.64	39	4.49
schwer bis extrem (13–25)	20	2.30	11	1.27
emotionaler Missbrauch				
keine bis leicht (5–8)	580	66.67	559	64.25
leicht bis mittel (9–12)	186	21.38	205	23.56
mittel bis schwer (13–15)	53	6.09	60	6.90
schwer bis extrem (16–25)	51	5.86	46	5.29
emotionale Vernachlässigung				
keine bis leicht (5–9)	512	58.85	494	56.78
leicht bis mittel (10–14)	253	29.08	255	29.31
mittel bis schwer (15–17)	58	6.67	71	8.16
schwer bis extrem (18–25)	47	5.40	50	5.75
körperliche Vernachlässigung				
keine bis leicht (5–7)	618	71.03	609	70.00
leicht bis mittel (8–9)	138	15.86	145	16.67
mittel bis schwer (10–12)	88	10.11	81	9.31
schwer bis extrem (13–25)	26	2.99	35	4.02
Miterleben von Partnerschaftsgewalt				
keine	755	86.78	786	90.34
nur gegen Mutter	73	8.39	54	6.21
nur gegen Vater	20	2.30	11	1.26
gegen beide Eltern	22	2.53	19	2.18

Anmerkungen: sexueller Missbrauch jüngeres Geschwister: n = 869; alle anderen Skalen: n = 870; Einteilung der Schweregrade nach Häuser et al. (2011).

Tabelle 45. Korrelationen zwischen dem Ausmaß der Viktimisierungserfahrungen zwischen den Geschwistern (Dyadischer Datensatz)

jüngeres Geschwister	älteres Geschwister				
	1.	2.	3.	4.	5.
1. körperliche Misshandlung	.48***	.17***	.29***	.32***	.29***
2. sexueller Missbrauch	.09*	.13***	.07*	.09**	.17***
3. emotionaler Missbrauch	.31***	.11**	.39***	.36***	.23***
4. emotionale Vernachlässigung	.32***	.15***	.39***	.51***	.31***
5. körperliche Vernachlässigung	.28***	.12***	.29***	.33***	.35***

Anmerkungen: n = 870; Ausnahme alle Kombinationen mit sexuellem Missbrauch jüngeres Geschwister: n = 869; *** $p < .001$; ** $p < .010$; * $p < .050$.

Tabelle 46. Unterschiede zwischen den Geschwistern hinsichtlich des Ausmaßes von Viktimisierungserfahrungen (Dyadischer Datensatz)

abhängige Variablen	älteres Geschwister		jüngeres Geschwister					
	M	SD	M	SD	t	df	p	d
Anzahl verschiedener Viktimisierungserfahrungen								
weite Definition	1.37	1.51	1.38	1.42	−0.26	869	.796	−.01
enge Definition	0.47	0.96	0.49	0.94	−0.57	869	.571	−.02
körperliche Misshandlung	5.76	1.92	5.64	1.67	1.87	869	.062	.01
sexueller Missbrauch	5.47	1.98	5.39	1.60	1.02	868	.310	.05
emotionaler Missbrauch	8.29	3.64	8.34	3.54	−0.37	869	.708	−.01
emotionale Vernachlässigung	9.51	4.09	9.68	4.25	−1.21	869	.227	−.04
körperliche Vernachlässigung	6.80	2.35	6.82	2.42	−0.24	869	.812	−.01

Anmerkungen: n = 870; mit Ausnahme der Skala sexueller Missbrauch: n = 869.

anderen Skalen zeigten sich keine Unterschiede zwischen Männern und Frauen (ältere Geschwister: weite Definition: körperliche Misshandlung: $X^2(1) = 0.27$; $p = .606$; emotionale Vernachlässigung: $X^2(1) = 0.57$; $p = .450$; körperliche Vernachlässigung: $X^2(1) = 0.15$; $p = .696$; Miterleben von Partnerschaftsgewalt: $X^2(1) = 2.39$; $p = .122$; enge Definition: körperliche Misshandlung: $X^2(1) = 0.88$; $p = .349$; emotionale Vernachlässigung: $X^2(1) = 1.93$; $p = .165$; körperliche Vernachlässigung: $X^2(1) = 0.25$; $p = .621$; jüngere Geschwister: weite Definition: körperliche Misshandlung: $X^2(1) = 0.16$; $p = .693$; emotionale Vernachlässigung: $X^2(1) = 3.83$ $p = .050$; körperliche Vernachlässigung: $X^2(1) = 3.11$; $p = .078$; Miterleben von Partnerschaftsgewalt: $X^2(1) = 0.47$; $p = .495$; enge Definition: körperliche Misshandlung: $X^2(1) = 0.91$; $p = .340$; emotionale Vernachlässigung: $X^2(1) = 1.45$; $p = .229$; körperliche Vernachlässigung: $X^2(1) = 0.16$; $p = .689$).

Tabelle 47. Ähnlichkeiten und Unterschiede zwischen den Viktimisierungserfahrungen der beiden Geschwister in Bezug auf die gleiche Form von Kindeswohlgefährdung (Dyadischer Datensatz)

Form von Kindeswohl-gefährdung	n_valid	beide keine		nur älteres Geschw.		nur jüngeres Geschw.		beide Geschw.		OR	95%-Konfidenzintervall	
		n	%	n	%	n	%	n	%		U	O
Anzahl verschiedener Viktimisierungserfahrungen												
weite Definition	870	180	20.69	163	18.74	123	14.14	404	46.44	3.63	[2.71,	4.86]
enge Definition	870	511	58.74	110	12.64	135	15.52	114	13.10	3.92	[2.84,	5.42]
körperliche Misshandlung												
weite Definition	870	748	85.98	41	4.71	47	5.40	34	3.91	13.20	[7.68,	22.69]
enge Definition	870	811	93.22	26	2.99	16	1.84	17	1.95	33.14	[15.09,	72.77]
sexueller Missbrauch												
weite Definition	869	700	80.55	76	8.75	76	8.75	17	1.96	2.06	[1.16,	3.67]
enge Definition	869	783	90.10	36	4.14	43	4.95	7	0.81	3.54	[1.49,	8.42]
emotionaler Missbrauch												
weite Definition	870	427	49.08	153	17.59	132	15.17	158	18.16	3.34	[2.49,	4.49]
enge Definition	870	700	80.46	64	7.36	66	7.59	40	4.60	6.63	[4.15,	10.59]
emotionale Vernachlässigung												
weite Definition	870	372	42.76	140	16.09	122	14.02	236	27.13	5.14	[3.84,	6.89]
enge Definition	870	690	79.31	59	6.78	75	8.62	46	5.29	7.17	[4.56,	11.29]
körperliche Vernachlässigung												
weite Definition	870	473	54.37	145	16.67	136	15.63	116	13.33	2.78	[2.04,	3.79]
enge Definition	870	677	77.82	77	8.85	79	9.08	37	4.25	4.12	[2.61,	6.50]
Miterl. von Partnerschaftsgewalt	870	720	82.76	66	7.59	35	4.02	49	5.63	15.27	[9.25,	25.223]

Anmerkungen: U = untere Grenze des 95%-Konfidenzintervalls; O = obere Grenze des 95%-Konfidenzintervalls.

Tabelle 48. Ähnlichkeiten und Unterschiede zwischen den Viktimisierungserfahrungen der beiden Geschwister in Bezug auf unterschiedliche Formen von Kindeswohlgefährdung (Dyadischer Datensatz)

jüngeres Geschwister	älteres Geschwister											
	körperliche Misshandlung		sexueller Missbrauch		emotionaler Missbrauch		emotionale Vernachlässigung		körperliche Vernachlässigung		Miterleben von Partnerschaftsgewalt	
	OR	95%-KI	OR	95%-KI	OR	95%-KI	OR	95%-KI	OR	95%-KI	OR	95%-KI
körperliche Misshandlung												
weite Definition	13.20	[7.68, 22.69]	5.35	[3.11, 9.18]	3.37	[2.07, 5.47]	6.67	[3.72, 11.96]	3.55	[2.19, 5.74]	3.64	[2.14, 6.20]
enge Definition	33.14	[15.09, 72.77]	7.33	[3.09, 17.42]	10.48	[5.10, 21.54]	7.91	[3.86, 16.21]	9.26	[4.52, 18.98]	5.37	[2.61, 11.04]
sexueller Missbrauch												
weite Definition	2.76	[1.55, 4.92]	2.06	[1.16, 3.67]	1.52	[0.98, 2.36]	2.51	[1.62, 3.91]	2.13	[1.37, 3.30]	1.44	[0.81, 2.56]
enge Definition	1.74	[0.60, 5.08]	3.54	[1.49, 8.42]	1.45	[0.66, 3.19]	1.67	[0.79, 3.55]	2.25	[1.14, 4.44]	1.49	[0.71, 3.16]
emotionaler Missbrauch												
weite Definition	4.14	[2.55, 6.73]	1.63	[1.06, 2.52]	3.34	[2.49, 4.49]	3.35	[2.51, 4.47]	2.18	[1.62, 2.95]	4.12	[2.73, 6.24]
enge Definition	8.33	[4.40, 15.78]	2.31	[1.10, 4.83]	6.63	[4.15, 10.59]	4.09	[2.53, 6.61]	2.34	[1.42, 3.86]	3.55	[2.21, 5.70]
emotionale Vernachl.												
weite Definition	5.32	[3.09, 9.16]	1.69	[1.10, 2.60]	3.28	[2.45, 4.40]	5.14	[3.84, 6.89]	2.12	[1.57, 2.85]	2.19	[1.47, 3.27]
enge Definition	6.94	[3.68, 13.08]	2.55	[1.27, 5.12]	6.93	[4.40, 10.91]	7.17	[4.56, 11.29]	3.27	[2.07, 5.17]	2.16	[1.33, 3.50]
körperliche Vernachl.												
weite Definition	4.17	[2.60, 6.69]	2.32	[1.50, 3.58]	2.79	[2.06, 3.77]	2.93	[2.17, 3.94]	2.78	[2.04, 3.79]	2.65	[1.78, 3.96]
enge Definition	5.36	[2.82, 10.17]	1.78	[0.83, 3.82]	4.80	[3.02, 7.64]	4.80	[3.02, 7.64]	4.12	[2.61, 6.50]	3.64	[2.30, 5.76]
Miterl. v. Partnerschaftsgewalt												
weite Definition	4.03	[2.31, 7.06]	2.37	[1.32, 4.24]	3.35	[2.11, 5.31]	3.84	[2.36, 6.27]	3.60	[2.27, 5.70]	15.27	[9.25, 25.22]
enge Definition	5.22	[2.64, 10.34]	2.26	[1.01, 5.04]	5.00	[3.01, 8.31]	5.27	[3.18, 8.73]	4.95	[3.01, 8.15]	--	--

Anmerkungen: OR: Odds Ratio; 95%-KI: 95 % Konfidenzintervall.

Wurden nur die Subgruppen herangezogen, bei denen die Ankerpersonen mindestens über dem ersten Schwellenwert für das Vorliegen von der entsprechenden Form von Kindeswohlgefährdung lagen, so ergaben sich folgende Unterschiede zwischen Männern und Frauen hinsichtlich des Ausmaßes der Viktimisierungserfahrungen: Bei den älteren Geschwistern wiesen Frauen signifikant höhere Werte als Männer bei den Skalen körperliche Misshandlung (Frauen: M = 11.24; SD = 3.04; n = 55; Männer: M = 9.81; SD = 2.59; n = 26; $t(79)$ = 2.06; p = .042; d = 0.49) und emotionaler Missbrauch (Frauen: M = 12.75; SD = 3.58; n = 221; Männer: M = 11.25; SD = 3.00; n = 69; $t(133.59)$ = 3.47; p = .001; d = 0.48) auf. In allen anderen Skalen unterschieden sich Frauen nicht signifikant von Männern (sexueller Missbrauch: Frauen: M = 9.48; SD = 4.44; n = 79; Männer: M = 9.08; SD = 4.46; n = 13; $t(288)$ = 0.30; p = .762; d = 0.09; emotionale Vernachlässigung: Frauen: M = 13.61; SD = 3.34; n = 247; Männer: M = 12.91; SD = 3.56; n = 111; $t(356)$ = 1.80; p = .073; d = 0.21; körperliche Vernachlässigung: Frauen: M = 9.94; SD = 1.94; n = 175; Männer: M = 9.97; SD = 1.97; n = 77; $t(250)$ = –0.14; p = .890; d = –0.02). Bei den jüngeren Geschwistern wiesen Frauen signifikant höhere Werte als Männer in den Skalen sexueller Missbrauch (Frauen: M = 8.96; SD = 3.83; n = 71; Männer: M = 7.65; SD = 1.79; n = 20; $t(68.88)$ = 2.16; p = .034; d = 0.55) und emotionale Vernachlässigung (Frauen: M = 13.82; SD = 3.77; n = 251; Männer: M = 12.98; SD = 2.92; n = 123; $t(303.66)$ = 2.38; p = .018; d = 0.26) auf. Alle anderen Vergleiche zwischen den Gruppen wurden nicht signifikant (körperliche Misshandlung: Frauen: M = 10.30; SD = 3.10; n = 53; Männer: M = 9.45; SD = 1.85; n = 20; $t(71)$ = 1.15; p = .254; d = 0.30; emotionaler Missbrauch: Frauen: M = 12.19; SD = 3.57; n = 232; Männer: M = 11.45; SD = 2.82; n = 76; $t(159.88)$ = 1.87; p = .063; d = 0.25; körperliche Vernachlässigung: Frauen: M = 10.12; SD = 2.06; n = 172; Männer: M = 9.75; SD = 1.95; n = 87; $t(257)$ = 1.39; p = .167; d = 0.18).

Das Alter korrelierte bei den älteren Geschwistern signifikant mit allen Skalen. Bei den jüngeren korrelierten emotionaler und sexueller Missbrauch nicht signifikant mit dem Alter (ältere Geschwister: körperliche Misshandlung: r = .23; $p < .001$; sexueller Missbrauch: r = .12; $p < .001$, emotionaler Missbrauch: r = .10; p = .003; emotionale Vernachlässigung: r = .21; $p < .001$; körperliche Vernachlässigung: r = .16; $p < .001$; jüngere Geschwister: körperliche Misshandlung: r = .17; $p < .001$; sexueller Missbrauch: r = .06; p = .098, emotionaler Missbrauch: r = .06; p = .081; emotionale Vernachlässigung: r = .16; $p < .001$; körperliche Vernachlässigung: r = .11; p = .001).

8.3 Risikokonstellationen

8.3.1 Individualebene

In den Tabellen 49 bis 60 sind die Ergebnisse der Regressionen zur Vorhersage der Anzahl verschiedener Viktimisierungserfahrungen und verschiedener Formen von Kindeswohlgefährdung dargestellt.

Für alle Modelle und alle Kriterien war das Alter zum Zeitpunkt der Datenerhebung ein signifikanter Prädiktor: je höher das Alter, desto höher die Wahrscheinlichkeit, dass eine Ankerperson die entsprechende Form von Kindeswohlgefährdung erlebt hat bzw. desto höher die Anzahl verschiedener Viktimisierungserfahrungen.

Ankerpersonen, die sich weder dem weiblichen noch dem männlichen Geschlecht zuordneten, berichteten signifikant häufiger von Viktimisierungserfahrungen, mit Ausnahme von mittelschwerer bis extremer körperlicher Misshandlung, leichter bis extremer emotionaler Vernachlässigung und dem Miterleben von Partnerschaftsgewalt. Weibliches Geschlecht war ein bedeutsamer Prädiktor für sexuellen Missbrauch und emotionalen Missbrauch sowohl nach enger als auch nach weiter Definition sowie für mittelschwere bis extreme körperliche Misshandlung. Es sagte ebenfalls signifikant die Anzahl verschiedener Viktimisierungserfahrungen vorher. Der Zusammenhang war für alle genannten Kriterien dahingehend gerichtet, dass weibliches Geschlecht das Risiko für eine Viktimisierung erhöhte. Bei der Vorhersage von emotionaler Vernachlässigung zeigte sich ein unterschiedliches Bild je nach verwendeter Definition: Wurden leichte bis extreme Formen von emotionaler Vernachlässigung vorhergesagt, war weibliches Geschlecht ein signifikanter Prädiktor. Die Odds Ratio war aber kleiner eins, was darauf verweist, dass mehr Männer von emotionaler Vernachlässigung berichteten. Für die Vorhersage von mittelschwerer bis extremer emotionaler Vernachlässigung war die Odds Ratio größer eins und somit die Wahrscheinlichkeit für das Vorliegen einer emotionalen Vernachlässigung bei Frauen erhöht.

Ein hoher allgemeinbildender Schulabschluss war in allen Modellen für alle Kriterien ein signifikanter Prädiktor. Ankerpersonen, die als höchsten allgemeinbildenden Schulabschluss Abitur oder Fachabitur angaben, berichteten weniger häufig von Viktimisierungserfahrungen in ihrer Kindheit.

Das Alter der Mutter bei Geburt der Ankerperson war ein signifikanter Prädiktor für die Anzahl verschiedener Viktimisierungserfahrungen, für körperliche Misshandlung, körperliche Vernachlässigung und das Miterleben von Partnerschaftsgewalt. Dies galt für beide verwendeten Definitionen. Das Alter des Vaters bei der Geburt der Ankerperson sagte bedeutsam sexuellen Missbrauch sowohl nach weiter als auch nach enger Definition vorher. Das Alter beider Eltern sagte leichten bis extremen emotionalen Missbrauch vorher. Bei einer engen Definition von emotionalem Missbrauch sagte ausschließlich das Alter der Mutter bei der Geburt diesen vorher und zwar nur in Modell 1. Alle Zusammenhänge waren dahingehend gerichtet, dass ein jüngeres Alter des jeweiligen Elternteils bei der Geburt der Ankerperson mit einer höheren Wahrscheinlichkeit für Viktimisierung einherging.

Psychische Probleme beider Elternteile erhöhten signifikant die Wahrscheinlichkeit für das Vorliegen von allen Formen von Kindeswohlgefährdung sowie der Anzahl verschiedener Viktimisierungserfahrungen. Eine Trennung der Eltern während der Kindheit war für fast alle Modelle und Kriterien ein signifikanter Prädiktor, welcher die Wahrscheinlichkeit für Viktimisierung erhöhte. Eine Ausnahme bildete mittelschwerer bis extremer sexueller Missbrauch.

Durch die Hinzunahme der Geschwisteranzahl und der Position in der Geburtenreihenfolge wurde, mit Ausnahme bei der Vorhersage von mittelschwerer bis extremer emotionaler Vernachlässigung und dem Miterleben von Partnerschaftsgewalt, die Varianzaufklärung signifikant verbessert. Für die Anzahl verschiedener Viktimisierungserfahrungen nach beiden Definitionen waren die Anzahl der Geschwister sowie die eigene Position in der Geburtenreihenfolge signifikante Prädiktoren, welche einen positiven Zusammenhang aufwiesen.

Die Position in der Geburtenreihenfolge, nicht aber die Anzahl der Geschwister, war ein signifikanter Prädiktor für alle Formen von Kindeswohlgefährdung, mit Ausnahme von mittelschwerer bis extremer körperlicher Misshandlung, mittelschwerer bis extremer emotionaler Vernachlässigung, leichter bis extremer körperlicher Vernachlässigung und emotionalen Missbrauch gemäß beiden Definitionen. Für mittelschwere bis extreme körperliche Misshandlung sowie emotionalen Missbrauch gemäß beiden Definitionen war ausschließlich die Anzahl der Geschwister ein signifikanter Prädiktor. Für die Vorhersage von körperlicher Vernachlässigung gemäß weiter Definition war sowohl die Geschwisteranzahl als auch die Position in der Geburtenreihenfolge ein bedeutsamer Prädiktor. Zudem lag ein Moderatoreffekt vor (Modell 3), d.h. dass Personen, die im Verhältnis zu ihren Geschwistern später in eine Familie hineingeboren wurden, besonders häufig von körperlicher Vernachlässigung berichteten, wenn die Geschwisteranzahl hoch war.

Tabelle 49. Vorhersage Anzahl verschiedener Viktimisierungserfahrungen (Individualdatensatz)

Prädiktor	weite Definition		enge Definition	
	Modell 1	Modell 2	Modell 1	Modell 2
Alter	.22***	.21***	.18***	.17***
Geschlecht[1]				
weiblich	.04**	.04**	.07***	.07***
anderes	.06***	.06***	.06***	.06***
hoher allgemeinbildender Schulabschluss	−.08***	−.07***	−.10***	−.10***
Alter bei der Geburt[2]				
Mutter	−.04*	−.06**	−.04*	−.06**
Vater	.01	−.01	.01	−.01
psychische Probleme				
Mutter	.24***	.24***	.19***	.19***
Vater	.18***	.18***	.16***	.16***
Trennung der Eltern	.14***	.13***	.09***	.08***
Geschwisteranzahl		.03*		.04*
Position in der Geburtenreihenfolge		.07***		.05**
R^2	.20	.20	.15	.15
korrigiertes R^2	.20	.20	.14	.15
Standardfehler der Schätzung	1.43	1.43	1.08	1.08
F-Test: Modell	$F(9, 4480) = 123.06$; $p < .001$	$F(11, 4478) = 104.62$; $p < .001$	$F(9, 4481) = 84.57$; $p < .001$	$F(11, 4479) = 71.83$; $p < .001$.
F-Test: Schritt		$F(2, 4478) = 17.58$; $p < .001$		$F(2, 4479) = 12.51$; $p < .001$

Anmerkungen: standardisierte Regressionsgewichte; weite Definition: n = 4 490 (98.29 %); enge Definition: n = 4 491 (98.45 %); [1] männlich als Referenzkategorie; [2] Alter der Eltern bei der Geburt der Ankerperson; *** $p < .001$; ** $p < .010$; * $p < .050$.

Tabelle 50. Vorhersage körperliche Misshandlung mit weiter Definition (Individualdatensatz)

Prädiktor	Modell 1		Modell 2	
	OR	95%-KI	OR	95%-KI
Alter	1.04***	[1.03, 1.04]	1.03***	[1.03, 1.04]
Geschlecht[1]				
weiblich	1.08	[0.88, 1.32]	1.07	[0.87, 1.31]
anderes	8.12***	[2.91, 22.65]	7.89***	[2.79, 22.30]
hoher allgemeinbildender Schulabschluss	0.67**	[0.53, 0.84]	0.69**	[0.55, 0.88]
Alter bei der Geburt[2]				
Mutter	0.96**	[0.94, 0.99]	0.95***	[0.93, 0.98]
Vater	1.02	[1.00, 1.04]	1.01	[0.99, 1.03]
psychische Probleme				
Mutter	2.40***	[1.95, 2.95]	2.38***	[1.94, 2.93]
Vater	1.87***	[1.48, 2.36]	1.87***	[1.48, 2.36]
Trennung der Eltern	1.55***	[1.24, 1.94]	1.48**	[1.18, 1.85]
Anzahl der Geschwister			1.04	[0.97, 1.12]
Position in der Geburtenreihenfolge			1.12*	[1.00, 1.25]
Konstante	0.07***		0.08***	
2 Log Likelihood	3228.63		3217.98	
R^2 nach Nagelkerke	.12		.12	
Omnibus-Test: Modell	$X^2(9) = 299.13$; $p < .001$		$X^2(11) = 309.78$; $p < .001$	
Omnibus-Test: Schritt			$X^2(2) = 10.65$; $p = .005$	
Anteil korrekt vorhergesagter Fälle (%)	86.64		86.55	
Spezifität (%)	99.59		99.54	
Sensitivität (%)	2.50		2.17	

Anmerkungen: n = 4 490 (98.86 %); OR: Odds Ratio; 95%-KI: 95%-Konfidenzintervall; [1] männlich als Referenzkategorie; [2] Alter der Eltern bei der Geburt der Ankerperson; *** $p < .001$, ** $p < .010$, * $p < .050$.

Tabelle 51. Vorhersage körperliche Misshandlung mit enger Definition (Individualdatensatz)

Prädiktor	Modell 1			Modell 2		
	OR	95%-KI		OR	95%-KI	
Alter	1.03***	[1.03,	1.04]	1.03***	[1.02,	1.04]
Geschlecht[1]						
weiblich	1.34*	[1.02,	1.77]	1.33*	[1.01,	1.75]
anderes	2.47	[0.52,	11.70]	2.23	[0.46,	10.73]
hoher allgemeinbildender Schulabschluss	0.51***	[0.38,	0.67]	0.53***	[0.40,	0.70]
Alter bei der Geburt[2]						
Mutter	0.95**	[0.92,	0.98]	0.94**	[0.91,	0.97]
Vater	1.02	[1.00,	1.05]	1.02	[0.99,	1.04]
psychische Probleme						
Mutter	2.14***	[1.64,	2.79]	2.13***	[1.63,	2.78]
Vater	1.98***	[1.48,	2.65]	1.98***	[1.47,	2.65]
Trennung der Eltern	1.66***	[1.25,	2.21]	1.55**	[1.16,	2.06]
Anzahl der Geschwister				1.09*	[1.00,	1.18]
Position in der Geburtenreihenfolge				1.10	[0.96,	1.25]
Konstante	0.04***			0.05***		
2 Log Likelihood	2127.06			2115.05		
R^2 nach Nagelkerke	.11			.11		
Omnibus-Test: Modell	$X^2(9) = 165.52$; $p < .001$			$X^2(11) = 207.53$; $p < .001$		
Omnibus-Test: Schritt				$X^2(2) = 12.01$; $p = .002$		
Anteil korrekt vorhergesagter Fälle (%)	92.79			92.79		
Spezifität (%)	99.98			99.98		
Sensitivität (%)	0.00			0.00		

Anmerkungen: n = 4 490 (98.86 %); OR: Odds Ratio; 95%-KI: 95%-Konfidenzintervall; [1] männlich als Referenzkategorie; [2] Alter der Eltern bei der Geburt der Ankerperson; *** $p < .001$, ** $p < .010$, * $p < .050$.

Tabelle 52. Vorhersage sexueller Missbrauch mit weiter Definition (Individualdatensatz)

Prädiktor	Modell 1		Modell 2	
	OR	95%-KI	OR	95%-KI
Alter	1.03***	[1.02, 1.04]	1.03***	[1.02, 1.04]
Geschlecht[1]				
weiblich	2.38***	[1.89, 3.00]	2.37***	[1.88, 2.99]
anderes	11.55***	[4.17, 32.04]	11.58***	[4.07, 32.93]
hoher allgemeinbildender Schulabschluss	0.68**	[0.54, 0.85]	0.73**	[0.57, 0.92]
Alter bei der Geburt[2]				
Mutter	1.01	[0.98, 1.03]	0.99	[0.96, 1.01]
Vater	0.98	[0.96, 1.00]	0.97**	[0.95, 0.99]
psychische Probleme				
Mutter	1.75***	[1.43, 2.16]	1.74***	[1.41, 2.14]
Vater	2.03***	[1.62, 2.54]	2.02***	[1.61, 2.53]
Trennung der Eltern	1.43**	[1.15, 1.78]	1.34*	[1.07, 1.67]
Anzahl der Geschwister			0.99	[0.92, 1.07]
Position in der Geburtenreihenfolge			1.31***	[1.18, 1.46]
Konstante	0.04***		0.06***	
2 Log Likelihood	3348.72		3314.57	
R^2 nach Nagelkerke	.10		.12	
Omnibus-Test: Modell	$X^2(9) = 260.45$; $p < .001$		$X^2(11) = 294.60$; $p < .001$	
Omnibus-Test: Schritt			$X^2(2) = 34.15$; $p < .001$	
Anteil korrekt vorhergesagter Fälle (%)	86.17		86.17	
Spezifität (%)	99.74		99.53	
Sensitivität (%)	1.61		2.90	

Anmerkungen: n = 4 490 (98.86 %); OR: Odds Ratio; 95%-KI: 95%-Konfidenzintervall; [1] männlich als Referenzkategorie; [2] Alter der Eltern bei der Geburt der Ankerperson; *** $p < .001$, ** $p < .010$, * $p < .050$.

Tabelle 53. Vorhersage sexueller Missbrauch mit enger Definition (Individualdatensatz)

Prädiktor	Modell 1		Modell 2	
	OR	95%-KI	OR	95%-KI
Alter	1.03***	[1.02, 1.04]	1.03***	[1.02, 1.04]
Geschlecht[1]				
weiblich	2.54***	[1.86, 3.47]	2.52***	[1.84, 3.45]
anderes	7.52**	[2.24, 25.23]	7.09**	[2.01, 25.00]
hoher allgemeinbildender Schulabschluss	0.61**	[0.46, 0.81]	0.67**	[0.50, 0.89]
Alter bei der Geburt[2]				
Mutter	1.02	[0.98, 1.05]	0.99	[0.96, 1.03]
Vater	0.97*	[0.95, 1.00]	0.96**	[0.93, 0.98]
psychische Probleme				
Mutter	1.80***	[1.38, 2.33]	1.78***	[1.37, 2.32]
Vater	2.09***	[1.58, 2.77]	2.08***	[1.57, 2.75]
Trennung der Eltern	1.40*	[1.06, 1.85]	1.29	[0.97, 1.72]
Anzahl der Geschwister			0.97	[0.88, 1.07]
Position in der Geburtenreihenfolge			1.40***	[1.22, 1.60]
Konstante	0.02***		0.04***	
2 Log Likelihood	2241.51		2208.39	
R^2 nach Nagelkerke	.09		.11	
Omnibus-Test: Modell	$X^2(9) = 177.08$; $p < .001$		$X^2(11) = 210.19$; $p < .001$	
Omnibus-Test: Schritt			$X^2(2) = 33.12$; $p < .001$	
Anteil korrekt vorhergesagter Fälle (%)	92.36		92.38	
Spezifität (%)	99.98		99.93	
Sensitivität (%)	0.00		0.88	

Anmerkungen: n = 4 490 (98.86 %); OR: Odds Ratio; 95%-KI: 95%-Konfidenzintervall; [1] männlich als Referenzkategorie; [2] Alter der Eltern bei der Geburt der Ankerperson; *** $p < .001$, ** $p < .010$, * $p < .050$.

Tabelle 54. Vorhersage emotionaler Missbrauch mit weiter Definition (Individualdatensatz)

Prädiktor	Modell 1		Modell 2	
	OR	95%-KI	OR	95%-KI
Alter	1.62***	[1.39; 1.88]	1.01***	[1.01; 1.02]
Geschlecht[1]				
weiblich	3.98*	[1.38; 11.48]	1.61***	[1.39; 1.87]
anderes	0.76**	[0.63; 0.91]	3.86*	[1.32; 11.22]
hoher allgemeinbildender Schulabschluss	0.99	[0.97; 1.01]	0.78*	[0.65; 0.95]
Alter bei der Geburt[2]				
Mutter	1.00	[0.99; 1.02]	0.99	[0.97; 1.01]
Vater	3.43***	[2.90; 4.06]	1.00	[0.98; 1.01]
psychische Probleme				
Mutter	2.60***	[2.14; 3.15]	3.42***	[2.89; 4.05]
Vater	1.52***	[1.28; 1.79]	2.60***	[2.14; 3.15]
Trennung der Eltern	0.26***	[0.00; 0.00]	1.44***	[1.22; 1.71]
Anzahl der Geschwister			1.06*	[1.00; 1.12]
Position in der Geburtenreihenfolge			1.07	[0.98; 1.16]
Konstante	0.26***		0.26***	
2 Log Likelihood	5454.734		5441.26	
R^2 nach Nagelkerke	.15		.16	
Omnibus-Test: Modell	$X^2(9) = 537.830$; $p < .001$		$X^2(11) = 294.60$; $p < .001$	
Omnibus-Test: Schritt			$X^2(2) = 13.47$; $p = .001$	
Anteil korrekt vorhergesagter Fälle (%)	68.620		68.46	
Spezifität (%)	87.25		86.74	
Sensitivität (%)	39.093		39.49	

Anmerkungen: n = 4 490 (98.86 %); OR: Odds Ratio; 95%-KI: 95%-Konfidenzintervall; [1] männlich als Referenzkategorie; [2] Alter der Eltern bei der Geburt der Ankerperson; *** $p < .001$, ** $p < .010$, * $p < .050$.

Tabelle 55. Vorhersage emotionaler Missbrauch mit enger Definition (Individualdatensatz)

Prädiktor	Modell 1		Modell 2	
	OR	95%-KI	OR	95%-KI
Alter	1.02***	[1.01; 1.03]	1.02***	[1.01; 1.02]
Geschlecht[1]				
weiblich	2.13***	[1.71; 2.65]	2.11***	[1.70; 2.63]
anderes	11.38***	[4.02; 32.27]	10.93***	[3.84; 31.14]
hoher allgemeinbildender Schulabschluss	0.55***	[0.44; 0.69]	0.56***	[0.45; 0.71]
Alter bei der Geburt[2]				
Mutter	0.98*	[0.95; 1.00]	0.98	[0.95; 1.00]
Vater	1.00	[0.99; 1.02]	1.00	[0.98; 1.02]
psychische Probleme				
Mutter	3.12***	[2.58; 3.76]	3.11***	[2.58; 3.76]
Vater	2.63***	[2.13; 3.24]	2.63***	[2.13; 3.24]
Trennung der Eltern	1.37**	[1.11; 1.69]	1.30*	[1.05; 1.61]
Anzahl der Geschwister			1.10**	[1.03; 1.17]
Position in der Geburtenreihenfolge			1.00	[0.90; 1.11]
Konstante	0.10***		0.09***	
2 Log Likelihood	3549.79		3539.70	
R² nach Nagelkerke	.16		.16	
Omnibus-Test: Modell	$X^2(9) = 436.69$; $p < .001$		$X^2(11) = 446.79$; $p < .001$	
Omnibus-Test: Schritt			$X^2(2) = 10.10$; $p = .006$	
Anteil korrekt vorhergesagter Fälle (%)	83.92		84.05	
Spezifität (%)	98.11		98.16	
Sensitivität (%)	10.82		11.37	

Anmerkungen: n = 4 490 (98.86 %); OR: Odds Ratio; 95%-KI: 95%-Konfidenzintervall; [1] männlich als Referenzkategorie; [2] Alter der Eltern bei der Geburt der Ankerperson; *** $p < .001$, ** $p < .010$, * $p < .050$.

Tabelle 56. Vorhersage emotionale Vernachlässigung mit weiter Definition (Individualdatensatz)

Prädiktor	Modell 1		Modell 2	
	OR	95%-KI	OR	95%-KI
Alter	1.03***	[1.02, 1.03]	1.03***	[1.02, 1.03]
Geschlecht[1]				
weiblich	0.83**	[0.72, 0.96]	0.82**	[0.72, 0.95]
anderes	1.62	[0.56, 4.64]	1.59	[0.55, 4.58]
hoher allgemeinbildender Schulabschluss	0.77**	[0.64, 0.92]	0.79*	[0.65, 0.95]
Alter bei der Geburt[2]				
Mutter	1.00	[0.99, 1.02]	1.00	[0.98, 1.02]
Vater	1.00	[0.99, 1.02]	1.00	[0.98, 1.01]
psychische Probleme				
Mutter	2.64***	[2.22, 3.13]	2.62***	[2.21, 3.12]
Vater	2.34***	[1.92, 2.85]	2.33***	[1.91, 2.85]
Trennung der Eltern	1.79***	[1.52, 2.12]	1.73***	[1.46, 2.05]
Anzahl der Geschwister			1.02	[0.96, 1.08]
Position in der Geburtenreihenfolge			1.10*	[1.02, 1.19]
Konstante	0.31***		0.35***	
2 Log Likelihood	5745.66		5735.45	
R^2 nach Nagelkerke	.14		.14	
Omnibus-Test: Modell	$X^2(9) = 479.25$; $p < .001$		$X^2(11) = 489.46$; $p < .001$	
Omnibus-Test: Schritt			$X^2(2) = 10.21$; $p = .006$	
Anteil korrekt vorhergesagter Fälle (%)	63.06		63.10	
Spezifität (%)	67.91		68.09	
Sensitivität (%)	58.07		57.98	

Anmerkungen: n = 4 490 (98.86 %); OR: Odds Ratio; 95%-KI: 95%-Konfidenzintervall; [1] männlich als Referenzkategorie; [2] Alter der Eltern bei der Geburt der Ankerperson; *** $p < .001$, ** $p < .010$, * $p < .050$.

Tabelle 57. Vorhersage emotionale Vernachlässigung mit enger Definition (Individualdatensatz)

Prädiktor	Modell 1		Modell 2	
	OR	95%-KI	OR	95%-KI
Alter	1.03***	[1.02, 1.04]	1.03***	[1.02, 1.04]
Geschlecht[1]				
weiblich	1.24*	[1.04, 1.50]	1.24*	[1.03, 1.49]
anderes	3.94*	[1.39, 11.16]	3.85*	[1.35, 10.95]
hoher allgemeinbildender Schulabschluss	0.61***	[0.50, 0.75]	0.62***	[0.51, 0.77]
Alter bei der Geburt[2]				
Mutter	0.99	[0.97, 1.01]	0.98	[0.96, 1.01]
Vater	1.00	[0.98, 1.02]	1.00	[0.98, 1.02]
psychische Probleme				
Mutter	2.69***	[2.24, 3.23]	2.68***	[2.24, 3.22]
Vater	1.97***	[1.60, 2.43]	1.97***	[1.60, 2.42]
Trennung der Eltern	1.81***	[1.49, 2.19]	1.76***	[1.45, 2.14]
Anzahl der Geschwister			1.01	[0.95, 1.08]
Position in der Geburtenreihenfolge			1.07	[0.97, 1.18]
Konstante	0.09***		0.09***	
2 Log Likelihood	384.30		3963.61	
R^2 nach Nagelkerke	.13		.13	
Omnibus-Test: Modell	$X^2(9) = 384.30$; $p < .001$		$X^2(11) = 388.27$; $p < .001$	
Omnibus-Test: Schritt			$X^2(2) = 3.97$; $p = .137$	
Anteil korrekt vorhergesagter Fälle (%)	81.83		81.81	
Spezifität (%)	98.52		98.44	
Sensitivität (%)	10.14		10.38	

Anmerkungen: n = 4 490 (98.86 %); OR: Odds Ratio; 95%-KI: 95%-Konfidenzintervall; [1] männlich als Referenzkategorie; [2]Alter der Eltern bei der Geburt der Ankerperson; *** $p < .001$, ** $p < .010$, * $p < .050$.

Tabelle 58. Vorhersage körperliche Vernachlässigung mit weiter Definition (Individualdatensatz)

Prädiktor	Modell 1		Modell 2		Modell 3	
	OR	95%-KI	OR	95%-KI	OR	95%-KI
Alter	1.03***	[1.03, 1.04]	1.03***	[1.03, 1.04]	1.03***	[1.03, 1.04]
Geschlecht[1]						
weiblich	0.99	[0.85, 1.14]	0.98	[0.85, 1.13]	0.98	[0.85, 1.13]
anderes	3.72*	[1.31, 10.59]	3.65*	[1.27, 10.50]	4.13**	[1.43, 11.92]
hoher allgemeinbildender Schulabschluss	0.71***	[0.59, 0.86]	0.74**	[0.61, 0.89]	0.74**	[0.61, 0.89]
Alter bei der Geburt[2]						
Mutter	0.98	[0.97, 1.00]	0.98*	[0.96, 1.00]	0.98*	[0.96, 1.00]
Vater	1.00	[0.99, 1.02]	1.00	[0.98, 1.01]	1.00	[0.98, 1.01]
psychische Probleme						
Mutter	2.11***	[1.79, 2.49]	2.10***	[1.78, 2.48]	2.10***	[1.78, 2.48]
Vater	2.08***	[1.72, 2.51]	2.08***	[1.72, 2.51]	2.08***	[1.72, 2.51]
Trennung der Eltern	1.72***	[1.45, 2.03]	1.63***	[1.38, 1.93]	1.62***	[1.37, 1.92]
Anzahl der Geschwister			1.06*	[1.01, 1.12]	1.07*	[1.02, 1.13]
Position in der Geburtenreihenfolge			1.07	[0.98, 1.16]	1.12*	[1.02, 1.24]
Anzahl der Geschwister * Position in der Geburtenreihenfolge					0.98*	[0.95, 1.00]
Konstante	0.26***		0.27***		0.26***	
2 Log Likelihood	5422.17		5407.63		5403.11	
R^2 nach Nagelkerke	.12		.13		.13	
Omnibus-Test: Modell	$X^2(9) = 424.90$; $p < .001$		$X^2(11) = 439.45$; $p < .001$		$X^2(12) = 443.97$; $p < .001$	
Omnibus-Test: Schritt			$X^2(2) = 14.55$; $p = .001$		$X^2(1) = 4.52$; $p = .034$	
Anteil korrekt vorhergesagter Fälle (%)	68.18		68.47		68.36	
Spezifität (%)	89.35		89.56		89.25	
Sensitivität (%)	29.85		30.29		30.54	

Anmerkungen: n = 4 490 (98.86 %); OR: Odds Ratio; 95%-KI: 95%-Konfidenzintervall; [1] männlich als Referenzkategorie; [2] Alter der Eltern bei der Geburt der Ankerperson; *** $p < .001$, ** $p < .010$, * $p < .050$.

Tabelle 59. Vorhersage körperliche Vernachlässigung mit enger Definition (Individualdatensatz)

Prädiktor	Modell 1			Modell 2		
	OR	95%-KI		OR	95%-KI	
Alter	1.03***	[1.02,	1.04]	1.03***	[1.02,	1.04]
Geschlecht[1]						
weiblich	1.06	[0.88,	1.27]	1.05	[0.87,	1.26]
anderes	4.05**	[1.42,	11.55]	3.89*	[1.35,	11.23]
hoher allgemeinbildender Schulabschluss	0.58***	[0.47,	0.72]	0.61***	[0.49,	0.75]
Alter bei der Geburt[2]						
Mutter	0.97*	[0.95,	1.00]	0.97**	[0.94,	0.99]
Vater	1.01	[0.99,	1.03]	1.01	[0.99,	1.03]
psychische Probleme						
Mutter	2.09***	[1.72,	2.53]	2.08***	[1.71,	2.52]
Vater	2.44***	[1.98,	3.01]	2.44***	[1.98,	3.01]
Trennung der Eltern	1.88***	[1.54,	2.30]	1.79***	[1.46,	2.19]
Anzahl der Geschwister				1.04	[0.97,	1.11]
Position in der Geburtenreihenfolge				1.13*	[1.02,	1.24]
Konstante	0.09***			0.11***		
2 Log Likelihood	3737.86			3724.48		
R² nach Nagelkerke	.13			.13		
Omnibus-Test: Modell	X²(9) = 352.24; p < .001			X²(11) = 365.63; p < .001		
Omnibus-Test: Schritt				X²(2) = 13.39; p = .001		
Anteil korrekt vorhergesagter Fälle (%)	83.39			83.30		
Spezifität (%)	99.12			98.87		
Sensitivität (%)	6.43			7.09		

Anmerkungen: n = 4 490 (98.86 %); OR: Odds Ratio; 95%-KI: 95%-Konfidenzintervall; [1] männlich als Referenzkategorie; [2] Alter der Eltern bei der Geburt der Ankerperson, *** $p < .001$, ** $p < .010$, * $p < .050$.

Tabelle 60. Vorhersage Miterleben von Partnerschaftsgewalt (Individualdatensatz)

Prädiktor	Modell 1		Modell 2	
	OR	95%-KI	OR	95%-KI
Alter	1.02***	[1.01, 1.02]	1.02***	[1.01, 1.02]
Geschlecht[1]				
weiblich	1.07	[0.86, 1.32]	1.06	[0.86, 1.32]
anderes	3.19*	[1.01, 10.09]	3.15	[1.00, 9.96]
hoher allgemeinbildender Schulabschluss	0.64***	[0.51, 0.82]	0.66**	[0.52, 0.85]
Alter bei der Geburt[2]				
Mutter	0.96**	[0.94, 0.99]	0.96**	[0.93, 0.98]
Vater	1.01	[0.99, 1.03]	1.00	[0.98, 1.02]
psychische Probleme				
Mutter	2.51***	[2.04, 3.08]	2.49***	[2.03, 3.06]
Vater	2.34***	[1.86, 2.92]	2.33***	[1.86, 2.92]
Trennung der Eltern	3.01***	[2.45, 3.69]	2.95***	[2.40, 3.63]
Anzahl der Geschwister			0.99	[0.91, 1.06]
Position in der Geburtenreihenfolge			1.13*	[1.01, 1.26]
Konstante	0.14***		0.17***	
2 Log Likelihood	3143.46		3138.37	
R^2 nach Nagelkerke	.15		.15	
Omnibus-Test: Modell	$X^2(9) = 369.00$; $p < .001$		$X^2(11) = 374.09$; $p < .001$	
Omnibus-Test: Schritt			$X^2(2) = 5.09$; $p = .079$	
Anteil korrekt vorhergesagter Fälle (%)	86.48		86.55	
Spezifität (%)	98.87		98.90	
Sensitivität (%)	5.38		5.71	

Anmerkungen: n = 4 490 (98.86 %); OR: Odds Ratio; 95%-KI: 95%-Konfidenzintervall; [1] männlich als Referenzkategorie; [2] Alter der Eltern bei der Geburt der Ankerperson; *** $p < .001$; ** $p < .010$; * $p < .050$.

8.3.2 Dyadische Ebene

Die Ergebnisse der multinomialen logistischen Regressionen sind in den Tabellen 61 bis 72 dargestellt. Folgende Prädiktoren erwiesen sich bei der Vorhersage der einzelnen Kategorien in Bezug zur Referenzkategorie als statistisch bedeutsam:

Das Alter des älteren Geschwisters zum Zeitpunkt der Befragung sagte bedeutsam alle Konstellationen der Anzahl verschiedener Viktimisierungserfahrungen vorher, mit Ausnahme der ausschließlichen Viktimisierung des jüngeren Geschwisters gemäß weiter Definition. Für die Vorhersage der einzelnen Formen von Kindeswohlgefährdung war das Alter des älteren Geschwisters ein bedeutsamer Prädiktor für die Vorhersage aller Kriterien, in denen beide Geschwister die gleiche Art von Kindeswohlgefährdung berichteten. Eine Ausnahme bildete mittelschwerer bis extremer emotionaler Missbrauch. Berichtete nur das ältere Geschwister, dass es eine bestimmte Form von Kindeswohlgefährdung erlebt hatte, so war sein Alter ein signifikanter Prädiktor für körperliche und emotionale Vernachlässigung gemäß beiden Definitionen sowie für sexuellen Missbrauch und körperliche Misshandlung gemäß weiter Definition. Berichtete nur das jüngere Geschwister, dass es eine bestimmte Form von Kindeswohlgefährdung erlebt hatte, so war das Alter des älteren Geschwisters ein signifikanter Prädiktor für körperliche Misshandlung gemäß beiden Definitionen, leichten bis extremen sexuellen Missbrauch, leichte bis extreme emotionale Vernachlässigung sowie mittelschweren bis extremen emotionalen Missbrauch. Für alle genannten bedeutsamen Zusammenhänge ging ein höheres Alter mit einer höheren Wahrscheinlichkeit der Zugehörigkeit zu entsprechender Kategorie einher.

War das jüngere Geschwister nicht weiblich, so war dies ein signifikanter Prädiktor dafür, dass nur das ältere Geschwister oder beide Geschwister mindestens eine Viktimisierungserfahrung gemäß weiter Definition berichteten. Für die verschiedenen Formen von Kindeswohlgefährdung war für die Zugehörigkeit zu der Gruppe, in der beide Geschwister eine bestimmte Form von Kindeswohlgefährdung erlebt hatten, das Geschlecht nur in einem Fall ein signifikanter Prädiktor. Es berichteten nämlich häufiger beide Geschwister von mittelschwerem bis extremem emotionalen Missbrauch, wenn das ältere Geschwister weiblich war. Für die statistische Vorhersage der Zugehörigkeit zu den Geschwisterpaaren, in denen nur das ältere Geschwister eine bestimmte Form von Kindeswohlgefährdung berichtete, waren folgende Prädiktoren im Hinblick auf das Geschlecht bedeutsam: Weibliches Geschlecht des älteren Geschwisters erhöhte die Wahrscheinlichkeit für sexuellen Missbrauch und emotionalen Missbrauch entsprechend beider Definitionen, es verringerte die Wahrscheinlichkeit für leichte bis extreme emotionale Vernachlässigung. Weibliches Geschlecht des jüngeren Geschwisters ging mit einer geringeren Wahrscheinlichkeit für körperliche Vernachlässigung in Bezug auf beide Definitionen einher. Berichtete nur das jüngere Geschwister, dass es eine spezifische Form von Kindeswohlgefährdung erlebt hatte, dann erhöhte weibliches Geschlecht des jüngeren Geschwisters die Wahrscheinlichkeit für mittelschweren bis extremen emotionalen Missbrauch und verringerte die Wahrscheinlichkeit für leichte bis extreme körperliche Vernachlässigung.

Eine hohe Allgemeinbildung des älteren Geschwisters war ein signifikanter Prädiktor für ausschließlichen emotionalen Missbrauch und emotionale Vernachlässigung des älteren Geschwisters gemäß enger Definition sowie ausschließlicher emotionaler und körperlicher Vernachlässigung des jüngeren Geschwisters gemäß enger Definition. Das Vorliegen der Merkmalsausprägung verringerte die Wahrscheinlichkeit für die Zugehörigkeit der Dyade zu dieser Kategorie. Berichtete nur das ältere Geschwister von mittelschwerer bis extremer körperlicher Vernachlässigung, so war die hohe Allgemeinbildung beider Geschwister ein signifikanter Prädiktor, allerdings in entgegengesetzter Richtung: Eine hohe Allgemeinbildung des älteren Geschwisters ging mit einer verringerten, eine hohe Allgemeinbildung des jüngeren Geschwisters mit einer erhöhten Wahrscheinlichkeit einher.

Für die Geschwisterkonstellation zeigten sich nur für einzelne Formen von Kindeswohlgefährdung statistisch bedeutsame Effekte: Ein geringerer Altersabstand ging mit einer höheren Wahrscheinlichkeit einher, dass nur das ältere Geschwister von sexuellem Missbrauch berichtete, sowie damit, dass nur das jüngere Geschwister mittelschweren bis extrem emotionalen Missbrauch berichtete. Ein großer Altersabstand erhöhte die Wahrscheinlichkeit, dass nur das ältere Geschwister angab, dass es Partnerschaftsgewalt zwischen den Eltern miterlebt hatte. Ein weiterer Prädiktor dafür war, dass die Geschwister leiblich miteinander verwandt waren. Leibliche Verwandtschaft war auch ein bedeutsamer Prädiktor dafür, dass beide Geschwister berichteten, dass sie Partnerschaftsgewalt miterlebt hatten. Die Wahrscheinlichkeit war in beiden Fällen bei leiblich verwandten Geschwistern erhöht. Wenn es sich um ein gleichgeschlechtliches Geschwisterpaar handelte, dann war diese Eigenschaft der Dyade ein Prädiktor dafür, dass nur das jüngere Geschwister leichten bis extremen emotionalen Missbrauch berichtete. Es war auch ein Prädiktor für die Vorhersage von ausschließlichem sexuellen Missbrauch und mittelschwerer bis extremer körperlicher Vernachlässigung des jüngeren Geschwisters. Es lag eine verringerte Wahrscheinlichkeit vor, wenn es sich um ein gleichgeschlechtliches Geschwisterpaar handelte.

Die Dauer des Zusammenlebens der Geschwister war für mittelschweren bis extremen emotionalen Missbrauch ausschließlich des jüngeren sowie beider Geschwister ein signifikanter Prädiktor. Zudem sagte sie signifikant ausschließliche leichte bis extreme emotionale Vernachlässigung des älteren Geschwisters vorher. In allen Fällen war der Zusammenhang dergestalt, dass die spezifischen

Viktimisierungserfahrungen mit einer geringeren Dauer des Zusammenlebens einhergingen.

Die Anzahl der Geschwister war für das Vorliegen von mindestens einer Viktimisierungserfahrung bei allen drei Kategorien gemäß der weiten Definition ein signifikanter Prädiktor. Für die Differenzierung nach Formen von Kindeswohlgefährdung war die Anzahl der Geschwister für leichte bis extreme körperliche Misshandlung beider Geschwister ein bedeutsamer Prädiktor. Des Weiteren war die Geschwisteranzahl ein signifikanter Prädiktor für die Vorhersage von folgenden Formen von Kindeswohlgefährdung, wenn diese nur von dem jüngeren Geschwister berichtet wurden: sexueller Missbrauch, leichter bis extremer emotionaler Missbrauch und emotionale Vernachlässigung im Hinblick auf beide Definitionen.

Das Alter der Mutter bei der Geburt des älteren Geschwisters war ein signifikanter Prädiktor für die Vorhersage von körperlicher Misshandlung, wenn davon beide Geschwister gemäß beiden Definitionen und wenn nur das ältere Geschwister gemäß der engen Definition betroffen waren. Das Alter des Vaters bei der Geburt des älteren Geschwisters war ein signifikanter Prädiktor für ausschließlichen sexuellen Missbrauch des älteren sowie ausschließlichen sexuellen Missbrauch des jüngeren Geschwisters.

Psychische Probleme der Mutter während der Kindheit der Geschwister, welche von beiden Geschwistern berichtet wurden, waren ein signifikanter Prädiktor für das Vorliegen von mindestens einer Viktimisierungserfahrung bei beiden Geschwistern. Dies galt sowohl für die weite als auch die enge Definition sowie für alle Formen von Kindeswohlgefährdung, mit Ausnahme von mittelschwerer bis extremer körperlicher Misshandlung und mittelschwerer bis extremer emotionaler Vernachlässigung. Im Hinblick auf Konstellationen, in denen nur das ältere von mindestens einer Viktimisierungserfahrung bzw. einer spezifischen Form von Kindeswohlgefährdung berichtete, war der übereinstimmende Bericht über psychische Probleme der Mutter ebenfalls ein signifikanter Prädiktor. Dies galt für alle Kriterien mit dieser Konstellation, mit Ausnahme von sexuellem Missbrauch. Berichtete nur das jüngere Geschwister von einer bestimmten Form von Kindeswohlgefährdung, dann war der übereinstimmende Bericht über psychische Probleme der Mutter ein signifikanter Prädiktor für mittelschweren bis extremen emotionalen Missbrauch, emotionale Vernachlässigung nach beiden Definitionen sowie das Miterleben von Partnerschaftsgewalt.

Der übereinstimmende Bericht der Geschwister über psychische Probleme des Vaters war ein signifikanter Prädiktor dafür, dass beide Geschwister mindestens eine Viktimisierungserfahrung berichteten. Dies galt auch für alle anderen Kriterien für diese Konstellation, mit Ausnahme von mittelschwerer bis extremer körperlicher Misshandlung sowie sexuellem Missbrauch. Für Konstellationen, in denen nur das jüngere Geschwister viktimisiert wurde, war der übereinstimmende Bericht der Geschwister ein signifikanter Prädiktor für die mindestens eine Viktimisierungserfahrung, emotionalen Missbrauch und emotionale Vernachlässigung. Für alle genannten traf dies für beide Definitionen zu. Darüber hinaus waren sie ein signifikanter Prädiktor für das Miterleben von Partnerschaftsgewalt. Berichtete nur das ältere Geschwister von einer bestimmten Form von Kindeswohlgefährdung, dann waren die psychischen Probleme des Vaters ein signifikanter Prädiktor für emotionalen Missbrauch und emotionale Vernachlässigung gemäß enger Definition sowie das Miterleben von Partnerschaftsgewalt.

Die nicht übereinstimmenden Berichte der Geschwister zu psychischen Problemen der Eltern stellten über den übereinstimmenden Bericht hinaus signifikante Prädiktoren dar und dies nicht nur für die alleinige Viktimisierung des jeweiligen Geschwisters.

Die Trennung der Eltern, während beide Geschwister unter 18 Jahre alt waren, war ein signifikanter Prädiktor für alle Kategorien bei Verwendung einer weiten Definition. Die Trennung der Eltern, während das jüngere Geschwister unter 18 Jahre alt war, war ein signifikanter Prädiktor für mittelschwere bis extreme Formen von Viktimisierung für das ältere und beide Geschwister. Im Hinblick auf die verschiedenen Formen von Kindeswohlgefährdung war die Trennung der Eltern in der Kindheit beider Geschwister ein signifikanter Prädiktor dafür, dass beide Geschwister von leichtem bis extremen emotionalen Missbrauch, emotionaler Vernachlässigung entsprechend beider Definitionen und leichter bis extremer körperlicher Vernachlässigung sowie dem Miterleben von Partnerschaftsgewalt berichteten. Es war auch ein signifikanter Prädiktor dafür, dass ausschließlich das ältere Geschwister von leichtem bis extremem emotionalen Missbrauch, mittelschwerer bis extremer emotionaler Vernachlässigung sowie dem Miterleben von Partnerschaftsgewalt berichtete. Des Weiteren sagte es ausschließliche körperliche Misshandlung des jüngeren Geschwisters bedeutsam vorher. Eine Trennung der Eltern während der Kindheit des jüngeren Geschwisters war ein signifikanter Prädiktor dafür, dass beide Geschwister von leichter bis extremer körperlicher Misshandlung, Miterleben von Partnerschaftsgewalt sowie emotionaler Vernachlässigung gemäß weiter und enger Definition berichteten. Gab nur das ältere Geschwister eine bestimmte Form von Viktimisierung an, dann war die Trennung der Eltern während der Kindheit des jüngeren ein signifikanter Prädiktor für mittelschwere bis extreme körperliche Misshandlung, emotionale Vernachlässigung gemäß beiden Definitionen und für leichte bis extreme körperliche Vernachlässigung.

Tabelle 61. Vorhersage verschiedener Viktimisierungserfahrungen eines oder beider Geschwister mit weiter Definition (Dyadischer Datensatz)

Prädiktor	nur älteres Geschwister		nur jüngeres Geschwister		beide Geschwister	
	OR	95%-KI	OR	95%-KI	OR	95%-KI
Alter des älteren Geschwisters	1.03*	[1.00, 1.05]	1.00	[0.98, 1.03]	1.04***	[1.02, 1.06]
Geschlecht[1]						
älteres: weiblich	0.79	[0.44, 1.43]	0.96	[0.54, 1.70]	0.90	[0.55, 1.49]
jüngeres: weiblich	0.47*	[0.26, 0.83]	0.70	[0.40, 1.22]	0.52**	[0.32, 0.85]
hoher allgemeinbildender Abschluss						
älteres	1.10	[0.45, 2.70]	1.44	[0.59, 3.49]	0.59	[0.30, 1.15]
jüngeres	0.94	[0.41, 2.15]	0.69	[0.33, 1.45]	0.72	[0.38, 1.38]
Geschwisterkonstellation						
gleichgeschlechtliches Geschwisterpaar	0.93	[0.52, 1.65]	0.83	[0.48, 1.46]	1.00	[0.61, 1.63]
Altersabstand	0.96	[0.85, 1.08]	1.04	[0.92, 1.16]	0.99	[0.89, 1.09]
leibliche Geschwister	0.96	[0.88, 1.04]	1.02	[0.95, 1.11]	0.99	[0.93, 1.06]
Dauer Zusammenleben	1.77	[0.16, 19.24]	4.66	[0.49, 44.32]	4.91	[0.60, 40.25]
Geschwisteranzahl	1.26*	[1.00, 1.59]	1.32*	[1.07, 1.64]	1.24*	[1.02, 1.51]
Alter bei der Geburt[2]						
Mutter	1.04	[0.96, 1.13]	1.03	[0.96, 1.10]	0.99	[0.93, 1.05]
Vater	0.96	[0.90, 1.02]	1.00	[0.96, 1.05]	1.01	[0.96, 1.05]
psychische Probleme Mutter						
beide	4.05**	[1.46, 11.24]	1.33	[0.44, 4.07]	5.50***	[2.24, 13.49]
nur älteres	2.73	[0.85, 8.76]	0.82	[0.20, 3.29]	3.67*	[1.34, 10.10]
nur jüngeres	0.82	[0.26, 2.64]	1.59	[0.64, 3.93]	2.37*	[1.07, 5.26]
psychische Probleme Vater						
beide	1.29	[0.27, 6.10]	3.95*	[1.05, 14.94]	5.08**	[1.49, 17.31]
nur älteres	1.07	[0.34, 3.38]	0.28	[0.05, 1.39]	1.91	[0.77, 4.75]
nur jüngeres	0.55	[0.13, 2.35]	2.49	[0.89, 7.00]	1.58	[0.60, 4.20]
Trennung der Eltern						
beide	5.64**	[1.95, 16.35]	3.07*	[1.06, 8.88]	4.79**	[1.81, 12.65]
nur jüngeres	3.25	[0.92, 11.55]	0.71	[0.15, 3.38]	2.15	[0.68, 6.85]

Anmerkungen: Referenzkategorie für den Vergleich „keines der beiden Geschwister"; n = 859 (98.74 %); OR: Odds Ratio; 95%-KI: 95%-Konfidenzintervall;[1] männlich und anderes als Referenzkategorie; [2] Alter der Eltern bei der Geburt des älteren Geschwisters; R^2 nach Nagelkerke: .24; Log-Likelihood: 1975.56; Omnibus-Test: $X^2(60)$ = 211.76; $p < .001$; *** $p < .001$, ** $p < .010$, * $p < .050$.

Tabelle 62. Versage verschiedener Viktimisierungserfahrungen eines oder beider Geschwister mit enger Definition (Dyadischer Datensatz)

Prädiktor	nur älteres Geschwister		nur jüngeres Geschwister		beide Geschwister	
	OR	95%-KI	OR	95%-KI	OR	95%-KI
Alter des älteren Geschwisters	1.03**	[1.01, 1.06]	1.02*	[1.01, 1.04]	1.05***	[1.03, 1.07]
Geschlecht[1]						
älteres: weiblich	1.21	[0.72, 2.03]	0.75	[0.46, 1.21]	1.44	[0.82, 2.52]
jüngeres: weiblich	0.75	[0.45, 1.25]	1.36	[0.85, 2.17]	0.97	[0.56, 1.69]
hoher allgemeinbildender Abschluss						
älteres	0.52*	[0.27, 0.99]	0.79	[0.41, 1.50]	0.69	[0.36, 1.33]
jüngeres	1.53	[0.72, 3.22]	0.83	[0.44, 1.57]	1.16	[0.59, 2.31]
Geschwisterkonstellation						
gleichgeschlechtliches Geschwisterpaar	0.86	[0.52, 1.43]	0.78	[0.48, 1.24]	1.16	[0.67, 2.02]
Altersabstand	1.02	[0.92, 1.12]	0.94	[0.85, 1.03]	0.92	[0.83, 1.02]
leibliche Geschwister	0.97	[0.90, 1.04]	0.97	[0.91, 1.04]	0.95	[0.88, 1.02]
Dauer Zusammenleben	0.80	[0.24, 2.61]	1.14	[0.36, 3.63]	1.34	[0.47, 3.76]
Geschwisteranzahl	0.95	[0.78, 1.15]	1.08	[0.91, 1.27]	1.09	[0.93, 1.29]
Alter bei der Geburt[2]						
Mutter	1.01	[0.94, 1.09]	1.01	[0.95, 1.07]	0.95	[0.88, 1.02]
Vater	1.01	[0.96, 1.07]	1.01	[0.97, 1.06]	1.01	[0.95, 1.06]
psychische Probleme Mutter						
beide	3.86***	[2.01, 7.41]	1.42	[0.68, 2.96]	4.10***	[2.14, 7.84]
nur älteres	3.27**	[1.51, 7.09]	1.05	[0.39, 2.81]	3.62**	[1.71, 7.63]
nur jüngeres	1.73	[0.76, 3.94]	2.63**	[1.37, 5.03]	2.58*	[1.18, 5.65]
psychische Probleme Vater						
beide	1.92	[0.80, 4.59]	3.63**	[1.67, 7.91]	4.55***	[2.10, 9.85]
nur älteres	1.87	[0.78, 4.50]	0.90	[0.29, 2.76]	3.79**	[1.76, 8.14]
nur jüngeres	1.77	[0.67, 4.67]	3.78**	[1.78, 8.03]	2.76*	[1.09, 6.96]
Trennung der Eltern						
beide	1.82	[0.94, 3.51]	1.24	[0.64, 2.39]	1.48	[0.76, 2.89]
nur jüngeres	6.51***	[2.46, 17.21]	2.78	[0.96, 8.07]	3.96*	[1.35, 11.61]

Anmerkungen: Referenzkategorie für den Vergleich „keines der beiden Geschwister"; n = 859 (98.74 %); OR: Odds Ratio; 95%-KI: 95%-Konfidenzintervall; [1] männlich und anderes als Referenzkategorie; [2] Alter der Eltern bei der Geburt des älteren Geschwisters; R^2 nach Nagelkerke: .24; Log-Likelihood: 1723.19; Omnibus-Test: $X^2(60)$ = 212.09; $p < .001$; *** $p < .001$, ** $p < .010$, * $p < .050$.

Tabelle 63. Vorhersage körperlicher Misshandlung eines oder beider Geschwister mit weiter Definition (Dyadischer Datensatz)

Prädiktor	nur älteres Geschwister		nur jüngeres Geschwister		beide Geschwister	
	OR	95%-KI	OR	95%-KI	OR	95%-KI
Alter des älteren Geschwisters	1.04**	[1.02, 1.07]	1.03*	[1.01, 1.07]	1.07***	[1.03, 1.10]
Geschlecht[1]						
älteres: weiblich	0.64	[0.32, 1.31]	0.99	[0.47, 2.12]	0.72	[0.24, 2.11]
jüngeres: weiblich	0.86	[0.43, 1.71]	0.77	[0.37, 1.62]	1.42	[0.51, 3.95]
hoher allgemeinbildender Abschluss						
älteres	0.55	[0.26, 1.20]	1.54	[0.50, 4.71]	0.39	[0.14, 1.08]
jüngeres	0.67	[0.29, 1.52]	0.90	[0.32, 2.50]	0.77	[0.27, 2.23]
Geschwisterkonstellation						
gleichgeschlechtliches Geschwisterpaar	1.25	[0.62, 2.49]	1.36	[0.65, 2.83]	1.53	[0.55, 4.22]
Altersabstand	0.94	[0.82, 1.07]	0.86	[0.73, 1.00]	0.85	[0.70, 1.03]
leibliche Geschwister	1.47	[0.40, 5.48]	0.45	[0.05, 3.91]	2.13	[0.42, 10.71]
Dauer Zusammenleben	0.93	[0.84, 1.02]	0.94	[0.85, 1.05]	0.99	[0.86, 1.14]
Geschwisteranzahl	0.92	[0.70, 1.21]	1.07	[0.82, 1.39]	1.38**	[1.11, 1.73]
Alter bei der Geburt[2]						
Mutter	0.98	[0.88, 1.09]	0.99	[0.89, 1.11]	0.82**	[0.71, 0.95]
Vater	0.97	[0.89, 1.06]	0.96	[0.88, 1.05]	1.06	[0.97, 1.16]
psychische Probleme Mutter						
beide	2.96*	[1.25, 7.03]	1.44	[0.51, 4.08]	6.84**	[2.31, 20.23]
nur älteres	1.29	[0.34, 4.93]	1.01	[0.27, 3.77]	7.90**	[2.46, 25.36]
nur jüngeres	2.16	[0.83, 5.59]	3.61**	[1.48, 8.78]	2.07	[0.46, 9.31]
psychische Probleme Vater						
beide	0.30	[0.04, 2.34]	2.09	[0.72, 6.03]	3.96*	[1.12, 14.02]
nur älteres	1.82	[0.55, 5.96]	1.79	[0.48, 6.64]	8.45***	[2.71, 26.35]
nur jüngeres	1.46	[0.46, 4.62]	1.83	[0.60, 5.52]	6.93**	[1.84, 26.10]
Trennung der Eltern						
beide	0.98	[0.35, 2.74]	2.12	[0.89, 5.05]	0.70	[0.20, 2.46]
nur jüngeres	2.89	[0.88, 9.43]	1.58	[0.33, 7.45]	5.60*	[1.43, 22.03]

Anmerkungen: Referenzkategorie für den Vergleich „keines der beiden Geschwister"; n = 859 (98.74 %); OR: Odds Ratio; 95%-KI: 95%-Konfidenzintervall; [1] männlich und anderes als Referenzkategorie; [2] Alter der Eltern bei der Geburt des älteren Geschwisters; R^2 nach Nagelkerke: .26; Log-Likelihood: 801.55; Omnibus-Test: $X^2(60)$ = 166.43; $p < .001$; *** $p < .001$, ** $p < .010$, * $p < .050$.

Tabelle 64. Vorhersage körperlicher Misshandlung eines oder beider Geschwister mit enger Definition (Dyadischer Datensatz)

Prädiktor	nur älteres Geschwister		nur jüngeres Geschwister		beide Geschwister	
	OR	95%-KI	OR	95%-KI	OR	95%-KI
Alter des älteren Geschwisters	1.02	[0.99, 1.06]	1.07**	[1.03, 1.12]	1.05*	[1.01, 1.10]
Geschlecht[1]						
älteres: weiblich	1.58	[0.56, 4.43]	1.06	[0.34, 3.29]	0.81	[0.21, 3.06]
jüngeres: weiblich	1.46	[0.53, 4.04]	1.02	[0.33, 3.14]	4.74	[0.91, 24.80]
hoher allgemeinbildender Abschluss						
älteres	0.44	[0.17, 1.19]	0.95	[0.23, 3.92]	1.03	[0.23, 4.63]
jüngeres	0.44	[0.16, 1.21]	1.05	[0.21, 5.20]	1.27	[0.24, 6.79]
Geschwisterkonstellation						
Altersabstand	1.11	[0.93, 1.32]	0.92	[0.75, 1.13]	0.83	[0.65, 1.06]
Dauer Zusammenleben	1.02	[0.89, 1.18]	1.06	[0.94, 1.20]	0.87	[0.72, 1.05]
Geschwisteranzahl	0.87	[0.59, 1.29]	1.25	[0.90, 1.72]	1.07	[0.73, 1.56]
Alter bei der Geburt[2]						
Mutter	0.81**	[0.69, 0.94]	1.00	[0.84, 1.21]	0.76*	[0.62, 0.94]
Vater	1.07	[0.97, 1.16]	0.95	[0.82, 1.11]	1.06	[0.94, 1.20]
psychische Probleme Mutter						
beide	4.67**	[1.61, 13.58]	0.54	[0.06, 4.74]	2.65	[0.56, 12.45]
nur älteres	2.50	[0.47, 13.34]	1.57	[0.28, 8.76]	7.14**	[1.72, 29.72]
nur jüngeres	2.95	[0.86, 10.10]	3.19	[0.81, 12.60]	1.18	[0.12, 11.61]
psychische Probleme Vater						
beide	1.36	[0.32, 5.73]	2.76	[0.51, 14.81]	4.50	[0.84, 24.06]
nur älteres	0.72	[0.09, 6.04]	1.00	[0.11, 9.48]	7.55**	[1.73, 32.93]
nur jüngeres	2.49	[0.59, 10.59]	2.86	[0.62, 13.07]	4.73	[0.75, 30.05]
Trennung der Eltern						
beide	0.21	[0.03, 1.78]	5.34*	[1.43, 19.96]	0.80	[0.17, 3.71]
nur jüngeres	3.66*	[1.02, 13.12]	3.49	[0.39, 31.45]	3.56	[0.59, 21.38]

Anmerkungen: Referenzkategorie für den Vergleich „keines der beiden Geschwister"; n = 859 (98.74 %); OR: Odds Ratio; 95%-KI: 95%-Konfidenzintervall; [1] männlich und anderes als Referenzkategorie; [2] Alter der Eltern bei der Geburt des älteren Geschwisters; R^2 nach Nagelkerke: .28; Log-Likelihood: 435.70; Omnibus-Test: $X^2(54)$ = 120.86; $p < .001$; *** $p < .001$, ** $p < .010$, * $p < .050$.

Tabelle 65. Vorhersage sexueller Missbrauch eines oder beider Geschwister mit weiter Definition (Dyadischer Datensatz)

Prädiktor	nur älteres Geschwister		nur jüngeres Geschwister		beide Geschwister	
	OR	95%-KI	OR	95%-KI	OR	95%-KI
Alter des älteren Geschwisters	1.06***	[1.03, 1.08]	1.03**	[1.01, 1.05]	1.07**	[1.02, 1.12]
Geschlecht[1]						
älteres: weiblich	4.18***	[1.97, 8.84]	1.01	[0.54, 1.91]	1.43	[0.31, 6.56]
jüngeres: weiblich	0.82	[0.40, 1.71]	1.82	[0.98, 3.36]	1.60	[0.36, 7.09]
hoher allgemeinbildender Abschluss						
älteres	0.97	[0.46, 2.06]	0.81	[0.39, 1.67]	1.85	[0.34, 10.07]
jüngeres	2.15	[0.90, 5.13]	1.12	[0.51, 2.47]	1.44	[0.32, 6.40]
Geschwisterkonstellation						
gleichgeschlechtliches Geschwisterpaar	0.69	[0.33, 1.43]	0.41**	[0.22, 0.75]	0.92	[0.21, 4.04]
Altersabstand	0.87*	[0.77, 0.98]	1.01	[0.91, 1.13]	0.85	[0.68, 1.08]
leibliche Geschwister	2.45	[0.79, 7.61]	1.61	[0.50, 5.12]	1.99	[0.27, 14.71]
Dauer Zusammenleben	0.96	[0.89, 1.05]	1.03	[0.95, 1.10]	0.86	[0.73, 1.02]
Geschwisteranzahl	1.04	[0.85, 1.28]	1.20*	[1.01, 1.42]	0.57	[0.30, 1.11]
Alter bei der Geburt[2]						
Mutter	1.00	[0.91, 1.10]	1.08	[0.99, 1.17]	1.12	[0.92, 1.37]
Vater	0.91*	[0.84, 0.99]	0.92*	[0.86, 0.99]	0.85	[0.71, 1.01]
psychische Probleme Mutter						
beide	1.87	[0.85, 4.15]	1.31	[0.56, 3.06]	9.99***	[2.74, 36.45]
nur älteres	1.97	[0.82, 4.71]	1.64	[0.63, 4.23]	4.53	[0.93, 22.09]
nur jüngeres	2.11	[0.89, 4.98]	2.31*	[1.11, 4.81]	1.78	[0.19, 16.90]
psychische Probleme Vater						
beide	0.89	[0.31, 2.56]	1.56	[0.60, 4.06]	3.28	[0.72, 14.92]
nur älteres	1.67	[0.67, 4.20]	2.00	[0.78, 5.12]	4.42	[0.98, 19.81]
nur jüngeres	2.40	[0.93, 6.18]	3.15**	[1.39, 7.12]	1.64	[0.18, 14.84]
Trennung der Eltern						
beide	1.44	[0.66, 3.16]	1.38	[0.65, 2.92]	1.83	[0.44, 7.63]
nur jüngeres	1.85	[0.61, 5.57]	1.32	[0.42, 4.16]	0.98	[0.10, 10.09]

Anmerkungen: Referenzkategorie für den Vergleich „keines der beiden Geschwister"; n = 859 (98.74 %); OR: Odds Ratio; 95%-KI: 95%-Konfidenzintervall; [1] männlich und anderes als Referenzkategorie; [2] Alter der Eltern bei der Geburt des älteren Geschwisters; R^2 nach Nagelkerke: .23; Log-Likelihood: 1000.69; Omnibus-Test: $X^2(60)$ = 162.90; $p < .001$; *** $p < .001$, ** $p < .010$, * $p < .050$.

Tabelle 66. Vorhersage emotionaler Missbrauch eines oder beider Geschwister mit weiter Definition (Dyadischer Datensatz)

Prädiktor	nur älteres Geschwister		nur jüngeres Geschwister		beide Geschwister	
	OR	95%-KI	OR	95%-KI	OR	95%-KI
Alter des älteren Geschwisters	1.01	[0.99, 1.03]	0.99	[0.97, 1.01]	1.02*	[1.00, 1.04]
Geschlecht[1]						
älteres: weiblich	2.19**	[1.30, 3.70]	0.95	[0.59, 1.53]	1.50	[0.89, 2.52]
jüngeres: weiblich	0.69	[0.42, 1.15]	1.23	[0.77, 1.97]	1.46	[0.88, 2.42]
hoher allgemeinbildender Abschluss						
älteres	0.77	[0.40, 1.47]	1.03	[0.54, 1.96]	0.90	[0.48, 1.69]
jüngeres	1.55	[0.77, 3.11]	0.92	[0.49, 1.74]	0.93	[0.49, 1.75]
Geschwisterkonstellation						
gleichgeschlechtliches Geschwisterpaar	0.92	[0.55, 1.54]	1.62*	[1.02, 2.59]	0.70	[0.42, 1.16]
Altersabstand	0.99	[0.90, 1.09]	1.01	[0.92, 1.11]	0.98	[0.89, 1.07]
leibliche Geschwister	0.50	[0.13, 1.91]	1.73	[0.60, 5.00]	1.33	[0.47, 3.80]
Dauer Zusammenleben	0.94	[0.88, 1.01]	0.95	[0.89, 1.02]	0.94	[0.88, 1.01]
Geschwisteranzahl	1.09	[0.92, 1.30]	1.24**	[1.06, 1.44]	1.09	[0.91, 1.29]
Alter bei der Geburt[2]						
Mutter	0.98	[0.91, 1.04]	0.98	[0.92, 1.04]	0.96	[0.89, 1.03]
Vater	1.00	[0.95, 1.06]	1.02	[0.98, 1.06]	1.00	[0.95, 1.05]
psychische Probleme Mutter						
beide	3.62***	[1.77, 7.42]	1.24	[0.56, 2.74]	8.62***	[4.54, 16.37]
nur älteres	3.50**	[1.65, 7.45]	0.58	[0.19, 1.73]	4.56***	[2.13, 9.75]
nur jüngeres	1.38	[0.55, 3.47]	2.00	[0.98, 4.08]	5.24***	[2.66, 10.29]
psychische Probleme Vater						
beide	1.31	[0.48, 3.60]	5.29***	[2.37, 11.81]	4.38***	[1.93, 9.93]
nur älteres	3.08**	[1.38, 6.87]	1.48	[0.53, 4.13]	3.00*	[1.29, 6.93]
nur jüngeres	0.67	[0.18, 2.50]	3.99**	[1.82, 8.76]	2.55*	[1.11, 5.88]
Trennung der Eltern						
beide	2.06*	[1.06, 4.02]	1.47	[0.77, 2.82]	2.31*	[1.22, 4.37]
nur jüngeres	1.13	[0.37, 3.43]	0.50	[0.13, 1.88]	2.32	[0.94, 5.69]

Anmerkungen: Referenzkategorie für den Vergleich „keines der beiden Geschwister"; n = 859 (98.74 %); OR: Odds Ratio; 95%-KI: 95%-Konfidenzintervall; [1] männlich und anderes als Referenzkategorie; [2] Alter der Eltern bei der Geburt des älteren Geschwisters; R^2 nach Nagelkerke: .28; Log-Likelihood: 1894.32; Omnibus-Test: $X^2(60)$ = 257.80; $p < .001$; *** $p < .001$, ** $p < .010$, * $p < .050$.

Tabelle 67. Vorhersage emotionaler Missbrauch eines oder beider Geschwister mit enger Definition (Dyadischer Datensatz)

Prädiktor	nur älteres Geschwister		nur jüngeres Geschwister		beide Geschwister	
	OR	95%-KI	OR	95%-KI	OR	95%-KI
Alter des älteren Geschwisters	1.02	[0.99, 1.04]	1.03*	[1.01, 1.06]	1.02	[0.99, 1.06]
Geschlecht[1]						
älteres: weiblich	2.51*	[1.17, 5.39]	0.83	[0.46, 1.48]	3.30*	[1.10, 9.93]
jüngeres: weiblich	1.26	[0.67, 2.36]	2.40*	[1.20, 4.82]	1.07	[0.49, 2.35]
hoher allgemeinbildender Abschluss						
älteres	0.41*	[0.20, 0.84]	1.19	[0.50, 2.84]	0.58	[0.21, 1.55]
jüngeres	1.03	[0.47, 2.24]	2.37	[0.78, 7.24]	0.85	[0.34, 2.13]
Geschwisterkonstellation						
Altersabstand	0.98	[0.87, 1.11]	0.85*	[0.75, 0.97]	0.89	[0.76, 1.05]
leibliche Geschwister	1.26	[0.40, 3.96]	0.25	[0.03, 2.18]	1.07	[0.26, 4.34]
Dauer Zusammenleben	0.94	[0.85, 1.02]	0.89*	[0.81, 0.98]	0.89*	[0.79, 0.99]
Geschwisteranzahl	1.17	[0.97, 1.40]	1.17	[0.95, 1.44]	1.11	[0.87, 1.43]
Alter bei der Geburt[2]						
Mutter	0.99	[0.91, 1.09]	0.93	[0.85, 1.02]	0.99	[0.88, 1.10]
Vater	1.01	[0.95, 1.08]	1.01	[0.95, 1.08]	1.01	[0.93, 1.11]
psychische Probleme Mutter						
beide	3.62**	[1.72, 7.63]	3.72**	[1.75, 7.93]	6.59***	[2.68, 16.19]
nur älteres	2.15	[0.90, 5.15]	1.18	[0.36, 3.84]	4.22**	[1.55, 11.44]
nur jüngeres	1.40	[0.49, 3.98]	3.90***	[1.86, 8.18]	2.58	[0.76, 8.83]
psychische Probleme Vater						
beide	2.91*	[1.19, 7.11]	3.75**	[1.56, 9.04]	3.74*	[1.30, 10.74]
nur älteres	4.21**	[1.80, 9.81]	1.40	[0.37, 5.23]	5.52**	[2.01, 15.18]
nur jüngeres	1.52	[0.42, 5.53]	4.49***	[2.03, 9.97]	4.44*	[1.38, 14.28]
Trennung der Eltern						
beide	0.96	[0.41, 2.26]	1.38	[0.64, 2.99]	1.48	[0.58, 3.80]
nur jüngeres	2.69	[0.96, 7.54]	1.22	[0.33, 4.50]	2.90	[0.82, 10.21]

Anmerkungen: Referenzkategorie für den Vergleich „keines der beiden Geschwister", n = 859 (98.74 %); OR: Odds Ratio; 95%-KI: 95%-Konfidenzintervall; [1] männlich und anderes als Referenzkategorie; [2] Alter der Eltern bei der Geburt des älteren Geschwisters; R^2 nach Nagelkerke: .27; Log-Likelihood: 1021.38; Omnibus-Test: $X^2(57)$ = 197.60; $p < .001$; *** $p < .001$, ** $p < .010$, * $p < .050$.

Tabelle 68. Vorhersage emotionale Vernachlässigung eines oder beider Geschwister mit weiter Definition (Dyadischer Datensatz)

Prädiktor	nur älteres Geschwister		nur jüngeres Geschwister		beide Geschwister	
	OR	95%-KI	OR	95%-KI	OR	95%-KI
Alter des älteren Geschwisters	1.04***	[1.02, 1.07]	1.02*	[1.00, 1.05]	1.04***	[1.02, 1.06]
Geschlecht[1]						
älteres: weiblich	0.57*	[0.34, 0.96]	1.31	[0.80, 2.14]	1.04	[0.66, 1.62]
jüngeres: weiblich	0.71	[0.43, 1.16]	0.68	[0.42, 1.10]	0.67	[0.43, 1.02]
hoher allgemeinbildender Abschluss						
älteres	0.58	[0.29, 1.13]	0.94	[0.45, 1.97]	0.62	[0.35, 1.11]
jüngeres	1.49	[0.70, 3.19]	1.64	[0.75, 3.59]	0.62	[0.36, 1.07]
Geschwisterkonstellation						
gleichgeschlechtliches Geschwisterpaar	1.09	[0.66, 1.79]	0.78	[0.48, 1.26]	1.40	[0.91, 2.16]
Altersabstand	0.92	[0.83, 1.02]	1.00	[0.91, 1.11]	0.99	[0.91, 1.08]
leibliche Geschwister	1.55	[0.52, 4.60]	0.62	[0.14, 2.69]	1.13	[0.40, 3.21]
Dauer Zusammenleben	0.89**	[0.83, 0.96]	0.95	[0.89, 1.02]	1.00	[0.94, 1.06]
Geschwisteranzahl	1.13	[0.94, 1.35]	1.20*	[1.01, 1.42]	1.10	[0.95, 1.29]
Alter bei der Geburt[2]						
Mutter	1.00	[0.93, 1.08]	1.07	[1.00, 1.14]	0.99	[0.93, 1.05]
Vater	0.96	[0.91, 1.02]	0.96	[0.92, 1.02]	0.99	[0.94, 1.03]
psychische Probleme Mutter						
beide	3.30**	[1.51, 7.19]	2.46*	[1.14, 5.30]	5.00***	[2.64, 9.47]
nur älteres	3.76**	[1.60, 8.85]	0.62	[0.17, 2.30]	3.99***	[1.90, 8.35]
nur jüngeres	0.79	[0.29, 2.10]	1.93	[0.94, 3.95]	2.54**	[1.32, 4.88]
psychische Probleme Vater						
beide	0.67	[0.17, 2.59]	2.94*	[1.19, 7.30]	4.92***	[2.24, 10.78]
nur älteres	2.27	[0.96, 5.40]	0.75	[0.24, 2.38]	1.96	[0.90, 4.25]
nur jüngeres	0.42	[0.11, 1.54]	1.79	[0.79, 4.05]	1.55	[0.71, 3.39]
Trennung der Eltern						
beide	1.84	[0.91, 3.68]	1.10	[0.54, 2.27]	1.83*	[1.02, 3.30]
nur jüngeres	4.57**	[1.54, 13.54]	1.34	[0.37, 4.79]	3.27*	[1.20, 8.90]

Anmerkungen: Referenzkategorie für den Vergleich „keines der beiden Geschwister"; n = 859 (98.74 %); OR: Odds Ratio; 95%-KI: 95%-Konfidenzintervall; [1] männlich und anderes als Referenzkategorie; [2] Alter der Eltern bei der Geburt des älteren Geschwisters; R^2 nach Nagelkerke: .28; Log-Likelihood: 1955.56; Omnibus-Test: $X^2(60)$ = 253.33; $p < .001$; *** $p < .001$, ** $p < .010$, * $p < .050$.

Tabelle 69. Vorhersage emotionale Vernachlässigung eines oder beider Geschwister mit enger Definition (Dyadischer Datensatz)

Prädiktor	nur älteres Geschwister		nur jüngeres Geschwister		beide Geschwister	
	OR	95%-KI	OR	95%-KI	OR	95%-KI
Alter des älteren Geschwisters	1.04**	[1.01, 1.06]	1.02	[1.00, 1.04]	1.06***	[1.03, 1.09]
Geschlecht[1]						
älteres: weiblich	0.76	[0.37, 1.53]	0.73	[0.39, 1.36]	2.17	[0.88, 5.39]
jüngeres: weiblich	1.01	[0.51, 2.02]	1.35	[0.73, 2.48]	1.31	[0.55, 3.13]
hoher allgemeinbildender Abschluss						
älteres	0.30**	[0.14, 0.63]	0.47*	[0.23, 0.96]	1.77	[0.60, 5.21]
jüngeres	1.08	[0.44, 2.61]	1.08	[0.47, 2.49]	0.55	[0.24, 1.24]
Geschwisterkonstellation						
gleichgeschlechtliches Geschwisterpaar	1.67	[0.84, 3.32]	1.51	[0.82, 2.78]	1.34	[0.56, 3.20]
Altersabstand	1.05	[0.93, 1.19]	0.96	[0.85, 1.08]	0.89	[0.77, 1.03]
leibliche Geschwister	1.29	[0.38, 4.38]	0.47	[0.09, 2.37]	0.63	[0.12, 3.33]
Dauer Zusammenleben	1.04	[0.95, 1.13]	1.00	[0.92, 1.09]	0.97	[0.87, 1.07]
Geschwisteranzahl	1.01	[0.80, 1.26]	1.23*	[1.04, 1.45]	1.04	[0.81, 1.34]
Alter bei der Geburt[2]						
Mutter	1.01	[0.92, 1.11]	1.03	[0.95, 1.12]	0.93	[0.83, 1.04]
Vater	1.02	[0.95, 1.09]	1.00	[0.94, 1.06]	1.01	[0.93, 1.09]
psychische Probleme Mutter						
beide	5.24***	[2.46, 11.15]	2.98**	[1.45, 6.10]	1.95	[0.73, 5.19]
nur älteres	5.48***	[2.30, 13.07]	2.00	[0.77, 5.23]	3.93**	[1.50, 10.31]
nur jüngeres	1.12	[0.34, 3.66]	1.95	[0.87, 4.36]	2.08	[0.73, 5.93]
psychische Probleme Vater						
beide	4.31**	[1.81, 10.27]	4.45***	[1.97, 10.04]	3.49*	[1.26, 9.66]
nur älteres	1.66	[0.58, 4.74]	1.41	[0.49, 4.07]	0.87	[0.24, 3.11]
nur jüngeres	1.18	[0.32, 4.39]	2.73*	[1.16, 6.42]	3.37*	[1.16, 9.80]
Trennung der Eltern						
beide	2.27*	[1.01, 5.10]	1.34	[0.62, 2.89]	2.69*	[1.10, 6.61]
nur jüngeres	10.69***	[4.01, 28.48]	2.39	[0.74, 7.77]	4.26*	[1.22, 14.93]

Anmerkungen: Referenzkategorie für den Vergleich „keines der beiden Geschwister"; n = 859 (98.74 %); OR: Odds Ratio; 95%-KI: 95%-Konfidenzintervall; [1] männlich und anderes als Referenzkategorie; [2] Alter der Eltern bei der Geburt des älteren Geschwisters; R^2 nach Nagelkerke: .25; Log-Likelihood: 1071.33; Omnibus-Test: $X^2(60)$ = 185.715; $p < .001$; *** $p < .001$, ** $p < .010$, * $p < .050$.

Tabelle 70. Vorhersage körperliche Vernachlässigung eines oder beider Geschwister mit weiter Definition (Dyadischer Datensatz)

Prädiktor	nur älteres Geschwister		nur jüngeres Geschwister		beide Geschwister	
	OR	95%-KI	OR	95%-KI	OR	95%-KI
Alter des älteren Geschwisters	1.03**	[1.01, 1.05]	1.02	[1.00, 1.04]	1.03**	[1.01, 1.05]
Geschlecht[1]						
älteres: weiblich	0.75	[0.47, 1.20]	0.81	[0.52, 1.27]	0.81	[0.47, 1.39]
jüngeres: weiblich	0.62*	[0.39, 0.98]	0.62*	[0.40, 0.97]	0.62	[0.37, 1.04]
hoher allgemeinbildender Abschluss						
älteres	0.68	[0.35, 1.29]	0.73	[0.38, 1.38]	0.33**	[0.18, 0.62]
jüngeres	0.97	[0.53, 1.80]	1.11	[0.59, 2.10]	1.29	[0.63, 2.65]
Geschwisterkonstellation						
gleichgeschlechtliches Geschwisterpaar	1.01	[0.64, 1.59]	0.84	[0.54, 1.31]	1.61	[0.95, 2.73]
Altersabstand	0.94	[0.86, 1.03]	0.96	[0.88, 1.06]	0.91	[0.82, 1.01]
leibliche Geschwister	1.90	[0.67, 5.43]	1.98	[0.67, 5.83]	1.87	[0.61, 5.70]
Dauer Zusammenleben	0.95	[0.89, 1.01]	0.97	[0.91, 1.03]	0.99	[0.92, 1.06]
Geschwisteranzahl	1.06	[0.90, 1.24]	1.06	[0.90, 1.24]	1.05	[0.88, 1.24]
Alter bei der Geburt[2]						
Mutter	1.01	[0.95, 1.08]	0.96	[0.90, 1.02]	0.98	[0.91, 1.06]
Vater	0.99	[0.94, 1.04]	1.04	[1.00, 1.08]	1.00	[0.94, 1.05]
psychische Probleme Mutter						
beide	2.62**	[1.37, 5.00]	1.77	[0.89, 3.53]	4.53***	[2.36, 8.71]
nur älteres	2.22*	[1.05, 4.69]	1.20	[0.51, 2.84]	2.96**	[1.37, 6.41]
nur jüngeres	0.68	[0.28, 1.63]	1.12	[0.56, 2.26]	2.41*	[1.17, 4.93]
psychische Probleme Vater						
beide	1.85	[0.83, 4.12]	1.96	[0.88, 4.39]	3.79**	[1.75, 8.20]
nur älteres	1.92	[0.82, 4.50]	2.13	[0.91, 5.00]	4.20**	[1.84, 9.58]
nur jüngeres	0.84	[0.29, 2.38]	2.22*	[1.03, 4.80]	2.27	[0.99, 5.24]
Trennung der Eltern						
beide	1.66	[0.88, 3.15]	1.17	[0.61, 2.25]	2.43**	[1.29, 4.56]
nur jüngeres	3.17*	[1.27, 7.88]	1.75	[0.62, 4.94]	2.83	[1.00, 8.04]

Anmerkungen: Referenzkategorie für den Vergleich „keines der beiden Geschwister"; n = 859 (98.74 %); OR: Odds Ratio; 95%-KI: 95%-Konfidenzintervall; [1] männlich und anderes als Referenzkategorie; [2] Alter der Eltern bei der Geburt des älteren Geschwisters; R^2 nach Nagelkerke: .20; Log-Likelihood: 1870.36; Omnibus-Test: $X^2(60)$ = 168.39; $p < .001$; *** $p < .001$, ** $p < .010$, * $p < .050$.

Tabelle 71. Vorhersage körperliche Vernachlässigung eines oder beider Geschwister mit enger Definition (Dyadischer Datensatz)

Prädiktor	nur älteres Geschwister		nur jüngeres Geschwister		beide Geschwister	
	OR	95%-KI	OR	95%-KI	OR	95%-KI
Alter des älteren Geschwisters	1.03*	[1.01, 1.05]	1.01	[0.99, 1.03]	1.04*	[1.01, 1.07]
Geschlecht[1]						
älteres: weiblich	0.83	[0.48, 1.46]	0.91	[0.49, 1.70]	0.48	[0.18, 1.25]
jüngeres: weiblich	0.55*	[0.32, 0.95]	1.20	[0.65, 2.22]	1.17	[0.47, 2.91]
hoher allgemeinbildender Abschluss						
älteres	0.35**	[0.18, 0.68]	0.47*	[0.23, 0.93]	0.55	[0.21, 1.46]
jüngeres	3.02*	[1.10, 8.26]	0.80	[0.40, 1.60]	1.80	[0.56, 5.76]
Geschwisterkonstellation						
gleichgeschlechtliches Geschwisterpaar	1.05	[0.61, 1.81]	0.48*	[0.26, 0.88]	2.37	[0.95, 5.89]
Altersabstand	0.96	[0.86, 1.07]	1.00	[0.90, 1.11]	0.89	[0.76, 1.03]
leibliche Geschwister	1.05	[0.29, 3.76]	1.73	[0.58, 5.16]	2.61	[0.69, 9.87]
Dauer Zusammenleben	0.98	[0.90, 1.06]	0.97	[0.89, 1.04]	0.94	[0.84, 1.05]
Geschwisteranzahl	1.06	[0.88, 1.28]	1.12	[0.94, 1.34]	1.17	[0.92, 1.48]
Alter bei der Geburt[2]						
Mutter	0.99	[0.92, 1.08]	0.99	[0.92, 1.07]	0.97	[0.85, 1.10]
Vater	1.00	[0.94, 1.06]	1.04	[0.99, 1.09]	0.96	[0.87, 1.06]
psychische Probleme Mutter						
beide	2.97**	[1.46, 6.05]	1.14	[0.49, 2.67]	3.58**	[1.40, 9.15]
nur älteres	3.58**	[1.62, 7.91]	1.78	[0.74, 4.26]	3.45*	[1.17, 10.19]
nur jüngeres	1.41	[0.58, 3.46]	1.26	[0.55, 2.88]	1.87	[0.56, 6.31]
psychische Probleme Vater						
beide	1.94	[0.83, 4.57]	3.41**	[1.54, 7.55]	3.50*	[1.10, 11.09]
nur älteres	2.75*	[1.13, 6.70]	3.20**	[1.35, 7.59]	7.80***	[2.72, 22.36]
nur jüngeres	0.83	[0.27, 2.58]	1.29	[0.46, 3.62]	3.40*	[1.08, 10.64]
Trennung der Eltern						
beide	1.64	[0.80, 3.33]	1.37	[0.66, 2.85]	1.84	[0.71, 4.82]
nur jüngeres	1.07	[0.29, 3.93]	1.53	[0.52, 4.49]	2.81	[0.70, 11.19]

Anmerkungen: Referenzkategorie für den Vergleich „keines der beiden Geschwister"; n = 859 (98.74 %); OR: Odds Ratio; 95%-KI: 95%-Konfidenzintervall; [1] männlich und anderes als Referenzkategorie; [2] Alter der Eltern bei der Geburt des älteren Geschwisters; R^2 nach Nagelkerke: .21; Log-Likelihood: 1161.07; Omnibus-Test: $X^2(60)$ = 150.48; $p < .001$; *** $p < .001$, ** $p < .010$, * $p < .050$.

Tabelle 72. Vorhersage Miterleben von Partnerschaftsgewalt durch eines oder beide Geschwister (Dyadischer Datensatz)

Prädiktor	nur älteres Geschwister		nur jüngeres Geschwister		beide Geschwister	
	OR	95%-KI	OR	95%-KI	OR	95%-KI
Alter des älteren Geschwisters	1.01	[0.98, 1.04]	1.02	[0.99, 1.06]	1.03*	[1.00, 1.06]
Geschlecht[1]						
älteres: weiblich	1.39	[0.71, 2.69]	1.50	[0.63, 3.57]	1.14	[0.48, 2.73]
jüngeres: weiblich	0.53	[0.28, 1.02]	0.92	[0.39, 2.14]	1.43	[0.61, 3.36]
hoher allgemeinbildender Abschluss						
älteres	1.02	[0.45, 2.30]	0.96	[0.34, 2.76]	0.75	[0.30, 1.89]
jüngeres	0.69	[0.31, 1.50]	0.57	[0.22, 1.44]	1.96	[0.66, 5.88]
Geschwisterkonstellation						
gleichgeschlechtliches Geschwisterpaar	1.21	[0.63, 2.31]	0.71	[0.30, 1.66]	0.99	[0.42, 2.33]
Altersabstand	1.16*	[1.03, 1.30]	1.02	[0.87, 1.20]	0.89	[0.77, 1.04]
leibliche Geschwister	4.50**	[1.56, 12.93]	2.35	[0.43, 12.74]	7.08**	[2.17, 23.10]
Dauer Zusammenleben	1.01	[0.93, 1.09]	1.02	[0.92, 1.14]	0.92	[0.83, 1.02]
Geschwisteranzahl	0.96	[0.78, 1.20]	0.96	[0.72, 1.29]	0.90	[0.69, 1.17]
Alter bei der Geburt[2]						
Mutter	0.95	[0.86, 1.04]	0.98	[0.87, 1.10]	0.92	[0.83, 1.02]
Vater	1.03	[0.97, 1.10]	1.02	[0.94, 1.10]	1.06	[0.99, 1.13]
psychische Probleme Mutter						
beide	2.32*	[1.05, 5.13]	3.96**	[1.55, 10.13]	6.03***	[2.68, 13.58]
nur älteres	2.04	[0.86, 4.85]	3.22*	[1.03, 10.09]	4.02**	[1.55, 10.46]
nur jüngeres	1.03	[0.37, 2.86]	2.29	[0.75, 6.97]	1.64	[0.51, 5.33]
psychische Probleme Vater						
beide	3.08*	[1.31, 7.23]	2.37	[0.78, 7.13]	3.22*	[1.20, 8.66]
nur älteres	5.17***	[2.20, 12.20]	1.13	[0.24, 5.47]	5.44**	[2.03, 14.60]
nur jüngeres	2.16	[0.71, 6.56]	2.10	[0.63, 7.02]	2.66	[0.88, 8.08]
Trennung der Eltern						
beide	3.62***	[1.80, 7.26]	2.11	[0.80, 5.55]	3.06**	[1.34, 6.98]
nur jüngeres	2.31	[0.69, 7.75]	1.65	[0.34, 7.93]	5.50**	[1.82, 16.64]

Anmerkungen: Referenzkategorie für den Vergleich „keines der beiden Geschwister"; n = 859 (98.74 %); OR: Odds Ratio; 95%-KI: 95%-Konfidenzintervall; [1] männlich und anderes als Referenzkategorie; [2] Alter der Eltern bei der Geburt des älteren Geschwisters; R^2 nach Nagelkerke: .27; Log-Likelihood: 925.98; Omnibus-Test: $X^2(60)$ = 189.58; $p < .001$; *** $p < .001$, ** $p < .010$, * $p < .050$.

8.4 Zusammenfassung und Diskussion

Prävalenz von Viktimisierungserfahrungen
Für die Skalen körperliche Misshandlung, sexueller Missbrauch und emotionale Vernachlässigung lagen in der Stichprobe vergleichbar hohe Prävalenzraten wie in der bevölkerungsrepräsentativen Studie von Häuser et al. (2011) vor. Unterschiede zeigten sich in den Skalen körperliche Vernachlässigung und emotionaler Missbrauch.

Körperliche Vernachlässigung wurde von den Studienteilnehmenden deutlich weniger häufig berichtet als in der Stichprobe von Häuser et al. (2011). Die unterschiedliche Verteilung des Alters in den Stichproben könnte hierfür ursächlich sein: In der Studie von Häuser et al. (2011) waren 32.9 % der Studienteilnehmende zum Zeitpunkt der Erhebung über 60 Jahre alt, in der vorliegenden Stichprobe waren es 6.30 %. In beiden Stichproben sagte das Alter signifikant körperliche Vernachlässigung vorher.

Während in der Befragung von Häuser et al. (2011) 15 % der Befragten den Schwellenwert für emotionalen Missbrauch überschritten, waren es in der vorliegenden Studie fast 40 %. Auch wenn in dieser, im Unterschied zu Häuser et al. (2011), Frauen mehr emotionalen Missbrauch berichteten, so wichen ebenso die Angaben der männlichen Ankerpersonen deutlich von denen in der bevölkerungsrepräsentativen Stichprobe ab. Die höheren Werte zeigten sich über alle Schweregrade hinweg. Stoltenborgh et al. (2012) fanden in ihrer Meta-Analyse eine erhöhte Rate von emotionalem Missbrauch in Conveniance Samples, also solchen Stichproben die nicht anhand klinischer Kriterien oder einer bevölkerungsrepräsentativen Stichprobenziehung gewonnen wurden. So interessieren sich möglicherweise besonders Personen, die emotionalen Missbrauch erlebt haben, für die Teilnahme an solchen Studien. Einen weiteren Verzerrungseffekt berichteten Stoltenborgh et al. (2012) in Bezug auf junge Erwachsene und Studierende. In diesen Studien wurde ebenfalls eine höhere Rate emotionalen Missbrauchs gefunden.

Darüber hinaus besteht die Möglichkeit, dass die hohen Häufigkeitsraten durch einen Reihenfolgeneffekt begünstigt wurden. Dem CTQ waren Fragen zur Geschwisterbeziehung vorangestellt, welche Ankerpersonen an Ungleichbehandlung, Bevorzugung und Auseinandersetzungen mit den Geschwistern und den Eltern im Kontext der Geschwisterbeziehung erinnerten. In Studien berichteten Teilnehmenden häufig erst auf Nachfragen von körperlicher Gewalt durch das Geschwister (Tucker et al. 2013b). Inwieweit dies auch auf emotionalen Missbrauch zutrifft, ist ungeklärt. Eine Überprüfung mit vertauschter Reihenfolge war in der vorliegenden Arbeit nicht möglich, da vermieden werden sollte, dass Studienteilnehmende bereits zu Beginn der Erhebung aufgrund der hohen Belastung durch die Fragen aus dem CTQ die Befragung abbrachen.

Eine andere Möglichkeit ist, dass gerade Personen, die mit Geschwistern aufwachsen, mehr emotionalen Missbrauch erleben. Dies liegt möglicherweise an den begrenzten emotionalen Ressourcen der Eltern im Umgang mit mehreren Kindern. Die Möglichkeit ein Kind zu bevorzugen ist beispielsweise erst gegeben, wenn mehr als ein Kind im Haushalt lebt. Zudem – und hier zeigt sich auch eine Schwäche des CTQ, welcher nicht zwischen verschiedenen Tätern und Täterinnen differenziert – erhöht die Anzahl an Geschwistern, die Möglichkeit von diesen emotional missbräuchlich behandelt zu werden. Dafür würde auch sprechen, dass die Auftretenswahrscheinlichkeit von emotionalem Missbrauch bei nachgeborenen Geschwistern bedeutsam erhöht.

Zusammenhänge zwischen den Geschwistern
Die vorliegende Studie ist eine der ersten, die anhand der Angaben zweier Geschwister und im Hinblick auf eine Vielzahl von verschiedenen Formen von Kindeswohlgefährdung Ähnlichkeiten und Unterschiede in den Viktimisierungserfahrungen bei Geschwistern untersuchte.

Bei der Betrachtung der Konstellationen von *Viktimisierungserfahrungen,* unabhängig von der Art der Kindeswohlgefährdung zeigte sich, dass in 58.55 % der Dyaden,[32] in denen mindestens ein Geschwister gemäß weiter Definition viktimisiert wurde, auch das zweite viktimisiert wurde. Diese Angaben stimmen mit den Ergebnissen der Studien von Hamilton-Giachritsis/Browne (2005) und Jean-Gilles/Crittenden (1990) überein, welche ebenfalls eine gemeinsame Gefährdung von 57 % bzw. 58 % von mehreren Kindern in einer Familie fanden. Eine geringere Übereinstimmung zwischen den Geschwistern wurde bei der Verwendung einer engen Definition gefunden. Gemäß dieser erlebten bei 31.75 % aller Geschwisterpaare, bei denen mindestens ein Geschwister viktimisiert wurde, beide mindestens eine mittelschwere bis extreme Form von Kindeswohlgefährdung.

Für *körperliche Misshandlung* entsprechen mit 27.87 % für die weite Definition und 28.81 % für die enge Definition die Raten einer gemeinsamen Misshandlung beider Geschwister in etwa den Ergebnissen der Studie zu den Zusammenhängen bei schwerer körperlicher Misshandlung von MacMillan et al. (2013). Diese basierten ebenfalls auf einer nicht-klinischen Stichprobe (32.3 %, 32.6 %). Die etwas höheren Raten bei MacMillan et al. (2013) sind möglicherweise der unterschiedlichen Operationalisierung geschuldet, da nach Handlun-

---

[32] Zur besseren Vergleichbarkeit wurde, anders als in den Tabellen 47 und 48, der Anteil der Geschwisterpaare, in denen beide Geschwister mindestens eine Viktimisierungserfahrungen oder eine bestimmte Form von Kindeswohlgefährdung berichtet hatten, nicht an der Grundgesamtheit relativiert, sondern an der Anzahl aller Geschwisterpaare, bei denen mindestens eines von beiden eine Viktimisierungserfahrung bzw. die bestimmte Form von Kindeswohlgefährdung berichtet hatte.

gen der Bezugspersonen gefragt wurde. In dem CTQ beinhaltet die Operationalisierung der Skala körperliche Misshandlung mit Ausnahme eines Items auch das Vorliegen von körperlichen Folgen (z. B. blaue Flecken, Arztbesuch wegen Gewalt durch Eltern). In einer Studie von Smith/Hanson (1974), in der anhand einer Inanspruchnahmepopulation, die Ähnlichkeit anhand der Schwere der körperlichen Misshandlung erhoben wurde, fanden sich mit 23 % vergleichbare Werte. Eine größere Ähnlichkeit zwischen den Geschwistern hinsichtlich körperlicher Misshandlung fanden sich bei Studien, welche ausschließlich auf einer Aktenauswertung von Kinderschutzfällen beruhten (Hamilton-Giachritsis/Browne 2005; Baldwin/Oliver 1975). Eine Erklärung hierfür könnten Unterschiede in der sozialen Schicht, in der Betrachtung einer Inanspruchnahmepopulation sowie im Fall von Baldwin/Oliver (1975) einer zeitlich bedingten Veränderung der Haltung gegenüber körperlicher Bestrafung sein. Im Vergleich zu der Studie von Lindberg et al. (2012), in der die Ähnlichkeit von Kindern, die im gleichen Haushalt lebten, hinsichtlich körperlicher Misshandlung anhand einer medizinischen Untersuchung festgestellt wurde (3.3 %, 4.6 %), war der Prozentsatz der Geschwisterpaare, bei denen nicht nur eines, sondern beide körperlich misshandelt wurden, deutlich höher. Dies kann auf eine strengere Operationalisierung und die Betrachtung der körperlichen Misshandlung zu einem bestimmten Zeitpunkt zurückgeführt werden.

Von den 122 Geschwisterpaaren, bei denen mindestens ein Geschwister *sexuell missbraucht* wurde, wurden bei 10.06 % beide Geschwister sexuell missbraucht. Gemäß der engen Definition waren es 8.14 % der Geschwisterpaare. Dies liegt etwas unter den Prozentsätzen, die von Boney-McCoy/Finkelhor (1995) und MacMillan et al. (2013) berichtet wurden (17 %, 23.4 %). In diesen Studien wurde jedoch nicht nur ein Geschwister betrachtet, sondern alle Geschwister, was die etwas höheren Raten erklären könnte. Auch die Rekrutierung von zwei Geschwistern in der vorliegenden Studie, die nicht im gleichen Haushalt lebten, könnte einen höheren Drop-Out von Geschwisterpaaren begünstigen, bei denen beide sexuell missbraucht wurden. So ist die Prävalenz von sexuellem Missbrauch in der dyadischen Stichprobe für beide Geschwister fünf Prozentpunkte niedriger als in der Individualstichprobe. Da sexueller Missbrauch der Ankerperson allein weder die Eingabe der E-Mail-Adresse des Geschwisters vorhersagte, noch ob dieses antwortete, könnte dies möglicherweise nicht in der Erfahrung eines der Geschwister, sondern in der Kombination der Erfahrungen beider Geschwister begründet liegen. Eine andere Möglichkeit besteht darin, dass die Auswahl des ältesten Geschwisters für die Zusammensetzung der Geschwisterdyade, zu einem Selektionseffekt geführt hat. So berichteten im Individualdatensatz mehr nachgeborene Geschwister von sexuellem Missbrauch als erstgeborene. In Studien mit Familien in Therapie (Phelan 1986; Phelan 1995; Herman/Hirschman 1981), mit einer Inanspruchnahmepopulation (Finkelhor 1984; Hamilton-Giachritsis/Browne 2005) und mit Tätern (Ballard et al. 1990; Studer et al. 2000; Proeve et al. 2006) wurde eine höhere Rate von sexuellem Missbrauch von mehreren Kindern in einer Familie berichtet. In allen Studien beruhte die Datengewinnung jedoch auf der Betrachtung aller Familienmitglieder, die über einen längeren Zeitraum mit den entsprechenden staatlichen Stellen oder den Therapeuten in Kontakt waren.

Der Prozentsatz der Geschwisterpaare, bei denen nicht eines, sondern beide *emotional missbraucht* wurden, war mit 35.67 % für die weite und 23.53 % für die enge Definition geringer als der in der Studie von Hamilton-Giachritsis/ Browne (2005) berichtete. Auch im Hinblick auf emotionale Vernachlässigung (weite Definition: 47.39 %; enge Definition: 25.56 %) und körperliche Vernachlässigung (weite Definition: 29.22 %; enge Definition: 19.17 %) lag der Anteil der Geschwisterpaare, bei denen beide und nicht nur eines vernachlässigt wurde, unter den Angaben von Hamilton-Giachritsis/Browne (2005). Die verschiedenen Ergebnisse spiegeln Unterschiede in der Operationalisierung und der Art der Stichprobengewinnung wider. Die von Hines/Kaufman Kantor/Holt (2006) berichteten Zusammenhänge im Hinblick auf das Ausmaß an vernachlässigendem Verhalten der Eltern zwischen den Geschwistern waren in der vorliegenden Stichprobe vergleichbar hoch.

32.67 % der Geschwisterpaare, bei denen mindestens eines der Geschwister *Partnerschaftsgewalt* zwischen den Eltern miterlebt hat, berichteten dies übereinstimmend. Hierzu liegen keine vergleichbaren Studien vor.

In Bezug auf die *Zusammenhänge zwischen unterschiedlichen Formen von Kindeswohlgefährdung* erhöhte das Vorliegen einer Form bei einem der Geschwister, das Vorliegen aller anderen Formen bei dem anderen Geschwister. Dieser Befund stimmt mit den Ergebnissen aus anderen Studien, in denen mehrere Formen von Kindeswohlgefährdung betrachtet wurden, überein (Hamilton-Giachritsis/Browne 2005; Jean-Gilles/Crittenden 1990). Eine Ausnahme bildet der Zusammenhang von sexuellem Missbrauch und emotionaler Vernachlässigung des anderen Geschwisters gemäß enger Definition. Möglicherweise liegt dies an der kleinen Anzahl der Personen im dyadischen Datensatz, die mittelschweren bis extremen sexuellen Missbrauch berichteten. Auch wurde in der vorliegenden Studie nicht nach dem Täter oder der Täterin gefragt, sodass nicht ausgeschlossen werden kann, dass es sich um extrafamiliären sexuellen Missbrauch handelt, und somit ein Effekt nicht geteilter Umwelt vorliegt.

Risikokonstellationen

Anhand der gewählten Risikokonstellationen konnte ein Teil der Varianz für das Vorliegen von Viktimisierungserfahrungen gut erklärt werden. Für die Risikokonstellationen für die Kombinationen von Viktimisierungserfahrungen beider Geschwister zeigte sich ein sehr komplexes Bild. Eine Übersicht ist in Tabelle 73 dargestellt.

Tabelle 73. Übersicht Risikokonstellationen (Dyadischer Datensatz)

Prädiktor	nur älteres Geschwister						nur jüngeres Geschwister						beide Geschwister					
	KM	SM	EM	EV	KV	MvP	KM	SM	EM	EV	KV	MvP	KM	SM	EM	EV	KV	MvP
	w e	w e	w e	w e	w e	w e	w e	w e	w e	w e	w e	w e	w e	w e	w e	w e	w e	w e
Alter des älteren Geschwisters	+ +		+ + + +				+ + +		+ +				+ + +	+			+ + + + +	
Geschlecht[1]																		
älteres: weiblich	+	+ + –											+					
jüngeres: weiblich		– –					+		–									
hoher allgemeinbildender Schulabschluss																		
älteres		– –	–						– –						–			
jüngeres			+															
Geschwisterkonstellation																		
gleichgeschlechtliches Geschwisterpaar								– +				–						
Altersabstand	–						+	+										
leibliche Geschwister							+											+
Dauer Zusammenleben	–							–						–				
Geschwisteranzahl							+	+	+ +				+					
Alter bei der Geburt[2]																		
Mutter	–												– –					
Vater		–					–											
psychische Probleme Mutter																		
beide	+ +	+ + + + + +					+ + +				+ +	+	+ + +				+ +	+ +
nur älteres		+	+ + + +				+ + +						+ + + +				+ +	
nur jüngeres							+	+	+				+ + +	+				
psychische Probleme Vater																		
beide		+	+	+			+ + +	+			+		+ + + + + +					
nur älteres		+ +	+ +					+			+ +		+ +	+ + +				
nur jüngeres							+	+ +	+ +				+ +	+	+			
Trennung der Eltern																		
beide		+	+	+									+	+ + +	+			
nur jüngeres	+		+ + +						+					+ +	+		

Anmerkungen: schwarzes Kästchen: signifikanter Effekt; +: positiver Zusammenhang; –: negativer Zusammenhang; hellgraues Kästchen: Kombination nicht berechnet; KM: Körperliche Misshandlung, SM: sexueller Missbrauch; EM: emotionaler Missbrauch; EV: emotionale Vernachlässigung; KV: körperliche Vernachlässigung; MvP: Miterleben von Partnerschaftsgewalt.

Das *Alter der Studienteilnehmenden* war ein entscheidender Prädiktor für die Anzahl von Viktimisierungserfahrungen und das Vorliegen der einzelnen Formen. Dieser Befund ist übereinstimmend mit den Ergebnissen anderer Studien im Hinblick auf körperliche Vernachlässigung (Häuser et al. 2011) und einer abnehmenden Akzeptanz von körperlicher Bestrafung als Erziehungsmittel (Bussmann 2005), sowie dem Verlauf der Anzahl der Fälle von sexuellem Missbrauch in der Polizeilichen Kriminalstatistik (PKS Bundeskriminalamt 2015). Die abnehmende Tendenz kann im Zusammenhang mit einer zunehmenden Beachtung von Kinderrechten in der Gesellschaft und Achtsamkeit in Bezug auf eine mögliche Gefährdung des Kindeswohls gesehen werden. Auf einen generellen Faktor verweisen auch die Ergebnisse aus der Vorhersage von Viktimisierungserfahrungen beider Geschwister. Das Alter des älteren Geschwisters war ein signifikanter Prädiktor sowohl für die Viktimisierung eines als auch beider Geschwister. Im Hinblick auf einzelne Formen ist das Alter ein besonders starker Prädiktor für die Viktimisierung beider Geschwister, was für die Annahme eines Einflusses des gesellschaftlichen Klimas spricht.

Wie in anderen Studien (Häuser et al. 2011) berichteten im Hinblick auf die *Geschlechtszugehörigkeit* Frauen häufiger von sexuellem Missbrauch. Eine höhere Anzahl verschiedener Viktimisierungserfahrungen, häufiger schwere körperliche Misshandlung und emotionaler Missbrauch wurden in anderen Studien seltener berichtet. Hierbei handelt es sich möglicherweise um einen Selektionseffekt in der Stichprobe, wobei Männer, die mehr Belastungen in der Kindheit erlebt haben, seltener bereit sind an einer Befragung teilzunehmen, als Frauen. Im Hinblick auf emotionalen Missbrauch sind Frauen möglicherweise häufiger betroffen. Es kann aber auch sein, dass es gerade bei emotionalen Missbrauch für Männer weniger sozial erwünscht ist, von emotionalem Missbrauch zu berichten. Die erhöhte Ausgangsrate von emotionalen Missbrauch bei Frauen zeigte sich auch bei der Betrachtung der Geschwisterkonstellation, mit einer erhöhten Wahrscheinlichkeit in den unterschiedlichen Kategorien in Abhängigkeit des Geschlechts des jeweiligen Geschwisters. Im Vergleich zu den Geschwisterpaaren, in denen keines sexuell missbraucht wurde, ist bei Geschwisterpaaren, bei denen nur das ältere sexuell missbraucht wurde, dieses häufiger ein Mädchen. Ein Vergleich zwischen den Gruppen, in denen nur das jüngere oder beide sexuell missbraucht wurden, lieferte allerdings keine signifikanten Unterschiede, sodass dies vermutlich ein Effekt der erhöhten Grundrate bei Frauen ist. In der Auswertung der Individualdaten wurde zudem eine erhöhte Rate an Viktimisierungserfahrungen bei Personen gefunden, die sich selbst weder dem weiblichen oder männlichen Geschlecht zuordneten. Dies stimmt überein mit den Befunden einer Meta-Analyse von Schneeberger et al. (2014), die eine erhöhte Prävalenzrate von Misshandlung, Missbrauch und Vernachlässigung in der Kindheit bei Personen mit einer transgender Geschlechtsidentität fanden.

Die Geschlechterkonstellation zwischen den Geschwistern, war ein signifikanter Prädiktor für den sexuellen Missbrauch des jüngeren Geschwisters, wobei das jüngere Geschwister weniger häufig alleine sexuell missbraucht wurde, wenn beide Geschwister das gleiche Geschlecht hatten. Dies könnte möglicherweise ein Verweis auf Präferenzen des Täters oder der Täterin sein, auch wenn dies mit Vorsicht zu interpretieren ist, da nur der Vergleich mit den Geschwisterpaaren, in denen keines sexuell missbraucht wurde signifikant ist.

Das *Bildungsniveau* der Studienteilnehmenden war in der Vorhersage auf individueller Ebene ein bedeutsamer Prädiktor für alle Formen von Kindeswohlgefährdung und für die Anzahl verschiedener Viktimisierungserfahrung und ist damit in Übereinstimmung mit den empirischen Befunden in anderen Studien (Stith et al. 2009; Häuser et al. 2011). Für sexuellen Missbrauch liegen keine einheitlichen Befunde hinsichtlich des Einflusses der sozialen Schicht vor (Häuser et al. 2011; Bange 2015; Finkelhor 1984). Häufig zeigte sich kein Effekt, wenn für andere Viktimisierungserfahrungen kontrolliert wurde. Dies ist auch bei dem vorliegenden Datensatz der Fall. Bei der Operationalisierung der elterlichen Schicht anhand des höchsten allgemeinbildenden Schulabschlusses der Studienteilnehmenden kann in diesem Kontext problematisch sein, denn das Erleben von Misshandlung, Missbrauch und Vernachlässigung kann auch ein Faktor sein, der zu einem geringeren Bildungserfolg beiträgt (Corrales et al. 2016; Baker et al. 2016). Ein solcher Effekt zeigte sich in der dyadischen Auswertung bei der Vorhersage ausschließlicher körperlicher Vernachlässigung des älteren Geschwisters. Hier war die niedrige Schulbildung des älteren und die hohe Schulbildung des jüngeren Geschwisters ein signifikanter Prädiktor für die Kategoriezugehörigkeit. Die Schlussfolgerung, dass die unterschiedliche Behandlung beider Geschwister zu dem unterschiedlichen Bildungserfolg führte, ist naheliegend, es kann aber nicht ausgeschlossen werden, dass geringe schulische Leistung zu einer Benachteiligung des Geschwisters führte. Ein niedriger allgemeinbildender Schulabschluss sagte die körperliche Vernachlässigung von beiden Geschwistern gemäß weiter Definition vorher. So steht möglicherweise die körperliche Vernachlässigung im Zusammenhang mit beschränkten finanziellen Ressourcen der Eltern. Inwieweit die Vernachlässigung ein Verschulden der Eltern darstellt, ist bei einer Erhebung über den CTQ nicht zu klären, da sie lediglich den Mangel und nicht dessen Ursache erfasst. Zudem ist es möglich, dass sich Risikofaktoren für körperliche Vernachlässigung mit dem vernachlässigenden Verhalten in Bezug auf die Bildung (vgl. Bildungsvernachlässigung bei English/the LONGSCAN Investigators 1997) überschneiden. Für die dyadische Auswertung erwies sich, mit einer Ausnahme, der allgemeinbildende Schulabschluss des älteren Geschwisters als besserer Prädiktor als der des jüngeren. Dies liegt möglicherweise an dem höheren Alter des älteren Geschwisters.

Leibliche Geschwister berichteten signifikant häufiger übereinstimmend von Partnerschaftsgewalt zwischen den Eltern. Ein Effekt der vermutlich dem längeren Bestehen einer Kernfamilie geschuldet ist, in der zwei Elternteile zusammenleben. Bei leiblichen Geschwistern berichtete auch signifikant häufiger nur das ältere Geschwister von dem Miterleben von Partnerschaftsgewalt. Dies kann ebenfalls an der längeren Dauer der Partnerschaft liegen. Es kann aber auch sein, dass die Partnerschaftsgewalt nur episodisch aufgetreten ist und es deswegen nicht zu einer Trennung kam. In der Folge erlebte das ältere Geschwister, nicht aber das jüngere Gewalt zwischen den Eltern mit. Es ist auch möglich, dass wie in der Studie von Skopp et al. (2005) ältere Geschwister Partnerschaftsgewalt stärker wahrnahmen als jüngere.

Ein geringer *Altersabstand* zwischen den Geschwistern sagte körperliche Misshandlung nicht vorher. Dies steht im Gegensatz zu Ergebnissen aus Studien, die eine erhöhte Rate von körperlicher Misshandlung bei Zwillingen fanden (Groothuis et al. 1982; Nelson/Martin 1985; Lindberg et al. 2012). Anders als in diesen Studien wurde jedoch eine längere Zeitspanne betrachtet. So ist das Risiko bei Mehrlingen möglicherweise in den ersten Lebensjahren besonders hoch und nimmt dann ab. Anzumerken sei auch noch, dass es sich in den genannten Studien um sehr schwere Formen von körperlicher Misshandlung handelte, die zu schwerer körperlicher und geistige Behinderung bis zum Tod führten. Es ist also möglich, dass diese Gruppe an Personen mit der Online-Befragung nicht angesprochen wurde.

Der Altersabstand zwischen den Geschwistern war ein signifikanter Prädiktor für das Miterleben von Partnerschaftsgewalt zwischen den Eltern ausschließlich durch das ältere Geschwister. Liegt die Geburt der Geschwister weiter auseinander, ist es möglich, dass sich die familiäre Situation verändert hat und deswegen das jüngere Geschwister nicht Zeuge von Gewalt wurde.

Für ausschließlichen sexuellen Missbrauch der älteren Schwester erwies sich ein geringerer Altersabstand als bedeutsamer Prädiktor. Dies kann durch die Befunde von Haugaard/Reppucci (1988) und Herman/Hirschman (1981) erklärt werden, die von Fällen von intrafamiliärem sexuellen Missbrauch berichteten, in denen die Väter die älteste Tochter sexuell missbrauchten und dann bei deren Auszug begannen die jüngere Tochter sexuell zu missbrauchen. Ein geringerer Altersabstand bedeutet vermutlich einen zeitnahen Auszug von beiden Kindern aus dem Elternhaus, was die Möglichkeiten für einen sexuellen Missbrauch des jüngeren Geschwisters verringert.

Ein geringerer Altersabstand ging mit einer erhöhten Wahrscheinlichkeit für einen ausschließlichen mittelschweren bis extremen emotionalen Missbrauch des jüngeren Geschwisters einher. Der Unterschied war im Vergleich zu den Geschwisterpaaren, in denen kein Geschwister gemäß enger Definition emotional missbraucht wurde, signifikant, jedoch nicht im Vergleich mit einer der anderen Konstellationen. Eine mögliche Erklärung ist eine Überbelastung der Eltern bei geringem Altersabstand, was emotional missbräuchliches Verhalten begünstigt und aufgrund seiner Bedürftigkeit stärker gegen das jüngere Geschwister gerichtet ist.

Die *Dauer des Zusammenlebens,* als Maß des Ausmaßes der geteilten Erfahrungen, war nur in zwei Fällen ein signifikanter Prädiktor. So ging ausschließlicher emotionaler Missbrauch des jüngeren Geschwisters und ausschließliche emotionale Vernachlässigung des älteren Geschwisters mit einer kürzeren Dauer des Zusammenlebens einher. Dies spricht dafür, dass diese Studienteilnehmenden früher von zu Hause auszogen, eventuell deswegen, weil sie dort viktimisiert wurden.

Im Individualdatensatz ist die *Anzahl der Geschwister* ein Risikofaktor für die Anzahl verschiedener Viktimisierungserfahrungen. Dies gilt auch für die Vorhersage aller Konstellationen von Viktimisierungserfahrungen gemäß enger Definition im dyadischen Datensatz. Ein erhöhtes Risiko für Kinder in Mehrkinderfamilien wurde in einigen Studien insbesondere im Hinblick auf Vernachlässigung gefunden (Stith et al. 2009). In der vorliegenden Studie wurde zudem noch die Position in der Geburtenreihenfolge berücksichtigt. Hierbei zeigte sich ein erhöhtes Risiko für fast alle Formen von Kindeswohlgefährdung für die später geborenen Kinder. Der Effekt wurde bei der Vorhersage von körperlicher Vernachlässigung zudem durch die Anzahl der Geschwister moderiert. Dies bedeutet, dass das Ausmaß körperlicher Vernachlässigung für nachgeborene noch stärker zunimmt. Diese Befunde lassen einen vergleichbaren Effekt wie bei dem Ressource Dilution Model vermuten, welches besagt, dass Eltern weniger in die Bildung ihrer später geborenen Kinder investieren (Steelman et al. 2002).

Der Befund, dass nachgeborene Kinder häufiger sexuell missbraucht werden, findet sich in keiner anderen empirischen Studie, wurde aber vermutlich selten untersucht. Möglicherweise entsteht ein erhöhtes Risiko durch mehr im Haushalt lebende Personen, die potentielle Täter oder Täterinnen sein können. Für körperliche Misshandlung findet sich nur ein Effekt bei der Verwendung der weiten Definition. Gemäß enger Definition ist die Geschwisteranzahl ein signifikanter Prädiktor. Zu emotionaler Vernachlässigung von nachgeborenen Kindern gibt es keine Studien. Die Vermutung liegt nahe, dass diese weniger elterliche Aufmerksamkeit erhalten. In der dyadischen Auswertung war die Geschwisteranzahl ein signifikanter Prädiktor für den ausschließlichen sexuellen Missbrauch des jüngeren Geschwisters. Die Geschwisteranzahl blieb jedoch kein signifikanter Prädiktor, wenn für emotionale Vernachlässigung kontrolliert wurde.

Eine hohe Geschwisteranzahl ging auch mit einer körperlichen Misshandlung beider Geschwister einher. Möglicherweise wird hierbei das ältere Geschwister von den Eltern körperlich misshandelt, und dieses verhält sich dann gegenüber dem jüngeren in ähnlicher Weise, wie zum Beispiel von Meyers (2014) und Green (1984) beschrieben. Neben dieser Kategorie ist die Geschwisteranzahl auch ein Prädiktor für die ausschließliche körperliche Misshandlung des jüngeren Geschwisters, vermutlich durch eine zunehmende Belastung der Eltern mit steigender Anzahl der Kinder.

Das *Alter der Mutter bei der Geburt* war, wie auch in anderen Studien (Stith et al. 2009), ein signifikanter Prädiktor für körperliche Misshandlung und Vernachlässigung. Dieser Effekt ist eventuell durch weitere Faktoren mitbedingt, die mit einer frühen Schwangerschaft einhergehen, wie zum Beispiel finanzielle Probleme und ungewollte Schwangerschaft. Ein junges *Alter des Vaters bei der Geburt* geht mit einem erhöhten Risiko für sexuellen Missbrauch einher. Eventuell verschwimmt bei einem geringeren Altersabstand des Vaters zu den Kindern stärker die Generationengrenze. Für sexuellen Missbrauch fand eine Meta-Analyse, dass jüngere Täter häufiger rückfällig werden (Hanson/Bussiere 1998). Allerdings gibt es in der vorliegenden Studie keine Daten dazu, ob die Väter tatsächlich die Täter waren.

Psychische Probleme der Eltern wurden auch in anderen Studien in dem Zusammenhang mit Kindeswohlgefährdung sowohl auf Individualebene als auch auf der Ebene aller Kinder einer Familie berichtet (Stith et al. 2009; Chadik 1997; Hamilton-Giachritsis/Browne 2005). Auch in der vorliegenden Arbeit waren sie prädiktiv für alle Formen von Kindeswohlgefährdung auf Individualebene. Auf der dyadischen Ebene, sagten diese in besonders hohem Ausmaß die Viktimisierung beider Geschwister vorher. Hierbei waren nicht nur die übereinstimmenden Angaben von Bedeutung, sondern auch die individuellen Einschätzungen der Geschwister. Tendenziell waren die Angaben des älteren Geschwisters auch häufiger für eine gemeinsame Viktimisierung von Bedeutung. Dies liegt möglicherweise daran, dass ältere Geschwister Gefährdungen stärker wahrnehmen (Skopp et al. 2005) oder sie aufgrund einer weiter fortgeschrittenen Autonomieentwicklung die psychischen Probleme ihrer Eltern besser einschätzen können. Auch könnte das ältere, wie zum Beispiel in der Studie von Katz (2014), das jüngere schützen, wenn sich im Alltag Anzeichen von psychischen Auffälligkeiten zeigen. Aus diesem Grund nimmt das jüngere die psychischen Probleme der Eltern weniger wahr. Insgesamt zeigte sich auch eine unterschiedliche Bedeutung der psychischen Probleme des Vaters und der Mutter, mit einem größeren Einfluss der Mutter auf die Viktimisierungserfahrungen des älteren Geschwisters und einem größeren Einfluss der psychischen Probleme des Vaters auf die des jüngeren Geschwisters. Dies ist insofern verwunderlich, da ältere Kinder bei der Geburt eines Geschwisters meist mehr Zeit mit dem Vater verbringen (Brock 2015) und eigentlich davon auszugehen wäre, dass psychische Probleme des Vaters einen größeren Einfluss auf die älteren Geschwister haben. Möglicherweise führt aber der Wegfall des Vaters aufgrund psychischer Probleme zu einer Überlastung der Mutter, was wiederum zu einem erhöhten Risiko für das jüngere Geschwister führt, da es durch sein geringeres Alter in einer vulnerableren Position ist.

Die *Trennung oder Scheidung der Eltern* während der Kindheit war ein Risikofaktor für die Anzahl verschiedener Viktimisierungserfahrungen und alle Formen von Kindeswohlgefährdung mit Ausnahme von mittelschwerem bis extremem sexuellen Missbrauch. Trennung und Scheidung der Eltern geht möglicherweise mit einer Überlastung und Überforderung der Eltern einher, die wiederum in Misshandlung, Missbrauch oder Vernachlässigung der Kinder mündet. Wie in einer Vielzahl von Studien berichtet wurde, sind Kinder in der Folge einer Scheidung psychisch belastet (Walper/Gerhard 2003; Amato/Keith 1991a). Ein direkter Zusammenhang zeigt sich auch mit dem Miterleben von Partnerschaftsgewalt, welche häufig mit einer Trennung begleitenden Konflikten einhergeht. Nicht zu vernachlässigen ist auch der Effekt den die Trennung selbst auf die Kinder hat, einschließlich der Veränderung der Lebenssituation und möglichen finanziellen Einschränkungen (Walper 2005). Nicht nur die Trennung oder Scheidung während der eigenen Kindheit hatte einen Effekt auf das ältere Geschwister, sondern auch die in der Kindheit des jüngeren Geschwisters. Dies spricht dafür, dass möglicherweise die Konflikte vor der Scheidung mit Formen von Kindeswohlgefährdung einhergehen. Nicht außer Acht gelassen werden darf allerdings die Möglichkeit, dass sich Eltern trennen, weil ein Elternteil eines oder mehrere Kinder missbraucht oder misshandelt hat (vgl. für sexuellen Missbrauch Bange 2011).

Kapitel 9
Studie 2: Einfluss von Viktimisierungserfahrungen auf die Geschwisterbeziehung in der Kindheit

Die Ergebnisdarstellung in Studie 2 ist in vier Teile untergliedert. In dem ersten Abschnitt werden auf der Ebene der Individualdaten Zusammenhänge zwischen den Rahmenbedingungen zur Gestaltung der Geschwisterbeziehung und Viktimisierungserfahrungen dargestellt. Als Rahmenbedingungen wurden Faktoren auf der Elternebene, nämlich die Förderung der Geschwisterbeziehung und die Benachteiligung der Ankerperson im Vergleich zu ihrem Geschwister, vorhergesagt. Auf diese Darstellung folgt die Vorhersage der Merkmale der Ausgestaltung der Geschwisterbeziehung. Es wird zwischen positiven und negativen Merkmalen der Ausgestaltung der Geschwisterbeziehung sowie der relativen Macht in der Geschwisterbeziehung unterschieden. Jedes Kriterium wird in einem ersten Schritt anhand der Individualdaten vorhergesagt und in einem zweiten Schritt auf Grundlage der dyadischen Daten in ein Wechselwirkungsmodell eingebettet.

9.1 Statistische Auswertung

Auf Individualebene

Für die Vorhersage aller Kriterien anhand des Individualdatensatzes wurde als statistisches Verfahren eine multiple lineare Regression gewählt. Die Variablen wurden mit dem Eingabeverfahren „Einschluss/Enter" eingefügt.

Die Viktimisierungserfahrungen wurden als Prädiktoren auf drei verschiedene Arten operationalisiert, nämlich der Anzahl verschiedener Viktimisierungserfahrungen nach einer weiten Definition, der Anzahl verschiedener Viktimisierungserfahrungen nach einer engen Definition und der Differenzierungen hinsichtlich der einzelnen Formen von Kindeswohlgefährdung anhand der Kategorisierung von Häuser et al. (2011). Für die Kriterien positive und negative Merkmale der Ausgestaltung der Geschwisterbeziehung wurden die drei Modelle noch in ein a- und ein b-Modell untergliedert. Die Variablen auf der Elternebene wurden erst in den b-Modellen als Prädiktoren aufgenommen, da sie einen Großteil der Varianz vorhersagten und ein hoher Zusammenhang mit den Viktimisierungserfahrungen bestand.

Modellvoraussetzungen, insbesondere die Linearität der Zusammenhänge, wurden durch Inspektion von Streudiagrammen sowie dem Vergleich von Mittelwerten über die verschiedenen Schweregrade hinweg überprüft. In der Folge wurden für das Ausmaß des sexuellen Missbrauchs für die Vorhersage der relativen Macht dichotome Variablen – nämlich leichter sexueller Missbrauch und mittelschwerer bis extremer sexueller Missbrauch – verwendet, da sich bei der Inspektion der Mittelwertunterschiede im bivariaten Vergleich, ein nicht linearer Zusammenhang zeigte.

Zur Verringerung von (Multi-)Kollinearität wurden die Modelle hinsichtlich dieser überprüft und kollineare Prädiktoren, soweit sie nicht zu einer signifikant besseren Vorhersage im Modell führten, aus diesem entfernt. Bei einigen wenigen Regressionen wurden auch nicht signifikante Prädiktoren im Modell belassen, um einen Vergleich über Modelle hinweg zu ermöglichen. Die Ergebnisse aller Regressionsmodelle erfüllten die Voraussetzungen für die Interpretation. So lagen keine signifikanten Korrelationen zwischen standardisierten Residuen und dem Kriterium vor. Die standardisierten Residuen wiesen keine wesentliche Abweichung von der Normalverteilung auf und es lag keine hohe Multikollinearität vor.

Aufgrund des hohen Einflusses der Alterskonstellation des Geschwisterpaares auf die relative Macht in der Geschwisterbeziehung wurde die Stichprobe in ältere Geschwister und jüngere Geschwister unterteilt.

Auf dyadischer Ebene
Zur Überprüfung der Wechselwirkungen zwischen den Geschwistern wurde ein Actor-Partner Interdependence Model (APIM) verwendet (Kenny/Kashy/Cook 2006), welches die Schätzung von Effekten innerhalb und zwischen Mitgliedern einer Dyade erlaubt. Zur statistischen Berechnung eines APIM können verschiedene Verfahren, wie die Berechnung mehrerer Regressionen mit unterschiedlichen Variablenkonstellationen sowie eine Mehr-Ebenen-Analyse, verwendet werden (Kenny/Kashy/Cook 2006). Die am weitesten verbreitete und durch die Ähnlichkeit der Darstellung am leichtesten zugängliche Methode stellt die Berechnung des APIM anhand eines Strukturgleichungsmodells dar (Kenny/Kashy/Cook 2006; Mosack et al. 2010). Zudem erlaubt sie, anders als bei der Berechnung von linearen Regressionen, die zusätzliche Verwendung eines messfehlerbereinigten Modells (Urban/Mayerl 2014). Dies bedeutet, dass neben dem Strukturmodell, welches die Zusammenhänge zwischen den Variablen – vergleichbar einer Pfadanalyse – beschreibt, zudem ein Messmodell verwendet werden kann (Reinecke 2014). Dies ermöglicht die Modellierung der Variablen als latente Variablen (symbolisiert durch Kreise), welche durch manifeste Beobachtungen geschätzt werden (symbolisiert durch Rechtecke; Urban/Mayerl 2014 Reinecke 2014).

Für die folgende Fragestellung wurde ein Strukturmodell postuliert, welches sowohl Actor-Effekte, also einen Effekt der Anzahl verschiedener Viktimisierungserfahrungen auf die Ausgestaltung der Geschwisterbeziehung, als auch Partner-Effekte, also Auswirkungen der Viktimisierungserfahrungen eines Geschwisters auf die Ausgestaltung der Geschwisterbeziehung des jeweils anderen Geschwisters, enthielt. Die verschiedenen Variablen zur Ausgestaltung der Geschwisterbeziehung wurden als Messmodelle modelliert, welche als manifeste Variablen die Subskalen beinhaltete (vgl. Abschnitt 6.4). Hiermit wurde der Komplexität des Konstruktes sowie der erhöhten Wahrscheinlichkeit für Messfehler durch die Zusammenfassung von Skalen zu einer übergeordneten Skala Rechnung getragen. Für die Anzahl verschiedener Viktimisierungserfahrungen wurde kein Messmodell verwendet, da es sich um durch Kategorienbildung gewonnene Werte handelte, die nicht mithilfe eines Messmodells mit kontinuierlichen Daten modelliert werden konnten.

Die Berechnung des APIM erfolgte mithilfe der Software AMOS, welche im IBM SPSS Statistics 23 Paket enthalten ist. Als Schätzverfahren wurde Asymptotically Distribution-Free gewählt, da ein Teil der Prädiktoren ordinal skaliert bzw. dichotom war, und die Häufigkeitsverteilung der Ausprägungen in den einzelnen Variablen über alle Studienteilnehmenden hinweg nicht einer (multivariaten) Normalverteilung entsprachen. Kovarianzen und Varianzen wurden „unbiased" und nicht mit der Maximum-Likelihood Methode geschätzt. Hinsichtlich der Modellierung wurde für alle endogenen Variablen ein Messfehler (ζ) eingefügt. Eine Kovarianz (ψ) zwischen den Fehlertermen der endogenen Variablen beider Geschwister wurde, gemäß den Vorgaben des APIM, zugelassen (Kenny/Kashy/Cook 2006). Kovarianzen zwischen den exogenen Variablen wurden ebenfalls modelliert (φ). Kovarianzen zwischen den Fehlern innerhalb der Messmodelle wurden nicht zugelassen. Die standardisierten Kovarianzen zwischen den exogenen Variablen für Modell 3 sind im Anhang angeführt.

Für alle Kriterien wurden, wie auch beim Individualdatensatz drei verschiedene Operationalisierungen für die Viktimisierungserfahrungen verwendet (Modell 1 bis 3). Da sich bei der Regressionsanalyse zur Vorhersage der positiven Merkmale der Ausgestaltung der Geschwisterbeziehung die Förderung der Geschwisterbeziehung durch die Eltern als der bedeutsamste Prädiktor erwies, wurden diese beiden Variablen in das APIM als b-Modelle miteinbezogen. Für das APIM mit einer Differenzierung nach den Formen von Kindeswohlgefährdung konnte kein b-Modell berechnet werden, da für die Anzahl an zu schätzenden Parameter zu wenig Beobachtungen vorlagen. Für die Vorhersage der negativen Merkmale der Ausgestaltung der Geschwisterbeziehung und der relativen Macht wurde der Altersabstand zwischen den Geschwistern als Merkmal der Dyade mit modelliert.

9.2 Rahmenbedingungen für die Gestaltung der Geschwisterbeziehung

9.2.1 Förderung der Geschwisterbeziehung durch die Eltern

Bei der Förderung der Geschwisterbeziehung durch die Eltern wurde zwischen Mutter und Vater differenziert. In Bezug auf die Mutter berichteten die Ankerpersonen ein signifikant höheres Ausmaß der Förderung der Geschwisterbeziehung als durch den Vater (Mutter: M = 11.58; SD = 2.04; Vater: M = 11.50; SD = 2.00; $t(4567)$ = 3.67; $p < .001$; d = 0.04; n = 4568). Die Angaben zum Verhalten beider Eltern korrelierten signifikant und positiv miteinander (r = .75; $p < .001$; n = 4568). Ältere Altersgruppen gaben ein signifikant geringeres Ausmaß an Förderung durch beide Elternteile an. Frauen aus den jüngeren Altersgruppen berichteten bedeutsam mehr förderliches Verhalten der Mutter als alle anderen Gruppen. Frauen aus älteren Altersgruppen berichteten signifikant weniger Förderung der Geschwisterbeziehung durch die Mutter als alle anderen Gruppen (Mutter: Haupteffekt Altersgruppe: $F(5)$ = 39.57; $p < .001$; partielles η^2 = .042; Haupteffekt Geschlecht: $F(1)$ = 0.01; p = .925; partielles $\eta^2 < .001$; Interaktionseffekt Altersgruppe und Geschlecht: $F(5)$ = 2.57; $p < .025$; partielles η^2 = .003; korrigiertes R^2 = .06; n = 4551; Vater: Haupteffekt Altersgruppe: $F(5)$ = 31.17; $p < .001$; partielles η^2 = .033; Haupteffekt Geschlecht: $F(1)$ = 2.52; p = .112; partielles η^2 = .001; Interaktionseffekt Altersgruppe und Geschlecht: $F(5)$ = 1.54; p = .174; partielles η^2 = .002; korrigiertes R^2 = .05; n = 4551).

Bedeutsame Gruppenunterschiede zeigten sich in Bezug auf die Geschwisterkonstellation (Mutter: $F(3, 4547)$ = 2.98; p = .030; n = 4551; Vater: $F(3, 4547)$ = 6.57; $p < .001$; n = 4551): So berichteten Frauen unabhängig davon, welches Geschlecht ihr Geschwister hatte, von mehr förderlichem Verhalten beider Eltern (Abbildung 18).

Regressionsanalyse
Alle drei Modelle für das Verhalten der Mutter als auch des Vaters zeigten eine gute Varianzaufklärung, welche mit dem Ausmaß der Differenzierung der Viktimisierungserfahrung der Ankerperson zunahm (Mutter: Modell 1: $F(13, 4495)$ = 120.62, $p < .001$; Modell 2: $F(14, 4495)$ = 131.91, $p < .001$; Modell 3: $F(18, 4490)$ = 134.72, $p < .001$; Vater: Modell 1: Modell 1: $F(13, 4495)$ = 115.33, $p < .001$; Modell 2: $F(14, 4495)$ = 118.71, $p < .001$; Modell 3: $F(18, 4490)$ = 114.29, $p < .001$; Tabelle 74). Signifikante Prädiktoren für das förderliche Verhalten der Mutter in Bezug zur Geschwisterbeziehung waren das Alter und das Geschlecht der Ankerperson: So berichteten ältere Ankerpersonen von weniger und Frauen von mehr förderlichem Verhalten. Bei leiblichen Geschwistern und Halbgeschwistern förderten Mütter die Geschwisterbeziehung stärker. Ältere Geschwister, sowie Ankerpersonen, welche einen geringen Altersabstand zum Geschwister aufwie-

Abbildung 18. Geschlechterkonstellation und Förderung der Geschwisterbeziehung durch die Eltern

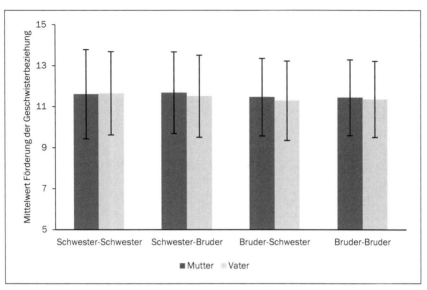

Anmerkungen: Schwester-Schwester: n = 1 744; Schwester-Bruder: n = 1 527; Bruder-Schwester n = 616; Bruder-Bruder: n = 664; Mutter: signifikante Unterschiede in den Post-Hoc Tests mit Korrektur nach Tamhane: Schwester-Bruder mit Bruder-Bruder (p = .043); Vater: signifikante Unterschiede in den Post-Hoc Tests mit Korrektur nach Bonferroni: Schwester-Schwester mit Bruder-Schwester (p = .001), mit Bruder-Bruder (p = .010).

sen, berichteten von signifikant mehr Förderung der Geschwisterbeziehung durch die Mutter. Die Anzahl der Geschwister war ein signifikanter Prädiktor und zwar dahingehend, dass Ankerpersonen mit mehr Geschwistern von förderlicherem Verhalten der Mutter berichteten. Die Trennung der Eltern war kein signifikanter Prädiktor für die Vorhersage des Verhaltens der Mutter. Bei psychischen Problemen der Mutter berichteten die Ankerpersonen in Modell 1 und Modell 2 signifikant weniger Förderung der Geschwisterbeziehung durch die Mutter. Hatte der Vater psychische Probleme während der Kindheit der Ankerperson, dann berichteten die Ankerpersonen bedeutsam mehr förderliches Verhalten der Mutter.

In allen Modellen wiesen die Viktimisierungserfahrungen die höchsten standardisierten Regressionsgewichte auf. In Modell 3 war das Ausmaß jeder Form von Kindeswohlgefährdung, mit Ausnahme von sexuellem Missbrauch, ein signifikanter Prädiktor für das Verhalten der Mutter in Bezug auf die Geschwisterbeziehung. Während körperliche Misshandlung, emotionaler Missbrauch, emotionale und körperliche Vernachlässigung mit einer weniger förderlichen Einstellung gegenüber der Geschwisterbeziehung einhergingen, wies das Regressionsgewicht bei Miterleben von Partnerschaftsgewalt ein positives Vorzeichen auf. In der Post-hoc Analyse zeigte sich, dass grundsätzlich das Mit-

Tabelle 74. Förderung der Geschwisterbeziehung durch beide Elternteile (Individualdatensatz)

Prädiktor	Mutter			Vater		
	Modell 1	Modell 2	Modell 3	Modell 1	Modell 2	Modell 3
Alter	−.13***	−.13***	−.12***	−.11***	−.11***	−.10***
Geschlecht[1]						
weiblich	.03**	.05**	.03**	.05***	.06***	.05***
anderes	−.02	−.02	−.02	−.04**	−.04**	−.04***
Geschlecht des Geschwisters: weiblich	−.01	−.01	.00	.03*	.03*	.03*
Verwandtschaftsgrad						
leibliche Geschwister	.16***	.16***	.15***	.08*	.08*	.07*
Halbgeschwister	.10**	.10**	.09**	.00	.00	−.01
älteres Geschwister	.05***	.05***	.04**	.04**	.05***	.04**
Altersabstand (ungerichtet)	−.05**	−.05**	−.04**	−.03*	−.03*	−.03*
Geschwisteranzahl	.06***	.07***	.06***	.06***	.06***	.06***
Trennung der Eltern	.01	.00	.00	−.03	−.04**	−.03*
psychische Probleme						
Mutter	−.03*	−.04**	−.02	.03*	.03	.04**
Vater	.04**	.04**	.04**	−.03*	−.03*	−.03*
Anzahl Viktimisierungserfahrungen						
leicht bis extrem	−.44***			−.44***		
mittelschwer bis extrem		−.43***			−.41***	
leicht		−.14***			−.14***	
Art der Viktimisierung						
körperliche Misshandlung			−.05***			−.03*
sexueller Missbrauch			−.01			−.03
emotionaler Missbrauch			−.13***			−.12***
emotionale Vernachlässigung			−.40***			−.37***
körperliche Vernachlässigung			−.04**			−.04*
Miterleben von Partnerschaftsgewalt			.04**			−.01
R^2	.26	.29	.35	.25	.27	.31
korrigiertes R^2	.26	.29	.35	.25	.27	.31
Standardfehler der Schätzung	1.75	1.71	1.64	1.73	1.70	1.65

Anmerkungen: standardisierte Regressionsgewichte; Modelle 1 und 3: n = 4 509 (98.71 %); Modell 2: n = 4 510 (98.73 %); [1] männlich als Referenzkategorie; *** $p < .001$; ** $p < .010$; * $p < .050$.

erleben von Partnerschaftsgewalt mit weniger förderlichem Verhalten der Mutter gegenüber der Geschwisterbeziehung einherging ($F(1) = 122.85$; $p < .001$; n = 4541). Wurde jedoch für emotionalen Missbrauch kontrolliert, so zeigte sich, dass Ankerpersonen, die keinen mittelschweren bis extremen emotionalen Missbrauch aber Miterleben von Partnerschaftsgewalt berichteten, signifikant mehr förderliches Verhalten der Mutter berichteten, als solche die mittelschweren bis extremen emotionalen Missbrauch oder mittelschweren bis extremen emotionalen Missbrauch und Miterleben von Partnerschaftsgewalt berichteten.

Für die Förderung der Geschwisterbeziehung durch den Vater war, wie bei der Mutter, das Geschlecht der Ankerperson und deren Alter ausschlaggebend. Des Weiteren war aber auch das Geschlecht des Geschwisters ein signifikanter Prädiktor, und zwar dahingehend, dass bei einer Schwester die Geschwisterbeziehung durch den Vater stärker gefördert wurde. Bezüglich des Verwandtschaftsgrades war nur das Bestehen einer leiblichen Verwandtschaft ein signifikanter Prädiktor. Die Trennung der Eltern vor der Vollendung des 18. Lebensjahres der Ankerperson stellte einen signifikanten Prädiktor mit negativem Zusammenhang dar. Väter bei denen es zu einer Trennung von der Mutter kam, standen der Geschwisterbeziehung weniger positiv gegenüber. Psychische Probleme des Vaters gingen mit weniger förderlichen Verhalten des Vaters in Modell 1 und Modell 3 einher. Psychische Probleme der Mutter gingen in allen Modellen mit mehr förderlichem Verhalten des Vaters einher. Die Viktimisierungserfahrungen erwiesen sich, wie bei den Müttern, als starke Prädiktoren für die Förderung der Geschwisterbeziehung. In Modell 3 wurden aber Unterschiede im Vergleich zu den Müttern deutlich. Das Miterleben von Partnerschaftsgewalt war kein signifikanter Prädiktor.

9.2.2 Benachteiligung durch die Eltern

Die Ankerpersonen berichteten mehr Benachteiligung durch die Mutter als durch den Vater (Mutter: $M = 12.80$; $SD = 2.25$; Vater: $M = 12.38$; $SD = 2.08$; $t(4567) = 12.16$; $p < .001$; $d = 0.19$; n = 4568). Die Angaben zur Benachteiligung durch die Mutter und durch den Vater korrelierten signifikant und positiv miteinander (r = .42; $p < .001$). 40- bis 59-Jährige berichteten signifikant häufiger eine Benachteiligung durch die Mutter als alle anderen Altersgruppen. Frauen berichteten bedeutsam mehr Benachteiligung durch die Mutter als Männer. Der Unterschied war signifikant größer für die Ankerpersonen, die über 40 Jahre alt waren (Haupteffekt Altersgruppe: $F(5) = 7.75$; $p < .001$; partielles $\eta^2 = .008$; Haupteffekt Geschlecht: $F(1) = 62.62$; $p < .001$; partielles $\eta^2 = .014$; Interaktionseffekt Altersgruppe und Geschlecht: $F(5) = 3.83$; $p = .002$; partielles $\eta^2 = .004$; korrigiertes $R^2 = .04$; n = 4551). Benachteiligung durch den Vater wurde, im Vergleich zu allen anderen Altersgruppen, signifikant häufiger in der Gruppe der 40- bis 49-Jährigen berichtet (Haupteffekt Altersgruppe: $F(5) = 2.48$; $p = .030$; partielles $\eta^2 = .003$; Haupteffekt Geschlecht: $F(1) = 1.23$; $p = .268$; partielles $\eta^2 < .001$; Interaktionseffekt Altersgruppe und Geschlecht: $F(5) = 1{,}20$; $p = .308$; partielles $\eta^2 = .001$; korrigiertes $R^2 < .01$; n = 4551). Hinsichtlich der Geschlechterkonstellation der Geschwister zeigten sich signifikante Unterschiede zwischen den Gruppen sowohl bezüglich der Mutter ($F(3, 4547) = 41.36$; $p < .001$) als auch bezüglich des Vaters ($F(3, 4547) = 3.90$; $p = .009$). Frauen, die einen Bruder hatten, berichteten von einem signifikant höherem Ausmaß an Benachteiligung durch die Mutter, und Männer, welche mit einer Schwester aufwuchsen, berichteten mehr Ungleichbehandlung zu ihren Ungunsten durch den Vater (Abbildung 19).

Abbildung 19. Geschlechterkonstellation und Benachteiligung (Individualdatensatz)

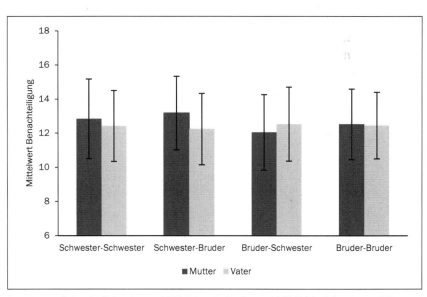

Anmerkungen: Schwester-Schwester: n = 1 744; Schwester-Bruder: n = 1 527; Bruder-Schwester: n = 616; Bruder-Bruder: n = 664; Mutter: signifikante Unterschiede in den Post-Hoc Tests mit Korrektur nach Tamhane: Schwester-Schwester mit Schwester-Bruder ($p < .001$), mit Bruder-Schwester ($p < .001$), mit Bruder-Bruder ($p = .007$); Bruder-Schwester mit Schwester-Bruder ($p < .001$), mit Bruder-Bruder ($p < .001$); Schwester-Bruder mit Bruder-Bruder ($p < .001$); Vater: signifikante Unterschiede in den Post-Hoc Tests mit Korrektur nach Bonferroni: Bruder-Schwester mit Schwester-Bruder ($p = .020$).

Regressionsanalyse

Die Varianzaufklärung durch die drei Modelle nahm sowohl bei der Vorhersage der Benachteiligung durch den Vater als auch durch die Mutter mit dem Ausmaß der Differenzierung der Belastungsfaktoren zu (Mutter: Modell 1: $F(12, 4501) = 124.99$, $p < .001$; Modell 2: $F(13, 4500) = 121.79$, $p < .001$; Modell 3: $F(17, 4495) = 102.85$, $p < .001$; Vater: Modell 1: $F(12, 4500) = 67.36$, $p < .001$;

Modell 2: $F(13, 4500) = 64.14$, $p < .001$; Modell 3: $F(17, 4495) = 53.46$, $p < .001$, Tabelle 75).

In allen Modellen war bezüglich des Vaters sowie der Mutter das Alter der Ankerperson ein signifikanter Prädiktor und zwar dahingehend, dass ältere Personen mehr Ungleichbehandlung im Vergleich zu ihrem Geschwister berichteten. Es zeigte sich ebenfalls ein bedeutsamer Unterschied zwischen Personen, die entweder in Bezug auf ein jüngeres oder ein älteres Geschwister berichteten. Ankerpersonen, welche in der Geburtenreihenfolge früher geboren waren, berichteten von signifikant mehr Benachteiligung durch Vater und Mutter. Der Verwandtschaftsgrad zwischen den Geschwistern war in keinem Modell ein signifikanter Prädiktor, der Altersabstand zwischen den Geschwistern war nur bei der Vorhersage der Benachteiligung durch die Mutter entscheidend. Bei einem geringen (ungerichteten) Altersabstand wurde mehr Benachteiligung berichtet, als bei einem größeren. Weibliche Ankerpersonen berichteten von signifikant mehr Benachteiligung durch die Mutter und männliche durch den Vater. War das Geschwister, eine Schwester so war dies ein signifikanter Prädiktor für weniger Benachteiligung durch die Mutter und mehr Benachteiligung durch den Vater. Waren die Eltern getrennt oder geschieden, wurde im Hinblick auf beide Elternteile signifikant weniger Benachteiligung berichtet. Psychische Probleme des Vaters sagten weniger Benachteiligung durch Mutter und durch den Vater im Verhältnis zum Geschwister vorher.

In allen Modellen waren die Prädiktoren, welche Viktimisierungserfahrungen enthielten, signifikant. In Modell 3 war das Ausmaß an körperlicher Misshandlung, emotionaler Vernachlässigung und emotionalem Missbrauch bei beiden Elternteilen ein signifikanter Prädiktor. Der Zusammenhang gestaltete sich dahingehend, dass mit zunehmender Schwere das Ausmaß an Benachteiligung stieg. Bei der Vorhersage der Benachteiligung durch die Mutter war zudem das Miterleben von Partnerschaftsgewalt ein signifikanter Prädiktor: Ankerpersonen, die berichteten, dass sie Partnerschaftsgewalt zwischen den Eltern oder gegen ein Elternteil miterlebt hatten, gaben ein geringeres Ausmaß an Benachteiligung durch die Mutter an. Im bivariaten Vergleich zwischen Benachteiligung durch die Mutter und Miterleben von Partnerschaftsgewalt zeigte sich, dass das Erleben letzterer mit mehr Benachteiligung einherging. Wurde jedoch für andere Formen von Kindeswohlgefährdung, insbesondere emotionalen Missbrauch, kontrolliert, dann zeigte sich, dass Miterleben von Partnerschaftsgewalt nicht damit einherging, dass die Ankerpersonen ein höheres Ausmaß an Benachteiligung durch die Mutter berichtete ($F(3, 4537) = 105.18$; $p < .001$).

Tabelle 75. Benachteiligung der Geschwisterbeziehung durch beide Elternteile (Individualdatensatz)

Prädiktor	Mutter			Vater		
	Modell 1	Modell 2	Modell 3	Modell 1	Modell 2	Modell 3
Alter	.04**	.04**	.04**	−.02	−.03	−.02
Geschlecht[1]						
weiblich	.15***	.15***	.15***	−.04**	−.05**	−.05***
anderes	.03*	.03*	.03*	−.02	−.02	−.02
Geschlecht des Geschwisters: weiblich	−.09***	−.09***	−.09***	.03*	.03*	.03*
Verwandtschaftsgrad: leibliche Geschwister	.02	.02	.02	−.02	−.02	−.02
älteres Geschwister	.33***	.33***	.33***	.28***	.28***	.28***
Altersabstand (ungerichtet)	−.04*	−.03*	−.04**	−.01	−.01	−.01
Position in der Geburtenreihenfolge	−.08***	−.08***	−.07***	−.08***	−.08***	−.07***
Trennung der Eltern	−.05***	−.05**	−.05**	−.05**	−.04**	−.04**
psychische Probleme						
Mutter	−.02	−.02	−.04*	−.01	−.01	−.02
Vater	−.05***	−.05***	−.05***	−.04*	−.04*	−.04**
Anzahl Viktimisierungserfahrungen						
leicht bis extrem	.28***			.23***		
mittelschwer bis extrem		.27***			.21***	
leicht		.08***			.07***	
Art der Viktimisierung						
körperliche Misshandlung			.07***			.03
sexueller Missbrauch			−.02			.01
emotionaler Missbrauch			.16***			.15***
emotionale Vernachlässigung			.16***			.11***
körperliche Vernachlässigung			.02			.00
Miterleben von Partnerschaftsgewalt			−.02			.00
R^2	.25	.26	.28	.15	.16	.17
korrigiertes R^2	.25	.26	.28	.15	.15	.17
Standardfehler der Schätzung	1.95	1.94	1.91	1.92	1.92	1.90

Anmerkungen: standardisierte Regressionsgewichte; Modelle 1 und 3: n = 4 513 (98.80 %); Modell 2: n = 4 514 (98.82 %); [1] männlich als Referenzkategorie; *** $p < .001$; ** $p < .010$; * $p < .050$.

9.3 Positive Merkmale der Ausgestaltung der Geschwisterbeziehung

9.3.1 Individualebene

Ältere Altersgruppen berichteten ein geringeres Ausmaß positiver Merkmale der Ausgestaltung der Geschwisterbeziehung als jüngere. Frauen gaben ein höheres Ausmaß positiver Merkmale an als Männer (Haupteffekt Altersgruppe: $F(5) = 24.42$; $p < .001$; partielles $\eta^2 = .030$; Haupteffekt Geschlecht: $F(1) = 16.49$; $p < .001$; partielles $\eta^2 = .004$; Interaktionseffekt Altersgruppe und Geschlecht: $F(5) = 1.39$; $p = .224$; partielles $\eta^2 = .002$; korrigiertes $R^2 = .06$; n = 4551).

Hinsichtlich der Geschlechterkonstellation der Geschwister bestanden signifikante Gruppenunterschiede ($F(3, 4547) = 45.57$; $p < .001$; n = 4551; Abbildung 20). Ebenso bezüglich des Verwandtschaftsgrades zwischen den Geschwistern ($F(4, 4546) = 35.05$; $p < .001$; n = 4551; Tabelle 76).[33]

Abbildung 20. Geschlechterkonstellation und positive Merkmale der Geschwisterbeziehung (Individualdatensatz)

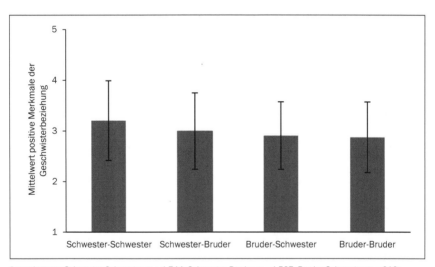

Anmerkungen: Schwester-Schwester: n = 1 744; Schwester-Bruder: n = 1 527; Bruder-Schwester: n = 616; Bruder-Bruder: n = 664; signifikante Unterschiede in den Post-Hoc Tests mit Korrektur nach Tamhane: Schwester-Schwester mit Bruder-Schwester ($p < .001$), mit Schwester-Bruder ($p < .001$), mit Bruder-Bruder ($p < .001$); Bruder-Schwester mit Schwester-Bruder ($p = .046$), mit Bruder-Bruder ($p = .954$); Schwester-Bruder mit Bruder-Bruder ($p = .002$).

---

[33] Personen, die in Bezug auf ein Pflegegeschwister antworteten oder bei der Geschwisterbeziehung Sonstiges angaben, wurden wegen zu geringer Fallzahlen vom Gruppenvergleich ausgeschlossen.

Tabelle 76. Positive Merkmale der Geschwisterbeziehung nach Verwandtschaftsgrad (Individualdatensatz)

Verwandtschaftsgrad	n	M	SD	MIN	MAX
leibliche Geschwister	4 103	3.08	0.74	1.00	5.00
Halbgeschwister:					
gleiche Mutter, anderer Vater	290	2.92	0.77	1.00	4.87
andere Mutter, gleicher Vater	102	2.29	0.87	1.00	4.67
Adoptivgeschwister	24	2.71	0.81	1.27	3.93
Stiefgeschwister	32	2.54	0.89	1.00	4.27
Pflegegeschwister	5	2.59	0.67	1.87	3.67
Sonstiges	12	2.99	1.11	1.27	4.53
gesamt	4 568	3.04	0.76	1.00	5.00

Anmerkungen: signifikante Unterschiede in den Post-Hoc Tests mit Korrektur nach Tamhane: leibliche Geschwister mit Halbgeschwistern mütterlicherseits (p = .006), mit Halbgeschwistern väterlicherseits (p < .001), mit Stiefgeschwistern (p = .018); Halbgeschwister mütterlicherseits mit Halbgeschwistern väterlicherseits (p < .001).

Regressionsanalyse

Die höchste Varianzaufklärung wurde mit Modell 3b mit einem R^2 von .32 erreicht (Modell 1: $F(19, 4443)$ = 94.49; p < .001; Modell 2: $F(20, 4443)$ = 90.55; p < .001; Modell 3: $F(24, 4438)$ = 88.76; p < .001; Tabelle 77). Im Hinblick auf demografische Variablen und weitere Faktoren in der Kindheit erwiesen sich folgende Prädiktoren als statistisch bedeutsam: Je älter die Ankerperson zum Zeitpunkt der Befragung war, desto niedriger war das Ausmaß an positiven Merkmalen in der Ausgestaltung der Geschwisterbeziehung. War die Ankerperson weiblich und/oder das Geschwister weiblich, so wurde ein bedeutsam höheres Ausmaß an positiven Merkmalen der Ausgestaltung der Geschwisterbeziehung berichtet. Dies war auch der Fall, wenn es sich bei den Geschwistern um leibliche Geschwister handelte und die Ankerperson das ältere Geschwister war. Je länger die Geschwister zusammenlebten und je mehr Geschwister eine Ankerperson hatte, desto höher war das Ausmaß an positiven Merkmalen in der Beziehung zu dem Geschwister.

Hinsichtlich psychischer Probleme von Familienmitgliedern während der Kindheit der Ankerperson erwiesen sich psychische Probleme der Eltern und der Ankerperson selbst als signifikante Prädiktoren: Berichtete die Ankerperson von psychischen Problemen der Mutter oder des Vaters, so ging dies mit einem höheren Ausmaß an positiven Aspekten in der Geschwisterbeziehung einher. Berichtete sie, dass sie selbst psychische Probleme hatte, so war dies ein Prädiktor für ein geringeres Ausmaß an positiven Merkmalen der Ausgestaltung der Geschwisterbeziehung.

Tabelle 77. Vorhersage positive Merkmale (Individualdatensatz)

Prädiktor	Modell 1a	Modell 1b	Modell 2a	Modell 2b	Modell 3a	Modell 3b
Alter	−.15***	−.10***	−.15***	−.10***	−.15***	−.11***
Geschlecht[1]						
weiblich	.11***	.10***	.11***	.10***	.10***	.09***
anderes	.01	.02	.01	.02	.00	.01
Geschlecht Geschwister: weiblich	.12***	.11***	.12***	.11***	.12***	.11***
leibliche Geschwister	.06***	.04*	.06***	.04**	.06***	.04**
älteres Geschwister	.10***	.10***	.10***	.10***	.09***	.08***
Altersabstand (ungerichtet)	−.01	−.01	−.01	−.01	−.01	−.01
Dauer des Zusammenlebens	.14***	.11***	.14***	.11***	.13***	.11***
Geschwisteranzahl	.08***	.05***	.08***	.05***	.07***	.05***
Trennung der Eltern	.03	.02	.02	.02	.02	.02
psychische Probleme						
Mutter	.04*	.04*	.03*	.03*	.04**	.04**
Vater	.05***	.05**	.05***	.05**	.04**	.04**
Ankerperson	−.05**	−.04**	−.05**	−.04**	−.02	−.03*
Geschwister	.00	.00	.00	.00	.00	.00
Anzahl Viktimisierungserfahrungen						
leicht bis extrem	−.28***	−.11***				
mittelschwer bis extrem			−.23***	−.06***		
leicht			−.14***	−.09***		
Art der Viktimisierung						
körperliche Misshandlung					.07***	.09***
sexueller Missbrauch					.02	.02
emotionaler Missbrauch					−.07**	−.02
emotionale Vernachlässigung					−.41***	−.28***
körperliche Vernachlässigung					.02	.04*
Miterleben von Partnerschaftsgewalt					.03*	.03*
Benachteiligung						
Mutter		−.04*		−.04*		−.02
Vater		.00		.00		.01
Förderung der Geschwisterbeziehung						
Mutter		.22***		.21***		.17***
Vater		.17***		.17***		.15***
R²	.20	.29	.26	.32	.27	.32
korrigiertes R²	.20	.29	.26	.32	.27	.32
Standardfehler d. Schätzung	0.68	0.64	0.68	0.64	0.65	0.63

Anmerkungen: standardisierte Regressionsgewichte; alle Modelle n = 4 463 (97.70 %), mit Ausnahme von Modell 2: n = 4 464 (97.72 %); [1] männlich als Referenzkategorie; *** $p < .001$; ** $p < .010$; * $p < .050$.

In den Modellen 1 und 2 erwiesen sich die Anzahl verschiedener Viktimisierungserfahrungen als signifikante Prädiktoren und zwar dahingehend, dass sie zu einem geringeren Ausmaß der positiven Aspekte der Geschwisterbeziehung beitrug. Die Berücksichtigung der Variablen zum Verhalten der Eltern trug zu einer erhöhten Varianzaufklärung bei (Modell 1: $F(4, 4443) = 144.58$; $p < .001$; Modell 2: $F(4, 4443) = 139.20$; $p < .001$; Modell 3: $F(4, 4438) = 90.00$; $p < .001$). Die Benachteiligung durch die Mutter und eine geringe Förderung der Geschwisterbeziehung durch die Eltern waren signifikante Prädiktoren für ein geringes Ausmaß an positiven Merkmalen der Ausgestaltung der Geschwisterbeziehung. In Modell 3a sagten das Ausmaß emotionalen Missbrauchs und emotionaler Vernachlässigung das Ausmaß an positiven Merkmalen vorher. Der Zusammenhang war negativ. In Modell 3b war das Ausmaß des emotionalen Missbrauchs kein signifikanter Prädiktor. Das Miterleben von Partnerschaftsgewalt und körperliche Misshandlung waren signifikante Prädiktoren in beiden Modellen, sowie das Ausmaß der körperlichen Vernachlässigung in Modell 3b. Der Zusammenhang war positiv. Auf der Ebene der Eltern war die Förderung der Geschwisterbeziehung ein signifikanter Prädiktor.

Eine Post-hoc Analyse der Skalen körperliche Misshandlung, körperliche Vernachlässigung und Miterleben von Partnerschaftsgewalt ergab, dass mit einer Zunahme bzw. dem Vorliegen dieser ein geringeres Ausmaß positiver Merkmalen der Ausgestaltung der Geschwisterbeziehung berichtet wurde (körperliche Misshandlung: $F(3, 4538) = 29.07$; $p < .001$; n = 4 542; körperliche Vernachlässigung: $F(3, 4538) = 67.98$; $p < .001$; n = 4 542). Es bestanden signifikante Mittelwertunterschiede hinsichtlich des Ausmaßes der positiven Aspekte der Geschwisterbeziehung, wenn die Ankerperson Partnerschaftsgewalt miterlebt hatte (kein Miterleben von Partnerschaftsgewalt: $M = 3.07$; $SD = 0.75$; n = 3 937; Miterleben von Partnerschaftsgewalt: $M = 2.89$; $SD = 0.81$; n = 604; $t(4539) = 4.98$; $p < .001$; $d = 0.22$). Wurden Untergruppen gebildet, mit Personen, die zusätzlich mittelschwere bis extreme emotionale Vernachlässigung erlebt hatten, so zeigten sich signifikante Gruppenunterschiede (körperliche Misshandlung: $F(3, 4538) = 203.94$; $p < .001$; n = 4 542; körperliche Vernachlässigung: $F(3, 4538) = 205.68$; $p < .001$; n = 4 542; Miterleben von Partnerschaftsgewalt: $F(3, 4538) = 203.07$; $p < .001$; n = 4 542) und zwar dahingehend, dass die genannten Formen nur dann mit einem geringeren Ausmaß positiver Merkmale der Ausgestaltung der Geschwisterbeziehung einhergehen, wenn diese in Kombination mit emotionaler Vernachlässigung auftraten.

9.3.2 Dyadische Ebene

Die älteren Geschwister berichteten über alle Geschlechterkonstellationen hinweg eine höhere Ausprägung an positiven Merkmalen als die jüngeren Geschwister (Tabelle 78). Die Angaben beider Geschwister korrelierten hoch miteinander ($r = .60$; $p < .001$; n = 866).

Tabelle 78. Geschlechterkonstellation und positive Merkmale der Geschwisterbeziehung (Dyadischer Datensatz)

Geschlechter-konstellation	n	älteres Geschwister		jüngeres Geschwister		t	df	p	d
		M	SD	M	SD				
Schwester-Schwester	444	3.52	0.68	3.39	0.72	4.43	443	< .001	.18
Schwester-Bruder	162	3.42	0.61	3.14	0.65	5.84	161	< .001	.45
Bruder-Schwester	162	3.24	0.61	3.10	0.66	2.97	161	.003	.21
Bruder-Bruder	93	3.14	0.59	2.93	0.68	3.07	92	.003	.33
gesamt	866	3.41	0.66	3.24	0.71	8.11	865	< .001	.25

Anzahl verschiedener Viktimisierungserfahrungen: weite Definition
In Abbildung 21 und 22 sind beide APIM zur Vorhersage der positiven Merkmale der Ausgestaltung der Geschwisterbeziehung aus der Sicht beider Geschwister dargestellt. Der Modell-Fit war für beide Modelle moderat bis gut (Modell 1a: Modell$X^2(50) = 469.49$; $p < .001$; n = 866; CMIN/DF = 9.39; GFI = .91; AGFI = .85; RMSEA = .10; AIC von 525.49 im Vergleich zu 156.00 im saturierten Modell und 1328.74 im Independence Modell; Modell 1b: $X^2(92) = 621.03$; $p < .001$; n = 866; CMIN/DF = 6.75; GFI = .89; AGFI = .84; RMSEA = .08; AIC von 709.03 im Vergleich zu 272.00 im saturierten Modell und 1761.19 im Independence Modell).

In Modell 1a zeigten sich signifikante Effekte sowohl innerhalb der Mitglieder der Dyade als zwischen den Mitgliedern der Dyade. Der Zusammenhang war derart gerichtet, dass eine höhere Anzahl verschiedener Viktimisierungserfahrungen mit einem geringeren Ausmaß an positiven Merkmalen der Ausgestaltung der Geschwisterbeziehung einherging. In Modell 1b, in welchem als Mediatoren zudem die Förderung der Geschwisterbeziehung durch beide Eltern ergänzt wurde, lag für die älteren Geschwister kein unmittelbarer, signifikanter Effekt zwischen der Anzahl verschiedener Viktimisierungserfahrungen und des Ausmaßes der positiven Merkmale der Ausgestaltung der Geschwisterbeziehung vor. Für jüngere Geschwister lag ein bedeutsamer, negativ gerichteter Zusammenhang innerhalb der Person vor, jedoch kein Partner-Effekt. Für die älteren Geschwister wurde der Zusammenhang zwischen der Anzahl verschiedener Viktimisierungserfahrungen durch die Förderung der Geschwisterbeziehung durch die Mutter, aber nicht durch den Vater vollständig mediiert. Bei den jüngeren Geschwistern erfolgte die Mediation nur teilweise und war im Hinblick auf beide Elternteile signifikant.

Abbildung 21. Vorhersage positive Merkmale: Modell 1a (Dyadischer Datensatz)

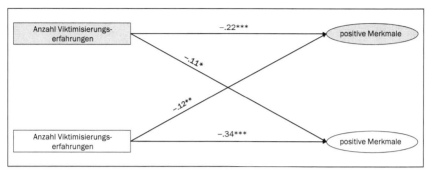

Anmerkungen: n = 866; grau hinterlegte Variablen: ältere Geschwister; weiß hinterlegte Variablen: jüngere Geschwister; standardisierte Regressionsgewichte; Viktimisierungserfahrungen: φ(ä, j) = .45***; positive Merkmale: ζ(ä) = .31***, ζ(j) = .34***, ψ(ä, j) = .65***; *** p < .001; ** p < .010; * p < .050.

Abbildung 22. Vorhersage positive Merkmale: Modell 1b (Dyadischer Datensatz)

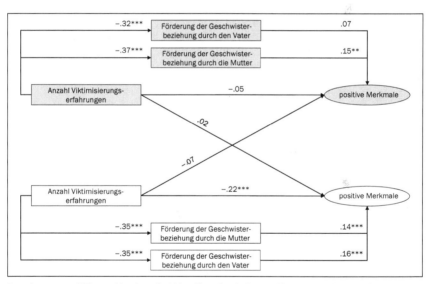

Anmerkungen: n = 866; grau hinterlegte Variablen: ältere Geschwister; weiß hinterlegte Variablen: jüngere Geschwister; standardisierte Regressionsgewichte; Viktimisierungserfahrungen: φ(ä, j) = .41***; Förderung der Geschwisterbeziehung: ζ(ä Vater) = 1.62***, : ζ(ä Mutter) = 1.70***, : ζ(j Vater) = 1.51***, : ζ(j Mutter) = 1.34***, ψ(ä Mutter, j Mutter) = .13**, ψ(ä Vater, j Vater) = .14***, ψ(j Mutter, j Vater) = .51***, ψ(ä Mutter, ä Vater) = .72***; positive Merkmale: ζ(ä) = .25***, ζ(j) = .27***, ψ(ä, j) = .61***; *** p < .001; ** p < .010; * p < .050.

Anzahl verschiedener Viktimisierungserfahrungen: enge Definition

In Abbildung 23 und 24 sind die Modelle unter der Verwendung der engen Definition dargestellt. Beide Modelle wiesen einen moderaten bis guten Modell-Fit auf (Modell 2a: X²(66) = 708.07; p < .001; n = 866; CMIN/DF = 10.73; GFI = .90; AGFI = .84; RMSEA = .11; AIC von 786.07 im Vergleich zu 210.00 im satu-

Abbildung 23. Vorhersage positive Merkmale: Modell 2a (Dyadischer Datensatz)

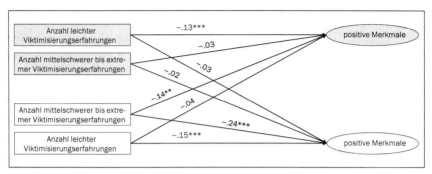

Anmerkungen: n = 866; grau hinterlegte Variablen: ältere Geschwister; weiß hinterlegte Variablen: jüngere Geschwister; standardisierte Regressionsgewichte; Viktimisierungserfahrungen: φ(ä schwer, j schwer) = .43***, φ(ä schwer, ä leicht) = .29***, φ(j schwer, ä leicht) = .29***, φ(ä leicht, j leicht) = .24***, φ(j schwer, j leicht) = .27***, φ(ä schwer, j leicht) = .25***; positive Merkmale: ζ(ä) = .31***, ζ(j) = .36***, ψ(ä, j) = .70***; *** p < .001; ** p < .010; * p < .050.

Abbildung 24. Vorhersage positive Merkmale: Modell 2b (Dyadischer Datensatz)

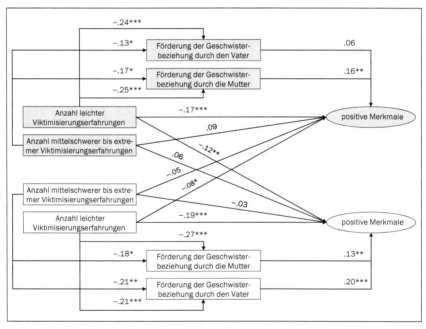

Anmerkungen: n = 866; grau hinterlegte Variablen: ältere Geschwister; weiß hinterlegte Variablen: jüngere Geschwister; standardisierte Regressionsgewichte; Viktimisierungserfahrungen: φ(ä schwer, j schwer) = .32***, φ(ä schwer, ä leicht) = .39***, φ(j schwer, ä leicht) = .24***, φ(ä leicht, j leicht) = .23***, φ(j schwer, j leicht) = .34***, φ(ä schwer, j leicht) = .23***; Förderung der Geschwisterbeziehung: ζ(ä Vater) = 1.64***, : ζ(ä Mutter) = 1.75***, : ζ(j Vater) = 1.47***, : ζ(j Mutter) = 1.30***, ψ(ä Mutter, j Mutter) = .13**, ψ(ä Vater, j Vater) = .14***, ψ(j Mutter, j Vater) = .52***, ψ(ä Mutter, ä Vater) = .72***; positive Merkmale: ζ(ä) = .25***, ζ(j) = .27***, ψ(ä, j) = .60***; *** p < .001; ** p < .010; * p < .050.

rierten Modell und 4969.59 im Independence Modell; Modell 2b: $X^2(112)$ = 628.32; $p < .001$; n = 866; CMIN/DF = 5.61; GFI = .91; AGFI = .86; RMSEA = .07; AIC von 746.32 im Vergleich zu 342.00 im saturierten Modell und 2121.11 im Independence Modell). Hinsichtlich der Pfade bei Modell 2a zeigte sich ein signifikanter Effekt der Anzahl verschiedener leichter Viktimisierungserfahrungen des älteren Geschwisters auf das Ausmaß positiver Merkmale der Ausgestaltung der Geschwisterbeziehung als Actor-Effekt. Bei den jüngeren Geschwistern bestand sowohl hinsichtlich der leichten als auch hinsichtlich der mittelschweren bis extremen Viktimisierungserfahrungen ein signifikanter Actor-Effekt sowie ein Partner-Effekt bezüglich der Anzahl mittelschwerer bis extremer Viktimisierungserfahrungen auf das Ausmaß positiver Merkmale der Ausgestaltung der Geschwisterbeziehung des älteren Geschwisters. Alle Effekte waren dahingehend gerichtet, dass mehr Viktimisierungserfahrungen mit einem geringeren Ausmaß positiver Merkmale der Ausgestaltung der Geschwisterbeziehung einhergingen.

In Modell 2b lagen im Hinblick auf die Anzahl leichter Viktimisierungserfahrungen beider Geschwister sowohl Partner- als auch Actor-Effekte vor. Eine höhere Anzahl an Viktimisierungserfahrungen war mit einem geringeren Ausmaß positiver Merkmale der Ausgestaltung der Geschwisterbeziehung assoziiert. Für die Anzahl mittelschwerer bis extremer Viktimisierungserfahrungen lagen keine direkten Effekte auf das Ausmaß positiver Aspekte in der Ausgestaltung der Geschwisterbeziehung vor. Hinsichtlich der Förderung der Geschwisterbeziehung durch die Eltern zeigte sich eine teilweise Mediation des Zusammenhangs zwischen mittelschweren bis extremen Viktimisierungserfahrungen bei den jüngeren Geschwistern.

Verschiedene Formen von Kindeswohlgefährdung

Das Modell 3 wies einen guten Modell-Fit auf ($X^2(130)$ = 654.83; $p < .001$; n = 865; CMIN/DF = 5.04; GFI = .91; AGFI = .82; RMSEA = .07; AIC 900.84 im Vergleich zu 506.00 im saturierten Modell und 2163.52 im Independence Modell). Die Ergebnisse sind in Abbildung 25 dargestellt. Es zeigten sich bei beiden Geschwistern signifikante Actor-Effekte hinsichtlich emotionaler Vernachlässigung sowie ein Partner-Effekt der emotionalen Vernachlässigung des älteren Geschwisters auf die positiven Merkmale der Geschwisterbeziehung aus dem Bericht des jüngeren Geschwisters. Für emotionalen Missbrauch des älteren Geschwisters lagen signifikante Effekt auf beide Geschwister vor. Sexueller Missbrauch des jüngeren Geschwisters hatte einen signifikanten Effekt auf das Ausmaß positiver Merkmale in der Geschwisterbeziehung aus der Sicht des jüngeren Geschwisters. Während alle Zusammenhänge zwischen den Viktimisierungserfahrungen und der Qualität der Geschwisterbeziehung so gerichtet waren, dass mit einem höheren Ausmaß der Viktimisierung ein geringeres Ausmaß an positiven Merkmalen berichtet wurde, wies der Zusammenhang mit dem Miterleben von Partnerschaftsgewalt des jüngeren Geschwisters und dem Ausmaß positiver Merkmale der Beziehung aus der Sicht beider Geschwister ein positives Vorzeichen auf.

Abbildung 25. Vorhersage positive Merkmale: Modell 3 (Dyadischer Datensatz)

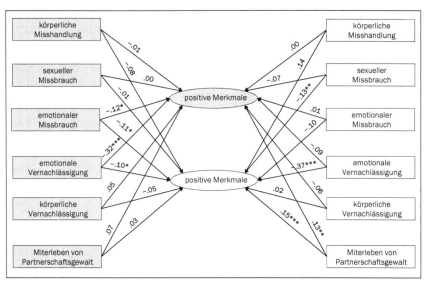

Anmerkungen: n = 866; grau hinterlegte Variablen: ältere Geschwister; weiß hinterlegte Variablen: jüngere Geschwister; standardisierte Regressionsgewichte; Formen von Kindeswohlgefährdung: φ s. Anhang 2, Spalte D; positive Merkmale: ζ(ä) = .25***, ζ(j) = .29***, ψ(ä, j) = .62***; *** $p < .001$; ** $p < .010$; * $p < .050$.

9.4 Negative Merkmale der Ausgestaltung der Geschwisterbeziehung

9.4.1 Individualebene

Frauen berichteten im Vergleich zu Männern ein höheres Ausmaß an negativen Merkmalen der Ausgestaltung der Geschwisterbeziehung sowie jüngere Altersgruppen im Vergleich zu älteren (Haupteffekt Altersgruppe: $F(5x) = 13.70$; $p < .001$; partielles $\eta^2 = .015$; Haupteffekt Geschlecht: $F(1) = 14.45$; $p < .001$; partielles $\eta^2 = .003$; Interaktionseffekt Altersgruppe und Geschlecht: $F(5) = 1.62$; $p = .150$; partielles $\eta^2 = .002$; korrigiertes $R^2 = .03$; n = 4551). Es bestanden signifikante Gruppenunterschiede zwischen den verschiedenen Geschlechterkonstellationen ($F(3, 4547) = 22.22$; $p < .001$; n = 4551; Abbildung 26) und der Unterteilung nach dem Verwandtschaftsgrad ($F(4, 4546) = 35.75$; $p < .001$; n = 4551; Tabelle 79).

Abbildung 26. Geschlechterkonstellation und negative Merkmale der Geschwisterbeziehung (Individualdatensatz)

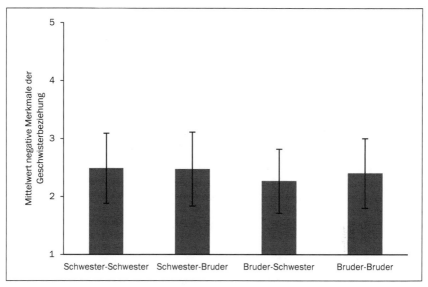

Anmerkungen: Schwester-Schwester: n = 1 744; Schwester-Bruder: n = 1 527; Bruder-Schwester: n = 616; Bruder-Bruder: n = 664; Unterschiede in den Post-hoc Tests mit Korrektur nach Tamhane: Schwester-Schwester mit Bruder-Schwester ($p < .001$), mit Schwester-Bruder ($p < .001$), mit Bruder-Bruder ($p = .013$); Bruder-Schwester mit Schwester-Bruder ($p < .001$), mit Bruder-Bruder ($p < .001$); Schwester-Bruder mit Bruder-Bruder ($p = .002$).

Tabelle 79. Negative Merkmale der Geschwisterbeziehung nach Verwandtschaftsgrad (Individualdatensatz)

Verwandtschaftsgrad	n	M	SD	MIN	MAX
leibliche Geschwister	4 103	2.47	0.60	1.00	4.83
Halbgeschwister:					
gleiche Mutter, anderer Vater	290	2.28	0.65	1.00	4.33
andere Mutter, gleicher Vater	102	1.82	0.66	1.00	4.61
Adoptivgeschwister	24	2.56	0.61	1.17	3.77
Stiefgeschwister	32	2.19	0.55	1.00	3.54
Pflegegeschwister	5	2.31	0.41	1.81	2.78
Sonstiges	12	2.43	0.49	1.67	3.50
gesamt	4 568	2.44	0.61	1.00	4.83

Anmerkungen: Signifikante Unterschiede in den Post-Hoc Test mit Korrektur nach Bonferroni: Leibliche Geschwister mit Halbgeschwister mütterlicherseits ($p < .001$), mit Halbgeschwister väterlicherseits ($p < .001$); Halbgeschwister mütterlicherseits mit Halbgeschwister väterlicherseits ($p < .001$), mit Adoptivgeschwister ($p < .001$), mit Stiefgeschwister ($p = .029$).

Regressionsanalyse

Modelle 3a und 3b wiesen mit einem R^2 von .23 bzw. .24 das höchste Ausmaß an Varianzerklärung auf (Modell 1: $F(19, 4443) = 62.95$; $p < .001$; Modell 2: $F(20, 4443) = 59.87$; $p < .001$; Modell 3: $F(24, 4438) = 58.42$; $p < .001$). Die Erweiterung der Prädiktoren von dem a-Modell auf das b-Modell trug bei allen Modellen zu einer verbesserten Varianzaufklärung bei (Modell 1: $F(4, 4443) = 32.27$; $p < .001$; Modell 2: $F(4, 4443) = 28.45$; $p < .001$; Modell 3: $F(4, 4438) = 19.91$; $p < .001$; Tabelle 80).

Für die Vorhersage der negativen Merkmale der Ausgestaltung der Geschwisterbeziehung erwiesen sich mehrere Variablen als signifikante Prädiktoren: Je älter die Ankerperson zum Zeitpunkt der Befragung war, desto geringer war das Ausmaß an negativen Aspekte in der Geschwisterbeziehung. Frauen und leibliche Geschwister berichteten ein höheres Ausmaß negativer Merkmale der Ausgestaltung der Geschwisterbeziehung. Ältere Geschwister berichteten ein geringeres Ausmaß als jüngere, wenn das Verhalten der Eltern mitberücksichtigt wurde (b-Modelle). Je geringer der Altersabstand war und je länger die Geschwister zusammengelebt hatten, desto höher war das Ausmaß an negativen Aspekten in der Geschwisterbeziehung. Eine höhere Anzahl an Geschwistern ging mit einem geringeren Ausmaß negativer Merkmale der Ausgestaltung der Geschwisterbeziehung einher. Psychische Probleme des Geschwisters während der Kindheit sagten ein höheres Ausmaß an negativen Aspekten in der Geschwisterbeziehung vorher. Je höher das Ausmaß der Benachteiligung durch die Mutter und je geringer das Ausmaß der Förderung der Geschwisterbeziehung durch den Vater war, desto höher war das Ausmaß der negativen Merkmale der Ausgestaltung der Geschwisterbeziehung.

Das Ausmaß der Viktimisierungserfahrungen in der Kindheit erwies sich in allen sechs Modellen als signifikanter Prädiktor für die Vorhersage des Ausmaßes der negativen Aspekte in der Geschwisterbeziehung. Die Anzahl verschiedener Viktimisierungserfahrungen (Modell 1a und Modell 1b), die Anzahl der mittelschweren bis extremen und die Anzahl der leichten Viktimisierungserfahrungen (Modell 2a und Modell 2b) waren in allen Modellen signifikante Prädiktoren. In Modell 3a und 3b sagte das Ausmaß an körperlicher Misshandlung und das Ausmaß des emotionalen Missbrauchs das Ausmaß der negativen Aspekte der Geschwisterbeziehung vorher. In allen Modellen ging die Viktimisierung mit einer Zunahme des Ausmaßes der negativen Merkmale der Geschwisterbeziehung einher.

Tabelle 80. Vorhersage negative Merkmale (Individualdatensatz)

Prädiktor	Modell 1a	Modell 1b	Modell 2a	Modell 2b	Modell 3a	Modell 3b
Alter	−.16***	−.18***	−.16***	−.18***	−.14***	−.15***
Geschlecht[1]						
weiblich	.07***	.05***	.06***	.05***	.05**	.03*
anderes	.01	.00	.01	.00	.00	.00
Geschlecht des Geschwisters: weiblich	−.02	−.01	−.02	−.01	−.02	−.01
leibliche Geschwister	.06***	.06***	.06***	.06***	.06***	.07***
älteres Geschwister	−.01	−.07***	−.02	−.07***	−.02	−.06***
Altersabstand (ungerichtet)	−.22***	−.22***	−.22***	−.22***	−.21***	−.21***
Dauer des Zusammenlebens	.06***	.07***	.07***	.07***	.08***	.08***
Geschwisteranzahl	−.05**	−.04*	−.05**	−.04**	−.05**	−.04**
Trennung der Eltern	−.03*	−.03	−.03	−.02	−.01	−.01
psychische Probleme						
Mutter	.00	.00	.00	.01	−.01	.00
Vater	−.01	.00	−.01	.00	−.01	.00
Ankerperson	.00	.00	.00	−.01	−.02	−.02
Geschwister	.04**	.05**	.04**	.05**	.03*	.03*
Anzahl Viktimisierungserfahrungen						
leicht bis extrem	.30***	.22***				
mittelschwer bis extrem			.26***	.19***		
leicht			.11***	.09***		
Art der Viktimisierung						
körperliche Misshandlung					.06**	.05**
sexueller Missbrauch					.00	.00
emotionaler Missbrauch					.32***	.29***
emotionale Vernachlässigung					.03	−.01
körperliche Vernachlässigung					−.01	−.01
Miterleben von Partnerschaftsgewalt					−.01	−.01
Benachteiligung						
Mutter		.14***		.14***		.12***
Vater		.02		.02		.01
Förderung der Geschwisterbeziehung						
Mutter		−.04		−.03		−.01
Vater		−.05*		−.06*		−.06**
R²	.19	.21	.19	.21	.23	.24
korrigiertes R²	.19	.21	.19	.21	.23	.24
Standardfehler der Schätzung	0.55	0.54	0.55	0.54	0.54	0.54

Anmerkungen: standardisierte Regressionsgewichte; alle Modelle n = 4 463 (97.70 %), mit Ausnahme von Modell 2: n = 4 464 (97.72 %); [1] männlich als Referenzkategorie; *** p < .001; ** p < .010; * p < .050.

9.4.2 Dyadische Ebene

Insgesamt berichteten die jüngeren Geschwister ein signifikant höheres Ausmaß an negativen Merkmalen der Ausgestaltung der Geschwisterbeziehung (Tabelle 81). Bei den einzelnen Geschlechterkonstellationen zwischen den Geschwistern war dies jedoch nur bei Bruder-Schwester-Paaren und bei Brüderpaaren der Fall. Die Angaben beider Geschwister korrelierten hoch miteinander ($r = .51$; $p < .001$; n = 866).

Tabelle 81. Geschlechterkonstellation und negative Merkmale der Geschwisterbeziehung (Dyadischer Datensatz)

Geschlechter-konstellation	n	älteres Geschwister M	SD	jüngeres Geschwister M	SD	t	df	p	d
Schwester-Schwester	444	2.43	0.56	2.46	0.57	−0.96	443	.336	−.05
Schwester-Bruder	162	2.35	0.54	2.27	0.48	1.85	161	.066	.15
Bruder-Schwester	162	2.23	0.59	2.39	0.63	−3.54	161	.001	−.26
Bruder-Bruder	93	2.35	0.55	2.49	0.61	−2.35	92	.021	−.25
gesamt	866	2.37	0.56	2.41	0.58	−2.29	865	.020	−.08

Anzahl verschiedener Viktimisierungserfahrungen: weite Definition
In Abbildung 27 ist Modell 1 dargestellt. Es wies einen moderaten Modell-Fit auf ($X^2(83) = 600.30$; $p < .001$; n = 866; CMIN/DF = 7.23; GFI = .87; AGFI = .81; RMSEA = .09; AIC von 674.30 im Vergleich zu 240.00 im saturierten Modell und 1474.19 im Independence Modell). Für die Anzahl verschiedener Viktimisierungserfahrungen lagen für das jüngere Geschwister signifikante Actor- und Partner-Effekte für die Vorhersage des Ausmaßes der negativen Merkmale der Ausgestaltung der Geschwisterbeziehung vor. Der Zusammenhang war dahingehend gerichtet, dass eine höhere Anzahl verschiedener Viktimisierungserfahrungen mit einem größeren Ausmaß der negativen Merkmale der Ausgestaltung der Geschwisterbeziehung einherging. Der Altersabstand zwischen den Geschwistern war ein bedeutsamer Prädiktor für die Vorhersage des Ausmaßes negativer Merkmale der Ausgestaltung der Geschwisterbeziehung, wobei ein größerer Altersabstand mit einem geringeren Ausmaß an negativen Merkmalen assoziiert war.

Abbildung 27. Vorhersage negative Merkmale: Modell 1 (Dyadischer Datensatz)

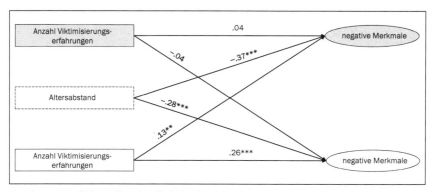

Anmerkungen: n = 866; grau hinterlegte Variablen: ältere Geschwister; weiß hinterlegte Variablen: jüngere Geschwister; standardisierte Regressionsgewichte; Viktimisierungserfahrungen: φ(ä, j) = .54***, φ(ä, Altersabstand) = .12**, φ(j, Altersabstand) = .04; positive Merkmale: ζ(ä) = .34***, ζ(i) = .34***, ψ(ä, j) = .55***; *** $p < .001$; ** $p < .010$; * $p < .050$.

Anzahl verschiedener Viktimisierungserfahrungen: enge Definition

Für die Vorhersage der negativen Merkmale der Ausgestaltung der Geschwisterbeziehung anhand der Anzahl verschiedener Viktimisierungserfahrungen gemäß der engen Definition lag ein guter Modell-Fit vor ($X^2(103) = 629.24$; $p < .001$; n = 866; CMIN/DF = 6.11; GFI = .89; AGFI = .83; RMSEA = .08; AIC von 729.24 im Vergleich zu 306.00 im saturierten Modell und 1614.23 im Independence Modell; Abbildung 28). Die Anzahl leichter Viktimisierungserfahrungen des jüngeren Geschwisters sagten signifikant das Ausmaß negativer Merkmale aus der Sicht des jüngeren Geschwisters vorher. Für die Anzahl mittelschwerer bis extremer Viktimisierungserfahrungen des jüngeren Geschwisters lag ein signifikanter Partner-Effekt auf das Ausmaß negativer Merkmale der Ausgestaltung der Geschwisterbeziehung aus der Sicht des älteren Geschwisters vor. Alle Zusammenhänge waren positiv, d.h. dass ein höheres Ausmaß an Viktimisierung mit einem höheren Ausmaß an negativen Merkmalen der Ausgestaltung der Geschwisterbeziehung einherging.

Verschiedene Formen von Kindeswohlgefährdung

Das in Abbildung 29 dargestellte Modell 3 wies einen guten Modell-Fit auf ($X^2(183) = 793.554$; $p < .001$; n = 865; CMIN/DF = 4.34; GFI = .89; AGFI = .80; RMSEA = .06; AIC von 1077.55 im Vergleich zu 650.00 im saturierten Modell und 2481.83 im Independence Modell). Das Ausmaß emotionalen Missbrauchs des älteren Geschwisters hatte einen signifikanten Einfluss auf die negativen Merkmale der Ausgestaltung der Geschwisterbeziehung aus der Sicht beider Geschwister. Für das Ausmaß emotionalen Missbrauchs des jüngeren lag nur ein Actor-Effekt vor. Zudem hatte das Ausmaß sexuellen Missbrauchs des älte-

Abbildung 28. Vorhersage negative Merkmale: Modell 2 (Dyadischer Datensatz)

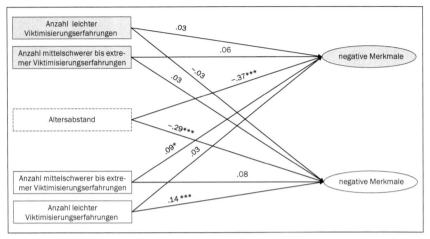

Anmerkungen: n = 866; grau hinterlegte Variablen: ältere Geschwister; weiß hinterlegte Variablen: jüngere Geschwister; standardisierte Regressionsgewichte; Viktimisierungserfahrungen: φ(ä schwer, j schwer) = .40***, φ(j schwer, Altersabstand) = −.04, φ(ä schwer, Altersabstand) = .07, φ(j schwer, j leicht) = .28***, φ(j leicht, Altersabstand) = .08, φ(ä schwer, j leicht) = .31***, φ(ä leicht, j leicht) = .25***, φ(j schwer, ä leicht) = .30***, φ(ä leicht, Altersabstand) = .09**, φ(ä schwer, ä leicht) = .33***; negative Merkmale: ζ(ä) = .34***, ζ(j) = .35***, ψ(ä, j) = .56***; *** $p < .001$; ** $p < .010$; * $p < .050$.

Abbildung 29. Vorhersage negative Merkmale: Modell 3 (Dyadischer Datensatz)

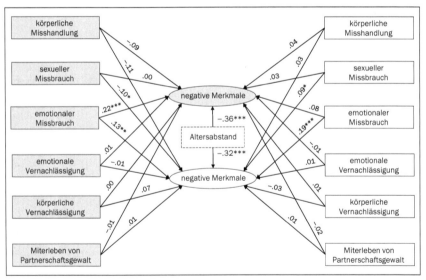

Anmerkungen: n = 866; grau hinterlegte Variablen: ältere Geschwister; weiß hinterlegte Variablen: jüngere Geschwister; standardisierte Regressionsgewichte; Formen von Kindeswohlgefährdung: φ s. Anhang, Spalte E; negative Merkmale: ζ(ä) = .31***, ζ(j) = .31***, ψ(ä, j) = .55***; *** $p < .001$; ** $p < .010$; * $p < .050$.

ren Geschwisters sowie des jüngeren Geschwisters einen bedeutsamen Einfluss auf das durch das jüngere Geschwister berichtete Ausmaß negativer Merkmale der Ausgestaltung der Geschwisterbeziehung. Der Zusammenhang war gegengleich: Berichtete das ältere Geschwister ein hohes Ausmaß an sexuellem Missbrauch, dann berichtete das jüngere weniger negative Merkmale in der Ausgestaltung der Geschwisterbeziehung. Sexueller Missbrauch des jüngeren Geschwisters ging mit Berichten eines höheren Ausmaßes an negativen Merkmalen durch das jüngere Geschwister einher.

9.5 Relative Macht in der Beziehung zum Geschwister

9.5.1 Individualebene

Ältere Geschwister wiesen deutlich höhere Werte in Bezug auf die relative Macht in der Geschwisterbeziehung auf als jüngere (ältere Geschwister: $M = 3.63$; $SD = 0.66$; n = 2304; jüngere Geschwister $M = 2.33$; $SD = 0.80$; n = 2239; $t(4541) = -59.69$; $p < .001$; $d = 1.77$). In der Gruppe der älteren Geschwister berichteten die 50- bis 59-Jährigen und die über 60-Jährigen signifikant weniger relative Macht in der Geschwisterbeziehung als die anderen Altersgruppen (Haupteffekt Altersgruppe: $F(4) = 13.44$; $p < .001$; partielles $\eta^2 = .024$; Haupteffekt Geschlecht: $F(1) = 0.61$; $p = .437$; partielles $\eta^2 < .001$; Interaktionseffekt Altersgruppe und Geschlecht: $F(4) = 0.59$; $p = .585$; partielles $\eta^2 = .001$; korrigiertes $R^2 = .02$; n = 2240). Die Geschlechtszugehörigkeit und die Altersgruppe sagten die relative Macht der jüngeren Geschwister nicht statistisch bedeutsam vorher (Haupteffekt Altersgruppe: $F(4) = 1.46$; $p = .211$; partielles $\eta^2 = .003$; Haupteffekt Geschlecht: $F(1) = 1.33$; $p = .249$; partielles $\eta^2 = .001$; Interaktionseffekt Altersgruppe und Geschlecht: $F(4) = 0.82$; $p = .514$; partielles $\eta^2 = .002$; korrigiertes $R^2 < .01$; n = 2142).[34] Bei den älteren und bei den jüngeren Geschwistern unterschied sich das Ausmaß der relativen Macht signifikant zwischen den Geschlechterkonstellationen (ältere Geschwister: $F(3, 2294) = 7.78$; $p < .001$; n = 2298; jüngere Geschwister: $F(3, 2224) = 9.22$; $p < .001$; n = 2228; Abbildung 30). Hinsichtlich der Art des Verwandtschaftsgrades (Tabelle 82) zeigten sich bei den jüngeren Geschwistern keine Unterschiede ($F(4, 2226) = 1.42$; $p = .226$; n = 2230). Bei den älteren Geschwistern zeigten sich jedoch signifikante Unterschiede zwischen den Gruppen ($F(4, 2291) = 2.81$; $p = .024$; n = 2295). Bei Post-hoc-Tests mit Korrektur nach Tamhane wurde jedoch in keinem der Gruppenvergleiche das kritische Signifikanzniveau überschritten.

---

34 Aufgrund der geringen Fallzahl konnte die Altersgruppe der unter 20-Jährigen nicht mit in die zweifaktorielle ANOVA aufgenommen werden.

Abbildung 30. Geschlechterkonstellation und relative Macht (Individualdatensatz)

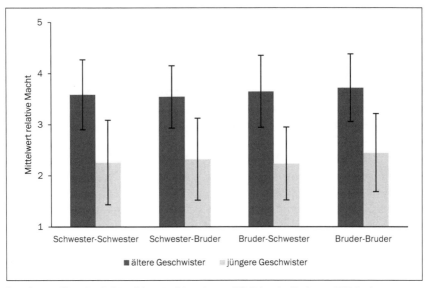

Anmerkungen: ältere Geschwister: Schwester-Schwester: n = 870; Schwester-Bruder: n = 777; Bruder-Schwester: n = 322; Bruder-Bruder: n = 329; jüngere Geschwister: Schwester-Schwester: n = 863; Schwester-Bruder: n = 742; Bruder-Schwester: n = 293; Bruder-Bruder: n = 330; signifikante Unterschiede in den Post-hoc Tests: ältere Geschwister mit Korrektur nach Tamhane: Schwester-Bruder mit Schwester-Schwester ($p < .001$), mit Bruder-Schwester ($p = .001$); jüngere Geschwister mit Korrektur nach Bonferroni: Schwester-Schwester mit Schwester-Bruder ($p < .001$); Schwester-Bruder mit Bruder-Bruder ($p < .001$).

Regressionsanalyse

Alle Modelle für beide Subgruppen erreichten eine moderate bis gute Varianzaufklärung, gemessen an R^2, von .07 für die älteren Geschwister und .12 für die jüngeren Geschwister (ältere Geschwister: Modell 1: $F(19, 2250) = 8.47$; $p < .001$; Modell 2: $F(20, 2180) = 13.71$; $p < .001$; Modell 3: $F(25, 2244) = 7.54$; $p < .001$; jüngere Geschwister: Modell 1: $F(19, 2181) = 14.02$; $p < .001$; Modell 2: $F(20, 2250) = 8.49$; $p < .001$; Modell 3: $F(25, 2175) = 12.21$; $p < .001$; Tabelle 83). Bei den älteren Geschwistern erwies sich das Alter als signifikanter Prädiktor, welcher in einem negativen Zusammenhang mit dem Ausmaß der relativen Macht in der Beziehung zum Geschwister stand. Bei den jüngeren Geschwistern war das Alter kein signifikanter Prädiktor. Ein größerer Altersabstand bei den älteren Geschwistern ging mit einem höheren Ausmaß an relativer Macht einher. Bei den jüngeren Geschwistern war dieser Zusammenhang umgekehrt. Wurde in Bezug auf eine Schwester geantwortet, so wurde sowohl in der Gruppe der älteren Geschwister als auch in der der jüngeren Geschwister von signifikant weniger relativer Macht in der Beziehung zum Geschwister berichtet. Der Verwandtschaftsgrad erwies sich ausschließlich bei den jüngeren Geschwistern als bedeutsamer Prädiktor, und zwar dahingehend, dass jüngere Ge-

Tabelle 82. Relative Macht nach Verwandtschaftsgrad (Individualdatensatz)

Verwandtschaftsgrad	n	M	SD	MIN	MAX
ältere Geschwister					
leibliche Geschwister	2 108	3.62	0.66	1.00	5.00
Halbgeschwister:					
gleiche Mutter, anderer Vater	132	3.78	0.67	1.67	5.00
andere Mutter, gleicher Vater	36	3.69	0.72	1.67	5.00
Adoptivgeschwister	11	3.73	0.29	3.33	4.00
Stiefgeschwister	9	3.22	1.07	1.00	4.00
Pflegegeschwister	3	4.00	0.58	3.67	4.67
Sonstiges	5	3.40	0.72	2.33	4.00
gesamt	2 304	3.63	0.66	1.00	5.00
jüngere Geschwister					
leibliche Geschwister	1 974	2.33	0.79	1.00	5.00
Halbgeschwister:					
gleiche Mutter, anderer Vater	156	2.24	0.83	1.00	5.00
andere Mutter, gleicher Vater	65	2.49	0.87	1.00	5.00
Adoptivgeschwister	13	2.56	1.07	1.00	4.33
Stiefgeschwister	23	2.41	0.88	1.00	4.00
Pflegegeschwister	2	1.00	0.00	1.00	1.00
Sonstiges	6	2.56	1.17	1.00	4.00
gesamt	2 239	2.33	0.80	1.00	5.00

schwister dann weniger relative Macht berichteten, wenn es sich um ein leibliches Geschwister handelte. Bei den älteren Geschwistern war das Alter der Mutter ein signifikanter Prädiktor: Je älter die Mutter bei der Geburt war, desto weniger relative Macht berichtete die Ankerperson in Bezug auf ihr jüngeres Geschwister. Hatten sich die Eltern während der Kindheit der Ankerperson getrennt, dann war dies ein signifikanter Prädiktor für mehr relative Macht in der Gruppe der älteren Geschwister. Im Hinblick auf psychische Probleme von Familienmitgliedern lagen bei den jüngeren Geschwistern, nicht aber bei den älteren Geschwistern, signifikante Prädiktoren vor: Hatte die Mutter oder das Geschwister psychische Probleme während der Kindheit der Ankerperson, so berichteten dieses mehr relative Macht. Hatten sie selbst psychische Probleme so berichteten sie weniger relative Macht in der Geschwisterbeziehung.

Bei dem Elternverhalten gegenüber der Geschwisterbeziehung war das Ausmaß der Benachteiligung durch die Mutter ein signifikanter Prädiktor für mehr relative Macht. Dies traf auf beide Gruppen zu.

Tabelle 83. Vorhersage relative Macht (Individualdatensatz)

Prädiktor	älteres Geschwister			jüngeres Geschwister		
	Modell 1	Modell 2	Modell 3	Modell 1	Modell 2	Modell 3
Alter	−.14***	−.14***	−.15***	.01	.01	.00
Geschlecht[1]						
weiblich	−.01	−.01	.00	.02	.02	.02
anderes	−.02	−.02	−.02	.04	.04	.04
Geschlecht des Geschwisters: weiblich	−.09***	−.09***	−.09***	−.04*	−.04*	−.03
leibliche Geschwister	.02	.02	.02	−.10***	−.10***	−.10***
Altersabstand (ungerichtet)	.16***	.16***	.15***	−.21***	−.21***	−.21***
Position in d. Geburtenreihenfolge	−.03	−.03	−.03	−.09***	−.08***	−.09***
Alter bei Geburt						
Mutter	−.05*	−.06*	−.05	−.02	−.02	−.02
Vater	.02	.02	.01	.02	.02	.02
Trennung der Eltern	.04*	.05*	.04	.02	.02	.02
psychische Probleme						
Mutter	.03	.04	.04	.05*	.05*	.05*
Vater	.02	.03	.03	−.01	−.01	−.02
Ankerperson	−.02	−.02	−.01	−.09***	−.08***	−.07**
Geschwister	.00	.00	.00	.05*	.05*	.06**
Benachteiligung						
Mutter	.08**	.09***	.08***	.10***	.10***	.12***
Vater	−.04	−.03	−.03	−.02	−.02	−.01
Förderung d. Geschw.-beziehung						
Mutter	.01	.00	.01	.00	.00	−.01
Vater	.02	.01	.01	.06	.05	.02
Anz. Viktimisierungserfahrungen						
leicht bis extrem	−.04			−.10***		
mittelschwer bis extrem		−.09**			−.12***	
leicht		.00			−.03	
Art der Viktimisierung						
körperliche Misshandlung			.04			−.03
sexueller Missbrauch (leicht)			.04*			.02
sexueller Missbrauch (mittelschwer bis extrem)			−.04*			.04
emotionaler Missbrauch			−.09**			−.13***
emotionale Vernachlässigung			.01			−.07*
körperliche Vernachlässigung			−.05			.01
Miterleben von Partnerschaftsgewalt			.04			.03
R^2	.07	.07	.08	.11	.11	.12
korrigiertes R^2	.06	.06	.06	.10	.10	.11
Standardfehler d. Schätzung	0.64	0.64	0.64	0.76	0.76	0.75

Anmerkungen: standardisierte Regressionsgewichte; älteres Geschwister: Modell 1 und 3: n = 2 270 (98.52 %); Modell 2: n = 2 271 (98.57 %); jüngeres Geschwister: n = 2 201 (98.30 %); [1] männlich als Referenzkategorie; *** $p < .001$; ** $p < .010$; * $p < .05$.

Für ältere Geschwister war die Anzahl verschiedener Viktimisierungserfahrungen gemäß weiter Definition kein signifikanter Prädiktor (Modell 1), jedoch die Anzahl verschiedener Viktimisierungserfahrungen gemäß enger Definition (Modell 2). Für die jüngeren Geschwister erwies sich sowohl die Anzahl verschiedener leichter bis extremer Viktimisierungserfahrungen als auch die Anzahl verschiedener mittelschwerer bis extremer Viktimisierungserfahrungen als bedeutsamer Prädiktor. In Modell 3 wurden die verschiedenen Viktimisierungserfahrungen differenziert betrachtet: Emotionaler Missbrauch war für die Gruppe der älteren Geschwister als auch die der jüngeren Geschwister ein signifikanter Prädiktor. Je höher das Ausmaß an berichtetem emotionalen Missbrauch war, desto geringer war die relative Macht in der Beziehung. In der Gruppe der jüngeren Geschwister war emotionale Vernachlässigung ein signifikanter Prädiktor, die Richtung des Zusammenhangs war ebenfalls negativ.

Sexueller Missbrauch sagte nur bei älteren Geschwistern signifikant die relative Macht vorher: Mittelschwerer bis extremer sexueller Missbrauch ging mit einer geringeren relativen Macht in der Geschwisterbeziehung einher, eine leichte Form von sexuellem Missbrauch ging mit mehr relativer Macht in der Geschwisterbeziehung einher.

9.5.2 Dyadische Ebene

Es bestanden signifikante Unterschiede zwischen älteren und jüngeren Geschwistern hinsichtlich der Ausprägung der relativen Macht in der Geschwisterbeziehung über alle Personen hinweg, sowie in den einzelnen Geschlechterkonstellationen (Tabelle 84). Die Angaben beider Geschwister korrelierten signifikant und negativ miteinander ($r = -.41$; $p < .001$; n = 866).

Tabelle 84. Geschlechterkonstellation und relative Macht in der Geschwisterbeziehung (Dyadischer Datensatz)

Geschlechter-konstellation	n	älteres Geschwister		jüngeres Geschwister		t	df	p	d
		M	SD	M	SD				
Schwester-Schwester	444	3.63	0.66	2.31	0.74	23.14	443	< .001	1.89
Schwester-Bruder	162	3.82	0.52	2.36	0.64	20.01	161	< .001	2.52
Bruder-Schwester	162	3.59	0.71	2.54	0.77	10.95	161	< .001	1.42
Bruder-Bruder	93	3.80	0.59	2.11	0.71	15.21	92	< .001	2.58
gesamt	866	3.67	0.64	2.34	0.73	33.88	865	< .001	1.94

Anzahl verschiedener Viktimisierungserfahrungen: weite Definition

In Abbildung 31 ist das Strukturmodell dargestellt. Der Modell-Fit war gut ($X^2(20) = 29.38$; $p = .081$; n = 866; CMIN/DF = 1.47; GFI = .99; AGFI = .97; RMSEA = .02; AIC 79.38 im Vergleich zu 900 im saturierten Modell und 720.54 im Independence Modell). Es zeigte sich ein signifikanter Actor-Effekt zwischen der Anzahl verschiedener Viktimisierungserfahrungen und der relativen Macht in der Geschwisterbeziehung bei den jüngeren Geschwistern. Es lagen keine signifikanten Partner-Effekte vor. Der Altersabstand beeinflusste bedeutsam die relative Macht, sowohl im Hinblick auf den Bericht des älteren als auch des jüngeren Geschwisters.

Abbildung 31. Vorhersage relative Macht: Modell 1 (Dyadischer Datensatz)

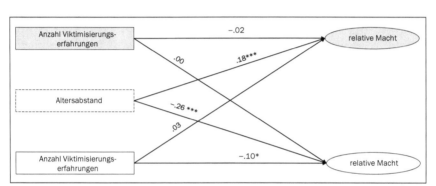

Anmerkungen: n = 866; grau hinterlegte Variablen: ältere Geschwister; weiß hinterlegte Variablen: jüngere Geschwister; standardisierte Regressionsgewichte; Viktimisierungserfahrungen: φ(ä, j) = .51***, φ(ä, Altersabstand) = .10**, φ(j, Altersabstand) = .07*; relative Macht: ζ(ä) = .25***, ζ(j) = .34***, ψ(ä, j) = −.45***; *** $p < .001$; ** $p < .010$; * $p < .050$.

Anzahl verschiedener Viktimisierungserfahrungen: enge Definition

Das in Abbildung 32 dargestellte Modell 2 wies eine gute Modellpassung auf ($X^2(28) = 37.77$; $p = .103$; n = 866; CMIN/DF = 1.35; GFI = .99; AGFI = .97; RMSEA = .02; AIC 113.77 im Vergleich zu 132.00 im saturierten Modell und 854.63 im Independence Modell). Die Anzahl der mittelschweren bis extremen Viktimisierungserfahrungen des jüngeren Geschwisters beeinflussten signifikant die relative Macht des jüngeren Geschwisters. Der Zusammenhang war negativ.

Verschiedene Formen von Kindeswohlgefährdung

Modell 3 wies einen guten Modell-Fit auf ($X^2(60) = 72.03$; $p = .137$; n = 865; CMIN/DF = 1.20; GFI = .98; AGFI = .94; RMSEA = .02; AIC 332.03 im Vergleich zu 380.00 im saturierten Modell und 1167.68 im Independence Modell; Abbildung 33). Körperliche Vernachlässigung des älteren Geschwisters hatte einen signifikanten Effekt auf das Ausmaß relativer Macht in der Geschwister-

Abbildung 32. Vorhersage relative Macht: Modell 2 (Dyadischer Datensatz)

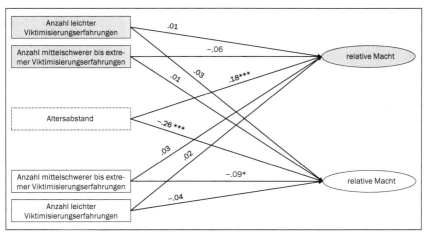

Anmerkungen: n = 866; grau hinterlegte Variablen: ältere Geschwister; weiß hinterlegte Variablen: jüngere Geschwister; standardisierte Regressionsgewichte; Viktimisierungserfahrungen: φ(ä schwer, j schwer) = .43***, φ(j schwer, Altersabstand) = .01, φ(ä schwer, Altersabstand) = .08*, φ(j schwer, j leicht) = .26***, φ(j leicht, Altersabstand) = .11**, φ(ä schwer, j leicht) = .22***, φ(ä leicht, j leicht) = .25***, φ(j schwer, ä leicht) = .29***, φ(ä leicht, Altersabstand) = .04, φ(ä schwer, ä leicht) = .30***; relative Macht: ζ(ä) = .26***, ζ(j) = .34***, ψ(ä, j) = −.44***; *** p < .001; ** p < .010; * p < .050.

Abbildung 33. Vorhersage relative Macht: Modell 3 (Dyadischer Datensatz)

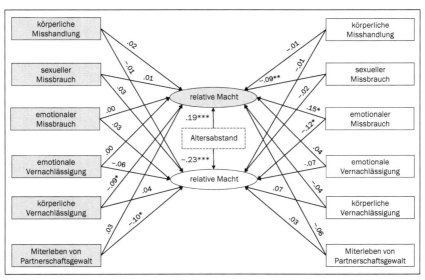

Anmerkungen: n = 865; grau hinterlegte Variablen: ältere Geschwister; weiß hinterlegte Variablen: jüngere Geschwister; standardisierte Regressionsgewichte; Formen von Kindeswohlgefährdung: φ s. Anhang, Spalte F; relative Macht: ζ(ä) = .24***, ζ(j) = .32***, ψ(ä, j) = −.42 ***; *** p < .001; ** p < .010; * p < .050.

beziehung aus der Sicht des älteren Geschwisters. Der Zusammenhang ist negativ, d.h. dass mit einem größeren Ausmaß an körperlicher Vernachlässigung das ältere Geschwister ein geringeres Ausmaß an relativer Macht in der Geschwisterbeziehung berichtete. Für das Miterleben von Partnerschaftsgewalt durch das ältere Geschwister lag ein signifikanter Partner-Effekt vor. Das Miterleben von Partnerschaftsgewalt verringert statistisch gesehen die relative Macht in der Geschwisterbeziehung aus Sicht des jüngeren Geschwisters. Wurde das jüngere Geschwister sexuell missbraucht, hatte dies einen bedeutsamen, negativen Einfluss auf das Ausmaß an relativer Macht in der Geschwisterbeziehung des älteren Geschwisters. Emotionaler Missbrauch des jüngeren Geschwisters hatte im Strukturmodell einen signifikanten Einfluss auf das Ausmaß relativer Macht des älteren als auch des jüngeren Geschwisters. Die Zusammenhänge waren dahingehend gerichtet, dass ein hohes Ausmaß an emotionalem Missbrauch des jüngeren Geschwisters mit einem hohen Ausmaß an relativer Macht in der Geschwisterbeziehung durch das ältere Geschwister, sowie mit einem niedrigen Ausmaß berichteter relativer Macht durch das jüngere einherging.

9.6 Zusammenfassung und Diskussion

Förderung der Geschwisterbeziehung

> *„wurde geschlagen, wenn ich mit meiner kl. Schwester Kontakt wollte (meine Mutter wollte nicht, dass wir uns verstehen)"* (Zitat einer Studienteilnehmenden)

Die Förderung der Geschwisterbeziehung durch die Eltern stellte eine wichtige Rahmenbedingung für die Geschwisterbeziehung, vor allem ihre positiven Aspekte, dar. Die elterliche Förderung wurde durch eine Vielzahl von Faktoren vorhergesagt, wobei die verschiedenen Viktimisierungserfahrungen die größte Bedeutung hatten. Für beide Elternteile waren ähnliche Faktoren ausschlaggebend: So berichteten *Frauen* und *ältere Geschwister* häufiger eine förderliche Haltung der Eltern. Dies ist möglicherweise dem Umstand geschuldet, dass Mädchen und ältere Geschwister oft explizit von ihren Eltern dazu angehalten werden, für ihre jüngeren Geschwister zu sorgen und dieses Verhalten dann eine entsprechende Wertschätzung erfährt.

Auch bei einem geringeren *Altersabstand* berichteten Geschwister mehr Förderung durch die Eltern. Geschwister mit einem geringen Altersabstand verbringen mehr Zeit miteinander, sodass es vermutlich für Eltern von besonders großer Bedeutung ist, die Geschwisterbeziehung zu fördern, um Konflikte zu verringern. Durch die gute Geschwisterbeziehung können zudem Erleichterungen in der Organisation des familiären Lebens geschaffen werden (z.B. ähnliche Freizeitaktivitäten).

Die Haltung der Eltern hat eventuell auch einen Einfluss auf die Förderung der Geschwisterbeziehung. So berichteten *ältere Studienteilnehmende* weniger förderliches Verhalten der Eltern, was durch eine geringere Beachtung von Kindern und damit auch der Beziehung unter Geschwistern erklärt werden kann. Dies hat sich mit einer zunehmenden gesellschaftlichen Aufmerksamkeit gegenüber dem Wohlergehen der Kinder verändert. Eine höhere *Anzahl an Geschwistern* ging mit mehr förderlichem Verhalten der Eltern einher. Möglicherweise messen Eltern, die sich für mehr Kinder entscheiden, der Geschwisterbeziehung eine größere Bedeutung bei und zeigen dies auch in dem Verhalten gegenüber ihren Kindern.

Beide Elternteile förderten die Geschwisterbeziehung stärker, wenn es sich um *leibliche Geschwister* handelte. Dies liegt eventuell an der Anwesenheit beider Elternteile im Haushalt oder bei Scheidungsfamilien dem gemeinsamen Umgang mit beiden Geschwistern, wodurch beide Eltern die Geschwister zusammen sehen. Bei Halbgeschwistern – welche in der vorliegenden Studie hauptsächlich über die mütterliche Seite verwandt waren – zeigte sich dieser Effekt nur bei den Müttern. Zudem waren Väter weniger förderlich gegenüber der Geschwisterbeziehung, wenn die Eltern sich in der Kindheit der Studienteilnehmenden *getrennt* hatten oder sich scheiden ließen. Dieser Befund spiegelt möglicherweise die geringere Rolle der Väter im alltäglichen Leben der Kinder wider, da Kinder nach einer Trennung meist hauptsächlich im Haushalt der Mutter aufwachsen.

Ein geringer, aber signifikanter Effekt zeigte sich beim Vater in Bezug auf das *Geschlecht des Geschwisters*. So verhielten sich Väter förderlicher gegenüber der Geschwisterbeziehung, wenn das Geschwister ein Mädchen war. Eine mögliche Ursache hierfür könnte eine stärkere Betonung eines einvernehmlichen Umgangs zwischen den Geschwistern bei Töchtern sein, während bei Söhnen Rivalität und Streit als eine Möglichkeit zur Entwicklung von Durchsetzungsvermögen angesehen wird.

In Anbetracht von *psychischen Problemen der Eltern* zeigte sich, dass bei einer Erkrankung des einen Elternteils das jeweilige andere Elternteil sich förderlicher gegenüber der Geschwisterbeziehung verhielt. Dies geschieht vermutlich, um eine kompensatorische Funktion der Geschwisterbeziehung anzuregen. Es kann aber auch sein, dass aufgrund der allgemeinen Überlastung des Elternteils die Kinder stark vermittelt bekommen, dass es wichtig ist, dass sie und ihr Geschwister sich gut verstehen. Psychische Probleme der Mutter trugen jedoch zu einem weniger förderlichen Verhalten der Mutter gegenüber der Geschwisterbeziehung bei.

Einen wesentlichen Einfluss auf die Förderung der Geschwisterbeziehung hatten die *Viktimisierungserfahrungen* der Studienteilnehmenden. Sie sagten bedeutsam und in hohem Ausmaß das Verhalten der Eltern vorher. Dieser Zusammenhang lässt sich durch gemeinsame Faktoren erklären. Eltern, die ihre Kinder misshandeln und vernachlässigen, fördern die Beziehung zwischen diesen weniger, da sie grundsätzlich überfordert sind. Die hohe Vorhersagekraft von emotionaler Vernachlässigung verweist auf einen Zusammenhang mit grundlegend geringerer Beachtung von emotionalen Bedürfnissen der Kinder. Das Ausmaß sexuellen Missbrauchs sagte nur die Förderung der Geschwisterbeziehung durch den Vater signifikant vorher, wenn nicht für dessen psychische Probleme kontrolliert wurde. Möglicherweise wurde die Geschwisterbeziehung von dem Vater bewusst wenig unterstützt, wie das bei sexuell missbrauchenden Vätern in der Studie von Monahan (1997) der Fall war. Im Hinblick auf das alleinige Miterleben von Partnerschaftsgewalt ohne eine weitere Form von Kindeswohlgefährdung zeigte sich eventuell die Förderung einer kompensatorischen Funktion der Geschwisterbeziehung durch die Mutter, wie sie in einem Fall in der Studie von Katz (2014) berichtet wurde.

Benachteiligung durch die Eltern
In der vorliegenden Arbeit ist Benachteiligung im Sinne von Ungleichbehandlung definiert. Anders als in anderen Arbeiten (Stotz 2015) musste die Behandlung durch die Eltern nicht von den Studienteilnehmenden als ungerecht bewertet werden.

Für die Vorhersage der Benachteiligung durch die Mutter war in der vorliegenden Studie das *Alter der Ankerperson* von besonderer Bedeutung, nicht aber für die Benachteiligung durch den Vater. Eine geringere Benachteiligung bei den jüngeren Studienteilnehmenden spricht möglicherweise für eine Veränderung in der gesellschaftlichen Haltung gegenüber Kindern. Kasten (2003) brachte dies in einen Zusammenhang mit einer zunehmend demokratischeren Haltung in der Erziehung von Kindern und einer Betonung von Gleichberechtigung. Gründe für einen Zusammenhang ausschließlich mit der Benachteiligung durch die Mutter liegen eventuell an einem stärkeren Einfluss der Mutter in der Gestaltung des täglichen Lebens in der Familie und der Übernahme von Erziehungsaufgaben.

Unterschiede zeigten sich in dem Erleben von Benachteiligung in der Abhängigkeit der *Geschlechterkonstellation* der Geschwister: Bei gemischtgeschlechtlichen Geschwisterpaaren wurden von Müttern die Töchter im Vergleich zu den Söhnen und bei Vätern die Söhne im Vergleich zu den Töchtern benachteiligt. Tucker et al. (2003) fanden in einer Studie mit Jugendlichen einen umgekehrten Effekt, so erhielten Töchter mehr Aufmerksamkeit von ihrer Mutter und Söhne mehr von ihrem Vater. Dieser abweichende Befund mag jedoch auch an der anderen Art der Operationalisierung liegen. In der vorliegenden Studie wurde nämlich nicht nur die Zeit und Zuwendung der Eltern berücksichtigt, sondern auch die Verteilung von Pflichten und Privilegien. Mögliche Ursachen für den Unterschied liegen in der Bewertung durch die Person selbst, die bei dem gleichgeschlechtlichen Elternteil eine Ungleichbehandlung als stärkeren Verstoß gegen die Geschlechtssolidarität wahrnimmt, andererseits kann es aber auch sein, dass Eltern gegenüber dem gleichgeschlechtlichen Kind eine höhere Erwartungshaltung haben.

Ein geringer *Altersabstand* von Geschwistern geht häufig mit einer wahrgenommenen Ungleichbehandlung einher (Kasten 2003; Stotz/Walper 2015). Auch in der vorliegenden Studie war dies der Fall. Ein potentieller Wirkfaktor ist hierbei das höhere Ausmaß an mit dem Geschwister verbrachten Zeit und damit der Möglichkeit, Unterschiede in der Behandlung festzustellen. Da Geschwister mit geringen Altersabstand auch einen vergleichbaren Entwicklungsstand haben, wird eventuell eine unterschiedliche Behandlung als stärker negativ wahrgenommen.

Studien zum Einfluss der *Position in der Geburtenreihe* auf Bevorzugung kamen zu unterschiedlichen Ergebnissen (Stotz/Walper 2015). In der vorliegenden Studie zeigte sich, dass Geschwister, die in Bezug auf ein jüngeres antworteten, und solche, die in der Geschwisterreihenfolge früher geboren wurden, mehr Benachteiligung berichteten. Dies steht im Einklang mit Befunden von Tucker et al. (2003) und McHale/Crouter (1995). So müssen ältere Geschwister vermutlich mehr Aufgaben übernehmen und erhalten im Vergleich zu ihren Geschwistern weniger Aufmerksamkeit von den Eltern, da durch ihr höheres Alter eine geringere Notwendigkeit hierfür besteht.

Im Hinblick auf familiäre Belastungen wird in der Literatur davon ausgegangen, dass sich diese negativ auf das Verhalten gegenüber Geschwistern auswirken und die Bevorzugung eines Geschwisters begünstigen (Armbrust 2007). So wurde von Familien mit einer konfliktreichen Paarbeziehung der Eltern (Kan/McHale/Crouter 2008) und bei alleinerziehenden Müttern (Atzaba-Poria/ Pike 2008; Young/Ehrenberg 2007) mehr Ungleichbehandlung berichtet. In der vorliegenden Studie fand sich ein entgegengesetzter Zusammenhang. *Psychische Probleme* vor allem des Vaters und die *Trennung oder Scheidung der Eltern* führten zu einer geringeren Benachteiligung der Ankerperson. Ein möglicher Grund hierfür ist die Berücksichtigung weiterer Formen von Kindeswohlgefährdung, welche mit Scheidung und Trennung der Eltern sowie psychischen Problemen in Zusammenhang stehen (s. Studie 1). Eventuell sind aber Eltern in solchen Situationen so belastet, dass sie weniger in die Geschwisterbeziehung eingreifen. Auch kann es sein, dass Kinder in Anbetracht der Belastung ihrer Eltern eine Benachteiligung als weniger schlimm erleben und sie dieser deswegen eine geringere Bedeutung beimessen.

Im Hinblick auf *Viktimisierungserfahrungen* zeigte sich ein deutlicher und positiver Zusammenhang mit dem Ausmaß der Benachteiligung durch beide Elternteile. Eine wesentliche Rolle hatten dabei emotionaler Missbrauch und emotionale Vernachlässigung, sowie bei der Mutter körperliche Misshandlung. So sind Eltern, die sich gegenüber einem Kind emotional missbräuchlich und/ oder vernachlässigend verhalten, möglicherweise auch weniger in der Lage im Umgang mit zwei Kindern Gerechtigkeit herzustellen. Dieser enge Zusammenhang zwischen beiden Phänomen zeigte sich in der Studie von Hollingsworth/ Glass/Heisler (2008), in der die massive Misshandlung des einen Kindes mit einer Bevorzugung der anderen Geschwister einherging. In den Definitionen von Bevorzugung mit pathologischem Ausmaß (Teuschel 2014) und den konzeptionellen Rahmenmodellen zu emotionalem Missbrauch und emotionaler Vernachlässigung, zum Beispiel von Glaser (2011), finden sich so auch deutliche Überschneidungen. In der Operationalisierung von emotionalem Missbrauch und emotionaler Vernachlässigung in dem CTQ gibt es eine solche Überschneidung nicht.

Positive und negative Merkmale der Ausgestaltung der Geschwisterbeziehung

In der vorliegenden Studie berichteten die Ankerpersonen mit zunehmenden *Alter* zum Zeitpunkt der Befragung ein signifikant geringeres Ausmaß an positiven und negativen Merkmalen, was für eine weniger intensive Geschwisterbeziehung spricht. Dies liegt möglicherweise an der längeren Zeitspanne seit der Kindheit, was Erinnerungsverzerrungen begünstigt. Personen erinnern sich weniger intensiv an Konflikte und an die gemeinsam verbrachte Zeit. Die Erfahrungen aus der Kindheit sind vielleicht von Erfahrungen im Erwachsenenalter überlagert. Für jüngere Studienteilnehmende sind die Erfahrungen in der Kindheit jedoch noch zeitlich näherliegend und deswegen möglicherweise emotional bedeutsamer. Es könnte sich dabei auch um einen gesellschaftlichen Effekt handeln, mit einer zunehmenden Intensivierung von Geschwisterbeziehungen, da dies auch stärker von den Eltern gefördert wird (Kasten 2003).

Weibliche Ankerpersonen berichteten ein höheres Ausmaß an positiven, aber auch negativen Merkmalen der Geschwisterbeziehung. Handelte es sich bei dem Geschwister um eine Schwester, wurden ebenso mehr positive Merkmale angegeben. Mehr Vertrauen, Kameradschaft und Nähe zwischen Schwestern wurde auch durch andere Studien empirisch belegt (Connidis/Campell 1995; Connidis 1989; Riggio 2006; Spitze/Trent 2006; White/Riedmann 1992a; Weaver/Coleman/Ganong 2003). Dieser Effekt wird häufig damit erklärt, dass Frauen stärker in familiäre Beziehungen investieren. Aus dieser Sichtweise ist möglicherweise auch die Bedeutung des höheren Ausmaßes an negativen Aspekten in der Geschwisterbeziehung bei Frauen zu verstehen. Da die Familienbeziehungen für sie bedeutsamer sind, werden Verletzungen der Erwartungen als negativer und schwerwiegender angesehen. Eine andere Ursache könnte sein, dass Mädchen häufiger als Jungen in der Geschwisterbeziehung von körperlicher und verbaler Aggression betroffen sind. Aus anderen Studien liegen hierzu jedoch keine einheitlichen Befunde vor (Felson 1983; Felson/Russo 1988; Tucker et al. 2013a; Krienert/Walsh 2011; Hoffman/Kiecolt/Edwards 2005).

Leibliche Geschwister und Geschwister, die lange zusammenlebten, berichteten von einer intensiveren Geschwisterbeziehung, sowohl in positiver als auch in negativer Hinsicht. In einer Studie von Deater-Deckard/Dunn (2002) berichteten Mütter stärker negative Beziehungen zwischen leiblichen Geschwistern als zwischen Halb- und Stiefgeschwistern. Eventuell bedingt das gemeinsame Aufwachsen als leibliche Geschwister mehr Überschneidungen im alltäglichen Leben, wie zum Beispiel gemeinsame Freizeitaktivitäten oder einen ähnlichen Freundeskreis. Weil leibliche Geschwisterschaft als unauflöslich gilt, könnte auch dies das Ausmaß der negativen Merkmale erhöhen, da mit einer geringeren Wahrscheinlichkeit mit einem Beziehungsabbruch gerechnet werden muss.

Wie in anderen Studien (Brody/Stoneman/Burke 1987; Brody/Steelman 1985) wurde auch in der vorliegenden ein Einfluss des *Altersabstandes* auf die negativen Aspekte gefunden. Bei einem geringeren Altersabstand kam es zu mehr Konflikten, Aggression und Rivalität. Felson (1983) erklärt die erhöhte Konflikthäufigkeit bei Geschwistern mit einem Wettkampf um Ressourcen und die Vermeidung von Pflichten. Gerade bei Kindern, die nahe nacheinander geboren wurden, ist es wahrscheinlicher, dass sie sich sowohl Privilegien als auch Pflichten teilen müssen, was zu mehr Aggression und Konflikten führt.

Eine *hohe Anzahl an Geschwistern* führte zu einem höheren Ausmaß an positiven und einem geringeren Ausmaß an negativen Merkmalen in der Ausgestaltung der Geschwisterbeziehung. Dies liegt möglicherweise daran, dass in Mehrkinderfamilien Kinder viel Zeit mit ihren Geschwistern verbringen, da die Zeit der Eltern begrenzt ist (Schmolke 2015). Bei einer großen Gruppe an Geschwistern kann es sein, dass es eine stärkere Hierarchie gibt, die Konflikte und Aggression verringert. Es kann sich hierbei aber auch um ein Artefakt der Auswahl des Geschwisters handeln. So wurden die Ankerpersonen gebeten, dass sie in Bezug auf das älteste Geschwister antworten. Eventuell übernimmt dieses in Mehrkinderfamilien eine elterliche Funktion, dadurch wurden weniger negative Merkmale berichtet.

Ein Effekt der *Trennung oder Scheidung der Eltern* auf die Geschwisterbeziehung wurde in der vorliegenden Studie nicht gefunden. Dies steht im Gegensatz zu den Ergebnissen anderer Untersuchungen mit Erwachsenen aus Trennungsfamilien (Riggio 2001). In all diesen wurden jedoch nicht, wie in der vorliegenden Studie, Formen von Kindeswohlgefährdung mitberücksichtigt. So werden Effekte der Scheidung oder Trennung der Eltern möglicherweise über diese vermittelt. Andererseits wurden in der vorliegenden Studie, mit Ausnahme des Miterlebens von Partnerschaftsgewalt, Konflikte auf der Ebene der Eltern nicht mit erhoben, welche in anderen Studien einen wesentlichen Einfluss hatten (Milevsky 2004; Poortman/Voorpostel 2008).

Bei *psychischen Problemen* der Eltern während der Kindheit der Ankerperson berichteten diese eine positivere Geschwisterbeziehung. Das spricht für eine kompensatorische Funktion der Geschwisterbeziehung. Psychische Probleme des Geschwisters sagten ein höheres Ausmaß an negativen Merkmalen in der Geschwisterbeziehung vorher. Eine Zunahme der Konflikte fanden Latzer/

Katz/Berger (2015) auch bei Geschwistern von Jugendlichen mit Essstörungen. Im Hinblick auf andere chronische Erkrankungen wurde in anderen Studien keine Zunahme von Konflikten berichtet (Floyd et al. 2009). Allerdings beziehen sich diese Ergebnisse auf Geschwister mit schweren Erkrankungen. Eine Differenzierung nach Krankheitsbildern war in der vorliegenden Studie nicht möglich. Berichtete die Ankerperson selbst psychische Probleme, so ging dies mit weniger Kameradschaft, Nähe und Wertschätzung in der Geschwisterbeziehung einher. Hier zeigen sich vermutlich unterschiedliche Sichtweisen auf das Erleben der Geschwisterbeziehung bei psychischen Problemen der Kinder: Die Probleme des Geschwisters stehen in stärkerem Zusammenhang mit Konflikten, während eigene psychische Probleme mit einer geringeren Nähe einhergehen.

Für die positiven Merkmale der Ausgestaltung der Geschwisterbeziehung ist die *Förderung der Geschwisterbeziehung* durch beide Eltern von entscheidender Bedeutung. Andere Untersuchungen, in denen diese Variablen miterfasst wurden, sind nicht bekannt. Eltern schaffen durch ihr Verhalten einen Raum, in dem sich die Geschwisterbeziehung entfalten kann. Eventuell fördern Eltern auch Geschwisterbeziehungen, wenn sie diese als positiv wahrnehmen. Für die negativen Merkmale hat lediglich das Verhalten des Vaters einen signifikanten Einfluss. Es könnte sein, dass der Vater für die Ausgestaltung der Geschwisterbeziehung in negativer Hinsicht von besonderer Bedeutung ist. So zeigten Volling/Belsky (1992) in einer Studie, dass ältere Geschwister vor allem in der Interaktion mit dem Vater und dem Geschwister sich rivalisierender verhielten. Die Autoren vermuteten, dass dies in der größeren Bedeutung des Vaters für das ältere Kind nach der Geburt des Geschwisters begründet ist. Verhält sich in einer solchen Situation der Vater nicht förderlich, kommt es eventuell dauerhaft zu mehr Rivalität, Konflikten und Aggression in der Geschwisterbeziehung.

Benachteiligung durch die Mutter führte in der vorliegenden Stichprobe, wie bei anderen Studien (McHale et al. 2000), zu einer weniger positiven und stärker von negativen Merkmalen geprägten Geschwisterbeziehung. Benachteiligung durch den Vater hatte keinen solchen Effekt. Das Verhalten der Mutter ist vermutlich von größerer Bedeutung, da die Kinder meist mehr Zeit mit der Mutter als mit dem Vater verbringen.

Die Anzahl verschiedener *Viktimisierungserfahrungen* ging in der vorliegenden Studie mit einem verringerten Ausmaß an positiven Merkmalen und einem höheren Ausmaß negativer Merkmale einher. Dieser Befund steht in Übereinstimmung mit der Kongruenzhypothese, welche eine Verschlechterung der Geschwisterbeziehung in der Folge von Belastungen vorhersagt. Bei der Betrachtung der unterschiedlichen Formen von Kindeswohlgefährdung zeigten sich allerdings entgegengesetzte Effekte. Körperliche Misshandlung, körperliche Vernachlässigung und das Miterleben von Partnerschaftsgewalt gingen mit mehr positiven Merkmalen in der Geschwisterbeziehung einher. In qualitativen

Studien wurden solche kompensatorischen Effekte für körperliche Misshandlung (Katz 2013) und körperliche Vernachlässigung (Petri 2015) berichtet. Für das Miterleben von Partnerschaftsgewalt gibt es keine Ergebnisse dieser Art, jedoch gaben in mehreren Studien Geschwister aus Scheidungsfamilien an, dass sie sich während der Konflikte der Eltern wechselseitig unterstützten (Roth/ Harkins/Eng 2014; Bush/Ehrenberg 2003; Sheehan et al. 2004). Das Ausmaß emotionalen Missbrauchs und emotionaler Vernachlässigung ging mit verringertem Ausmaß positiver Merkmale einher. Durch fehlende emotionale Unterstützung durch die Eltern wird auch die Ausgestaltung der Geschwisterbeziehung im Hinblick auf Nähe, Vertrauen und wechselseitige Fürsorge verringert. Im Unterschied zu körperlicher Misshandlung, körperlicher Vernachlässigung und Miterleben von Partnerschaftsgewalt sind diese subtiler. Eventuell steht emotionaler Missbrauch auch direkt im Zusammenhang mit dem Umgang mit den Geschwistern. Dafür spricht auch, dass emotionaler Missbrauch kein signifikanter Prädiktor mehr war, wenn für das Verhalten der Eltern in Bezug auf die Geschwisterbeziehung kontrolliert wurde. Die Vorhersagekraft von emotionaler Vernachlässigung nahm ebenso deutlich ab.

Bei der Vorhersage von negativen Merkmalen in der Ausgestaltung der Geschwisterbeziehung erwiesen sich in der differenzierten Betrachtung emotionaler Missbrauch und körperliche Misshandlung als signifikante Prädiktoren. Dies spricht für die Kongruenzhypothese und entspricht damit den Ergebnissen anderer Studien zu dem Einfluss von körperlicher Misshandlung auf Konflikte und Aggression unter Geschwistern (Green 1984; Meyers 2014). Wahrscheinlich werden die Erfahrungen durch die Geschwister weitergegeben. Es besteht aber auch die Möglichkeit, dass Eltern, die selbst ihre Kinder körperlich misshandeln und/oder emotional missbrauchen, negative Verhaltensweisen unter Geschwistern nicht erkennen und nicht die entsprechenden Fähigkeiten haben, angemessen in das Verhalten der Geschwister einzugreifen, wie dies beispielsweise von Meyers (2014) beschrieben wurde.

Auf dyadischer Ebene zeigte sich ein Einfluss der Anzahl verschiedener Viktimisierungserfahrungen beider Geschwister auf das Ausmaß positiver Merkmale der Geschwisterbeziehung. Dies entspricht den Annahmen der Kongruenzhypothese. Wurde das Verhalten der Eltern jedoch mitberücksichtigt, bestand dieser Zusammenhang nur noch für das jüngere Geschwister. Dies betont noch einmal die besondere Bedeutung, die den Eltern in der Schaffung von Möglichkeiten für die positive Ausgestaltung der Geschwisterbeziehung zukommt. Allerdings – und dies wird in der Betrachtung des Einflusses nach verschiedenen Schweregraden deutlich – scheint der Einfluss der Eltern unterschiedlich je nach Ausmaß der Schwere der Viktimisierungserfahrungen. So sagte die Anzahl leichter Viktimisierungserfahrungen auch bei Berücksichtigung des Verhaltens der Eltern eine negative Auswirkung auf die positiven Merkmale der Geschwisterbeziehung vorher. Die Anzahl mittelschwerer bis extremer

Viktimisierungserfahrungen hatte keinen Effekt. Im Fall des älteren Geschwisters hatte sie sogar, wenn nicht für die Anzahl leichter Viktimisierungserfahrungen kontrolliert wurde, einen positiven Effekt auf die Geschwisterbeziehung. Dies spricht für eine kompensatorische Funktion der Geschwister, wie sie Katz (2014), Katz (2013) und Petri (2015) berichteten. Eventuell haben unterschiedliche Schweregrade von Viktimisierungserfahrungen einen anderen Einfluss, und erst wenn ein bestimmter Schwellenwert überschritten ist, kommt es zu einem schützenden Verhalten durch das ältere Geschwister. Dies allerdings nur, wenn Eltern die Geschwisterbeziehung fördern bzw. nicht untergraben.

Im Hinblick auf die Förderung der Geschwisterbeziehung hat der Vater einen bedeutsamen Einfluss auf das jüngere Geschwister, nicht aber auf das ältere. Dies liegt eventuell an einer unterschiedlichen Einbeziehung von Vätern in die Erziehung von älteren und jüngeren Kindern und die besondere Rolle die der Vater in der Moderation von rivalisierendem Verhalten in der frühen Kindheit hat (Volling/Belsky 1992).

Bei der Vorhersage des Ausmaßes der negativen Merkmale der Geschwisterbeziehung zeigte sich ein Effekt der Viktimisierungserfahrungen des jüngeren Geschwisters auf beide Geschwister. Dieser war dahingehend gerichtet, dass es zu mehr Rivalität, Konflikten und Aggression kam und entspricht den Annahmen der Kongruenzhypothese. Insbesondere mittelschwere bis extreme Viktimisierungserfahrungen des jüngeren Geschwisters führten zu mehr negativen Merkmalen aus der Sicht des älteren. Eine Möglichkeit ist, dass es in der Folge der Viktimisierungserfahrungen des jüngeren zu mehr aggressiven Verhalten kommt, was durch das ältere Geschwister als negativer Aspekt in der Geschwisterbeziehung erlebt wird. Der Zusammenhang zwischen Viktimisierungserfahrungen des jüngeren Geschwisters und den von diesem berichteten negativen Merkmalen kann teilweise durch von dem älteren Geschwister verübte Gewalt erklärt werden. Viktimisierungserfahrungen des älteren Geschwisters haben möglicherweise deswegen keinen Einfluss, da das ältere Geschwister das jüngere schützen möchte. So schrieb beispielsweise eine ältere Schwester in der vorliegenden Studie, wie sie versuchte ihr Geschwister zu schützen:

> *„mein Vater hat mich öfters mal verprügelt, meine Schwester aber in Ruhe gelassen, da ich einen Deal mit ihm gemacht hatte, er lässt meine Schwester in Ruhe solange ich nicht meiner Mutter erzähle das er mich schlägt. Ich war ca. 7–8 Jahre alt."*

Eine solche Dynamik gibt sicher nicht bei allen Geschwistern und es ist zu beachten, dass gerade in der dyadischen Stichprobe Geschwisterpaare waren, die im Erwachsenenalter noch eine enge Beziehung pflegten. Diese könnte auf der Grundlage von kompensatorischen Dynamiken aufbauen.

Die differenzierte Betrachtung der einzelnen Formen von Kindeswohlgefährdung zeigte eine hohe Bedeutung von emotionalem Missbrauch und emotionaler

Vernachlässigung sowohl auf das Ausmaß positiver als auch negativer Merkmale. Dieser Befund ist vergleichbar mit den Ergebnissen des Individualdatensatzes. Das Miterleben von Partnerschaftsgewalt durch das jüngere Geschwister führte zu mehr positiven Merkmalen in der Ausgestaltung der Geschwisterbeziehung und bestätigt somit den Befund aus der Analyse der Individualstichprobe. Da sich der Einfluss nur über das Miterleben von Partnerschaftsgewalt des jüngeren zeigte, spricht dies eventuell für eine kompensatorische Funktion des älteren Geschwisters, das für das jüngere Geschwister sorgt (vgl. Katz 2014).

Bei der Vorhersage der negativen Merkmale ergab sich ein entgegengesetzter Effekt von sexuellem Missbrauch auf das jüngere Geschwister, je nachdem, welches Geschwister von sexuellem Missbrauch berichtete. Das Ausmaß sexuellen Missbrauchs des älteren sagte weniger negative Aspekte in der Beziehung vorher, das des jüngeren sagte mehr negative Aspekte vorher. Monahan (1997) berichtete bei sexuell missbrauchten Schwestern von einer Entfremdung in der Geschwisterbeziehung, was sich auch in einer geringeren Konflikthäufigkeit zeigte. Gomes-Schwartz/Horowitz/Cardarelli (1990) fanden im Gegensatz hierzu mehr Konflikte bei Geschwistern in Anschluss an eine therapeutische Maßnahme aufgrund sexuellen Missbrauchs eines Geschwisters. In beiden Studien wurde die Geschwisterkonstellation nicht berichtet. Eine alternative Erklärung ist, dass es sich um einen sexuellen Missbrauch des jüngeren Geschwisters durch das ältere Geschwister handeln könnte, weswegen die Geschwisterbeziehung als negativ erlebt wurde. Da aber Betroffene von sexuellem Missbrauch durch ein Geschwister im Erwachsenenalter selten noch Kontakt pflegen (Monahan 2010), ist es unwahrscheinlich, dass diese an der Studie gemeinsam teilgenommen hätten.

Relative Macht in der Geschwisterbeziehung

Die relative Macht, die ein Geschwister in der Beziehung im Vergleich zu seinem Geschwister hatte, war zu großen Teilen davon abhängig, ob es das ältere oder das jüngere Geschwister war. Dies ist in Übereinstimmung mit den Ergebnissen der Studie von Tucker/Updegraff/Baril (2010). Ein Altersgefälle bedingt ein Machtgefälle. Ältere Geschwister befinden sich auch häufiger in der Rolle der Lehrer oder derjenigen, die auf jüngere Geschwister Acht geben müssen. Dies führt dazu, dass sie in der Beziehung das „Sagen" haben. Die relative Macht des älteren Geschwisters kann zu einem wesentlich kleineren Anteil durch die abgebildeten Faktoren erklärt werden, als dies bei den jüngeren Geschwistern der Fall war.

In der vorliegenden Studie zeigte sich eine Abnahme der relativen Macht mit dem *Alter der Ankerperson* zum Zeitpunkt der Befragung bei den älteren Geschwistern. Eventuell werden durch die Abnahme strikter Erziehungspraktiken, Unterschiede im Entwicklungsstand zwischen Geschwistern stärker betont, wodurch das ältere mehr Einfluss in der Beziehungsgestaltung gewinnt.

Ältere und jüngere Geschwister berichteten übereinstimmend weniger relative Macht, wenn sie Angaben in Bezug auf eine Schwester machten. Ein Grund hierfür mag sein, dass Mädchen häufiger Fürsorgeaufgaben übernehmen, was auch von den Eltern gefördert wird, und es dadurch zu einem Machtgefälle kommt. Der *Altersabstand* ist erwartungsgemäß von großer Bedeutung, mit einer geringen relativen Macht für das jüngere Geschwister bei einem großen Altersabstand und einer Annäherung der Machtverteilung bei beiden Geschwistern bei einem geringen Altersabstand.

Ausschließlich für jüngere Geschwister war von Bedeutung, ob es sich um ein *leibliches Geschwister* handelte und in welcher Position es innerhalb der *Geburtenreihenfolge* aller Geschwister stand. Möglicherweise zeigte sich bei den älteren Geschwistern kein Effekt der Position in der Geburtenreihenfolge, da die Varianz durch die Rekrutierungsstrategie eingeschränkt war. Bei leiblichen Geschwistern wird eventuell weniger auf eine gleiche Machtverteilung geachtet, da die Beziehung insgesamt als stabiler bis unlöslich angesehen wird. Bei Halb- oder Stiefgeschwistern und den damit einhergehenden komplexen Konstellationen von Bezugspersonen, wird vielleicht mehr auf Ausgeglichenheit geachtet. Dies führt vor allem zu einer Verbesserung der Situation des jüngeren Geschwisters.

War die *Mutter bei der Geburt* der Ankerperson sehr jung und/oder kam es zu einer Trennung so sagte dies mehr relative Macht des älteren Geschwisters vorher. Ähnliche Zusammenhänge bei Trennungsfamilien fanden Roth/Harkins/Eng (2014). Die Zunahme an relativer Macht ist möglicherweise in einer Zunahme an Verantwortung begründet. Unterstützt wird diese Hypothese dadurch, dass mütterliche Ungleichbehandlung, welche in der vorliegenden Studie unter anderem durch eine vermehrte Übernahme von Pflichten operationalisiert wurde, zu mehr relativer Macht führte.

Psychische Probleme haben nur einen bedeutsamen Effekt bei jüngeren Geschwistern. Eigene psychische Probleme gehen mit geringerer relativer Macht einher, psychische Probleme der Mutter und/oder des Geschwisters mit mehr. Dies ist möglicherweise auch einem direktiveren Umgang des jeweiligen gesunden Geschwisters mit dem kranken geschuldet. Ähnliche Verhaltensweisen wurden bei Geschwistern von Kindern mit einer chronischen Erkrankung berichtet (Dallas/Stevenson/McGurk 1993).

Die Anzahl verschiedener *Viktimisierungserfahrungen* führte zu einer Verringerung der relativen Macht vor allem bei den jüngeren Geschwistern. Ausschlaggebend war aber hauptsächlich die Anzahl mittelschwerer bis extremer Viktimisierungserfahrungen. Dies zeigte sich sowohl in der Auswertung der Daten der Ankerpersonen als auch in der dyadischen Auswertung. Emotionaler Missbrauch und emotionale Vernachlässigung hatten bei beiden Geschwistern einen negativen Effekt und weisen auf die Möglichkeit hin, dass die Durchsetzungsfähigkeit der Geschwister durch die erlebte Form von Kindeswohlgefährdung beeinträchtigt ist. Möglich ist jedoch auch, dass im Rahmen von emotionalem Missbrauch Eltern aktiv die relative Macht eines Geschwisters in der Beziehung beschränken. Für sexuellen Missbrauch zeigte sich je nach unterschiedlichem Schweregrad in den Individualdaten ein entgegengesetzter Effekt bei den älteren Geschwistern. So führte leichter sexueller Missbrauch zu einer Erhöhung der relativen Macht, mittelschwerer bis extremer zu einer Verringerung. Eine mögliche Interpretation hierfür wäre, dass leichte Formen von sexuellem Missbrauch durch den Zugewinn an Aufmerksamkeit durch den Täter oder die Täterin und der Übernahme von Aufgaben der Mutter einherghen, wie dies in einigen Familien mit intrafamiliärem sexuellen Missbrauch beschrieben wurde (de Young 1981). Bei schwereren Formen von sexuellem Missbrauch hat dies so tiefgreifende Auswirkungen auf das Kind, dass dies mit einer Abnahme der Macht einhergeht. Die Befunde in der vorliegenden Studie bedürfen jedoch einer Replikation.

Im dyadischen Kontext führte sexueller Missbrauch des jüngeren Geschwisters zu mehr relativer Macht des älteren, was der oben angeführten Erklärung entsprechen könnte. Das Miterleben von Partnerschaftsgewalt durch das ältere Geschwister stand in Verbindung mit weniger relativer Macht des jüngeren Geschwisters. Ein stärkeres Machtgefälle zwischen Geschwistern wurde bei Kindern, die mit ihren Müttern aufgrund körperlicher Gewalt des Vaters in einem Frauenhaus wohnten, auch in anderen Studie gefunden (Waddell/Pepler/Moore 2001). Körperliche Vernachlässigung des älteren Geschwisters ging mit weniger relativer Macht des älteren einher.

Kapitel 10
Studie 3: Einfluss von Viktimisierungserfahrungen auf psychische Belastung und die Geschwisterbeziehung im Erwachsenenalter

In Studie 3 wurde der Fragestellung nachgegangen, inwieweit Viktimisierungserfahrungen in der Kindheit die aktuelle psychische Belastung und die Qualität der Geschwisterbeziehung im Erwachsenenalter vorhersagen. Dies erfolgte anhand des Individualdatensatzes für Zusammenhänge innerhalb der Person und für die Wechselwirkungen zwischen den Geschwistern anhand des dyadischen Datensatzes.

10.1 Statistische Auswertung

Auf Individualebene
Für die Vorhersage der psychischen Belastung wurde eine Gesamtskala bestehend aus allen Subskalen des DSM V Self Rater Level 1 Cross-Cutting Symptom Measure verwendet, sowie die einzelnen Subskalen (vgl. Abschnitt 6.4.4). Als statistisches Verfahren wurden für den Individualdatensatz multiple lineare Regressionen mit der Eingabemethode „Einschluss/Enter" gewählt. Die Variablen wurden sukzessive in sechs Blöcken in das Modell aufgenommen (Modell 1 bis 6). Der erste Block umfasste soziodemografische Faktoren. Der zweite Block bestand aus Belastungen in der Herkunftsfamilie während der Kindheit der Ankerperson. Im dritten Block wurden zudem Merkmale der Ausgestaltung der Geschwisterbeziehungen als Prädiktoren hinzugefügt. In den Modellen 4 bis 6 wurden anhand von verschiedenen Variablenkonstellationen Viktimisierungserfahrungen mit zur Vorhersage der Kriterien herangezogen. In Modell 4 war dies die Anzahl verschiedener Viktimisierungserfahrungen unter Verwendung einer weiten Definition, in Modell 5 die Anzahl verschiedener Viktimisierungserfahrungen gemäß einer engen Definition sowie ein weiterer Prädiktor, der die Anzahl verschiedener leichter Viktimisierungserfahrungen zusammenfasst. In Modell 6 wurden die verschiedenen Formen von Kindeswohlgefährdung mit ihrer Kategorisierung nach Schweregraden gemäß Häuser et al. (2011) als Prädiktoren verwendet.

Für die Vorhersage der Qualität der Geschwisterbeziehungen im Erwachsenenalter wurde ebenfalls eine multiple lineare Regression mit der Eingabemethode „Einschluss/Enter" verwendet und drei verschiedenen Operationalisierungen der Viktimisierungserfahrungen differenziert. Zudem wurde in einem a- und b-Modell zwischen dem Einbezug der Variablen zur Ausgestaltung der Geschwisterbeziehung in der Kindheit unterschieden.

Modellvoraussetzungen, insbesondere die Linearität der Zusammenhänge, wurden durch Inspektion von Streudiagrammen sowie dem Vergleich von Mittelwerten über die verschiedenen Schweregrade hinweg überprüft. Zur Verringerung von (Multi-)Kollinearität wurden die Modelle hinsichtlich dieser überprüft und kollineare Prädiktoren, soweit sie nicht zu einer signifikant besseren Vorhersage im Modell führten, aus diesem entfernt. Bei einigen wenigen Regressionen wurden auch nicht-signifikante Prädiktoren im Modell belassen, um einen Vergleich über Modelle hinweg zu ermöglichen. Die Ergebnisse aller Regressionsmodelle erfüllten die Voraussetzungen für die Interpretation. Es lagen keine signifikanten Korrelationen zwischen standardisierten Residuen und dem Kriterium vor. Die standardisierten Residuen wiesen keine wesentliche Abweichung von der Normalverteilung auf und es lag keine hohe Multikollinearität vor.

Auf dyadischer Ebene

Auf der Ebene der Geschwisterpaare wurden für die Vorhersage der Kriterien APIM berechnet, welche mit der der Methode Asymptotical Distribution Free geschätzt wurden, da keine (multivariate) Normalverteilung vorlag und einige Variablen kategorial waren (vgl. Abschnitt 9.1). Kovarianzen zwischen den Fehlern der endogenen Variablen wurden zugelassen.

Für die Wechselwirkungen zwischen den Geschwistern in Bezug auf die aktuelle psychische Belastung wurden drei verschiedene Modelle gemäß den drei unterschiedlichen Operationalisierungen sowohl für die Gesamtskala als auch für die einzelnen Subskalen berechnet. Die Gesamtskala wurde als Messmodell modelliert.

Für die Vorhersage der aktuellen Qualität der Geschwisterbeziehung wurde zwischen den verschiedenen Operationalisierungen der Viktimisierungserfahrungen unterschieden (a-Modelle). Zudem wurde noch jeweils ein weiteres Modell berechnet, bei dem für die Merkmale der Ausgestaltung der Geschwisterbeziehung in der Kindheit kontrolliert wurde (b-Modelle). Es wurden die Merkmale der Ausgestaltung der Geschwisterbeziehung für die b-Modelle gewählt, welche in der Vorhersage der jeweiligen Variable im Individualdatensatz die stärkere Vorhersagekraft hatten.

Kovarianzen zwischen den Fehlern der endogenen Variablen wurden in den Modellen zugelassen. Dies bedeutete jedoch für die Modelle der Subskalen des DSM V Self Rater Level 1 Cross-Cutting Symptom Measure und die a-Modelle für die Vorhersage der Geschwisterbeziehung im Erwachsenenalter, dass diese als saturierte Modelle modelliert wurden. Somit konnte für diese keine Schätzung der Modellgüte vorgenommen werden.

Für die Vorhersage der Kontakthäufigkeit wurde aufgrund der hohen Ähnlichkeit der Angaben ein Mittelwert aus den Angaben gebildet. Diese Variable stellte somit ein Merkmal der Dyade und nicht der einzelnen Mitglieder dieser dar.

10.2 Aktuelle psychische Belastung

10.2.1 Individualebene

Mittelwerte und Standardabweichungen nach Geschlechtszugehörigkeit sowohl für die Gesamtskala als auch für die Subskalen sind in Tabelle 85 dargestellt. Die Ergebnisse der zweifaktoriellen Varianzanalyse mit der Altersgruppe und dem Geschlecht als unabhängige Variablen sind in Tabelle 86 dargestellt. Alle Modelle wiesen eine geringe Varianzaufklärung und niedrige aber teilweise signifikante Effekte auf. Für die Gesamtskala lagen sowohl zwei Haupteffekte als auch ein Interaktionseffekt vor: Frauen berichteten grundsätzlich von einer höheren psychischen Belastung. Die einzelnen Altersgruppen wiesen bedeutsame Unterschiede auf. Über die Altersgruppen hinweg lagen zudem unterschiedliche Verläufe für Männer und Frauen vor: Bei Frauen zeigte sich eine Abnahme der psychischen Belastung von den jüngeren zu den älteren Altersgruppen; bei den Männern eine Zunahme bis zum mittleren Erwachsenenalter, gefolgt von einer abnehmenden Tendenz. Ein ähnlicher Effekt zeigte sich für die Subskala Ängstlichkeit. Für die Subskalen Depressivität und Dissoziation lag ein Haupteffekt der Altersgruppe vor, welcher auf eine Abnahme des Ausmaßes verwies. Für die Subskala Schlafprobleme lag ein bedeutsamer Haupteffekt für das Geschlecht vor, mit einer höheren Belastung von Frauen. Für Somatisierung bestand ein signifikanter Haupteffekt für die Altersgruppen, mit einer Zunahme über die Altersgruppen, sowie einem bedeutsamen Haupteffekt für das Geschlecht, mit einem höheren Ausmaß an Somatisierung bei Frauen. Für Substanzmissbrauch lagen zwei signifikante Haupteffekte vor: So berichteten Männer häufiger von Substanzmissbrauch als Frauen und Personen im mittleren Erwachsenenalter häufiger als jüngere und ältere Studienteilnehmende. Für selbstverletzendes Verhalten bestand nur ein signifikanter Interaktionseffekt, welcher darauf verwies, dass erst die Kombination beider Merkmale einen Gruppenunterschied bedingte. Im Fall von selbstverletzendem Verhalten wichen junge Frauen im Ausmaß bedeutsam von allen anderen Gruppen ab, nicht aber Frauen generell. Für Schlafprobleme lag ein signifikanter Haupteffekt für die Geschlechtszugehörigkeit vor, mit mehr Frauen, die von Schlafproblemen berichteten, und ein bedeutsamer Interaktionseffekt. Unter 20-jährige Männer wichen mit deutlich weniger Schlafproblemen bedeutsam von allen anderen Gruppen ab.

Tabelle 85. Geschlecht und aktuelle psychische Belastung (Individualdatensatz)

Art der psychischen Belastung	Frauen (n = 3 271)		Männer (n = 1 280)		Andere (n = 17)		gesamt (n = 4 568)	
	M	SD	M	SD	M	SD	M	SD
Depressivität	1.92	0.95	1.85	0.94	2.74	0.97	1.90	0.95
Ängstlichkeit	1.75	0.95	1.64	0.89	1.88	1.22	1.72	0.94
wiederkehrende Gedanken und Verhaltensweisen	1.65	0.75	1.49	0.65	2.10	0.86	1.60	0.73
Wut und Ärger	1.72	1.05	1.50	0.89	2.41	1.62	1.66	1.02
Dissoziation*	1.13	0.51	1.11	0.48	1.94	1.34	1.13	0.51
Schlafprobleme	2.03	1.16	1.85	1.04	2.88	1.41	1.98	1.13
selbstverletzendes Verhalten	1.46	0.74	1.43	0.72	2.00	0.94	1.45	0.74
Somatisierung	1.27	0.71	1.25	0.64	2.18	1.24	1.27	0.69
Substanzmissbrauch	1.30	0.50	1.39	0.54	1.47	0.61	1.33	0.51
gesamt*	1.58	0.55	1.50	0.50	2.18	0.70	1.56	0.54

Anmerkung: * Bei der Kategorie männlich und weiblich fehlen die Angaben von jeweils einer Ankerperson.

Regressionsanalyse

In den Tabellen 87 bis 96 sind die Ergebnisse aller multiplen linearen Regressionen zur Vorhersage der aktuellen psychischen Belastung der Ankerperson dargestellt. Alle Modelle für alle Kriterien waren signifikant von einem Nullmodell verschieden, die erklärte Varianz, gemessen mit dem angepassten R^2, war als moderat bis gut einzustufen (Bühner/Ziegler 2009). Der Standardfehler der Schätzung war, mit Ausnahme der Vorhersage von Schlafproblemen und Somatisierung, kleiner als 1. Dies ist auf einer fünfstufigen Skala als akzeptabel einzuordnen (Bühner/Ziegler 2009).

Hinsichtlich der signifikanten Prädiktoren zeigte sich bei der Vorhersage der psychischen Belastung der Ankerperson in den letzten zwei Wochen folgendes Bild: Je höher das Alter der Ankerperson zum Zeitpunkt der Erhebung war, desto geringer war ihre psychische Belastung. Dies war bei den Subskalen Schlafproblemen, wiederkehrenden Gedanken und Verhaltensweisen, selbstverletzendem Verhalten, Somatisierung und Substanzmissbrauch nicht der Fall. Bei der Subskala Somatisierung war der Zusammenhang zwischen dem Alter der Ankerperson und dem Ausmaß positiv gerichtet (Modell 1 bis 3) und kein signifikanter Prädiktor, wenn für Viktimisierungserfahrungen in der Kindheit kontrolliert wurde (Modell 4 bis 6). Bei der Vorhersage von wiederkehrenden

Tabelle 86. Haupt- und Interaktionseffekte von Altersgruppe und Geschlecht auf die aktuelle psychische Belastung (Individualdatensatz)

Art der psychischen Belastung	Haupteffekt Altersgruppe			Haupteffekt Geschlecht			Interaktionseffekt Altersgruppe mit Geschlecht			
	F(5)	p	partielles η²	F(1)	p	partielles η²	F(5)	p	partielles η²	korrigiertes R²
Depressivität	6.68	<.001	.007	2.19	.139	.000	2.13	.059	.002	.01
Ängstlichkeit	9.37	<.001	.010	23.32	<.001	.005	2.53	.027	.003	.03
wiederkehrende Gedanken und Verhaltensweisen	0.72	.608	.001	1.06	.304	.000	1.51	.183	.002	.00
Wut und Ärger	6.50	<.001	.007	4.25	.039	.001	2.08	.065	.002	.01
Dissoziation*	3.59	.003	.004	0.18	.671	.000	0.33	.897	.000	.00
Schlafprobleme	1.59	.160	.002	19.48	<.001	.004	2.22	.049	.002	.01
selbstverletzendes Verhalten	1.58	.161	.002	3.29	.070	.001	2.56	.026	.003	.01
Somatisierung	2.42	.034	.003	20.73	<.001	.005	1.33	.247	.001	.01
Substanzmissbrauch	3.38	.005	.004	7.09	.008	.002	1.59	.158	.002	.01
gesamt*	2.50	.029	.003	12.20	<.001	.003	2.66	.021	.003	.01

Anmerkung: Frauen: n = 3 271; Männer: n = 1 280; * Bei der Kategorie männlich und weiblich fehlen die Angaben von jeweils einer Ankerperson.

Gedanken und Verhaltensweisen (Modell 4 bis 6) und selbstverletzendem Verhalten (Modell 1, Modell 4 bis 6) und der Gesamtskala für psychische Belastung (Modell 1, Modell 4 bis 6) war das Alter in den meisten, aber nicht in allen Modellen ein signifikanter Prädiktor. Der Zusammenhang war immer negativ gerichtet. Bei der Vorhersage von Substanzmissbrauch war in keinem der Modelle das Alter der Ankerperson ein bedeutsamer Prädiktor.

Das Zusammenleben mit einem Partner oder einer Partnerin war für alle Kriterien und für alle Modelle ein signifikanter Prädiktor. Personen, die zum Zeitpunkt der Datenerhebung mit einem Partner oder einer Partnerin zusammenlebten, berichteten weniger psychische Belastungen in den letzten zwei Wochen.

Eine hohe Allgemeinbildung, definiert als Abitur oder Fachhochschulreife als höchsten allgemeinbildenden Schulabschluss, ging für fast alle Modelle und alle Kriterien mit einer niedrigeren psychischen Belastung einher. Eine Ausnahme bildeten die Kriterien Wut und Ärger sowie Ängstlichkeit. Bei deren Vorhersage war eine hohe Allgemeinbildung in keinem der Modelle ein signifikanter Prädiktor. Für Dissoziation, selbstverletzendes Verhalten und Schlafprobleme war der Bildungsgrad nur ein signifikanter Prädiktor, wenn nicht für Viktimisierungserfahrungen kontrolliert wurde (Modell 1 bis 3). Bildung sagte Depressivität in allen Modellen, abgesehen von Modell 6, bedeutsam vorher. Wiederkehrende Gedanken und Verhaltensweisen wurden durch Bildung nur signifikant vorhergesagt, wenn nicht für Faktoren aus der Kindheit der Ankerperson kontrolliert wurde (Modell 1).

Die Trennung der Eltern vor dem Ende des 18. Lebensjahres der Ankerperson trug zu einer höheren psychischen Belastung im Hinblick auf Substanzmissbrauch (Modell 2 bis 6), Somatisierung (Modell 4 und 6), wiederkehrende Gedanken und Verhaltensweisen (Modell 4 bis 6) und Ängstlichkeit (Modell 4 bis 6) bei.

Außer bei der Vorhersage von selbstverletzendem Verhalten und Substanzmissbrauch waren psychische Probleme der Mutter während der Kindheit der Ankerperson ein signifikanter Prädiktor für alle Formen psychischer Belastung sowie die Gesamtskala psychischer Belastung, wenn nicht für Viktimisierungserfahrungen kontrolliert wurde (Modell 2 und 3). Für Ängstlichkeit war dies darüber hinaus in Modell 4 und 5 der Fall. Psychische Probleme des Vaters während der Kindheit der Ankerperson waren für Modell 2 und 3 signifikante Prädiktoren für alle Kriterien, mit Ausnahme von selbstverletzendem Verhalten, Substanzmissbrauch und Schlafproblemen (nur Modell 2). Für Ängstlichkeit waren psychische Probleme des Vaters zudem signifikante Prädiktoren, wenn für Viktimisierungserfahrungen in der Kindheit kontrolliert wurde (Modell 3 bis 6). Bei allen bedeutsamen Prädiktoren war der Zusammenhang dahingehend gerichtet, dass sich mit dem Vorliegen von psychischen Problemen der Eltern in der Kindheit die Wahrscheinlichkeit einer aktuellen psychischen Belastung der Ankerperson erhöhte.

Psychische Probleme der Ankerperson während der Kindheit waren für alle Kriterien und alle Modelle ein signifikanter Prädiktor. Eine Ausnahme war die Vorhersage von Substanzmissbrauch. Psychische Probleme der Ankerperson waren nur in den Modellen 2 bis 4 ein signifikanter Prädiktor, also in den Modellen, in denen nicht oder nicht differenziert nach Schweregraden für das Vorliegen von Viktimisierungserfahrungen kontrolliert wurde.

Psychische Probleme des Geschwisters, das für die Beantwortung ausgewählt wurde, waren während der Kindheit der Ankerperson ein signifikanter Prädiktor für die Gesamtskala psychische Belastung (Modell 2 und 3), selbstverletzendes Verhalten (Modell 2 und 3), wiederkehrende Gedanken und Verhaltensweisen (Modell 2 bis 6) sowie Dissoziation (Modell 2 bis 6).

Die Qualität der Geschwisterbeziehung in der Kindheit, sowohl im Hinblick auf die positiven als auch auf die negativen Aspekte der Ausgestaltung, war in Modell 3 für alle Kriterien ein signifikanter Prädiktor. Der Zusammenhang war dahingehend gerichtet, dass weniger positive Aspekte und mehr negative Aspekte der Ausgestaltung der Geschwisterbeziehung mit einer höheren psychischen Belastung einhergingen. Das Ausmaß der negativen Aspekte der Ausgestaltung der Geschwisterbeziehung war für alle Kriterien auch dann ein signifikanter Prädiktor, wenn für Viktimisierungserfahrungen kontrolliert wurde. Für die Vorhersage von Depressivität war das Ausmaß der positiven Aspekte der Ausgestaltung der Geschwisterbeziehung in Modell 4 und Modell 5 ein bedeutsamer Prädiktor.

Die Anzahl verschiedener Viktimisierungserfahrungen sagte alle Kriterien bedeutsam vorher. Dies galt sowohl für die Verwendung der weiten Definition (Modell 4) als auch für die Verwendung der engen Definition (Modell 5). Emotionaler Missbrauch war für die Vorhersage aller Kriterien ein signifikanter Prädiktor, emotionale Vernachlässigung für alle, außer für Substanzmissbrauch. Sexueller Missbrauch war ebenfalls ein bedeutsamer Prädiktor für die Vorhersage fast aller Kriterien, mit Ausnahme der Skala Wut und Ärger. Das Miterleben von Partnerschaftsgewalt zwischen den Eltern war ein signifikanter Prädiktor für die Vorhersage von Wut und Ärger, Somatisierung, Ängstlichkeit sowie wiederkehrende Gedanken und Verhaltensweisen. Das Ausmaß körperlicher Misshandlung sagte signifikant Somatisierung und Substanzmissbrauch vorher. Körperliche Vernachlässigung sagte Dissoziation bedeutsam vorher. Alle Zusammenhänge im Hinblick auf die verschiedenen Viktimisierungserfahrungen und Formen von Kindeswohlgefährdung waren derart gerichtet, dass ein höheres Ausmaß mit einer stärkeren psychischen Belastung einherging.

Tabelle 87. Vorhersage psychische Belastung gesamt (Individualdatensatz)

Prädiktor	Modell 1	Modell 2	Modell 3	Modell 4	Modell 5	Modell 6
Alter	−.04**	−.03	−.03	−.09***	−.09***	−.09***
Geschlecht[1]						
weiblich	.06***	.03*	.03*	.02	.01	.00
anderes	.07***	.05***	.05***	.04**	.04**	.03*
mit Partner zusammenlebend	−.12***	−.11***	−.11***	−.10***	−.10***	−.09***
hoher allgemeinbildender Abschluss	−.07***	−.06***	−.06***	−.04**	−.04**	−.03*
Trennung der Eltern		.01	.02	−.03	−.02	−.02
psychische Probleme						
Mutter		.07***	.06***	.01	.01	.01
Vater		.06***	.06***	.01	.01	.01
Ankerperson		.22***	.21***	.16***	.16***	.14***
Geschwister		.04**	.03*	.02	.02	.02
Geschwisterbeziehung in der Kindheit						
positive Merkmale			−.07***	−.01	.01	.01
negative Merkmale			.15***	.10***	.09***	.08***
Anzahl Viktimisierungserfahrungen						
leicht bis extrem				.30***		
mittelschwer bis extrem					.26***	
leicht					.11***	
Art der Viktimisierung						
körperliche Misshandlung						.02
sexueller Missbrauch						.10***
emotionaler Missbrauch						.17***
emotionale Vernachlässigung						.12***
körperliche Vernachlässigung						.01
Miterleben von Partnerschaftsgewalt						.03
R^2	.03	.11	.14	.21	.21	.22
korrigiertes R^2	.03	.11	.14	.20	.20	.22
Standardfehler der Schätzung	0.53	0.51	0.50	0.48	0.48	0.48

Anmerkungen: standardisierte Regressionsgewichte; alle Modelle: n = 4 539 (99.37 %), mit Ausnahme Modell 5: n = 4 540 (99.39 %); [1] männlich als Referenzkategorie; Modell 1: $F(5, 4533) = 29.17$; $p < .001$; Modell 2: $F(10, 4528) = 57.66$; $p < .001$; Modell 3: $F(12, 4526) = 63.22$; $p < .001$; Modell 4: $F(13, 4525) = 89.99$; $p < .001$; Modell 5: $F(14, 4525) = 83.87$; $p < .001$; $F(18, 4520) = 71.51$; $p < .001$; *** $p < .001$; ** $p < .010$; * $p < .050$.

Tabelle 88. Vorhersage Depressivität (Individualdatensatz)

Prädiktor	Modell 1	Modell 2	Modell 3	Modell 4	Modell 5	Modell 6
Alter	−.08***	−.06***	−.07***	−.12***	−.12***	−.12***
Geschlecht[1]						
weiblich	.02	.00	.00	−.01	−.01	−.02
anderes	.05**	.03*	.03*	.02	.02	.02
mit Partner zusammenlebend	−.12***	−.11***	−.11***	−.10***	−.10***	−.10***
hoher allgemeinbildender Abschluss	−.05**	−.05**	−.05**	−.03*	−.03*	−.03
Trennung der Eltern		.01	.00	−.03	−.02	−.02
psychische Probleme						
Mutter		.04*	.03*	−.01	.00	−.01
Vater		.05**	.05**	.01	.02	.02
Ankerperson		.19***	.18***	.14***	.14***	.12***
Geschwister		.02	.01	.00	.01	.00
Geschwisterbeziehung in der Kindheit						
positive Merkmale			−.10***	−.05**	−.05**	−.02
negative Merkmale			.10***	.06***	.06***	.06***
Anzahl Viktimisierungserfahrungen						
leicht bis extrem				.23***		
mittelschwer bis extrem					.17***	
leicht					.11***	
Art der Viktimisierung						
körperliche Misshandlung						−.02
sexueller Missbrauch						.06***
emotionaler Missbrauch						.12***
emotionale Vernachlässigung						.16***
körperliche Vernachlässigung						−.01
Miterleben von Partnerschaftsgewalt						.01
R^2	.03	.08	.11	.14	.14	.15
korrigiertes R^2	.03	.08	.10	.14	.14	.15
Standardfehler der Schätzung	0.94	0.92	0.90	0.88	0.89	0.88

Anmerkungen: standardisierte Regressionsgewichte; alle Modelle: n = 4 541 (99.41 %), mit Ausnahme Modell 5: n = 4 542 (99.43 %); [1] männlich als Referenzkategorie; Modell 1: $F(5, 4535) = 28.43$; $p < .001$; Modell 2: $F(10, 4530) = 40.87$; $p < .001$; Modell 3: $F(12, 4528) = 45.04$; $p < .001$; Modell 4: $F(13, 4527) = 58.59$; $p < .001$; Modell 5: $F(14, 4527) = 53.09$; $p < .001$; Modell 6: $F(18, 4522) = 45.46$; $p < .001$; *** $p < .001$; ** $p < .010$; * $p < .050$.

Tabelle 89. Vorhersage von Ängstlichkeit (Individualdatensatz)

Prädiktor	Modell 1	Modell 2	Modell 3	Modell 4	Modell 5	Modell 6
Alter	−.09***	−.08***	−.08***	−.12***	−.12***	−.12***
Geschlecht[1]						
weiblich	.08***	.06***	.05***	.04**	.04**	.02
anderes	.04**	.03*	.03	.02	.02	.01
mit Partner zusammenlebend	−.09***	−.08***	−.08***	−.07***	−.07***	−.07***
hoher allgemeinbildender Abschluss	−.02	−.02	−.02	−.01	.00	.00
Trennung der Eltern		−.01	−.01	−.04**	−.03*	−.04*
psychische Probleme						
Mutter		.07***	.07***	.03*	.04*	.03
Vater		.08***	.07***	.04**	.04**	.03*
Ankerperson		.18***	.17***	.14***	.14***	.12***
Geschwister		.03*	.03	.02	.02	.01
Geschwisterbeziehung in der Kindheit						
positive Merkmale			−.04*	.01	.01	.02
negative Merkmale			.13***	.09***	.09***	.08***
Anzahl Viktimisierungserfahrungen						
leicht bis extrem				.22***		
mittelschwer bis extrem					.19***	
leicht					.07***	
Art der Viktimisierung						
körperliche Misshandlung						−.02
sexueller Missbrauch						.08***
emotionaler Missbrauch						.16***
emotionale Vernachlässigung						.06**
körperliche Vernachlässigung						.02
Miterleben von Partnerschaftsgewalt						.03*
R^2	.03	.10	.12	.15	.15	.16
korrigiertes R^2	.03	.10	.12	.15	.15	.16
Standardfehler der Schätzung	0.71	0.69	0.68	0.67	0.67	0.66

Anmerkungen: standardisierte Regressionsgewichte; alle Modelle: n = 4 541 (99.41 %), mit Ausnahme Modell 5: n = 4 542 (99.43 %); [1] männlich als Referenzkategorie; Modell 1: $F(5, 4535) = 30.63$; $p < .001$; Modell 2: $F(10, 4530) = 49.23$; $p < .001$; Modell 3: $F(12, 4528) = 50.34$; $p < .001$; Modell 4: $F(13, 4527) = 61.83$; $p < .001$; Modell 5: $F(14, 4527) = 57.31$; $p < .001$; Modell 6: $F(18, 4522) = 48.78$; $p < .001$; *** $p < .001$; ** $p < .010$; * $p < .050$.

Tabelle 90. Vorhersage von wiederkehrenden Gedanken und Verhaltensweisen (Individualdatensatz)

Prädiktor	Modell 1	Modell 2	Modell 3	Modell 4	Modell 5	Modell 6
Alter	−.01	.00	.00	−.06**	−.05**	−.05**
Geschlecht[1]						
weiblich	.02	−.01	−.01	−.02	−.02	−.03*
anderes	.04**	.03	.03	.01	.02	.01
mit Partner zusammenlebend	−.10***	−.09***	−.09***	−.08***	−.08***	−.08***
hoher allgemeinbildender Abschluss	−.03*	−.03	−.03	−.01	−.01	.00
Trennung der Eltern		−.01	−.01	−.04**	−.03*	−.04**
psychische Probleme						
Mutter		.05**	.05**	.00	.01	.00
Vater		.07***	.06***	.03	.03	.02
Ankerperson		.18***	.17***	.13***	.13***	.12***
Geschwister		.05***	.05**	.04**	.04**	.04*
Geschwisterbeziehung in der Kindheit						
positive Merkmale			−.04**	.01	.01	.01
negative Merkmale			.09***	.05**	.05**	.03*
Anzahl Viktimisierungserfahrungen						
leicht bis extrem				.25***		
mittelschwer bis extrem					.20***	
leicht					.10***	
Art der Viktimisierung						
körperliche Misshandlung						.02
sexueller Missbrauch						.08***
emotionaler Missbrauch						.15***
emotionale Vernachlässigung						.06**
körperliche Vernachlässigung						.02
Miterleben von Partnerschaftsgewalt						.04**
R^2	.02	.08	.09	.13	.13	.14
korrigiertes R^2	.01	.07	.08	.13	.13	.13
Standardfehler der Schätzung	0.73	0.71	0.71	0.69	0.69	0.69

Anmerkungen: standardisierte Regressionsgewichte; alle Modelle: n = 4 541 (99.41 %), mit Ausnahme Modell 5: n = 4 542 (99.43 %); [1] männlich als Referenzkategorie; Modell 1: $F(5, 4535) = 13.43$; $p < .001$; Modell 2: $F(10, 4530) = 36.47$; $p < .001$; Modell 3: $F(12, 4528) = 35.57$; $p < .001$; Modell 4: $F(13, 4527) = 52.08$; $p < .001$; Modell 5: $F(14, 4527) = 47.17$; $p < .001$; Modell 6: $F(18, 4522) = 40.18$; $p < .001$; *** $p < .001$; ** $p < .010$; * $p < .050$.

Tabelle 91. Vorhersage von Wut und Ärger (Individualdatensatz)

Prädiktor	Modell 1	Modell 2	Modell 3	Modell 4	Modell 5	Modell 6
Alter	−.08***	−.07***	−.07***	−.11***	−.11***	−.10***
Geschlecht[1]						
weiblich	.04*	.02	.01	.01	.00	−.01
anderes	.01	.00	.00	−.01	−.01	−.01
mit Partner zusammenlebend	−.06***	−.05**	−.05**	−.04**	−.04**	−.04*
hoher allgemeinbildender Abschluss	−.02	−.02	−.02	.00	.00	.00
Trennung der Eltern		.02	.02	.00	.00	.00
psychische Probleme						
Mutter		.06***	.05**	.02	.02	.02
Vater		.04**	.04*	.01	.01	.01
Ankerperson		.15***	.14***	.11***	.11***	.09***
Geschwister		.01	.00	−.01	−.01	−.01
Geschwisterbeziehung in der Kindheit						
positive Merkmale			−.05**	−.01	−.01	.00
negative Merkmale			.11***	.07***	.08***	.07***
Anzahl Viktimisierungserfahrungen						
leicht bis extrem				.20***		
mittelschwer bis extrem					.15***	
leicht					.10***	
Art der Viktimisierung						
körperliche Misshandlung						−.01
sexueller Missbrauch						.03
emotionaler Missbrauch						.14***
emotionale Vernachlässigung						.08***
körperliche Vernachlässigung						.00
Miterleben von Partnerschaftsgewalt						.03*
R^2	.02	.05	.07	.10	.10	.10
korrigiertes R^2	.01	.05	.07	.10	.09	.10
Standardfehler der Schätzung	0.93	0.91	0.90	0.89	0.89	0.89

Anmerkungen: standardisierte Regressionsgewichte; alle Modelle: n = 4 541 (99.41 %), mit Ausnahme Modell 5: n = 4 542 (99.43 %); [1] männlich als Referenzkategorie; Modell 1: $F(5, 4535)$ = 13.64; $p < .001$; Modell 2: $F(10, 4530)$ = 25.09; $p < .001$; Modell 3: $F(12, 4528)$ = 28.00; $p < .001$; Modell 4: $F(13, 4527)$ = 37.53; $p < .001$; Modell 5: $F(14, 4527)$ = 33.80; $p < .001$; Modell 6: $F(18, 4522)$ = 28.41; $p < .001$; *** $p < .001$; ** $p < .010$; * $p < .050$.

Tabelle 92. Vorhersage von Dissoziation (Individualdatensatz)

Prädiktor	Modell 1	Modell 2	Modell 3	Modell 4	Modell 5	Modell 6
Alter	−.05**	−.04*	−.03*	−.09***	−.09***	−.09***
Geschlecht[1]						
weiblich	.01	−.01	−.02	−.03	−.03*	−.04**
anderes	.08***	.06***	.06***	.05***	.05***	.05**
mit Partner zusammenlebend	−.07***	−.07***	−.07***	−.06***	−.06***	−.05***
hoher allgemeinbildender Abschluss	−.05**	−.04**	−.04**	−.03	−.02	−.02
Trennung der Eltern		.02	.02	−.01	.00	−.01
psychische Probleme						
Mutter		.04**	.04*	.00	.00	.00
Vater		.06***	.05***	.02	.02	.02
Ankerperson		.14***	.13***	.10***	.09***	.08***
Geschwister		.05**	.04**	.03*	.03*	.03*
Geschwisterbeziehung in der Kindheit						
positive Merkmale			−.03*	.01	.02	.02
negative Merkmale			.10***	.06***	.06***	.05**
Anzahl Viktimisierungserfahrungen						
leicht bis extrem				.24***		
mittelschwer bis extrem					.23***	
leicht					.07***	
Art der Viktimisierung						
körperliche Misshandlung						.03
sexueller Missbrauch						.09***
emotionaler Missbrauch						.11***
emotionale Vernachlässigung						.09***
körperliche Vernachlässigung						.04*
Miterleben von Partnerschaftsgewalt						.01
R^2	.02	.06	.07	.11	.12	.13
korrigiertes R^2	.02	.06	.07	.11	.11	.12
Standardfehler der Schätzung	0.69	0.67	0.67	0.66	0.65	0.65

Anmerkungen: standardisierte Regressionsgewichte; alle Modelle: n = 4 541 (99.41 %), mit Ausnahme Modell 5: n = 4 542 (99.43 %); [1] männlich als Referenzkategorie; Modell 1: $F(5, 4533) = 16.45$; $p < .001$; Modell 2: $F(10, 4528) = 28.47$; $p < .001$; Modell 3: $F(12, 4526) = 29.44$; $p < .001$; Modell 4: $F(13, 4525) = 43.27$; $p < .001$; Modell 5: $F(14, 4525) = 42.35$; $p < .001$; Modell 6: $F(18, 4520) = 35.79$; $p < .001$; *** $p < .001$; ** $p < .010$; * $p < .050$.

Tabelle 93. Vorhersage von Schlafproblemen (Individualdatensatz)

Prädiktor	Modell 1	Modell 2	Modell 3	Modell 4	Modell 5	Modell 6
Alter	.04*	.05**	.05**	.01	.01	.01
Geschlecht[1]						
weiblich	.08***	.06***	.06***	.05**	.05**	.04*
anderes	.05***	.04**	.04**	.03*	.03*	.03*
mit Partner zusammenlebend	−.09***	−.08***	−.08***	−.07***	−.07***	−.07***
hoher allgemeinbildender Abschluss	−.04**	−.04**	−.04**	−.03	−.03	−.02
Trennung der Eltern		.00	.00	−.02	−.02	−.01
psychische Probleme						
Mutter		.04*	.03*	.01	.01	.01
Vater		.03*	.03	.00	.00	.00
Ankerperson		.13***	.12***	.10***	.09***	.08***
Geschwister		.03	.02	.01	.01	.01
Geschwisterbeziehung in der Kindheit						
positive Merkmale			−.03*	.00	.00	.01
negative Merkmale			.10***	.07***	.07***	.06***
Anzahl Viktimisierungserfahrungen						
leicht bis extrem				.16***		
mittelschwer bis extrem					.15***	
leicht					.06***	
Art der Viktimisierung						
körperliche Misshandlung						.03
sexueller Missbrauch						.06***
emotionaler Missbrauch						.11***
emotionale Vernachlässigung						.07**
körperliche Vernachlässigung						.00
Miterleben von Partnerschaftsgewalt						−.01
R^2	.02	.04	.06	.08	.08	.09
korrigiertes R^2	.02	.04	.06	.07	.08	.08
Standardfehler der Schätzung	1.12	1.11	1.10	1.09	1.09	1.08

Anmerkungen: standardisierte Regressionsgewichte; alle Modelle: n = 4 541 (99.41 %), mit Ausnahme Modell 5: n = 4 542 (99.43 %); [1] männlich als Referenzkategorie; Modell 1: $F(5, 4535) = 14.98$; $p < .001$; Modell 2: $F(10, 4530) = 20.79$; $p < .001$; Modell 3: $F(12, 4528) = 22.86$; $p < .001$; Modell 4: $F(13, 4527) = 28.37$; $p < .001$; Modell 5: $F(14, 4527) = 27.15$; $p < .001$; Modell 6: $F(18, 4522) = 23.23$; $p < .001$; *** $p < .001$; ** $p < .010$; * $p < .050$.

Tabelle 94. Vorhersage von selbstverletzendem Verhalten (Individualdatensatz)

Prädiktor	Modell 1	Modell 2	Modell 3	Modell 4	Modell 5	Modell 6
Alter	−.03*	−.02	−.03	−.06***	−.07***	−.07***
Geschlecht[1]						
weiblich	.01	.00	.00	−.01	−.02	−.03
anderes	.10***	.08***	.08***	.07***	.07***	.07***
mit Partner zusammenlebend	−.07***	−.06***	−.06***	−.05***	−.05**	−.05**
hoher allgemeinbildender Abschluss	−.04*	−.03*	−.03*	−.02	−.01	−.01
Trennung der Eltern		.00	.00	−.03	−.02	−.02
psychische Probleme						
Mutter		.01	.00	−.02	−.02	−.02
Vater		.00	.00	−.03	−.03	−.03
Ankerperson		.18***	.17***	.14***	.14***	.13***
Geschwister		.04*	.03*	.03	.03	.02
Geschwisterbeziehung in der Kindheit						
positive Merkmale			−.06***	−.03	−.02	−.02
negative Merkmale			.10***	.07***	.06***	.06***
Anzahl Viktimisierungserfahrungen						
leicht bis extrem				.17***		
mittelschwer bis extrem					.18***	
leicht					.04*	
Art der Viktimisierung						
körperliche Misshandlung						.01
sexueller Missbrauch						.11***
emotionaler Missbrauch						.08***
emotionale Vernachlässigung						.07**
körperliche Vernachlässigung						.03
Miterleben von Partnerschaftsgewalt						−.02
R^2	.02	.06	.07	.09	.10	.11
korrigiertes R^2	.02	.05	.07	.09	.10	.10
Standardfehler der Schätzung	0.51	0.50	0.49	0.49	0.49	0.49

Anmerkungen: standardisierte Regressionsgewichte; alle Modelle: n = 4 541 (99.41 %), mit Ausnahme Modell 5: n = 4 542 (99.43 %); [1] männlich als Referenzkategorie; Modell 1: $F(5, 4535) = 16.24$; $p < .001$; Modell 2: $F(10, 4530) = 26.85$; $p < .001$; Modell 3: $F(12, 4528) = 29.24$; $p < .001$; Modell 4: $F(13, 4527) = 34.84$; $p < .001$; Modell 5: $F(14, 4527) = 35.48$; $p < .001$; Modell 6: $F(18, 4522) = 29.80$; $p < .001$; *** $p < .001$; ** $p < .010$; * $p < .050$.

Tabelle 95. Vorhersage von Somatisierung (Individualdatensatz)

Prädiktor	Modell 1	Modell 2	Modell 3	Modell 4	Modell 5	Modell 6
Alter	.03	.04*	.04*	−.01	−.01	−.01
Geschlecht[1]						
weiblich	.11***	.09***	.09***	.08***	.07***	.07***
anderes	.05***	.04**	.04**	.03*	.03*	.03*
mit Partner zusammenlebend	−.05**	−.04**	−.04**	−.04*	−.04*	−.03*
hoher allgemeinbildender Abschluss	−.07***	−.07***	−.07***	−.06***	−.05***	−.05**
Trennung der Eltern		.00	.00	−.03*	−.02	−.03*
psychische Probleme						
Mutter		.05**	.05**	.01	.02	.01
Vater		.02	.01	−.02	−.02	−.02
Ankerperson		.13***	.12***	.09***	.08***	.08***
Geschwister		.02	.02	.01	.01	.01
Geschwisterbeziehung in der Kindheit						
positive Merkmale			−.04*	.01	.01	.01
negative Merkmale			.07***	.04*	.03*	.02
Anzahl Viktimisierungs-erfahrungen						
leicht bis extrem				.22***		
mittelschwer bis extrem					.20***	
leicht					.06***	
Art der Viktimisierung						
körperliche Misshandlung						.06***
sexueller Missbrauch						.05**
emotionaler Missbrauch						.09***
emotionale Vernachlässigung						.09***
körperliche Vernachlässigung						.00
Miterleben von Partner-schaftsgewalt						.04*
R^2	.02	.05	.06	.09	.09	.10
korrigiertes R^2	.02	.05	.05	.09	.09	.09
Standardfehler der Schätzung	1.01	1.00	0.99	0.97	0.97	0.97

Anmerkungen: standardisierte Regressionsgewichte; alle Modelle: n = 4 541 (99.41 %), mit Ausnahme Modell 5: n = 4 542 (99.43 %); [1] männlich als Referenzkategorie; Modell 1: $F(5, 4535)$ = 18.48; $p < .001$; Modell 2: $F(10, 4530)$ = 22.37; $p < .001$; Modell 3: $F(12, 4528)$ = 21.90; $p < .001$; Modell 4: $F(13, 4527)$ = 33.30; $p < .001$; Modell 5: $F(14, 4527)$ = 31.40; $p < .001$; Modell 6: $F(18, 4522)$ = 26.93; $p < .001$; *** $p < .001$; ** $p < .010$; * $p < .050$.

Tabelle 96. Vorhersage von Substanzmissbrauch (Individualdatensatz)

Prädiktor	Modell 1	Modell 2	Modell 3	Modell 4	Modell 5	Modell 6
Alter	−.02	.00	.01	−.01	−.01	−.02
Geschlecht[1]						
weiblich	−.07***	−.08***	−.09***	−.09***	−.10***	−.10***
anderes	.01	.00	.00	.00	.00	−.01
mit Partner zusammenlebend	−.06***	−.06***	−.06***	−.06***	−.06***	−.06***
hoher allgemeinbildender Abschluss	−.09***	−.09***	−.09***	−.08***	−.08***	−.08***
Trennung der Eltern		.08***	.08***	.07***	.07***	.07***
psychische Probleme						
Mutter		.02	.01	−.01	.00	.00
Vater		.03	.02	.01	.01	.01
Ankerperson		.05**	.05**	.03*	.03	.03
Geschwister		.01	.01	.00	.00	.00
Geschwisterbeziehung in der Kindheit						
positive Merkmale			.01	.03	.03	.02
negative Merkmale			.10***	.08***	.08***	.07***
Anzahl Viktimisierungserfahrungen						
leicht bis extrem				.11***		
mittelschwer bis extrem					.10***	
leicht					.02	
Art der Viktimisierung						
körperliche Misshandlung						.06**
sexueller Missbrauch						.06***
emotionaler Missbrauch						.06**
emotionale Vernachlässigung						.00
körperliche Vernachlässigung						−.02
Miterleben von Partnerschaftsgewalt						.02
R^2	.02	.03	.04	.05	.05	.06
korrigiertes R^2	.02	.03	.04	.05	.05	.05
Standardfehler der Schätzung	0.51	0.51	0.50	0.50	0.50	0.50

Anmerkungen: standardisierte Regressionsgewichte; alle Modelle: n = 4 541 (99.41 %), mit Ausnahme Modell 5: n = 4 542 (99.43 %); [1] männlich als Referenzkategorie; Modell 1: $F(5, 4535) = 16.46$; $p < .001$; Modell 2: $F(10, 4530) = 14.89$; $p < .001$; Modell 3: $F(12, 4528) = 16.04$; $p < .001$; Modell 4: $F(13, 4527) = 18.00$; $p < .001$; Modell 5: $F(14, 4527) = 16.78$; $p < .001$; Modell 6: $F(18, 4522) = 14.87$; $p < .001$; *** $p < .001$; ** $p < .010$; * $p < .050$.

10.2.2 Dyadische Ebene

In dem folgenden Abschnitt werden die Zusammenhänge zwischen den beiden Geschwistern beschrieben. Hierbei wird, wie schon in den vorangegangenen Modellen zwischen drei verschiedenen Einteilungen der Viktimisierungserfahrungen unterschieden. Innerhalb der einzelnen Abschnitte werden die verwendeten Modelle grafisch veranschaulicht, wobei als Kriterium die Gesamtskala verwendet wird. Die standardisierten Regressionsgewichte und Charakteristika der Modelle für die Vorhersage der Subskalen sind zum Zwecke der Übersichtlichkeit in Tabellen zusammengefasst.

In Tabelle 97 sind die Unterschiede zwischen den beiden Geschwistern in dem Ausmaß der aktuellen psychischen Belastung dargestellt. Es bestand eine signifikante Korrelation der Angaben für die Gesamtskala sowie für die Subskalen Depressivität, Ängstlichkeit, wiederkehrende Gedanken und Verhaltensweisen, Wut und Ärger sowie Substanzmissbrauch. Signifikante Unterschiede zwischen den Geschwistern lagen für die Gesamtskala und für die Subskalen Dissoziation und Schlafprobleme vor, wobei jüngere Geschwister ein signifikant höheres Ausmaß als ältere Geschwister berichteten.

Tabelle 97. Unterschiede zwischen älteren und jüngeren Geschwistern hinsichtlich der aktuellen psychischen Belastung (Dyadischer Datensatz)

Art der psychischen Belastung	älteres Geschwister		jüngeres Geschwister		r	$t(865)$	p	d
	M	SD	M	SD				
Depressivität	1.78	0.87	1.82	0.89	.13***	−1.01	.312	−.05
Ängstlichkeit	1.52	0.63	1.55	0.66	.11**	−0.97	.333	−.04
wiederkehrende Gedanken und Verhaltensweisen	1.36	0.65	1.39	0.68	.08*	−1.16	.246	−.05
Wut und Ärger	1.65	0.90	1.67	0.89	.09*	−0.53	.593	−.02
Dissoziation	1.19	0.56	1.26	0.67	.03	−2.55	.011	−.12
Schlafprobleme	1.82	1.00	1.92	1.11	.05	−2.05	.041	−.10
selbstverletzendes Verhalten	1.09	0.40	1.12	0.46	.02	−1.30	.195	−.06
Somatisierung	1.51	0.90	1.57	0.94	.12	−1.44	.149	−.07
Substanzmissbrauch	1.28	0.46	1.30	0.47	.08*	−1.07	.283	−.05
Gesamt	1.47	0.46	1.51	0.20	.15***	−2.14	.033	−.10

Anmerkungen: *** $p < .001$; ** $p < .010$; * $p < .050$.

Anzahl verschiedener Viktimisierungserfahrungen: weite Definition

Das in Abbildung 34 dargestellte Modell wies einen guten Modell-Fit auf ($X^2(166) = 379.82$; $p < .001$; n = 866; CMIN/DF = 2.29; GFI = .89; AGFI = .86; RMSEA = .04; AIC von 467.83 im Vergleich zu 420.00 im saturierten Modell und 1028.23 im Independence Modell). Es zeigten sich bei beiden Geschwistern Actor-Effekte und zwar dahingehend, dass mit einer zunehmenden Anzahl verschiedener Viktimisierungserfahrungen eine höhere aktuelle psychische Belastung einhergeht.

Abbildung 34. Vorhersage psychischer Belastung: Modell 1 (Dyadischer Datensatz)

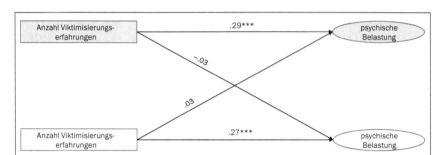

Anmerkungen: standardisierte Regressionsgewichte; n = 866; grau hinterlegte Variablen: ältere Geschwister; weiß hinterlegte Variablen: jüngere Geschwister; Viktimisierungserfahrungen: φ(ä, j) = .45***; psychische Belastung: ζ(ä) = .36***, ζ(j) = .43***, ψ(ä, j) = .19***; *** $p < .001$; ** $p < .010$; * $p < .050$.

In den Tabellen 98 bis 106 sind die Ergebnisse der Berechnung der Wechseleffekte zwischen den Geschwistern hinsichtlich der einzelnen Subskalen der Gesamtskala psychische Belastung dargestellt (Modell 1). Für alle Subskalen lag ein signifikanter Actor-Effekt bei beiden Geschwistern vor. Eine Ausnahme bildete die Skala Substanzmissbrauch. Hier war nur der Actor-Effekt für die älteren Geschwister bedeutsam von Null verschieden. Für die Dimensionen wiederkehrende Gedanken und Handlungen und selbstverletzendes Verhalten lagen Partner-Effekte vor. Die Anzahl verschiedener Viktimisierungserfahrungen des jüngeren Geschwisters ging mit einem höheren Ausmaß an wiederkehrenden Gedanken und Handlungen des älteren Geschwisters einher. Wurde für alle anderen Faktoren kontrolliert, so ging die Anzahl verschiedener Viktimisierungserfahrungen des älteren Geschwisters mit einem geringeren Ausmaß an selbstverletzendem Verhalten des jüngeren Geschwisters einher.

Anzahl verschiedener Viktimisierungserfahrungen: enge Definition

In Modell 2 wurde bei den Prädiktoren hinsichtlich der Anzahl mittelschwerer bis extremer sowie leichter Viktimisierungserfahrungen unterschieden. Der Modell-Fit war gut ($X^2(198) = 421.57$; $p < .001$; n = 866; CMIN/DF = 2.13; GFI =

.90; AGFI = .87; RMSEA = .04; AIC von 531.57 im Vergleich zu 506.00 im saturierten Modell und 1309.58 im Independence Modell). Das Strukturmodell mit standardisierten Regressionsgewichten im Hinblick auf die Gesamtskala zur aktuellen psychischen Belastung ist in Abbildung 35 dargestellt. Die Anzahl mittelschwerer bis extremer Viktimisierungserfahrungen des älteren Geschwisters sagte signifikant die aktuelle psychische Belastung des älteren und des jüngeren Geschwisters vorher. Die Anzahl leichter Viktimisierungserfahrungen war bei älteren wie jüngeren Geschwistern ein signifikanter Prädiktor für psychische Belastung. Die Anzahl leichter Viktimisierungserfahrungen des älteren Geschwisters sagte signifikant die aktuelle psychische Belastung des jüngeren Geschwisters vorher, jedoch mit negativem Vorzeichen.

Abbildung 35. Vorhersage psychischer Belastung: Modell 2 (Dyadischer Datensatz)

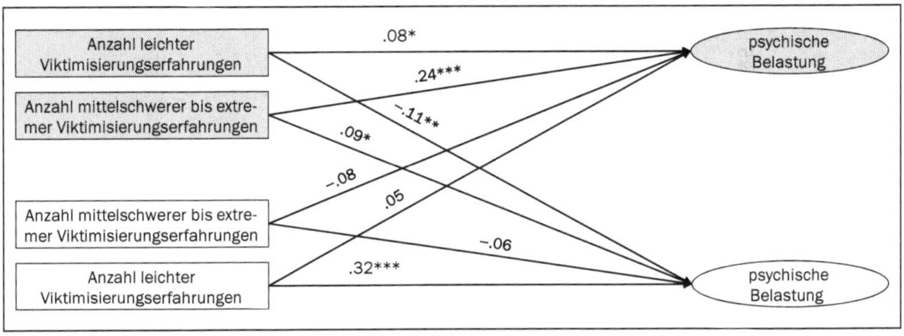

Anmerkungen: standardisierte Regressionsgewichte; n = 866; grau hinterlegte Variablen: ältere Geschwister; weiß hinterlegte Variablen: jüngere Geschwister; Viktimisierungserfahrungen: φ(ä schwer, j schwer) = .42***, φ(ä schwer, ä leicht) = .29***, φ(ä schwer, j leicht) = .18***, φ(j schwer, ä leicht) = .24***, φ(j schwer, j leicht) = .32***, φ(ä leicht, j leicht) = .22***; psychische Belastung: ζ(ä) = .37***, ζ(j) = .41***, ψ(ä, j) = .20***; *** $p < .001$; ** $p < .010$; * $p < .050$.

Die Modelle der Wechselwirkungen zwischen einzelnen Dimensionen zur aktuellen psychischen Belastung sind in Tabelle 98 bis 106 (Modell 2) dargestellt. Die Anzahl verschiedener mittelschwerer bis extremer Viktimisierungserfahrungen sagten bei älteren und jüngeren Geschwistern signifikant das Ausmaß von Depressivität, Ängstlichkeit, Wut und Ärger, Dissoziation und Schlafstörungen vorher. Für das jüngere Geschwister war bei all diesen Skalen auch die Anzahl verschiedener leichter Viktimisierungserfahrungen ein signifikanter Prädiktor. Für das ältere Geschwister war dies nur bei der Skala Dissoziation der Fall. Statistisch bedeutsame Actor-Effekte lagen für das jüngere Geschwister für die Modelle zur Vorhersage von wiederkehrenden Gedanken und Handlungen, Somatisierung und selbstverletzendem Verhalten für die Anzahl leichter und die mittelschwerer bis extremer Viktimisierungserfahrungen vor. Für das ältere Geschwister bestand ein signifikanter Actor-Effekt in Bezug auf die Anzahl verschiedener leichter Viktimisierungserfahrungen auf das Ausmaß wiederkehrender Gedanken und Verhaltensweisen. Für die Vorhersage von selbstverletzendem Verhalten lag ein signifikanter Partner-Effekt vor, und zwar dahingehend, dass eine höhere Anzahl mittelschwerer bis extremer Viktimisierungserfahrungen des älteren Geschwisters mit einem geringeren Ausmaß an selbstverletzendem Verhalten des jüngeren Geschwisters einherging.

Verschiedene Formen von Kindeswohlgefährdung

In Abbildung 36 ist das Wechselwirkungsmodell mit allen Formen von Kindeswohlgefährdung als Prädiktoren dargestellt. Der Modell-Fit konnte als gut eingeschätzt werden ($X^2(326) = 720.76$; $p < .001$; n = 865; CMIN/DF = 2.21; GFI = .93; AGFI = .89; RMSEA = .04; AIC von 998.76 im Vergleich zu 930.00 im saturierten Modell und 3312.39 im Independence Modell). Bei älteren und jüngeren Geschwistern zeigten sich signifikante Actor-Effekte bei emotionalem Missbrauch, bei den älteren Geschwistern bestanden zudem noch ein signifikanter Actor-Effekt im Hinblick auf sexuellen Missbrauch und das Miterleben von Partnerschaftsgewalt, für die jüngeren Geschwister bei emotionaler Vernachlässigung. Statistisch bedeutsame Partner-Effekte lagen bei emotionalem Missbrauch und körperlicher Vernachlässigung des älteren Geschwisters und dem Miterleben von Partnerschaftsgewalt durch das jüngere Geschwister vor. Mit Ausnahme des Zusammenhangs zwischen körperlicher Vernachlässigung des älteren Geschwisters und der aktuellen psychischen Belastung des jüngeren Geschwisters waren alle Zusammenhänge positiv gerichtet, d.h. dass mit einem höheren Ausmaß der Schwere der Viktimisierungserfahrung auch eine höhere Belastung einherging.

Die Ergebnisse für die Betrachtung der einzelnen Subskalen sind in Tabelle 98 bis 106 (Modell 3) dargestellt. Für die Wechselwirkungsmodelle zur Vorhersage des Ausmaßes von Depressivität, Ängstlichkeit, wiederkehrende Gedanken und Verhaltensweisen, Wut und Ärger, Dissoziation, Somatisierung und Schlafstörung lagen signifikante Actor-Effekte für emotionalen Missbrauch bei älteren und jüngeren Geschwistern vor. Bei selbstverletzendem Verhalten bestand hinsichtlich emotionalen Missbrauchs nur ein statistisch bedeutsamer Actor-Effekt für die älteren Geschwister. Das Ausmaß emotionalen Missbrauchs des älteren Geschwisters hatte einen signifikanten Effekt auf Ängstlichkeit und Schlafstörungen des jüngeren Geschwisters. Das Ausmaß emotionaler Vernachlässigung des jüngeren Geschwisters sagte signifikant Depressivität, wiederkehrende Gedanken und Handlungen, Wut und Ärger und selbstverletzendes Verhalten des jüngeren vorher. Das Ausmaß emotionaler Vernachlässigung des älteren Geschwisters war ein signifikanter Prädiktor für die Vorhersage der Schwere der Depressivität und Ängstlichkeit des jüngeren Geschwisters. Der Zusammenhang war negativ gerichtet. Das Ausmaß emotionaler Vernachlässigung des jüngeren Geschwisters sagte bedeutsam das Ausmaß der Dissoziation des älteren Geschwisters vorher. Der Zusammenhang war ebenfalls negativ.

Abbildung 36. Vorhersage psychischer Belastung: Modell 3 (Dyadischer Datensatz)

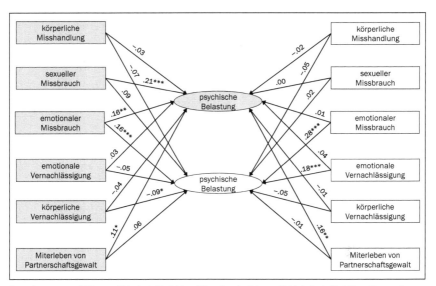

Anmerkungen: n = 865; grau hinterlegte Variablen: ältere Geschwister; weiß hinterlegte Variablen: jüngere Geschwister; standardisierte Regressionsgewichte; Formen von Kindeswohlgefährdung: φ s. Anhang, Spalte B; psychische Belastung: ζ(ä) = .20***, ζ(j) = .33***, ψ(ä, j) = .15***; *** $p < .001$; ** $p < .010$; * $p < .050$.

Das Ausmaß sexuellen Missbrauchs des älteren Geschwisters war ein statistisch bedeutsamer Prädiktor für die Vorhersage der wiederkehrenden Gedanken und Handlungen und Schlafstörungen des jüngeren Geschwisters. Zudem war es ein Prädiktor für Schlafstörungen des älteren Geschwisters. In den Modellen zur Vorhersage von Ängstlichkeit und Schlafstörungen lagen signifikante Partner-Effekte des Ausmaßes der körperlichen Misshandlung des älteren Geschwisters auf die genannten Dimensionen der aktuellen psychischen Belastung beim jüngeren Geschwister vor. Der Zusammenhang war negativ gerichtet. Es bestand ein ebenfalls negativ gerichteter Actor-Effekt zwischen dem Ausmaß an körperlicher Misshandlung und Ängstlichkeit auf der Seite des jüngeren Geschwisters.

Tabelle 98. Vorhersage Depressivität (Dyadischer Datensatz)

exogene Variable	Actor-Effekte		Partner-Effekte	
	ältere Geschw.	jüngere Geschw.	ältere auf jüngere Geschw.	jüngere auf ältere Geschw.
Modell 1				
Anzahl Viktimisierungserfahrungen	.21***	.32***	−.07	.05
Modell 2				
Anzahl leichte Viktimisierungserfahrungen	.07	.22***	−.04	.02
Anzahl mittelschwere bis extreme Viktimisierungserfahrungen	.18***	.15**	−.03	.03
Modell 3				
körperliche Misshandlung	−.04	−.08	−.08	.05
sexueller Missbrauch	−.01	.02	.07	.04
emotionaler Missbrauch	.23***	.21***	.03	.03
emotionale Vernachlässigung	.06	.18***	−.09*	−.06
körperliche Vernachlässigung	.00	.01	−.03	−.01
Miterl. von Partnerschaftsgewalt	.05	.01	.07	.02

Anmerkungen: standardisierte Regressionsgewichte; Modell 1 und Modell 2: n = 866; Modell 3: n = 865; Modell 1: Viktimisierungserfahrungen: φ(ä, j) = .51***; ζ(ä) = .71***, ζ(j) = .73***, ψ(ä, j) = .11**; Modell 2: Viktimisierungserfahrungen: φ(ä schwer, j schwer) = .43***, φ(ä schwer, ä leicht) = .29***, φ(ä schwer, j leicht) = .25 φ(j schwer, ä leicht) = .29***, φ (j schwer, j leicht) = .27***, φ(ä leicht, j leicht) = .24***; ζ(ä) = .71***, ζ(j) = .73***, ψ(ä, j) = .11**; Modell 3: Formen von Kindeswohlgefährdung: φ s. Anhang, Spalte A; ζ(ä) = .69***, ζ(j) = .71***, ψ(ä, j) = .12**; *** p < .001; ** p < .010; * p < .050.

Tabelle 99. Vorhersage Ängstlichkeit (Dyadischer Datensatz)

exogene Variable	Actor-Effekte		Partner-Effekte	
	ältere Geschw.	jüngere Geschw.	ältere auf jüngere Geschw.	jüngere auf ältere Geschw.
Modell 1				
Anzahl Viktimisierungserfahrungen	.18***	.25***	−.07	.04
Modell 2				
Anzahl leichte Viktimisierungserfahrungen	.06	.17***	.06	.04
Anzahl mittelschwere bis extreme Viktimisierungserfahrungen	.16**	.11**	−.06	.02
Modell 3				
körperliche Misshandlung	−.08	−.09*	−.10*	.07
sexueller Missbrauch	.05	.04	.02	.03
emotionaler Missbrauch	.22**	.23***	.15*	.01
emotionale Vernachlässigung	−.01	.10	−.11*	.01
körperliche Vernachlässigung	.02	−.04	−.05	−.01
Miterl. von Partnerschaftsgewalt	.04	.07	.00	.00

Anmerkungen: standardisierte Regressionsgewichte; Modell 1 und Modell 2: n = 866; Modell 3: n = 865; Modell 1: Viktimisierungserfahrungen: φ(ä, j) = .51***; ζ(ä) = .38***, ζ(j) = .42***, ψ(ä, j) = .09*; Modell 2: Viktimisierungserfahrungen: φ(ä schwer, j schwer) = .43***, φ(ä schwer, ä leicht) = .29***, φ(ä schwer, j leicht) = .25 φ(j schwer, ä leicht) = .29***, φ (j schwer, j leicht) = .27***, φ(ä leicht, j leicht) = .24***; ζ(ä) = .38***, ζ(j) = .42***, ψ(ä, j) = .10**; Modell 3: Formen von Kindeswohlgefährdung: φ s. Anhang, Spalte A; ζ(ä) = .37***, ζ(j) = .40***, ψ(ä, j) = .08*; *** p < .001; ** p < .010; * p < .050.

Tabelle 100. Vorhersage wiederkehrende Gedanken und Verhaltensweisen (Dyadischer Datensatz)

exogene Variable	Actor-Effekte		Partner-Effekte	
	ältere Geschw.	jüngere Geschw.	ältere auf jüngere Geschw.	jüngere auf ältere Geschw.
Modell 1				
Anzahl Viktimisierungserfahrungen	.15***	.30***	−.04	.10*
Modell 2				
Anzahl leichte Viktimisierungserfahrungen	.08*	.19***	.02	.05
Anzahl mittelschwere bis extreme Viktimisierungserfahrungen	.08	.15**	−.04	.10
Modell 3				
körperliche Misshandlung	−.08	.00	−.07	.14
sexueller Missbrauch	−.01	.05	.08*	.08
emotionaler Missbrauch	.23***	.20***	.06	.03
emotionale Vernachlässigung	−.02	.16**	−.08	−.02
körperliche Vernachlässigung	.00	−.06	−.06	−.01
Miterl. von Partnerschaftsgewalt	.05	.06	.00	.00

Anmerkungen: standardisierte Regressionsgewichte; Modell 1 und Modell 2: n = 866; Modell 3: n = 865; Modell 1: Viktimisierungserfahrungen: φ(ä, j) = .51***; ζ(ä) = .40***, ζ(j) = .43***, ψ(ä, j) = .03; Modell 2: Viktimisierungserfahrungen: φ(ä schwer, j schwer) = .43***, φ(ä schwer, ä leicht) = .29***, φ(ä schwer, j leicht) = .25 φ(j schwer, ä leicht) = .29***, φ (j schwer, j leicht) = .27***, φ(ä leicht, j leicht) = .24***; ζ(ä) = .40***, ζ(j) = .44***, ψ(ä, j) = .04; Modell 3: Formen von Kindeswohlgefährdung: φ s. Anhang, Spalte A; ζ(ä) = .39***, ζ(j) = .42***, ψ(ä, j) = .02; *** $p < .001$; ** $p < .010$; * $p < .050$.

Tabelle 101. Vorhersage Wut und Ärger (Dyadischer Datensatz)

exogene Variable	Actor-Effekte		Partner-Effekte	
	ältere Geschw.	jüngere Geschw.	ältere auf jüngere Geschw.	jüngere auf ältere Geschw.
Modell 1				
Anzahl Viktimisierungserfahrungen	.19***	.26***	−.03	.04
Modell 2				
Anzahl leichte Viktimisierungserfahrungen	.05	.19***	−.03	.04
Anzahl mittelschwere bis extreme Viktimisierungserfahrungen	.15**	.11*	.01	.02
Modell 3				
körperliche Misshandlung	−.02	−.02	−.07	.04
sexueller Missbrauch	−.04	.01	.08	.03
emotionaler Missbrauch	.19*	.14**	.08	.04
emotionale Vernachlässigung	.03	.14**	−.09	−.03
körperliche Vernachlässigung	.02	.00	−.04	−.03
Miterl. von Partnerschaftsgewalt	.10*	.01	.06	−.02

Anmerkungen: standardisierte Regressionsgewichte; Modell 1 und Modell 2: n = 866; Modell 3: n = 865; Modell 1: Viktimisierungserfahrungen: φ(ä, j) = .51***; ζ(ä) = .78***, ζ(j) = .74***, ψ(ä, j) = .06; Modell 2: Viktimisierungserfahrungen: φ(ä schwer, j schwer) = .43***, φ(ä schwer, ä leicht) = .29***, φ(ä schwer, j leicht) = .25 φ(j schwer, ä leicht) = .29***, φ (j schwer, j leicht) = .27***, φ(ä leicht, j leicht) = .24***; ζ(ä) = .78***, ζ(j) = .74***, ψ(ä, j) = .06; Modell 3: Formen von Kindeswohlgefährdung: φ s. Anhang, Spalte A; ζ(ä) = .76***, ζ(j) = .73***, ψ(ä, j) = .05; *** $p < .001$; ** $p < .010$; * $p < .050$.

Tabelle 102. Vorhersage Dissoziation (Dyadischer Datensatz)

exogene Variable	Actor-Effekte		Partner-Effekte	
	ältere Geschw.	jüngere Geschw.	ältere auf jüngere Geschw.	jüngere auf ältere Geschw.
Modell 1				
Anzahl Viktimisierungserfahrungen	.19***	.22***	−.04	.08
Modell 2				
Anzahl leichte Viktimisierungserfahrungen	.12**	.08*	−.03	.04
Anzahl mittelschwere bis extreme Viktimisierungserfahrungen	.10*	.19***	−.03	.06
Modell 3				
körperliche Misshandlung	−.09	.00	−.07	.15
sexueller Missbrauch	.07	.05	.01	.08
emotionaler Missbrauch	.14*	.19*	.09	.08
emotionale Vernachlässigung	.06	.08	−.08	−.11*
körperliche Vernachlässigung	−.03	−.02	−.03	−.03
Miterl. von Partnerschaftsgewalt	.08	.02	.04	.02

Anmerkungen: standardisierte Regressionsgewichte; Modell 1 und Modell 2: n = 866; Modell 3: n = 865; Modell 1: Viktimisierungserfahrungen: φ(ä, j) = .51***; ζ(ä) = .29***, ζ(j) = .43***, ψ(ä, j) < .01; Modell 2: Viktimisierungserfahrungen: φ(ä schwer, j schwer) = .43***, φ(ä schwer, ä leicht) = .29***, φ(ä schwer, j leicht) = .25 φ(j schwer, ä leicht) = .29***, φ (j schwer, j leicht) = .27***, φ(ä leicht, j leicht) = .24***; ζ(ä) = .29***, ζ(j) = .43***, ψ(ä, j) < .01; Modell 3: Formen von Kindeswohlgefährdung: φ s. Anhang, Spalte A; ζ(ä) = .28***, ζ(j) = .41***, ψ(ä, j) = .02; *** p < .001; ** p < .010; * p < .050.

Tabelle 103. Vorhersage Schlafprobleme (Dyadischer Datensatz)

exogene Variable	Actor-Effekte		Partner-Effekte	
	ältere Geschw.	jüngere Geschw.	ältere auf jüngere Geschw.	jüngere auf ältere Geschw.
Modell 1				
Anzahl Viktimisierungserfahrungen	.18***	.26***	−.05	−.01
Modell 2				
Anzahl leichte Viktimisierungserfahrungen	.06	.14***	−.04	−.01
Anzahl mittelschwere bis extreme Viktimisierungserfahrungen	.11*	.18***	−.01	.02
Modell 3				
körperliche Misshandlung	−.02	.05	−.11**	.05
sexueller Missbrauch	.10*	.02	.09*	−.01
emotionaler Missbrauch	.17**	.18***	.11*	−.01
emotionale Vernachlässigung	−.05	.07	−.05	.01
körperliche Vernachlässigung	−.04	.04	−.07	−.01
Miterl. von Partnerschaftsgewalt	.08	−.05	.00	.00

Anmerkungen: standardisierte Regressionsgewichte; Modell 1 und Modell 2: n = 866; Modell 3: n = 865; Modell 1: Viktimisierungserfahrungen: φ(ä, j) = .51***; ζ(ä) = .97***, ζ(j) = 1.16 ***, ψ(ä, j) = .04; Modell 2: Viktimisierungserfahrungen: φ(ä schwer, j schwer) = .43***, φ(ä schwer, ä leicht) = .29***, φ(ä schwer, j leicht) = .25 φ(j schwer, ä leicht) = .29***, φ (j schwer, j leicht) = .27***, φ(ä leicht, j leicht) = .24***; ζ(ä) = .98***, ζ(j) = 1.16***, ψ(ä, j) = .03; Modell 3: Formen von Kindeswohlgefährdung: φ s. Anhang, Spalte A; ζ(ä) = .95***, ζ(j) = 1.12***, ψ(ä, j) = .01; *** p < .001; ** p < .010; * p < .050.

Tabelle 104. Vorhersage selbstverletzendes Verhalten (Dyadischer Datensatz)

exogene Variable	Actor-Effekte		Partner-Effekte	
	ältere Gesch.	jüngere Geschw.	ältere auf jüngere Geschw.	jüngere auf ältere Geschw.
Modell 1				
Anzahl Viktimisierungserfahrungen	.12**	.23***	–.09*	–.01
Modell 2				
Anzahl leichte Viktimisierungserfahrungen	.07	.10*	–.03	–.07
Anzahl mittelschwere bis extreme Viktimisierungserfahrungen	.05	.17***	–.08*	.09
Modell 3				
körperliche Misshandlung	–.06	–.04	–.04	.11
sexueller Missbrauch	.10	.05	–.01	.01
emotionaler Missbrauch	.20***	.08	.03	.00
emotionale Vernachlässigung	–.09	.20***	–.08	–.03
körperliche Vernachlässigung	–.06	–.02	–.04	.03
Miterl. von Partnerschaftsgewalt	.00	.06	.01	–.01

Anmerkungen: standardisierte Regressionsgewichte; Modell 1 und Modell 2: n = 866; Modell 3: n = 865; Modell 1: Viktimisierungserfahrungen: φ(ä, j) = .51***; ζ(ä) = .38***, ζ(j) = .42***, ψ(ä, j) = .02; Modell 2: Viktimisierungserfahrungen: φ(ä schwer, j schwer) = .43***, φ(ä schwer, ä leicht) = .29***, φ(ä schwer, j leicht) = .25 φ(j schwer, ä leicht) = .29***, φ (j schwer, j leicht) = .27***, φ(ä leicht, j leicht) = .24***; ζ(ä) = .16***, ζ(j) = .21***, ψ(ä, j) = .02; Modell 3: Formen von Kindeswohlgefährdung: φ s. Anhang, Spalte A; ζ(ä) = .15***, ζ(j) = .20***, ψ(ä, j) = .02; *** p < .001; ** p < .010; * p < .050.

Tabelle 105. Vorhersage Somatisierung (Dyadischer Datensatz)

exogene Variable	Actor-Effekte		Partner-Effekte	
	ältere Geschw.	jüngere Geschw.	ältere auf jüngere Geschw.	jüngere auf ältere Geschw.
Modell 1				
Anzahl Viktimisierungserfahrungen	.18***	.26***	.04	.03
Modell 2				
Anzahl leichte Viktimisierungserfahrungen	.07	.09*	.01	–.02
Anzahl mittelschwere bis extreme Viktimisierungserfahrungen	.09	.25***	.02	.08
Modell 3				
körperliche Misshandlung	.08	.07	–.02	.03
sexueller Missbrauch	.04	.03	.06	.06
emotionaler Missbrauch	.14*	.20***	.07	.01
emotionale Vernachlässigung	–.04	.07	–.08	.02
körperliche Vernachlässigung	–.04	.05	–.01	–.03
Miterl. von Partnerschaftsgewalt	.10*	–00	.03	–.04

Anmerkungen: standardisierte Regressionsgewichte; Modell 1 und Modell 2: n = 866; Modell 3: n = 865; Modell 1: Viktimisierungserfahrungen: φ(ä, j) = .51***; ζ(ä) = .79***, ζ(j) = .82***, ψ(ä, j) = .09*; Modell 2: Viktimisierungserfahrungen: φ(ä schwer, j schwer) = .43***, φ(ä schwer, ä leicht) = .29***, φ(ä schwer, j leicht) = .25 φ(j schwer, ä leicht) = .29***, φ (j schwer, j leicht) = .27***, φ(ä leicht, j leicht) = .24***; ζ(ä) = .79***, ζ(j) = .81***, ψ(ä, j) = .08*; Modell 3: Formen von Kindeswohlgefährdung: φ s. Anhang, Spalte A; ζ(ä) = .77***, ζ(j) = .79***, ψ(ä, j) = .08*; *** p < .001; ** p < .010; * p < .050.

Tabelle 106. Vorhersage Substanzmissbrauch (Dyadischer Datensatz)

exogene Variable	Actor-Effekte		Partner-Effekte	
	ältere Geschw.	jüngere Geschw.	ältere auf jüngere Geschw.	jüngere auf ältere Geschw.
Modell 1				
Anzahl Viktimisierungserfahrungen	.11*	.05	.00	.02
Modell 2				
Anzahl leichte Viktimisierungserfahrungen	.03	.05	.01	.00
Anzahl mittelschwere bis extreme Viktimisierungserfahrungen	.07	.01	−.01	.04
Modell 3				
körperliche Misshandlung	.11	−.04	.01	.05
sexueller Missbrauch	.00	−.02	.07	.04
emotionaler Missbrauch	.10	.02	−.02	.00
emotionale Vernachlässigung	−.02	.11	−.04	−.08
körperliche Vernachlässigung	−.04	−.05	−.05	.05
Miterl. von Partnerschaftsgewalt	−.03	.04	.05	.01

Anmerkungen: standardisierte Regressionsgewichte; Modell 1 und Modell 2: n = 866; Modell 3: n = 865; Modell 1: Viktimisierungserfahrungen: φ(ä, j) = .51***; ζ(ä) = .21***, ζ(j) = .22***, ψ(ä, j) = .08*; Modell 2: Viktimisierungserfahrungen: φ(ä schwer, j schwer) = .43***, φ(ä schwer, ä leicht) = .29***, φ(ä schwer, j leicht) = .25 φ(j schwer, ä leicht) = .29***, φ (j schwer, j leicht) = .27***, φ(ä leicht, j leicht) = .24***; ζ(ä) = .21***, ζ(j) = .22***, ψ(ä, j) = .08*; Modell 3: Formen von Kindeswohlgefährdung: φ s. Anhang, Spalte A; ζ(ä) = .21***, ζ(j) = .22***, ψ(ä, j) = .08*; *** p < .001; ** p < .010; * p < .050.

10.3 Kontakthäufigkeit

10.3.1 Individualebene

52.25 % der Studienteilnehmenden (n = 2 387) berichteten, dass sie mindestens einmal in der Woche Kontakt mit ihrem Geschwister hatten, 26.60 % (n = 1 215) hatten ein- bis dreimal im Monat Kontakt mit Ihrem Geschwister. 4.16 % (n = 190) gaben an, dass sie keinen Kontakt mehr zu ihrem Geschwister hatten.

Frauen berichteten eine signifikant höhere Kontakthäufigkeit als Männer und jüngere Altersgruppen mehr Kontakt als ältere. Eine Ausnahme bildeten über 60-jährige Frauen, welche mehr Kontakt berichteten als die 40- bis 49-jährigen und die 50- bis 59-jährigen Frauen. In der Altersgruppe der über 60-Jährigen war in der Folge der Unterschied zwischen Männern und Frauen am größten (Haupteffekt Altersgruppe: $F(5) = 102.89$; $p < .001$; partielles $\eta^2 = .102$; Haupteffekt Geschlecht: $F(1) = 8.50$; $p = .004$; partielles $\eta^2 = .002$; Interaktionseffekt Altersgruppe und Geschlecht: $F(5) = 2.29$; $p = .044$; partielles $\eta^2 = .003$; korrigiertes $R^2 = .14$; n = 4 551). Im Hinblick auf die Geschlechterkonstellation der Geschwister ergaben sich ebenfalls signifikante Mittelwertunterschiede ($F(3, 4547) = 62.01$; $p < .001$; n = 4 547) und zwar dahingehend, dass in Schwesternpaaren die Kontakthäufigkeit im Vergleich zu allen anderen Geschlechterkonstellationen am höchsten war (signifikante Unterschiede in den Post-hoc Tests mit Korrektur nach Bonferroni: Schwester-Schwester mit Schwester-Bruder ($p < .001$), mit Bruder-Schwester ($p < .001$), mit Bruder-Bruder ($p < .001$)).

Regressionsanalyse

In Tabelle 107 sind die Ergebnisse der linearen Regression zur Vorhersage der Kontakthäufigkeit dargestellt. Alle Modelle waren signifikant von einem Nullmodell verschieden (Modell 1a: $F(15, 4455) = 116.81$; $p < .001$; Modell 1b: $F(17, 4469) = 157.86$; $p < .001$; Modell 2a: $F(16, 4454) = 119.34$; $p < .001$; Modell 2b: $F(18, 4452) = 149.81$; $p < .001$; Modell 3a: $F(20, 4449) = 91.35$; $p < .001$; Modell 3b: $F(22, 4447) = 123.07$; $p < .001$). Die Veränderung der Varianzaufklärung zwischen den Schritten von a- zu b-Modell war signifikant (Modell 1: $F(2, 4452) = 334.49$; $p < .001$; Modell 2: $F(2, 4452) = 333.95$; $p < .001$; Modell 3: $F(2, 4447) = 312.42$; $p < .001$). Hinsichtlich der demografischen Variablen und der Merkmale der Geschwisterkonstellation sagten folgende Prädiktoren die Kontakthäufigkeit signifikant vorher: Je höher das Alter der Ankerperson zum Zeitpunkt der Befragung war, desto geringer fiel die Kontakthäufigkeit zum Geschwister aus. Weibliches Geschlecht der Ankerperson, weibliches Geschlecht des Geschwisters, ein größer der Altersabstand zwischen den Geschwistern und leibliche Verwandtschaft waren Indikatoren für häufigeren Kontakt im Erwachsenenalter. Weniger Kontakt zu ihrem Geschwister hatten Ankerpersonen, die mit einem Partner oder einer Partnerin zusammenlebten. Psychische Probleme der Ankerperson in deren Kindheit waren nur in Modell 1a ein signifikanter Prädiktor. Auf der Ebene der Rahmenbedingungen für die Ausgestaltung der Geschwisterbeziehung war die Dauer des Zusammenlebens ein bedeutsamer Prädiktor in allen Modellen, sowie die Förderung der Geschwisterbeziehung durch die Eltern in allen a-Modellen. Positive Merkmale der Ausgestaltung der Geschwisterbeziehung in der Kindheit waren ein signifikanter Prädiktor für die Kontakthäufigkeit im Erwachsenenalter (b-Modelle). Die Anzahl verschiedener Viktimisierungserfahrungen sagte bedeutsam die Kontakthäufigkeit im Erwachsenenalter vorher (Modell 1 und 2). Der prädiktive Wert der Variablen wurde verringert, wenn für die Merkmale der Ausgestaltung der Geschwisterbeziehung in der Kindheit kontrolliert wurde (Modell 1b und 2b). Wurde zwischen den verschiedenen Formen von Kindeswohlgefährdung differenziert, dann war das Ausmaß an emotionaler Vernachlässigung ein signifikanter Prädiktor in Modell 3a und 3b und das körperlicher Vernachlässigung in Modell 3b. Alle Zusammenhänge waren dahingehend gerichtet, dass ein höheres Ausmaß der Viktimisierungserfahrungen mit einer geringeren Kontakthäufigkeit einherging. Eine Ausnahme bildete das Ausmaß körperlicher Misshandlung in Modell 3a. Hier lag ein positiver Zusammenhang vor.

Tabelle 107. Vorhersage Kontakthäufigkeit zwischen den Geschwistern im Erwachsenenalter (Dyadischer Datensatz)

Prädiktor	Modell 1a	Modell 1b	Modell 2a	Modell 2b	Modell 3a	Modell 3b
Alter	−.25***	−.22***	−.25***	−.22***	−.25***	−.22***
Geschlecht[1]						
weiblich	.08***	.04**	.08***	.04***	.08***	.04***
anderes	.00	−.01	.00	−.01	.00	−.01
mit Partner zusammenlebend	−.09***	−.08***	−.09***	−.08***	−.09***	−.08***
Geschlecht Geschwister: weiblich	.15***	.11***	.15***	.11***	.15***	.11***
leibliche Geschwister	.06***	.05***	.06***	.05***	.07***	.05***
älteres Geschwister	.09***	.06***	.09***	.06***	.09***	.06***
Altersabstand (ungerichtet)	.07***	.07***	.07***	.07***	.07***	.07***
Trennung der Eltern	.00	−.02	−.01	−.02	.00	−.02
psychische Probleme						
Ankerperson	−.03*	−.02	−.03	−.01	−.02	−.01
Geschwister	−.02	−.02	−.02	−.02	−.02	−.02
Dauer Zusammenleben	.20***	.16***	.20***	.16***	.20***	.16***
Förderung der Geschwisterbeziehung						
Mutter	.11***	.03	.10***	.02	.08***	.02
Vater	.08***	.02	.08***	.02	.07**	.01
Anzahl Viktimisierungserfahrungen						
leicht bis extrem	−.12***	−.08***				
mittelschwer bis extrem			−.11***	−.09***		
leicht			−.06***	−.03*		
Art der Viktimisierung						
körperliche Misshandlung					.03*	.00
sexueller Missbrauch					−.01	−.02
emotionaler Missbrauch					−.04	−.03
emotionale Vernachlässigung					−.14***	−.04*
körperliche Vernachlässigung					−.03	−.04**
Miterleben von Partnerschaftsgewalt					.00	−.01
Geschwisterbeziehung in der Kindheit						
positive Merkmale		.36***		.36***		.36***
negative Merkmale		.00		.00		.00
R^2	.28	.38	.28	.38	.29	.38
korrigiertes R^2	.28	.37	.28	.38	.29	.38
Standardfehler der Schätzung	1.39	1.30	1.39	1.30	1.38	1.30

Anmerkungen: standardisierte Regressionsgewichte; alle Modelle: n = 4 470 (97.85 %). mit Ausnahme Modell 2: n = 4 471 (97.87 %); [1] männlich als Referenzkategorie; *** p < .001; ** p < .010; * p < .050.

10.3.2 Dyadische Ebene

Im Hinblick auf die Kontakthäufigkeit zwischen den Geschwistern berichteten 55.08 % der Geschwisterpaare übereinstimmend mindestens einen Kontakt in der Woche (n = 477 von 866) und 27.83 % übereinstimmend von weniger häufigen Kontakten (n = 241 von 866). Die Angaben beider Geschwister zur Kontakthäufigkeit korrelierten hoch miteinander (r = .79; $p < .001$; n = 866). Es bestanden keine Mittelwertunterschiede zwischen älteren und jüngeren Geschwistern (ältere Geschwister: $M = 5.20$; $SD = 1.43$; n = 866; jüngere Geschwister: $M = 5.17$; $SD = 1.41$; n = 866; $t(865) = 0.91$; $p = .363$; $d = 0.02$; n = 866). Im Hinblick auf unterschiedliche Geschlechterkonstellationen bestanden sowohl bei den älteren ($F(3, 857) = 18.77$; $p < .001$; n = 861) als auch bei den jüngeren Geschwistern ($F(3, 857) = 20.79$; $p < .001$; n = 861) signifikante Unterschiede (Abbildung 37).

Abbildung 37. Geschlechterkonstellation und Kontakthäufigkeit (Dyadischer Datensatz)

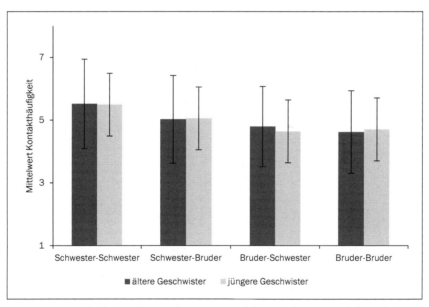

Anmerkungen: ältere Geschwister: Schwester-Schwester: n = 444; Schwester-Bruder: n = 162; Bruder-Schwester: n = 162; Bruder-Bruder: n = 93; Post-hoc Tests mit Korrektur nach Bonferroni: ältere Geschwister: Schwester-Schwester mit Schwester-Bruder ($p = .001$), mit Bruder-Schwester ($p < .001$), mit Bruder-Bruder ($p < .001$), jüngere Geschwister: Schwester-Schwester mit Schwester-Bruder ($p = .003$), mit Bruder-Schwester ($p < .001$), mit Bruder-Bruder ($p < .001$); Schwester-Bruder mit Bruder-Schwester ($p = .038$).

Anzahl verschiedener Viktimisierungserfahrungen: weite Definition

In Modell 1b lag ein ausreichender Modell-Fit vor (Modell 1b: $X^2(58) = 480.66$; $p < .001$; n = 866; CMIN/DF = 8.29; GFI = .91; AGFI = .86; RMSEA = .09; AIC von 546.66 im Vergleich zu 182.00 im saturierten Modell und 1358.95 im Independence Modell; Abbildung 38 und 39). Die Anzahl verschiedener Viktimisierungserfahrungen beider Geschwister sagte signifikant die Kontakthäufigkeit zwischen den Geschwistern vorher. Je mehr verschiedene Viktimisierungserfahrungen die Geschwister berichteten, desto weniger Kontakt hatten sie im Erwachsenenalter. Der Zusammenhang wurde vollständig durch die positiven Merkmale der Ausgestaltung der Geschwisterbeziehung in der Kindheit aus den Berichten beider Geschwister mediiert.

Abbildung 38. Vorhersage Kontakthäufigkeit: Modell 1a (Dyadischer Datensatz)

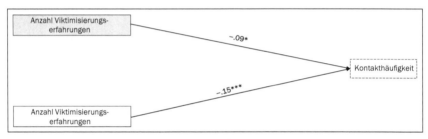

Anmerkungen: standardisierte Regressionsgewichte; n = 866; grau hinterlegte Variablen: ältere Geschwister; weiß hinterlegte Variablen: jüngere Geschwister; Viktimisierungserfahrungen: φ(ä, j) = .51***; Kontakthäufigkeit: ζ = 1.71***; *** $p < .001$; ** $p < .010$; * $p < .050$.

Abbildung 39. Vorhersage Kontakthäufigkeit: Modell 1b (Dyadischer Datensatz)

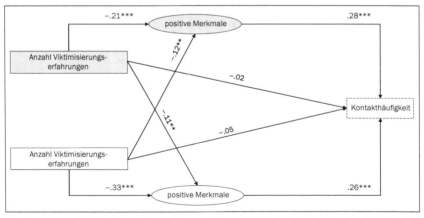

Anmerkungen: standardisierte Regressionsgewichte; n = 866; grau hinterlegte Variablen: ältere Geschwister; weiß hinterlegte Variablen: jüngere Geschwister; Viktimisierungserfahrungen: φ(ä, j) = .45***; positive Merkmale: ζ(ä) = .31***, ζ(j) = .34***, ψ(ä, j) = .65***; Kontakthäufigkeit: ζ = 1.24 ***; *** $p < .001$; ** $p < .010$; * $p < .050$.

Abbildung 40. Vorhersage Kontakthäufigkeit: Modell 2a (Dyadischer Datensatz)

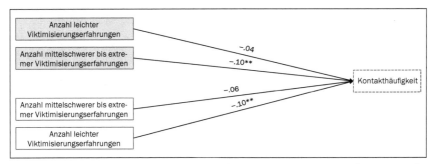

Anmerkungen: standardisierte Regressionsgewichte; n = 866; grau hinterlegte Variablen: ältere Geschwister; weiß hinterlegte Variablen: jüngere Geschwister; Viktimisierungserfahrungen: φ(ä schwer, j schwer) = .43***, φ(ä schwer, ä leicht) = .29***, φ(ä schwer, j leicht) = .25***, φ(j schwer, ä leicht) = .29***, φ(j schwer, j leicht) = .27***, φ(ä leicht, j leicht) = .24***; Kontakthäufigkeit: ζ = 1.72***; *** p < .001; ** p < .010; * p < .050.

Abbildung 41. Vorhersage Kontakthäufigkeit: Modell 2b (Dyadischer Datensatz)

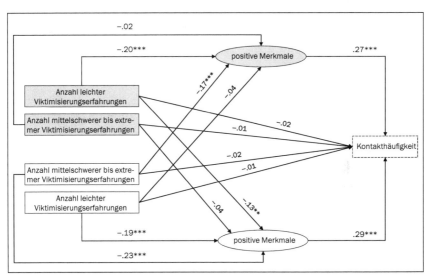

Anmerkungen: standardisierte Regressionsgewichte; n = 866; grau hinterlegte Variablen: ältere Geschwister; weiß hinterlegte Variablen: jüngere Geschwister; Viktimisierungserfahrungen: φ(ä schwer, j schwer) = .37***, φ(ä schwer, ä leicht) = .36***, φ(ä schwer, j leicht) = .19***, φ(j schwer, ä leicht) = .27***, φ(j schwer, j leicht) = .33***, φ(ä leicht, j leicht) = .23***; positive Merkmale: ζ(ä) = .30***, ζ(j) = .33***, ψ(ä, j) = .63***; Kontakthäufigkeit: ζ = 1.24***; *** p < .001; ** p < .010; * p < .050.

Anzahl verschiedener Viktimisierungserfahrungen: enge Definition

In Modell 2b lag ein ausreichender Modell-Fit vor (Modell 2b: $X^2(74)$ = 478.56; $p < .001$; n = 866; CMIN/DF = 6.47; GFI = .93; AGFI = .88; RMSEA = .08; AIC von 570.56 im Vergleich zu 240.00 im saturierten Modell und 1509.38 im Independence Modell; Abbildung 40 und 41). Die Anzahl an mittelschweren bis extremen Viktimisierungserfahrungen des älteren und die Anzahl der leichten Viktimisierungserfahrungen des jüngeren Geschwisters sagten bedeutsam die Kontakthäufigkeit der Geschwister vorher. Der Zusammenhang wurde für das jüngere Geschwister durch die Angaben zu positiven Merkmale der Ausgestaltung der Geschwisterbeziehung aus den Berichten beider Geschwister mediiert. Für das ältere Geschwister sagte das Ausmaß positiver Merkmale die Kontakthäufigkeit vorher.

Verschiedene Formen von Kindeswohlgefährdung

Der einzige signifikante Effekt, der die Kontakthäufigkeit der Geschwister vorhersagt, war das Ausmaß von emotionaler Vernachlässigung der jüngeren Geschwister (Abbildung 42).

Abbildung 42. Vorhersage Kontakthäufigkeit: Modell 3 (Dyadischer Datensatz)

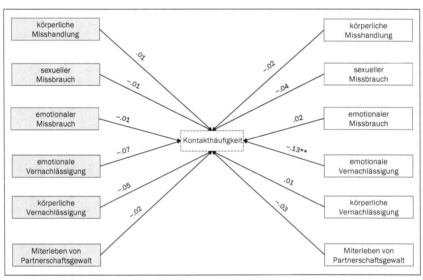

Anmerkungen: standardisierte Regressionsgewichte; n = 865; grau hinterlegte Variablen: ältere Geschwister; weiß hinterlegte Variablen: jüngere Geschwister; Formen von Kindeswohlgefährdung: φ s. Anhang, Spalte C; Kontakthäufigkeit: ζ = .1.71***; *** $p < .001$; ** $p < .010$; * $p < .050$.

10.4 Konflikthäufigkeit

10.4.1 Individualebene

19.96% der Ankerpersonen berichteten, dass sie aktuell keine Meinungsverschiedenheiten oder Konflikte mit ihrem Geschwister hatten (n = 912). 48.27% (n = 2205) gaben an, dass dies selten der Fall gewesen wäre und 23.88%, dass sie sich manchmal mit ihrem Geschwister stritten (n = 265). 7.88 % berichteten, dass sie sich häufig bis sehr häufig mit ihrem Geschwister Auseinandersetzungen hatten (n = 360).

Über die Altersgruppen hinweg bestand eine Abnahme der Konflikthäufigkeit bis zur Altersgruppe der 50- bis 59-Jährigen. Die Gruppe der über 60-Jährigen unterschied sich von keiner der anderen Altersgruppen signifikant (Haupteffekt Altersgruppe: $F(5) = 8.93$; $p < .001$; partielles $\eta^2 = .010$; Haupteffekt Geschlecht: $F(1) = 0.40$; $p = .527$; partielles $\eta^2 < .001$; Interaktionseffekt Altersgruppe und Geschlecht: $F(5) = 0.92$; $p = .469$; partielles $\eta^2 = .001$; korrigiertes $R^2 = .01$ n = 4550). Hinsichtlich der Geschlechterkonstellation der Geschwister bestanden signifikante Unterschiede ($F(3, 4547) = 14.53$; $p < .001$; n = 4547), hin zu einer größeren Konflikthäufigkeit bei Schwesternpaaren (signifikante Unterschiede in den Post-hoc Tests mit Korrektur nach Tamhane: Schwester-Schwester mit Schwester-Bruder ($p < .001$), mit Bruder-Schwester ($p < .001$), mit Bruder-Bruder ($p < .001$)).

Regressionsanalyse

Alle Modelle zur Vorhersage der Konflikthäufigkeit waren signifikant von einem Nullmodell verschieden (Modell 1a: $F(13, 4456) = 16.83$; $p < .001$; Modell 1b: $F(15, 4469) = 39.89$; $p < .001$; Modell 2a: $F(14, 4456) = 15.16$; $p < .001$; Modell 2b: $F(16, 4454) = 37.50$; $p < .001$; Modell 3a: $F(18, 4451) = 12.69$; $p < .001$; Modell 3b: $F(20, 4449) = 30.41$; $p < .001$). Die Veränderung zwischen den Schritten von a- zu b-Modell war signifikant (Modell 1: $F(2, 4454) = 180.94$; $p < .001$; Modell 2: $F(2, 4454) = 185.13$; $p < .001$; Modell 3: $F(2, 4449) = 180.70$; $p < .001$). Die Ergebnisse sind in Tabelle 108 dargestellt. Weibliches Geschlecht der Ankerperson sowie leibliche Geschwisterschaft sagten signifikant mehr Konflikte im Erwachsenenalter vorher, wenn nicht für die Qualität der Geschwisterbeziehung kontrolliert wurde (a-Modelle). Zudem berichteten die Ankerpersonen umso mehr Konflikte, desto jünger sie waren (a-Modelle). Ankerpersonen, die mit dem Partner zusammenlebten, berichteten signifikant seltener von Konflikten mit ihrem Geschwister in allen Modellen. Weibliches Geschlecht des Geschwisters war in allen Modellen ein bedeutsamer Prädiktor für vermehrte Konflikte. Je größer der Altersabstand war, desto mehr Konflikte wurden berichtet, allerdings nur, wenn für die Qualität der Geschwisterbeziehung kontrolliert wurde. Psychische Probleme des Geschwisters in der Kindheit waren ein signifikanter Prädiktor für ein höheres Ausmaß an Konflikten im Erwachsenenalter, sowie ein längeres Zusammenleben der Geschwister. Sowohl die positiven als auch die negativen Merkmale der Ausgestaltung der Geschwisterbeziehung waren signifikante Prädiktoren für die Konflikthäufigkeit. Beide Zusammenhänge waren dahingehend gerichtet, dass ein höheres Ausmaß – auch an positiven Merkmalen – mit einer größeren Konflikthäufigkeit im Erwachsenenalter einherging (b-Modelle). Die Anzahl verschiedener Viktimisierungserfah-

Tabelle 108. Vorhersage Konflikthäufigkeit in der aktuellen Geschwisterbeziehung (Individualdatensatz)

Prädiktor	Modell 1a	Modell 1b	Modell 2a	Modell 2b	Modell 3a	Modell 3b
Alter	−.09***	−.03	−.09***	−.03	−.08***	−.02
Geschlecht[1]						
weiblich	.05**	.02	.05**	.02	.04*	.02
Anderes	−.01	−.01	−.01	−.01	−.01	−.01
mit Partner zusammenlebend	−.05**	−.05***	−.05**	−.05***	−.05**	−.06***
Geschlecht Geschwister: weiblich	.06***	.06***	.06***	.06***	.06***	.06***
leibliche Geschwister	.04*	.02	.04*	.02	.04*	.02
älteres Geschwister	.01	.01	.01	.01	.01	.01
Altersabstand (ungerichtet)	.02	.09***	.02	.09***	.02	.09***
Trennung der Eltern	−.02	−.01	−.01	.00	−.01	−.01
psychische Probleme						
Ankerperson	−.03	−.03	−.02	−.02	−.03	−.02
Geschwister	.08***	.07***	.08***	.07***	.08***	.07***
Dauer Zusammenleben	.12***	.09***	.12***	.09***	.12***	.09***
Anzahl Viktimisierungserfahrungen						
leicht bis extrem	.08***	.01				
mittelschwer bis extrem			.05**	−.02		
Leicht			.04**	.01		
Art der Viktimisierung						
körperliche Misshandlung					−.02	−.04*
sexueller Missbrauch					.00	.00
emotionaler Missbrauch					.10***	.00
emotionale Vernachlässigung					−.03	−.02
körperliche Vernachlässigung					.01	.01
Miterleben von Partnerschaftsgewalt					.03	.03*
Geschwisterbeziehung in der Kindheit						
positive Merkmale		.05**		.05**		.05**
negative Merkmale		.31***		.31***		.31***
R^2	.05	.12	.05	.12	.05	.12
korrigiertes R^2	.04	.12	.04	.12	.05	.12
Standardfehler der Schätzung	0.88	0.85	0.88	0.85	0.88	0.85

Anmerkungen: standardisierte Regressionsgewichte; alle Modelle: n = 4 470 (97.85 %), mit Ausnahme Modell 2: n = 4 471 (97.87 %); [1] männlich als Referenzkategorie; *** $p < .001$; ** $p < .010$; * $p < .050$.

rungen war ein signifikanter Prädiktor für die Konflikthäufigkeit gemäß beiden Definitionen (Modell 1a und 2a), wenn nicht für die Qualität der Geschwisterbeziehung in der Kindheit kontrolliert wurde (Modell 1b und 2b). Das Ausmaß emotionalen Missbrauchs sagte in Modell 3a statistisch bedeutsam die Konflikthäufigkeit im Erwachsenenalter vorher. In Modell 3b zeigten sich signifikante Effekte für die Prädiktoren: Körperliche Misshandlung und Miterleben von Partnerschaftsgewalt. Wobei der Zusammenhang mit körperlicher Misshandlung negativ und der mit Miterleben von Partnerschaftsgewalt positiv gerichtet war.

10.4.2 Dyadische Ebene

Die Angabe der beiden Geschwister im Hinblick auf die Konflikthäufigkeit korrelierten signifikant und positiv miteinander (r = .40; $p < .001$; n = 866). Es bestand kein signifikanter Mittelwertunterschied zwischen älteren und jüngeren Geschwistern (ältere Geschwister: $M = 2.16$; $SD = 0.78$; n = 866; jüngere Geschwister: $M = 2.21$; $SD = 0.77$; n = 866; $t(865) = -1.84$; $p = .066$; $d = -0.07$; n = 866). Im Hinblick auf unterschiedliche Geschlechterkonstellationen bestanden sowohl bei den älteren ($F(3, 857) = 7.27$; $p < .001$; n = 861) als auch bei den jüngeren Geschwistern ($F(3, 857) = 3.73$; $p = .011$; n = 861) signifikante Unterschiede (Abbildung 43).

Abbildung 43. Konflikthäufigkeit im Erwachsenenalter nach Geschlechterkonstellation (Individualdatensatz)

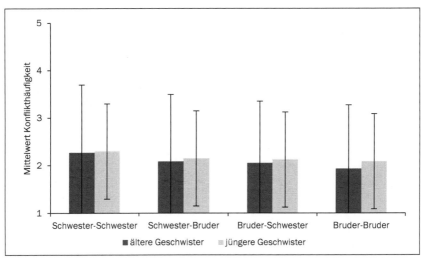

Anmerkungen: Schwester-Schwester: Schwester-Bruder: n = 162; Bruder-Schwester: n = 162; Bruder-Bruder: n = 93; Post-hoc Tests mit Korrektur nach Bonferroni: ältere Geschwister: Schwester-Schwester mit Bruder-Schwester ($p = .013$), mit Bruder-Bruder ($p = .001$), jüngere Geschwister: keine signifikanten Gruppenunterschiede.

Abbildung 44. Vorhersage Konflikthäufigkeit: Modell 1a (Dyadischer Datensatz)

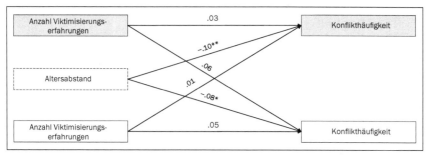

Anmerkungen: standardisierte Regressionsgewichte; n = 866; grau hinterlegte Variablen: ältere Geschwister; weiß hinterlegte Variablen: jüngere Geschwister; Viktimisierungserfahrungen: φ(ä, j) = .51***, φ(ä, Altersabstand) = .10**, φ(j, Altersabstand) = .07*; Konflikthäufigkeit: ζ(ä) = .60***, ζ(j) = .59***, ψ(ä, j) = .40***; *** p < .001; ** p < .010; * p < .050.

Abbildung 45. Vorhersage Konflikthäufigkeit: Modell 1b (Dyadischer Datensatz)

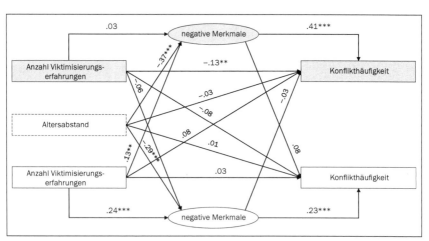

Anmerkungen: standardisierte Regressionsgewichte; n = 866; grau hinterlegte Variablen: ältere Geschwister; weiß hinterlegte Variablen: jüngere Geschwister; Viktimisierungserfahrungen: φ(ä, j) = .53***, φ(ä, Altersabstand) = .11**, φ(j, Altersabstand) = .02; negative Merkmale: ζ(ä) = .34***, ζ(j) = .34***, ψ(ä, j) = .24***; Konflikthäufigkeit: ζ(ä) = 39***, ζ(j) = .44***, ψ(ä, j) = .56***; *** p < .001; ** p < .010; * p < .050.

Anzahl verschiedener Viktimisierungserfahrungen: weite Definition

Der Modell-Fit war in Modell 1b ausreichend (Modell 1b: $X^2(103) = 660.33$; $p < .001$; n = 866; CMIN/DF = 6.41; GFI = .87; AGFI = .81; RMSEA = .08; AIC von 760.33 im Vergleich zu 306.00 im saturierten Modell und 1615.74 im Independence Modell). In Modell 1a (Abbildung 44) bestanden keine bedeutsamen Zusammenhänge zwischen der Anzahl verschiedener Viktimisierungserfahrungen und der Konflikthäufigkeit im Erwachsenenalter. Ein geringerer Altersabstand zwischen den Geschwistern ging mit mehr Konflikten einher. Wurde für negative Merkmale in der Ausgestaltung der Geschwisterbeziehung kontrolliert (Modell 1b; Abbildung 45), dann sagte die Anzahl verschiedener Viktimisierungserfahrungen des älteren Geschwisters signifikant die Konflikthäufigkeit im Erwachsenenalter vorher. Je mehr Viktimisierungserfahrungen das ältere Geschwister berichtete, desto niedriger war die Konflikthäufigkeit im Erwachsenenalter. Negative Merkmale der Ausgestaltung der Geschwisterbeziehung sagten das Ausmaß der Konflikthäufigkeit im Erwachsenenalter als Actor-Effekt vorher.

Anzahl verschiedener Viktimisierungserfahrungen: enge Definition
Der Modell-Fit war in Modell 2b ausreichend (Modell 2b: $X^2(123)$ = 685.60; p < .001; n = 866; CMIN/DF = 5.57; GFI = .89; AGFI = .83; RMSEA = .07; AIC von 819.60 im Vergleich zu 380.00 im saturierten Modell und 1783.70 im Independence Modell). In Modell 2a (Abbildung 46) lagen signifikante Actor- und Partner-Effekte der Anzahl mittelschwerer bis extremer Viktimisierungserfahrungen des jüngeren Geschwisters auf die Konflikthäufigkeit vor. Der Zusammenhang war negativ. Die Anzahl leichter Viktimisierungserfahrungen erhöhte die Konflikthäufigkeit im Erwachsenenalter. Wurde das Modell um die negativen Merkmale der Ausgestaltung der Geschwisterbeziehung ergänzt (Modell 2b; Abbildung 47), dann zeigte sich ein signifikanter und positiver Effekt der Anzahl leichter Viktimisierungserfahrungen des jüngeren Geschwisters auf die wahrgenommene Konflikthäufigkeit aus der Sicht beider Geschwister. Die Anzahl mittelschwerer bis extremer Viktimisierungserfahrungen des älteren Geschwisters hatte einen signifikanten und negativen Effekt auf die Konflikthäufigkeit, sowohl aus dem Bericht des älteren als auch aus dem des jüngeren Geschwisters. Je mehr Viktimisierungserfahrungen berichtet wurden, desto niedriger fiel die Konflikthäufigkeit aus.

Verschiedene Formen von Kindeswohlgefährdung
Modell 3 ist in Abbildung 48 dargestellt. Emotionaler Missbrauch beider Geschwister in der Kindheit sagte signifikant die Konflikthäufigkeit aus den Berichten des jüngeren Geschwisters vorher. Der Zusammenhang war positiv gerichtet. Das Ausmaß emotionaler Vernachlässigung des jüngeren Geschwisters wies einen statistisch bedeutsamen und negativ gerichteten Zusammenhang mit der berichteten Konflikthäufigkeit des älteren Geschwisters auf.

Abbildung 46. Vorhersage Konflikthäufigkeit: Modell 2a (Dyadischer Datensatz)

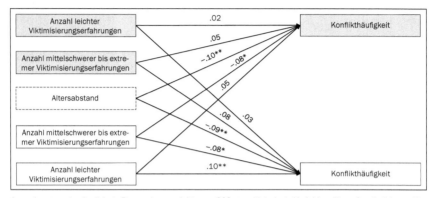

Anmerkungen: standardisierte Regressionsgewichte; n = 866; grau hinterlegte Variablen: ältere Geschwister; weiß hinterlegte Variablen: jüngere Geschwister; Viktimisierungserfahrungen: φ(ä schwer, j schwer) = .43***, φ(j, Altersabstand) = .01, φ(ä, Altersabstand) = .08*, φ(j schwer, j leicht) = .27***, φ(j leicht, Altersabstand) = .10**, φ(ä schwer, j leicht) = .25***, φ(ä leicht, j leicht) = .24***, φ(j schwer, ä leicht) = .29***, φ(ä leicht, Altersabstand) = .04, φ(ä schwer, ä leicht) = .29***; Konflikthäufigkeit: ζ(ä) = .60***, ζ(j) = .58***, ψ(ä, j) = .39***; *** p < .001; ** p < .010; * p < .050.

Abbildung 47. Vorhersage Konflikthäufigkeit: Modell 2b (Dyadischer Datensatz)

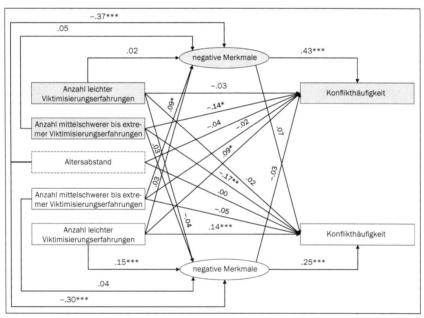

Anmerkungen: standardisierte Regressionsgewichte; n = 866; grau hinterlegte Variablen: ältere Geschwister; weiß hinterlegte Variablen: jüngere Geschwister; Viktimisierungserfahrungen: φ(ä schwer, j schwer) = .40***, φ(j, Altersabstand) = −.04, φ(ä, Altersabstand) = .04, φ(j schwer, j leicht) = .29***, φ(j leicht, Altersabstand) = .07, φ(ä schwer, j leicht) = .32***, φ(ä leicht, j leicht) = .25***, φ(j schwer, ä leicht) = .30***, φ(ä leicht, Altersabstand) = .10**, φ(ä schwer, ä leicht) = .33***; negative Merkmale: ζ(ä) = .33***, ζ(j) = .34***, ψ(ä, j) = .57***; Konflikthäufigkeit: ζ(ä) = .38***, ζ(j) = .42***, ψ(ä, j) = .19***; *** p < .001; ** p < .010; * p < .050.

Abbildung 48. Vorhersage Konflikthäufigkeit: Modell 3 (Dyadischer Datensatz)

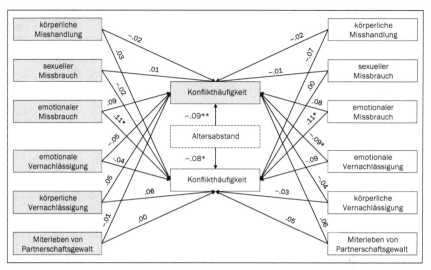

Anmerkungen: standardisierte Regressionsgewichte; n = 866; grau hinterlegte Variablen: ältere Geschwister; weiß hinterlegte Variablen: jüngere Geschwister; Formen von Kindeswohlgefährdung: φ s. Anhang, Spalte C; Konflikthäufigkeit: $\zeta(ä) = .59$ $\zeta(j) = .58$***, $\psi(ä, j) = .39$***; *** $p < .001$; ** $p < .010$; * $p < .050$.

10.5 Unterstützungsverhalten

10.5.1 Individualebene

Das Unterstützungsverhalten zwischen den Geschwistern korrelierte signifikant und hoch miteinander (r = .75; $p < .001$; n = 4568; Frauen: r = .76; $p < .001$; n = 3217; Männer: r = .70; $p < .001$; n = 1280). Im Hinblick auf das Ausmaß des Unterstützungsverhalten berichteten die Ankerpersonen signifikant häufiger, dass sich ihr Geschwister an sie um Hilfe und Unterstützung wandte als sie sich an ihr Geschwister (Unterstützung durch Geschwister: $M = 2.57$; $SD = 1.21$; n = 4568; Unterstützung für Geschwister: $M = 2.58$; $SD = 1.17$; n = 4568; $t(4567) = -0.83$; $p < .001$; $d = -0.01$).

Frauen berichteten signifikant mehr Unterstützungsverhalten für und durch das Geschwister. Über die Altersgruppen hinweg nahm das Unterstützungsverhalten signifikant ab. (Unterstützung durch das Geschwister: Haupteffekt Altersgruppe: $F(5) = 34.47$; $p < .001$; partielles $\eta^2 = .037$; Haupteffekt Geschlecht: $F(1) = 60.70$; $p < .001$; partielles $\eta^2 = .013$; Interaktionseffekt Altersgruppe und Geschlecht: $F(5) = 0.29$; $p = .919$; partielles $\eta^2 < .000$; korrigiertes $R^2 = .08$; n = 4551; Unterstützung für das Geschwister: Haupteffekt Altersgruppe: $F(5) = 23.72$; $p < .000$; partielles $\eta^2 = .025$; Haupteffekt Geschlecht: $F(1) = 41.17$; $p < $

.000; partielles η^2 = .007; Interaktionseffekt Altersgruppe und Geschlecht: $F(5)$ = 0.549; p = .739; partielles η^2 = .001; korrigiertes R^2 = .05; n = 4551).

Hinsichtlich der Geschlechterkonstellation der Geschwister bestanden signifikante Unterschiede bei beiden Variablen (Unterstützung durch Geschwister: $F(3, 4547)$ =105.29; p < .001; n = 4551; Unterstützung für Geschwister: $F(3, 4547)$ =100.69; p < .001; n = 4551). So berichteten Ankerpersonen aus Schwesternpaaren mehr Unterstützung durch das Geschwister als in allen anderen Konstellationen; weibliche Ankerpersonen, die einen Bruder hatten, berichteten signifikant mehr Unterstützungsverhalten durch das Geschwister, als Brüderpaare und Bruder-Schwester-Paare (signifikante Unterschiede in den Post-hoc Tests mit Korrektur nach Tamhane: alle p < .001). Für das Unterstützungsverhalten der Ankerperson gegenüber dem Geschwister zeigte sich das gleiche Muster, allerdings kein signifikanter Unterschied zwischen Schwester-Bruder-Paaren und Bruder-Schwester-Paaren (signifikante Unterschiede in den Post-hoc Tests mit Korrektur nach Tamhane: alle $p \leq .001$)

Regressionsanalyse

In den Tabellen 109 und 110 sind die Ergebnisse der Regressionsanalysen dargestellt. Alle Modelle waren signifikant von dem Nullmodell verschieden (Unterstützung durch Geschwister: Modell 1a: $F(17, 4452)$ = 66.35; p < .001; Modell 1b: $F(19, 4469)$ = 156.47; p < .001; Modell 2a: $F(18, 4452)$ = 63.27; p < .001; Modell 2b: $F(20, 4450)$ = 148.96; p < .001; Modell 3a: $F(22, 4447)$ = 53.95; p < .001; Modell 3b: $F(26, 4443)$ = 114.49; p < .001; Unterstützung für Geschwister: Modell 1a: $F(17, 4452)$ = 54.64; p < .001; Modell 1b: $F(19, 4469)$ = 122.84; p < .001; Modell 2a: $F(18, 4452)$ = 51.78; p < .001; Modell 2b: $F(20, 4450)$ = 116.73; p < .001; Modell 3a: $F(22, 4447)$ = 44.43; p < .001; Modell 3b: $F(26, 4443)$ = 89.89; p < .001). Die Veränderung zwischen den Schritten von a- zu b-Modell war signifikant (Unterstützung durch Geschwister: Modell 1: $F(2, 4450)$ = 736.24; p < .001; Modell 2: $F(2, 4450)$ = 732.98; p < .001; Modell 3: $F(2, 4445)$ = 705.54; p < .001; Unterstützung für Geschwister: Modell 1: $F(2, 4450)$ = 581.47; p < .001; Modell 2: $F(2, 4450)$ = 580.11; p < .001; Modell 3: $F(2, 4445)$ = 556.27; p < .001).

Das Alter der Ankerperson sowie weibliches Geschlecht und weibliches Geschlecht des Geschwisters waren signifikante Prädiktoren für die Vorhersage beider Kriterien des Unterstützungsverhaltens. Geschlechtszugehörigkeit der Ankerperson zur Kategorie „andere" sagte signifikant mehr Unterstützungsverhalten durch das Geschwister vorher, wenn nicht für die Qualität der Geschwisterbeziehung in der Kindheit kontrolliert wurde (a-Modelle). Leibliche Geschwister berichteten signifikant mehr wechselseitiges Unterstützungsverhalten der Geschwister. Je größer der Altersabstand war, desto mehr Unterstützungsverhalten wurde berichtet. Dies war jedoch nur ein signifikanter Prädiktor, wenn für die Qualität der Geschwisterbeziehung kontrolliert wurde (b-Modelle). Ältere Geschwister berichteten signifikant mehr Unterstützungsverhalten für das Geschwister (alle Modelle) und signifikant weniger Hilfe und Unterstützung durch das Geschwister (b-Modelle). Wenn sich die Eltern während der Kindheit der Ankerperson getrennt hatten, dann berichtete diese mehr Unterstützung und Fürsorge für das Geschwister. Je länger Geschwister zusammenlebten, desto mehr Unterstützung durch das Geschwister berichteten sie. Unterstützung für das Geschwister wurde durch die Dauer des Zusammenlebens nur signifikant in den a-Modellen vorhergesagt. Psychische Probleme des Geschwisters in der Kindheit gingen mit signifikant weniger Unterstützungsverhalten durch das Geschwister im Erwachsenenalter einher. Es war zudem ein signifikanter Prädiktor für mehr Unterstützung für das Geschwister, wenn nicht für die Qualität der Geschwisterbeziehung in der Kindheit kontrolliert wurde (a-Modelle). Eigene psychische Probleme in der Kindheit wiesen einen statistisch bedeutsamen und negativ gerichteten Zusammenhang mit der Unterstützung für das Geschwister in Modell 1a und 2a auf. Die Förderung der Geschwisterbeziehung durch beide Elternteile hatte einen signifikanten Einfluss auf das wechselseitige Unterstützungsverhalten, wenn nicht für die Qualität der Geschwisterbeziehung in der Kindheit kontrolliert wurde (a-Modelle). Die Benachteiligung durch die Mutter sagte in den Modellen 1a und 2a signifikant die Fürsorge für das Geschwister vorher. Sie war ein signifikanter Prädiktor für alle Modelle zur Vorhersage der Unterstützung durch das Geschwister, mit Ausnahme von Modell 2b. Die Qualität der Geschwisterbeziehung hatte hinsichtlich beider Merkmale einen signifikanten Einfluss. Der Zusammenhang war sowohl für negative als auch positive Merkmale positiv gerichtet. Die Anzahl verschiedener Viktimisierungserfahrungen gemäß beiden Definitionen sagte statistisch bedeutsam die Unterstützung für das Geschwister vorher, wenn nicht für die Qualität der Geschwisterbeziehung kontrolliert wurde (a-Modelle). Das Ausmaß an emotionaler Vernachlässigung und körperlicher Misshandlung waren ebenfalls signifikante Prädiktoren in Modell 3a zur Vorhersage der Unterstützung für das Geschwister. Wobei ersteres einen negatives und letzteres einen positiven Zusammenhang aufwies. Die Anzahl verschiedener Viktimisierungserfahrungen war ein signifikanter Prädiktor für Unterstützung durch das Geschwister (Modell 1 und 2). Das Ausmaß emotionaler Vernachlässigung ging in Modell 3a mit einem statistisch bedeutsamen verringerten Unterstützungsverhalten durch das Geschwister einher; das Ausmaß körperlicher Misshandlung und das Miterleben von Partnerschaftsgewalt mit mehr Unterstützung durch das Geschwister. Für Modell 3b war ausschließlich das Ausmaß körperlicher Vernachlässigung ein signifikanter Prädiktor.

Tabelle 109. Vorhersage Unterstützung durch das Geschwister (Individualdatensatz)

Prädiktor	Modell 1a	Modell 1b	Modell 2a	Modell 2b	Modell 3a	Modell 3b
Alter	−.12***	−.06***	−.12***	−.06***	−.12***	−.06***
Geschlecht[1]						
weiblich	.17***	.12***	.17***	.12***	.17***	.12***
anderes	.03*	.02	.03*	.02	.03*	.02
mit Partner zusammenlebend	−.05***	−.04**	−.05***	−.04**	−.05***	−.04**
Geschlecht Geschwister: weiblich	.15***	.09***	.15***	.09***	.15***	.09***
leibliche Geschwister	.06***	.04**	.06***	.04**	.07***	.04**
älteres Geschwister	.01	−.04**	.00	−.04**	.00	−.04**
Altersabstand (ungerichtet)	.02	.04**	.02	.04**	.02	.04**
Trennung der Eltern	.02	.01	.02	.01	.02	.00
psychische Probleme						
Ankerperson	−.01	.01	−.01	.01	−.01	.01
Geschwister	−.03*	−.04**	−.03*	−.04**	−.03*	−.04**
Dauer Zusammenleben	.10***	.04**	.10***	.04**	.10***	.04**
Benachteiligung durch						
Mutter	−.04**	−.03*	−.04**	−.03	−.04*	−.03*
Vater	.00	.00	.00	.00	.00	.00
Förderung der Geschw.-bez.						
Mutter	.11***	.00	.11***	−.01	.09***	−.01
Vater	.10***	.02	.10***	.01	.10***	.02
Anzahl Viktimisierungserfahrungen						
leicht bis extrem	−.10***	−.06***				
mittelschwer bis extrem			−.07***	−.05***		
leicht			−.07***	−.03**		
Art der Viktimisierung						
körperliche Misshandlung					.04*	−.01
sexueller Missbrauch					−.01	−.02
emotionaler Missbrauch					−.02	−.02
emotionale Vernachlässigung					−.15***	.00
körperliche Vernachlässigung					−.01	−.03*
Miterleben von Partnerschaftsgewalt					.03*	.01
Geschw.-bez. in der Kindheit						
positive Merkmale		.54***		.54***		.54***
negative Merkmale		.05***		.05***		.05***
R^2	.20	.40	.20	.40	.21	.40
korrigiertes R^2	.20	.40	.20	.40	.21	.40
Standardfehler der Schätzung	1.08	0.94	1.08	0.94	1.08	0.94

Anmerkungen: standardisierte Regressionsgewichte; alle Modelle: n = 4 470 (97.85 %), mit Ausnahme Modell 2: n = 4 471 (97.87 %); [1] männlich als Referenzkategorie; *** p < .001; ** p < .010; * p < .050.

Tabelle 110. Vorhersage Unterstützung für das Geschwister (Individualdatensatz)

Prädiktor	Modell 1a	Modell 1b	Modell 2a	Modell 2b	Modell 3a	Modell 3b
Alter	−.10***	−.05**	−.10***	−.05**	−.10***	−.05**
Geschlecht[1]						
weiblich	.13***	.08***	.13***	.08***	.13***	.08***
anderes	.02	.01	.02	.01	.02	.01
mit Partner zusammenlebend	−.02	−.01	−.02	−.01	−.03	−.01
Geschlecht Geschwister: weiblich	.18***	.13***	.18***	.13***	.18***	.12***
leibliche Geschwister	.06***	.04**	.06***	.04**	.06***	.04**
älteres Geschwister	.09***	.05***	.09***	.05***	.09***	.05***
Altersabstand (ungerichtet)	.02	.04*	.02	.04*	.02	.04*
Trennung der Eltern	.04**	.03*	.04**	.03*	.04**	.03*
psychische Probleme						
Ankerperson	−.03*	−.01	−.03*	−.01	−.03	−.01
Geschwister	.03*	.02	.03*	.02	.03*	.02
Dauer Zusammenleben	.09***	.03	.09***	.03	.09***	.03
Benachteiligung durch						
Mutter	−.03*	−.02	−.03*	−.02	−.03	−.02
Vater	.00	.00	.00	.00	.00	.00
Förderung der Geschw.-bez.						
Mutter	.11***	.00	.11***	.00	.08***	.00
Vater	.12***	.03	.12***	.03	.11***	.03
Anzahl Viktimisierungserfahrungen						
leicht bis extrem	−.05**	−.01				
mittelschwer bis extrem			−.03	−.01		
leicht			−.04**	.00		
Art der Viktimisierung						
körperliche Misshandlung					.03*	−.01
sexueller Missbrauch					.01	.00
emotionaler Missbrauch					.01	.00
emotionale Vernachlässigung					−.13***	.01
körperliche Vernachlässigung					.01	−.02
Miterleben von Partnerschaftsgewalt					.02	.00
Geschw.-bez. in der Kindheit						
positive Merkmale		.50***		.50***		.50***
negative Merkmale		.05**		.05**		.05**
R^2	.17	.34	.17	.34	.18	.34
korrigiertes R^2	.17	.34	.17	.34	.18	.34
Standardfehler der Schätzung	1.07	0.95	1.07	0.95	1.06	0.95

Anmerkungen: standardisierte Regressionsgewichte; alle Modelle: n = 4 470 (97.85 %). mit Ausnahme Modell 2: n = 4 471 (97.87 %); [1] männlich als Referenzkategorie; *** $p < .001$; ** $p < .010$; * $p < .050$.

10.5.2 Dyadische Ebene

Das wechselseitige Unterstützungsverhalten zwischen den Geschwistern korrelierte sowohl signifikant und positiv miteinander innerhalb beider Variablen (Unterstützung durch Geschwister: r = .48; $p < .001$; n = 866; Unterstützung für das Geschwister: r = .49; $p < .001$; n = 866) als auch zwischen beiden Variablen (Unterstützung des älteren durch das jüngere Geschwister: r = .56; $p < .001$; n = 866; Unterstützung des jüngeren durch das ältere Geschwister: r = .57; $p < .001$; n = 866). Es bestanden signifikante Unterschiede hinsichtlich des Unterstützungsverhaltens zwischen älteren und jüngeren Geschwistern. So berichteten jüngere Geschwister häufiger, dass sie sich an das andere Geschwister um Unterstützung und Hilfe wandten, als ältere Geschwister (ältere Geschwister: M = 2.92; SD = 1.16; n = 866; jüngere Geschwister: M = 3.07; SD = 1.57; n = 866; $t(865) = -3.59$; $p < .001$; $d = -0.12$; n = 866) und ältere Geschwister berichteten, dass sich ihr Geschwister häufiger an sie um Hilfe wandte, als jüngere dieses Verhalten von ihren älteren Geschwistern berichteten (ältere Geschwister: M = 2.88; SD = 1.09; n = 866; jüngere Geschwister: M = 2.75; SD = 1.09; n = 866; $t(865) = -3.26$; $p = .001$; $d = 0.11$; n = 866). In den verschiedenen Geschlechterkonstellationen ergaben sich sowohl für die älteren (Unterstützung durch das Geschwister: $F(3, 857) = 31.96$; $p < .001$; n = 861; Unterstützung für Geschwister: $F(3, 857) = 28.18$; $p < .001$; n = 861) als auch die jüngeren Geschwister (Unterstützung durch das Geschwister: $F(3, 857) = 16.20$; $p < .001$; n = 861; Unterstützung für Geschwister: $F(3, 857) = 21.44$; $p < .001$; n = 861) bedeutsame Mittelwertunterschiede in beiden Variablen (Tabelle 111). In den Post-hoc Tests zeigten sich bei allen Vergleichen die Schwesternpaare als signifikant von allen anderen Geschlechterkonstellationen ($p \leq .001$) verschieden und zwar dahingehend, dass sie mehr Unterstützungsverhalten berichteten.

Tabelle 111. Unterstützungsverhalten nach Geschlechterkonstellation (Dyadischer Datensatz)

Geschlechter-konstellation		Unterstützung durch G.				Unterstützung für G.			
		älteres G.		jüngeres G.		älteres G.		jüngeres G.	
	n	M	SD	M	SD	M	SD	M	SD
Schwester-Schwester	444	3.24	1.13	3.32	1.15	3.18	1.10	3.02	1.09
Schwester-Bruder	162	2.85	1.02	2.79	1.08	2.71	0.90	2.61	1.04
Bruder-Schwester	162	2.41	1.07	2.85	1.09	2.48	1.02	2.40	1.04
Bruder-Bruder	93	2.39	1.10	2.71	1.03	2.41	0.94	2.32	0.90
gesamt	866	2.92	1.16	3.07	1.15	2.88	1.09	2.75	1.09

Anzahl verschiedener Viktimisierungserfahrungen: weite Definition

Modell 1b wies einen ausreichenden Modell-Fit auf (Modell 1b $X^2(76)$ = 571.16; $p < .001$; n = 866; CMIN/DF = 7.52; GFI = .91; AGFI = .84; RMSEA = .09; AIC von 691.16 im Vergleich zu 272.00 im saturierten Modell und 2205.90 im Independence Modell). Die Anzahl verschiedener Viktimisierungserfahrungen des jüngeren Geschwisters hatte einen signifikanten Effekt auf das Unterstützungsverhalten des jüngeren Geschwisters und die Unterstützung durch das jüngere Geschwister aus der Sicht des älteren Geschwisters (Modell 1a; Abbildung 49).

In Modell 1b (Abbildung 50) zeigte sich ein signifikanter und negativ gerichteter Zusammenhang zwischen der Anzahl verschiedener Viktimisierungserfahrungen des jüngeren Geschwisters und der Unterstützung durch das Geschwister aus der Sicht des jüngeren Geschwisters. Die Anzahl verschiedener Viktimisierungserfahrungen des älteren Geschwisters sagte bedeutsam die Unterstützung durch das Geschwister aus der Sicht des jüngeren Geschwisters vorher. Der Zusammenhang war positiv. Das Ausmaß positiver Merkmale der Ausgestaltung der Geschwisterbeziehung in der Kindheit sagte sowohl als Actor- als auch als Partner-Effekt für beide Geschwister bedeutsam das Unterstützungsverhalten im Erwachsenenalter vorher.

Anzahl verschiedener Viktimisierungserfahrungen: enge Definition

Die Passung von Modell 2b war ausreichend (Modell 2b: $X^2(98)$ = 604.01; $p < .001$; n = 866; CMIN/DF = 6.16; GFI = .92; AGFI = .87; RMSEA = .08; AIC von 750.01 im Vergleich zu 342.00 im saturierten Modell und 2424.83 im Independence Modell). In Modell 2a (Abbildung 51) bestanden signifikante Effekte der Anzahl leichter Viktimisierungserfahrungen des jüngeren Geschwisters auf das Unterstützungsverhalten des jüngeren Geschwisters für das ältere aus der Sicht des jüngeren und aus der Sicht des älteren Geschwisters. Die Effekte wurden vollständig durch das Ausmaß positiver Merkmale in der Ausgestaltung der Geschwisterbeziehung in der Kindheit mediiert (Modell 2b; Abbildung 52). Es zeigte sich zudem ein signifikanter und negativer Effekt der Anzahl leichter Viktimisierungserfahrungen des jüngeren Geschwisters auf das Ausmaß der Unterstützung für das Geschwister aus dem Bericht des älteren Geschwisters.

Verschiedene Formen von Kindeswohlgefährdung

Es zeigten sich in Modell 3 (Tabelle 112) signifikante Actor-Effekte des Ausmaßes der emotionalen Vernachlässigung auf die Unterstützung durch das Geschwister sowie für das Geschwister. Zudem lag ein statistisch bedeutsamer Partner-Effekt des Ausmaßes emotionaler Vernachlässigung des jüngeren Geschwisters auf die Unterstützung für das Geschwister aus den Berichten des älteren Geschwisters vor.

Abbildung 49. Vorhersage Unterstützungsverhalten: Modell 1a (Dyadischer Datensatz)

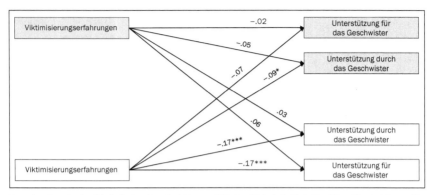

Anmerkungen: standardisierte Regressionsgewichte; n = 866; grau hinterlegte Variablen: ältere Geschwister; weiß hinterlegte Variablen: jüngere Geschwister; Viktimisierungserfahrungen: φ(ä, j) = .51***; Unterstützung: ζ(ä durch j) = 1.35***, ζ(j durch ä) = 1.28***, ζ(ä für j) = 1.17***, ζ(j für ä) = 1.17***, ψ(j durch ä, ä für j) = .57***, ψ(ä durch j, j für ä) = .55***, ψ(ä für j, j für ä) = .48***, ψ(ä durch j, j durch ä) = .47***, ψ(ä durch j, ä für j) = .76***, ψ(j durch ä, j für ä) = .69***; *** p < .001; ** p < .010; * p < .050.

Abbildung 50. Vorhersage Unterstützungsverhalten: Modell 1b (Dyadischer Datensatz)

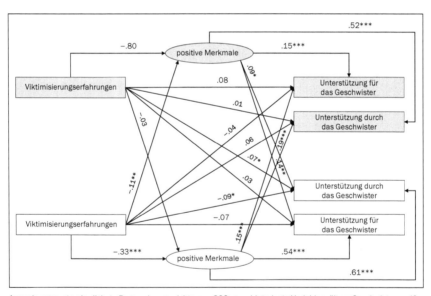

Anmerkungen: standardisierte Regressionsgewichte; n = 866; grau hinterlegte Variablen: ältere Geschwister; weiß hinterlegte Variablen: jüngere Geschwister; Viktimisierungserfahrungen: φ(ä, j) = .47***; positive Merkmale: ζ(ä) = .28***, ζ(j) = .31***, ψ(ä, j) = .66***; Unterstützung: ζ(ä durch j) = .76***, ζ(j durch ä) = .66***, ζ(ä für j) = .76***, ζ(j für ä) = .65***, ψ(j durch ä, ä für j) = .39***, ψ(ä durch j, j für ä) = .41***, ψ(ä für j, j für ä) = .35***, ψ(ä durch j, j durch ä) = .35***, ψ(ä durch j, ä für j) = .70***, ψ(j durch ä, j für ä) = .63***; *** p < .001; ** p < .010; * p < .050.

Abbildung 51. Vorhersage Unterstützungsverhalten: Modell 2a (Dyadischer Datensatz)

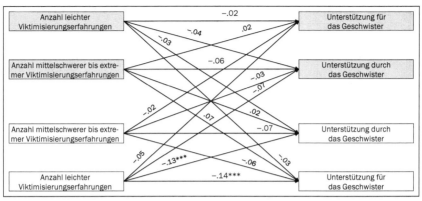

Anmerkungen: standardisierte Regressionsgewichte; n = 866; grau hinterlegte Variablen: ältere Geschwister; weiß hinterlegte Variablen: jüngere Geschwister; Viktimisierungserfahrungen: φ(ä schwer, j schwer) = .43***, φ(j schwer, j leicht) = .27***, φ(ä schwer, j leicht) = .25***, φ(j schwer, ä leicht) = .29***, φ(ä schwer, ä leicht) = .29***, φ(ä leicht, j leicht) = .24***; Unterstützung: ζ(ä durch j) = 1.31***, ζ(j durch ä) = 1.28***, ζ(ä für j) = 1.17***, ζ(j für ä) = 1.16***, ψ(j durch ä, ä für j) = .57***, ψ(ä durch j, j für ä) = .55***, ψ(ä für j, j für ä) = .48***, ψ(ä durch j, j durch ä) = .47***, ψ(ä durch j, ä für j) = .76***, ψ(j durch ä, j für ä) = .69***;*** p < .001; ** p < .010; * p < .050.

Abbildung 52. Vorhersage Unterstützungsverhalten: Modell 2b (Dyadischer Datensatz)

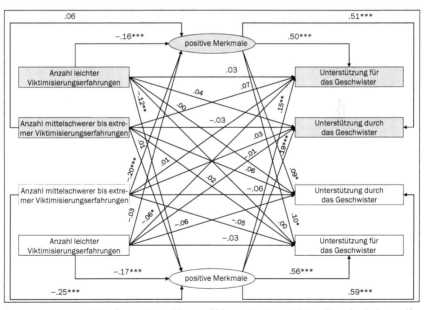

Anmerkungen: standardisierte Regressionsgewichte; n = 866; grau hinterlegte Variablen: ältere Geschwister; weiß hinterlegte Variablen: jüngere Geschwister; Viktimisierungserfahrungen: φ(ä schwer, j schwer) = .40***, φ(j schwer, j leicht) = .34***, φ(ä schwer, j leicht) = .23***, φ(j schwer, ä leicht) = .25***, φ(ä schwer, ä leicht) = .36***, φ(ä leicht, j leicht) = .22***; positive Merkmale: ζ(ä) = .28***, ζ(j) = .31***, ψ(ä, j) = .64***; Unterstützung: ζ(ä durch j) = .76***, ζ(j durch ä) = .65***, ζ(ä für j) = .75***, ζ(j für ä) = .65***, ψ(j durch ä, ä für j) = .38***, ψ(ä durch j, j für ä) = .41***, ψ(ä für j, j für ä) = .35***, ψ(ä durch j, j durch ä) = .35***, ψ(ä durch j, ä für j) = .70***, ψ(j durch ä, j für ä) = .63***;*** p < .001; ** p < .010; * p < .050.

Tabelle 112. Vorhersage Unterstützungsverhalten: Modell 3 (Dyadischer Datensatz)

Kombination von exogenen und endogenen Variablen	Actor-Effekte		Partner-Effekte	
	ältere Geschw.	jüngere Geschw.	ältere auf jüngere Geschw.	jüngere auf ältere Geschw.
Unterstützung durch das Geschwister				
körperliche Misshandlung	-.04	-.05	.09	.00
sexueller Missbrauch	.01	-.03	-.02	-.04
emotionaler Missbrauch	.04	.01	-.03	.04
emotionale Vernachlässigung	-.15**	-.16**	.04	-.06
körperliche Vernachlässigung	.01	.01	-.07	-.01
Miterleben von Partnerschaftsgewalt	.04	.01	.03	-.03
Unterstützung für das Geschwister				
körperliche Misshandlung	.06	.00	.02	.00
sexueller Missbrauch	-.03	-.05	.04	-.01
emotionaler Missbrauch	.09	.02	.05	.08
emotionale Vernachlässigung	-.13**	-.15**	-.02	-.11*
körperliche Vernachlässigung	.02	-.03	-.01	-.02
Miterleben von Partnerschaftsgewalt	.04	.00	.00	-.02

Anmerkungen: standardisierte Regressionsgewichte; n = 865; Formen von Kindeswohlgefährdung: φ s. Anhang, Spalte C; Unterstützung: ζ(ä durch j) = 1.29***, ζ(j durch ä) = 1.27***, ζ(ä für j) = 1.14***, ζ(j für ä) = 1.17***, ψ(j durch ä, ä für j) = .57***, ψ(ä durch j, j für ä) = .56***, ψ(ä für j, j für ä) = .48***, ψ(ä durch j, j durch ä) = .48***, ψ(ä durch j, ä für j) = .76***, ψ(j durch ä, j für ä) = .69***; *** p < .001; ** p < .010; * p < .050.

10.6 Verlässliche Allianz

10.6.1 Individualebene

47.00 % der Studienteilnehmenden (n = 2 147) gaben an, dass sie sehr sicher sind, dass die Beziehung zu ihrem Geschwister weiter bestehen bleibt, 29.09 % (n = 1 329) waren sich sicher. 7.07 % (n = 323) berichteten, dass sie sehr unsicher sind und 5.10 % (n = 233), dass sie unsicher sind, inwieweit die Beziehung zu ihrem Geschwister bestehen bleibt.

Es bestanden keine signifikanten Unterschiede zwischen den Angaben von Frauen und Männern hinsichtlich des Ausmasses an verlässlicher Allianz. Mit zunehmendem Alter nahm das Ausmaß an verlässlicher Allianz signifikant bis zu der Gruppe 50- bis 59-Jährigen ab. In der Gruppe der über 60-Jährigen bestanden nur signifikante Unterschiede zu der Gruppe der 50- bis 59-Jährigen. Die über 60-Jährigen berichteten ein höheres Ausmaß an verlässlicher Allianz

(Haupteffekt Altersgruppe: $F(5) = 20.80$; $p < .001$; partielles $\eta^2 = .016$; Haupteffekt Geschlecht: $F(1) = 0.23$; $p = .632$; partielles $\eta^2 < .001$; Interaktionseffekt Altersgruppe und Geschlecht: $F(4) = 1.14$; $p = .338$; partielles $\eta^2 = .001$; korrigiertes $R^2 = .02$; n = 4554). Im Hinblick auf die Geschlechterkonstellation der Geschwister ergaben sich ebenfalls signifikante Mittelwertunterschiede ($F(3, 4547) = 4.13$; $p < .001$; n = 4547) und zwar dahingehend, dass Ankerpersonen von Schwesternpaaren signifikant mehr verlässliche Allianz berichteten als Schwester-Bruder-Paare (Post-hoc Tests mit Korrektur nach Bonferroni: $p = .007$).

Regressionsanalyse

Alle in Tabelle 113 dargestellten Modelle waren signifikant von einem Nullmodell verschieden (Modell 1a: $F(17, 4452) = 65.22$; $p < .001$; Modell 1b: $F(19, 4469) = 99.53$; $p < .001$; Modell 2a: $F(18, 4452) = 62.34$; $p < .001$; Modell 2b: $F(20, 4450) = 95.28$; $p < .001$; Modell 3a: $F(22, 4447) = 54.04$; $p < .001$; Modell 3b: $F(24, 4445) = 79.95$; $p < .001$). Die Veränderung zwischen den Schritten von a- zu b-Modell war signifikant (Modell 1: $F(2, 4450) = 313.36$; $p < .001$; Modell 2: $F(2, 4450) = 313.08$; $p < .001$; Modell 3: $F(2, 4445) = 288.15$; $p < .001$). Folgende Prädiktoren sagten statistisch bedeutsam das Ausmaß verlässlicher Allianz vorher: Gab die Ankerperson als Geschlecht anderes an, dann berichtete sie ein geringeres Ausmaß an verlässlicher Allianz. Leibliche Geschwister berichteten ein höheres Ausmaß an verlässlicher Allianz, ebenso solche Geschwister, die von ihren Eltern in der Gestaltung der Geschwisterbeziehung gefördert wurden. Die Benachteiligung durch die Mutter war nur ein signifikanter Prädiktor, wenn nicht für die Qualität der Geschwisterbeziehung kontrolliert wurde (a-Modelle). Dies galt ebenso für Ankerpersonen, die in Bezug auf ein jüngeres Geschwister antworteten, und Personen, die mit einem Partner zusammenlebten (a-Modelle). Negativ auf das Ausmaß der verlässlichen Allianz wirkten sich ein großer Altersunterschied sowie das Vorliegen einer psychischen Störung bei dem Geschwister in der Kindheit aus. Merkmale der Geschwisterbeziehung in der Kindheit waren ebenfalls signifikante Prädiktoren, wobei positive Merkmale das Ausmaß an verlässlicher Allianz erhöhten, negative Merkmale sie verringerten. Viktimisierungserfahrungen in der Kindheit trugen signifikant zu einem geringeren Ausmaß an verlässlicher Allianz bei (Modelle 1a und 2a). Die Vorhersagekraft wurde durch die zusätzliche Kontrolle für die Qualität der Geschwisterbeziehung in der Kindheit leicht verringert (Modelle 1b und 2b). Das Ausmaß emotionalen Missbrauchs und emotionaler Vernachlässigung waren signifikante Prädiktoren in Modell 3a. In Modell 3b sagte zudem das Ausmaß sexuellen Missbrauchs verlässliche Allianz statistisch bedeutsam vorher. Alle Formen von Viktimisierungserfahrungen gingen mit einem verringerten Ausmaß an verlässlicher Allianz einher.

Tabelle 113. Vorhersage verlässliche Allianz (Individualdatensatz)

Prädiktor	Modell 1a	Modell 1b	Modell 2a	Modell 2b	Modell 3a	Modell 3b
Alter	−.01	.00	−.01	.00	−.01	.00
Geschlecht[1]						
weiblich	.02	.00	.03	.00	.03	.00
anderes	−.04**	−.04***	−.04**	−.05***	−.04**	−.05***
mit Partner zusammenlebend	−.03*	−.02	−.03*	−.02	−.03*	−.02
Geschlecht Geschwister: weiblich	.04**	.00	.04**	.00	.04**	.00
leibliche Geschwister	.09***	.08***	.09***	.09***	.09***	.09***
älteres Geschwister	.04**	.01	.04**	.01	.04*	.00
Altersabstand (ungerichtet)	−.02	−.04*	−.02	−.04*	−.02	−.04*
Trennung der Eltern	.03	.01	.02	.01	.03	.01
psychische Probleme						
Ankerperson	−.01	.00	−.01	.00	.00	.01
Geschwister	−.04**	−.04**	−.04**	−.04**	−.03*	−.03**
Dauer Zusammenleben	.02	−.01	.02	−.01	.02	−.01
Benachteiligung durch						
Mutter	−.05**	−.03	−.05**	−.02	−.04*	−.02
Vater	−.01	.00	−.01	.00	.00	.00
Förderung der Geschw.-bez.						
Mutter	.15***	.08***	.14***	.07**	.11***	.06**
Vater	.11***	.05*	.11***	.05*	.10***	.04*
Anzahl Viktimisierungserfahrungen						
leicht bis extrem	−.19***	−.14***				
mittelschwer bis extrem			−.17***	−.13***		
leicht			−.09***	−.05***		
Art der Viktimisierung						
körperliche Misshandlung					.02	−.01
sexueller Missbrauch					−.02	−.03*
emotionaler Missbrauch					−.09***	−.06**
emotionale Vernachlässigung					−.18***	−.09***
körperliche Vernachlässigung					−.01	−.02
Miterleben von Partnerschaftsgewalt					.00	−.01
Geschw.-bez. in der Kindheit						
positive Merkmale		.33***		.33***		.32***
negative Merkmale		−.11***		−.10***		−.10***
R²	.20	.30	.20	.30	.21	.30
korrigiertes R²	.20	.30	.20	.30	.21	.30
Standardfehler der Schätzung	1.07	1.01	1.07	1.00	1.07	1.00

Anmerkungen: standardisierte Regressionsgewichte; alle Modelle: n = 4 470 (97.85 %), mit Ausnahme Modell 2: n = 4 471 (97.87 %); [1] männlich als Referenzkategorie; *** $p < .001$; ** $p < .010$; * $p < .050$.

10.6.2 Dyadische Ebene

Die Angaben beider Geschwister im Hinblick auf die Verlässlichkeit der Beziehung korrelierten signifikant und positiv miteinander (r = .34; $p < .001$; n = 866). Es bestanden keine signifikanten Unterschiede zwischen den Angaben der älteren und der jüngeren Geschwister (ältere Geschwister: $M = 4.44$; $SD = 0.85$; n = 866; jüngere Geschwister: $M = 4.37$; $SD = 0.94$; n = 866; $t(865) = 1.84$; $p = .066$; $d = -0.07$; n = 866), sowie keine Unterscheide hinsichtlich der Geschlechterkonstellation beider Geschwister (ältere Geschwister: $F(3, 857) = 0.66$; $p = .575$; n = 861; jüngere Geschwister: $F(3, 857) = 0.30$; $p = .824$; n = 861).

Anzahl verschiedener Viktimisierungserfahrungen: weite Definition
Die Modellpassung war bei Modell 1b als ausreichend einzustufen (Modell 1b: $X^2(66) = 510.58$; $p < .001$; n = 866; CMIN/DF = 7.74; GFI = .90; AGFI = .85; RMSEA = .09; AIC von 588.58 im Vergleich zu 210.00 im saturierten Modell und 1432.97 im Independence Modell). In Modell 1a (Abbildung 53) lagen im Hinblick auf alle Pfade signifikante und negativ gerichtete Effekte vor, die auf ein geringeres Ausmaß an verlässlicher Allianz bei einer hohen Anzahl verschiedener Viktimisierungserfahrungen bei den Geschwistern verwiesen. Der Zusammenhang wurde vollständig durch das Ausmaß an positiven Merkmalen der Ausgestaltung der Geschwisterbeziehung in der Kindheit mediiert (Modell 1b; Abbildung 54).

Anzahl verschiedener Viktimisierungserfahrungen: enge Definition
Für Modell 2b lag ein ausreichender Modell-Fit vor (Modell 2b: $X^2(82) = 516.86$; $p < .001$; n = 866; CMIN/DF = 6.30; GFI = .92; AGFI = .87; RMSEA = .08; AIC von 624.86 im Vergleich zu 272.00 im saturierten Modell und 1625.73 im Independence Modell). Es bestanden in Modell 2a (Abbildung 55) signifikante Actor- und Partner-Effekte der Anzahl mittelschwerer bis extremer Viktimisierungserfahrungen des älteren und der Anzahl leichter Viktimisierungserfahrungen des jüngeren Geschwisters auf die verlässliche Allianz. Dieser Zusammenhang wurde bei Berücksichtigung des Ausmaßes positiver Merkmale der Ausgestaltung der Geschwisterbeziehung vollständig mediiert (Modell 2b; Abbildung 56).

Verschiedene Formen von Kindeswohlgefährdung
Das Ausmaß emotionaler Vernachlässigung trug als Actor-Effekt bei beiden Geschwistern bedeutsam zu einer schlechteren Einschätzung der verlässlichen Allianz bei. Zudem lag ein signifikanter Partner-Effekt des Ausmaßes körperlicher Misshandlung des älteren Geschwisters auf die berichtete verlässliche Allianz des jüngeren Geschwisters vor (Abbildung 57).

Abbildung 53. Vorhersage verlässliche Allianz: Modell 1a (Dyadischer Datensatz)

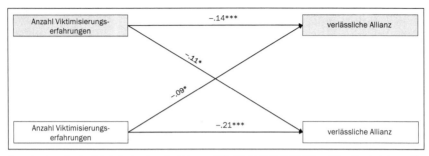

Anmerkungen: standardisierte Regressionsgewichte; n = 866; grau hinterlegte Variablen: ältere Geschwister; weiß hinterlegte Variablen: jüngere Geschwister; Viktimisierungserfahrungen: φ(ä, j) = .51***; verlässliche Allianz: ζ(ä) = .69***, ζ(j) = .82***, ψ(ä, j) = .30***; *** $p < .001$; ** $p < .010$; * $p < .050$.

Abbildung 54. Vorhersage verlässliche Allianz: Modell 1b (Dyadischer Datensatz)

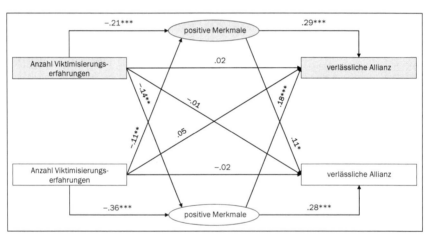

Anmerkungen: standardisierte Regressionsgewichte; n = 866; grau hinterlegte Variablen: ältere Geschwister; weiß hinterlegte Variablen: jüngere Geschwister; Viktimisierungserfahrungen: φ(ä, j) = .45***; positive Merkmale: ζ(ä) = .31***, ζ(j) = .34***, ψ(ä, j) = .65***; verlässliche Allianz: ζ(ä) = .54***, ζ(j) = .58***, ψ(ä, j) = .19***; *** $p < .001$; ** $p < .010$; * $p < .050$.

Abbildung 55. Vorhersage verlässliche Allianz: Modell 2a (Dyadischer Datensatz)

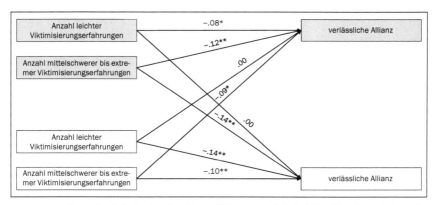

Anmerkungen: standardisierte Regressionsgewichte; n = 866; grau hinterlegte Variablen: ältere Geschwister; weiß hinterlegte Variablen: jüngere Geschwister; Viktimisierungserfahrungen: φ(ä schwer, j schwer) = .42***, φ(ä schwer, ä leicht) = .29***, φ(ä leicht, j leicht) = .24***, φ(j schwer, j leicht) = .27***, φ(j schwer, ä leicht) = .29***, φ(ä schwer, j leicht) = .25***; verlässliche Allianz: ζ(ä) = .69***, ζ(j) = .81***, ψ(ä, j) = .30***; *** p < .001; ** p < .010; * p < .050.

Abbildung 56. Vorhersage verlässliche Allianz: Modell 2b (Dyadischer Datensatz)

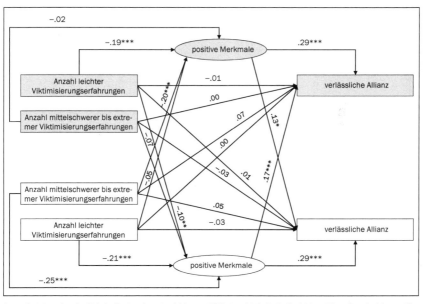

Anmerkungen: standardisierte Regressionsgewichte; n = 866; grau hinterlegte Variablen: ältere Geschwister; weiß hinterlegte Variablen: jüngere Geschwister; Viktimisierungserfahrungen: φ(ä schwer, j schwer) = .39***, φ(ä schwer, ä leicht) = .36***, φ(ä leicht, j leicht) = .25***, φ(j schwer, j leicht) = .33***, φ(j schwer, ä leicht) = .28***, φ(ä schwer, j leicht) = .17***; positive Merkmale: ζ(ä) = .30***, ζ(j) = .33***, ψ(ä, j) = .63***; verlässliche Allianz: ζ(ä) = .54***, ζ(j) = .58***, ψ(ä, j) = .19***; *** p < .001; ** p < .010; * p < .050.

Abbildung 57. Vorhersage verlässliche Allianz: Modell 3 (Dyadischer Datensatz)

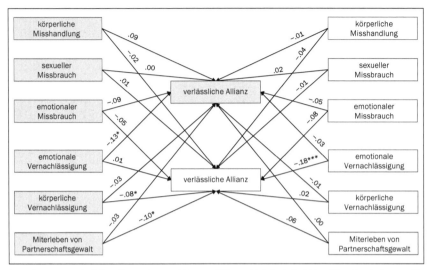

Anmerkungen: standardisierte Regressionsgewichte; n = 865; grau hinterlegte Variablen: ältere Geschwister; weiß hinterlegte Variablen: jüngere Geschwister; Formen von Kindeswohlgefährdung: φ s. Anhang, Spalte C; verlässliche Allianz: ζ(ä) = .68***, ζ(j) = .80***, ψ(ä, j) = .30***; *** $p < .001$; ** $p < .010$; * $p < .050$.

10.7 Zufriedenheit

10.7.1 Individualebene

28.68 % der Studienteilnehmenden (n = 1310) berichteten, dass sie sehr zufrieden mit ihrer Geschwisterbeziehung sind, 37.41 % (n = 1709) gaben an, dass sie zufrieden sind. 8.56 % (n = 391) gaben an, dass sie gar nicht zufrieden sind, 8.56 % (n = 391), dass sie wenig zufrieden sind. Über das Alter zeigte sich eine Abnahme der Zufriedenheit der Ankerpersonen mit der Geschwisterbeziehung, mit Ausnahme der Gruppe der über 60-Jährigen. Diese unterschied sich von keiner anderen Altersgruppe signifikant (Haupteffekt Altersgruppe: $F(5) = 8.93$; $p < .001$; partielles $\eta^2 = .010$; Haupteffekt Geschlecht: $F(1) = 0.40$; $p = .527$; partielles $\eta^2 < .001$; Interaktionseffekt Altersgruppe und Geschlecht: $F(5) = 0.92$; $p = .469$; partielles $\eta^2 = .001$; korrigiertes $R^2 = .01$; n = 4550). Im Hinblick auf die Geschlechterkonstellation der Geschwister ergaben sich ebenfalls signifikante Mittelwertunterschiede ($F(3, 4546) = 10.13$; $p < .001$; n = 4550) und zwar dahingehend, dass in Schwesternpaaren ein signifikant höhere Zufriedenheit berichteten als Schwester-Bruder-Paare und Brüderpaare (signifikante Unterschiede in den Post-hoc Tests mit Korrektur nach Tamhane: Schwester-Schwester mit Schwester-Bruder ($p < .001$), mit Bruder-Bruder ($p = .018$)).

Tabelle 114. Vorhersage Zufriedenheit mit der aktuellen Geschwisterbeziehung (Individualdatensatz)

Prädiktor	Modell 1a	Modell 1b	Modell 2a	Modell 2b	Modell 3a	Modell 3b
Alter	.00	.01	.00	.01	−.01	.01
Geschlecht[1]						
weiblich	.03	−.01	.03	.00	.02	.00
anderes	−.02	−.03	−.02	−.03	−.02	−.03*
mit Partner zusammenlebend	−.05**	−.04**	−.05**	−.04**	−.05**	−.04**
Geschlecht Geschwister: weiblich	.07***	.04**	.07***	.04**	.07***	.04**
leibliche Geschwister	.06***	.06***	.07***	.06***	.07***	.06***
älteres Geschwister	.03*	.00	.04*	.00	.03	.00
Altersabstand (ungerichtet)	.04*	.04*	.04*	.04*	.05*	.04*
Trennung der Eltern	.01	.00	.00	−.01	.01	.00
psychische Probleme						
Ankerperson	−.04**	−.03*	−.04**	−.03*	−.03*	−.03*
Geschwister	−.04**	−.04**	−.04**	−.04**	−.04**	−.04**
Dauer Zusammenleben	.05**	.02	.05**	.02	.05*	.02
Benachteiligung durch						
Mutter	−.07***	−.05**	−.07***	−.04**	−.06**	−.04*
Vater	.01	.01	.01	.01	.01	.01
Förderung der Gesch.-bez.						
Mutter	.07**	−.01	.06**	−.01	.04	−.01
Vater	.10***	.04	.10***	.04*	.09***	.04
Anzahl Viktimisierungserfahrungen						
leicht bis extrem	−.18***	−.14***				
mittelschwer bis extrem			−.13***	−.11***		
leicht			−.10***	−.07***		
Art der Viktimisierung						
körperliche Misshandlung					.04*	.01
sexueller Missbrauch					−.02	−.03*
emotionaler Missbrauch					−.04*	−.02
emotionale Vernachlässigung					−.17***	−.09***
körperliche Vernachlässigung					−.02	−.04*
Miterleben von Partnerschaftsgewalt					−.02	−.03*
Geschwi.-bez. in der Kindheit						
positive Merkmale		.31***		.31***		.30***
negative Merkmale		−.05**		−.05**		−.06***
R^2	.13	.21	.13	.21	.14	.21
korrigiertes R^2	.13	.21	.13	.21	.13	.21
Standardfehler der Schätzung	1.04	1.00	1.04	1.00	1.04	1.00

Anmerkungen: standardisierte Regressionsgewichte; alle Modelle: n = 4 469 (97.83 %); mit Ausnahme Modell 2: n = 4 470 (97.85 %); [1] männlich als Referenzkategorie; *** p < .001; ** p < .010; * p < .050.

Regressionsanalyse

Die in Tabelle 114 dargestellten Vorhersagemodelle waren alle signifikant von dem Nullmodell verschieden (Modell 1a: $F(17, 4451) = 39.61$; $p < .001$; Modell 1b: $F(19, 4449) = 62.12$; $p < .001$; Modell 2a: $F(18, 4451) = 37.32$; $p < .001$; Modell 2b: $F(20, 4449) = 58.83$; $p < .001$; Modell 3a: $F(22, 4446) = 32.10$; $p < .001$; Modell 3b: $F(24, 4444) = 49.09$; $p < .001$). Die Veränderung zwischen den Schritten von a- zu b-Modell war signifikant (Modell 1: $F(2, 4449) = 220.29$; $p < .001$; Modell 2: $F(2, 4449) = 219.43$; $p < .001$; Modell 3: $F(2, 4444) = 203.78$; $p < .001$). Ankerpersonen, die mit einem Partner zusammenlebten, berichteten signifikant weniger Zufriedenheit mit der Beziehung zum Geschwister, ebenso solche Studienteilnehmenden, deren Geschwister in der Kindheit psychische Probleme hatte. Ankerpersonen, die eine Schwester hatten, und die in Bezug auf ein leibliches Geschwister antworteten, gaben ein statistisch bedeutsames höheres Ausmaß an Zufriedenheit an. Benachteiligung durch die Mutter im Vergleich zum Geschwister war ebenfalls ein signifikanter Prädiktor, sowie die Qualität der Geschwisterbeziehung in der Kindheit. Negative Merkmale waren mit einer geringeren Zufriedenheit assoziiert, positive mit einer größeren Zufriedenheit. Die Variablen zur Anzahl verschiedener Viktimisierungserfahrungen waren signifikante Prädiktoren für ein geringeres Ausmaß an Zufriedenheit (Modell 1 und Modell 2). In Modell 3a sagten das Ausmaß emotionalen Missbrauchs und emotionaler Vernachlässigung die Zufriedenheit mit Geschwisterbeziehung signifikant vorher. Der Zusammenhang war negativ gerichtet. Ein positiver und statistisch bedeutsamer Zusammenhang bestand mit dem Ausmaß an körperlicher Misshandlung (Modell 3a). In Modell 3b waren das Ausmaß sexuellen Missbrauch, emotionaler Vernachlässigung, körperlicher Vernachlässigung und dem Miterleben von Partnerschaftsgewalt signifikante Prädiktoren. Mit einem höheren Ausmaß ging für alle Prädiktoren eine geringere Zufriedenheit einher.

10.7.2 Dyadische Ebene

Die Angaben beider Geschwister im Hinblick auf die Zufriedenheit mit der aktuellen Geschwisterbeziehung korrelierten signifikant und positiv miteinander ($r = .47$; $p < .001$; n = 866). Es bestanden keine signifikanten Unterschiede zwischen den Angaben der älteren und der jüngeren Geschwister (ältere Geschwister: $M = 4.09$; $SD = 0.93$; n = 866; jüngere Geschwister: $M = 4.03$; $SD = 0.96$; n = 866; $t(865) = 1.88$; $p = .061$; $d = 0.07$; n = 866), sowie keine Unterschiede hinsichtlich der Geschlechterkonstellation beider Geschwister (ältere Geschwister: $F(3, 857) = 1.53$; $p = .206$; n = 861; jüngere Geschwister: $F(3, 857) = 1.33$; $p = .264$; n = 861).

Anzahl verschiedener Viktimisierungserfahrungen: weite Definition
Es lag ein ausreichender Modell-Fit vor (Modell 1b: $X^2(66) = 514.25$; $p < .001$; n = 866; CMIN/DF = 7.79; GFI = .91; AGFI = .85; RMSEA = .09; AIC von 592.25 im Vergleich zu 210.00 im saturierten Modell und 1480.58 im Independence Modell). Die Anzahl verschiedener Viktimisierungserfahrungen hatte bei beiden Geschwistern einen signifikanten Effekt auf die eigene Zufriedenheit mit der aktuellen Geschwisterbeziehung. Die Anzahl verschiedener Viktimisierungserfahrungen des jüngeren Geschwisters hatte zudem einen statistisch bedeutsamen Einfluss auf die Zufriedenheit des älteren Geschwisters. Die Zusammenhänge waren negativ gerichtet (Modell 1a; Abbildung 58). Alle Effekte wurden durch das Ausmaß an positiven Merkmalen in der Ausgestaltung der Geschwisterbeziehung mediiert (Modell 1b; Abbildung 59).

Anzahl verschiedener Viktimisierungserfahrungen: enge Definition
Der Modell-Fit wurde in Modell 2b als ausreichend eingestuft (Modell 2b: $X^2(82) = 523.22$; $p < .001$; n = 866; CMIN/DF = 6.38; GFI = .92; AGFI = .87; RMSEA = .08; AIC von 631.22 im Vergleich zu 272.00 im saturierten Modell und 1696.02 im Independence Modell). Es bestanden in Modell 2a (Abbildung 60) hinsichtlich aller exogenen Variablen signifikante Actor-Effekte, für die Anzahl mittelschwerer bis extremer Viktimisierungserfahrungen des älteren und für die Anzahl leichter Viktimisierungserfahrungen des jüngeren lagen signifikante Partner-Effekte vor. In Modell 2b (Abbildung 61) wurden alle Effekte durch die positiven Merkmale in der Ausgestaltung der Geschwisterbeziehung mediiert. Eine Ausnahme bildete der Actor- und Partner-Effekt der Anzahl leichter Viktimisierungserfahrungen des jüngeren Geschwisters auf die Zufriedenheit mit der Geschwisterbeziehung.

Verschiedene Formen von Kindeswohlgefährdung
Für emotionale Vernachlässigung des jüngeren Geschwisters lagen signifikante Actor- und Partner-Effekte vor, für körperliche Vernachlässigung des älteren Geschwisters ein statistisch bedeutsamer Actor-Effekt (Abbildung 62).

Abbildung 58. Vorhersage Zufriedenheit: Modell 1a (Dyadischer Datensatz)

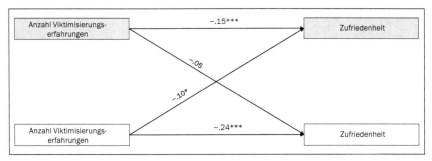

Anmerkungen: standardisierte Regressionsgewichte; n = 866; grau hinterlegte Variablen: ältere Geschwister; weiß hinterlegte Variablen: jüngere Geschwister; Viktimisierungserfahrungen: φ(ä, j) = .51***; Zufriedenheit: ζ(ä) = .83***, ζ(j) = .86***, ψ(ä, j) = .44***; *** $p < .001$; ** $p < .010$; * $p < .050$.

Abbildung 59. Vorhersage Zufriedenheit: Modell 1b (Dyadischer Datensatz)

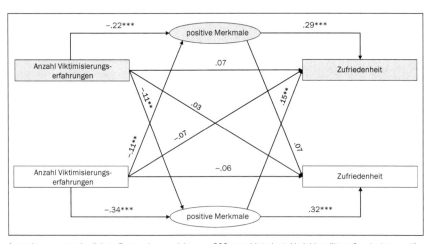

Anmerkungen: standardisierte Regressionsgewichte; n = 866; grau hinterlegte Variablen: ältere Geschwister; weiß hinterlegte Variablen: jüngere Geschwister; Viktimisierungserfahrungen: φ(ä, j) = .46***; positive Merkmale: ζ(ä) = .31***, ζ(j) = .33***, ψ(ä, j) = .65***; Zufriedenheit: ζ(ä) = .64***, ζ(j) = .70***, ψ(ä, j) = .38***; *** $p < .001$; ** $p < .010$; * $p < .050$.

Abbildung 60. Vorhersage Zufriedenheit: Modell 2a (Dyadischer Datensatz)

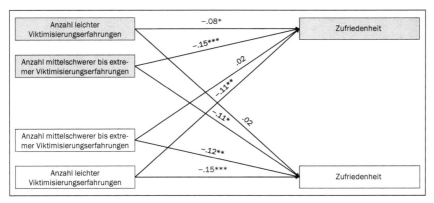

Anmerkungen: standardisierte Regressionsgewichte; n = 866; grau hinterlegte Variablen: ältere Geschwister; weiß hinterlegte Variablen: jüngere Geschwister; Viktimisierungserfahrungen: φ(ä schwer, j schwer) = .43***, φ(ä schwer, ä leicht) = .29***, φ(ä leicht, j leicht) = .24***, φ(j schwer, j leicht) = .27***, φ(j schwer, ä leicht) = .29***, φ(ä schwer, j leicht) = .25***; Zufriedenheit: ζ(ä) = .82***, ζ(j) = .86***, ψ(ä, j) = .44***; *** $p < .001$; ** $p < .010$; * $p < .050$.

Abbildung 61. Vorhersage Zufriedenheit: Modell 2b (Dyadischer Datensatz)

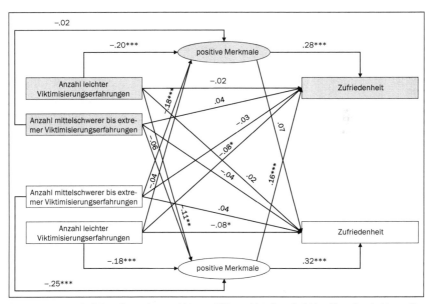

Anmerkungen: standardisierte Regressionsgewichte; n = 866; grau hinterlegte Variablen: ältere Geschwister; weiß hinterlegte Variablen: jüngere Geschwister; Viktimisierungserfahrungen: φ(ä schwer, j schwer) = .40***, φ(ä schwer, ä leicht) = .37***, φ(ä leicht, j leicht) = .24***, φ(j schwer, j leicht) = .34***, φ(j schwer, ä leicht) = .28***, φ(ä schwer, j leicht) = .20***; positive Merkmale: ζ(ä) = .30***, ζ(j) = .32***, ψ(ä, j) = .63***; Zufriedenheit: ζ(ä) = .64***, ζ(j) = .70***, ψ(ä, j) = .37***; *** $p < .001$; ** $p < .010$; * $p < .050$.

Abbildung 62. Vorhersage Zufriedenheit: Modell 3 (Dyadischer Datensatz)

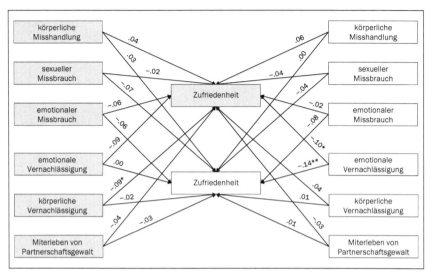

Anmerkungen: standardisierte Regressionsgewichte; n = 865; grau hinterlegte Variablen: ältere Geschwister; weiß hinterlegte Variablen: jüngere Geschwister; Formen von Kindeswohlgefährdung: φ s. Anhang, Spalte C; Zufriedenheit: ζ(ä) = .81***, ζ(j) = .86***, ψ(ä, j) = .44***; *** $p < .001$; ** $p < .010$; * $p < .050$.

10.8 Zusammenfassung und Diskussion

Aktuelle psychische Belastung

In der vorliegenden Studie wurde ein Screeninginstrument verwendet, um die aktuelle psychische Belastung der Studienteilnehmenden in den zwei Wochen vor der Beantwortung des Fragebogens zu erheben.

Das *Alter der Studienteilnehmenden* war für die Gesamtskala ein signifikanter Prädiktor. Ältere Studienteilnehmende berichteten weniger psychische Belastung als jüngere Teilnehmende. Eine Erklärung hierfür könnte eine unterschiedliche Haltung gegenüber psychischen Problemen sein, welche sich bei den älteren Teilnehmenden in einem sozial erwünschteren Antwortverhalten widerspiegelt. Eine weitere Möglichkeit besteht in unterschiedlichen Selektionseffekten bei der Stichprobengewinnung in den verschiedenen Altersgruppen aufgrund der Rekrutierungsmethode. So sind jüngere Altersgruppen im Durchschnitt vertrauter im Umgang mit sozialen Medien und der Navigation im Internet (van Eimeren/Frees 2014). In den älteren Altersgruppen nutzen möglicherweise nur Personen aktiv das Internet, die ausreichend emotionale Ressourcen zur Verfügung haben, um sich damit auseinanderzusetzen. Der Effekt kann nicht auf eine höhere Allgemeinbildung zurückgeführt werden, da für diese kontrolliert wurde.

Frauen berichteten häufiger als Männer Schlafprobleme und Somatisierung, während Männer häufiger Substanzmissbrauch angaben. Dies steht im Einklang mit den unterschiedlichen Prävalenzraten der Störungsbilder (Schlack et al. 2013; Hapke/v. der Lippe/Gaertner 2013; Wittchen et al. 1999).

Personen, die *mit einem Partner oder einer Partnerin zusammenlebten*, berichteten durchgehend eine geringere psychische Belastung. Der Zusammenhang zwischen der Qualität der Paarbeziehung und der psychischen Befindlichkeit, insbesondere Depressivität, wurde in einer Vielzahl von Studien belegt (Teo/Choi/Valenstein 2013; Nash et al. 2015; Carr et al. 2014). Allerdings bedingen sich die psychische Befindlichkeit und die Qualität einer Partnerschaft wechselseitig. So sagen psychische Probleme in der Kindheit und Jugend die Qualität der Paarbeziehung (Vujeva/Furman 2011) und die Stabilität von Partnerschaften vorher (Goodman/Joyce/Smith 2011). Darüber hinaus sagt auch das Erleben von Misshandlung, Missbrauch und Vernachlässigung die Beziehungsstabilität vorher (Menard et al. 2014; Frías/Erviti 2014). Auch in der vorliegenden Stichprobe lebten Studienteilnehmende, die in ihrer Kindheit misshandelt, missbraucht oder vernachlässigt wurden, seltener mit einem Partner oder einer Partnerin zusammen.

Personen mit einem *niedrigeren allgemeinbildenden Schulabschluss* berichteten insgesamt mehr psychische Belastungen. Bei den Subskalen sagte ein niedriger allgemeinbildender Schulabschluss mehr Somatisierung und Substanzkonsum vorher, wenn für Viktimisierungserfahrungen kontrolliert wurde. Die Kausalität ist jedoch ungeklärt, da erhöhte psychische Belastung auch einen Einfluss auf den Bildungserfolg haben kann. In anderen Studien (z. B. Hapke/v. der Lippe/Gaertner 2013) zeigte sich kein einheitlicher Zusammenhang zwischen sozioökonomischem Status und missbräuchlichem Alkoholkonsum, wenn zwischen Männern und Frauen sowie nach Altersgruppen differenziert wurde.

Anders als Befunde aus bisherigen Studien (Amato 1994; Amato/Keith 1991b) sagte die *Scheidung oder Trennung der Eltern* nicht die aktuelle psychische Belastung vorher. Bei einigen Subskalen ging sie sogar mit einer geringeren Belastung einher, wenn für die Viktimisierungserfahrungen in der Kindheit kontrolliert wurde. Die Effekte in anderen Studien sind meist klein bis moderat (Amato/Keith 1991b). Das verwendete Messinstrument ist für die Erfassung psychischer Auffälligkeiten konzipiert und eventuell nicht sensitiv genug für kleine Effekte. Vermutlich werden die negativen Auswirkungen von Trennung und Scheidung der Eltern durch begleitende Belastungen hervorgerufen.

Dass Personen mit *psychischen Problemen* in der Kindheit auch im Erwachsenenalter eine schlechtere psychische Befindlichkeit berichten, wurde häufig in Studien gefunden (Fryers/Brugha 2013). Dies zeigte sich auch in der vorliegenden Studie. Die psychischen Probleme der Eltern hatten nur einen begrenzten Einfluss, wenn für die Viktimisierungserfahrungen in der Kindheit kontrolliert wurde. Da es sich um Informationen der Studienteilnehmenden über ihre Eltern handelte, überschneiden sich die Angaben zu psychischen Problemen und den Viktimisierungserfahrungen vermutlich stark. Die Probleme der Eltern werden von den Kindern stärker wahrgenommen, wenn sie in einem Zusammenhang mit deren Verhalten ihnen gegenüberstehen.

Ein höheres Ausmaß negativer *Merkmale in der Ausgestaltung der Geschwisterbeziehung* führte zu mehr psychischer Belastung insgesamt und in allen einzelnen Bereichen. Der Einfluss des Ausmaßes der positiven Merkmale der Geschwisterbeziehung zeigte sich nicht mehr, wenn für die Viktimisierungserfahrungen kontrolliert wurde. Auch in anderen Studien wurde ein Zusammenhang zwischen der Qualität der Geschwisterbeziehung und psychischen Problemen in der Kindheit (Finkelhor/Turner/Ormrod 2006; Buist et al. 2014) und im Erwachsenenalter (Graham-Bermann et al. 1994; Waldinger/Vaillant/Orav 2007) gefunden. In den genannten Studien zeigte sich ebenso ein Zusammenhang mit negativen Merkmalen der Geschwisterbeziehungen. Möglicherweise ist es bei einer Geschwisterbeziehung, die von geringer Wärme gekennzeichnet ist, leichter einen Ausgleich für diese Erfahrung in der Beziehung zu Freunden oder anderen Familienmitgliedern zu finden. Die Folgen von Konflikten, verbaler und körperlicher Aggression sowie Rivalität lassen sich eventuell weniger durch andere Beziehungen auffangen, da ihre negativen Auswirkungen nicht auf einem Mangel beruhen.

Die Auswirkungen von *Misshandlung, Missbrauch und Vernachlässigung* bis in das Erwachsenenalter hinein wurden in einer Vielzahl von Studien belegt (vgl. Abschnitt 4.3). Auch in der vorliegenden Studie fanden sich Effekte der Anzahl verschiedener Viktimisierungserfahrungen auf die psychische Befindlichkeit. Die Anzahl mittelschwerer bis extremer Viktimisierungserfahrungen hatte hierbei einen größeren Einfluss als die Anzahl leichter Viktimisierungserfahrungen, auch wenn letztere ebenso zu einer signifikanten Varianzaufklärung beitrug. Im Hinblick auf die einzelnen Formen zeigten sich signifikante Effekte vor allem bei sexuellem Missbrauch, emotionalem Missbrauch und Vernachlässigung.

Auf der dyadischen Ebene hatte vor allem die Anzahl verschiedener Viktimisierungserfahrungen, die ein Geschwister selbst berichtete, den entscheidenden Einfluss auf die psychische Belastung. Wurde jedoch die Schwere der Viktimisierungserfahrungen betrachtet, so sagte die Anzahl der mittelschweren bis extremen Viktimisierungserfahrungen des älteren Geschwisters die aktuelle Belastung des jüngeren Geschwisters vorher. Berichtete das ältere Geschwister viele leichte, und damit wenig schwere Viktimisierungserfahrungen, so ging es dem jüngeren Geschwister aktuell besser. Möglicherweise geht gerade eine mehrfache Viktimisierung des älteren Geschwisters mit vielen familiären Belastungen einher, sodass diese einen besseren Prädiktor als die eigenen Viktimisierungserfahrungen des jüngeren Geschwisters darstellen. Es gibt keine vergleichbaren Forschungsarbeiten, welche sich mit der Fragestellung beschäftigt haben, sodass noch weitere Studien notwendig sind, um diesen Wirkmechanismus zu erklären. Auf der Ebene der einzelnen Subskalen fand sich dieser Effekt nicht. Bestand hatte jedoch die verhältnismäßig größere Bedeutung von leichten Viktimisierungserfahrungen für das jüngere Geschwister. Diese könnten für jüngere Geschwister von einer größeren Bedeutung sein, weil sie noch häufiger zu Hause bei ihren Eltern wohnen als die älteren Geschwister oder sie noch weniger lang von zu Hause ausgezogen.

Bei der Betrachtung der einzelnen Formen von Kindeswohlgefährdung zeigte sich vor allem ein Effekt von emotionalem Missbrauch auf die aktuelle psychische Belastung. Emotionale Vernachlässigung war ausschließlich für das jüngere Geschwister ein signifikanter Prädiktor. Signifikante Partner-Effekte zeigten sich bei sexuellem Missbrauch des älteren Geschwisters auf wiederkehrende Gedanken und Handlungen sowie Schlafprobleme des jüngeren Geschwisters. Aus der praktischen Arbeit mit Betroffenen berichtete Enders (2001) von Ungewissheit und wiederkehrenden Gedanken bei Personen, deren Geschwister sexuell missbraucht wurde. Auch im Hinblick auf emotionalen Missbrauch zeigte sich ein Einfluss des älteren Geschwisters auf Ängstlichkeit und Schlafprobleme des jüngeren. Ein Effekt des jüngeren auf das ältere Geschwister fand sich in den einzelnen Subskalen nicht. Möglicherweise haben die Erfahrungen der älteren Geschwister eine prägendere Wirkung auf die jüngeren, da sie ihnen als Vorbilder und Rollenmodelle dienen. Sie lernen aber auch durch das Beobachten deren Interaktion mit den Eltern.

An einigen Stellen fanden sich Partner-Effekte, bei denen eine bestimmte Form von Kindeswohlgefährdung mit einer geringeren psychischen Belastung des anderen Geschwisters einherging. Diese Effekte beruhten auf der Kontrolle aller anderen Formen von Kindeswohlgefährdung und der Ähnlichkeit der aktuellen psychischen Belastung. In welchen Konstellationen diese Effekte auftreten und welche Rolle dabei mögliche kompensatorische Verhaltensweisen der Geschwister haben, kann auf der Grundlage dieser Daten nicht abschließend geklärt werden.

Aktuelle Geschwisterbeziehung

Die aktuelle Geschwisterbeziehung wurde anhand von sechs verschiedenen Variablen untersucht: Kontakthäufigkeit, Konflikthäufigkeit, Unterstützung für und durch das Geschwister, verlässliche Allianz und Zufriedenheit.

Im Hinblick auf das *Alter* zeigten sich Effekte für die Kontakthäufigkeit und die wechselseitige Unterstützung der Geschwister, nicht aber für die verlässliche Allianz und die Zufriedenheit. Eine Abnahme der Kontakthäufigkeit mit zunehmenden Alter wurde auch in anderen Studien berichtet (White/Riedmann 1992a). In manchen Fällen kam es allerdings in einem hohen Alter zu einer Zunahme des Kontakts und der wechselseitigen Unterstützung, wenn andere Personen, wie Partner oder eigene Kinder diese Aufgaben nicht übernahmen

(Bank/Kahn 1994). In der vorliegenden Studie wurden diese Faktoren nicht berücksichtigt, um die Dauer der Beantwortung des Fragebogens in einem angemessenen Rahmen zu halten. Auf Merkmale der Beziehung, die mit der Einstellung gegenüber der Beziehung zusammenhängen, wie verlässliche Allianz und Zufriedenheit, hatte das Alter keinen Einfluss.

Wie in anderen Studien (Spitze/Trent 2006; Riggio 2006; Weaver/Coleman/Ganong 2003; Connidis/Campell 1995; Connidis 1989; White/Riedmann 1992a) hatten in der vorliegenden Studie *Schwestern* mehr Kontakt, und Geschwisterpaare mehr Kontakt, wenn mindestens eine Schwester unter ihnen war. Sie zeigten darüber hinaus mehr wechselseitiges Unterstützungsverhalten. Geschwister von Schwestern berichteten aber auch mehr Konflikte und mehr Zufriedenheit. Da Konflikte mit der Kontakthäufigkeit zunehmen, bestehen möglicherweise auch mehr Konflikte mit Schwestern.

Leibliche Geschwister gaben ein höheres Ausmaß in allen Merkmalen der Geschwisterbeziehung im Erwachsenenalter an. Eine Ausnahme bildete die Konflikthäufigkeit: Für diese lag kein signifikanter Effekt vor, wenn für die Qualität der Geschwisterbeziehung in der Kindheit kontrolliert wurde. Die weniger intensive Beziehung bei nicht leiblichen Geschwistern entspricht den Ergebnissen der Studie von White/Riedmann (1992b), die weniger Kontakt bei Halb- und Stiefgeschwistern im Erwachsenenalter berichteten.

Ältere Geschwister hatten insgesamt eine positivere Sichtweise auf die Geschwisterbeziehung. Dies wurde auch in anderen Studien gefunden (Pollet/Nettle 2009). Gründe hierfür sind bis jetzt kaum erforscht. Eine Möglichkeit besteht darin, dass ältere Geschwister mehr Kontrolle über die Gestaltung der Beziehung haben, und diese deswegen als positiver wahrnehmen.

Im Gegensatz zu anderen Studien (Riggio 2006; Dolgin/Lindsay 1999) zeigte sich in der vorliegenden Studie eine bessere Geschwisterbeziehung mit zunehmendem *Altersabstand* im Hinblick auf Zufriedenheit und wechselseitigem Unterstützungsverhalten. Ein größerer Altersabstand ging auch mit mehr Konflikten einher. Für alle Variablen war dies nur der Fall, wenn für die Dauer des Zusammenlebens kontrolliert wurde. Möglicherweise kommt es bei Geschwistern mit einem großen Altersabstand zu einer intensiveren Geschwisterbeziehung im Erwachsenenalter, wenn diese länger zusammenlebten, was wiederum zu mehr Konflikten führt. Das Ausmaß verlässlicher Allianz ging jedoch mit einem geringen Altersabstand einher. Die Dauer des Zusammenlebens ist für alle Faktoren von entscheidender Bedeutung, nicht aber für die verlässliche Allianz.

Das *Zusammenleben mit einem Partner oder einer Partnerin* sagte, mit Ausnahme der Unterstützung für das Geschwister und der verlässlichen Allianz, ein geringeres Ausmaß der einzelnen Variablen vorher. Diese Tendenz hin zu einem eher distanzierten Verhältnis, liegt eventuell an der Anwesenheit einer anderen Bezugsperson, weswegen weniger Zeit mit dem Geschwister verbracht wird.

In der Folge einer *Trennung oder Scheidung der Eltern* während der Kindheit wurde häufig eine negativere Beziehung der Geschwister im Erwachsenenalter gefunden (Riggio 2001; Sheehan et al. 2004; Milevsky/Schlechter/Machlev 2011). In der vorliegenden Studie zeigte sich kein Effekt der Trennung oder Scheidung der Eltern bei den meisten Skalen. Im Hinblick auf die Unterstützung für das Geschwister lag sogar eine Zunahme bei Ankerpersonen, deren Eltern sich während deren Kindheit getrennt hatten, vor. Dieser Befund entspricht der Kompensationshypothese.

Psychische Probleme des Geschwisters in der Kindheit gingen mit mehr Konflikten im Erwachsenenalter einher sowie weniger Unterstützung durch das Geschwister. Hatten die Ankerpersonen selbst psychische Probleme in der Kindheit, berichteten sie, dass sie ihr Geschwister im Erwachsenenalter weniger unterstützten. Hatte ihr Geschwister psychische Probleme in der Kindheit, gaben sie an, dass sie ihr Geschwister aktuell mehr unterstützten. Dies steht im Einklang mit Befunden aus anderen Studien mit erkrankten Geschwistern (Dew/Balandin/Llewellyn 2008; Horwitz 1994). Da nur von der dyadischen Stichprobe auch Daten zur aktuellen Befindlichkeit des Geschwisters vorliegen, bleibt unklar, ob die Geschwister immer noch psychisch krank sind und deswegen Unterstützung benötigen bzw. weniger geben können, oder ob sich Verhaltensmuster aus der Kindheit bis ins Erwachsenenalter übertragen haben, ohne dass die psychischen Probleme noch vorliegen.

Die *Benachteiligung* durch die Mutter in der Kindheit ging mit weniger Unterstützungsverhalten und geringerer Zufriedenheit mit der Geschwisterbeziehung im Erwachsenenalter einher. Ungleichbehandlung in der Kindheit hatte auch in anderen Studien eine anhaltende Wirkung auf die Beziehung der Geschwister im Erwachsenenalter (Suitor et al. 2009) und weist eine hohe Stabilität auf (Siennick 2013). Dieser Effekt könnte also auch durch eine fortgesetzte Ungleichbehandlung zustande kommen.

Die *Förderung der Geschwisterbeziehung* durch die Eltern war für die Vorhersage der verlässlichen Allianz von besonders großer Bedeutung. Vermutlich wird durch das Verhalten der Eltern zum einen der Grundstein für eine positive Beziehungsgestaltung gelegt, zum anderen wird auch vermittelt, dass es sich bei der Geschwisterbeziehung um eine wertvolle Beziehung handelt, die es zu erhalten gilt.

Die *Qualität der Geschwisterbeziehung in der Kindheit* hatte einen wesentlichen Einfluss auf die Beziehungsqualität im Erwachsenenalter. Mit Ausnahme der Konflikthäufigkeit war dies bei allen aber insbesondere für die positiven Merkmale der Fall. Verlässliche Allianz und Zufriedenheit wurde durch ein höheres Ausmaß positiver und ein geringeres Ausmaß negativer Merkmale vorhergesagt. Ein höheres Ausmaß sowohl bei positiven als auch bei negativen Merkmalen ging mit mehr Unterstützungsverhalten einher. In dem einen Fall handelt es sich vermutlich gemäß dem Modell von McGuire/McHale/Updegraff (1996) um harmonische und im anderen Fall um emotional-intensive Geschwisterbeziehungen.

Die Anzahl verschiedener *Viktimisierungserfahrungen* sagte bedeutsam die aktuelle Qualität der Geschwisterbeziehung vorher. In Bezug auf die Konflikthäufigkeit und die Unterstützung für das Geschwister war dies nur der Fall, wenn nicht für die Qualität der Geschwisterbeziehung in der Kindheit kontrolliert wurde. Auch bei den anderen Variablen trug der Einbezug der Qualität der Geschwisterbeziehung zu einer Verringerung des Effektes der Viktimisierungserfahrungen bei. Dies bedeutet, dass ein Teil der negativen Auswirkungen der Viktimisierungserfahrungen auf die aktuelle Beziehung durch ihren Effekt auf die Beziehungsqualität in der Kindheit erklärt werden kann. Die Befunde stehen im Einklang mit den Ergebnissen der Studie von Voorpostel/van der Lippe/Flap (2012). In der Betrachtung der einzelnen Formen von Kindeswohlgefährdung war emotionale Vernachlässigung ein Prädiktor für geringe Kontakthäufigkeit, wenig Unterstützung durch das Geschwister, geringeres Ausmaß an verlässlicher Allianz und Zufriedenheit (Tabelle 115). Es ist möglich, dass in der Beziehung zum Geschwister in der Kindheit gelernte Interaktionsmuster, nun auch auf die Beziehung im Erwachsenenalter übertragen werden. Diese Beziehung ist dann ebenso dadurch gekennzeichnet, dass nur zu geringem Ausmaß Bedürfnisse nach Sicherheit und Beständigkeit erfüllt werden. Während sexueller Missbrauch keinen Einfluss auf die Dimensionen hat, die mehr alltagspraktische Aspekte widerspiegeln, zeigte sich ein Einfluss auf das Vertrauen in und die Zufriedenheit mit der Beziehung. Diesem liegt vermutlich ein grundsätzliches Misstrauen in zwischenmenschliche Beziehungen zugrunde, wie dieses auch bei anderen Studien mit von sexuellem Missbrauch Betroffenen gefunden wurde (Blanchard-Dallaire/Hébert 2014; Luterek et al. 2004). Wurde für die Geschwisterbeziehung in der Kindheit kontrolliert, dann ging körperliche Misshandlung mit weniger Konflikten im Erwachsenenalter einher. Ein kompensatorischer Effekt bei körperlicher Misshandlung zeigte sich bereits in der Kindheit im Hinblick auf die positiven Merkmale der Ausgestaltung der Geschwisterbeziehung (s. Studie 2).

In der Betrachtung der Dyaden zeigte sich, wie auch im Individualdatensatz, ein großer Einfluss der Qualität der Geschwisterbeziehung in der Kindheit als Mediator zwischen den Viktimisierungserfahrungen und der aktuellen Qualität der Geschwisterbeziehung. Wurde für diese nicht kontrolliert, zeigten sich stärkere Effekte für die Anzahl verschiedener leichter Viktimisierungserfahrungen des jüngeren und für die Anzahl verschiedener mittelschwerer bis extremer Viktimisierungserfahrungen des älteren Geschwisters. Dies entspricht dem Befund der Auswirkungen der Viktimisierungserfahrungen auf die Geschwisterbeziehungen in der Kindheit (s. Studie 2). Im Hinblick auf die Konflikthäufigkeit kam es zu einem Effekt der Viktimisierungserfahrungen des älteren Geschwisters, wenn für das Ausmaß negativer Merkmale kontrolliert wurde. In diesem Fall berichteten beide Geschwister weniger Konflikte. Diesem Effekt liegt eventuell eine zunehmende emotionale Distanzierung in der Geschwisterbeziehung zugrunde, welche aber nur gelingt, wenn die Geschwisterbeziehung nicht bereits in der Kindheit durch eine hohe Negativität in der Beziehungsgestaltung geprägt war.

Tabelle 115. Übersicht über die Zusammenhänge zwischen den verschiedenen Formen von Kindeswohlgefährdung und der Qualität der Geschwisterbeziehung

Qualität der Geschwisterbeziehung	KM	SM	EM	EV	KV	MvP
Kontakthäufigkeit				−	−	
Konflikthäufigkeit	−					+
Unterstützung durch Geschwister			−			
Unterstützung für Geschwister						
verlässliche Allianz			−	−	−	
Zufriedenheit			−		−	−

Anmerkungen: schwarzes Kästchen: signifikanter Effekt; +: positiver Zusammenhang; −: negativer Zusammenhang; KM: Körperliche Misshandlung, SM: sexueller Missbrauch; EM: emotionaler Missbrauch; EV: emotionale Vernachlässigung; KV: körperliche Vernachlässigung; MvP: Miterleben von Partnerschaftsgewalt.

Für das Unterstützungsverhalten der Geschwister ging bei der Kontrolle für die Ausgestaltung der Beziehung in der Kindheit, eine hohe Anzahl an Viktimisierungserfahrungen des älteren mit einer hohen Unterstützung des jüngeren durch das ältere einher. Eine hohe Anzahl an Viktimisierungserfahrungen des jüngeren Geschwisters führte zu einer geringeren Unterstützung des älteren für das jüngere. Auch in der Kindheit zeigt sich teilweise eine Fürsorge- oder Schutzfunktion des älteren Geschwisters gegenüber dem jüngeren, die in einigen Fällen sogar dadurch gekennzeichnet ist, dass Misshandlung auf sich genommen wird, um das Geschwister zu schützen (vgl. Petri/Radix/Wolf 2012). Eine solche Unterstützungsfunktion bleibt vermutlich bis in das Erwachsenenalter hinein bestehen. In der Betrachtung der einzelnen Formen von Kindeswohlgefährdung wurden vor allem Effekte im Hinblick auf emotionale Vernachlässigung, wie bereits in der Individualstichprobe, deutlich.

Kapitel 11
Diskussion

In diesem Abschnitt der Forschungsarbeit wird über die zusammenfassenden Diskussionen der einzelnen Studien 1 bis 3 hinaus auf allgemeine Stärken und Limitationen eingegangen. Im Anschluss werden Implikationen für die Forschung und die Praxis herausgearbeitet.

11.1 Stärken und Limitation

Bei der vorliegenden Studie handelt es sich um eine der ersten quantitativen Studien, die anhand der Informationen von zwei Geschwistern, die Zusammenhänge zwischen Viktimisierungserfahrungen, der Qualität der Geschwisterbeziehung und der aktuellen psychischen Belastung untersuchte. Bei der Generalisierbarkeit und Interpretation der Ergebnisse müssen jedoch einige Einschränkungen berücksichtigt werden.

Stichprobenrepräsentativität
Die *Altersverteilung* in der vorliegenden Stichprobe ist nicht bevölkerungsrepräsentativ, da im Verhältnis mehr junge Personen teilnahmen. Durch die Erhebung von Daten über das Internet und nicht in Papierform wurden nur solche Personen angesprochen, die Zugang zum Internet haben und über ausreichende Fähigkeiten im Umgang mit Computern verfügen. In Deutschland nutzen jüngere Menschen in höherem Maß das Internet (van Eimeren/Frees 2014). Die Altersverteilung hin zu jüngeren wurde auch durch die Rekrutierung über Universitäten in Welle 1 und Welle 2 begünstigt. Auch im SoSci Panel sind in der Grundgesamtheit der Panelistinnen und Panelisten jüngere Altersgruppen stärker vertreten (SoSci Panel 2016).

Es zeigte sich ebenfalls eine Verzerrung im Vergleich zur Bevölkerung in Bezug auf die *Bildung* und das *Geschlecht*. Der Großteil der Personen hatte einen hohen allgemeinbildenden Schulabschluss und viele waren Frauen. Auch hier lag bereits in der Grundgesamtheit, aus der die Stichprobe gewonnen wurde, eine derartige Verzerrung vor (SoSci Panel 2016). Eine weitere Besonderheit in der Geschlechterverteilung über das Alter zeigte sich in der Stichprobe: In der Altersgruppe der über 60-Jährigen nahmen mehr Männer als Frauen an der Befragung teil. Eine Ursache hierfür könnte die grundsätzlich geringere Internetnutzung von über 60-jährigen Frauen in Deutschland im Vergleich zu Männern aus der gleichen Altersgruppe sein (van Eimeren/Frees 2014). Im Hinblick auf die Geschlechtszugehörigkeit, das Alter und das Bildungsniveau ist es aber dennoch gelungen, eine ausreichend große Anzahl an Studienteilnehmenden zu rekrutieren, sodass es möglich war statistische Verfahren zur Überprüfung von Unterschieden anzuwenden.

Die Rekrutierung über das Internet ermöglichte – auch wenn sie eine Verzerrung der Altersverteilung begünstigte – eine *leichtere Kontaktaufnahme* vor allem mit den Geschwistern der Ankerpersonen. Im Vergleich zu einer postalischen Befragung ist dieses Vorgehen ökonomischer und erhöht den Rücklauf, da die Studienteilnehmenden flexibel antworten können und die Daten unmittelbar abgeschickt werden. Effekte, wie eine große räumliche Distanz zwischen den Wohnorten der Geschwister, kommen kaum zum Tragen. Im Rücklauf der Daten der Geschwister der Ankerpersonen zeigte sich, dass mittels einer Online-Befragung auch dyadische Daten gewonnen werden können. Nur zwei der 1879 angeschriebenen Geschwister (0.11%) beschwerten sich über die Weitergabe ihrer E-Mail-Adresse durch die Ankerperson.

Neben demografischen Faktoren können bei der Stichprobenzusammensetzung andere *Selektionseffekte aufgrund der Thematik* zu einer Verzerrung beigetragen haben. Die Ergebnisse der Spezifitätsanalyse verwiesen jedoch nur auf einen begrenzten Einfluss der Qualität der Geschwisterbeziehung und auf keinen Einfluss der Viktimisierungserfahrungen der Ankerperson. Auch die Angaben der Ankerpersonen, warum sie eine Teilnahme des Geschwisters nicht wollten, deuteten nur zu einem geringen Anteil auf Probleme in der Geschwisterbeziehung oder Belastungen in der Kindheit hin. Auch im Vergleich zu anderen Stichproben fanden sich wenig Unterschiede in den Prävalenzraten von Misshandlung, Missbrauch und Vernachlässigung. Ein wesentlicher Effekt fand sich in Bezug auf den Umgang mit der Haltung zu Datenschutz und der Bereitschaft zur Weitergabe von Daten bei der Rekrutierung.

Verzerrungen im Antwortverhalten

Welchen Einfluss die veränderte Art der Beantwortung bei einer Online-Befragung auf *Testgütekriterien* und *Antworttendenzen,* wie soziale Erwünschtheit, hat, ist nicht ausreichend geklärt. In der vorliegenden Studie zeigten sich keine Unterschiede bei der testtheoretischen Überprüfung im Vergleich zu den Ergebnissen aus anderen Studien zu den entsprechenden Messinstrumenten. Des Weiteren lagen keine Auffälligkeiten in den Antworttendenzen und der Offenheitsskala in dem CTQ vor. Eine Meta-Analyse von Dodou/de Winter (2014) zeigte, dass die Art der Fragebogendarbietung keine Effekte auf sozial erwünschtes Antwortverhalten hatte.

Durch die interaktive Gestaltung des Fragebogens war es zudem möglich, bestimmte Fragen in Abhängigkeit der Antworten für die Studienteilnehmenden ein- und auszublenden. Dies erhöhte zum einen die Plausibilität der Antworten (z.B. Einblenden nur der Anzahl an möglichen Positionen in der Geburtenreihenfolge in Abhängigkeit der Geschwister). Zum anderen ist es ökonomischer für die Studienteilnehmenden. Nicht zu vernachlässigen ist der Aspekt, dass Fragen nicht gestellt werden, die für eine Gruppe von Studienteilnehmenden nicht zu beantworten sind. So wurde die Frage nach dem Kontakt zu Mutter und Vater nicht eingeblendet, wenn die Person angegeben hatte, dass diese verstorben waren.

Aus Gründen der Ökonomie und der Vergleichbarkeit wurden alle Variablen über einen *Fragebogen* erhoben. Insbesondere für sexuellen Missbrauch fanden andere Studien keine Überlegenheit eines Interviews im Vergleich zu einem Fragebogen (Martin et al. 1993; Peters/Wyatt/Finkelhor 1986).

Einschränkung auf zwei Geschwister

Es wurden *nur zwei Geschwister* aus einer Familie befragt. Dies führt dazu, dass eventuell andere wichtige Geschwisterbeziehungen nicht mitberücksichtigt wurden. Auch können keine Aussagen dazu gemacht werden, ob eventuell noch ein weiteres Geschwister Misshandlung, Missbrauch oder Vernachlässigung ausgesetzt war. Eine Erhebung aller Geschwister war jedoch aus ökonomischen Gründen nicht möglich.

Durch die Vorgabe von Auswahlkriterien für das Geschwister konnte verhindert werden, dass nur solche Geschwister ausgewählt wurden, zu denen die Ankerpersonen eine gute Beziehung hatten. Dennoch führte dieses Auswahlverfahren für Geschwister zu einer *Restriktion im Hinblick auf die Positionen in der Geburtenreihenfolge der Geschwister,* da sehr häufig das älteste Geschwister im dyadischen Datensatz enthalten war. In Anbetracht der großen Anzahl an Zweikinderfamilien kommt dieser Faktor jedoch nur bei einer größeren Anzahl an Geschwistern zum Tragen.

Ein wesentlicher Unterschied zu anderen Studien ist, dass auch *Halb-, Adoptiv- und Stiefgeschwister* miteingeschlossen waren und somit unterschiedliche Familienkonstellationen berücksichtigt werden konnten. Bei der Befragung zeigte sich jedoch, dass ein sehr großer Anteil an leiblichen Geschwistern teilnahm, was die Möglichkeit statistischer Vergleiche vor allem in Bezug auf Adoptiv- und Pflegegeschwister einschränkte.

Das *Verhalten der Eltern* wurde nur aus den Berichten der Geschwister rekonstruiert. Hier liegen möglicherweise Verzerrungseffekte vor. Die hohen Zusammenhänge zwischen den Angaben beider Geschwister sprechen jedoch für ein sehr ähnliches Bild von dem Verhalten ihrer Eltern. Ein zusätzlicher Einbezug der Eltern war mit der gewählten Rekrutierungsstrategie nicht möglich und hätte zu einer höheren Selektivität der Stichprobe beigetragen.

Retrospektive Erfassung

Eine Vielzahl von Variablen bezog sich auf das Erleben in der Kindheit und Jugend und wurde damit retrospektiv erfasst. Dies führt zu einigen Einschränkungen bei der Interpretation der erhobenen Daten: Das Ausmaß von verschiedenen Formen von Kindeswohlgefährdung wird eventuell durch *Vergessen, Erinnerungslücken oder Verdrängung* unterschätzt. Im Hinblick auf die eigene Kindheit und die Beziehung zu den Eltern liegen manchmal *Idealisierungs- oder Abwertungstendenzen* vor. So werden Beziehungen als positiver bzw. negativer eingeschätzt. Die *aktuell erlebte Beziehungsqualität* kann einen verzerrenden Einfluss auf die erinnerte Beziehungsqualität in der Kindheit oder Jugend haben. Zudem müssen auch bei biografischen Daten (z. B. Geburt des Geschwisters), die *emotionale Bedeutung* des Ereignisses, die *Motivation*, das *Alter* und die *intellektuellen Fähigkeiten* der befragten Person als beeinflussende Faktoren in Betracht gezogen werden (Klein/Fischer-Kerli 2000). Das erste und letzte Ereignis werden eventuell leichter erinnert (Klein/Fischer-Kerli 2000). Die Zeitspanne zwischen dem Ereignis und der Befragung sowie die Spezifität der Hinweisreize beeinflussen die Erinnerungsgenauigkeit (Klein/Fischer-Kerli 2000). Es besteht eine Tendenz, dass Frauen sich an Zeitpunkte von Ereignissen besser erinnern als Männer (Klein/Fischer-Kerli 2000).

Mit der Frage der retrospektiven Erfassung ist die Frage nach der *Kausalität* verbunden, welche mit diesem Design nicht abschließend geklärt werden konnte. Aufgrund des Machtgefälles zwischen Eltern und Kindern ist es allerdings durchwegs als plausibel anzunehmen, dass Misshandlung, Missbrauch und Vernachlässigung zu einer schlechteren Geschwisterbeziehung in der Kindheit beitragen. Auch wenn Wechselwirkungen zwischen elterlichem Verhalten und der Qualität der Geschwisterbeziehung nicht ausgeschlossen werden können, so hat doch auch eine extreme Reaktion der Eltern auf Konflikte zwischen Geschwistern einen noch stärkeren Einfluss auf die weitere Beziehungsgestaltung zwischen den Geschwistern.

11.2 Implikationen für die Forschung

Stabile und dynamische Risikofaktoren

Insgesamt besteht ein erhöhtes Risiko für Geschwister von Kindern, die misshandelt, missbraucht oder vernachlässigt wurden, dass sie selbst zu Opfern werden. In anderen Studien (vgl. Abschnitt 4.1), wie auch in der vorliegenden, sagte ein erhöhtes Ausmaß an Risikofaktoren, die auch empirisch bei der Betrachtung des Risikos für ein Kind gefunden wurden, eine höhere Gefährdung für alle Kinder einer Familie vorher. Dennoch konnte durch die bis jetzt gefundenen Faktoren nur ein Teil der Varianz geklärt werden. Dies betrifft ebenso die Frage, ob ein unmittelbares Risiko für das Geschwisterkind besteht, ob dieses über die gesamte Kindheit hinweg erhöht ist oder ob in einem bestimmten Alter eine höhere Gefährdung vorliegt. Hierzu ist es notwendig auf Daten zurückzugreifen, die einen Rückschluss auf den zeitlichen Verlauf ermöglichen. Dies sind zum einen Studien mit einem längsschnittlichen Design, mit mehreren Erhebungszeitpunkten über die Kindheit mehrerer Geschwister hinweg. Allerdings ist es bei einem solchen Design aus ethischen Gründen nicht möglich bei einer festgestellten Gefährdung keine Intervention einzuleiten. Zum anderen – wenn auch durch den retrospektiven Zugang verzerrt – können Geschwister im Erwachsenenalter noch detailliert im Hinblick auf den Zeitpunkt der Viktimisierungserfahrungen befragt werden. Einen solchen Zugang haben zum Beispiel East et al. (2010) gewählt, um das Risiko von jugendlichen Schwestern für Gewalt durch einen Partner zu erheben. Eine weitere Möglichkeit ist der Rückgriff auf administrative Daten, wie zum Beispiel Meldungen bei Jugendämtern oder Kinderschutzstellen. Hierbei wird aber oft nur ein Teil der Faktoren erfasst, da es sich um eine Inanspruchnahmepopulation handelt. Erschwerend kommt hinzu, dass Daten von Geschwistern schwer zu verknüpfen sind, vor allem dann, wenn es sich um Halb- oder Stiefgeschwister mit unterschiedlichen Sorgeberechtigten handelt (Lery/Shaw/Magruder 2005).

Entwicklung der Geschwisterbeziehung über den Lebenslauf

Im Hinblick auf die Geschwisterbeziehung und wie sich diese in der Folge von Missbrauch, Misshandlung und Vernachlässigung verändert, wäre auch hier eine Betrachtung über einen längeren Zeitraum gewinnbringend. Eine Möglichkeit ist, die retrospektive Erhebung der Veränderung über den Lebenslauf, wobei die Studienteilnehmenden entscheidende Einschnitte oder Wendepunkte in ihrer Beziehung angeben können (z. B. anhand der Methode der Lebenslinien). Hierbei könnte der Einfluss von Veränderungen in der Lebenssituation, der Annahme von Therapieangeboten und der allgemeinen Auseinandersetzung mit der eigenen Kindheit auf die Geschwisterbeziehung näher betrachtet werden. Gerade im Rahmen des Fortbestehens von Verhaltensmustern wäre es auch sinnvoll, bei Kindern und dann im Erwachsenenalter Interaktionsbeobachtungen bei Geschwistern durchzuführen.

Bei Studien zu Geschwisterbeziehungen besteht die Notwendigkeit, Strategien zu entwickeln, wie Brüderpaare und nicht leibliche Geschwister besser angesprochen werden können. Eventuell ist es hierzu erforderlich, in bestimmten Populationen verstärkt für eine Studie zu werben oder andere Anreize zu schaffen.

Die Rolle der Eltern

Das Ausmaß, in dem die Geschwisterbeziehung durch die Eltern gefördert wurde, erwies sich in der vorliegenden Studie als bedeutsamer Prädiktor, der den Zusammenhang zwischen Viktimisierungserfahrungen und der Geschwisterbeziehung mediierte. Während bereits viele methodisch anspruchsvolle Arbeiten zur Erfassung des Verhaltens der Eltern mit den Geschwistern in Bezug auf Bevorzugung und Benachteiligung (Stotz/Walper 2015) und Umgang mit Konfliktsituationen vorliegen (z. B. Kramer/Perozynski/Chung 1999), gibt es wenig Forschung zu Elternverhalten, welches die Geschwisterbeziehung im Hinblick auf positive Merkmale fördert. Dies gilt in besonderer Weise für Geschwisterpaare im Jugendalter und in nicht traditionellen Familien. Hierbei spiegelt, die in Anlehnung an die qualitativen Arbeiten von Monahan (1997) entwickelte Skala, vermutlich nur einen Bruchteil der Facetten des elterlichen Verhaltens wider. Eine mögliche Facette elterlichen Verhaltens, die einen Einfluss auf das Viktimisierungsrisiko hat, ist nach Nelson/Martin (1985) ein erhöhter Konformitätsdruck der Eltern. Ein weiterer wichtiger Aspekt ist – gerade im Hinblick auf Dynamiken in Familien mit bestehender Kindeswohlgefährdung – in welcher Weise Eltern einen starken Zusammenhalt der Geschwister fördern oder verhindern, da er als eine Allianz gegen sie wahrgenommen wird. Zukünftige Forschung sollte verstärkt auf den Wert den Eltern der Geschwisterbeziehung beimessen und in welcher Art und Weise dies von Kinder wahrgenommen wird eingehen.

Das Verhalten von Vätern und Müttern hatte in der vorliegenden Arbeit einen unterschiedlichen Einfluss auf ältere und jüngere Geschwister. Die Zusammenhänge und Wirkmechanismen sind nur unzureichend geklärt. Insbesondere die Veränderung der Aufteilung der Erziehungsaufgaben hin zu einem stärkeren Einbezug der Väter gilt es zu berücksichtigen.

Einfluss der Viktimisierungserfahrungen des Geschwisters

In der vorliegenden Studie lag ein Einfluss der Viktimisierungserfahrungen der Geschwister auf die psychische Belastung vor. Die Befunde sollten jedoch mit anderen Messinstrumenten noch einmal geklärt werden, die nicht nur ein Screening für Symptome beinhalten. Auch wurde mit dem DSM V Self Rater Level 1 Cross-Cutting Symptom Measure nur eine bestimmte Gruppe von Symptomen erfasst. Für weitere Forschung sollte noch eine größere Bandbreite an Symptomen und Störungsbilder, wie beispielsweise aggressives Verhalten und Essstörungen, betrachtet werden. Gerade im Hinblick auf psychische Belastungen wäre es sinnvoll, nicht nur einen Zeitraum von zwei Wochen zu betrachten, sondern das Vorliegen von bestimmten Erkrankungen über die Lebensspanne hinweg.

Auswirkungen auf andere Lebensbereiche, wie Lebenszufriedenheit und Persönlichkeit, sollten in Erwägung gezogen werden. Ein besonderer Aspekt, den Hollingsworth/Glass/Heisler (2008) anführten, ist auch die Fähigkeit zur Empathie. Es stellt sich die Frage, ob die Erfahrungen mit dem Geschwister einen Einfluss auf die Beziehungsgestaltung mit dem Partner oder der Partnerin haben, aber ganz besonders, in welcher Weise mit den eigenen Kindern und deren Geschwisterbeziehung umgegangen wird.

Geschwister im institutionellen Kontext

Über den Umgang mit Geschwistern, die misshandelt, missbraucht oder vernachlässigt wurden, in Institutionen und durch Fachkräfte, die einen Schutzauftrag haben, ist wenig bekannt. Daten zur gemeinsamen Meldung von Kindeswohlgefährdung von Geschwistern fehlen in offiziellen Statistiken in Deutschland. Auch gibt es wenig Informationen darüber, welche Richtlinien angewandt werden, um die Gefährdung eines Geschwisterkindes abzuschätzen (Katz/Hamama 2016). Die wenigen Befunde hierzu, zeigen Unterschiede in der Einschätzung hinsichtlich der Notwendigkeit einer Abklärung bei Sozialarbeitern und Medizinern (Vitale et al. 2010).

Für den relativ gut untersuchten Bereich der gemeinsamen Unterbringung, gibt es für Deutschland ebenso keine verlässlichen Angaben (Pothmann 2012). In der Praxis orientieren sich Entscheidungen einer Befragung von Bindel-Kögel (2011) zufolge, häufiger an organisatorischen Notwendigkeiten als an den Bedürfnissen der Geschwister.

Um jedoch die Situation von Kindern und Jugendlichen zu verbessern, ist es notwendig zu wissen, inwieweit eine Abklärung des Risikos bei beiden Geschwistern erfolgt und wie häufig der Bedarf einer Intervention bei beiden Geschwistern besteht. Hierzu müssen zum einen administrative Daten gewonnen werden, die zuverlässige Rückschlüsse zulassen. Es sollte zum anderen auch durch eine Befragung von Fachkräften geklärt werden, nach welchen Prinzipien Entscheidungen getroffen werden und welche organisatorischen und finanziellen Voraussetzungen für die Umsetzung von fachlich begründeten Entscheidungen notwendig sind.

11.3 Implikationen für die Praxis

In Anbetracht der Ergebnisse der vorliegenden Studie in Verknüpfung mit anderen Forschungsbefunden ergeben sich folgende Implikationen für das Handeln in der Praxis.

11.3.1 Risikoabklärung bei Geschwisterkindern

Geschwister machen im Hinblick auf Kindeswohlgefährdung sehr ähnliche Erfahrungen, d.h. dass das Risiko für das Erleben von Kindeswohlgefährdung deutlich erhöht ist, wenn eines der beiden Geschwister missbraucht, misshandelt oder vernachlässigt wird. Dieses Risiko besteht über alle Formen hinweg. Ein Ausschluss eines Geschwisterkindes als nicht gefährdet, aufgrund eines anderen Geschlechts, eines großen Altersabstandes oder des Aufwachsens in verschiedenen Haushalten ohne Abklärung im Einzelfall ist nach momentanem

Forschungsstand nicht sinnvoll. Aus diesem Grund ist bei einem Verdacht auf Kindeswohlgefährdung eine *Abklärung der Gefährdung aller Kinder aus einer Familie* dringend erforderlich. Dies passiert bereits teilweise im Rahmen von familienbasierter Fallbearbeitung im Jugendamt bei Verfahren zur Abklärung von Kindeswohlgefährdung gemäß § 8a SGB VIII. Allerdings ist die Erfassung der Situation aller Geschwister durch eine zu hohe Fallbelastung und zu geringe personelle Ressourcen erschwert. Es müssen also auf struktureller Ebene entsprechende Rahmenbedingungen geschaffen werden, damit dies möglich ist. Eine Verankerung in Leitlinien und Handlungsanweisungen ist notwendig.

Neben Fachkräften in Jugendämtern haben auch *andere Berufsgruppen,* wie beispielsweise Lehrerinnen und Lehrer und Ärztinnen und Ärzte, regelmäßig mit Kindern und Jugendlichen Kontakt und sind in der Folge auch für den Schutz von Kindern und Jugendlichen vor Misshandlung, Missbrauch und Vernachlässigung verantwortlich. Besteht der Verdacht auf eine Gefährdung, so ist auch hier eine mögliche Belastung beider Geschwister mit in Betracht zu ziehen. Dies ist gerade im medizinisch-therapeutischen Bereich von besonderer Bedeutung, wenn Informationen darüber bekannt sind, dass die Eltern psychische Probleme haben.

Wird eine Gefährdung bei allen Geschwistern abgeklärt, so muss bei der *Befragung* darauf geachtet werden, wie weit diese an sich belastend ist. So ist es beispielsweise nicht zu empfehlen, bei einem sexuellen Missbrauch eines Geschwisters alle anderen unmittelbar körperlich untersuchen zu lassen. Auch in Gesprächen mit den Geschwistern muss vorsichtig das Thema angesprochen werden und insbesondere darauf geachtet werden, dass das Geschwister ausreichend Informationen über das Vorgehen erhält, jedoch auch Inhalte des Gesprächs mit dem anderen Geschwister nicht gegen dessen Willen weitergegeben werden.

Werden zeitlich versetzt Meldungen gemacht oder gibt es einen Verdachtsfall, sollte die Erfahrung mitberücksichtigt werden, die das Geschwister mit den Folgen der Meldung des anderen Geschwisters gemacht hat. Eine besonders wichtige Rolle spielen die Reaktionen der Umwelt auf die Kindeswohlgefährdung. Wird beispielsweise dem Geschwister nicht geglaubt, so wird auch das andere Geschwister wenig Zuversicht in eine Veränderung der Situation haben (Monahan 1997). Werden drastische Maßnahmen eingeleitet, wie beispielsweise eine Fremdunterbringung des Geschwisters, dann kann dies eine Hemmschwelle sein, negatives Verhalten der Eltern zu berichten (Leichtentritt 2013).

11.3.2 Spezifische Präventionsangebote

Um Kindeswohlgefährdung zu verhindern, ist es sinnvoll nicht nur allgemein für Familien mit Kindern Präventionsangebote zu schaffen und so zu günstigen Entwicklungsbedingungen beizutragen. Gerade Familien, in denen bereits eine

Vielzahl von Risikofaktoren vorliegen, müssen spezifisch angesprochen werden (Pecora et al. 2014). Die vorliegende Arbeit verweist, wie auch schon andere Arbeiten, auf besondere Risikokonstellationen bei jungen Eltern, psychisch kranken Eltern und Familien mit mehreren Kindern. Alle Faktoren hängen mit anderen Gefährdungslagen zusammen und tragen auch in ihrem Zusammenwirken zu einem erhöhten Risiko für Kindeswohlgefährdung bei.

Während in anderen Studien meist nur das *Alter der Mutter* untersucht wurde, zeigte sich in der vorliegenden Studie, dass das *Alter des Vaters* insbesondere für sexuellen Missbrauch und emotionalen Missbrauch ein bedeutsamer Prädiktor war. Für präventive Angebote sollte also, wenn möglich, nicht nur das junge Alter der Mutter, sondern auch das des Vaters berücksichtigt werden. Hier sollten auch entsprechende Angebote geschaffen werden, sodass junge Väter, und nicht nur Mütter, Erziehungskompetenzen erwerben können.

Präventionsangebote für Kinder von *psychisch kranken Eltern* sind bereits weit verbreitet. Dennoch müssen gerade im Hinblick auf die große Bedeutung für die Viktimisierung beider Geschwister, Angebote für alle Kinder einer Familie gemacht werden. Die Studie verweist auch in diesem Zusammenhang auf die Bedeutung der psychischen Probleme des Vaters, insbesondere bei den jüngeren Geschwistern.

Familien in *Trennungs- und Scheidungssituationen* brauchen Unterstützungsangebote, die sich an die Eltern richten, um ihnen zu helfen mit der schwierigen Situation zurecht zu kommen. Dies betrifft auch die gemeinsame elterliche Sorge und den Umgang mit der eigenen emotionalen Belastung und die dadurch verminderten Ressourcen im Umgang mit den Kindern. Dies gilt vor allem deswegen, da sich zeigte, dass wenn für Viktimisierungserfahrungen kontrolliert wurde, eine Scheidung oder Trennung der Eltern keine negativen Auswirkungen auf die aktuelle Befindlichkeit hatte.

Die *Anzahl der Geschwister* und die *Position in der Geburtenreihenfolge* der Geschwister sagten bedeutsam die Anzahl verschiedener Viktimisierungserfahrungen sowie einzelne Formen von Kindeswohlgefährdung vorher. Mögliche Ursachen hierfür sind geringe finanzielle Ressourcen der Familie oder auch unterschiedliche Voraussetzungen auf der Ebene der Eltern. So haben Personen, die vergleichsweise früh Eltern wurden, meist mehr Kinder (Bertram 2008). Wiederholte ungewollte Schwangerschaften gehen mit einer geringeren Bildung der Eltern und psychischen Problemen einher. Auch wenn möglicherweise nicht die Geschwisteranzahl an sich einen Risikofaktor darstellt, so kann sie dennoch als Indikator für entsprechende spezifische Präventionsangebote genutzt werden. Diese sollten insbesondere die nachgeborenen Kinder berücksichtigen. Ansatzpunkte sind finanzielle Unterstützung, die Bereitstellung von Ressourcen für die schulische und berufliche Laufbahn, aber auch der Schutz vor Gewalt durch die älteren Geschwister, vor allem wenn diese selbst Gewalt durch die Eltern erfahren haben.

Während weit verbreitete Präventionsprogramme sich Formen von Kindeswohlgefährdung wie sexueller Missbrauch, körperliche Misshandlung und Vernachlässigung vor allem im Kleinkindalter zuwenden, verweisen die vorliegenden Ergebnisse auf die schweren Folgen von *emotionalem Missbrauch* und emotionaler Vernachlässigung. Hier sind die Grenzen zwischen nicht ganz so gutem elterlichen Verhalten und einer Kindeswohlgefährdung schwerer zu definieren. Dennoch sollte gerade bei Eltern mit psychischen Problemen, bei jungen Vätern und in Trennungs- und Scheidungsfamilien auch emotional missbräuchliche Verhaltensweisen angesprochen und mit den Eltern adäquate andere Reaktionsweisen erarbeitet werden.

Ein zentraler Punkt in der Prävention von Kindeswohlgefährdung ist, dass Eltern, die eines ihrer Kinder misshandelt, missbraucht oder vernachlässigt haben, mit spezifischen Angeboten angesprochen werden, um eine *Gefährdung des Geschwisters* zu verhindern. Im Kontext solcher Programme ist es auch wichtig, dass Eltern lernen auf schwere und anhaltende Konflikte und Gewalt zwischen Geschwistern angemessen zu reagieren.

11.3.3 Hilfsangebote für Geschwister

Die Befunde in der vorliegenden Arbeit sprechen für ein erhöhtes Risiko für eine aktuelle psychische Belastung vor allem des jüngeren Geschwisters in Abhängigkeit der Viktimisierungserfahrung beider Geschwister. Auch andere Autoren verweisen auf die Notwendigkeit Geschwistern von Kindern, die misshandelt, missbraucht oder vernachlässigt wurden, Therapie und Beratung anzubieten (Baker/Tanis/Rice 2001; Enders 2001).

Baker/Tanis/Rice (2001) beispielsweise beschreiben das *Family Learning Program* für Familien, in denen ein Kind von einer Bezugsperson sexuell missbraucht wurde. Für nicht missbrauchte Geschwister gibt es ein Gruppenangebot. In den geschlechtsgetrennten Gruppen werden präventive Verhaltensweisen erarbeitet, altersangemessenes Wissen über Sexualität und Strategien zur Emotionsregulation und Konfliktlösung vermittelt. Für das Programm liegt eine positive Evaluation vor. Barrett/Sykes/Byrnes (1986) berichteten, dass sie in der Therapie mit nicht missbrauchten Geschwistern an Gefühlen in Bezug auf den sexuellen Missbrauch des anderen Geschwisters und der Etablierung einer Generationengrenze zwischen den Geschwistersubsystem und den Eltern arbeiten. Schuld- und Schamgefühle sowie Wut und Ärger gegen das Geschwister sollen abgebaut werden. Das Therapiemodell ist jedoch nicht evaluiert.

Präventive und therapeutische Angebote sollten jedoch nicht ohne eine hinreichende Indikationsstellung oder auf Druck eines Familienmitgliedes eingeleitet werden. Wichtige Aspekte, wie die Vertraulichkeit der Informationen, sollten geklärt werden.

In der *Fremdunterbringung* sollten Geschwisterkindern entsprechende Angebote gemacht werden. Dies betrifft zum einen die gemeinsame Unterbringung, aber auch die Möglichkeit den Kontakt zum Geschwister aufrecht zu erhalten und Gefühle in Bezug auf das Geschwister zu thematisieren. Nur wenige Studienteilnehmende berichteten von einer Heimunterbringung, sodass ein Vergleich nicht möglich war. Hier verweist die vorliegende Studie lediglich auf die Wichtigkeit und Bedeutung der Geschwisterbeziehung, die sich in den Antworten der Studienteilnehmenden widerspiegeln, und die zeigen welchen Einfluss die Qualität der Geschwisterbeziehung noch in das Erwachsenenalter hinein hat.

Bei anderen Angeboten für Familien, wie beispielsweise bei sozialpädagogischen Familienhelferinnen und -helfern, ist es wichtig, dass auch das Geschwister, das nicht betroffen ist, in der Arbeit mit der Familie berücksichtigt wird. Dies sollte bereits in der *Hilfeplanung* beachtet werden. Gegebenenfalls wird es auch nötig sein, andere Fachkräfte, zum Beispiel aus dem pädagogischen Bereich, mit in die Unterstützung des Geschwisters einzubinden. Um für Geschwister Angebote zu schaffen, ist es von großer Bedeutung, dass auch die entsprechenden *Strukturen* und *finanziellen Ressourcen* bereitgestellt werden.

11.3.4 Die Geschwisterbeziehung als Gegenstand von Beratung und Therapie

In der Folge von Kindeswohlgefährdung ist die Geschwisterbeziehung belastet. Unabhängig davon haben negative Merkmale der Geschwisterbeziehung in der Kindheit einen Einfluss auf die psychische Belastung im Erwachsenenalter. Das Verhalten der Eltern kann bei einer belasteten Geschwisterbeziehung ebenfalls ein Ansatzpunkt für eine Intervention sein.

Für Eltern gibt es evaluierte und mit Kontrollgruppen hinsichtlich ihrer Wirksamkeit überprüfte *Programme,* die Eltern darin unterstützen, besser in Konflikte von Kindern einzugreifen (Smith/Ross 2007). Auch für Kinder gibt es evaluierte Gruppenangebote, die ihnen Strategien zum Umgang mit Konflikten mit dem Geschwister vermitteln, wie beispielsweise das *More Fun With Brothers and Sisters* (Kennedy/Kramer 2008). Diese Programme richten sich an Kinder bis zum Alter von zehn Jahren und sind präventive Angebote, die nicht mit Kindern und Eltern, aus Hochrisikogruppen erprobt wurden. Dennoch können einzelne Strategien gerade hier hilfreich sein.

Der Umgang mit Geschwisterbeziehungen in der *Psychotherapie* wird in der Fachliteratur, sogar in Arbeiten zur Familientherapie, nur selten thematisiert. Einzelne Fallstudien finden sich zu dem Verlauf von tiefenpsychologischen und psychoanalytischen Therapien bei Kindern (Norris-Shortle et al. 1995) und Erwachsenen (Moser et al. 2005). In der therapeutischen Arbeit mit Erwachsenen und Kindern, die misshandelt, missbraucht oder vernachlässigt wurden, kann es auf jeden Fall hilfreich sein, nicht nur die Beziehung zu den Eltern, sondern auch zu den Geschwistern näher zu explorieren. Die Viktimisierungserfahrung des Geschwisters können zu einer erhöhten psychischen Belastung beitragen. In der Dynamik zwischen den Geschwistern sollten die langfristigen Folgen bis in das Erwachsenenalter hinein bedacht werden, aber auch, dass unter bestimmten Bedingungen, Geschwister als Ressource genutzt werden können.

Kapitel 12
Schlussbemerkung

"Was macht der garstige Unnütz in den Stuben, sagte die Stiefmutter, fort mit ihr in die Küche, wenn sie Brod essen will, muß sies erst verdient haben, sie kann unsere Magd seyn." Da nahmen ihm die Stiefschwestern die Kleider weg, und zogen ihm einen alten grauen Rock an: "der ist gut für dich!" sagte sie, lachten es aus und führten es in die Küche.
(aus dem Märchen "Aschenputtel" von Grimm/Grimm 1812, S. 89)

Wie in dem angeführten Märchen "Aschenputtel" entwickeln sich Geschwisterbeziehungen immer vor dem Hintergrund der Art und Weise wie Eltern sich gegenüber den Kindern verhalten und in welcher Weise sie die Geschwisterbeziehung fördern oder untergraben. Misshandlung, Missbrauch und Vernachlässigung führen über die unmittelbaren Folgen hinaus zu einer Verschlechterung der Beziehung der Geschwister untereinander. Jedoch zeigen sich unterschiedliche Reaktionsweisen der Geschwister auf diese Erfahrungen und in einigen Konstellationen kann es sogar zu einer Stärkung der Geschwisterbeziehung kommen.

Anders als im Märchen, zeigen sich bei Geschwistern die Auswirkungen der Kindheit bis in das Erwachsenenalter hinein. Nicht nur durch die erlebten Formen von Kindeswohlgefährdung, sondern auch Konflikte, Aggression und Rivalität, die sie in der Kindheit in der Beziehung mit ihrem Geschwister erfahren haben, führen zu einer erhöhten psychischen Belastung. Beides hat darüber hinaus einen wesentlichen Einfluss auf die Beziehungsgestaltung der Geschwister untereinander.

Literatur

Abuhatoum, Shireen/Howe, Nina (2013): Power in sibling conflict during early and middle childhood. In: Social Development 22, H. 4, S. 738–754.

Abuhatoum, Shireen/Howe, Nina/Della Porta, Sandra/Recchia, Holly/Ross, Hildy (2016): Siblings' understanding of teaching in early and middle childhood: ‚Watch me and you'll know how to do it'. In: Journal of Cognition and Development 17, H. 1, S. 180–196.

Adler, Alfred/Liebenau, Gerald L./Stein, Henry T. (2005): Journal articles, 1931–1937. Birth order & early memories, social interest & education, technique of treatment. Bellingham, WA: Classical Adlerian Translation Project.

Alderfer, Melissa A./Long, Kristin A./Lown, E. Anne/Marsland, Anna L./Ostrowski, Nancy L./Hock, Janet M./Ewing, Linda J. (2010): Psychosocial adjustment of siblings of children with cancer: A systematic review. In: Psychooncology 19, H. 8, S. 789–805.

Allan, Graham (1977): Sibling solidarity. In: Journal of Marriage and Family 39, H. 1, S. 177–184.

Allbaugh, Lucy Jane/O'Dougherty Wright, Margaret/Atkins Seltmann, Larissa (2014): An exploratory study of domains of parenting concern among mothers who are childhood sexual abuse survivors. In: Journal of Child Sexual Abuse 23, H. 8, S. 885–899.

Alvarez-Lister, M. Soledad/Pereda, Noemí/Abad, Judit/Guilera, Georgina (2014): Polyvictimization and its relationship to symptoms of psychopathology in a southern European sample of adolescent outpatients. In: Child Abuse & Neglect 38, H. 4, S. 747–756.

Amato, Paul R. (1994): Life-span adjustment of children to their parents' divorce. In: The Future of children/Center for the Future of Children, the David and Lucile Packard Foundation 4, H. 1, S. 143–164.

Amato, Paul R./Keith, B. (1991a): Parental divorce and the well-being of children: A meta-analysis. In: Psychological Bulletin 110, H. 1, S. 26–46.

Amato, Paul R./Keith, Bruce (1991b): Parental divorce and adult well-being: A meta-analysis. In: Journal of Marriage & Family 53, H. 1, S. 43–58.

Ananth, Cande V./Chauhan, Suneet P. (2012): Epidemiology of twinning in developed countries. In: Seminars in perinatology 36, H. 3, S. 156–161.

Andersson, Gunnar/Hank, Karsten/Rønsen, Marit/Vikat, Andres (2006): Gendering family composition: Sex preferences for children and childbearing behavior in the nordic countries. In: Demography 43, H. 2, S. 255–267.

Anonymous (1978): A different form of abuse – sibling abuse. In: Child Abuse & Neglect 2, H. 3, S. 203–205.

Armbrust, Joachim (2007): Streit unter Geschwistern. So lösen Eltern erfolgreich Konflikte. Stuttgart: Urania.

Arrindell, Willem A./Sanavio, Ezio/Aguilar, Guido/Sica, Claudio/Hatzichristou, Chryse/Eisemann, Martin/Recinos, Luis A./Gaszner, Peter/Peter, Monika/Battagliese, Giuseppe/Kállai, János/van der Ende, Jan (1999): The development of a short form of the EMBU: Its appraisal with students in Greece, Guatemala, Hungary and Italy. In: Personality and Individual Differences 27, H. 4, S. 613–628.

Arriola, Kimberly R. J./Louden, Tracy/Doldren, Michelle A./Fortenberry, Ranita M. (2005): A meta-analysis of the relationship of child sexual abuse to HIV risk behavior among women. In: Child Abuse & Neglect 29, H. 6, S. 725–746.

Atzaba-Poria, Naama/Pike, Alison (2008): Correlates of parental differential treatment: Parental and contextual factors during middle childhood. In: Child Development 79, H. 1, S. 217–232.

Aversa, Laura H./Lemmer, Jennifer/Nunnink, Sarah/McLay, Robert N./Baker, Dewleen G. (2014): Impact of childhood maltreatment on physical health-related quality of life in U.S. active duty military personnel and combat veterans. In: Child Abuse & Neglect 38, H. 8, S. 1382–1388.

Bachu, Amara/O'Connell, Martin (2000): Fertility of American women. Population Characteristics, S. 20–526.

Baier, Dirk/Pfeiffer, Christian/Simonson, Julia/Rabold, Susann (2009): Jugendliche in Deutschland als Opfer und Täter von Gewalt. Erster Forschungsbericht zum gemeinsamen Forschungsprojekt des Bundesministeriums des Inneren und des KFN. Hannover.

Bair-Merritt, Megan H./Voegtline, Kristin/Ghazarian, Sharon R./Granger, Douglas A./Blair, Clancy/Johnson, Sara B. (2015): Maternal intimate partner violence exposure, child cortisol reactivity and child asthma. In: Child Abuse & Neglect 48, S. 50–57.

Baker, Juanita N./Tanis, Hayley J./Rice, Jennifer B. (2001): Including siblings in the treatment of child sexual abuse. In: Journal of Child Sexual Abuse 10, H. 3, S. 1–16.

Baker, Majel R./Frazier, Patricia A./Greer, Christiaan/Paulsen, Jacob A./Howard, Kelli/Meredith, Liza N./Anders, Samantha L./Shallcross, Sandra L. (2016): Sexual victimization history predicts academic performance in college women. In: Journal of counseling psychology, S. 1–8.

Baldwin, J. A./Oliver, J. E. (1975): Epidemiology and family characteristics of severely-abused children. In: Journal of Epidemiology & Community Health 29, H. 4, S. 205–221.

Ballard, D. T./Blair, G. D./Devereaux, S./Valentine, L. K./Horton, Anne L./Johnson, Barry L. (1990): A comparative profile of the incest perpetrator: Background, characteristics, abuse history, and use of social skills. In: Horton, Anne L. (Hrsg.): The incest perpetrator. A family member no one wants to treat. 1. Auflage. Newbury Park u.a: Sage. S. 43–64.

Banaschak, Sibylle/Rothschild, Markus A. (2015): Körperliche Befunde bei sexuellem Kindesmissbrauch. In: Fegert, Jörg M./Hoffmann, Ulrike/König, Elisa/Niehues, Johanna/Liebhardt, Hubert (Hrsg.): Sexueller Missbrauch von Kindern und Jugendlichen. Ein Handbuch zur Prävention und Intervention für Fachkräfte im medizinischen, psychotherapeutischen und pädagogischen Bereich. S. 179–184.

Banducci, Anne N./Hoffman, Elana M./Lejuez, C. W./Koenen, Karestan C. (2014): The impact of childhood abuse on inpatient substance users: specific links with risky sex, aggression, and emotion dysregulation. In: Child Abuse & Neglect 38, H. 5, S. 928–938.

Bange, Dirk (1992): Die dunkle Seite der Kindheit. Sexueller Missbrauch an Mädchen und Jungen. In: Volksblatt.

Bange, Dirk (2004): Definition und Häufigkeit von sexuellem Missbrauch. In: Körner, Wilhelm/Lenz, Albert (Hrsg.): Grundlagen und Konzepte. Göttingen [u.a.]: Hogrefe, Verl. für Psychologie. S. 29–37.

Bange, Dirk (2011): Eltern von sexuell missbrauchten Kindern. Reaktionen, psychosoziale Folgen und Möglichkeiten der Hilfe. 1. Aufl. Göttingen, Niedersachs: Hogrefe.

Bange, Dirk (2015): Gefährdungslagen und Schutzfaktoren bei Kindern und Jugendlichen in Bezug auf sexuellen Kindesmissbrauch. In: Fegert, Jörg M./Hoffmann, Ulrike/König, Elisa/Niehues, Johanna/Liebhardt, Hubert (Hrsg.): Sexueller Missbrauch von Kindern und Jugendlichen. Ein Handbuch zur Prävention und Intervention für Fachkräfte im medizinischen, psychotherapeutischen und pädagogischen Bereich. S. 103–108.

Bange, Dirk/Deegener, Günther (1996): Sexueller Missbrauch an Kindern. Ausmaß, Hintergründe, Folgen. Weinheim: Psychologie Verlags Union.

Bank, Stephen P./Kahn, Michael D. (1994): Geschwister-Bindung. Ungekürzte Ausg. München: Dt. Taschenbuch-Verl.

Baptista, Joana/Belsky, Jay/Marques, Sofia/Silva, Joana R./Oliveira, Paula/Mesquita, Ana/Martins, Carla/Soares, Isabel (2014): The interactive effect of maltreatment in the family and unstable institutional caregiving in predicting behavior problems in toddlers. In: Child Abuse & Neglect 38, H. 12, S. 2072–2079.

Barber, Jennifer S./East, Patricia L. (2009): Home and parenting resources available to siblings depending on their birth intention status. In: Child Development 80, H. 3, S. 921–939.

Barbosa, Luana Porto/Quevedo, Luciana/da Silva, Giovanna Del Grande/Jansen, Karen/Pinheiro, Ricardo Tavares/Branco, Jerônimo/Lara, Diogo/Oses, Jean/da Silva, Ricardo Azevedo (2014): Childhood trauma and suicide risk in a sample of young individuals aged 14–35 years in southern Brazil. In: Child Abuse & Neglect 38, H. 7, S. 1191–1196.

Barlow, J. H./Ellard, D. R. (2004): Psycho-educational interventions for children with chronic disease, parents and siblings: An overview of the research evidence base. In: Child: Care, Health & Development 30, H. 6, S. 637–645.

Barrett, Mary Jo/Sykes, Cece/Byrnes, William (1986): A systemic model for the treatment of intrafamily child sexual abuse. In: Journal of Psychotherapy & The Family 2, H. 2, S. 67–82.

Barroso, Marcela Montenegro Braga/Salvador, Luiza Martins/Fagundes Neto, Ulysses (2016): Severe protein-calorie malnutrition in two brothers due to abuse by starvation. In: Revista paulista de pediatria: Orgao oficial da Sociedade de Pediatria de Sao Paulo.

Becker, Jan C./Liersch, R./Tautz, C./Schlueter, B./Andler, W. (1998): Shaken baby syndrome: Report on four pairs of twins. In: Child Abuse & Neglect 22, H. 9, S. 931–937.

Bedford, Victoria H. (1989): Ambivalence in adult sibling relationships. In: Journal of Family Issues 10, H. 2, S. 211–224.

Begun, A. L. (1989): Sibling relationships involving developmentally disabled people. In: American journal of mental retardation: AJMR 93, H. 5, S. 566–574.

Beitchman, Joseph H./Zucker, Kenneth J./Hood, Jane E./daCosta, Granville A./Akman, Donna (1991): A review of the short-term effects of child sexual abuse. In: Child Abuse & Neglect 15, H. 4, S. 537–556.

Bellin, Melissa H./Kovacs, Pamela (2006): Fostering resilience in siblings of youths with a chronic health condition: A review of the literature. In: Health & Social Work 31, H. 3, S. 209–216.

Bellin, Melissa H./Kovacs, Pamela J./Sawin, Kathleen J. (2008): Risk and protective influences in the lives of siblings of youths with spina bifida. In: Health & Social Work 33, H. 3, S. 199–209.

Ben-David, Vered/Jonson-Reid, Melissa/Drake, Brett/Kohl, Patricia L. (2015): The association between childhood maltreatment experiences and the onset of maltreatment perpetration in young adulthood controlling for proximal and distal risk factors. In: Child Abuse & Neglect 46, S. 132–141.

Bennett, Susan/Ward, Michelle/Moreau, Katherine/Fortin, Gilles/King, Jim/Mackay, Morag/Plint, Amy (2011): Head injury secondary to suspected child maltreatment: results of a prospective Canadian national surveillance program. In: Child Abuse & Neglect 35, H. 11, S. 930–936.

Berge, Jerica M./Green, Kevin M./Grotevant, Harold D./McRoy, Ruth G. (2006): Adolescent sibling narratives regarding contact in adoption. In: Adoption Quarterly 9, 2-3, S. 81–103.

Berkowitz, Carol D. (2011): Healing of genital injuries. In: Journal of Child Sexual Abuse 20, H. 5, S. 537–547.

Bernstein, David P./Stein, Judith A./Newcomb, Michael D./Walker, Edward/Pogge, David/ Ahluvalia, Taruna/Stokes, John/Handelsman, Leonard/Medrano, Martha/Desmond, David/Zule, William (2003): Development and validation of a brief screening version of the Childhood Trauma Questionnaire. In: Child Abuse & Neglect 27, H. 2, S. 169–190.

Berry, Gail W. (1975): Incest: Some clinical variations on a classical theme. In: Journal of the American Academy of Psychoanalysis 3, H. 2, S. 151–161.

Bertram, Hans. „Die Mehrkinderfamilie in Deutschland. Zur demographischen Bedeutung der Familie mit drei und mehr Kindern und zu ihrer ökonomischen Situation".

Bigras, Noémie/Godbout, Natacha/Briere, John (2015): Child sexual abuse, sexual anxiety, and sexual satisfaction: The role of self-capacities. In: Journal of Child Sexual Abuse 24, H. 5, S. 464–483.

Bindel-Kögel, Gabriele (2011): Geschwister in der stationären Erziehungshilfe – Gemeinsam oder getrennt? Rechtliche Grundlagen der außerfamilialen Unterbringung von Geschwisterkindern in Deutschland. München.

Blake, Judith/Richardson, Barbra/Bhattacharya, Jennifer (1991): Number of siblings and sociability. In: Journal of Marriage and Family 53, H. 2, S. 271.

Blanchard-Dallaire, Claudia/Hébert, Martine (2014): Social relationships in sexually abused children: Self-reports and teachers' evaluation. In: Journal of Child Sexual Abuse 23, H. 3, S. 326–344.

Bobbitt-Zeher, D./Downey, D. B. (2013): Number of siblings and friendship nominations among adolescents. In: Journal of Family Issues 34, H. 9, S. 1175–1193.

Bobbitt-Zeher, D./Downey, D. B./Merry, J. (2014): Number of siblings during childhood and the likelihood of divorce in adulthood. In: Journal of Family Issues, H. 27, S. 1–20.

Boel-Studt, Shamra/Renner, Lynette M. (2014): Child and family-level correlates of direct and indirect peer victimization among children ages 6–9. In: Child Abuse & Neglect 38, H. 6, S. 1051–1060.

Bolger, Kerry E./Patterson, Charlotte J./Kupersmidt, Janis B. (1998): Peer relationships and self-esteem among children who have been maltreated. In: Child Development 69, H. 4, S. 1171–1197.

Boney-McCoy, Sue/Finkelhor, David (1995): Prior victimization: A risk factor for child sexual abuse and for PTSD-related symptomatology among sexually abused youth. In: Child Abuse & Neglect 19, H. 12, S. 1401–1421.

Bonvanie, Irma J./van Gils, Anne/Janssens, Karin A. M./Rosmalen, Judith G. M. (2015): Sexual abuse predicts functional somatic symptoms: An adolescent population study. In: Child Abuse & Neglect 46, S. 1–7.

Borenstein, Michael (2009): Introduction to meta-analysis. Chichester, U. K.: John Wiley & Sons.

Brabant, Marie-Eve/Hébert, Martine/Chagnon, François (2013): Identification of sexually abused female adolescents at risk for suicidal ideations: A classification and regression tree analysis. In: Journal of Child Sexual Abuse 22, H. 2, S. 153–172.

Bricker, Jonathan B./Peterson, Arthur V./Leroux, Brian G./Andersen, M. Robyn/Rajan, K. Bharat/Sarason, Irwin G. (2006): Prospective prediction of children's smoking transitions: Role of parents' and older siblings' smoking. In: Addiction 101, H. 1, S. 128–136.

Brock, Inés (2015): „Ich habe mich so auf den kleinen Bruder gefreut!". In: Brock, Inés (Hrsg.): Bruderheld und Schwesterherz. Geschwister als Ressource. Originalausgabe. Gießen: Psychosozial-Verlag. S. 163–185.

Brody, Charles J./Steelman, Lala Carr (1985): Sibling structure and parental sex-typing of children's household tasks. In: Journal of Marriage and Family 47, H. 2, S. 265.

Brody, Gene H./Stoneman, Zolinda/Burke, Michelle (1987): Child temperaments, maternal differential behavior, and sibling relationships. In: Developmental Psychology 23, H. 3, S. 354–362.

Brown, Monique J./Masho, Saba W./Perera, Robert A./Mezuk, Briana/Cohen, Steven A. (2015): Sex and sexual orientation disparities in adverse childhood experiences and early age at sexual debut in the United States: Results from a nationally representative sample. In: Child Abuse & Neglect 46, S. 89–102.

Browning, Diane H./Boatman, Bonny (1977): Incest: Children at risk. In: The American Journal of Psychiatry 134, H. 1, S. 69–72.

Bühner, Markus (2004): Einführung in die Test- und Fragebogenkonstruktion. München [u. a.]: Pearson Studium.

Bühner, Markus/Ziegler, Matthias (2009): Statistik für Psychologen und Sozialwissenschaftler. München [u. a.]: Pearson Studium.

Buhrmester, Duane/Furman, Wyndol (1990): Perceptions of sibling relationships during middle childhood and adolescence. In: Child Development 61, H. 5, S. 1387–1398.

Buhrmester, Duane/Furman, Wyndol (2008): The Network of Relationships Inventory: Relationship Qualities Version. Unpublished Measure. University of Texas at Dallas.

Buist, Kirsten L./Deković, Maja/Meeus, Wim/van Aken, Marcel A. G. (2002): Developmental patterns in adolescent attachment to mother, father and sibling. In: Journal of Youth and Adolescence 31, H. 3, S. 167–176.

Buist, Kirsten L./Paalman, Carmen H./Branje, Susan J T/Deković, Maja/Reitz, Ellen/Verhoeven, Marjolein/Meeus, Wim H J/Koot, Hans M./Hale, William W. (2014): Longitudinal effects of sibling relationship quality on adolescent problem behavior: A cross-ethnic comparison. In: Cultural Diversity & Ethnic Minority Psychology 20, H. 2, S. 266–275.

Buist, Kirsten L./Vermande, Marjolijn (2014): Sibling relationship patterns and their associations with child competence and problem behavior. In: Journal of Family Psychology 28, H. 4, S. 529–537.

Bullock, Bernadette Marie/Bank, Lew/Burraston, Bert (2002): Adult sibling expressed emotion and fellow sibling deviance: A new piece of the family process puzzle. In: Journal of Family Psychology 16, H. 3, S. 307–317.

Burbidge, Julia/Minnes, Patricia (2014): Relationship quality in adult siblings with and without developmental disabilities. In: Family Relations 63, H. 1, S. 148–162.

Burgess, Ann Wolbert/Clark, Marieanne Lindeqvist (1984): Child pornography and sex rings. Lexington, Mass.: LexingtonBooks.

Burton, Sally L./Parks, A. Lee (1994): Self-esteem, locus of control, and career aspirations of college-age siblings of individuals with disabilities. In: Social Work Research 18, H. 3, S. 178–185.

Bush, Jacqueline E./Ehrenberg, Marion F. (2003): Young persons' perspectives on the influence of family transitions on sibling relationships. In: Journal of Divorce & Remarriage 39, 3-4, S. 1–35.

Bussmann, Kai-D. (1995): Familiale Gewalt gegen Kinder und das Recht Erste Ergebnisse aus einer Studie zur Beeinflussung von Gewalt in der Erziehung durch Rechtsnormen. In: Gerhardt, Uta/Hradil, Stefan/Lucke, Doris/Nauck, Bernhard (Hrsg.): Familie der Zukunft: Lebensbedingungen und Lebensformen. Wiesbaden: VS Verlag für Sozialwissenschaften. S. 261–279.

Bussmann, Kai-D. (2005): Report über die Auswirkungen des Gesetzes zur Ächtung der Gewalt in der Erziehung.

Calladine, Carole E. (1983): Sibling rivalry: A parent education perspective. In: Child Welfare 62, H. 5, S. 421–427.

Campione-Barr, Nicole/Lindell, Anna K./Giron, Sonia E./Killoren, Sarah E./Greer, Kelly Bassett (2015): Domain differentiated disclosure to mothers and siblings and associations with sibling relationship quality and youth emotional adjustment. In: Developmental Psychology 51, H. 9, S. 1278–1291.

Campione-Barr, Nicole/Smetana, Judith G. (2010): „Who said you could wear my sweater?" Adolescent siblings' conflicts and associations with relationship quality. In: Child Development 81, H. 2, S. 464–471.

Carr, Deborah/Freedman, Vicki A./Cornman, Jennifer C./Schwarz, Norbert (2014): Happy marriage, happy life? Marital quality and subjective well-being in later life. In: Journal of Marriage and the Family 76, H. 5, S. 930–948.

Carter, Alice S./Volkmar, Fred R. (1992): Sibling rivalry. Diagnostic category or focus of treatment?, S. 289–295.

Chadik, Charlotte Ann (1997): Child abuse risk factors for siblings of identified victims. Dissertation Abstracts International.

Chan, Ko Ling (2014): Child victims and poly-victims in China: Are they more at-risk of family violence? In: Child Abuse & Neglect 38, H. 11, S. 1832–1839.

Cicirelli, Victor G. (1994): Sibling relationships in cross-cultural perspective. In: Journal of Marriage and Family 56, H. 1, S. 7.

Clarke, Diana E./Kuhl, Emily A. (2014): DSM-5 cross-cutting symptom measures: A step towards the future of psychiatric care? In: World Psychiatry: Official Journal of the World Psychiatric Association (WPA) 13, H. 3, S. 314–316.

Coates, Aubrey A./Messman-Moore, Terri L. (2014): A structural model of mechanisms predicting depressive symptoms in women following childhood psychological maltreatment. In: Child Abuse & Neglect 38, H. 1, S. 103–113.

Cohen, Tamar (1995): Motherhood among incest survivors. In: Child Abuse & Neglect 19, H. 12, S. 1423–1429.

Coleby, Marian (1995): The school-aged siblings of children with disabilities. In: Developmental Medicine & Child Neurology 37, H. 5, S. 415–426.

Connidis, Ingrid (1989): Contact between siblings in later life. In: Canadian Journal of Sociology 14, H. 4, S. 429–442.

Connidis, Ingrid Arnet/Campell, Lori D. (1995): Closeness, confiding, and contact among siblings in middle and late adulthood. In: Journal of Family Issues 16, H. 6, S. 722–745.

Coohey, Carol/Dirks-Bihun, April/Renner, Lynette M./Baller, Robert (2014): Strain, depressed mood and suicidal thoughts among maltreated adolescents in the United States. In: Child Abuse & Neglect 38, H. 7, S. 1171–1179.

Corrales, Tatiana/Waterford, Michelle/Goodwin-Smith, Ian/Wood, Leanne/Yourell, Todd/Ho, Coco (2016): Childhood adversity, sense of belonging and psychosocial outcomes in emerging adulthood. A test of mediated pathways. In: Children and Youth Services Review 63, S. 110–119.

Cramer, Jan Salomon/Lumey, L. H. (2010): Maternal preconception diet and the sex ratio. In: Human Biology 82, H. 1, S. 103–107.

Criss, Michael M./Shaw, Daniel S. (2005): Sibling relationships as contexts for delinquency training in low-income families. In: Journal of Family Psychology 19, H. 4, S. 592–600.

Crittenden, Patricia M. (1984): Sibling interaction: Evidence of a generational effect in maltreating infants. In: Child Abuse & Neglect 8, H. 4, S. 433–438.

Cuadra, Lorraine E./Jaffe, Anna E./Thomas, Renu/DiLillo, David (2014): Child maltreatment and adult criminal behavior: Does criminal thinking explain the association? In: Child Abuse & Neglect 38, H. 8, S. 1399–1408.

Curwen, Tracey/Jenkins, Jennifer M./Worling, James R. (2014): Differentiating children with and without a history of repeated problematic sexual behavior. In: Journal of Child Sexual Abuse 23, H. 4, S. 462-480.

Dahlberg, Johan (2013): Family influence in fertility: A longitudinal analysis of sibling correlations in first birth risk and completed fertility among Swedish men and women. In: Demographic Research 29, S. 233-246.

Daigneault, Isabelle/Hebert, Martine/McDuff, Pierre (2009): Men's and women's childhood sexual abuse and victimization in adult partner relationships: A study of risk factors. In: Child Abuse & Neglect 33, H. 9, S. 638-647.

Dallas, Evy/Stevenson, Jim/McGurk, Harry (1993): Cerebral-palsied children's interactions with siblings? II. Interactional Structure. In: Journal of Child Psychology and Psychiatry 34, H. 5, S. 649-671.

Damashek, Amy/Nelson, Melanie McDiarmid/Bonner, Barbara L. (2013): Fatal child maltreatment: Characteristics of deaths from physical abuse versus neglect. In: Child Abuse & Neglect 37, H. 10, S. 735-744.

Davys, Deborah/Mitchell, Duncan/Haigh, Carol (2016): Adult siblings consider the future: Emergent themes. In: Journal of Applied Research in Intellectual Disabilities 29, H. 3, S. 220-230.

De Bellis, Michael D./Spratt, Eve G./Hooper, Stephen R. (2011): Neurodevelopmental biology associated with childhood sexual abuse. In: Journal of Child Sexual Abuse 20, H. 5, S. 548-587.

de Carvalho, Hudson W/Pereira, Rebeca/Frozi, Julia/Bisol, Luísa W./Ottoni, Gustavo L./Lara, Diogo R. (2015): Childhood trauma is associated with maladaptive personality traits. In: Child Abuse & Neglect 44, S. 18-25.

de Young, Mary (1981): Siblings of oedipus: Brothers and sisters of incest victims. In: Child Welfare 60, H. 8, S. 561-568.

de Young, Mary (1982): The sexual victimization of children. Jefferson, N.C.: McFarland.

Deater-Deckard, Kirby/Dunn, Judy (2002): Sibling relationships and social-emotional adjustment in different family contexts. In: Social Development 11, H. 4, S. 571-590.

Deegener, Günther (2005): Formen und Häufigkeiten von Kindesmisshandlung. In: Deegener, Günther (Hrsg.): Kindesmisshandlung und Vernachlässigung. Göttingen [u.a.]: Hogrefe. S. 37-38.

Derkman, Marleen M.S./Engels, Rutger C.M.E./Kuntsche, Emmanuel/van der Vorst, Haske/Scholte, Ron H.J. (2011): Bidirectional associations between sibling relationships and parental support during adolescence. In: Journal of Youth and Adolescence 40, H. 4, S. 490-501.

Dew, Angela/Balandin, Susan/Llewellyn, Gwynnyth (2008): The psychosocial impact on siblings of people with lifelong physical disability: A review of the literature. In: Journal of Developmental and Physical Disabilities 20, H. 5, S. 485-507.

DiLillo, David/Damashek, Amy (2003): Parenting characteristics of women reporting a history of childhood sexual abuse. In: Child Maltreatment 8, H. 4, S. 319-333.

DiPietro, S.B. (1987): The effects of intrafamilial child sexual abuse on the adjustment and attitudes of adolescents. In: Violence and Victims 2, H. 1, S. 59-78.

Dodou, Dimitra/de Winter, Joost C.F. (2014): Social desirability is the same in offline, online, and paper surveys: A meta-analysis. In: Computers in Human Behavior 36, S. 487-495.

Dolgin, Kim Gale/Lindsay, Kristen Renee (1999): Disclosure between college students and their siblings. In: Journal of Family Psychology 13, H. 3, S. 393-400.

Donley, Margaret G./Likins, Lee (2010): The multigenerational impact of sibling relationships. In: The American Journal of Family Therapy 38, H. 5, S. 383-396.

Doughty, Susan E./McHale, Susan M./Feinberg, Mark E. (2015): Sibling experiences as predictors of romantic relationship qualities in adolescence. In: Journal of Family Issues 36, H. 5, S. 589–608.

Douglas, Emily M./Mohn, Brandy L. (2014): Fatal and non-fatal child maltreatment in the US: An analysis of child, caregiver, and service utilization with the National Child Abuse and Neglect Data Set. In: Child Abuse & Neglect 38, H. 1, S. 42–51.

Downey, Douglas B. (1995): When bigger Is not better: Family size, parental resources, and children's educational performance. In: American Sociological Review 60, H. 5, S. 746–761.

Downey, Douglas B./Condron, Dennis J. (2004): Playing well with others in kindergarten: The benefit of siblings at home. In: Journal of Marriage and Family 66, H. 2, S. 333–350.

Drapeau, Sylvie/Simard, Marie/Beaudry, Madeleine/Charbonneau, Cecile (2000): Siblings in family transitions. In: Family Relations 49, H. 1, S. 77–85.

Draucker, Claire Burke (1997): Family-of-origin variables and adult female survivors of childhood sexual abuse: Review of the research. In: Journal of Child Sexual Abuse 5, H. 4, S. 35–63.

Draucker, Claire Burke/Murphy, Shirley A./Artinian, Barbara M. (1992): Construing benefit from a negative experience of incest. In: Western Journal of Nursing Research 14, H. 3, S. 343–357.

Du Plessis, Bernice/Kaminer, Debra/Hardy, Anneli/Benjamin, Arlene (2015): The contribution of different forms of violence exposure to internalizing and externalizing symptoms among young South African adolescents. In: Child Abuse & Neglect 45, S. 80–89.

Duncan, Alexis E./Sartor, Carolyn E./Jonson-Reid, Melissa/Munn-Chernoff, Melissa A./Eschenbacher, Michaela A./Diemer, Elizabeth W./Nelson, Elliot C./Waldron, Mary/Bucholz, Kathleen K./Madden, Pamela A F/Heath, Andrew C. (2015): Associations between body mass index, post-traumatic stress disorder, and child maltreatment in young women. In: Child Abuse & Neglect 45, S. 154–162.

Dunlap, William P./Cortina, Jose M./Vaslow, Joel B./Burke, Michael J. (1996): Meta-analysis of experiments with matched groups or repeated measures designs. In: Psychological Methods 1, H. 2, S. 170–177.

Dunn, Judith F./Plomin, R./Daniels, D. (1986): Consistency and change in mothers' behavior toward young siblings. In: Child Development 57, H. 2, S. 348–356.

Dunn, Judy/Kendrick, Carol (1982): Siblings. Love, envy, & understanding. Cambridge, Mass.: Harvard University Press.

Dym Bartlett, Jessica/Easterbrooks, M. Ann (2015): The moderating effect of relationships on intergenerational risk for infant neglect by young mothers. In: Child Abuse & Neglect 45, S. 21–34.

East, Patricia L./Chien, Nina C./Adams, Joyce A./Hokoda, Audrey/Maier, Ashley (2010): Links between sisters' sexual and dating victimization: The roles of neighborhood crime and parental controls. In: Journal of Family Psychology 24, H. 6, S. 698–708.

Easton, Scott D. (2014): Masculine norms, disclosure, and childhood adversities predict long-term mental distress among men with histories of child sexual abuse. In: Child Abuse & Neglect 38, H. 2, S. 243–251.

Edinburgh, Laurel/Pape-Blabolil, Julie/Harpin, Scott B./Saewyc, Elizabeth (2014): Multiple perpetrator rape among girls evaluated at a hospital-based child advocacy center: Seven years of reviewed cases. In: Child Abuse & Neglect 38, H. 9, S. 1540–1551.

Edward, Joyce (2013): Sibling discord: A force for growth and conflict. In: Clinical Social Work Journal 41, H. 1, S. 77–83.

Eirich, Gregory M. (2011): Parental socioeconomic status and sibling educational inequality in the United States. In: International Journal of Sociology of the Family 37, H. 2, S. 183–202.

Ekert-Jaffé, Olivia/Joshi, Heather/Lynch, Kevin/Mougin, Rémi/Rendall, Michael (2002): Fertility, timing of births and socio-economic status in France and Britain: Social policies and occupational polarization. In: Population 57, H. 3, S. 475–507.

Enders, Ursula (Hrsg.) (2001): Zart war ich, bitter war's. Handbuch gegen sexuelle Gewalt an Mädchen und Jungen. Vollst. überarb. und erw. Neuausg., 1. Aufl. Köln: Kiepenheuer & Witsch.

English, Diana J./the LONGSCAN Investigators. „Modified Maltreatment Classification System (MMCS)". http: www.iprc.unc.edu/longscan/.

Farr, Rachel H./Flood, Margaux E./Grotevant, Harold D. (2016): The role of siblings in adoption outcomes and experiences from adolescence to emerging adulthood. In: Journal of Family Psychology 30, H. 3, S. 386–396.

Fegert, Jörg M. (2013/2014): Bedingungen, Prinzipien und Herausforderungen interdisziplinärer Koopertaion im Kinderschutz. In: IzKK-Nachrichten, H. 1, S. 4–8.

Fegert, Jörg M./Rassenhofer, Miriam/Schneider, Thekla/Seitz, Alexander/Spröber, Nina (2013): Sexueller Kindesmissbrauch – Zeugnisse, Botschaften, Konsequenzen. Ergebnisse der Begleitforschung für die Anlaufstelle der Unabhängigen Beauftragten der Bundesregierung zur Aufarbeitung des sexuellen Kindesmissbrauchs, Frau Dr. Christine Bergmann. Weinheim/Basel: Beltz Juventa.

Felson, Richard B. (1983): Aggression and violence between siblings. In: Social Psychology Quarterly 46, H. 4, S. 271–285.

Felson, Richard B./Russo, Natalie (1988): Parental punishment and sibling aggression. In: Social Psychology Quarterly 51, H. 1, S. 11–18.

Ferraioli, Suzannah J./Harris, Sandra L. (2009): The impact of autism on siblings. In: Social Work in Mental Health 8, H. 1, S. 41–53.

Figdor, Helmuth (2015): Geschwisterbeziehungen in Trennungs-, Stief- und Patchworkfamilien. In: Brock, Inés (Hrsg.): Bruderheld und Schwesterherz. Geschwister als Ressource. Originalausgabe. Gießen: Psychosozial-Verlag. S. 21–42.

Finkelhor, David (1984): Child sexual abuse. New theory and research. New York: Free Press.

Finkelhor, David (1994): The international epidemiology of child sexual abuse. In: Child Abuse & Neglect 18, H. 5, S. 409–417.

Finkelhor, David/Browne, Angela (1985): The traumatic impact of child sexual abuse: A conceptualization. In: American Journal of Orthopsychiatry 55, H. 4, S. 530–541.

Finkelhor, David/Turner, Heather/Ormrod, Richard (2006): Kid's stuff: The nature and impact of peer and sibling violence on younger and older children. In: Child Abuse & Neglect 30, H. 12, S. 1401–1421.

Fisman, Sandra/Wolf, Lucille/Ellison, Deborah (2000): A longitudinal study of siblings of children with chronic disabilities. In: Canadian Journal of Psychiatry 45, H. 4, S. 369–375.

Fitzhenry, Mark/Harte, Elizabeth/Carr, Alan/Keenleyside, Mairi/O'Hanrahan, Kevin/White, Megan Daly/Hayes, Jennifer/Cahill, Paul/Noonan, Hester/O'Shea, Helen/McCullagh, Avril/McGuinness, Shaun/Rodgers, Catherine/Whelan, Neal/Sheppard, Noel/Browne, Stephen (2015): Child maltreatment and adult psychopathology in an Irish context. In: Child Abuse & Neglect 45, S. 101–107.

Floyd, Frank J./Purcell, Susan E./Richardson, Shana S./Kupersmidt, Janis B. (2009): Sibling relationship quality and social functioning of children and adolescents with intellectual disability. In: American Journal on Intellectual and Developmental Disabilities 114, H. 2, S. 110–127.

Foster, C./Eiser, C./Oades, P./Sheldon, C./Tripp, J./Goldman, P./Rice, S./Trott, J. (2001): Treatment demands and differential treatment of patients with cystic fibrosis and their siblings: Patient, parent and sibling accounts. In: Child: Care, Health & Development 27, H. 4, S. 349–364.

Fox, Bryanna Hahn/Perez, Nicholas/Cass, Elizabeth/Baglivio, Michael T./Epps, Nathan (2015): Trauma changes everything: Examining the relationship between adverse childhood experiences and serious, violent and chronic juvenile offenders. In: Child Abuse & Neglect 46, S. 163–173.

Frías, María Teresa/Brassard, Audrey/Shaver, Phillip R. (2014): Childhood sexual abuse and attachment insecurities as predictors of women's own and perceived-partner extradyadic involvement. In: Child Abuse & Neglect 38, H. 9, S. 1450–1458.

Frías, Sonia M./Erviti, Joaquina (2014): Gendered experiences of sexual abuse of teenagers and children in Mexico. In: Child Abuse & Neglect 38, H. 4, S. 776–787.

Friedrich, William N. (1993): Sexual victimization and sexual behavior in children: A review of recent literature. In: Child Abuse & Neglect 17, H. 1, S. 59–66.

Fryers, Tom/Brugha, Traolach (2013): Childhood determinants of adult psychiatric disorder. In: Clinical Practice and Epidemiology in Mental Health: CP & EMH 9, S. 1–50.

Fuchs, Anna/Möhler, Eva/Resch, Franz/Kaess, Michael (2015): Impact of a maternal history of childhood abuse on the development of mother-infant interaction during the first year of life. In: Child Abuse & Neglect 48, S. 179–189.

Fukuda, Misao/Fukuda, Kiyomi/Shimizu, Takashi/Andersen, Claus Yding/Byskov, Anne Grete (2002): Parental periconceptional smoking and male: Female ratio of newborn infants. In: The Lancet 359, H. 9315, S. 1407–1408.

Furman, Wyndol/Buhrmester, Duane (1985): Children's perceptions of the personal relationships in their social networks. In: Developmental Psychology, H. 21, S. 1016–1022.

Furman, Wyndol/Buhrmester, Duane (2009): The Network of Relationships Inventory: Behavioral Systems Version. In: International Journal of Behavioral Development 33, H. 5, S. 470–478.

Gamble, Wendy C./Yu, Jeong Jin/Kuehn, Emily D. (2011): Adolescent sibling relationship quality and adjustment: Sibling trustworthiness and modeling, as factors directly and indirectly influencing these associations. In: Social Development 20, H. 3, S. 605–623.

Garcia-Moreno, Claudia/Jansen, Henrica AFM/Ellsberg, Mary/Heise, Lori/Watts, Charlotte H. (2006): Prevalence of intimate partner violence. Findings from the WHO multi-country study on women's health and domestic violence. In: The Lancet 368, H. 9543, S. 1260–1269.

Gatins, Deborah/Kinlaw, C. Ryan/Dunlap, Linda L. (2014): Impact of postdivorce sibling structure on adolescent adjustment to divorce. In: Journal of Divorce & Remarriage 55, H. 3, S. 239–251.

Gelles, Richard J./Cornell, Claire P. (1985): Intimitate violence in families. 1. print. Beverly Hills, Calif. [u. a.]: Sage Publ.

George, S./Rajaratnam, A./Miller, B. D. (1991): Female infanticide in rural South India. In: Economic and Political Weekly XXVII, H. 22, S. 1153–1156.

Gerdner, Arne/Allgulander, Christer (2009): Psychometric properties of the Swedish version of the Childhood Trauma Questionnaire-Short Form (CTQ-SF). In: Nordic journal of psychiatry 63, H. 2, S. 160–170.

Glad, Kristin Alve/Jensen, Tine K./Holt, Tonje/Ormhaug, Silje Morup (2013): Exploring self-perceived growth in a clinical sample of severely traumatized youth. In: Child Abuse & Neglect 37, H. 5, S. 331–342.

Glaser, Danya (2002): Emotional abuse and neglect (psychological maltreatment): A conceptual framework. In: Child Abuse & Neglect 26, 6-7, S. 697–714.

Glaser, Danya (2011): How to deal with emotional abuse and neglect: Further development of a conceptual framework (FRAMEA). In: Child Abuse & Neglect 35, H. 10, S. 866–875.

Godinet, Meripa T./Li, Fenfang/Berg, Teresa (2014): Early childhood maltreatment and trajectories of behavioral problems: Exploring gender and racial differences. In: Child Abuse & Neglect 38, H. 3, S. 544–556.

Gold, J. I./Treadwell, M./Weissman, L./Vichinsky, E. (2008): An expanded transactional stress and coping model for siblings of children with sickle cell disease: Family functioning and sibling coping, self-efficacy and perceived social support. In: Child: Care, Health & Development 34, H. 4, S. 491–502.

Gomes-Schwartz, Beverly/Horowitz, Jonathan/Cardarelli, Albert P. (1990): Child sexual abuse. The initial effects. Newbury Park, Calif: Sage Publications.

Gondal, Neha (2012): Who „fills in" for siblings and how? A multilevel analysis of personal network composition and its relationship to sibling size. In: Sociological Forum 27, H. 3, S. 732–755.

Gong, J./Li, X./Fang, X./Zhao, G./Lv, Y./Zhao, J./Lin, X./Zhang, L./Chen, X./Stanton, B. (2009): Sibling separation and psychological problems of double AIDS orphans in rural China – a comparison analysis. In: Child: Care, Health & Development 35, H. 4, S. 534–541.

Gooding, Holly C./Milliren, Carly/McLaughlin, Katie A./Richmond, Tracy K./Katz-Wise, Sabra L./Rich-Edwards, Janet/Austin, S. Bryn (2014): Child maltreatment and blood pressure in young adulthood. In: Child Abuse & Neglect 38, H. 11, S. 1747–1754.

Goodman, Alissa/Joyce, Robert/Smith, James P. (2011): The long shadow cast by childhood physical and mental problems on adult life. In: Proceedings of the National Academy of Sciences of the United States of America 108, H. 15, S. 6032–6037.

Graham-Bermann, Sandra A./Cutler, Susan E./Litzenberger, Brian W./Schwartz, Wendy E. (1994): Perceived conflict and violence in childhood sibling relationships and later emotional adjustment. In: Journal of Family Psychology 8, H. 1, S. 85–97.

Grech, Victor (2014): The Chernobyl accident, the male to female ratio at birth and birth rates. In: Acta Medica (Hradec Králové)/Universitas Carolina, Facultas Medica Hradec Králové 57, H. 2, S. 62–67.

Green, Arthur H. (1984): Child abuse by siblings. In: Child Abuse & Neglect 8, H. 3, S. 311–317.

Greenland, Cyril (1987): Preventing CAN deaths. An international study of deaths due to child abuse and neglect. London, New York: Tavistock Publications.

Greer, Kelly Bassett/Campione-Barr, Nicole/Lindell, Anna K. (2015): Body talk: Siblings' use of positive and negative body self-disclosure and associations with sibling relationship quality and body-esteem. In: Journal of Youth and Adolescence 44, H. 8, S. 1567–1579.

Greitemeyer, Tobias/Rudolph, Udo/Weiner, Bernard (2003): Whom would you rather help: An acquaintance not responsible for her plight or a responsible sibling? In: The Journal of Social Psychology 143, H. 3, S. 331–340.

Grimm, Jacob/Grimm, Wilhelm (1812): Kinder- und Haus-Märchen. Band 1. Berlin: Realschulbuchhandlung.

Groothuis, Jessie R./Altemeier, William A./Robarge, Joyce P./O'Connor, Susan/Sandler, Howard/Vietze, Peter/Lustig, James V. (1982): Increased child abuse in families with twins. In: Pediatrics 70, H. 5, S. 769–773.

Grossman, Frances Kaplan (1972): Brothers and sisters of retarded children. An exploratory study. [1st ed.]. [Syracuse, N. Y.]: Syracuse University Press.

Guan, Shu-Sha Angie/Fuligni, Andrew J. (2016): Changes in parent, sibling, and peer support during the transition to young adulthood. In: Journal of Research on Adolescence 26, H. 2, S. 286–299.

Gully, Kevin J./Dengerine, Harold A./Pepping, Mary/Bergstrom, Douglas (1981): Research note: Sibling contribution to violent behavior. In: Journal of Marriage and Family 43, H. 2, S. 333–337.

Hackett, Simon/Phillips, Josie/Masson, Helen/Balfe, Myles (2013): Individual, family and abuse characteristics of 700 British child and adolescent sexual abusers. In: Child Abuse Review 22, H. 4, S. 232–245.

Halperin, Sandra L. (1981): Abused and non-abused children's perceptions of their mothers, fathers and siblings: Implications for a comprehensive family treatment plan. In: Family Relations 30, H. 1, S. 89–96.

Hamilton-Giachritsis, Catherine E./Browne, Kevin D. (2005): A retrospective study of risk to siblings in abusing families. In: Journal of Family Psychology 19, H. 4, S. 619–624.

Hanson, R. K./Bussiere, M. T. (1998): Predicting relapse: A meta-analysis of sexual offender recidivism studies. In: Journal of Consulting and Clinical Psychology 66, H. 2, S. 348–362.

Hapke, U./v. der Lippe, E./Gaertner, B. (2013): Riskanter Alkoholkonsum und Rauschtrinken unter Berücksichtigung von Verletzungen und der Inanspruchnahme alkoholspezifischer medizinischer Beratung. Ergebnisse der Studie zur Gesundheit Erwachsener in Deutschland (DEGS1). In: Bundesgesundheitsblatt, Gesundheitsforschung, Gesundheitsschutz 56, 5-6, S. 809–813.

Harcourt, Katy Taylor/Adler-Baeder, Francesca/Erath, Stephen/Pettit, Greg S. (2014): Examining family structure and half-sibling influence on adolescent well-being. In: Journal of Family Issues 36, H. 2, S. 250–272.

Harpur, Lisa Jane/Polek, Ela/van Harmelen, Anne-Laura (2015): The role of timing of maltreatment and child intelligence in pathways to low symptoms of depression and anxiety in adolescence. In: Child Abuse & Neglect 47, S. 24–37.

Harrison, Patricia Ann/Edwall, Glenace E./Hoffman, Norman G./Worthen, Mark D. (1990): Correlates of sexual abuse among boys in treatment for chemical dependency. In: Journal of Adolescent Chemical Dependency 1, H. 1, S. 53–67.

Haugaard, Jeffrey J./Reppucci, N. Dickon (1988): The sexual abuse of children. A comprehensive guide to current knowledge and intervention strategies. 1st ed. San Francisco: Jossey-Bass Publishers.

Häuser, Winfried/Schmutzer, Gabriele/Brähler, Elmar/Glaesmer, Heide (2011): Maltreatment in childhood and adolescence: Results from a survey of a representative sample of the german population. In: Deutsches Ärzteblatt 108, H. 17, S. 287–294.

Hawkes, Colin (2011): Description of a UK study of onset of sexually harmful behaviour before the age of ten years in boys referred to a specialist assessment and treatment service. In: Child Abuse Review 20, H. 2, S. 82–101.

Heino, Anna/Gissler, Mika/Hindori-Mohangoo, Ashna D./Blondel, Beatrice/Klungsoyr, Kari/Verdenik, Ivan/Mierzejewska, Ewa/Velebil, Petr/Sol Olafsdottir, Helga/Macfarlane, Alison/Zeitlin, Jennifer (2016): Variations in multiple birth rates and impact on perinatal outcomes in Europe. In: PLoS ONE 11, H. 3, e0149252.

Herman, Judith Lewis (1981): Father-daughter incest. Cambridge, Mass. u. a.: Harvard Univ. Pr.

Herman, Judith Lewis/Hirschman, Lisa (1981): Families at risk for father-daughter incest. In: American Journal of Psychiatry 138, H. 7, S. 967–970.

Herrenkohl, Todd I./Mason, W. Alex/Kosterman, Rick/Lengua, Liliana J./Hawkins, J. David/ Abbott, Robert D. (2004): Pathways from physical childhood abuse to partner violence in young adulthood. In: Violence and Victims 19, H. 2, S. 123–136.

Hetherington, E. Mavis (1999): Family functioning and the adjustment of adolescent siblings in diverse types of families. In: Monographs of the Society for Research in Child Development 64, H. 4, S. 1–25.

Hetherington, E. Mavis/Bridges, Margaret/Insabella, Glendessa M. (1998): What matters? What does not? Five perspectives on the association between marital transitions and children's adjustment. In: The American Psychologist 53, H. 2, S. 167–184.

Hetherington, E. Mavis/Stanley-Hagan, Margarete (1999): The adjustment of children with divorced parents: A risk and resiliency perspective. In: Journal of Child Psychology and Psychiatry, and Allied Disciplines 40, H. 1, S. 129–140.

Hines, Denise A./Kaufman Kantor, Glenda/Holt, Melissa K. (2006): Similarities in siblings' experiences of neglectful parenting behaviors. In: Child Abuse & Neglect 30, H. 6, S. 619–637.

Hoetger, Lori A./Hazen, Katherine P./Brank, Eve M. (2015): All in the family: A retrospective study comparing sibling bullying and peer bullying. In: Journal of Family Violence 30, H. 1, S. 103–111.

Hoffman, Kristi L./Kiecolt, K. Jill/Edwards, John N. (2005): Physical violence between siblings a theoretical and empirical analysis. In: Journal of Family Issues 26, H. 8, S. 1103–1130.

Hollingsworth, Jane/Glass, Joanne/Heisler, Kurt W. (2008): Empathy deficits in siblings of severely scapegoated children. In: Journal of Emotional Abuse 7, H. 4, S. 69–88.

Honey, Anne/Halse, Christine (2007): Looking after well siblings of adolescent girls with anorexia: An important parental role. In: Child: Care, Health & Development 33, H. 1, S. 52–58.

Horwitz, Allan V. (1994): Predictors of adult sibling social support for the seriously mentally Ill. In: Journal of Family Issues 15, H. 2, S. 272–289.

Hosseinkhanzadeh, Abbas Ali/Noori, Seyedeh Zahra Seyed/Yeganeh, Taiebeh/Esapoor, Mehdi (2014): Comparison of siblings relationships in families with mentally retarded, deaf and nondisabled children. In: Procedia – Social and Behavioral Sciences 114, S. 14–18.

Howe, Nina/Aquan-Assee, Jasmin/Bukowski, William M./Lehoux, Pascale M./Rinaldi, Christina M. (2001): Siblings as confidants: Emotional understanding, relationship warmth, and sibling self-disclosure. In: Social Development 10, H. 4, S. 439–454.

Howe, Nina/Rinaldi, Christina M./Jennings, Melissa/Petrakos, Harriet (2002): „No! The lambs can stay out because they got cozies": Constructive and destructive sibling conflict, pretend play, and social understanding. In: Child Development 73, H. 5, S. 1460–1473.

Hulme, Polly A. (2011): Childhood sexual abuse, HPA axis regulation, and mental health: An integrative review. In: Western Journal of Nursing Research 33, H. 8, S. 1069–1097.

Hwang, Se Kwang/Charnley, Helen (2010): Honourable sacrifice: A visual ethnography of the family lives of Korean children with autistic siblings. In: Children & Society 24, H. 6, S. 437–448.

Ibrahim, Mohanad Mahgoub/Khalil, Ahmed Abdelrahim Ahmed/Khan, Umar Ali (2012): Offspring sex ratios among male tobacco smokers in Khartoum, Sudan. In: The Journal of the Pakistan Medical Association 62, H. 10, S. 1045–1049.

Icard, Larry D./Jemmott, John B./Teitelman, Anne/O'Leary, Ann/Heeren, G. Anita (2014): Mediation effects of problem drinking and marijuana use on HIV sexual risk behaviors among childhood sexually abused South African heterosexual men. In: Child Abuse & Neglect 38, H. 2, S. 234–242.

Izaguirre, Ainhoa/Calvete, Esther (2015): Children who are exposed to intimate partner violence: Interviewing mothers to understand its impact on children. In: Child Abuse & Neglect 48, S. 58–67.

Jacobsen, R./Møller, H./Mouritsen, A. (1999): Natural variation in the human sex ratio. In: Human Reproduction 14, H. 12, S. 3120–3125.

Jacoby, Ryan J./Heatherington, Laurie (2016): Growing up with an anxious sibling. Psychosocial correlates and predictors of sibling relationship quality. In: Current Psychology 35, H. 1, S. 57–68.

Jaffe, Anna E./Cranston, Christopher C./Shadlow, Joanna O. (2012): Parenting in females exposed to intimate partner violence and childhood sexual abuse. In: Journal of Child Sexual Abuse 21, H. 6, S. 684–700.

James, William H. (2010): Behavioural and biological determinants of human sex ratio at birth. In: Journal of biosocial science 42, H. 5, S. 587–599.

Jean-Gilles, Michele/Crittenden, Patricia M. (1990): Maltreating families: A look at siblings. In: Family Relations: An Interdisciplinary Journal of Applied Family Studies 39, H. 3, S. 323–329.

Jegatheesan, Brinda (2013): An ethnographic study on religion, spirituality, and maternal influence on sibling relationships in a Muslim family with a child with autism. In: Review of Disability Studies: An Internatioanl Journal 9, H. 1, S. 5–19.

Jennings, Melissa/Howe, Nina (2001): Siblings' perceptions of their parents' divorce. In: Journal of Divorce & Remarriage 35, H. 1, S. 91–106.

Jespersen, Ashley F./Lalumiere, Martin L./Seto, Michael C. (2009): Sexual abuse history among adult sex offenders and non-sex offenders: a meta-analysis. In: Child Abuse & Neglect 33, H. 3, S. 179–192.

Johnson, Colleen Leahy (1982): Sibling solidarity: Its origin and functioning in Italian-American families. In: Journal of Marriage and Family 44, H. 1, S. 155–167.

Jud, Andreas (2015): Sexueller Kindesmissbrauch – Begriffe, Definitionen und Häufigkeiten. In: Fegert, Jörg M./Hoffmann, Ulrike/König, Elisa/Niehues, Johanna/Liebhardt, Hubert (Hrsg.): Sexueller Missbrauch von Kindern und Jugendlichen. Ein Handbuch zur Prävention und Intervention für Fachkräfte im medizinischen, psychotherapeutischen und pädagogischen Bereich. S. 41–49.

Jumper, Shan A. (1995): A meta-analysis of the relationship of child sexual abuse to adult psychological adjustment. In: Child Abuse & Neglect 19, H. 6, S. 715–728.

Kairys, Steven W./Johnson, Charles F. (2002): The psychological maltreatment of children – technical report. In: Pediatrics 109, H. 4, e68.

Kaitz, Marsha/Rokem, Ann Marie/Mankuta, David/Davidov, Maayan/Faraone, Stephen V. (2014): Exposure to childhood traumas ups the odds of giving birth to daughters. In: Archives of Women's Mental Health 17, H. 2, S. 159–166.

Kan, Marni L./McHale, Susan M./Crouter, Ann C. (2008): Interparental incongruence in differential treatment of adolescent siblings: Links with marital quality. In: Journal of Marriage and Family 70, H. 2, S. 466–479.

Kant, Shashi/Srivastava, Rahul/Rai, Sanjay Kumar/Misra, Puneet/Charlette, Lena/Pandav, Chandrakant S. (2015): Induced abortion in villages of Ballabgarh HDSS: rates, trends, causes and determinants. In: Reproductive Health 12, H. 1, S. 51.

Kao, B./Romero-Bosch, L./Plante, W./Lobato, D. (2012): The experiences of Latino siblings of children with developmental disabilities. In: Child: Care, Health & Development 38, H. 4, S. 545–552.

Karle, Michael (2012): Wer sorgt für die „fürsorgliche" Schwester? In: SOS Dialog 2012: Geschwister, S. 58–64.

Kasten, Hartmut (2003): Geschwister. Vorbilder, Rivalen, Vertraute. 5. Aufl. München [u. a.]: Reinhardt.

Katz, Carmit (2013): The narratives of abused children who have survived attempted filicide. In: Child Abuse & Neglect 37, H. 10, S. 762–770.

Katz, Carmit (2014): The dead end of domestic violence: Spotlight on children's narratives during forensic investigations following domestic homicide. In: Child Abuse & Neglect 38, H. 12, S. 1976–1984.

Katz, Carmit/Hamama, Liat (2016): The sibling relationship in the context of child maltreatment: What do we know? What are the directions for the future? In: Trauma, Violence & Abuse, S. 1–9.

Kaufman Kantor, Glenda/Holt, Melissa K./Mebert, Carolyn J./Straus, Murray A./Drach, Kerry M./Ricci, Lawrence R./MacAllum, Crystal A./Brown, Wendy (2004): Development and preliminary psychometric properties of the multidimensional neglectful behavior scale-child report. In: Child Maltreatment 9, H. 4, S. 409–428.

Kaye-Tzadok, Avital/Davidson-Arad, Bilha (2016): Posttraumatic growth among women survivors of childhood sexual abuse: Its relation to cognitive strategies, posttraumatic symptoms, and resilience. In: Psychological Trauma: Theory, Research, Practice and Policy 8, H. 5, S. 550–558.

Keeshin, Brooks R./Cronholm, Peter F./Strawn, Jeffrey R. (2012): Physiologic changes associated with violence and abuse exposure: An examination of related medical conditions. In: Trauma, Violence & Abuse 13, H. 1, S. 41–56.

Kemper, Theodore D. (1966): Mate selection and marital satisfaction according to sibling type of husband and wife. In: Journal of Marriage and Family 28, H. 3, S. 346–349.

Kennedy, Denise E./Kramer, Laurie (2008): Improving emotion regulation and sibling relationship quality: The more fun with sisters and brothers program. In: Family Relations 57, H. 5, S. 567–578.

Kenny, David A./Kashy, Deborah A./Cook, William L. (2006): Dyadic data analysis. New York: Guilford Press.

Kettrey, Heather Hensman/Emery, Beth C. (2006): The discourse of sibling violence. In: Journal of Family Violence 21, H. 6, S. 407–416.

Killoren, Sarah E./Roach, Andrea L. (2014): Sibling conversations about dating and sexuality: Sisters as confidants, sources of support, and mentors. In: Family Relations 63, H. 2, S. 232–243.

Kim, Ji-Yeon/McHale, Susan M./Wayne Osgood, D./Crouter, Ann C. (2006): Longitudinal course and family correlates of sibling relationships from childhood through adolescence. In: Child Development 77, H. 6, S. 1746–1761.

Kim, Kihyun/Trickett, Penelope K./Putnam, Frank W. (2010): Childhood experiences of sexual abuse and later parenting practices among non-offending mothers of sexually abused and comparison girls. In: Child Abuse & Neglect 34, H. 8, S. 610–622.

Kindler, Heinz (2006a): Was ist unter physischer Kindesmisshandlung zu verstehen? In: Kindler, Heinz/Lillig, Susanne/Blüml, Herbert/Meysen, Thomas/Werner, Annegret (Hrsg.): Handbuch. Kindeswohlgefährdung nach § 1666 BGB und Allgemeiner Sozialer Dienst (ASD). München: Deutsches Jugendinsitut e. V.

Kindler, Heinz (2006b): Was ist unter Vernachlässigung zu verstehen? In: Kindler, Heinz/Lillig, Susanne/Blüml, Herbert/Meysen, Thomas/Werner, Annegret (Hrsg.): Handbuch. Kindeswohlgefährdung nach § 1666 BGB und Allgemeiner Sozialer Dienst (ASD). München: Deutsches Jugendinsitut e. V.

Kirchner, Teresa/Forns, Maria/Soler, Laia/Planellas, Irina (2014): Post-traumatic stress problems among poly-victimized Spanish youth: Time effect of past vs. recent interpersonal victimizations. In: Child Abuse & Neglect 38, H. 8, S. 1303–1312.

Klein, Hugh (2014): Early life emotional neglect and HIV risk taking among men using the internet to find other men for unprotected sex. In: Child Abuse & Neglect 38, H. 3, S. 434–444.

Klein, Thomas/Fischer-Kerli, David (2000): Die Zuverlässigkeit retrospektiv erhobener Lebensverlaufsdaten. Analysen zur Partnerschaftsbiografie des Familiensurvey. In: Zeitschrift für Soziologie 29, H. 4, S. 294–312.

Klinitzke, Grit/Romppel, Matthias/Häuser, Winfried/Brähler, Elmar/Glaesmer, Heide (2012): Die deutsche Version des Childhood Trauma Questionnaire (CTQ) – psychometrische Eigenschaften in einer bevölkerungsrepräsentativen Stichprobe. In: PPmP – Psychotherapie – Psychosomatik – Medizinische Psychologie 62, H. 02, S. 47–51.

Kolak, Amy M./Volling, Brenda L. (2011): Sibling jealousy in early childhood: Longitudinal links to sibling relationship quality. In: Infant and Child Development 20, H. 2, S. 213–226.

Kornreich, Jennifer L./Hearn, Kimberly D./Rodriguez, Giovanna/O'Sullivan, Lucia F. (2003): Sibling influence, gender roles, and the sexual socialization of urban early adolescent girls. In: Journal of Sex Research 40, H. 1, S. 101–110.

Kosonen, Marjut (1996): Siblings as providers of support and care during middle childhood: children's perceptions. In: Children & Society 10, H. 4, S. 267–279.

Kowal, Amanda Kolburn/Blinn-Pike, Lynn (2004): Sibling influences on adolescents' attitudes toward safe sex practices. In: Family Relations 53, H. 4, S. 377–384.

Kramer, Laurie/Baron, Lisa A. (1995): Intergenerational linkages: How experiences with siblings relate to the parenting of siblings. In: Journal of Social and Personal Relationships 12, H. 1, S. 67–87.

Kramer, Laurie/Kowal, Amanda K. (2005): Sibling relationship quality from birth to adolescence: The enduring contributions of friends. In: Journal of Family Psychology 19, H. 4, S. 503–511.

Kramer, Laurie/Perozynski, L. A./Chung, T. Y. (1999): Parental responses to sibling conflict: The effects of development and parent gender. In: Child Development 70, H. 6, S. 1401–1414.

Krienert, Jessie L./Walsh, Jeffrey A. (2011): My brother's keeper: A contemporary examination of reported sibling violence using national level data, 2000–2005. In: Journal of Family Violence 26, H. 5, S. 331–342.

Lacelle, Céline/Hébert, Martine/Lavoie, Francine/Vitaro, Frank/Tremblay, Richard E. (2012): Child sexual abuse and women's sexual health: The contribution of CSA severity and exposure to multiple forms of childhood victimization. In: Journal of Child Sexual Abuse 21, H. 5, S. 571–592.

Lam, Chun Bun/Solmeyer, Anna R./McHale, Susan M. (2012): Sibling relationships and empathy across the transition to adolescence. In: Journal of Youth and Adolescence 41, H. 12, S. 1657–1670.

Lampe, Astrid (2002): The prevalence of childhood sexual abuse, physical abuse and emotional neglect in Europe/Prävalenz von sexuellem Mißbrauch, physischer Mißhandlung und emotionaler Vernachlässigung in Europa. In: Zeitschrift für Psychosomatische Medizin und Psychotherapie 48, H. 4, S. 370–380.

Langevin, Rachel/Hébert, Martine/Cossette, Louise (2015): Emotion regulation as a mediator of the relation between sexual abuse and behavior problems in preschoolers. In: Child Abuse & Neglect 46, S. 16–26.

Lassri, Dana/Luyten, Patrick/Cohen, Guina/Shahar, Golan (2016): The effect of childhood emotional maltreatment on romantic relationships in young adulthood: A double mediation model involving self-criticism and attachment. In: Psychological Trauma: Theory, Research, Practice and Policy 8, H. 4, S. 504–511.

Latzer, Yael/Katz, Ruth/Berger, Keren (2015): Psychological distress among sisters of young females with eating disorders: The role of negative sibling relationships and sense of coherence. In: Journal of Family Issues 36, H. 5, S. 626–646.

Lawson, David W./Mace, Ruth (2010): Siblings and childhood mental health: Evidence for a later-born advantage. In: Social Science & Medicine 70, H. 12, S. 2061–2069.

Leach, Chelsea/Stewart, Anna/Smallbone, Stephen (2016): Testing the sexually abused-sexual abuser hypothesis: A prospective longitudinal birth cohort study. In: Child Abuse & Neglect 51, S. 144–153.

Lee, Jungeun Olivia/Herrenkohl, Todd I./Jung, Hyunzee/Skinner, Martie L./Klika, J. Bart (2015): Longitudinal examination of peer and partner influences on gender-specific pathways from child abuse to adult crime. In: Child Abuse & Neglect 47, S. 83–93.

Leeb, Rebecca T./Paulozzi, Leonard J./Melanson, Cindi/Simon, Thomas R./Arias, Ileana. „Child maltreatment surveillance. Uniform definitions for public health". http://www.cdc.gov/violenceprevention/pub/cmp-surveillance.html.

Leichtentritt, Judy (2013): „It is difficult to be here with my sister but intolerable to be without her". Intact sibling placement in residential care. In: Children and Youth Services Review 35, H. 5, S. 762–770.

LeRoy, Michelle/Mahoney, Annette/Boxer, Paul/Gullan, Rebecca Lakin/Fang, Qijuan (2014): Parents who hit and scream: Interactive effects of verbal and severe physical aggression on clinic-referred adolescents' adjustment. In: Child Abuse & Neglect 38, H. 5, S. 893–901.

Lery, Bridgette/Shaw, Terry V./Magruder, Joseph (2005): Using administrative child welfare data to identify sibling groups. In: Children and Youth Services Review 27, H. 7, S. 783–791.

Lewis, Ione R. (2012): At risk: The relationship between experiences of child sexual abuse and women's HIV status in Papua New Guinea. In: Journal of Child Sexual Abuse 21, H. 3, S. 273–294.

Ley, Katharina (2001): Geschwisterbande. Liebe, Haß und Solidarität. Düsseldorf [u. a.]: Walter.

Libal, Renate/Deegener, Günther (2005): Häufigkeit unterschiedlicher Gewalterfahrungen in Kindheit und Jugend sowie Beziehungen zum psychischen Befinden im Erwachsenenalter. In: Deegener, Günther (Hrsg.): Kindesmisshandlung und Vernachlässigung. Göttingen [u. a.]: Hogrefe. S. 59–93.

Limbers, Christine A./Skipper, Sarah (2014): Health-related quality of life measurement in siblings of children with physical chronic illness: A systematic review. In: Families, Systems & Health: The Journal of Collaborative Family Healthcare 32, H. 4, S. 408–415.

Linares, L. Oriana/Li, Mimin/Shrout, Patrick E./Brody, Gene H./Pettit, Gregory S. (2007): Placement shift, sibling relationship quality, and child outcomes in foster care: A controlled study. In: Journal of Family Psychology 21, H. 4, S. 736–743.

Lindberg, Daniel M./Shapiro, Robert A./Laskey, Antoinette L./Pallin, Daniel J./Blood, Emily A./Berger, Rachel P. (2012): Prevalence of abusive injuries in siblings and household contacts of physically abused children. In: Pediatrics 130, H. 2, S. 193–201.

Lipovsky, Julie A./Saunders, Benjamin E./Hanson, Rochelle F. (1993): Parent-child relationships of victims and siblings in incest families. In: Journal of Child Sexual Abuse 1, H. 4, S. 35–50.

Litzelfelner, Pat (1995): Children with emotional disabilities: Perceptions of siblings. In: Child & Adolescent Social Work Journal 12, H. 4, S. 263-273.

Logan-Greene, Patricia/Semanchin Jones, Annette (2015): Chronic neglect and aggression/delinquency: A longitudinal examination. In: Child Abuse & Neglect 45, S. 9-20.

Long, Kristin A./Marsland, Anna L./Alderfer, Melissa A. (2013): Cumulative family risk predicts sibling adjustment to childhood cancer. In: Cancer 119, H. 13, S. 2503-2510.

Low, Sabina/Snyder, James/Shortt, Joann Wu (2012): The drift toward problem behavior during the transition to adolescence: The contributions of youth disclosure, parenting, and older siblings. In: Journal of Research on Adolescence 22, H. 1, S. 65-79.

Lowell, Amanda/Renk, Kimberly/Adgate, Amanda Havill (2014): The role of attachment in the relationship between child maltreatment and later emotional and behavioral functioning. In: Child Abuse & Neglect 38, H. 9, S. 1436-1449.

Lu, Pau-Ching (2007): Sibling relationships in adulthood and old age: A case study of Taiwan. In: Current Sociology 55, H. 4, S. 621-637.

Lueger-Schuster, Brigitte/Kantor, Viktoria/Weindl, Dina/Knefel, Matthias/Moy, Yvonne/Butollo, Asisa/Jagsch, Reinhold/Glück, Tobias (2014): Institutional abuse of children in the Austrian Catholic Church: Types of abuse and impact on adult survivors' current mental health. In: Child Abuse & Neglect 38, H. 1, S. 52-64.

Luterek, Jane A./Harb, Gerlinde C./Heimberg, Richard G./Marx, Brian P. (2004): Interpersonal rejection sensitivity in childhood sexual abuse survivors: Mediator of depressive symptoms and anger suppression. In: Journal of Interpersonal Violence 19, H. 1, S. 90-107.

Lutz, Katharina/Buhr, Petra/Boehnke, Mandy (2013): Die Bedeutung der Erfahrungen mit dem ersten Kind für die Intention zur Familienerweiterung. In: Zeitschrift für Soziologie der Erziehung und Sozialisation, H. 2, S. 167-184.

Lynch, Denis J./Fay, Lorraine/Funk, Jeanne/Nagel, Rollin (1993): Siblings of children with mental retardation: Family characteristics and adjustment. In: Journal of Child and Family Studies 2, H. 2, S. 87-96.

Lyngstad, Torkild Hovde/Prskawetz, Alexia (2010): Do siblings' fertility decisions influence each other? In: Demography 47, H. 4, S. 923-934.

Maalouf, Walid E./Mincheva, Mina N./Campbell, Bruce K./Hardy, Ian C. W. (2014): Effects of assisted reproductive technologies on human sex ratio at birth. In: Fertility and Sterility 101, H. 5, S. 1321-1325.

MacMillan, Harriet L./Tanaka, Masako/Duku, Eric/Vaillancourt, Tracy/Boyle, Michael H. (2013): Child physical and sexual abuse in a community sample of young adults: Results from the Ontario Child Health Study. In: Child Abuse & Neglect 37, H. 1, S. 14-21.

Madigan, Sheri/Wade, Mark/Plamondon, Andre/Vaillancourt, Kyla/Jenkins, Jennifer M./Shouldice, Michelle/Benoit, Diane (2014): Course of depression and anxiety symptoms during the transition to parenthood for female adolescents with histories of victimization. In: Child Abuse & Neglect 38, H. 7, S. 1160-1170.

Makhlouf, F./Rambaud, C. (2014): Child homicide and neglect in France: 1991-2008. In: Child Abuse & Neglect 38, H. 1, S. 37-41.

Martin, Judy/Anderson, Jessie/Romans, Sarah/Mullen, Paul/O'Shea, Martine (1993): Asking about child sexual abuse: Methodological implications of a two stage survey. In: Child Abuse & Neglect 17, H. 3, S. 383-392.

Mathews, Fiona/Johnson, Paul J./Neil, Andrew (2008): You are what your mother eats: Evidence for maternal preconception diet influencing foetal sex in humans. In: Proceedings. Biological sciences/The Royal Society 275, H. 1643, S. 1661-1668.

Mathis, Gloria/Mueller, Charles (2015): Childhood sibling aggression and emotional difficulties and aggressive behavior in adulthood. In: Journal of Family Violence 30, H. 3, S. 315-327.

McCoy, J. Kelly/Brody, Gene H./Stoneman, Zolinda (1994): A longitudinal analysis of sibling relationships as mediators of the link between family processes and youths' best friendships. In: Family Relations 43, H. 4, S. 400.

McCoy, J. Kelly/Brody, Gene H./Stoneman, Zolinda (2002): Temperament and the quality of best friendships: effect of same-sex sibling relationships. In: Family Relations 51, H. 3, S. 248-255.

McDermott, John (1991): Kain und Abel im Kinderzimmer. Rivalität zwischen Geschwistern. Dt. Erstausg. München: Heyne.

McDonald, Courtney/Martinez, Katherine (2016): Parental and others' responses to physical sibling violence: A descriptive analysis of victims' retrospective accounts. In: Journal of Family Violence 31, H. 3, S. 401-410.

McGuire, Shirley/McHale, Susan M./Updegraff, Kimberly A. (1996): Children's perceptions of the sibling relationship in middle childhood: Connections within and between family relationships. In: Personal Relationships 3, H. 3, S. 229-239.

McGuirk, Emily M./Pettijohn, Terry F. (2008): Birth order and romantic relationship styles and attitudes in college students. In: North American Journal of Psychology 10, H. 1, S. 37-52.

McHale, Susan M./Bissell, Joanna/Kim, Ji-Yeon (2009): Sibling relationship, family, and genetic factors in sibling similarity in sexual risk. In: Journal of Family Psychology 23, H. 4, S. 562-572.

McHale, Susan M./Crouter, Ann C. (1995): Congruence between mothers' and fathers' differential treatment of siblings: Links with family relations and children's well-being. In: Child Development 66, H. 1, S. 116-128.

McHale, Susan M./Updegraff, Kimberly A./Jackson-Newsom, Julia/Tucker, Corinna Jenkins/Crouter, Ann C. (2000): When does parents' differential treatment have negative implications for siblings? In: Social Development 9, H. 2, S. 149-172.

McMillen, Curtis/Zuravin, Susan/Rideout, Gregory (1995): Perceived benefit from child sexual abuse. In: Journal of Consulting and Clinical Psychology 63, H. 6, S. 1037-1043.

Meiselman, Karin C. (1978): Incest. A psychological study of causes and effects with treatment recommendations. 1st ed. San Francisco: Jossey-Bass Publishers.

Mekos, Debra/Hetherington, E. Mavis/Reiss, David (1996): Sibling differences in problem behavior and parental treatment in nondivorced and remarried families. In: Child Development 67, H. 5, S. 2148-2165.

Melville, John D./Kellogg, Nancy D./Perez, Nadia/Lukefahr, James L. (2014): Assessment for self-blame and trauma symptoms during the medical evaluation of suspected sexual abuse. In: Child Abuse & Neglect 38, H. 5, S. 851-857.

Menard, Scott/Weiss, Andrea J./Franzese, Robert J./Covey, Herbert C. (2014): Types of adolescent exposure to violence as predictors of adult intimate partner violence. In: Child Abuse & Neglect 38, H. 4, S. 627-639.

Meyer Halperin, Sandra (1983): Family perceptions of abused children and their siblings. In: Child Abuse & Neglect 7, H. 1, S. 107-115.

Meyers, Amy (2011): Sibling abuse: Understanding developmental consequences through object relations, family systems, and resiliency theories. In: Dissertation Abstracts International Section A: Humanities and Social Sciences 72, 5-A.

Meyers, Amy (2014): A call to child welfare: Protect children from sibling abuse. In: Qualitative Social Work 13, H. 5, S. 654-670.

Meysen, Thomas (2006): Welche Formen einer missbräuchlichen Ausübung der elterlichen Sorge sind bekannt? In: Kindler, Heinz/Lillig, Susanne/Blüml, Herbert/Meysen, Thomas/ Werner, Annegret (Hrsg.): Handbuch. Kindeswohlgefährdung nach § 1666 BGB und Allgemeiner Sozialer Dienst (ASD). München: Deutsches Jugendinsitut e. V.

Milevsky, Avidan (2004): Perceived parental marital satisfaction and divorce. In: Journal of Divorce & Remarriage 41, 1-2, S. 115–128.

Milevsky, Avidan/Schlechter, Melissa J./Machlev, Moshe (2011): Effects of parenting style and involvement in sibling conflict on adolescent sibling relationships. In: Journal of Social and Personal Relationships 28, H. 8, S. 1130–1148.

Miller, Adam B./Esposito-Smythers, Christianne/Weismoore, Julie T./Renshaw, Keith D. (2013): The relation between child maltreatment and adolescent suicidal behavior: A systematic review and critical examination of the literature. In: Clinical Child and Family Psychology Review 16, H. 2, S. 146–172.

Mills, James L. (2003): Cigarette smoking and the male-female sex ratio. In: Fertility and Sterility 79, H. 5, S. 1243–1245.

Milot, Tristan/Lorent, Andra/St-Laurent, Diane/Bernier, Annie/Tarabulsy, George/Lemelin, Jean-Pascal/Ethier, Louise S. (2014): Hostile-helpless state of mind as further evidence of adult disorganized states of mind in neglecting families. In: Child Abuse & Neglect 38, H. 8, S. 1351–1357.

Miner, Sonia/Uhlenberg, Peter (1997): Intragenerational proximity and the social role of sibling neighbors after midlife. In: Family Relations 46, H. 2, S. 145–153.

Miron, Lynsey R./Orcutt, Holly K. (2014): Pathways from childhood abuse to prospective revictimization: Depression, sex to reduce negative affect, and forecasted sexual behavior. In: Child Abuse & Neglect 38, H. 11, S. 1848–1859.

Modry-Mandell, Kerri L./Gamble, Wendy C./Taylor, Angela R. (2007): Family emotional climate and sibling relationship quality: Influences on behavioral problems and adaptation in preschool-aged children. In: Journal of Child & Family Studies 16, H. 1, S. 59–71.

Monahan, Kathleen (1997): Crocodile talk: Attributions of incestuously abused and non-abused sisters. In: Child Abuse & Neglect 21, H. 1, S. 19–34.

Monahan, Kathleen (2010): Themes of adult sibling sexual abuse survivors in later life: An initial exploration. In: Clinical Social Work Journal 38, H. 4, S. 361–369.

Morina, Nexhmedin/Koerssen, Rachel/Pollet, Thomas V. (2016): Interventions for children and adolescents with posttraumatic stress disorder: A meta-analysis of comparative outcome studies. In: Clinical Psychology Review 47, S. 41–54.

Morrongiello, B. A./Schell, S. L./Stewart, J. (2015): Older siblings as potential supervisors of younger siblings: Sibling supervisors' recognition of injury-risk behaviours and beliefs about supervisee risk taking and potential injury outcomes. In: Child: Care, Health & Development 41, H. 4, S. 581–586.

Morrongiello, Barbara/Schmidt, Sarah/Schell, Stacy L. (2010): Sibling supervision and young children's risk of injury: A comparison of mothers' and older siblings' reactions to risk taking by a younger child in the family. In: Social Science & Medicine 71, H. 5, S. 958–965.

Morrongiello, Barbara A./MacIsaac, Trevor J./Klemencic, Nora (2007): Older siblings as supervisors: Does this influence young children's risk of unintentional injury? In: Social Science & Medicine 64, H. 4, S. 807–817.

Morton, Cory M./Simmel, Cassandra/Peterson, N. Andrew (2014): Neighborhood alcohol outlet density and rates of child abuse and neglect: Moderating effects of access to substance abuse services. In: Child Abuse & Neglect 38, H. 5, S. 952–961.

Mosack, Katie E./Randolph, Mary E./Dickson-Gomez, Julia/Abbott, Maryann/Smith, Ellen/ Weeks, Margaret R. (2010): Sexual risk-taking among high-risk urban women with and without histories of childhood sexual abuse: Mediating effects of contextual factors. In: Journal of Child Sexual Abuse 19, H. 1, S. 43–61.

Mosek, Atalia (2013): The quality of sibling relations created through fostering. In: Relational Child and Youth Care Practice 26, H. 3, S. 26–41.

Moser, Casey J./Jones, Rebecca A./Zaorski, Donna M./Mirsalimi, Hamid/Luchner, Andrew F. (2005): The impact of the sibling in clinical practice: Transference and countertransference dynamics. In: Psychotherapy: Theory, Research, Practice, Training 42, H. 3, S. 267–278.

Mosser, Peter (2009): Wege aus dem Dunkelfeld. Aufdeckung und Hilfesuche bei sexuellem Missbrauch an Jungen. Wiesbaden: VS Verlag für Sozialwissenschaften.

Muller, Denise/Errington, Sheri-lee/Szabo, Christopher P./Pitts, Neville/Jacklin, Lorna (2014): Disparate plasma cortisol concentrations in sexually abused female children from Johannesburg, South Africa. In: Child Abuse & Neglect 38, H. 11, S. 1778–1786.

Müller, Mario/Vandeleur, Caroline/Rodgers, Stephanie/Rössler, Wulf/Castelao, Enrique/Preisig, Martin/Ajdacic-Gross, Vladeta (2015): Posttraumatic stress avoidance symptoms as mediators in the development of alcohol use disorders after exposure to childhood sexual abuse in a Swiss community sample. In: Child Abuse & Neglect 46, S. 8–15.

Muram, David/Speck, Patricia M./Gold, Stephanie S. (1991): Genital abnormalities in female siblings and friends of child victims of sexual abuse. In: Child Abuse & Neglect 15, 1/2, S. 105–110.

Murphy, Anne/Steele, Miriam/Dube, Shanta Rishi/Bate, Jordan/Bonuck, Karen/Meissner, Paul/Goldman, Hannah/Steele, Howard (2014): Adverse Childhood Experiences (ACEs) questionnaire and Adult Attachment Interview (AAI): Implications for parent child relationships. In: Child Abuse & Neglect 38, H. 2, S. 224–233.

Musliner, Katherine L./Singer, Jonathan B. (2014): Emotional support and adult depression in survivors of childhood sexual abuse. In: Child Abuse & Neglect 38, H. 8, S. 1331–1340.

Naidoo, Sudeshni (2000): A profile of the oro-facial injuries in child physical abuse at a children's hospital. In: Child Abuse & Neglect 24, H. 4, S. 521–534.

Nakou, Sheena/Adam, Helen/Stathacopoulou, Nella/Agathonos, Helen (1982): Health status of abused and neglected children and their siblings. In: Child Abuse & Neglect 6, H. 3, S. 279–284.

Narrow, William E./Clarke, Diana E./Kuramoto, S. Janet/Kraemer, Helena C./Kupfer, David J./Greiner, Lisa/Regier, Darrel A. (2013): DSM-5 field trials in the United States and Canada, part III: Development and reliability testing of a cross-cutting symptom assessment for DSM-5. In: The American Journal of Psychiatry 170, H. 1, S. 71–82.

Nash, Sue P./Longmore, Monica A./Manning, Wendy D./Giordano, Peggy C. (2015): Strained dating relationships, a sense of mattering and emerging adults' depressive symptoms. In: Journal of Depression & Anxiety Suppl 1.

Navara, Kristen J. (2014): Low gestational weight gain skews human sex ratios towards females. In: PLoS ONE 9, H. 12, e114304.

Neely-Barnes, Susan L./Graff, J. Carolyn (2011): Are there adverse consequences to being a sibling of a person with a disability? A propensity score analysis. In: Family Relations 60, H. 3, S. 331–341.

Nelson, Elliot C./Lynskey, Michael T./Heath, Andrew C./Madden, Pamela A. F./Martin, Nicholas G. (2010): A family study of adult twins with and without a history of childhood abuse: Stability of retrospective reports of maltreatment and associated family measures. In: Twin Research and Human Genetics 13, H. 2, S. 121–130.

Nelson, Henry B./Martin, Catherine A. (1985): Increased child abuse in twins. In: Child Abuse & Neglect 9, H. 4, S. 501–505.

Newlands, Mary/Emery, John S. (1991): Child abuse and cot deaths. In: Child Abuse & Neglect 15, H. 3, S. 275–278.

Nguyen, Teresa P./Karney, Benjamin R./Bradbury, Thomas N. (2016): Childhood abuse and later marital outcomes: Do partner characteristics moderate the association? In: Journal of Family Psychology.

Nikulina, Valentina/Widom, Cathy Spatz (2014): Do race, neglect, and childhood poverty predict physical health in adulthood? A multilevel prospective analysis. In: Child Abuse & Neglect 38, H. 3, S. 414–424.

Norris-Shortle, Carole/Colletta, Nancy Donohure/Cohen, Martha Beyer/McCombs, Regina (1995): Sibling therapy with children under three. In: Child & Adolescent Social Work Journal 12, H. 4, S. 251–261.

Nouer, Simonne S./Mackey, SeèTrail N./Tipton, Nathan G./Miller, Ashley C./Connor, Pamela D. (2014): Identifying predictors for children witnessing intimate partner violence. In: Journal of Family Violence 29, H. 6, S. 675–679.

Nowara, Sabine (2005): Das Münchhausen-by-proxy-Syndrom. In: Deegener, Günther (Hrsg.): Kindesmisshandlung und Vernachlässigung. Göttingen [u. a.]: Hogrefe. S. 128–140.

Nugent, Colleen N. (2013): Wanting mixed-sex children: Separate spheres, rational choice, and symbolic capital motivations. In: Journal of Marriage and Family 75, H. 4, S. 886–902.

Oh, Wonjung/Volling, Brenda L./Gonzalez, Richard (2015): Trajectories of children's social interactions with their infant sibling in the first year: A multidimensional approach. In: Journal of Family Psychology 29, H. 1, S. 119–129.

Oliva, Alfredo/Arranz, Enrique (2005): Sibling relationships during adolescence. In: European Journal of Developmental Psychology 2, H. 3, S. 253–270.

Onnen, Corinna (2015): Nicht-wählbare Beziehungen. Eine empirische Studie zu Schwesternbeziehungen im Lebensverlauf. In: Brock, Inés (Hrsg.): Bruderheld und Schwesterherz. Geschwister als Ressource. Originalausgabe. Gießen: Psychosozial-Verlag. S. 99–114.

Orsmond, Gael I./Seltzer, Marsha Mailick (2007): Siblings of individuals with autism spectrum disorders across the life course. In: Mental retardation and developmental disabilities research reviews 13, H. 4, S. 313–320.

Padilla-Walker, Laura M./Harper, James M./Jensen, Alexander C. (2010): Self-regulation as a mediator between sibling relationship quality and early adolescents' positive and negative outcomes. In: Journal of Family Psychology 24, H. 4, S. 419–428.

Paivio, Sandra C./Cramer, Kenneth M. (2004): Factor structure and reliability of the Childhood Trauma Questionnaire in a Canadian undergraduate student sample. In: Child Abuse & Neglect 28, H. 8, S. 889–904.

Palusci, Vincent J./Covington, Theresa M. (2014): Child maltreatment deaths in the U.S. National Child Death Review Case Reporting System. In: Child Abuse & Neglect 38, H. 1, S. 25–36.

Panish, Jacqueline B./Stricker, George (2001): Parental marital conflict in childhood and influence on adult sibling relationships. In: Journal of Psychotherapy in Independent Practice 2, H. 1, S. 3–16.

Patel, Archana B./Badhoniya, Neetu/Mamtani, Manju/Kulkarni, Hemant (2013): Skewed sex ratios in India: „Physician, heal thyself". In: Demography 50, H. 3, S. 1129–1134.

Patterson, J.M. (1991): A family systems perspective for working with youth with disability. In: Pediatrician 18, H. 2, S. 129–141.

Paulhus, Delroy/Shaffer, David R. (1981): Sex differences in the impact of number of older and number of younger siblings on scholastic aptitude. In: Social Psychology Quarterly 44, H. 4, S. 363.

Pavić, Dario (2014): Sex ratio at birth in Croatia: Update. In: Collegium Antropologicum 38, H. 2, S. 559–563.

Pecora, Peter J./Sanders, David/Wilson, Dee/English, Diana/Puckett, Alan/Rudlang-Perman, Kristen (2014): Addressing common forms of child maltreatment. Evidence-informed interventions and gaps in current knowledge. In: Child & Family Social Work 19, H. 3, S. 321–332.

Pereda, Noemi/Guilera, Georgina/Forns, Maria/Gomez-Benito, Juana (2009): The international epidemiology of child sexual abuse: A continuation of Finkelhor (1994). In: Child Abuse & Neglect 33, H. 6, S. 331–342.

Perlman, Michal/Garfinkel, Daniel A./Turrell, Sheri L. (2007): Parent and sibling influences on the quality of children's conflict behaviours across the preschool period. In: Social Development 16, H. 4, S. 619–641.

Perris, C./Jacobsson, L./Linndström, H./Knorring, L./Perris, H. (1980): Development of a new inventory for assessing memories of parental rearing behaviour. In: Acta Psychiatrica Scandinavica 61, H. 4, S. 265–274.

Peters, Stefanie Doyle/Wyatt, Gail Elizabeth/Finkelhor, David (1986): Prevalence. In: Finkelhor, David (Hrsg.): A sourcebook on child sexual abuse. 2. print. Beverly Hills, Calif. [u. a.]: Sage Publ. S. 15–59.

Petri, Corinna (2015): Geschwister in riskanten Familienkonstellationen. In: Brock, Inés (Hrsg.): Bruderheld und Schwesterherz. Geschwister als Ressource. Originalausgabe. Gießen: Psychosozial-Verlag. S. 83–96.

Petri, Corinna/Radix, Kristina/Wolf, Klaus (2012): Ressourcen, Belastungen und pädagogisches Handeln in der stationären Betreuung von Geschwisterkindern. München: SOS-Kinderdorf e. V.

Pfeiffer, Christian/Wetzels, P./Enzmann, Dirk (1999): Innerfamiliäre Gewalt gegen Kinder und Jugendliche und ihre Auswirkungen. Hannover.

Phelan, Patricia (1986): The process of incest: Biologic father and stepfather families. In: Child Abuse & Neglect 10, H. 4, S. 531–539.

Phelan, Patricia (1995): Incest and its meaning: The perspectives of fathers and daughters. In: Child Abuse & Neglect 19, H. 1, S. 7–24.

Piotrowski, Caroline C. (2011): Patterns of adjustment among siblings exposed to intimate partner violence. In: Journal of Family Psychology 25, H. 1, S. 19–28.

Piotrowski, Caroline C./Tailor, Ketan/Cormier, Damien C. (2014): Siblings exposed to intimate partner violence: Linking sibling relationship quality & child adjustment problems. In: Child Abuse & Neglect 38, H. 1, S. 123–134.

PKS Bundeskriminalamt. „Polizeiliche Kriminalstatistik". http://www.bka.de/nn_254604/DE/ Publikationen/PolizeilicheKriminalstatistik/pks__node.html?__nnn=true (Abfrage: 26.10. 2015).

Pollard, Elizabeth L./Lee, Patrice D. (2003): Child well-being: A systematic review of the literature. In: Social Indicators Research 61, H. 1, S. 59–78.

Pollard, Michael S. (2002): Emerging parental gender indifference? Sex composition of children and the third birth. In: American Sociological Review 67, H. 4, S. 600–613.

Pollet, Thomas V./Nettle, Daniel (2009): Birth order and adult family relationships: Firstborns have better sibling relationships than laterborns. In: Journal of Social and Personal Relationships 26, H. 8, S. 1029–1046.

Poortman, A.-R./Voorpostel, M. (2008): Parental divorce and sibling relationships: A research note. In: Journal of Family Issues 30, H. 1, S. 74–91.

Portner, Laura Collier/Riggs, Shelley A. (2016): Sibling relationships in emerging adulthood: Associations with parent-child relationship. In: Journal of Child and Family Studies 25, H. 6, S. 1755–1764.

Pothmann, Jens (2012): Fehlanzeige – amtliche Kinder- und Jugendhilfestatistik und Geschwisterkinder in familienersetzenden Hilfen zur Erziehung. In: SOS Dialog 2012: Geschwister 20, H. 1, S. 30–31.

Pötzsch, Olga (2012): Geburtenfolge und Geburtenabstand – neue Daten und Befunde.

Proeve, Michael (2009): A preliminary examination of specific risk assessment for sexual offenders against children. In: Journal of Child Sexual Abuse 18, H. 6, S. 583–593.

Proeve, Michael/Day, Andrew/Mohr, Philip/Hawkins, Katherine (2006): Specific risk assessment based on victim type in child sexual offenders. In: Psychiatry, Psychology and Law 13, H. 1, S. 28–40.

Punch, Samantha (2008): ‚You can do nasty things to your brothers and sisters without a reason': Siblings' backstage behaviour. In: Children & Society 22, H. 5, S. 333–344.

Putnam-Hornstein, Emily/King, Bryn (2014): Cumulative teen birth rates among girls in foster care at age 17: An analysis of linked birth and child protection records from California. In: Child Abuse & Neglect 38, H. 4, S. 698–705.

Raab, Marcel/Fasang, Anette Eva/Karhula, Aleksi/Erola, Jani (2014): Sibling similarity in family formation. In: Demography 51, H. 6, S. 2127–2154.

Raffaelli, Marcela (1992): Sibling conflict in early adolescence. In: Journal of Marriage and Family 54, H. 3, S. 652–663.

Ram, Avigail/Ross, Hildy S. (2001): Problem solving, contention, and struggle: How siblings resolve a conflict of interests. In: Child Development 72, H. 6, S. 1710–1722.

Rausch, Kelly/Knutson, John F. (1991): The self-report of personal punitive childhood experiences and those of siblings. In: Child Abuse & Neglect 15, 1-2, S. 29–36.

Recchia, Holly E./Howe, Nina (2009a): Associations between social understanding, sibling relationship quality, and siblings' conflict strategies and outcomes. In: Child Development 80, H. 5, S. 1564–1578.

Recchia, Holly E./Howe, Nina (2009b): Sibling relationship quality moderates the associations between parental interventions and siblings' independent conflict strategies and outcomes. In: Journal of Family Psychology 23, H. 4, S. 551–561.

Reese-Weber, Maria/Bartle-Haring, Suzanne (1998): Conflict resolution styles in family subsystems and adolescent romantic relationships. In: Journal of Youth and Adolescence 27, H. 6, S. 735–752.

Reinecke, Jost (2014): Strukturgleichungsmodelle in den Sozialwissenschaften. 2., aktual. und erw. Aufl. 2014. München: Oldenbourg Wissenschaftsverlag.

Reiser, Sarah J./McMillan, Katherine A./Wright, Kristi D./Asmundson, Gordon J.G. (2014): Adverse childhood experiences and health anxiety in adulthood. In: Child Abuse & Neglect 38, H. 3, S. 407–413.

Rende, Richard/Slomkowski, Cheryl/Lloyd-Richardson, Elizabeth/Niaura, Raymond (2005): Sibling effects on substance use in adolescence: Social contagion and genetic relatedness. In: Journal of Family Psychology 19, H. 4, S. 611–618.

Renvoizé, Jean (1979): Web of violence. A study of family violence. Harmondsworth: Penguin.

Richmond, Melissa K./Stocker, Clare M. (2008): Longitudinal associations between parents' hostility and siblings' externalizing behavior in the context of marital discord. In: Journal of Family Psychology 22, H. 2, S. 231–240.

Richter-Appelt, Hertha (1995): Sexuelle Traumatisierung und körperliche Misshandlung in der Kindheit. Geschlechtsspezifische Aspekte. In: Düring, S./Hauch, M. (Hrsg.): Heterosexuelle Verhältnisse. Stuttgart: Enke. S. 57–76.

Riggio, Heidi R. (2001): Relations between parental divorce and the quality of adult sibling relationships. In: Journal of Divorce & Remarriage 36, 1-2, S. 67–82.

Riggio, Heidi R. (2006): Structural features of sibling dyads and attitudes toward sibling relationships in young adulthood. In: Journal of Family Issues 27, H. 9, S. 1233–1254.

Roemmele, Melissa/Messman-Moore, Terri L. (2011): Child abuse, early maladaptive schemas, and risky sexual behavior in college women. In: Journal of Child Sexual Abuse 20, H. 3, S. 264–283.

Rogosch, Fred A./Cicchetti, Dante/Aber, J. Lawrence (1995): The role of child maltreatment in early deviations in cognitive and affective processing abilities and later peer relationship problems. In: Development and Psychopathology 7, H. 04, S. 591.

Romero-Martínez, A./Figueiredo, B./Moya-Albiol, L. (2014): Childhood history of abuse and child abuse potential: The role of parent's gender and timing of childhood abuse. In: Child Abuse & Neglect 38, H. 3, S. 510–516.

Roscoe, Bruce/Goodwin, Megan P./Kennedy, Donna (1987): Sibling violence and agonistic interactions experienced by early adolescents. In: Journal of Family Violence 2, H. 2, S. 121–137.

Rosenberg, George S./Anspach, Donald F. (1973): Sibling solidarity in the working class. In: Journal of Marriage and Family 35, H. 1, S. 108–113.

Rosner, Rita (2010): Sind unsere diagnostischen Konzepte adäquat? In: Fegert, Jörg M./Ziegenhain, Ute/Goldbeck, Lutz (Hrsg.): Traumatisierte Kinder und Jugendliche in Deutschland. Analysen und Empfehlungen zu Versorgung und Betreuung. Weinheim, München: Juventa-Verlag. S. 64–76.

Ross, Helgola G./Milgram, Joel I. (1982): Important variables in sibling relationships: A qualitative study. In: Lamb, Michael E./Sutton-Smith, Brian (Hrsg.): Sibling relationships. Their nature and significance across the lifespan. Hillsdale, N. J.: L. Erlbaum Associates. S. 225–250.

Rossetti, Z./Hall, S. (2015): Adult sibling relationships with brothers and sisters with severe disabilities. In: Research and Practice for Persons with Severe Disabilities 40, H. 2, S. 120–137.

Roth, Katia E./Harkins, Debra A./Eng, Lauren A. (2014): Parental conflict during divorce as an indicator of adjustment and future relationships: A retrospective sibling study. In: Journal of Divorce & Remarriage 55, H. 2, S. 117–138.

Rowan, Zachary R. (2016): Social risk factors of Black and White adolescents' substance use: The differential role of siblings and best friends. In: Journal of Youth and Adolescence 45, H. 7, S. 1482–1496.

Russell, Diana E. (1986): The secret trauma. Incest in the lives of girls and women. New York: Basic Books.

Salwen, Jessica K./Hymowitz, Genna F./Bannon, Sarah M./O'Leary, K. Daniel (2015): Weight-related abuse: Perceived emotional impact and the effect on disordered eating. In: Child Abuse & Neglect 45, S. 163–171.

Salzinger, Suzanne/Feldman, Richard S./Hammer, Muriel/Rosario, Margaret (1993): The effects of physical abuse on children's social relationships. In: Child Development 64, H. 1, S. 169–187.

Samek, Diana R./Rueter, Martha A. (2011a): Associations between family communication patterns, sibling closeness, and adoptive status. In: Journal of Marriage and Family 73, H. 5, S. 1015–1031.

Samek, Diana R./Rueter, Martha A. (2011b): Considerations of elder sibling closeness in predicting younger sibling substance use: Social learning versus social bonding explanations. In: Journal of Family Psychology 25, H. 6, S. 931–941.

Samek, Diana R./Rueter, Martha A./Keyes, Margaret A./McGue, Matt/Iacono, William G. (2015): Parent involvement, sibling companionship, and adolescent substance use: A longitudinal, genetically informed design. In: Journal of Family Psychology 29, H. 4, S. 614–623.

Santos, Gonçalo D. (2008): On ‚same-year siblings' in rural South China. In: Journal of the Royal Anthropological Institute 14, H. 3, S. 535–553.

Schafer, Markus H./Morton, Patricia M./Ferraro, Kenneth F. (2014): Child maltreatment and adult health in a national sample: Heterogeneous relational contexts, divergent effects? In: Child Abuse & Neglect 38, H. 3, S. 395–406.

Schenkel, Lindsay S./Rothman-Marshall, Gail/Schlehofer, Deirdre A./Towne, Terra L./Burnash, Danielle L./Priddy, Brittney M. (2014): Child maltreatment and trauma exposure among deaf and hard of hearing young adults. In: Child Abuse & Neglect 38, H. 10, S. 1581–1589.

Schepker, Renate/Barnow, Sven/Fegert, Jörg M. (2011): Suchtstörungen bei Jugendlichen und jungen Erwachsenen. In: Fegert, Jörg M./Streeck-Fischer, Annette/Freyberger, Harald J. (Hrsg.): Kompendium Adoleszenzpsychiatrie. Krankheitsbilder mit CME-Fragen. Stuttgart: Schattauer. S. 270–282.

Scherb, Hagen/Kusmierz, Ralf/Voigt, Kristina (2013): Increased sex ratio in Russia and Cuba after Chernobyl: A radiological hypothesis. In: Environmental Health: A Global Access Science Source 12–63, S. 63.

Schlack, Robert/Hapke, Ulfert/Maske, Ulrike E./Busch, Markus A./Cohrs, Stefan (2013): Häufigkeit und Verteilung von Schlafproblemen und Insomnie in der deutschen Erwachsenenbevölkerung. Ergebnisse der Studie zur Gesundheit Erwachsener in Deutschland (DEGS1). In: Bundesgesundheitsblatt, Gesundheitsforschung, Gesundheitsschutz 56, 5-6, S. 740–748.

Schmolke, Rebecca (2015): Geschwister in kinderreichen Familien. In: Brock, Inés (Hrsg.): Bruderheld und Schwesterherz. Geschwister als Ressource. Originalausgabe. Gießen: Psychosozial-Verlag. S. 283–299.

Schneeberger, Andres R./Dietl, Michael F./Muenzenmaier, Kristina H./Huber, Christian G./Lang, Undine E. (2014): Stressful childhood experiences and health outcomes in sexual minority populations: A systematic review. In: Social Psychiatry and Psychiatric Epidemiology 49, H. 9, S. 1427–1445.

Schnettler, Sebastian/Klüsener, Sebastian (2014): Economic stress or random variation? Revisiting German reunification as a natural experiment to investigate the effect of economic contraction on sex ratios at birth. In: Environmental Health: A Global Access Science Source 13, S. 117.

Schrapper, Christian (2015): Geschwisterkinder in Pflegefamilien und Heimen. Zur Bedeutung von Geschwisterschaft in Krisen und bei Trennungen. In: Brock, Inés (Hrsg.): Bruderheld und Schwesterherz. Geschwister als Ressource. Originalausgabe. Gießen: Psychosozial-Verlag. S. 223–244.

Schumacher, Jörg/Eisemann, Martin/Brähler, Elmar (1999): Rückblick auf die Eltern: Der Fragebogen zum erinnerten elterlichen Erziehungsverhalten (FEE). In: Diagnostica 45, H. 4, S. 194–204.

Seltzer, Marsha Mailick/Greenberg, Jan S./Krauss, Marty Wyngaarden/Gordon, Rachel M./Judge, Katherine (1997): Siblings of adults with mental retardation or mental illness: Effects on lifestyle and psychological well-being. In: Family Relations 46, H. 4, S. 395–405.

Shalash, Fatimah M./Wood, Nathan D./Parker, Trent S. (2013): Our problems are your sibling's fault: Exploring the connections between conflict styles of siblings during adolescence and later adult committed relationships. In: The American Journal of Family Therapy 41, H. 4, S. 288–298.

Sheehan, Grania/Darlington, Yvonne/Noller, Patricia/Feeney, Judith (2004): Children's perceptions of their sibling relationships during parental separation and divorce. In: Journal of Divorce & Remarriage 41, 1-2, S. 69–94.

Siennick, Sonja E. (2013): Still the favorite? Parents' differential treatment of siblings entering young adulthood. In: Journal of Marriage and Family 75, H. 4, S. 981–994.

Skopp, Nancy A./McDonald, Renee/Manke, Beth/Jouriles, Ernest N. (2005): Siblings in domestically violent families: Experiences of interparent conflict and adjustment problems. In: Journal of Family Psychology 19, H. 2, S. 324–333.

Slomkowski, Cheryl/Rende, Richard/Conger, Katherine J./Simons, Ronald L./Conger, Rand D. (2001): Sisters, brothers, and delinquency: Evaluating social influence during early and middle adolescence. In: Child Development 72, H. 1, S. 271–283.

Smith, Julie/Ross, Hildy S. (2007): Training parents to mediate sibling disputes affects children's negotiation and conflict understanding. In: Child Development 78, H. 3, S. 790–805.

Smith, Selwyn M. (1976): The battered child syndrome-some research aspects. In: The Bulletin of the American Academy of Psychiatry and the Law 4, H. 3, S. 235–243.

Smith, Selwyn M./Hanson, Ruth (1974): 134 battered children: A medical and psychological study. In: British Medical Journal 3, H. 5932, S. 666–670.

SoSci Panel. „Demografie des SoSci Panels". https://www.soscisurvey.de/panel/researchers.php.

Spitze, Glenna/Trent, Katherine (2006): Gender differences in adult sibling relations in two-child families. In: Journal of Marriage and Family 68, H. 4, S. 977–992.

Srinivas, Tejaswinhi/DePrince, Anne P./Chu, Ann T. (2015): Links between posttrauma appraisals and trauma-related distress in adolescent females from the child welfare system. In: Child Abuse & Neglect 47, S. 14–23.

Statistisches Bundesamt (2012): Geburten in Deutschland. Ausgabe 2012.

Statistisches Bundesamt (2013): Gefährdungseinschätzungen nach § 8a Absatz 1 SGB VIII – 2012.

Statistisches Bundesamt (2014a): Bevölkerung und Erwerbstätigkeit. Haushalte und Familien Ergebnisse des Mikrozensus 2013. Fachserie 1 Reihe 3.

Statistisches Bundesamt (2014b): Gefährdungseinschätzungen nach § 8a Absatz 1 SGB VIII – 2013.

Statistisches Bundesamt (2015a): Bevölkerung und Erwerbstätigkeit. Haushalte und Familien Ergebnisse des Mikrozensus 2014. Fachserie 1 Reihe 3.

Statistisches Bundesamt. „Bevölkerung: Deutschland, Stichtag, Altersjahre". https://www-genesis.destatis.de/genesis/online/ (Abfrage 03.10.2015).

Statistisches Bundesamt (2015c): Gefährdungseinschätzungen nach § 8a Absatz 1 SGB VIII – 2014.

Statistisches Bundesamt. „Lebendgeborene: Deutschland, Jahre, Geschlecht". https://www-genesis.destatis.de/genesis/online/data;jsessionid=EEADE734F4F347DF95691995F3675BE7.tomcat_GO_2_3?operation=abruftabelleBearbeiten&levelindex=2&levelid=1475692713335&auswahloperation=abruftabelleAuspraegungAuswaehlen&auswahlverzeichnis=ordnungsstruktur&auswahlziel=werteabruf&selectionname=12612-0001&auswahltext=&werteabruf=Werteabruf (Abfrage 05.10.2016).

Statistisches Bundesamt. „Mehrlingsgeburten: Deutschland, Jahre, Art der Mehrlingsgeburt". https://www-genesis.destatis.de/genesis/online/data;jsessionid=EEADE734F4F347DF95691 995F3675BE7.tomcat_GO_2_3?operation=abruftabelleBearbeiten&levelindex=1&levelid= 1475692275982&auswahloperation=abruftabelleAuspraegungAuswaehlen&auswahlverzeichnis=ordnungsstruktur&auswahlziel=werteabruf&selectionname=12612-0014&auswahltext=&werteabruf=Werteabruf (Abfrage 05.10.2016).

Statistisches Bundesamt. „Privathaushalte, Haushaltsmitglieder: Deutschland, Jahre". https://www-genesis.destatis.de/genesis/online (Abfrage 05.10.2016).

Statistisches Bundesamt. „Privathaushalte: Deutschland, Jahre, Kinder unter 18 Jahren". https://www-genesis.destatis.de/genesis/online (Abfrage 05.10.2015).

Steelman, Lala Carr/Mercy, James A. (1983): Sex differences in the impact of number of older and younger siblings on IQ performance. In: Social Psychology Quarterly 46, H. 2, S. 157–162.

Steelman, Lala Carr/Powell, Brian/Werum, Regina/Carter, Scott (2002): Reconsidering the effects of sibling configuration: Recent advances and challenges. In: Annual Review of Sociology 28, H. 1, S. 243–269.

Stevenson, Ginger D./Lee, Matthew R. (2001): The negative consequences of heavy drinking and associated disruptive behaviors for sibling relationship performance. In: Sociological Spectrum 21, H. 4, S. 507–532.

Stewart, Robert B./Marvin, Robert S. (1984): Sibling relations: The role of conceptual perspective-taking in the ontogeny of sibling caregiving. In: Child Development 55, H. 4, S. 1322.

Stith, Sandra M./Liu, Ting/Davies, L. Christopher/Boykin, Esther L./Alder, Meagan C./Harris, Jennifer M./Som, Anurag/McPherson, Mary/Dees, J.E.M.E.G. (2009): Risk factors in child maltreatment: A meta-analytic review of the literature. In: Aggression and Violent Behavior 14, H. 1, S. 13–29.

Stocker, Clare M./Burwell, Rebecca A./Briggs, Megan L. (2002): Sibling conflict in middle childhood predicts children's adjustment in early adolescence. In: Journal of Family Psychology 16, H. 1, S. 50–57.

Stocker, Clare M./Lanthier, Richard P./Furman, Wyndol (1997): Sibling relationships in early adulthood. In: Journal of Family Psychology 11, H. 2, S. 210–221.

Stocker, Clare M./Youngblade, Lise (1999): Marital conflict and parental hostility: Links with children's sibling and peer relationships. In: Journal of Family Psychology 13, H. 4, S. 598–609.

Stoltenborgh, Marije/Bakermans-Kranenburg, Marian J./Alink, Lenneke R.A./van IJzendoorn, Marinus H. (2012): The universality of childhood emotional abuse. A meta-analysis of worldwide prevalence. In: Journal of Aggression, Maltreatment & Trauma 21, H. 8, S. 870–890.

Stoltenborgh, Marije/Bakermans-Kranenburg, Marian J./Alink, Lenneke R.A./van IJzendoorn, Marinus H. (2015): The prevalence of child maltreatment across the globe. Review of a series of meta-analyses. In: Child Abuse Review 24, H. 1, S. 37–50.

Stoltenborgh, Marije/Bakermans-Kranenburg, Marian J./van IJzendoorn, Marinus H. (2013): The neglect of child neglect: a meta-analytic review of the prevalence of neglect. In: Social Psychiatry and Psychiatric Epidemiology 48, H. 3, S. 345–355.

Stoltenborgh, Marije/Bakermans-Kranenburg, Marian J./van IJzendoorn, Marinus H./Alink, Lenneke R.A. (2013): Cultural-geographical differences in the occurrence of child physical abuse? A meta-analysis of global prevalence. In: International Journal of Psychology: Journal International de Psychologie 48, H. 2, S. 81–94.

Stoltenborgh, Marije/van IJzendoorn, Marinus H./Euser, Eveline M./Bakermans-Kranenburg, Marian J. (2011): A global perspective on child sexual abuse: Meta-analysis of prevalence around the world. In: Child Maltreatment 16, H. 2, S. 79–101.

Stoneman, Zolinda/Brody, Gene H. (1993): Sibling temperaments, conflict, warmth, and role asymmetry. In: Child Development 64, H. 6, S. 1786–1800.

Stotz, Martina (2015): Lieblingskinder in Familien: Eine empirische Studie zu emotionspsychologischen Bedingungen und Folgen elterlicher Bevorzugung von Geschwistern. München: Volltextserver der LMU.

Stotz, Martina/Walper, Sabine (2015): „Lieblings- oder Schattenkind". Bedeutung und Entstehungshintergründe elterlicher Ungleichbehandlung. In: Brock, Inés (Hrsg.): Bruderheld und Schwesterherz. Geschwister als Ressource. Originalausgabe. Gießen: Psychosozial-Verlag. S. 135–160.

Straus, Murray A./Gelles, Richard J./Steinmetz, Suzanne K. (2006): Behind closed doors. Violence in the American family. [Transaction ed.]. New Brunswick, N.J: Transaction Publishers.

Streeck-Fischer, Annette (2010): Neurobiologie von Trauma, Traumagedächtnis und Traumafolgen. Eine kinderpsychiatrische und psychotherapeutische Perspektive. In: Fegert, Jörg M./Ziegenhain, Ute/Goldbeck, Lutz (Hrsg.): Traumatisierte Kinder und Jugendliche in Deutschland. Analysen und Empfehlungen zu Versorgung und Betreuung. Weinheim/München: Juventa. S. 254–267.

Strohm, Kate (2001): Sibling project. In: Youth Studies Australia 20, H. 4, S. 48–52.

Strow, Claudia Wood/Strow, Brian Kent (2008): Evidence that the presence of a half-sibling negatively impacts a child's personal development. In: American Journal of Economics and Sociology 67, H. 2, S. 177–206.

Studer, Lea H./Clelland, Steven R./Aylwin, A.Scott/Reddon, John R./Monro, Audrine (2000): Rethinking risk assessment for incest offenders. In: International Journal of Law and Psychiatry 23, H. 1, S. 15–22.

Suitor, J. Jill/Gilligan, Megan/Johnson, Kaitlin/Pillemer, Karl (2014): Caregiving, perceptions of maternal favoritism, and tension among siblings. In: The Gerontologist 54, H. 4, S. 580–588.

Suitor, J. Jill/Sechrist, Jori/Plikuhn, Mari/Pardo, Seth T./Gilligan, Megan/Pillemer, Karl (2009): The role of perceived maternal favoritism in sibling relations in midlife. In: Journal of Marriage and Family 71, H. 4, S. 1026–1038.

Sznycer, Daniel/de Smet, Delphine/Billingsley, Joseph/Lieberman, Debra (2016): Coresidence duration and cues of maternal investment regulate sibling altruism across cultures. In: Journal of Personality and Social Psychology 111, H. 2, S. 159–177.

Tailor, Ketan/Stewart-Tufescu, Ashley/Piotrowski, Caroline (2015): Children exposed to intimate partner violence: Influences of parenting, family distress, and siblings. In: Journal of Family Psychology 29, H. 1, S. 29–38.

Tan, Tony Xing (2008): Impact of biological children's adjustment on their siblings who were adopted from China. In: Adoption Quarterly 11, H. 4, S. 278–295.

Tandon, Sneh Lata/Sharma, Renu (2006): Female foeticide and infanticide in India: An analysis of crimes against girl children. In: International Journal of Criminal Justice Sciences 1, H. 1, S. 1–10.

Taylor, John Francis (2003): Children and young people accused of child sexual abuse: A study within a community. In: Journal of Sexual Aggression 9, H. 1, S. 57–70.

Taylor, Julie Lounds/Greenberg, Jan S./Seltzer, Marsha Mailick/Floyd, Frank J. (2008): Siblings of adults with mild intellectual deficits or mental illness: Differential life course outcomes. In: Journal of Family Psychology 22, H. 6, S. 905–914.

Teo, Alan R./Choi, Hwajung/Valenstein, Marcia (2013): Social relationships and depression: Ten-year follow-up from a nationally representative study. In: PLoS ONE 8, H. 4, e62396.

Tesla, Caroline/Dunn, Judy (1992): Getting along or getting your own way: The development of young children's use of argument in conflicts with mother and sibling. In: Social Development 1, H. 2, S. 107–121.

Teti, Douglas M./Ablard, Karen E. (1989): Security of attachment and infant-sibling relationships: A laboratory study. In: Child Development 60, H. 6, S. 1519–1528.

Teuschel, Peter (2014): Das schwarze Schaf. Benachteiligung und Ausgrenzung in der Familie. Stuttgart: Klett-Cotta.

Thompson, Hayley/McPherson, Susan (2011): The experience of living with a foster sibling, as described by the birth children of foster carers. A thematic analysis of the literature. In: Adoption & Fostering 35, H. 2, S. 49–60.

Thompson, Julie A./Halberstadt, Amy G. (2008): Children's accounts of sibling jealousy and their implicit theories about relationships. In: Social Development 17, H. 3, S. 488–511.

Thornberry, Terence P./Matsuda, Mauri/Greenman, Sarah J./Augustyn, Megan Bears/Henry, Kimberly L./Smith, Carolyn A./Ireland, Timothy O. (2014): Adolescent risk factors for child maltreatment. In: Child Abuse & Neglect 38, H. 4, S. 706–722.

Tifferet, Sigal/Pollet, Thomas/Bar, Adi/Efrati, Hadas (2016): Predicting sibling investment by perceived sibling resemblance. In: Evolutionary Behavioral Sciences 10, H. 1, S. 64–70.

Tillman, Kathryn Harker (2008a): Coresident sibling composition and the academic ability, expectations, and performance of youth. In: Sociological Perspectives 51, H. 4, S. 679–711.

Tillman, Kathryn Harker (2008b): „Non-traditional" siblings and the academic outcomes of adolescents. In: Social Science Research 37, H. 1, S. 88–108.

Tölke, Angelika (2015): Ein weiteres Kind: Wunsch und Realisierung einer Familienerweiterung. In: Walper, Sabine/Bien, Walter/Rauschenbach, Thomas (Hrsg.): Aufwachsen in Deutschland heute. Erste Befunde aus dem DJI-Survey AID:A 2015. München: Deutsches Jugendinstitut e. V. S. 21–24.

Trent, Katherine/Spitze, Glenna D. (2011): Growing up without siblings and adult sociability behaviors. In: Journal of Family Issues 32, H. 9, S. 1178–1204.

Tucker, Corinna Jenkins/Cox, Genevieve/Sharp, Erin Hiley/Van Gundy, Karen T./Rebellon, Cesar/Stracuzzi, Nena F. (2013a): Sibling proactive and reactive aggression in adolescence. In: Journal of Family Violence 28, H. 3, S. 299–310.

Tucker, Corinna Jenkins/Finkelhor, David/Shattuck, Anne M./Turner, Heather (2013b): Prevalence and correlates of sibling victimization types. In: Child Abuse & Neglect 37, H. 4, S. 213–223.

Tucker, Corinna Jenkins/Finkelhor, David/Turner, Heather/Shattuck, Anne M. (2014): Family dynamics and young children's sibling victimization. In: Journal of Family Psychology 28, H. 5, S. 625–633.

Tucker, Corinna Jenkins/McHale, Susan M./Crouter, Ann C. (2003): Dimensions of mothers' and fathers' differential treatment of siblings: Links with adolescents' sex-typed personal qualities. Links with adolescents' sex-typed personal qualities. In: Family Relations 52, H. 1, S. 82–89.

Tucker, Corinna Jenkins/Updegraff, Kimberly A./Baril, Megan E. (2010): Who's the boss? Patterns of control in adolescents' sibling relationships. In: Family Relations 59, H. 5, S. 520–532.

Tucker, Corinna Jenkins/Winzeler, Abby (2007): Adolescent siblings' daily discussions: Connections to perceived academic, athletic, and peer competency. In: Journal of Research on Adolescence 17, H. 1, S. 145–152.

Ullman, Sarah E./Vasquez, Amanda L. (2015): Mediators of sexual revictimization risk in adult sexual assault victims. In: Journal of Child Sexual Abuse 24, H. 3, S. 300–314.

Updegraff, Kimberly A./McHale, Susan M./Crouter, Ann C. (2002): Adolescents' sibling relationship and friendship experiences: Developmental patterns and relationship linkages. In: Social Development 11, H. 2, S. 182–204.

Urban, Dieter/Mayerl, Jochen (2014): Strukturgleichungsmodellierung. Ein Ratgeber für die Praxis. Wiesbaden: Imprint: Springer VS.

van de Rakt, Marieke/Nieuwbeerta, Paul/Apel, Robert (2009): Association of criminal convictions between family members: Effects of siblings, fathers and mothers. In: Criminal Behaviour and Mental Health 19, H. 2, S. 94–108.

van der Kolk, Bessel A./Pynoss, Robert S./Cicchetti, Dante/Cloitre, Marylene/D'Andrea, Wendy/Ford, Julian D./Lieberman, Alicia F./Putnam, Frank W./Saxe, Glenn/Spinazzola, Joseph/Stolbach, Bradley C./Teicher, Martin (2009): Proposal to include a developmental trauma disorder diagnosis for children and adolescents in DSM-V.

van Eimeren, Birgit/Frees, Beate (2014): 79 Prozent der Deutschen online – Zuwachs bei mobiler Internetnutzung und Bewegtbild. Ergebnisse der ARD/ZDF-Onlinestudie 2014. In: Media Perspektiven, 7-8, S. 378–396.

van Ijzendoorn, M. H./Moran, G./Belsky, J./Pederson, D./Bakermans-Kranenburg, M. J./Kneppers, K. (2000): The similarity of siblings' attachments to their mother. In: Child Development 71, H. 4, S. 1086–1098.

van Vugt, Eveline/Lanctôt, Nadine/Paquette, Geneviève/Collin-Vézina, Delphine/Lemieux, Annie (2014): Girls in residential care: From child maltreatment to trauma-related symptoms in emerging adulthood. In: Child Abuse & Neglect 38, H. 1, S. 114–122.

VandenBos, Gary R. (2015): American Psychological Association dictionary of psychology. 2nd ed. Washington, DC: American Psychological Association.

Vander Mey, Brenda J./Neff, Ronald L. (1986): Incest as child abuse. Research and applications. New York: Praeger.

Verelst, A./De Schryver, M./De Haene, L./Broekaert, E./Derluyn, I. (2014): The mediating role of stigmatization in the mental health of adolescent victims of sexual violence in Eastern Congo. In: Child Abuse & Neglect 38, H. 7, S. 1139–1146.

Vermaes, Ignace P. R./van Susante, Anna M. J./van Bakel, Hedwig J. A. (2012): Psychological functioning of siblings in families of children with chronic health conditions: A meta-analysis. In: Journal of Pediatric Psychology, 37, H. 2, S. 166–184.

Verté, Syvie/Roeyers, Herbert/Buysse, Ann (2003): Behavioural problems, social competence and self-concept in siblings of children with autism. In: Child: Care, Health & Development 29, H. 3, S. 193–205.

Vilhena-Churchill, Natalie/Goldstein, Abby L. (2014): Child maltreatment and marijuana problems in young adults: Examining the role of motives and emotion dysregulation. In: Child Abuse & Neglect 38, H. 5, S. 962–972.

Vitale, Melissa A./Squires, Janet/Zuckerbraun, Noel S./Berger, Rachel P. (2010): Evaluation of the siblings of physically abused children: A comparison of child protective services caseworkers and child abuse physicians. In: Child Maltreatment 15, H. 2, S. 144–151.

Vogeltanz, Nancy D./Wilsnack, Sharon C./Harris, T.Robert/Wilsnack, Richard W./Wonderlich, Stephen A./Kristjanson, Arlinda F. (1999): Prevalence and risk factors for childhood sexual abuse in women: National survey findings. In: Child Abuse & Neglect 23, H. 6, S. 579–592.

Vogt Yuan, Anastasia S. (2009): Sibling relationships and adolescents' mental health: The interrelationship of structure and quality. In: Journal of Family Issues 30, H. 9, S. 1221–1244.

Volling, Brenda L./Belsky, Jay (1992): The contribution of mother-child and father-child relationships to the quality of sibling interaction: A longitudinal study. In: Child Development 63, H. 5, S. 1209–1222.

Volling, Brenda L./McElwain, Nancy L./Miller, Alison L. (2002): Emotion regulation in context: The jealousy complex between young siblings and its relations with child and family characteristics. In: Child Development 73, H. 2, S. 581–600.

Volling, Brenda L./Yu, Tianyi/Gonzalez, Richard/Kennedy, Denise E./Rosenberg, Lauren/Oh, Wonjung (2014): Children's responses to mother-infant and father-infant interaction with a baby sibling: Jealousy or joy? In: Journal of Family Psychology 28, H. 5, S. 634–644.

Voorpostel, Marieke/Blieszner, Rosemary (2008): Intergenerational solidarity and support between adult siblings. In: Journal of Marriage and Family 70, H. 1, S. 157–167.

Voorpostel, Marieke/Schans, Djamila (2011): Sibling relationships in Dutch and immigrant families. In: Ethnic and Racial Studies 34, H. 12, S. 2027–2047.

Voorpostel, Marieke/van der Lippe, Tanja (2007): Support between siblings and between friends: Two worlds apart? In: Journal of Marriage and Family 69, H. 5, S. 1271–1282.

Voorpostel, Marieke/van der Lippe, Tanja/Flap, Henk (2012): For better or worse: Negative life events and sibling relationships. In: International Sociology 27, H. 3, S. 330–348.

Vujeva, Hana M./Furman, Wyndol (2011): Depressive symptoms and romantic relationship qualities from adolescence through emerging adulthood: A longitudinal examination of influences. In: Journal of Clinical Child and Adolescent Psychology: The Official Journal for the Society of Clinical Child and Adolescent Psychology, American Psychological Association, Division 53 40, H. 1, S. 123–135.

Waddell, Janice/Pepler, Debra/Moore, Timothy (2001): Observations of sibling interactions in violent families. In: Journal of Community Psychology 29, H. 3, S. 241–258.

Waite, Evelyn B./Shanahan, Lilly/Calkins, Susan D./Keane, Susan P./O'Brien, Marion (2011): Life events, sibling warmth, and youths' adjustment. In: Journal of Marriage and Family 73, H. 5, S. 902–912.

Waldinger, Robert J./Vaillant, George E./Orav, E. John (2007): Childhood sibling relationships as a predictor of major depression in adulthood: A 30-year prospective study. In: The American Journal of Psychiatry 164, H. 6, S. 949–954.

Wallace, Scyatta A./Hooper, Lisa M./Persad, Malini (2014): Brothers, sisters and fictive kin: Communication about sex among urban black siblings. In: Youth & Society 46, H. 5, S. 688–705.

Walper, Sabine (2005): Tragen Veränderungen in den finanziellen Belastungen von Familien zu Veränderungen in der Befindlichkeit von Kindern und Jugendlichen bei? In: Zeitschrift für Pädagogik 51, H. 2, S. 170–191.

Walper, Sabine/Gerhard, Anna-Katharina (2003): Zwischen Risiko und Chance – Konsequenzen einer elterlichen Scheidung für die psychosoziale Entwicklung betroffener Kinder. In: Persönlichkeitsstörungen: Theorie und Therapie 7, H. 2, S. 105–118.

Walper, Sabine/Thönissen, Carolin/Wendt, Eva-Verena/Bergau, Bettina (2010): Sibling relations in family constellations at risk. Findings from development-psychological and family-psychological studies. München: Sozialpädag. Inst. des SOS-Kinderdorf.

Walton, Katherine M./Ingersoll, Brooke R. (2015): Psychosocial adjustment and sibling relationships in siblings of children with Autism Spectrum Disorder: Risk and protective factors. In: Journal of Autism and Developmental Disorders 45, H. 9, S. 2764–2778.

Ward, Mary J./Vaugh, Brian E./Robb, Martha D. (1988): Social-emotional adaptation and infant-mother attachment in siblings: Role of the mother in cross-sibling consistency. In: Child Development 59, H. 3, S. 643–651.

Weaver, Shannon E./Coleman, Marilyn/Ganong, Lawrence H. (2003): The sibling relationship in young adulthood: Sibling functions and relationship perceptions as influenced by sibling pair composition. In: Journal of Family Issues 24, H. 2, S. 245-263.

Webber, Ruth (2003): The impact of illicit drug use on non-using siblings in the Vietnamese community. In: Australian Journal Of Social Issues 38, H. 2, S. 229-245.

West, Stephen G./Finch, John F./Curran, Patrick J. (1995): Structural equation models with nonnormal variables. Problems and remedies. In: Hoyle, Rick H. (Hrsg.): Structural equation modeling. Concepts, issues, and applications. Thousand Oaks: Sage Publications. S. 56-75.

Wetzels, P. (1997): Gewalterfahrungen in der Kindheit. Baden-Baden: Nomos Verlagsgesellschaft.

Wheeler, Lorey A./Killoren, Sarah E./Whiteman, Shawn D./Updegraff, Kimberly A./McHale, Susan M./Umaña-Taylor, Adriana J. (2016): Romantic relationship experiences from late adolescence to young adulthood: The role of older siblings in Mexican-origin families. In: Journal of Youth and Adolescence 45, H. 5, S. 900-915.

Whiffen, Valerie E./Thompson, Janice M./Aube, Jennifer A. (2000): Mediators of the link between childhood sexual abuse and adult depressive symptoms. In: Journal of Interpersonal Violence 15, H. 10, S. 1100-1120.

Whitaker, Daniel J./Le, Brenda/Karl Hanson, R./Baker, Charlene K./McMahon, Pam M./Ryan, Gail/Klein, Alisa/Rice, Deborah Donovan (2008): Risk factors for the perpetration of child sexual abuse: A review and meta-analysis. In: Child Abuse & Neglect 32, H. 5, S. 529-548.

White, Gregory L./Mullen, Paul E. (1989): Jealousy. Theory, research, and clinical strategies. New York, N.Y.: Guilford Press.

White, Lynn (2001): Sibling relationships over the life course: A panel analysis. In: Journal of Marriage and Family 63, H. 2, S. 555-568.

White, Lynn K./Riedmann, Agnes (1992a): Ties among adult siblings. In: Social Forces 71, H. 1, S. 85-102.

White, Lynn K./Riedmann, Agnes (1992b): When the Brady bunch grows up: Step/half- and full sibling relationships in adulthood. In: Journal of Marriage and Family 54, H. 1, S. 197-208.

Whiteman, Shawn D./Jensen, Alexander C./Maggs, Jennifer L. (2014): Similarities and differences in adolescent siblings' alcohol-related attitudes, use, and delinquency: Evidence for convergent and divergent influence processes. In: Journal of Youth and Adolescence 43, H. 5, S. 687-697.

Whiteman, Shawn D./Jensen, Alexander C./Mustillo, Sarah A./Maggs, Jennifer L. (2016): Understanding sibling influence on adolescents' alcohol use: Social and cognitive pathways. In: Addictive Behaviors 53, S. 1-6.

Whiteman, Shawn D./McHale, Susan M./Soli, Anna (2011): Theoretical perspectives on sibling relationships. In: Journal of Family Theory & Review 3, H. 2, S. 124-139.

Widmer, Eric D. (1997): Influence of older siblings on initiation of sexual intercourse. In: Journal of Marriage and Family 59, H. 4, S. 928-938.

Widom, Cathy Spatz/Ames, M.Ashley (1994): Criminal consequences of childhood sexual victimization. In: Child Abuse & Neglect 18, H. 4, S. 303-318.

Widom, Cathy Spatz/Horan, Jacqueline/Brzustowicz, Linda (2015): Childhood maltreatment predicts allostatic load in adulthood. In: Child Abuse & Neglect 47, S. 59-69.

Williams, Nathaniel J./Glisson, Charles (2014): Testing a theory of organizational culture, climate and youth outcomes in child welfare systems: A United States national study. In: Child Abuse & Neglect 38, H. 4, S. 757-767.

Wilson, Robin F. (2004): Recognizing the threat posed by an incestuous parent to the victim's siblings. Part II: Improving legal responses. In: Journal of Child and Family Studies 13, H. 3, S. 263–276.

Wingenfeld, Katja/Spitzer, Carsten/Mensebach, Christoph/Grabe, Hans/Hill, Andreas/Gast, Ursula/Schlosser, Nicole/Höpp, Hella/Beblo, Thomas/Driessen, Martin (2010): Die deutsche Version des Childhood Trauma Questionnaire (CTQ): Erste Befunde zu den psychometrischen Kennwerten. In: PPmP – Psychotherapie – Psychosomatik – Medizinische Psychologie 60, H. 11, S. 442–450.

Winnicott, D. W. (1953): Transitional objects and transitional phenomena – A study of the first not-me possession. In: International Journal of Psychoanalysis 34, S. 89–97.

Wittchen, H.-U./Müller, N./Pfister, H./Winter, S./Schmidtkunz, B. (1999): Affektive, somatoforme und Angststörungen in Deutschland – Erste Ergebnisse des bundesweiten Zusatzsurveys „Psychische Störungen". In: Gesundheitswesen 61, Sonderheft 2, S. 216–222.

Wolfe, Barbara/Song, Jieun/Greenberg, Jan S./Mailick, Marsha R. (2014): Ripple effects of developmental disabilities and mental illness on nondisabled adult siblings. In: Social Science & Medicine 108, S. 1–9.

Woodgate, R. L./Edwards, M./Ripat, J. D./Rempel, G./Johnson, S. F. (2016): Siblings of children with complex care needs: Their perspectives and experiences of participating in everyday life. In: Child: Care, Health and Development 42, H. 4, S. 504–512.

Yates, Peter/Allardyce, Stuart/MacQueen, Sarah (2012): Children who display harmful sexual behaviour: Assessing the risks of boys abusing at home, in the community or across both settings. In: Journal of Sexual Aggression 18, H. 1, S. 23–35.

Yeh, Hsiu-Chen/Lempers, Jacques D. (2004): Perceived sibling relationships and adolescent development. In: Journal of Youth and Adolescence 33, H. 2, S. 133–147.

Yoshimura, C. G. (2010): The experience and communication of envy among siblings, siblings-in-law, and spouses. In: Journal of Social and Personal Relationships 27, H. 8, S. 1075–1088.

Young, Laura/Ehrenberg, Marion F. (2007): Siblings, parenting, conflict, and divorce. In: Journal of Divorce & Remarriage 47, 3-4, S. 67–85.

Zegaczewski, Tara/Chang, Karen/Coddington, Jennifer/Berg, Abby (2016): Factors related to healthy siblings' psychosocial adjustment to children with cancer: An integrative review. In: Journal of pediatric oncology nursing : official journal of the Association of Pediatric Oncology Nurses 33, H. 3, S. 218–227.

Zukow, Patricia Goldring (1989): Sibling interaction across cultures. Theoretical and methodological issues. New York, NY: Springer New York.

Zvara, B. J./Mills-Koonce, W. R./Appleyard Carmody, K./Cox, M. (2015): Childhood sexual trauma and subsequent parenting beliefs and behaviors. In: Child Abuse & Neglect 44, S. 87–97.

Anhang: Kovarianzen zwischen den exogenen Variablen: Modelle 3

Kombinationen der exogenen Variablen		A	B	C	D	E	F
älteres KM	älteres SM	.34***	.34***	.34***	.06	.05	.30***
älteres KM	älteres EM	.51***	.34***	.51***	.26**	.34**	.50***
älteres KM	älteres EV	.41***	.33***	.41***	.20*	.30***	.39***
älteres KM	älteres KV	.30***	.31***	.30***	.16*	.08	.31***
älteres KM	älteres MvP	.26***	.33***	.26***	.13	.13	.24***
älteres KM	jüngeres KM	.46***	.51***	.46***	.38**	.48***	.45***
älteres KM	jüngeres SM	.09*	.06	.09*	−.06	.12	.10*
älteres KM	jüngeres EM	.29***	.23***	.29***	.04	.31***	.29***
älteres KM	jüngeres EV	.28***	.28***	.28***	.21**	.33***	.30***
älteres KM	jüngeres KV	.26***	.29***	.26***	.19*	.29***	.27***
älteres KM	jüngeres MvP	.19***	.36***	.19***	.14	.12	.21***
älteres SM	älteres EM	.31***	.27***	.31***	.07	.07	.31***
älteres SM	älteres EV	.26***	.28***	.26***	.08	.05	.23***
älteres SM	älteres KV	.29***	.19***	.29***	.16**	.06	.28***
älteres SM	älteres MvP	.15***	.17***	.15***	.05	.06	.14***
älteres SM	jüngeres KM	.23***	.23***	.23***	.12	.11	.21***
älteres SM	jüngeres SM	.12*	.11	.12*	.01	.16	.11*
älteres SM	jüngeres EM	.11**	.04	.11**	−.05	.00	.09*
älteres SM	jüngeres EV	.12**	.14***	.12**	.07	.11*	.11**
älteres SM	jüngeres KV	.12**	.13***	.12**	.09*	.10*	.12**
älteres SM	jüngeres MvP	.10*	.15***	.10*	−.02	−.08	.07
älteres EM	älteres EV	.61***	.58***	.61***	.48***	.59***	.61***
älteres EM	älteres KV	.41***	.29***	.41***	.32***	.20***	.42***
älteres EM	älteres MvP	.36***	.39***	.36***	.32***	.22***	.39***
älteres EM	jüngeres KM	.26***	.25***	.26***	.26***	.24***	.27***
älteres EM	jüngeres SM	.06	−.05	.06	−.04	.03	.07
älteres EM	jüngeres EM	.36***	.32***	.36***	.32***	.40***	.35***
älteres EM	jüngeres EV	.36***	.41***	.36***	.33***	.46***	.36***
älteres EM	jüngeres KV	.28***	.26***	.28***	.25***	.26***	.29***
älteres EM	jüngeres MvP	.24***	.27***	.24***	.21***	.12*	.26***
älteres EV	älteres KV	.51***	.45***	.51***	.46***	.41***	.49***
älteres EV	älteres MvP	.30***	.30***	.30***	.22***	.30***	.32***

Kombinationen der exogenen Variablen		A	B	C	D	E	F
älteres EV	jüngeres KM	.31***	.35***	.31***	.28***	.29***	.31***
älteres EV	jüngeres SM	.11***	.08**	.11***	.10**	.12***	.11***
älteres EV	jüngeres EM	.32***	.31***	.32***	.25***	.36***	.30***
älteres EV	jüngeres EV	.46***	.48***	.46***	.44***	.47***	.45***
älteres EV	jüngeres KV	.29***	.29***	.29***	.26***	.23***	.30***
älteres EV	jüngeres MvP	.27***	.24***	.27***	.22***	.20***	.25***
älteres KV	älteres MvP	.23***	.17***	.23***	.17***	.15**	.25***
älteres KV	jüngeres KM	.26***	.22***	.26***	.24***	.17*	.25***
älteres KV	jüngeres SM	.14**	.01	.14**	.14***	.09	.15***
älteres KV	jüngeres EM	.19***	.14***	.19***	.14***	.21***	.19***
älteres KV	jüngeres EV	.25***	.22***	.25***	.23***	.21***	.26***
älteres KV	jüngeres KV	.28***	.28***	.28***	.21***	.31***	.29***
älteres KV	jüngeres MvP	.24***	.12**	.24***	.15**	.26***	.22***
älteres MvP	jüngeres KM	.19***	.30***	.19***	.08	.14*	.18***
älteres MvP	jüngeres SM	.05	.09*	.05	.00	.05	.04
älteres MvP	jüngeres EM	.24***	.30***	.24***	.21***	.20***	.25***
älteres MvP	jüngeres EV	.14***	.20***	.14***	.13**	.17***	.14***
älteres MvP	jüngeres KV	.22***	.20***	.22***	.19***	.22***	.21***
älteres MvP	jüngeres MvP	.44***	.44***	.44***	.48***	.37***	.44***
jüngeres KM	jüngeres SM	.26***	.13	.26***	.21**	.21*	.26***
jüngeres KM	jüngeres EM	.48***	.36***	.48***	.41***	.41***	.46***
jüngeres KM	jüngeres EV	.39***	.38***	.39***	.29***	.28***	.40***
jüngeres KM	jüngeres KV	.29***	.29***	.29***	.18*	.27***	.29***
jüngeres KM	jüngeres MvP	.21***	.42***	.21***	.11	.23***	.22***
jüngeres SM	jüngeres EM	.28***	.10*	.28***	.16**	.23***	.27***
jüngeres SM	jüngeres EV	.20***	.10*	.20***	.12*	.20***	.20***
jüngeres SM	jüngeres KV	.17***	.03	.17***	.15**	.08	.16***
jüngeres SM	jüngeres MvP	.09*	–.02	.09*	–.01	.11*	.09*
jüngeres EM	jüngeres EV	.59***	.53***	.59***	.46***	.58***	.60***
jüngeres EM	jüngeres KV	.38***	.29***	.38***	.29***	.30***	.36***
jüngeres EM	jüngeres MvP	.22***	.31***	.22***	.20***	.20***	.23***
jüngeres EV	jüngeres KV	.46***	.39***	.46***	.43***	.31***	.44***
jüngeres EV	jüngeres MvP	.16***	.20***	.16***	.15**	.21***	.16***
jüngeres KV	jüngeres MvP	.17***	.19***	.17***	.11*	.16***	.15***
Altersabstand	älteres KM					.05	.07
Altersabstand	älteres SM					–.02	.02
Altersabstand	älteres EM					.10*	.06

Kombinationen der exogenen Variablen		A	B	C	D	E	F
Altersabstand	älteres EV					.11**	.08*
Altersabstand	älteres KV					.02	.04
Altersabstand	älteres MvP					.16***	.12**
Altersabstand	jüngeres KM					−.01	−.01
Altersabstand	jüngeres SM					.08*	.02
Altersabstand	jüngeres EM					−.01	.04
Altersabstand	jüngeres EV					.01	.03
Altersabstand	jüngeres KV					−.03	.03
Altersabstand	jüngeres MvP					.03	−.01

Anmerkungen: KM: Körperliche Misshandlung, SM: sexueller Missbrauch; EM: emotionaler Missbrauch; EV: emotionale Vernachlässigung; KV: körperliche Vernachlässigung; MvP: Miterleben von Partnerschaftsgewalt.

Heiner Fangerau u.a. (Hrsg.)
Präventive Strategien zur Verhinderung sexuellen Missbrauchs in pädagogischen Einrichtungen
Kindeswohl als kollektives Orientierungsmuster?
2017, 280 Seiten, broschiert
ISBN: 978-3-7799-2270-4
Auch als E-BOOK erhältlich

Fragen zum Kindeswohl und zum Kinderschutz sind aktuell Gegenstand intensiver Kontroversen. Einigkeit besteht darin, dass in Institutionen zur Wahrung des Kindeswohls Voraussetzungen bestehen müssen, die Missbrauch von Kindern in jedem Fall verhindern. Oftmals erschwert Schweigen über Missbrauch die Gewährleistung des Kindeswohls. Aus diesem Grund diskutieren die Autorinnen und Autoren interdisziplinär pädagogische, strukturelle und organisatorische Aspekte, die eine »Kultur des Hinsehens« fördern. Durch die Zusammenarbeit mit Fachkräften aus Wissenschaft und Praxis ist so ein Handbuch entstanden, das zur Schaffung einer solchen Kultur anleiten möchte.

Das Buch gliedert sich in drei Teile:
- Theoretische Grundlagen: Kindeswohl in Theorie und Praxis
- Kindeswohl als Orientierungsmuster für die Arbeit in Institutionen
- Prävention, pädagogische Weiterentwicklung, Evaluation und Transfer

www.beltz.de
Beltz Juventa · Werderstraße 10 · 69469 Weinheim

Jörg M. Fegert | Mechthild Wolff (Hrsg.)
Kompendium „Sexueller Missbrauch"
in Institutionen
Entstehungsbedingungen, Prävention
und Interventionen
2015, 746 Seiten, Hardcover
ISBN: 978-3-7799-3121-8
Auch als E-BOOK erhältlich

Nachweislich kommen Extremvarianten unprofessionellen Verhaltens von MitarbeiterInnen gegenüber Minderjährigen auch im Kontext von Institutionen vor, die sich eigentlich der Behandlung, Pflege, Betreuung und Erziehung widmen sollten. In diesem Kompendium werden Materialien zusammengetragen, die Aspekte der Täter-Opfer-Dynamik analysieren, rechtliche Rahmenbedingungen sowie sozialpädagogische Handlungsformen zur Vermeidung von Fehlverhalten aufzeigen und Ressourcen bei der Umsetzung von Weiterbildungsmöglichkeiten benennen. Das Buch enthält zudem eine Sammlung berufsethischer Standards und Prinzipien für sozialpädagogische Arbeitsfelder sowie eine Zusammenfassung der aktuellen Diskussion zum Thema.

Das Buch gliedert sich in die folgenden Teile:
- Missbrauch in Institutionen im fachpolitischen und öffentlichen Diskurs
- Tatorte und Aspekte der Täter-Opfer-Institutionen-Dynamik
- Genderperspektiven
- Rechtliche Rahmenbedingungen
- Intervention und Garantenpflichten

www.beltz.de
Beltz Juventa · Werderstraße 10 · 69469 Weinheim